《老龄文明蓝皮书2024》编委会

主 任

王燕文

副主任

樊和平　林闽钢

委 员（按姓氏笔画排序）

卜　宇　王　锴　公永刚　叶南客　田　侃　朱　岷
刘　元　刘　云　刘大威　池　宇　贡旭敏　芮国兴
李程骅　杨　勇　沙　勇　沙维伟　沈益锋　张　丽
张红军　陈友华　陈正邦　林　莉　金　文　周　颖
郑晓红　经贵宝　赵　媛　郝　琳　胡学同　相伯伟
拜争刚　顾　潮　黄建国　曹玉梅　葛　莱　鲁　翔
薛劲松

Blue Book of
Ageing-Responsive Civilization
2024

老龄文明蓝皮书
2024

老龄文明智库 编著

江苏人民出版社

图书在版编目(CIP)数据

老龄文明蓝皮书. 2024 / 老龄文明智库编著. -- 南京 : 江苏人民出版社, 2025. 5. -- ISBN 978-7-214-30282-3

I. D669.6

中国国家版本馆CIP数据核字第2025GW5415号

书　　　名	老龄文明蓝皮书2024
编　著　者	老龄文明智库
责 任 编 辑	薛耀华
装 帧 设 计	刘　俊
责 任 监 制	王　娟
出 版 发 行	江苏人民出版社
地　　　址	南京市湖南路1号A楼，邮编：210009
照　　　排	江苏凤凰制版有限公司
印　　　刷	江苏凤凰新华印务集团有限公司
开　　　本	718毫米×1000毫米　1/16
印　　　张	37.25　　插页4
字　　　数	570千字
版　　　次	2025年5月第1版
印　　　次	2025年5月第1次印刷
标 准 书 号	ISBN 978-7-214-30282-3
定　　　价	148.00元

（江苏人民出版社图书凡印装错误可向承印厂调换）

目 录

第一部分
老龄文明理论前沿研究

老龄文明的伦理之"重"与伦理之"轻"   樊　浩 / 003
面向积极老龄化的城市空间治理   周　岚　丁志刚 / 033
中国式养老的历史变迁与现代重构——基于"家国一体"视角的考察
                            林闽钢 / 043

第二部分
老龄文明主题调查研究

江苏省长护险制度的实施情况及改进建议   卜　宇　朱　琦 / 059
"苏适养老"服务体系研究   沙维伟　林　莉等 / 078

老龄文明背景下江苏省中医药康养实施方案研究

朱 岷 郑晓红 等 / 099

城市更新背景下适老化改造的动力机制、改造策略及实践研究

肖鲁江 刘大威 等 / 120

积极老龄化：理念、局限与拓展　　　　陈友华 孙永健 / 156

社区老年教育推进社区共同体建设的实践探索——以江苏为例

叶南客 圣 莉 / 176

老年人参与学习时间与精神健康关系研究——基于南京市三所老年大学的问卷调查　　　　　　　　　　　　曹玉梅 赵 媛 等 / 193

江苏老年人力资源高质量发展评价体系研究　　　　　　沙 勇 / 223

老年健康服务体系建设及健康支撑体系建设的政策研究

鲁 翔 何小菁 / 247

智慧健康养老产业的现实需求与发展路径　　池 宇 胡学同 等 / 271

中国式老年照护模式中的孝道文化传承与发展　　　　张晶晶 / 295

老龄心理健康的临床特征调研与智能大数据平台建设和数字疗法诊治

张 丽 / 318

第三部分

老龄文明专题学术研究

老龄文明的现代化意涵及其治理价值　　　　　　　　朱 荟 / 345

中国银发经济发展面临的机遇、挑战及其应对策略

代宝珍 邹嘉诚 / 364

照护伦理与为老之道——一项关于中老年照护者的医学人类学考察

张 敏 / 381

临终照护中的信息告知　　　　　　　　　　　　　陈楚倩 / 386

地景—时景建构与养老服务完善研究——基于社会时空视角

严新明 / 396

推动智慧养老高质量发展，何以可为？——以江苏为例　高传胜 / 414
何为善终：中国社会文化情境下"善终"认知的质性元分析

徐　彪　邵轶凡　等 / 434
老年教育赋能银发经济发展的逻辑理路和实践路径

周振华　朱文静 / 454
老龄文明视域下养老体系演化分析　　　彭　翔　孟荣芳 / 471
老龄保障政策的概念建构与内在逻辑　　　　　　王　锴 / 491

第四部分

老龄文明国际视野研究

照护在我们这个时代的非凡重要性　　　　　[美] 凯博文 / 515
老龄文明范式下的照护　　　　　　　　芮国兴　金　靖　等 / 519
日本失能失智老年人介护设施的建筑策划与环境支持

[日] 石井敏 / 537
智慧居家养老服务精准供给的优化路径——基于德国经验的考察

李　静　郭烨凌 / 568

第一部分

老龄文明理论前沿研究

老龄文明的伦理之"重"与伦理之"轻"

樊 浩

老龄化社会已经从趋势成为现实。面对银发苍苍的新世界，必须告别由"橄榄型人口结构"的执念所滋生的"老龄化抑郁"，告别把老龄当作夕阳、把老龄人当作边缘人、把老龄化当作现代化负面清单的社会偏见与文化焦虑，进行老龄化社会的宏大理论谋划和实践建构。"老龄文明"，是"老龄化"的积极理念、积极话语和积极战略；将"老龄化"推进为"老龄文明"，是一次重大心理革命和战略转换，也是应对老龄化的必由之路。

由老龄化走向老龄文明的中国经验和中国问题是什么？人们常说未备先老，未富先老。其实，正如"老之将至"是人生中以前从未经历，甚至不甘承认的崭新阶段一样，老龄化也好似"忽如一夜春风来"后"千树万树梨花开"的一次集体邂逅，任何社会都不可能"有备而老"。而且，即便一个社会已经富裕得足以应对老龄化，如日本和西欧，也只是达到"能养"。伦理，是老龄化成为老龄文明、使老龄成为一种文明现象的核心问题。伦理，既是老龄文明的中国经验和中国智慧，也是将老龄化推进为老龄文明的最具前沿意义的中国问题。

中国式现代老龄文明的建构在理论和实践上面临的深层挑战，是伦理上"重"与"轻"的悖论。一方面，伦理是老龄文明的文化"重"心，具有特别重要的文化地位；另一方面，独生子女、个体主义、市场经济，又使现代中国的老龄化不堪"重"负，出现伦理上的"超载"。由此形成老龄文明在需求和供给关系中伦理之"重"与伦理之"轻"的文化悖论。面对这一悖论，时代的应激反应是寻找伦理替代。新兴技术提供孝道的文化替代，养老市场提供家庭照护的伦理替代，社会提供由"第二家庭"向"社会保障"的伦理替代。然而，文化基因和文明底色又使老龄人保持对伦理的守望，于是伦理便成为生活质量和生命质量的核心要素与稀缺资源。伦理，不仅决定老龄化时代的文明气质，而且深刻地影响文明体质。伦理质量，是老龄群体的生活质量、生命质量，最后造就老龄化时代的文明质量；不仅是老龄文明的质量，而且是整个文明的质量。伦理质量是老龄化时代文明质量的重要标尺。

一、老龄文明的伦理之"重"

中华文明是家国一体、由家及国的"国家"文明，与此相对应，中华老龄文明形态也是"国家"文明形态。伦理型文化是"国家"文明的精神气质，中华老龄文明是以伦理尤其是家庭伦理为重心的文明。伦理，是传统老龄文明的伦理气质和伦理条件。

（一）"百善孝为首"的顶层设计

传统老龄文明是以孝为核心的理论与实践体系。孝在中国文化中的地位绝不只是家庭伦理层面的，而是在整个文明设计上具有广泛而深远的意义，这种文明设计的根本理念用一句话表达就是"百善孝为首"。

"百善孝为首"不能只是在伦理学意义上，而是应当在整个文明设计和文明体系中理解和定位。这里的"善"不只是指向行为规范和道德体系，而是实际上已经被赋予超越伦理道德的普遍价值的哲学意义。这一命题及其所形成的中国传统宣示，"孝"在一切价值——而不只是在伦理道德——中都居首要地位。在中西方文化中，"善"在起源以及日后的演进中都意味着价值肯定。在《尼各马科伦理学》中，亚里士多德做了哲学推演，认为"一切技术、一切规划以及一切实践和选择，都以某种善为目标。因为人们都有个美好的想法，宇宙万物都是向善的"①。锋利为刀之善，驰骋为马之善，伦理道德是"人自身的善"，它是"灵魂的现实活动"。②在中国文化中，"善"在词源和语义哲学上以"羊"表意和象形。羊大为美，羊吉为善，这与亚里士多德的思想有相通之处，后来善被引申为一切好的行为与事物。黑格尔在形而上学的意义上诠释善，认为善就是个体意识与普遍意识、个体性与普遍性的统一，因而伦理只是善的一种形态——准确地说是最高形态，它是"活的善"，即现实的善，因为在伦理性的实体中，个体性与普遍性达到了现实的统一。在日常生活中，人们将善当作对道德规范的尊重与实践，只是因为道德规范是普遍性或伦理性共同体对人的行为要求的自在形态，既是普遍价值，也是普遍意志，于是对道德规范的践行便意味着个体性与普遍性的一致。因此，伦理道德的善，只是"百善"中的一种，"百善孝为首"意味着"孝"在包括伦理道德在内的所有的人类之善中具有首要地位。由此，这一命题便突破伦理学的框架，具有整个文明设计上的意义。"百善孝为首"是关于文明体系的顶层设计的命题。

（二）老龄文明的三维伦理结构

正因为如此，在中华文明起源中，"孝"与"德"几乎同时诞生，并且都具有文明转型和文化启蒙的意义。一般认为，"德"的产生是中国文化由神文转向人文的标志，它以文武伐纣或纣王之死为历史叙事。纣王无道，然而依然为王，因为他拥有天命。文王武王伐纣，以小邦取代大邦，必须确立伦理和政治的合法性，于是便有"天命靡常，以德配天"的解释。然而，"以德配天"与其说是一种伦理政治的辩护，不如说是一次具有文明史意义的重大觉悟。这一命题并没有否定天命，而只是认为天命"靡常"，获得和配享天命是有条件的，即"德"。由此，神文的天命便向人文的伦理转向。在这个意义上，纣王之死准确地说是纣王被诛，与古希腊历史上苏格拉底之

---

① ［古希腊］亚里士多德：《尼各马科伦理学》，苗力田译，中国社会科学出版社1990年版，第1页。

② ［古希腊］亚里士多德：《尼各马科伦理学》，苗力田译，中国社会科学出版社1990年版，第2、12页。

死或被判处死刑具有同样的文明转型和文化启蒙意义。苏格拉底因"慢神"和"蛊惑青年"而被判处死刑，然而苏格拉底在法庭上反复辩护，表示自己并没有不敬神。苏格拉底在现实行动上"慢神"，但文化上又保持对神的认同；同样，"以德配天"，是保持对天或天命的认同，但又提出获得和拥有天命的充要条件，即"德"。两大历史事件，都体现出显著而相通的时代精神气质，这就是由神文转向人文的文明转型和文化启蒙。区别在于，苏格拉底"蛊惑青年"开启的是由神文向哲学的人文转向，"以德配天"开启的是由神文向伦理道德或伦理型文化的人文转向。

"德"的具体内涵是什么？在中华文明的源头，"孝"不只是一种德，也不只是"第一德"，而是德本身。在中国人最初的人文意识中，不仅孝就是德，而且德就是孝，并且德只是孝。《诗经·大雅·卷阿》曰："有孝有德……四方为则。""氏族社会的德即孝，孝亦就是德。先民的基本宗教伦理观念即德、孝。'孝'、'德'同源同一，因此先民在表述'孝'观念时就称作'德'。"[①] 天神崇拜与祖先崇拜是中国文化最初的宗教意识，而祖先崇拜更具现实性，因为天被当作是祖先的神祇，德以对天，孝以对祖。在人文转向中，天神崇拜被赋予更多的祖先崇拜的意义。祖先崇拜最直接也是最深刻的文化设计和价值要求就是孝。在文明演进中，孝从对已经去世的祖先的敬奉，延展为对在世的作为生命根源的父母的事奉。对去世祖先的敬奉具有神文的性质，对在世父母的事奉则是以伦理道德为核心的人文。于是，孝即德，它是个体与自己的生命的血缘实体和根源在一起的追求和能力，就像基督教文化中对上帝的敬畏是与上帝在一起的追求和能力一样。在这个意义上，孝德合一既是关于生命的伦理觉悟，也是具有普遍意义的文化觉悟。

在中国文化中，"孝"与"慈"被认为是两个最基本的伦理要求。其实其之所以"基本"，是因为它们是生命的两个最重要的伦理和文化条件。孝与慈，在广义上应当被当作两种最基本的生命伦理。孝慈的伦理本质是爱，爱的本性按照黑格尔的理论是不孤立、不独立，是"在一起"。人的生命的孕生和存续，首先需要慈的伦理条件。一个生命在另一个生命中诞生的事

---

① 巴新生：《西周伦理形态研究》，天津古籍出版社1997年版，第52页。

实，决定了人具有爱的本能和能力。对自己所诞生的生命的爱，某种意义上具有"自爱"的本能性质。正因为如此，高尔基才说："爱孩子，这是母鸡也会的事。"① 然而，由于子女是一个男人和一个女人共同的作品，因而对这个共同作品的爱又具有超越自己的个别性的普遍意义，从而成为一种伦理。慈既是本能又是伦理，孝则不同。作为一种伦理情感，它期待文化启蒙，是伦理觉悟的正果。孝的哲学本质是生命的根源意识。作为一种伦理精神，其文化自觉是意识到自己与生命根源以及自己所处于其中的血缘实体的同一性，这种文化意识转换为慎终追远的伦理情怀。在生命自我展开的辩证运动中，它产生现实的伦理觉悟，发现自己的生命是在父母生命的枯萎中成长起来的，于是产生返本回报的文化自觉及现实行为。以孔子为代表的儒家认为，仁是一切伦理道德的根基，也是万物化育的原动力。仁的精髓是爱，所谓"仁者爱人"，仁者与宇宙万物于一体。然而爱的根源是亲亲，即对父母和家人的爱，"孝悌也者，其为仁之本欤。"（《论语·学而》）孝悌是仁爱的根源动力和自然基础。因此，孝与慈不只是家庭伦理——只能说它发端于家庭，根源于家庭——它是人类生命因而也是人类世界的两大伦理根基。作为一种伦理觉悟和文化设计，它所造就和维护的是人类生生不息的生命之流，因而既是自然伦理，又具有为整个人类文明进行伦理奠基的宏大而深远的文明意义。其中，孝是比慈更重要的文化自觉和文明设计：没有孝，慈便不具有现实性，也难以成为一种可持续的伦理精神。孝与慈，是人类生命两大相向而行的伦理之流，造就也守护人类生命的生生不息。

如果说孝是中国传统老龄文明的价值重心，那么多子女家庭就是其自然伦理安全系统的重心。中国传统经济是以家庭为基础的自给自足的自然经济，中国传统老龄文明也是以家庭为基础的自然伦理安全系统。在传统社会，人的生老病死，基本上都是在家庭中完成的；进入老龄阶段，从生活资源、日常照料到临终关怀，也都是在家庭中实现的。社会生活的日常图景：父母孕生哺育子女，为他们创造成长包括精神成长所需的一切条件；子女反

---

① ［苏］巴拉巴诺维奇、维诺格拉多娃：《高尔基论青年》，孟昌译，中国青年出版社1956年版，第6页。

哺父母，为父母养老送终。传统社会虽然生活资源相对贫乏，但无论贫富，多子女家庭都为老人提供了度过老龄生命的基本保障，因为可以在赡养父母时分摊经济上的压力。所谓"养儿防老"就是老龄人自然伦理安全的基本保障，进入老龄阶段的父母由子女尤其儿子轮流照料，一直到改革开放前，都还是一种普遍现象。它几乎就是中国社会数千年来的伦理习俗，也是自然法，形成一种伦理观念和制度安排方面强大而有效的群体压力。在多子女家庭中，虽然经济能力和伦理水平不同，父母被赡养的待遇和伦理态度也有很大差异，但赡养父母总是一种强制性的伦理义务，也是个体的良知良能。家庭的自然伦理图景通常是，达到一定年龄阶段，父母在家庭中从权力中心即家长的位置逐渐撤离，其义务和日常生活方式也从为子女提供生活资源和伦理教育，转向对孙辈的照料和承担其他力所能及的家务劳动。"含饴弄孙"，是老龄人的日常，也是老龄人的幸福观和幸福希冀，因为"弄孙"意味着自己生命的绵延和一种自我的实现；而"含饴"不仅象征高于基本需求的生活保障，也表征轻松的生活方式，以及柏拉图在《理想国》中所说的老龄人已经超越对物质欲望的追逐，达到另一种人生境界。

伦理作为传统老龄文明设计的第三维或第三个结构就是终极关怀。梁漱溟在《中国文化要义》中曾以四个命题揭示伦理道德在中华文明中的特殊地位，即"中国是伦理本位的社会""以伦理组织社会""以道德代宗教""伦理有宗教之用"。[①] 其中，"伦理本位的社会"是文明顶层设计及其精神气质；"以伦理组织社会"是对"国家"文明形态的建构性意义；"以道德代宗教""伦理有宗教之用"是伦理道德的终极关怀。伦理道德之所以成为中国人的终极关怀，是因为它回答和解决了人如何达到永恒不朽的终极问题。生命是有限的，人也许是唯一意识到自己生命有限性的动物，正因为如此，人才产生了对生活的永恒不朽的终极追求，这种追求在人类的童年即雅斯贝尔斯所说的轴心时代就开始突破。雅斯贝尔斯曾说，在轴心时代，人类产生了一些重大觉悟，相信可以在精神上把自己提高到与宇宙同一的高度。金岳霖先生"接着讲"，指出这种觉悟的正果就是建构了一些"最崇高的概念"，如

---

① 梁漱溟：《中国文化要义》，学林出版社1987年版，第77、113、105、85页。

古希腊的逻各斯、基督教的上帝、佛教的佛祖、中国的道。人类文明的智慧一致而百虑，理一分殊。宗教型文化与伦理型文化提供了终极关怀的不同智慧：宗教型文化设计了一个彼岸的天国，永恒不朽在终极实体如上帝、佛祖那里实现；中国伦理型文化在此岸的伦理中实现。两种终极关怀的表达不同，前者是"永远活在上帝手中"，后者是"永远活在人们心中"。《左传·襄公二十四年》曰："太上有立德，其次有立功，其次有立言，虽久不废，此之谓不朽。"立德、立功、立言，是达到不朽的三条世俗之路，然而，它也只是精英群体的专利。普罗大众如何达到不朽？如果这个问题不解决，文化设计就缺少真正的终极关怀。普通百姓的永恒之路是什么？就是生命的血脉延传，因而它是孝或孝道的基本也是根本要求。孟子曰："不孝有三，无后为大。"（《孟子·离娄上》）为何"无后"是最大的不孝？因为它是血缘生命的自然之流的中断，断绝了父母也断绝了自己通向永恒不朽的终极关怀之路。

由此，中国传统老龄文明的文化设计与文化形态便呈现三维结构的立体性伦理坐标。它以"百善孝为首"为老龄文明的顶层设计和文化重心，这是立体性坐标的理论和现实原点；以孝慈一体、孝德合一为生命生生不息的老龄文明的伦理智慧；以多子女家庭为老龄文明的自然伦理安全系统；而以孝道为核心的伦理道德则是老龄文明的终极关怀。这是以家庭为自然基础、以孝道为文化重心、以伦理为终极关怀的老龄文明的中国理论形态和实践体系。其中，多子女家庭的自然伦理安全系统是底层设计；伦理道德的终极关怀是顶层设计；由家庭向社会和国家延伸的精神与制度贯通的孝道，则是整个体系的重心和阿基米德支点。这种坐标系形成以家庭为基础、以孝道为重心、以伦理道德为终极关怀的老龄文明的中国传统形态。

（三）老龄文明的客观基础

中国传统老龄文明有其深厚的客观基础。这些客观基础有些体现传统社会的精神气质，有些演绎中华文明的生命基因，但也有些体现和表达具有普遍意义的人类文明智慧。

传统老龄文明最重要的客观基础，当然是以家庭为基础的自然经济。中国传统经济是以家庭为基础的自然经济；中国传统伦理是以家庭为基础，与家国一体、由家及国的文明形态相适应的自给自足的"自然"伦理，宋明理学所建构的儒道佛三位一体，入世、退世、出世合一的进退互补、刚柔相济的安身立命基地，就是自给自足的伦理精神的哲学形态。与之相对应，中国传统的老龄文明，是以家庭为自然基础、以伦理为核心的自给自足的老龄文明。

在所有客观基础中，信息方式是具有普遍意义的因子。传统老龄文明孕生于第一种信息方式，持存发展于第一种信息方式与第二种信息方式的共生互动。美国哲学家波斯特认为，人类文明的决定性力量，不仅是马克思所揭示的生产方式，还有以交往为核心的信息方式。迄今为止，人类经历了三种信息方式。第一种是口头交流的信息方式，第二种是以印刷为媒介的信息方式，第三种是现代电子信息方式。在不同信息方式中，老龄群体有不同的文化地位。在口头交流的信息方式中，年龄成为信息量与知识积累的刻度，老龄人不仅是财富的开创者，也是经验和知识的拥有者，知识常常以经验的方式积累和呈现。由此，老龄群体具有崇高的文化地位，形成所谓"前示型社会"。以印刷为媒介的信息方式动摇了年龄的绝对文化地位，它赋予知识的拥有以一些必要条件，比如识字以及与之相关的受教育程度同家庭的经济条件密切相关，因而知识便可能产生垄断从而造就所谓文化上的精英阶层。但总体上，知识的经验形态包括人生经验在日常生活中仍具有重要地位，老龄群体的文化地位并没有发生颠覆性动摇。电子信息方式根本改变了老龄群体的文化地位，因为它根本改变了知识的获取方式和积累形态，掐断了知识与年龄之间的必然联系，甚至使年龄成为知识获取和积累的屏障。电子信息的存在和供给方式，及其不断变化，使原先由年龄所形成的知识积累、经验积淀，不仅成为先见，而且成为偏见，直接而深刻地影响对新的信息方式的接受运用，影响对新知识的适应，进而影响日常生活的能力。它创造一种可能，老龄群体可能在电子信息方式中成为弱势群体，甚至出现新形态的"文盲"。由此，文明进入所谓"后示型社会"。

然而必须追问的问题是，电子信息方式所提供和创造的知识，是否就是合理甚至可靠的知识？这种交往媒介所提供的生活方式和人类世界是不是"好的生活"？当这种信息方式席卷和裹挟现实生活时，是否产生科技的文明暴力,并导致人类文明的巨大风险?深入思考这些问题,也许会发现,以第一种和第二种信息方式为基础的老龄文明形态,有一定的合理性与现实性,于是必须反思第三种信息方式下老龄群体的文明境遇及其所创造的文明形态。老龄不一定像在第一种和第二种信息方式下那样成为一种文化资本,但它可能示范和演绎孔子与柏拉图所说的那种人生境界和文明风范,这就是孔子所说的"七十而从心所欲,不逾矩",柏拉图所说的像摆脱了奴隶主的束缚那样的摆脱了欲望的羁绊的自由之境。

社会风尚是传统老龄文明的第二个基础。这种社会风尚的特点是"孝""顺"合一、"能养"与"色难"合一,"老吾老"与"以及人之老"合一。对传统孝道的非议与批判,往往集中于"顺",对"孝"在抽象意义上一般会给予肯定。因为"孝"是一种觉悟和情怀,而"顺"在现代性话语下往往被理解为在代际关系上放弃和丧失主体性,因而成为阻碍社会进步的保守力量。其实,中国传统中的"顺"相当程度上是一种伦理态度和黑格尔所说的"伦理上的造诣",与服从更不与盲从直接相关。孟子所说的不孝有三,其他两个不孝之一,就是父母犯了错误而不指出和批评,使其陷于不仁不义之境。所以"顺"是有原则的,它实际是在父母于生命进程以及由此所形成的伦理关系中由中心向边缘退离之后,对其保持敬重的一种伦理态度;它是一种文化设计,也是一种伦理智慧。孔子曾经区分"能养"和"色难",认为"能养"是一切动物的本能,人之异于禽兽者在于"色难",即对于父母的伦理态度——这种伦理态度的日常表现之一,就是所谓"顺"。老龄文明的社会风尚最经典、最体现中华民族精神的表达,就是"老吾老以及人之老,幼吾幼以及人之幼"。它充分体现中华文明和中华老龄文明"由家及国"的"国家"文明气质,表明中国的老龄文明根源于家庭但又不止于家庭,而且,"以及人之老"与"以及人之幼"的结合,也是发端于家庭的孝慈伦理的扩充。这种伦理精神的扩充,超越家庭的自然生命的绵延,达到民族生命和人类生命的生生不息——它所创造的是一种"天下一家"的文明气象。

传统老龄文明的第三个基础是制度安排。"百善孝为首"作为文化设计的价值重心,在制度安排中的体现,就是形成一种治国理念和治国方略,即"以孝治国""孝治天下"。这种理念和方略落实为一系列的制度。比如"求忠臣必出于孝子之门"的用人之道，它强调忠孝一体，孝为基础，移孝作忠。在日常生活中，"三年之丧"的伦理设计和制度安排是最典型的体现。孔子曾对"三年之丧"进行伦理论证。《论语·阳货》："子生三年，然后免于父母之怀。夫三年之丧，天下之通丧也。"三年之丧的伦理根据是回报父母的三年哺育之恩。这种伦理理念和理论，演绎为守丧的伦理制度。在传统社会，从庶人到宰相，父母去世，一般可以离职为父母守丧三年。虽然无论是对个人还是对国家社会来说，这都要付出巨大的成本甚至代价，但作为一种文明设计和制度安排，这不仅是文明形态的必然要求，也是一种体现文明情怀的设计。

传统老龄文明在价值观念、行为规范和制度安排方面，似乎都有一些极端的要求和事件，这些理论、价值和行为要求被当作封建专制而遭到批判和扬弃。但仔细反思便可以发现，这些极端要求和极端事件相当程度上是相互冲突背景下的"非常伦理"，误区和悲剧在于这些非常伦理被当作日常伦理提倡和尊奉。比如，日常生活中流行的"天下无不是的父母"，这句话并不真的意味着父母完全正确和永远正确，而只是说父母达到一定年龄之后，不能也不必以一种理性意义上的是非态度进行判断，而应做一种伦理性的宽容反应。"郭巨埋儿"是传统孝道的极端故事，也是传统孝道弊端的极端体现，在现代性批判中被视为反人性。然而作为一种故事传说，它所演绎的是在资源极端贫乏的非常情境下，当老龄父母与子女的生存产生尖锐矛盾时，孝与慈的伦理选择和伦理悲剧，必须将它当作也只能当作非常伦理，绝不能当作日常伦理。某种意义上可以说，传统社会的这些故事，之所以既极端又演绎一种文明样态和文明诉求，并且成为老龄文明甚至中国传统文明的气质表达，根本上是因为它体现了老龄群体与其他群体关系中的差异公正。当老年人为世界耗尽了一生的能量，而从社会生活的主场向边缘撤离甚至被驱离时，社会对他们的伦理态度和伦理行为，确实是文明素质和文明境界的体现，也是文化智慧的演绎。在这个意义上，老龄群体与其他群体关系中的差异公正是老龄文明的必然要求，也是人类文明不同于适者生存的动物世界的根本标志。那些极端故事，只是极端条件下的"非常伦理"和"非常伦理智慧"，因而它们才成为传统老龄文明甚至传统文明的一部分。

二、现代老龄文明的伦理之"轻":超载

(一)"人民公社"与"单位制":社会转型中老龄文明的伦理政治形态

传统老龄文明在近现代变革尤其是新中国成立以后发生重大转型。转型的根源在三个方面得到表达:一是公有制的建立,自给自足的自然经济逐渐瓦解;二是社会革命与文化变迁,社会主义政治制度以及与之直接关联的伦理文化和封建主义、资本主义彻底决裂;三是传统家庭尤其是封建家长制的终结。伴随经济、政治、文化形态以及与之相对应的伦理关系的革命,老龄文明的伦理基础、伦理气质发生重大变化,然而伦理型老龄文明或以伦理为基点的老龄文明形态并未发生根本改变。

与传统老龄文明形态相比,新中国成立以后的老龄文明以家庭为基础或自然伦理安全系统的中国特色没有根本改变,然而随着家庭形态和家庭地位的变化,又创造了另一种家庭形态,即伦理政治形态,也就是在制度安排中赋予政治体制以很强的伦理性,从而在社会生活中形成"第二家庭"。具体地说,就是乡村社会的"人民公社制",以及城市和公共领域的"单位制"。人们通常仅将"人民公社"当作一种经济政治体制,在当下的思维定式中与"一大二公"的公有制以及比较低下的生产力水平相联系。其实,"人民公社"不仅是经济实体,也是政治实体和伦理实体,在相当意义上甚至可以被当作传统大家庭的政治形态,或者说"天下一家"的伦理理想的乌托邦历史形态。"人民公社大食堂"一定意义上可以被看作是传统大家庭的体制化演绎。在"人民公社"的大家庭中,老年人在血缘家庭之外得到一定的体制性照顾,尤其是那些孤寡老人,从集体劳动的安排到基本生活必需品的分配均得到了照顾。当然,由于生产力水平低下,绝对供给是比较贫乏的,但无论如何,这是自然家庭的伦理能力弱化之后所创造的一种具有政治和社会意义的"第二家庭"形态。人们一般把乡村等同于农村,将农村等同于农耕文明,将农耕文明视作比工业文明落后的文明形态。其实,乡村最大的魅力就在于它是人的家园;对中华文明来说,是文明的发源地。乡村是伦理的策源地,是人的精神家园,由于其最重要的特点是以聚族而居为建构方式和存在形态,因而也是人的安身立命的重要基地。黑格尔曾说,伦理有两大策源

地，一是乡村，二是家庭。家庭是自然的伦理实体，而乡村是家庭的发祥地和栖居地。在国家文明形态下，中国人的家国情怀和爱国主义往往遵循"母亲—家庭—家乡—国家"的伦理联想与伦理逻辑。于是，在新中国成立以后的社会变革中，家庭的伦理形态和伦理功能虽然发生重大变化，但作为老龄群体的自然伦理安全系统的基础性意义没有变，多子女有效保障了其作为自然伦理安全系统的基本功能。在家庭之外，"人民公社"成为家庭伦理功能的社会与政治形态，也作为家庭的伦理功能弱化之后的老龄补偿甚至基本伦理保障。更重要的是，聚族而居的稳定的乡村结构，使家庭的自然伦理安全与"人民公社"的"第二家庭"的伦理补偿共生，形成中国乡村老龄文明的重要特色。

在城市与公共领域，"单位制"成为"第二家庭"的典型形态。"单位制"某种意义上是公有制的体制化表现，只有那些或国有或由集体所有的企事业才能被赋予"单位"的称号，而那些公共部门如政府部门则是最典型的"单位"。然而，"单位"的最大魅力不仅是它的所有制性质，更是其伦理本性。像"人民公社"一样，"单位"不仅是政治和经济的实体，更是伦理的实体；在相当意义上，其政治经济实体的意义为伦理实体的本性所表达。在整个社会机体中，"单位"是公有制的一个单元甚至细胞，具有公共性，这种公共性具有政治性——比如一些重要的企业往往被赋予像作为公共领域的政府机构一样的行政级别，但更重要的是其伦理性表达，"单位"是社会机体的服务性机构，包括为社会创造和配置财富。可以说，"单位"是一种伦理政治的实体，即便是经济实体如企业，也首先必须是伦理政治的实体。"单位"的伦理性不仅表现为对在整个社会机体的关系之中，在内部关系中得到更浓郁温馨的表达。人一旦处于某个单位之中，生老病死，一切都由单位负责照料，甚至"单位人"的家庭也享受"第二家庭"的待遇。一个发育成熟的单位，往往从幼儿园到医务室，甚至附属的中小学和商店都有，是自给自足的自然家庭的社会化放大。于是，"单位人"的老龄生活，从退休金到医药费，最后到丧葬费、追悼会都由单位解决，乃至家庭矛盾都由单位调解。"单位"，是城市和公共领域的"第二家庭"，是老龄群体在自然家庭之外的更具保障力的家庭。

近现代的社会变革,既是一次家庭的比较彻底的政治革命和伦理革命,又以"人民公社"和"单位制"创造了"第二家庭"。由此,在家庭的自然伦理安全系统被弱化之后,又以政治和社会的形式得到补偿和强化。于是,老龄文明获得一种新形态:伦理政治形态。

(二)独生子女与家庭自然伦理安全系统的解构

改革开放以来,随着老龄化进程的不断加深,现代中国的老龄文明面临前所未有的新课题与新挑战,期待探索老龄文明的新形态。这些新挑战如果以一个词表达就是"超载"。

在古今中西的激荡中,中国老龄化面临的最严峻的情势,是在人口、文化、社会、经济诸方面的全面超载,这些超载中突出的是伦理上的超载。老龄化是一种世界现象,与其他国家相比,中国老龄化的最大特点是老龄化邂逅独生子女。独生子女政策在中国延续了近40年,这是一场空前的社会试验,在给中国社会大众带来小康生活的同时,也产生了极为复杂而深远的后果。对老龄文明的中国形态影响最大的就是自然伦理安全系统的解构,多子女家庭成为历史,取而代之的是以独生子女为重心的核心型家庭。随着长寿时代的到来,"1+4"或"2+8"的家庭结构,成为普遍现象。令人始料不及的是,不婚不育成为日益严重的社会问题,独生子女的婚姻意向和婚姻伦理能力严重衰退,人口负增长呈严峻态势,人口与家庭的可持续发展面临巨大挑战。这种情势表明,家庭的自然伦理安全系统的解构不只是一种暂时现象,而是将成为相当历史时期的普遍难题,甚至成为未来文明的现实。面对自然伦理安全系统的解构,社会大众的文化忧患出现新的趋向。根据东南大学伦理学团队以中共十七大、十八大、十九大、二十大为时间节点所进行的四轮全国大调查的大数据,前两次调查中,社会大众最担忧的问题居前两位的都是"腐败不能根治"或"分配不公,两极分化"。在2017年的调查中,居前两位的分别是"腐败不能根治"(选择率39.5%)、"生活水平下降"(选择率38.6%),"老无所养,对未来没有把握"第一次进入忧患谱系的前五位,居第三(选择率27.2%)。在2022年的调查中,居前两位的分别是"生活水平下降"(37.5%)、"分配不公,两极分化"(选择率36.8%),"老无所养,对未来没有把握"（选择率22.5%），居第五位。后两次调查中，养老忧患都处于前五位。①

人口超载与伦理超载相伴。中国社会大众对养老问题的忧患，相当程度上是对家庭的伦理承载力即家庭的自然伦理安全危机的忧患。与这一忧患相伴随，家庭伦理忧患的谱系也发生明显而深刻的变化。高速发展导致文化断裂，独生子女政策导致的严峻文化后果是集体伦理记忆的断裂甚至丧失。在多子女家庭中，自然伦理实体中的共同体生活使个体的伦理能力、伦理教养和伦理记忆得到不断强化，即便是有限家庭资源在众多子女之间的分配，也是伦理训练和伦理记忆的一部分。然而，独生子女对家庭财富的独享及其在家庭中的中心地位，使他们失去伦理经验和伦理体验的机会，也失去成为伦理存在的训练机会。独生子女导致家庭和家族伦理关系急剧简化，千百年来形成的丰富复杂的伦理关系以及与之相匹配的伦理称谓如"舅舅""叔叔""姨妈""姑妈"等似乎成为远古的文化标本，集体伦理记忆退隐甚至断裂。与之相联系，不可避免的结果，不只是孝道意识的薄弱，而且是伦理能力的式微。根据东南大学伦理学团队的调查，对于家庭伦理忧患，在2017年的调查中，社会大众最担忧的问题是"独生子女难以承担养老责任，老无所养"（选择率28.8%）；在2022年的调查中，最担忧的问题是"年轻人不愿意结婚，或不愿意生孩子，家族传承危机"（选择率37.9%）。五年之间，忧患谱系从道德品质向伦理能力转化。由此，家庭的自然伦理安全系统便不仅在人口结构方面超载，而且在文化上超载；两种超载的本质，都是伦理上的超载。

家庭伦理的超载与个体主义文化的兴起相伴随，大大增加了超载的重负。现代性造就的个体主义，根本改变了人们"在一起"的方式，伦理性祛魅，工具理性泛滥。这表现在家庭形态方面，便是逃离家庭，或者是逃避婚姻，或者是原子式婚姻。不仅家庭的伦理能力，而且家庭的伦理性质和伦理体质发生根本性变化。这种变化加剧了独生子女与老龄化邂逅所导致的家庭在伦理上的超载，深刻影响现代老龄文明的气质和体质。可以说，独生子女

---

① 注：这是东南大学伦理学团队持续二十多年调查的数据之一，该数据库正在出版中。

导致老龄化进程中家庭的自然伦理安全系统的危机,在伦理上造就了个体主义;而个体主义在文化上又强化了老龄化时代家庭与社会的伦理危机。二者的互通,使中国老龄化面临伦理上的不能承受之"轻"。

(三)城市化、"后单位制"与"第二家庭"的淡出

在家庭的自然伦理安全系统逐渐消解的同时,"第二家庭"也逐渐淡出或退出。首先是城市化进程中乡村伦理共同体的解构。"城市化"不仅是一种经济发展的战略,而且导致整个社会结构的重大改变,在文化意义上,它是一种带有歧视性的口号。"城市化""化"什么?显然是"化"农村,"化"乡村。它潜在一种价值判断:城市不仅是工业文明的重心或标尺,而且在文明上也是高于乡村的,因而在现代化进程中乡村必须被"化"。然而当农村劳动力人口涌向城市,同时对农村进行如集村并居式的改造之后,社会重组中最大的变局就是以血缘为基础的乡村细胞及其伦理体质的变化,集村并居后的农村,也开始从"亲人社会""熟人社会"变成"陌生人社会",社会结构的血缘纽带被挣破,携带所谓"市民社会"的气质,从而不再是具有自然意义的伦理性共同体。更深刻的问题在于,劳动力人口的城市转移,伴随的是从财富到生活方式的转移,被抛下的首先不是留守儿童,而是作为劳动力的剩余物的老年人。于是,老龄群体便先在血缘关系然后在伦理关系中被隔离。在"第二家庭"退出的同时,"第一家庭"也退出了,或者说至少大大削弱,难以履行原有的伦理和社会功能。城市化的重要副作用和面临的严峻挑战之一,就是农村家庭自然伦理安全系统的解构;而农村家庭的伦理体质和伦理能力的削弱,不仅导致老龄化进程中农村老龄人的养老危机,而且将导致整个伦理系统的危机,因为它从家庭的自然伦理实体和乡村的自然伦理共同体两个维度解构了传统社会中伦理的两大策源地,那就是家庭和乡村。从此,乡村可能不再是人们伦理上的故乡。农村,在与城市的比肩中,只剩下一个作为工业文明、城市文明陪衬的"农"字,而作为人的精神家园和文明发祥地的"乡"则在不断退却中逐渐消逝。城市化进程中如何保护和重建乡村伦理共同体,是现代老龄文明乃至整个中国现代文明必须破解的重大难题。

市场经济不仅导致资源配置方式和经济体制的变革,也导致整个社会结

构以及整个社会的伦理体质和伦理气质的重大变化。在社会结构方面,最大的变化之一,就是"单位制"的淡出。计划经济时代作为城市和公共领域的"单位"的机构大量消逝,是社会机体发生的深刻变化之一。"单位"从经济结构和社会机体中淡出之后,作为经济细胞的企业,包括一部分公共领域的机构,已经不再是体制意义上的伦理实体或伦理共同体,而是至少首先是经济实体。虽然包括企业在内的共同体在理论上必须同时是一个伦理实体,必须遵循伦理规则和履行伦理义务,但伦理要求或者是一种文化守望,或者是作为工具理性的经营策略。经济实体可能成为个体收入的来源,却难以成为伦理上的家园。显而易见的事实是,作为"单位"代替品的各种经济组织或社会组织,已经不再履行其伦理上的诸多功能和义务,比如像原先单位那样为个体提供终极关怀,提供生活和精神上的各种照料。这些功能已经为社会所替代。虽然与"单位制"相比,它们具有功能优化、边界感清晰的合理性,但伦理性的弱化也是显而易见的事实。包括社会保险、医疗保障在内的诸多社会服务可以为个体提供更具平等性和自由度的保障,然而这些保障已经部分冷却甚至失去了伦理关怀的温度。尤其在个体进入老龄阶段之后,当伦理需求成为更为突出的需求以后,"后单位制"导致在走出家庭之后,社会承载力的伦理之"轻"。

由此,在老龄化进程中,独生子女导致人口结构中伦理上的超载;独生子女与文化激荡互动滋生的个体主义,导致文化精神中伦理上的超载;城市化与"后单位制"导致家庭之外的社会生活中伦理上的超载。于是,一方面是家庭的伦理消解,社会与国家的伦理撤离;另一方面是社会在人口结构和经济文化上的超载所导致的伦理上的超载。伦理,在现代中国的老龄文明进程中,既有不能承受之"重",又有不能承受之"轻"。伦理挑战,成为中国老龄文明所面临的最大最严峻挑战。

三、时代的应激反应:寻找伦理替代

面对老龄化的严峻挑战,我们的社会做出集体反应。由于中国的老龄化是全面而深度的老龄化,这些反应,总体上具有"应激"的性质。"应激"

之为"应激",是因为它面对突然而重大的问题,相当程度上是社会机体具有本能性质的反应——未能进行充分准备,还来不及进行深远而宏大的谋划,因而具有老龄化初期的社会反应的特征。在这个意义上,可以将此称为"时代的应激反应"。就是说,这不仅是应激反应,而且体现这个时期甚至这个时代的特征。

(一)老龄群体悲壮的伦理退出

面对老龄化,首先做出敏感而强烈反应的当然是老龄群体。当今中国社会,老龄群体的主体是中国第一代独生子女的父母。虽然在这一代人之前还有比他们更年长的老龄人,但他们作为第一代独生子女的父母,面临的挑战最特殊也最严峻,应激反应也最敏感。总体上这代人的人生经历最特殊。童年时经历了三年经济困难时期,年轻时经历了"上山下乡"和"文革",中年时经历了独生子女政策,壮年时恰逢改革开放,老年时邂逅第一波老龄化。很显然,他们是几乎经历了新中国所有重大社会试验的一代,携带现代中国各个重要发展阶段的时代气息和集体记忆,可以说是人生经历最丰富,也是被历练得最坚韧,对时代变化的反应最敏捷、最具适应力和自我救赎力的一代。

面对独生子女时代全面"超载"的老龄化挑战,这一代老龄群体具有普遍意义上的集体应激反应有二:一是悲壮的伦理退出;二是感天动地的伦理救赎。

伦理退出集中体现为对独生子女一代的孝道要求。孝道在入世的中国文化中具有比其他任何文化传统和文明形态都重要的文化功能,承载着从文明的底层设计到顶层设计的文化之重。在底层设计中,它是家庭自然伦理安全系统的文化基石;没有孝道,即便多子多孙,家庭的权力义务关系也只能是西方式的准市民社会关系。在顶层设计中,它是个体达到永恒不朽的终极关怀。"孝"之为"道",就是因为它既是伦理安全,又是终极关怀。孝道失落,在中国社会中意味着巨大而深刻的伦理风险和社会风险。正因为如此,孝道才成为中国伦理的核心价值和文化诉求之一。然而,独生子女与古今中西激荡交汇所产生的深刻变化,不仅使孝的伦理意识发生变化,而且现实地使孝的伦理能力和存在形态发生重大变化，根本改变了一代老龄人对孝道的伦理期待。根据东南大学伦理学团队关于"对家庭最担忧的问题是什么？"的调查，在2007年的调查中，选择"子女尤其独生子女缺乏责任感"的占50.1%，选择"子女不孝敬父母"的占26.2%，两项总和达76.3%。然而十年之后的结果发生了重大变化，在2017年的调查中，选择"子女尤其独生子女缺乏责任感，不孝敬父母"的仅占18.5%，取而代之的是另一种忧患，即"独生子女难以承担养老责任，老无所养"（占28.8%）。短短十年，家庭伦理忧患从独生子女"缺乏责任感""不孝敬父母"的道德品质，向"独生子女难以承担养老责任"的伦理能力转化，在父母一代与独生子女之间似乎达成了某种伦理上的理解与和解，至少是对于独生子女一代的责任感与孝道意识的伦理宽容。其实，仔细思考便会发现，它与其说是两代人之间的伦理理解，不如说是一代老龄群体悲壮的伦理退出。因为"独生子女难以承担养老责任"，即便有孝道意识，也缺乏行孝能力，所以老龄一代放弃至少部分放弃对独生子女的孝道要求。这是一代人悲壮的伦理退出。这种退出，已经不是关于孝道的伦理失望，而是行孝能力在伦理上的无望，关键在于，不能由伦理上的无望走向伦理上的绝望，因为其中潜藏巨大而深刻的文化和文明风险。这代人的伦理退出，很容易让人们回忆起当年这代人背着简陋的行囊豪情万丈地"上山下乡"的集体记忆和历史画卷，历史不能再重复它的"伤痕文学"。

这一判断在老龄群体的伦理救赎中得到验证。第一个实证是，在最近五年中，关于孝道意识与伦理能力的判断又一次发生变化。在2022年的第四轮全国调查中，关于家庭伦理忧患的选择，选择"独生子女难以承担养老责任，老无所养"的占30.4%，比2017年上升1.6%；选择"子女尤其独生子女缺乏责任感，孝道意识薄弱"的占29.6%，比2017年上升11.1%。关于孝道意识与行孝能力的忧患基本持平，表明在经过改革开放初期的激荡之后，老龄一代仍未放弃对子女的孝道要求，孝道依然是最重要的伦理期盼，只是伦理能力的忧患处于微弱的优先地位，关于孝道的伦理退出只是一段时期的应激反应。五年中关于孝道的忧患上升11.1%，说明老龄一代并未放弃孝道的伦理诉求和伦理批评。其实，导致这种变化还有另一个原因，即家庭伦理为另一种更强烈更急迫的忧患所替代,这就是年轻一代的婚姻伦理。在2022年的调查中,"年轻人缺乏守护婚姻的意识和能力"与"年轻人不愿意结婚,或不愿意生孩子,家族传承危机"以近乎相同的选择率并居前列,分别占37.8%、37.9%,忧患率比2017年的调查分别上升13.5%和24.3%。这只能说明,家庭伦理忧患的主要矛盾发生重大变化,伦理忧患意识的重心转移。

面对由婚姻伦理意识和婚姻家庭的伦理能力而引发的"家族传承危机",老龄一代在悲壮的伦理退出的同时,做出一个重大集体应激反应,准确地说是救急反应,这就是以隔代带娃为集体行动标识的伦理救赎。不婚不育,不仅是家庭伦理危机,也是整个社会的危机;其直接后果,不仅是家族传承危机,而且是由人口负增长导致的人的再生产危机,因而可能演化为整个文明的危机。面对这一严峻而深重的危机,老年一代的应激反应,一是对子女的反向奔赴,二是隔代带娃。在悠久绵延的中国传统中,父母总是子女的归宿和汇集地。在中国话语中,所谓"家庭","家"是共财共聚,"庭"则是父母所在的地方,隐喻生命的根源所在。因而传统的节日,从春节到中秋节,都是子女奔向和聚会于父母。然而独生子女政策使这一延绵几千年的历史画面发生反转。很多父母背井离乡,伴随子女移居到陌生的城市,成为异乡异客。也许他们的生活环境得到一定改善,却沦为伦理上的陌生人,必须忍受伦理上的隔离和孤独,以此获得家庭伦理上的完整。另一个更具标志性的集体伦理行动是隔代带娃。也许当今世界没有任何一个国家有像中国那样,涌动一支支遍布世界各地的浩荡而又默默行进的父母一代的带娃大军。老龄群体放弃了自己既有的生活方式,包括部分放弃自己的自主性、主体性,不仅以经济上,而且以伦理上的巨大而无私的支持,换取家族血脉生命绵延的机会。"你负责生,我负责养",已经像传统社会中孝道对自然安全和终极关怀的承诺那样,成为老龄群体的伦理救赎的承诺和宣言。在文化传承和转换中,隔代带娃的伦理意义已经悄悄发生深刻变化。过去是"天伦之乐"的自我满足和自我实现,今天是庄严的伦理承诺和坚韧的伦理拯救。如果文明史上存在感天动地的伦理正剧,当今中国老龄群体的隔代带娃,当是最为可歌可泣的篇章。

（二）科技的伦理出路与伦理歧路：寻找文化"替代"

在老龄群体做出集体应激反应的同时，科技发展为社会带来新的希望。新兴科技尤其是生命科学、信息科学、人工智能，为破解老龄化社会的难题提供了新可能。然而它们在为老龄化社会开辟新出路的同时，也很可能将问题的解决引向歧路。因为新兴科技发展的文明方向，包括引导老龄文明的方向，一言概之，即寻找"替代"。在终极意义上可能是人类替代；对老龄群体和老龄文明来说，则是寻找伦理替代。

以基因技术为代表的生命科学为老年人的健康开辟了广阔的前景，干细胞移植、基因治疗等为治愈许多影响人类健康、终结人类生命的重大疾病带来新的希望。它不仅使长寿成为可能，甚至其终极发展为人的世俗生命的永存提供了可能。然而，基因技术、生物治疗等现代生命科学最大的伦理挑战，是改变了人的身体和生命的自然状态，改变了人的生命的自然统一性，进而可能最终改变以自然生命为基础的整个人类文明的秩序。基因生殖技术使人类生命可能从"被诞生"成为"被创造""被制造"，于是，一方面，最终制造"最强生命"的技术创造者就可能成为真正意义上的世俗上帝；另一方面，迄今为止的整个人类文明是建立在生命不可选择的基础上的宏大而悠久的设计，一旦生命可以选择，既有人类文明的秩序也就从根本上被颠覆，进而导致既有人类文明的终结。不仅如此，现有的文化价值系统也将完全失灵。因为人类是"被诞生"，一个生命从另一个生命中孕生的自然进程使人类具有"在一起"的基因和能力，于是"爱"不仅必要，而且可能，因为爱的文化本性是不独立不孤立；正因为如此，爱才成为一切宗教、伦理乃至文化艺术的始点。然而，如果人类不再是"被诞生"，而是"被制造"，或者不是从自然生命中分娩，那么"爱"便不再是必需品，也没有可能性。孙悟空就是典型。他是从宇宙生成时遗落人间的原石中诞生的，因而对人性和人间的一切伦理准则不知道也不遵循，其超人的本领成为人世秩序的解构力量。孙悟空相当程度上就是新兴科技的人格化。一部《西游记》，尤其是孙悟空、猪八戒、沙和尚受唐僧引领取经得道的过程，相当程度上就是新兴科技伦理的艺术演绎。基因治疗还内在另一个文明难题。在理论上，一旦干细胞移植和种植技术发展成熟，人类生命就可以万寿无疆，因为各种器官都可以像建筑结构那样替换，使之永远存在。然而，人的生命具有自然同一性，如果替换了人的主要的甚至全部的器官，那么所延续的显然已经不是原来意义上的那个自然生命，而是一个人工生命，生命的自然同一性早已消逝。根据现代心理学、生理学和生命科学的发现，作为人的知情意的主导和敏感反应的器官，不只是大脑，还有中国传统文化指谓的"心"，包括心脏，甚至肠胃也具有很强的心理情感反应能力。这些主要器官一旦被替换，人的思维方式、情感取向和伦理能力将发生重大变化，从而成为"另一个人"。对老龄群体来说，还有另一个问题，如果通过各种治疗，包括插管治疗等延长生命，虽然生理和物理生命依然存在，但是当他们带着一身的插管活着时，有必要追问：到底是延长他们的生命，还是延长他们的痛苦？这就是安乐死诉求的合理性根据之一。

信息技术对老龄群体和老龄文明影响更为直接和显著。网上购物（包括网购、外卖）为老龄人生活提供了很多便利，信息跟踪等也为老龄人提供了安全的技术保障，网络空间使沟通前所未有地迅捷而直观；但数字鸿沟、数字暴力使老龄人成为新的弱势群体。在某种意义上，老龄群体文化地位的最后丧失，是由于第三种信息方式即电子信息方式的产生。因为在口头交流和印刷交流的第一、第二种信息方式时代，年龄还与经验、知识和权力相联系，但电子信息方式彻底扯断了其间的关联，使年龄成为一种弱势。同时，电子信息技术所创造的新的交流方式，使老龄群体产生新的孤立和隔离——它在创造世间最短的距离的同时，也创造了世间最遥远的距离。有人说，世间最遥远的距离，是我们在一起，你却在玩手机。电子信息方式使"在一起"成为虚拟，也可能成为虚幻。由于老龄群体对新的信息方式的掌握和反应能力同年轻人存在差距，老龄群体的社会权力出现明显的相对下降，甚至绝对下降。

人工智能技术是对老龄群体和老龄文明产生最复杂、最深远影响的新兴科技。人工智能技术为老龄人的陪伴、照料提供了新手段和新前景，生活也可能更为方便，然而这种技术的文明方向和文明本质是"替代"。当以机器人陪护和照料老年人时，已经不是一个生命和另一个生命之间的互动，而是典型的人机互动，只是它被赋予人的某些"程序"。它所照料和沟通的并不是人的生命尤其精神生命，最多是人的生活。更大更深刻的文明风险在于，当人们试图彻底地以机器人或人工智能为人的替代或替身，从而为老龄人提供服务时，事实上也将老龄人只当作机器人，老龄人的伦理生命或生灵已经被替代甚至扼杀了。尤其当试图以人工智能代替亲情互动时，老龄群体的最后期盼和终极关怀事实上在被替代的同时也被取代，也将导致代际关系和社会关系中伦理义务的规避与逃避。由此，一方面必须认真反思人工智能作为"人"的替代的文明本性和文明方向；另一方面必须严肃思考和规范人工智能对老龄群体的替代服务的限度，使之严格地处于补偿或"应激"的地位。如果人工智能成为或沦为"人"的替代，那么最终的结果，不仅是老龄人的终极关怀成为虚无，而且使人类被替代而成为多余。

要之，新兴技术在为老龄群体和老龄文明创造新的伊甸园的同时，也将老龄群体逐出原本属于他们并为他们所守望的伊甸园。我们有足够的理由为新兴技术所提供的新手段而欢欣鼓舞，提振老龄文明的信心；但也有足够的理由并且需要足够的行动，对新兴技术对老龄群体可能产生的"新兴伤害"保持高度警惕并采取切实行动。否则，新兴技术便可能不是老龄文明的信使，而是老龄人的催命符。

（三）社会与市场的时代反应

面对老龄化的严峻挑战，社会和市场都做出迅速而敏感的反应。"积极老龄化"成为应对老龄化的国家战略的重要话语，各种养老机构的设立成为市场敏感度的体现，而"银发经济""老龄教育"等成为社会反应与市场反应交织的概念。问题在于，应对老龄化的国家战略和社会反应到底如何才是"积极"？由于社会和市场反应是基于问题意识的应激反应，更由于伦理思考的缺场，这些应激反应同样存在巨大的文明风险。

机构养老无疑是缓解甚至解决老龄化问题的重要对策之一，它可以为老龄人提供更好的生活、照护和医疗条件，老龄人的安全需要也能得到较好的满足。然而它的最大难题还不是经济能力，而是老龄人伦理需要的满足。机构养老最大的不足在于它是生命和伦理的孤岛。在养老院，老龄人成为单一的群体，难以与包括儿童和青壮年在内的其他生命阶段的主体相互接触和融入，在享受照护和时光的等待中难以看到生命的希望和信心，只看到终老而

第一部分 老龄文明理论前沿研究

看不见新生,而生命的不断消逝很容易使人产生放弃的消极情绪,养老院甚至被视为"死亡中转站"——在这个意义上它是生命的孤岛。同时,机构养老以"离家"为前提。这种离家的感受,比现代性中文化上"失家园"的离家更痛切——它是彻底的也是终极的背井离乡,与年轻时期外出求学或工作的"离家"不同,他们已经没有"回家"的机会,因而是与"家"的最后诀别。"在家"是人的基本伦理诉求,正因为如此,从孩童时代上幼儿园到读大学,一次次地"离家",在成长的同时,都噙着伦理的苦涩泪水。不同的是,老龄人进养老院的"离家",已经丧失"回家"的机会。进养老院的"离家",或者是缺乏选项的无奈之举,或者是老龄群体因年迈在家庭和社会中边缘化而失去权力甚至失去自主性的"被安置"。在这个意义上,养老院是伦理的孤岛。走出"孤岛",需要探索一种融入式养老的机制,"融入"的稀缺和核心要素是伦理上的融入。家庭养老是生命和伦理的直接而自然的融入,"含饴弄孙"之所以是"天伦之乐",是因为它不仅看到生命的生生不息,而且感受到伦理上的终极关怀。正因为如此,绝大多数社会大众以家庭养老为首选,虽然照护和医疗条件不如机构养老。在家庭伦理严重超标承载的背景下,也许,社区养老是一种折中的选择。因为它可以使老龄人离家又有机会回家,至少离家不离乡,这是一种伦理上的调和与折中,其优越性在于伦理条件而不是其他物理条件。当然,这依然是一种需要不断探索的努力。

社会反应的深刻风险存在于市场化的进程中。养老产业化与市场化也许是一种最迅捷的应对,在市场背景下也是社会最自然和本能的反应。然而,"银发市场"在为老龄人提供丰富的物质供给、多元需求满足的同时,也内在将老龄群体作为市场对象的预设和取向。老龄群体与其他任何年龄阶段的生命群体具有不同的存在样态。他们为人的生命绵延、为人类文明耗尽了全部的能量,因而无论家庭还是社会都对他们具有回报的义务;这是文明的良知,也是人类社会的底线伦理。社会对他们的态度首先应当是伦理的态度。面对老龄化,首要的不是老龄人如何学会老去,而是社会学会如何对待老龄人。对老龄群体来说,"老"不仅是人生的一个阶段,也是人生的第一次,过去从来没有经历过,也从来没有机会学习如何变老;正因为如此,才会产生进入老龄化社会后那些被网络空间污名化的诸多复杂现象,这是一种个体生命和整个社会的不适应。只要反思人的青春期的叛逆，就会理解老龄群体因为身体、生命、人生从中心向边缘全方位撤离的那种失落而产生的自然反应；只要理解父母以及社会对青春期生命的宽容，就能发现对待老龄人应有的良知。不同在于，青春期的叛逆还有机会回归，老龄生命却失去回归的机会。当然，回归也可能发生，"人之将死，其言也善"也许就是精神回归的一种表现。所以，"学会对待老人"，是老龄文明的必修课。由此，就必须超越对老龄化的市场应激反应，从老龄文明的高度进行老龄化时代的谋划。一个典型的概念是"老龄教育"。老龄教育被当作充实老龄人精神生命的重大举措。然而，"老龄教育"的理念，隐含着将老龄人当作"教育"对象、将老龄教育当作产业市场开发的预设和风险，一旦这种社会潜意识被实现，老龄教育便在社会心态和市场运作中被异化。应当也必须将"老龄教育"的理念和话语转换为"老龄学习"。显而易见，"老龄教育"的主体是教育者，而"老龄学习"的主体是"老龄"，二者存在伦理态度和伦理境界上的根本差异。

四、伦理质量与老龄化社会的文明质量

（一）由老龄化走向老龄文明的伦理之"河"

综上，中国的老龄化，具有前无古人、后无来者、无任何国际经验可以借鉴、无任何国家可以帮助的"四无"特点。老龄化的直接背景，是近40年的独生子女的社会试验，老龄化邂逅独生子女的独特境遇前无古人，也可能后无来者；虽然老龄化是普遍国际趋势，但是基于中国独特历史背景、文化传统与现实境遇的老龄化无任何国际经验可以直接借鉴；据预测，到2035年，中国的老龄人口将比美国现有人口还多出四千万，在主观意愿和客观能力方面，无任何国家可以帮助。我们别无选择，必须以创造性的努力与创新性的实践，在现代化进程中破解这一空前的难题。迎接挑战的哲学理念一言以蔽之，即将"老龄化"推进为"老龄文明"。

在文明进程中，老龄化是人类文明进步的重要表现，因为它与长寿时代相伴随。然而这一认知可能只是基于问题意识的判断，能动的理念是使老龄

化不仅"是"而且"成为"人类文明进步的重要表现,即让老龄化成为文明进步的一种重要机遇和文明史的革命性历程。为此,国家提出"积极老龄化"的战略。应对老龄化的"积极"理念、"积极"话语、"积极"战略是什么?就是使老龄化成为"老龄文明"。老龄化成为老龄文明面临的最深层的中国问题是什么?就是伦理。在老龄化与老龄文明之间,横亘着一条险象环生、气象万千而又波涛汹涌的通天河,横跨于这条通天河的此岸与彼岸的是一座伦理之桥。换言之,渡过这条通天河的诺亚方舟是伦理之舟。

由老龄化走向老龄文明,遭遇特殊的中国问题,必须建构特殊的中国概念和中国理念。简要地说,有六大中国概念。一是"试验"。中国老龄化首先面对的是近40年的独生子女的社会试验,在宏大背景下也面对40多年改革开放中全方位的经济、政治、文化改革。因而中国式老龄文明的文化心态与战略选择,必须"以试验对试验",以探索性和创造性的社会试验和文化试验,破解老龄化进程中的诸多文明难题。二是"超载"。中国老龄化在人口、经济、文化上全面超载,而最大最深层的超载,是独生子女邂逅老龄化的伦理上的超载。三是"伦理安全",老龄化面对的历史和现实背景,是数千年历史进程中所形成的以血缘家庭为基础的自然伦理安全系统的瓦解,和以"人民公社""单位制"为机制的城乡"第二家庭"的解构。因而老龄文明在为老年人提供各种保障的同时,必须首先创造性地奠基老龄人的伦理安全系统。四是"生活质量与生命质量"。老龄化成为"文明"绝不只是"能养",价值取向不仅是使老龄人"活下去",而且要"活得好",于是老龄群体的生活质量和生命质量就是核心问题。五是"文明风险"。老龄化是中国式现代化的重大课题,是今后相当长时期必须面对的挑战,在入世的中国文化中,它与人的生活世界和精神世界的终极关怀直接相关,具有深远的文明意义,也内蕴巨大的文明风险,因为它与中国家国一体的"国家"文明形态和"不宗教"的文化气派深度相关。六是"中国式养老模式"。在理论和实践上必须探索一种适合中国国情尤其是文化传统的养老模式,这种养老模式不同于其他国家的最大特点就是其文化气质,其核心问题就是老龄群体伦理需要的满足。

（二）现代伦理型老龄文明

中国传统文化是伦理型文化，中国传统老龄文明是一种伦理型老龄文明。这种伦理型老龄文明在生活世界体现为家国一体、由家及国的老龄群体的伦理政治安全体系，在精神世界体现为以孝慈为价值基点的血脉生命绵延的终极关怀。现代中国社会发生诸多深刻变化，老龄群体也在时代更迭中携带新的时代气质，然而，伦理需求作为基本需求、伦理安全作为基本安全的传统和基因没有变。这是老龄化最深刻的中国国情，也是老龄文明最重要的文化要素。

现代中国老龄文明面临的最大文化挑战，是伦理上的供需失衡，这种不平衡在养老模式的选择方面演绎得最突出。"理想的养老方式是什么？"东南大学伦理学团队2022年全国调查的数据显示，"在家"的养老方式居绝对首位，"在家"的方式包括四类，共占81.6%："与子女同住"37.0%，"与子女同住一小区分开居住养老"15.5%，"在自己家，找保姆养老"9.2%，"社区居家养老"19.9%。与之相对应，"养老院养老"2.7%，"入住专门的养老社区养老"3.0%，两项总和5.7%。其他养老形式的选择都不到5%。诸多养老方式的选择中，"与子女同住"是首选，但独生子女、城市化，包括个体主义，使这一选择成为历史也成为奢望，因为它在家庭人口结构、生活方式和文化取向方面都形成伦理上的严重超载。于是在养老方式方面出现需求与供给的严重失衡，"与子女同住"与其说是期望，毋宁说是守望。其他三种"在家"的养老方式，与其说是"在家"的补偿，不如说是文化上的妥协，是"在家"守望的强烈表达，只是它表现为一种与"家"的伦理距离、空间距离的一步步退却，然而"在家"总是核心诉求。"与子女同住一小区分开居住养老"既保持与子女"在一起"的伦理希求，又回避了独生子女和个体主义的伦理超载所导致的内在矛盾，是一种"以空间换伦理"的妥协，也是与血缘意义或自然伦理实体意义上"家"最短伦理距离的折中。"在自己家，找保姆养老"的特点，是保留了老龄人与"家"的空间同一性；当难以与子女在一起，伦理上的"家"的同一性难以保持时，这种养老选择在与"家"保持最短的空间距离的同时，也最大限度地保持对"家"的伦理记忆。"社区居家养老"之所以成为"在家"的第二选项，最大的可能因素是它是最具现实性的选择。社区的魅力，在于既能"见家"又能不离"乡"，是在与自然意义或原生的"家"的同一性难以保持时，最具现实性的妥协方案。一方面，它是"在家"与"见家"的妥协，当"在家"不可能时，"见家"也是一种伦理上的满足；另一方面，它是"第一家庭"和"第二家庭"之间的妥协，其要义是即便不能处于"第一家庭"，也置身于"第二家庭"，虽然社区在相当意义上已经难以履行"第二家庭"的文化功能，但在情感和价值上，社会大众尤其老龄群体将它认同为"第二家庭"，因为它既是一个熟人圈，也携带自然家庭的气息和记忆。

可以说，四种"在家"的养老模式的选择，是供需矛盾突出时在社会心态和文化选择方面一步步的伦理退却，但这个退却贯穿一个主题，就是伦理需求的满足；也有一个底线，同样是伦理需求的满足。这是一种可歌可泣、令人动容的对于"家"的伦理守望，因为是老龄群体的守望，因为是生命最后的守望，因而也具有终极守望的意义。正因为如此，应当将这种伦理需求的满足，当作一种文明的重要而必要的要素来对待和建构。它既是中国传统，也是中国问题，是现代老龄文明的重要中国气质。

马斯洛提出需要层次理论以解释人及其行为，其中安全是最基本需求，自我实现是最高层次需求。将这种需要层次理论移植于养老模式和老龄文明，有一定解释力但又不具有完全的解释力。物质生活包括日常照护虽然是老龄群体最基本的需要，但是，其一，对中国老龄群体来说，对中国文化传统及其所建构的文明来说，不仅是满足需要和提供照护的问题，还有谁满足需要、谁提供照护的问题，由此伦理问题便具有重要地位。其二，虽然现代中国老龄化的基本国情是未富先老，但对相当一部分老龄群体来说，基本生活已经有保障，而且，正如柏拉图所说，老龄人总体上物质欲望已经比较少，相当程度上摆脱了物质欲望的束缚；与之相对应，其他需要，尤其是伦理需要的满足愈益强烈并且成为稀缺供给，因为它不仅是基本的安全需要，而且是自我实现的终极形态。不同年龄群体有不同的自我实现方式。也许对青壮年群体来说，社会地位和权力是自我实现的表征；然而对老龄群体来说，他们已经从社会权力的中心向边缘撤离，伦理需要的满足，成为其自我实现的方式。伦理需要可能从两个方面得到满足，这就是家庭与社会。家庭伦理需要的满足，既是自然伦理安全，因而是安全需要的满足，又是对生命的永恒不朽的体验和确证，因而具有终极需要和自我实现的意义。社会伦理需要的满足，部分意义上是马斯洛所说的尊重的需要，其本质是社会对老龄群体在伦理上的承认，包括对他们一生的努力与贡献的承认。重要的是，因为对老龄人的态度往往具有对其一生承认的总体性意义，因而也具有终极承认的意义，因而也是老龄人自我实现需要满足的终极形态。更重要的是，社会对老龄群体的承认及其态度，本质上是一种集体生命觉悟，是演绎文明的程度和境界，是社会文明的体现，是老龄文明的重要构成。

（三）伦理质量—生活质量、生命质量—文明质量

中国正处于由小康迈向现代化的新时代，虽然未富先老是客观现实，但总体上老龄群体大多已经超越温饱，生活质量和生命质量成为核心课题，主要矛盾已经不是"活下去"而是"活得好"。如果说物质生活条件如医疗和照护是老龄文明的硬件，那么伦理关怀或伦理需要的满足就是老龄文明的软件。在中国文化背景下，伦理关怀不是奢侈品，而是必需品。因为伦理需要既是老龄群体的基本需要即自然伦理安全需要，又是最高需要即终极关怀的自我实现的需要。伦理关怀即伦理需要的满足被称为"软件"，不是因为它是硬件的陪衬，而是说如果没有软件，硬件就无法发挥作用甚至难以启动，就像电脑没有软件就无法工作甚至无法开机一样。如果说包括医疗在内的物质条件让老龄人"活下去"，那么伦理关怀或伦理需要的满足便决定老龄人能否"活得好"。伦理需要满足的程度，是老龄人"活得好"的最深层也是最重要的标尺。这是伦理型文化背景下中国老龄文明与其他形态的老龄文明如西方老龄文明相比最具中国特色的元素。孔子曾辩证"能养"和"色难"。如果以此解释现代老龄文明，那么物质条件的满足是"能养"，伦理需要的满足则是"色难"。一方面，伦理关怀深度演绎社会对待老龄人的文化态度和伦理情怀，即"色"；另一方面，因为伦理需要是老龄人最重要的需要也是最稀缺、最宝贵的资源，因而也最"难"。如果对孔子的命题进行现代老龄文明的转换：物质需要的满足只是"能养"，伦理需要的满足才是"色难"，是难得的也是难能可贵的文明境界。

由此，必须超越马斯洛的需要层次理论，使其中国化，其要义是将伦理需要既当作基本需要，也当作最高需要，建立老龄群体的需要层次理论。在此基础上建构以伦理需要的满足为文化着力点的老龄文明的中国理念及其概念体系，这就是"伦理质量—生活质量、生命质量—文明质量"贯通的体系。老龄之所以成为"文明"，不是因为"能养"——孔子早就说过，"能养"在动物世界也曾存在——老龄文明的着力点是老龄群体的生活质量和生命质量。在基本物质生活需要满足之后，伦理需要满足的程度，或者说伦理关怀的供给质量，决定老龄群体的生活质量和生命质量。在老龄阶段，老龄群体的物质生活需要已经不像其他年龄群体那样丰富和强烈，"老"作为不可逆转的生命现象也已经为老龄群体所逐渐接受，在入世的伦理型中国文化背景下，伦理需要的满足成为老龄群体强烈的需要，这是老龄文明的最显著和最大的中国特色。在人口、文化、经济全面"超载"的背景下，它也是最稀缺的资源供给。由此，便产生"伦理质量"的中国问题。一般说来，伦理质量包括伦理实体的质量和伦理关怀的质量。伦理实体的质量是共同体的伦理含量和伦理凝聚力的质量；伦理关怀的质量是伦理实体的认同和被认同程度，以及为个体提供精神世界和生活世界的家园、最后提供终极关怀的质量。伦理是社会的意识形态和精神气质，也是客观存在，是社会的必需品。无论是否意识到，伦理与伦理需要总是存在，关键在于伦理供给的质量，包括作为需求对象的伦理的质量以及满足伦理需要的程度，即伦理的质和量两个方面。伦理质量及其供给有两种现实形态。其一，自然形态的血缘伦理的"天伦"供给及其满足程度，这是"第一家庭"的伦理质量；其二，社会与国家为老龄群体创造"第二家庭"的"人伦"供给的伦理含量及其满足程度，这是"第二家庭"的伦理质量。无论"第一家庭"还是"第二家庭"，伦理质量的要义，都不只是客观物质生活条件的供给，而是其中所体现的伦理关怀，是"天伦"和"人伦"供给的质量及其满足程度。

也许，"伦理质量"是一个需要专门论证的概念，它与老龄文明之间的关系更有待启蒙和觉醒。将老龄化推进为老龄文明，必须确立关于伦理质量的理念和概念。第一，"伦理质量"是老龄文明的中国概念和中国问题，是伦理型文化背景下现代中国老龄文明的文化气质和前沿课题，与老龄群体的生活质量和生命质量深度相关；第二，建立"伦理质量"与老龄化时代社会文明质量关系的自觉意识，伦理质量通过老龄群体的生活质量和生命质量，体现并深刻影响老龄化时代的文明质量。伦理质量，将成为老龄文明质量的标志和标尺。只有在自觉的伦理意识和集体伦理行动的基础上，才能建构体现中华伦理基因、洋溢中华伦理精神的现代老龄文明，即伦理型文化的中国现代老龄文明。

作者：樊和平，樊浩系笔名，东南大学人文社会科学部主任、资深教授，教育部"长江学者"特聘教授，老龄文明智库学术委员会主任委员。

主要参考文献

1.［古希腊］亚里士多德.尼各马科伦理学.苗力田译.中国社会科学出版社，1990

2.梁漱溟.中国文化要义.学林出版社，1987

3.巴新生.西周伦理形态研究.天津古籍出版社，1997

4.樊浩，王珏等.中国伦理道德发展报告.中国社会科学出版社，2018

面向积极老龄化的城市空间治理

周　岚　丁志刚

人口老龄化是21世纪中国社会发展变迁的重要态势，也是推进中国式现代化需要面对的重大议题。数据表明：中国是世界上人口老龄化规模最大的国家。截至2024年末，中国60岁及以上人口达到3.1亿人，其中65岁及以上人口达到2.2亿人。党的二十大报告明确提出"实施积极应对人口老龄化国家战略"。在此背景下，围绕"如何看待老龄化？""如何积极应对老龄化？""如何践行积极应对人口老龄化的国家战略？"，本文结合学习贯彻党的二十大提出的"推进以人为核心的新型城镇化"，以及党的二十届三中全会提出的"全面提高城乡规划、建设、治理融合水平""建立可持续的城市更新模式"等系列要求，从城市空间治理角度尝试提出系统设计和统筹谋划思考。

一、如何看待老龄化？——将积极应对人口老龄化作为城市更新的重要动力

老龄化常常被认为是负面社会发展趋势，因为从经济增长角度，它减少了社会劳动力供应、增加了社会抚养人口、加大了社会保障压力。但从另一

个角度，老龄化也是社会进步的重要指针，因为它与全社会平均寿命延长、医疗保健能力保障支撑以及社会福利水平普遍提高等紧密相关，世界上老龄化程度高的国家大多数也是发达国家。

如何面对人口老龄化带来的社会变化？习近平总书记强调"把积极老龄观、健康老龄化理念融入经济社会发展全过程"[①]"一个社会幸福不幸福，很重要的是看老年人幸福不幸福"[②]。因此，面对中国人口老龄化的客观发展态势，在观念上要从"问题意识"转向"文明意识"[③]，并在积极应对挑战中善于发现机遇、抓住机遇，通过"把积极老龄观、健康老龄化理念融入经济社会发展全过程"，努力推动实现高质量发展、高品质生活和高效能治理。

从中国城镇化发展面临的挑战看，过去40多年的快速城镇化在带来城市面貌日新月异的同时，也累积了错综复杂的"城市病"问题，其中就包括应对人口老龄化的准备不足。以老年人出行必需的无障碍环境建设为例，其规范出台晚、立法时间迟。1989年4月，我国才颁布实施了第一部无障碍设计试行规范《方便残疾人使用的城市道路和建筑物设计规范（试行）》；2012年3月，住房和城乡建设部、国家质量监督检验检疫总局联合颁布了《无障碍设计规范》；2012年8月，第一部无障碍设施的行政法规《无障碍环境建设条例》正式实施；2023年9月，《中华人民共和国无障碍环境建设法》正式实施。中国快速城镇化和快速老龄化深度交织的特点，客观上形成了城市适老化设施历史欠账多的现实。随着老龄人口的不断快速增长，城市的养老服务设施供给、无障碍环境建设等诸多缺口，亟待通过城市更新来填补。

从中国新型城镇化推进的机遇看，随着传统房地产开发模式面临增长困境，城市发展需要新的增长动能；随着网络经济、数字经济的深度发展，在

[①] 《习近平对老龄工作作出重要指示强调　贯彻落实积极应对人口老龄化国家战略　让老年人共享改革发展成果安享幸福晚年》，《人民日报》2021年10月14日。
[②] 《习近平春节前夕视频连线看望慰问基层干部群众　向全国各族人民致以新春的美好祝福　祝各族人民幸福安康　祝愿伟大祖国繁荣昌盛》，《人民日报》2023年1月19日。
[③] 《老龄文明窑湖共识》，载老龄文明智库编著《老龄文明蓝皮书2023》，江苏人民出版社2024年版，前言第4页。

线购物和居家办公已成为人们的日常，许多城市相应产生商业空间和办公场所的大量冗余；随着国际国内发展环境的变化，多行业经济面临着下行的压力，而与老龄化相关的经济正逆势增长，数据显示，2018—2023年全国养老产业年均增速超GDP（国内生产总值）年均增速约9个百分点。同时，应关注到中国现在60多岁的这批人正是赶上了改革开放好机遇的一代人，他们消费能力强，主动健康意识也强，由此带来了对康养保健、养老服务、休闲娱乐、智能科技、社区生活等多方面的新需求，银发经济正成为新的经济增长点，引发了从家庭住房到住区社区再到城市公共服务等城市空间一系列的需求变化，形成自下而上的推动城市转型升级的更新动力。

二、如何积极应对老龄化？——将积极应对人口老龄化作为提升城市空间治理水平的重要动力

驱动行业进步的底层力量，在于经济社会的发展需求。以城市规划为例，新中国成立后，中国的城市规划先后经历了"为建设而规划"和"为改革开放而规划"的两个历史进程，在服务国家建设发展需要的动态进程中实现了行业的不断进步。在社会主义建设时期，新中国学习借鉴"苏联模式"，将城市规划作为计划经济体系的重要组成部分，城市规划负责在空间上落实国民经济建设计划和生产力布局的重点项目，通过编制建设项目的修建性详细规划蓝图和重点建设城市的城市总体规划蓝图，有力支撑了社会主义建设事业发展。改革开放以后，随着社会主义市场经济体制的逐步建立，城市土地出让制度和房地产开发模式逐渐形成，在给城市带来巨大建设活力的同时也驱动了城市规划的改革，控制性详细规划应运而生。它通过对开发地块规划条件的制定和管控，一方面为土地出让建立了透明、清晰、可测算的指标体系；另一方面通过管控地块的建筑高度、建筑密度、退让街道距离、公共绿地和公共设施配套等，实现了对城市建设的空间引导和公共利益保障。

在2024年10月发布的《2024年全球城市指数报告》中，中国城市在全球的排名显著上升，3座城市进入全球前10。在支撑推动中国城市快速发展进步的过程中，城市规划学科也实现了跨越式发展。据近年来泰晤士高

等教育（THE）发布的全球高等教育学科评级结果，中国城乡规划学的评级（A）甚至优于现代城市规划积淀深厚的西方发达国家，包括现代城市规划学科的起源地英国，以及德国、美国、加拿大、澳大利亚等国家。在看到中国城市发展和城市规划巨大进步的同时，我们也应看到存在的问题和不足：如果说中国城镇化前半程的巨大成就在于"物的城镇化"——实现了世界上人口规模最大的城镇化的相对有序，并建成了一大批令世界刮目相看的现代化中心城市；那么中国城镇化后半程应该致力推动的是"以人为核心的新型城镇化"，推动"物的城镇化"向"人的城镇化"转变。

党的二十大擘画了以中国式现代化全面推进中华民族伟大复兴的宏伟蓝图，强调坚持以人民为中心的发展思想，不断实现发展为了人民、发展依靠人民、发展成果由人民共享，让现代化建设成果更多更公平惠及全体人民。2023年3月，习近平总书记在出席中国共产党与世界政党高层对话会并发表主旨讲话时进一步指出"现代化的最终目标是实现人自由而全面的发展"。站在中国式现代化新征程的关键节点，笔者认为未来中国城市规划的第三次变革应是在"为建设而规划""为改革开放而规划"的基础上，向"为中国人的全面发展而规划"转型升级。

但是，推动行业转型并非易事，推动已建成城市的转型更加困难。随着我国城镇化发展由城市大规模增量建设转为存量提质改造和增量结构调整并重，传统的城市规划、城市建设、城市管理再次面临深度改革需求，城市存量空间的更新需要贯通规划、建设、治理等"硬件"相关的多个环节，还要和养老政策、社会保障体系等"软件"制度设计协同一致。可以说，它考验着一个社会应对复杂问题的系统整体思考和联动协同能力，也是衡量社会治理能力和水平是否真正现代化的重要标志。从城市空间治理角度，需要提前预判人口老龄化等社会结构变迁的冲击，超前谋划、积极应对，不仅以同情感和同理心推进适老化环境改造，推动老龄友好城市建设，更要以此为重要驱动力，以治理能力和治理水平现代化为目标，推动城市规划、建设、治理进一步全面深化改革，重塑面向中国式现代化、以人的全面发展为导向的城市空间治理体系。

三、如何践行积极应对人口老龄化的国家战略？——来自城市空间治理角度的系统思考

积极应对人口老龄化，需要相关部门的系统联动。从城市空间治理角度，需要在住宅设计建造、邻里社区重构、全龄友好城市建设等不同的空间维度上系统谋划、推动改善。

（一）响应积极老龄化的住宅设计、建造和改造

家与宅紧密相关，人的一生，约一半的时间是在住宅中度过的。因此，住宅条件对人的生活质量至关重要。经过改革开放以来的快速建设，我国全社会的总体居住水平显著提升，城镇居民人均住房面积已从1978年的6.7平方米提高到2023年的40多平方米，老百姓对住房的需求已经从"有没有"转向"好不好"。因此，未来的住房要以提升居住品质和百姓幸福感为导向，建设安全、舒适、绿色、智慧的好房子。

2025年3月，住建部发布《住宅项目规范》，提出了多项适老化建设的标准，要求四层及以上的住宅必须设电梯，提高了户门、卫生间门的通行净宽，规范套内空间的地面高差、卫生间应设扶手等，方便坐轮椅老年人使用，自2025年5月1日起实施。江苏则早在2024年3月下发了《江苏省改善型住宅设计与建造导则》，其关于适老化的相关要求：明确改善型住宅要进行适老性专项设计；住宅应达到绿色建筑二星级以上标准要求；日照时间在《住宅设计标准》DB32/3920–2020基础上再提高1小时；住区人行活动区域应设置连贯的全程无障碍通行系统，无障碍通达各单元电梯，设有闸机的出入口或通道应充分考虑老人、儿童、行动不便人士的无障碍通行需求等。除加强对新建住宅的设计建设引导，大量已建住宅需要结合国家对老旧住宅加装电梯、家庭适老化改造等政策支持，通过各单元空间的再组织和各部位的细部改造，让老年人可以安心在家度过健康期、轮椅使用期、卧病在床期等不同生活阶段。

在满足住宅适老化基本需求的基础上，有必要以更长远的眼光、以全生命周期的理念，探索推动设计建造让人可"安享一生的住宅"，通过住宅通

用设计提高住宅的"可改造适变性"和"易改造灵活性",从而让住房能够适应人在不同年龄阶段的各种需求,满足人在家宅安老、可"择一宅终老"的愿望。比如,日本《应对长寿社会的住宅设计指南》分为基本标准和推荐标准两大类,基本标准是在一般设计中必须考虑的事项,推荐标准是可以进一步提高安全性、便利性、舒适性的事项。日本将适老化设计分为5个等级（Ⅰ、Ⅱ-1、Ⅱ-2、Ⅲ、Ⅳ）,以不同的级别对应人在不同阶段的住宅和设施的适老化实施程度。其中,第Ⅰ层级是普通住宅建设标准,面向生活自理的健康老人,同时也为所有居住者创造安全便利、健康舒适的居住空间和环境。随着层级的提高,适老化部品集成和技术应用同步提高,以保证身体机能逐渐衰退的老年人能得到相应的保障和支持。

（二）重构传承中华孝亲尊老优秀传统的邻里社区

传统中国社会是高度重视家庭亲情和邻里乡情的"熟人社会"。城镇化的推进使得"乡土中国"逐步转向"城市中国",在快速城镇化阶段,房屋大量建设、人口快速集聚,形成了城市的"陌生人社会"——许多人生活在同一个小区,却缺少相互交流与互动。因此,如何推动从"陌邻"变为"睦邻",是当下中国城市社区建设的重要课题。而积极应对老龄化、推动建设适老社区,提供了一个重构传承中华孝亲尊老优秀传统的邻里社区的难得机遇。

在住房政策支持上,要改变原有的相对单一的开发模式和管控思路,支持建设大户型的"老少共居"多代亲情住宅,实现子女和老人"一碗汤距离"的相邻居住。比如新加坡,为加强年轻人和长辈的联系,明确与长辈共同居住的家庭购买房屋时政府优惠更大；其推出的多代共居住宅,充分考虑了老人和子女不完全相同的生活习惯,户型设计为一部分空间相对独立、一部分空间便于交流共享。关于"一碗汤的距离"的相邻居住,2015年,笔者在担任全国人大代表时曾提出"建议减税支持'一碗汤距离'的亲情居家养老模式",引发社会广泛热议。有媒体指出:"'一碗汤的距离'是父母和孩子最温暖的距离,减免子女为与老人相邻居住的住房换购税收,政府虽然减少了部分收入,但降低了支持养老的政府支出,更重要的这是一项弘扬中华传统文化的民心好事,对老年人而言,这是最贴心的照顾安排。"现在回头看,"一碗汤的距离"还可以有更广阔的政策支持思路,比如可借鉴日本面向中低收入老年人的"以房养老"倒按揭制度,探索建立健全普通住宅与老年住宅的置换机制,支持老年人生活在自己熟悉的空间,有效延续原有的邻里关系等。

在社区适老设施建设上,要落实新建住宅小区与配套养老服务设施同步规划、同步建设、同步验收、同步交付要求。对于老旧小区的适老化改造,要整合场地资源,因地制宜发展嵌入式社区养老服务,补充完善居家养老、日间照料、住区食堂(或共享厨房)等适老空间,并尽可能增设有利于老年人交往和建立亲密关系的活动场所,如社区茶室、棋牌室、活动室等。要打破住宅小区的围墙和边界,促进"围墙内外"的空间融合和设施共享,推动完整社区建设和城市"15分钟便民生活圈"建设。

要推动从老龄友好到全龄友好的积极转变,重视空间的复合利用和"代际融合",推动实现老少共融共享共乐。比如,新加坡部分社区中心推出"托老所"与"托儿所"相结合的老少共管模式,可以同时照顾小孩子、看护老年人,在帮助年轻人解决后顾之忧的同时,满足了老年人的精神需求;再比如,苏州市吴江区江陵康养中心老年公寓的"代际融合"项目,青年志愿者在为140多位老人提供陪伴、教学、生活娱乐、心理支持等服务的同时,可获得房租仅为每月300元的独立房间与配套设施齐全的生活场景。这些积极的探索增进了代际沟通,提升了人文关怀,还让老年人获得了"被需要"的满足感。

(三)推动面向人的全面发展的城市空间治理转型

随着我国城市老年人口比例的不断攀升,要根据人口老龄化程度和养老服务需求变化,有序提高养老服务设施用地的规划比例,增加养老服务设施的空间安排。但城市空间治理转型的更重要课题在于应对未来社会的多元需求,满足各年龄段人群对更美好生活的向往,并把积极回应丰富多元的社会需求,作为推动城市规划、建设、治理进一步全面深化改革的动力,推动全龄友好城市建设,支持中国人的全面发展。

首先，要将适老化系统改造作为实施城市更新行动、推动城市高质量发展的重要内容。在推动城市更新行动实施过程中，要关注不同场景的包容性通用设计，创造"无龄感"体验，让所有人都能更舒适地使用空间。比如，伦敦在老年友好城市建设过程中，广泛使用了包容性设计策略（Inclusive Design），按照适老化设计标准建设城市公共设施，在车站等改造中遵循"少设施，多坡地"的设计原则，增加无台阶建筑和设施的数量，通过各类公共空间的建设与改造，保障老年群体融入城市生活。在推动城市无障碍环境建设改造时，要整体系统谋划，防止零敲碎打的碎片化改造，推动由点、线设施改造转向街区、片区、城市的综合整体改造。比如，新加坡在老年人口较多的地区实施"银发区"（Silver Zones）试点项目，通过道路限速40公里/小时、采用较为曲折的车行道和更窄的交叉口距离，让机动车减速，保障老年人的交通安全。

其次，推动房地产新模式的构建和城市空间的转型，要把银发经济的发展作为重要动力。当下"60后""70后"中老年人的受教育程度和收入水平比前几代老龄人群更高，对老年的健康快乐生活也有更高的期待，这将催生更丰富、更多元的银发经济需求。老龄化产生的新型居住、养老、休闲、灵活就业等空间需求，使原本冗余的城市空间焕发新活力。比如，原来的低效零售商业，可以转型为与健康、医药、休闲相关的商业空间，并增加适合老年人社交的公共场所，改善和丰富他们的消费感受和城市体验；现有过剩的办公楼、酒店、公寓等，可通过适老化改造提高复合利用功能，包括改造为老年公寓和康复健身、康养医疗等设施；城市还可以提供更加丰富的、适应老年人需求的消费体验场景，如商场楼层安排强调全龄混合，公共场所采取包容性设计，商业街区配置更多更舒适的休息座椅，为"老—中—小"组成的"主干家庭"提供更适宜家庭游憩的消费场景，等等。此外，随着老年人康养旅游热度的不断提升，度假区、旅游景区也要通过服务设施改造、游览线路优化、休息设施增加、配套服务设施完善等方式，响应银发消费不断旺盛的新需求。

最后，要以人民城市人民建、城市共建共治共享推动全社会积极应对人口老龄化。老龄友好城市的理念不是仅为老年人建设城市，而是满足各年龄段的人群需求，实现全龄关怀与空间资源的共建共享，鼓励老年人与孩子、青年一起共享美好生活。比如，面对少子化带来的幼儿园、小学等设施的可能闲置现状，可以将其改造为代际共享的全龄活动中心，让社区内不同年龄的群体都能共用共享，儿童临时托管区域还可让老年志愿者照看孩子。全龄友好城市的建设，还需要全社会各类群体的共同参与，要充分发挥包括老年人在内的所有人的智慧和价值，形成城市治理共同体。比如，在南京"天津新村"老旧小区改造过程中，积极发挥居民参与更新改造的作用，招募了由热心居民、业委会、社区工作人员、志愿者组成的居民参与团队，并由他们推选有参与热情、有更新观点、能反映居民诉求的代表组成"社区设计师"。在群众推荐出的12位"社区设计师"中，60岁以上的老年人占比达到2/3。这些居民熟悉小区的过往、了解大家的所想所盼，并在群众中有影响力、号召力，在老旧小区改造过程中起到了不可或缺的作用；小区改造方案也因汲取了他们的智慧，变得更加符合群众需求、更暖心实惠，社区的凝聚力和老年人群的归属感也因共建共治共享的过程而变得更强。

四、结语

当下正值中国新型城镇化推进的关键时期，也是中国式现代化老龄文明塑造的关键时期，还是"城市中国"文化蓬勃发展的关键时期。积极应对人口老龄化，既需要城市空间治理的变革转型支撑，也需要包括老年人参与在内的城市文化的发展壮大。以城市空间治理变革支撑更有人文关怀、更有情感温度的老龄文明社会建设，既是推进"以人为核心的新型城镇化"的重要内容，也是"为中国人的全面发展而规划"的改革动力所在。

作者：周岚，江苏省政协副主席，博士，研究员级高级城市规划师；丁志刚，中国城市规划学会理事，江苏省城镇化和城乡规划研究中心主任，研究员级高级城市规划师。

主要参考文献

1. 周燕珉,林婧怡.我国养老社区的发展现状与规划原则探析.《城市规划》2012年第1期

2. 薛峰,李婷.全龄友好社区理念下的老旧小区公共空间更新改造实践.《当代建筑》2020年第5期

3. 刘东卫,贾丽,王姗姗.居家养老模式下住宅适老化通用设计研究.《建筑学报》2015年第6期

4. 李昊,孔德博,王美娜.技术—空间视角下的智慧社区适老化响应模式与融合发展策略.《上海城市规划》2024年第3期

5. 朱旭东.养老院里"代际融合",见证互相成就的温暖.新华每日电讯,2024年8月13日

6. 姜颖,关家印,董华.英国老年友好城市建设经验.《上海城市规划》2020年第6期

7. Centre for Liveable Cities and the Seoul Institute. *Age-Friendly Cities: Lessons from Seoul and Singapore.* Singapore:2019

中国式养老的历史变迁与现代重构*
——基于"家国一体"视角的考察

林闽钢

目前,中国正处于人口老龄化加速发展与现代化建设相叠加的新发展阶段,超大规模的老年人口、不断加速的老龄化和长寿社会的来临,共同构成中国式现代化的基本国情。作为具有五千多年历史的文明古国,中国在长期历史演进中形成了尊老敬老孝老的传统美德,这一优良传统已内化为中华民族的精神血脉。因此,如何充分发挥中华传统养老文化的现代作用,探索现代的中国式社会养老服务体系建设,成为老龄文明研究的重要课题之一。

一、传统养老模式、家庭责任伦理和家国共责

(一)中国养老模式与家庭责任伦理

费孝通先生曾以亲子关系为切入口,提出中西方家庭的子女对父母的赡养有明显的区别,可划分为反馈和接力两种养老模式。西方传统养老的"接力模式"的公式是 $F_1 \rightarrow F_2 \rightarrow F_3 \rightarrow F_n$;中国传统养老的"反馈模式"的公

---

* 本文刊发于《浙江社会科学》2025年第1期,收入本书时有修改。

式则是 $F_1 \leftrightarrows F_2 \leftrightarrows F_3 \leftrightarrows F_n$（其中 F 代表世代，→代表抚育，←代表赡养）。① 所谓"接力模式"是指父母将子女抚育成人后，子女直接进入下一代的养育过程中。而"反馈模式"是指父母将子女养育成人后，子女在抚育下一代的同时必须回报父母的养育之恩，子女有赡养父母的义务。

人类对后代的抚育是出于本能。② 中西方家庭在父母承担对后代的责任和义务方面相似。但从家庭责任伦理来看，中国传统家庭更重要的是子女承担对父母养老的责任和义务。长期以来儒家所提倡的孝道，其所形成的社会伦理是持续维持这一模式的关键，也内化为国家治理的价值逻辑，从而起到巩固子女承担对父母养老行为的作用。③

东汉许慎在《说文解字》中将"孝"解释为"从老省、从子，子承老也"，即以形释义，上半部分是"老"的省略，下半部分是"子"。老人在上，孩子在下，立意为子女应该托起老人的下半生。传统孝道中的养老涵盖"事生"与"事死"两个方面，对于"孝敬事亲"来说，首先是"能养"，即给父母以衣食等物质方面的供养，这是最基本的要求。《尚书·酒诰》记载"肇牵车牛远服贾，用孝养厥父母"，这里的孝与养是联系在一起的。《尔雅·释训》说"善父母为孝"，也就是说孝之本义是"善事父母"。

从有文字记载的中华文明开始，"孝"就是中国传统文化最重要的核心价值和最基本的道德规范，即《孝经·三才章》所谓"夫孝，天之经也，地之义也，民之行也"。孝文化源远流长，自周代开始，"孝"作为一种代代相传的基本原则和理念，子女赡养父母作为"孝"的基本内容而得到普遍认同，不孝的行为被认为是对家国共同体的公共道德的破坏。此外，"孝"的观念与各个时期的家族制度紧密结合在一起，在宗法家族制度中得以确立和体系化——在夏商周时期是宗法式家族，从汉代至宋代之前是世家大族式家族，宋代以来是祠堂族长的族权式家族，从而维护以血缘宗法为核心的社会

---

① 费孝通：《家庭结构变动中的老年赡养问题——再论中国家庭结构的变动》，《北京大学学报（哲学社会科学版）》1983 年第 3 期。
② 费孝通：《生育制度》，北京联合出版公司 2018 年版，第 58—59 页。
③ 费孝通：《家庭结构变动中的老年赡养问题——再论中国家庭结构的变动》，《北京大学学报（哲学社会科学版）》1983 年第 3 期。

秩序。

孔子认为"孝"的根本，不仅仅是物质方面的供养，关键在于有没有对父母的孝敬。《论语·为政》记载："子游问孝。子曰：'今之孝者，是谓能养，至于犬马，皆能有养；不敬，何以别乎？'""子夏问孝。子曰：'色难。有事，弟子服其劳；有酒食，先生馔，曾是以为孝乎？'"如果仅是养活父母，但不从内心尊敬父母，即使每一顿都给他们酒肉吃，也不能算做到了孝。孝是出自内心的真正的爱，孔子及其继承者将"孝"观念从单纯的"养"提高到"敬"的层次，使老龄文明范畴大大拓展。

（二）传统养老中的家国共责与家国一体

中国传统家庭养老是其主要功能，但国家并没有缺席，具有家国共责的"双层构造"。① 在中国传统的理想治国图景大同社会中，"老有所终，壮有所用，幼有所长，鳏寡孤独废疾者皆有所养"（《礼记·礼运》），"老有所终"被系于治国安邦的高度。

第一，建立"养老院"，解决最需要帮助者的生存保障问题，起到养老的社会兜底性作用。追溯到南北朝时期，梁武帝萧衍曾于普通二年（521年），在都城建康（今南京）创办官办养老机构"孤独园"，收养无人照顾的孤寡老人，管足衣食，终老之后还"厚加料理"。② 历代也都有类似的官办养老机构，如武则天时期开设主收贫、病、孤、疾者的"悲田院"，北宋初年也开设名为"福田院"的养老机构，后有"居养院"，南宋则叫"养济院"，之后有元代的"济众院"、明清的"养济院"等。

第二，实行老年人优待制度，支持家庭养老功能的发挥。早在先秦时期，我国已经有较完备的养老制度。先秦时期对于老年留任的官员、致仕官员、

---

① 中国养老"家国共责"的提出见陈军亚《由家到国、家国共责："老有所养"的中国治理进程——基于大型农村实地调查的认识和启示》，《政治学研究》2018 年第 4 期。该文认为 20 世纪以来，中国养老"家国共责"才出现。本文从历史上追溯中国传统养老中具有的"家国共责"构造，并作为分析现代社会养老服务体系的主线。
② 王子今、刘悦斌、常宗虎：《中国社会福利史》，武汉大学出版社 2013 年版，第 109 页。

一般老人、老而无子之老人皆有不同的养老措施,"三老五更"[1]是先秦时期养老制度的重要内容之一。[2]为让子孙更好地赡养老人,周代实行给有老人的家庭减免徭役的政策。《管子·入国》记载:"年七十已上,一子无征,三月有馈肉。八十已上,二子无征,月有馈肉。九十已上,尽家无征,日有酒肉。"在唐朝,养老制度备受皇帝重视。唐太宗在《即位大赦诏》中特别提出:"八十以上各赐米二石,绵帛五段。百岁以上各赐米四石,绵帛十段;仍加版授,以旌尚齿。"所谓"尚齿",就是尊老的意思。汉高祖刘邦曾制作鸠杖赠送给高龄老人,开了汉朝赐杖的先河。汉宣帝刘询则使之成为一种制度,规定凡是80岁以上的老人,皆由朝廷授以王杖,享受生活和政治待遇。

第三,百善孝为先,推崇以孝治天下。孝不仅是对个人的道德要求。孟子提出"老吾老以及人之老",把最初产生和存在于家庭中的孝悌观念推广到整个社会,倡导人们在孝敬自己家中老人的同时,也尊敬社会上所有老人。汉武帝则从治国平天下的视角颁布"以孝治天下"的著名诏令,将其奉为治国理政的最高准则。"举孝廉""孝悌力田科"成为选拔和任用官吏的最重要标准,孝廉制度的实施是从家庭中的孝敬父母向外推至国家层面的忠诚爱国。孝不仅与忠互为一体,而且是忠的前提。只有在家孝敬,才能为国尽忠,使得这种伦理在政治领域,如国家政策、选官制度、意识形态中也同样适用,整个天下就是一个大家。

在中国几千年封建宗法社会里,在强调"天下如一家,中国如一人"的家国同构的宗法观念下,"老有所终"将个人、家庭与国家紧密联系在一起。"家国一体"成为中国独特的治理方式,包含着国家"立国为家",民众"化家为国"。"家"是"国"的缩小,"国"是"家"的放大,在家尽孝,在国

---

[1] "三老五更"是睿智健康而留任在学校中的老年官员。他们的任务是供学生咨询、教育学生。之后,还有"三老五更"礼制,这种礼制是古代规格最高、场面最为盛大、仪式最为隆重的国家级敬老礼仪活动,起源于周朝,在西汉得以发展完善,宋朝以后逐步衰落。参见刘洪清《消逝的"三老五更"礼制》,《中国社会保障》2015年第9期。
[2] 李玉洁:《"三老五更"与先秦时期的养老制度》,《河南大学学报(社会科学版)》2004年第5期。

尽忠，家国一体。①"老有所终"担负着强化家国利益共同体的作用。传统社会的家国同构，并非国同构于家，而是家同构于国。当家与国出现矛盾时，往往采用"移孝为忠"，从而消除家与国、私与公、孝与忠之间的内在矛盾，也实质性地打破了社会秩序与政治秩序的边界、家族私人利益与国家公共利益之间的边界，将个人利益与公共利益融为一体，家与国成为一个利益和命运共同体。②

二、现代社会养老服务的结构化与体系重构

在不同的社会发展条件下，都有特定的、与之相适应的养老制度和养老实现方式。自新中国成立以来，中国养老服务体系发生了历史性变迁，养老方式从家庭养老走向社会养老，国家在社会养老中的作用更加突出，并形成了既区别于传统又有别于其他国家的现代中国式养老。

（一）中国现代社会养老服务的两次结构化

1. 计划经济时期以单位为载体的养老方式结构化

1949年新中国成立后，随着社会主义改造的完成，在社会主义计划经济初期，仿效苏联模式建立了单位制度，"单位制"成为我国城乡经济和社会的组织形式。单位是由国家设立的，其功能、活动范围、管理权限均由国家直接控制和规范，所需的组织经济和社会资源也由国家统一调配；它是一种独特的社会管理和运行方式，与此对应形成由国家负责、单位包办、板块分割、封闭运行、全面保障的单位保障模式。③

在计划经济体制下，大部分城镇居民被吸纳入单位进行就业与生活，与单位形成依附关系。为了保障单位成员的基本生活需求，许多单位会采取

---

① 徐勇、李旻昊：《政治共同体与政权：家—国关系的深化认识》，《探索与争鸣》2023年第6期。
② 俞可平：《孝忠一体与家国同构——从丁忧看传统中国的政治形态》，《天津社会科学》2021年第5期。
③ 郑功成等：《中国社会保障制度变迁与评估》，中国人民大学出版社2002年版，第10页。

"单位办社会",即在单位兴办住房、医院、学校、食堂、幼儿园、浴室等生活设施,以及俱乐部和运动场馆等文娱设施,并以免费或低偿的方式向单位成员提供服务。同时,单位还会为本单位成员发放诸如冬季取暖补贴、探亲补贴、托儿补贴、计划生育补贴、交通补贴、住房补贴、洗理补贴等各类福利补贴,起到了对低工资的补充作用。提供各类福利成为单位最主要的社会职能,单位像慈父一般去回应成员的各种需求。[1] 单位作为一种福利共同体[2],采取"低工资、高福利""单位办社会"途径,有效解决单位成员的生老病死等问题,米什拉(R. Mishra)称之为"结构福利模式"(structural welfare model)。[3]

无论是在城镇还是在农村社队,各种单位都具有拟"大家庭化"的氛围,单位成员被称呼为"公家人",单位成员对单位有很强的归属感。单位福利的实质将社会成员整合进"国家—单位—个人"这一新型的社会结构之中,由于当时所有的单位,包括机关事业单位、企业和农村社队均为公有性质,个人对单位的强烈依附同时强化了国家对个人的社会整合,因此,以单位为载体的养老方式结构化并不是"福利断裂",而是传统"家国一体"养老的一次现代延展。

2. 社会主义市场经济时期以社区为载体的养老方式再结构化

改革开放初期,在由计划经济体制向社会主义市场经济体制转型的过程中,许多国有企业的"关、停、并、转"使部分单位成员自谋职业,亟须依托社区进行社会管理。面对"单位人"向"社会人"转变后所产生的社会化养老服务需求,1987年9月,民政部在武汉召开全国城市社区服务工作座谈会,提出了社区服务的内容、性质和目标。社区服务开始在一些城市进行试点和探索,后逐步在全国推开。1993年11月,民政部等14部委联合下发了我国第一个专门针对社区服务的政策文件——《关于加快发展社区服务

---

[1] 田毅鹏、吕方:《"单位共同体"的变迁与城市社区重建》,中央编译出版社2014年版,第27页。

[2] 路风:《单位:一种特殊的社会组织形式》,《中国社会科学》1989年第1期。

[3] R. Mishra, *Society and Social Policy: Theories and Practice of Welfare*, London: Macmillan, 1981.

业的意见》，将社区服务作为建立健全社会保障体系和社会化服务体系中的一个重要行业，并为社区服务业的发展制定了相关支持性政策。2000年11月，中共中央办公厅和国务院办公厅转发《民政部关于在全国推进城市社区建设的意见》，将社区服务确立为促进城市社区建设的重点发展项目。由此，社区服务作为城市社区建设的重要内容得到确立。

在国家社会养老服务的政策上，"十二五"规划纲要中提出，建立以居家为基础、社区为依托、机构为支撑的养老服务体系。到"十三五"进一步提出，建立居家为基础、社区为依托、机构为补充、医养相结合的养老服务体系。至"十四五"时期，强调构建居家社区机构相协调、医养康养相结合的养老服务体系。从"十二五"到"十四五"政策变化方向看，国家重视发挥养老服务多主体的作用，把多主体如何相协调、相结合即融合发展作为今后社会养老服务政策实施的重点。

在社会养老服务的实践上，城市社区嵌入式养老服务和农村社区链式养老服务的创新实践成为体系融合发展的最新探索。社区嵌入式养老服务是指在社区内围绕老年人生活照料、康复护理、精神慰藉等基本需求，嵌入相应的功能性设施、适配性服务和情感性支持，让处于深度老龄化的社区具备持续照料能力，让老年人在熟悉的环境中、在亲情的陪伴下原居安养。① 2014年，上海首批"长者照护之家"的日间照料中心开始试点运行②，如今已演变为"社区综合为老服务中心"。城市社区嵌入式养老设施通常在小区内或小区附近，方便家属与亲友的照顾或探望，让老年人在熟悉的环境中养老，满足了老年人生活在熟人社区的心理需求，被称为"家门口的养老院"。与居家养老、社区养老和机构养老相比，社区嵌入式养老具有情感优势、小规模优势、地缘优势、专业化优势和资源整合优势。③

---

① 上海市民政局：《上海市社区嵌入式养老服务工作指引》，上海市民政局官网，2019年11月19日，https://mzj.sh.gov.cn/MZ_zhuzhan279_0-2-8-15-55-231/20200519/MZ_zhuzhan279_47550.html。
② 郝勇、骆潇蔓：《上海市社区嵌入式养老服务模式发展管窥》，《城市观察》2021年第4期。
③ 胡宏伟、汪钰、王晓俊、张澜：《"嵌入式"养老模式现状、评估与改进路径》，《社会保障研究》2015年第2期。

农村养老服务是我国基本养老服务的短板，江苏省南通市率先在农村打破机构养老、社区养老和居家养老界限，将养老机构专业养老服务延伸、辐射到社区、家庭，探索出适合农村的社区链式养老模式，其主要有以下三个方面。一是服务链，以养老机构为支撑，通过充分发挥养老机构专业人员、专业设施、专业技术的优势，承接运营养老机构周边的社区日间照料中心和居家养老服务站，为居家老年人提供日间照料、助餐助医、康复护理等专业养老服务，形成以社区为载体的链式养老服务。二是健康链，打通医疗与养老服务链，整合多种资源，将社区卫生服务设施与居家社区养老服务设施整合建设，将专业医疗机构与养老机构整合建设，并将符合条件的养老机构纳入医保定点和基本照护保险范围。三是智慧链，推动"医院—养老院—社区—居家"，实现"全链式"智慧医养深度融合。南通农村社区链式养老的特色是创建商业保险公司的"社区照护服务中心—社区照护经理"经办管理体系，采用第三方经办的模式，公开招标遴选商业保险公司，中标的商业保险公司联合组建照护保险服务中心，采用"运行风险共担、保险事务共办、管理费率固定、年度考核退出"的管理模式[1]，依托照护服务中心及各个分中心，实施街道（乡镇）经理制度，把服务和管理延伸到基层。该模式有效破解农村基本养老服务供给不足、专业化服务水平较低、养老服务设施不健全等难题，让农村居民在家门口幸福养老。

2023年11月，国家发展改革委在《城市社区嵌入式服务设施建设工程实施方案》中提出选择50个左右城市开展试点，每个城市选择100个左右社区作为社区嵌入式服务设施建设先行试点项目。民政部也明确将发展社区嵌入式养老服务机构作为今后发展的重点。[2] 近年来，全国各地区相继出台推动社区嵌入式养老的相应政策，社区嵌入式养老成为城乡社会养老服务体系融合发展的新趋势。

---

[1] 周英：《推进长期护理保险制度试点的江苏探索》，《群众》2021年第20期。
[2] 陆治原：《国务院关于推进养老服务体系建设、加强和改进失能老年人照护工作情况的报告——2024年9月10日在第十四届全国人民代表大会常务委员会第十一次会议上》，中国人大网，2024年9月11日，http://www.npc.gov.cn/npc/c2/c30834/202409/t20240911_439362.html。

（二）现代社会养老服务体系的重构

经过近40年社区养老服务的发展，面对家庭结构和人口结构的快速转变，社区作为一个新的结构被纳入我国社会养老服务体制中来。在我国，城乡管理中的社区属于基层法定社区，政府通过社区发挥国家在社会养老服务中的作用，这是现代社会养老体系的"再结构化"①，与计划经济时期通过单位来实现对退休人员的服务和管理有异曲同工之处。国家建立起了以社区为平台的老年社会服务体制，社区成了老年社会服务中"国家与家庭及个人"的连接枢纽，成为传统"家国一体"养老的又一次现代延展。

目前，我国城市社区嵌入式养老服务模式和农村社区链式养老服务模式类似一个"伞"形结构，社区作为"伞"的主干部分在服务提供中占据核心位置；而政府则在"伞"的顶部，在养老服务运行中占据主导作用：它支持社区在其区域范围内提供服务，依托社区将服务传递到家庭中，老年人居家享受养老服务。② 市场和社会也通过多种形式参与到社区服务中形成了以政府为主导、社区为主干、市场和社会共同参与的社会养老服务体系（见图1-3-1）。

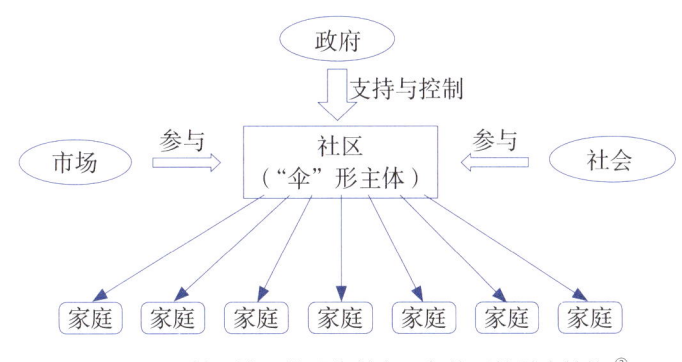

图1-3-1　基于社区的现代养老服务体系的融合结构③

---

① 本文对中国养老体制"再结构化"（restructuration）的关注，受到日本落合惠美子论文的启发，参见 Emiko Ochiai, "Care Diamonds and Welfare Regimes in East and South-East Asian Societies: Bridging Family and Welfare Sociology," in *International Journal of Japanese Sociology*, 2009:18（1）,pp.60-78.

②③ 林闽钢、王锴：《国际比较视角下老年社会服务体制的多样性——兼论中国老年社会服务体制的新结构化》，《经济社会体制比较》2020年第1期。

从传统社会走向现代社会，家庭是中国式养老的立足点，家庭依然是养老的主要承担载体。在家庭中养老有助于老年人获得自己的持续性生活，在家庭中所获得的生活照料和亲情关爱是其他养老方式难以替代的。随着经济和社会生活条件的改善，老年人的情感需求愈加凸显并多元化，而家庭所蕴含的情感支持正是中国式养老的精神内核。因此，能否实现居家养老在于能否建立起以社区为主体的服务递送模式，完成辖区内居家养老所需的服务递送，如同一把伞打开要能覆盖所需的家庭。

在中国，城乡社区连接着广大居民群众，聚集着各类组织和社会力量，对接着国家机构，是国家与个人之间、政府与社会之间的重要桥梁。基层社区治理与服务是中国特色社会治理体系的重要组成部分，通过社区开展各种社会服务是我们的制度优势。[1] 社区具有养老枢纽作用，社区平台对于机构而言是一个落地平台，养老机构的专业支持、质量管理、服务监督和质量评估等支撑功能要通过社区平台实现；社区平台对于居家养老而言是一个支持平台，可以更加灵活地提供养老服务、更加精准地实现供需匹配，实现"人找服务"到"服务找人"的转变。社区嵌入式养老更是居家养老和社区养老在服务与设施层面上的一种高层次结合[2]，能便捷有效回应居民的多样化养老服务需求，促进养老服务与社区治理的相互支持，成为中国式社会服务国家的突出特色之一。

三、新时代推动中国式养老发展的方略

新时代新征程，老龄化社会的新特点及其与经济、政治、文化领域的多重张力，对国家治理能力与治理体系现代化提出了更高要求。为实现中国式养老的可持续发展，应从老龄文明高度，基于"家国一体"脉络去寻找社会养老服务体系发展的新格局和新路径。

---

[1] 林闽钢：《中国式社会服务国家：内涵特色、发展取向与实现路径》，《社会政策研究》2024年第2期。
[2] 杜鹏、马琦峰：《中国社区嵌入式养老：现状与问题浅析》，《人口与发展》2024年第3期。

（一）倡导新时代老龄文明，构建养老共同体

随着老龄化程度加深，我国需要面对来自老龄社会的多重挑战。长期以来，人们习惯从问题意识出发，看到其给经济和社会发展带来的负面影响。本文所倡导的新时代老龄文明，强调把老龄群体的价值与地位放在人类文明生态中考虑。老龄化不是问题，社会养老也不是问题，更不是现代化的负面清单，而是人类文明发展的一个重要机遇。① 因此，如何以文明水平、文明境界、文明形态来审视中国式养老这一时代命题，是新时代推动中国式养老发展的关键。

中国式养老作为中国式现代化的组成部分，已经从社会服务问题演变为关乎国家经济发展和社会和谐的重大议题。从老龄文明来看，一是老龄是生命整个过程的一部分，不要将它与其他年龄阶段分割开来，而是应该于生命全周期、全流程着眼积极老龄化；为此，在中国式现代化背景下实现老龄社会的整体应对，须以"全龄友好"（all-age friendly）代替"老年友好"理念。② 老龄化是所有社会成员共同面对的状况，社会不同的年龄群体、个体人生的不同阶段之间具有天然联系，是一种人类共同体的老龄化。在这个意义上，"全龄友好"社会和社区的打造，将有助于形成养老共同体的新形态。二是将家庭作用与国家责任融于老龄社会新形态，将家国一体化的动力机制根植于老龄社会治理秩序的内部逻辑。③ 在党的领导和政府的主导下，带动个体、家庭和社会联动以形成养老的"身—家—群—国"。④ 通过弘扬中华传统美德，引导全社会形成孝亲敬老的浓厚氛围，丰富养老共同体的中国式

---

① 老龄文明智库编著：《老龄文明蓝皮书2023》，江苏人民出版社2024年版，前言，第1—5页。
② 2002年，联合国在第二次老龄问题世界大会上发布的《政治宣言》中提出"建立一个全龄社会"（building a society for all ages）。2007年，世界卫生组织颁布《全球老年友好城市建设指南》，指出构建老年友好型城市不只覆盖老年群体，更要覆盖多年龄段涵盖多类人群，即建立对所有人友好的城市；之后，全龄友好社区（all-age friendly community）流行起来。
③ 朱荟：《家国一体：老龄社会治理的中国秩序》，《社会保障评论》2024年第5期。
④ 胡湛、彭希哲、吴玉韶：《积极应对人口老龄化的"中国方案"》，《中国社会科学》2022年第9期。

意蕴。

现代共同体不仅是现实的社会实体,而且是一种需要通过人为构建——"为自己活得更好"的理想状态。[1]"共同体"与"社区"具有天然的契合性。一方面,社区内蕴了传统的血缘和地缘关系,具有亲属互助、邻里交往等相互连带的原初共同体意涵;另一方面,社区也具有"公共性"和"社会性"的特征,能够吸纳和整合更广阔的社会力量以实现共同的目标[2],构建以社区为载体的养老服务共同体,满足老年"生命全周期、健康全过程"的综合需求,动员老年个体的自助系统和社区内部的支持体系,以形成"身、心、社、灵"全方位的整合照护,在长寿时代构建中国特色的"不分年龄、人人共享"的共建、共治、共享的社会。

(二)从"居家养老社区化"和"机构养老社区化"两条发展路径,促进养老服务高质量发展

围绕社区养老共同体建设,不断提高养老服务供给的水平和质量,应充分发挥多元主体在社区养老服务体系中的作用,并形成养老服务的合力。为此,促进养老服务高质量发展的施策重点是推进"居家养老社区化"和"机构养老社区化"。

第一,居家养老社区化是将社区作为养老的主阵地,通过整合性照护服务,为老年人提供医、养、康、护等多样化服务,提升照料资源的可及性。一方面,建立常态化老年服务需求响应机制,建立养老服务需求清单;另一方面,通过政府购买服务、定期协商机制等整合辖区零散的养老服务资源,使多类型服务主体错位经营、有序竞争、分工协作,为老年人提供整合式、一站式服务。

居家养老社区化重点是强化养老多元主体的责任共担,厘清它们的职责定位,推动各类资源向社区养老服务领域聚集,将各服务主体整合在居家社

---

[1] 徐勇:《关系—行为视角下的现代共同体构建》,《社会科学》2024 第 10 期。
[2] 陆杰华、黄钰婷:《新时代构建社区养老共同体的理论和实践探究》,《晋阳学刊》2022 年第 2 期。

区养老服务全链条之中，以社区老年人需求为导向，实现政策、资金、技术、人才等资源在城乡社区养老服务环节的集成。整合社会服务资源，将志愿服务、慈善捐赠等嵌入服务链条中，推动养老共同体的多元化。促进老年人社会参与，引导老年人广泛、有序地参与社区养老共同体建设。

第二，机构养老社区化是养老服务融合发展的又一重要路径，通过强化机构养老专业支撑作用，打通居家—社区—机构养老服务的全链条，有助于形成资源合理配置、功能衔接互补的服务支撑网络。

机构养老社区化重点是发挥机构养老的专业化和综合性能力。相对于居家养老和社区养老而言，机构养老一般都是由专业人士来运作，还包括了生活照料服务、医疗护理服务和情感慰藉服务等内容。将机构养老服务的专业化和综合性服务供给在社区养老服务中延伸和扩展，是提高养老服务供给水平和提升养老服务质量的关键。

当前在积极推动社区嵌入式养老中，探索将各类养老服务资源从乡镇街道进一步下放至基层社区当中，以区域内公共场所及设施为场地依托，建设集设施、服务、人员、管理、资金、技术、理念等为一体的养老综合体，进一步降低老年人养老服务的使用门槛，改善相关养老服务资源的可及性，帮助老年人提升养老服务的获得感。此外，强化数字赋能"居家养老社区化"和"机构养老社区化"，充分利用云计算、大数据、物联网等新一代信息技术，探索提供物联化、互联化、智能化的养老服务，开发集信息系统、专业服务、智慧养老产品于一体的综合服务平台，实现家庭、社区综合为老服务中心、养老机构等多种应用场景的智能化，促进养老服务的高质量发展。

作者：林闽钢，南京大学社会保障研究中心主任，教授，教育部"长江学者"特聘教授，老龄文明智库首席专家。

主要参考文献

1. 费孝通. 家庭结构变动中的老年赡养问题——再论中国家庭结构的变

动.《北京大学学报（哲学社会科学版）》1983年第3期

2. 费孝通.生育制度.北京联合出版公司，2018

3. 王子今，刘悦斌，常宗虎.中国社会福利史.武汉大学出版社，2013

4. 徐勇，李旻昊.政治共同体与政权：家—国关系的深化认识.《探索与争鸣》2023年第6期

5. 俞可平.孝忠一体与家国同构——从丁忧看传统中国的政治形态.《天津社会科学》2021年第5期

6. 郑功成等.中国社会保障制度变迁与评估.中国人民大学出版社，2002

7. 田毅鹏，吕方."单位共同体"的变迁与城市社区重建.中央编译出版社，2014

8. 路风.单位：一种特殊的社会组织形式.《中国社会科学》1989年第1期

9. 林闽钢，王锴.国际比较视角下老年社会服务体制的多样性——兼论中国老年社会服务体制的新结构化.《经济社会体制比较》2020年第1期

10. 林闽钢.中国式社会服务国家：内涵特色、发展取向与实现路径.《社会政策研究》2024年第2期

11. 杜鹏，马琦峰.中国社区嵌入式养老：现状与问题浅析.《人口与发展》2024年第3期

12. 胡湛，彭希哲，吴玉韶.积极应对人口老龄化的"中国方案".《中国社会科学》2022年第9期

13. 徐勇.关系—行为视角下的现代共同体构建.《社会科学》2024第10期

14. 陆杰华，黄钰婷.新时代构建社区养老共同体的理论和实践探究.《晋阳学刊》2022年第2期

15. R. Mishra. *Society and Social Policy: Theories and Practice of Welfare*. London: Macmillan, 1981

第二部分

老龄文明主题调查研究

江苏省长护险制度的实施情况及改进建议*

卜 宇 朱 琦

党的十八大以来，以习近平同志为核心的党中央高度重视老龄工作，就积极应对人口老龄化提出了一系列新理念新思想新战略。党的二十届三中全会明确要求"加快建立长期护理保险制度"，这是党中央为积极应对人口老龄化、健全社会保障体系作出的重大决策部署。江苏省委、省政府高度重视全省长期护理保险（简称"长护险"）制度建设工作，将其作为实施积极应对人口老龄化国家战略的重要举措，积极稳妥推进。2022年底，经江苏省政府同意，省医保局、省财政厅联合印发《关于深化长期护理保险制度建设的指导意见》，强化长护险制度建设的系统性、整体性、规范性、协同性。2023年初，江苏省第十四届人民代表大会第一次会议表决通过《江苏省医疗保障条例》，将长护险制度纳入其中，让该制度得到法律保障。目前，江苏已经在全国率先实现了长护险制度省域全覆盖，形成了实施长护险制度的江苏经验。江苏的实践表明，建立和实施长护险制度，既能够有效保障失能人员"住得起机构、用得起辅具、接受到服务"，生命尊严得到尊重，生活

---

* 本报告系老龄文明智库承担的2024年江苏省智库办"学习贯彻党的二十届三中全会精神"专项研究课题"江苏加快建立长期护理保险制度研究"（24LLWMZX02）的研究成果。

质量得到提升，又能够有效减轻失能人员家庭经济和事务性负担，破解"一人失能、全家失衡"难题，同时还在拉动就业创业、发展养老产业、支持家政服务业、优化医疗资源利用等多方面显现溢出效应，对促进银发经济发展也具有重要推动作用。

一、我国探索建立长护险制度情况

党的十八届五中全会提出要"探索建立长期护理保险制度"，解决由人口老龄化带来的失能老人长期护理问题。2016年6月，人力资源和社会保障部办公厅发布《关于开展长期护理保险制度试点的指导意见》，提出开展长护险制度试点工作的原则性要求，明确全国15个城市作为试点城市，在国家层面启动全民护理保险制度建设。长护险制度的试点以长期处于失能状态的参保人群为保障对象，重点解决重度失能人员基本生活照料和医疗护理所需费用与服务供给。

在总结试点城市经验的基础上，以建立独立险种为目标，通过扩大试点范围来检验长护险政策实施效果。2020年5月，国家医保局发布《关于扩大长期护理保险制度试点的指导意见（征求意见稿）》提出扩大试点范围，拟在原来15个试点城市的基础上，按照每省1个试点城市的原则，将试点范围扩充为29个城市，试点期限两年。2020年9月，经国务院同意，国家医保局会同财政部印发《关于扩大长期护理保险制度试点的指导意见》，将长护险制度试点城市增至49个。

全国人大常委会专题调研组《关于建立长期护理保险制度情况的调研报告》指出，长护险制度试点进展顺利，试点城市在基本原则、基本目标、基本框架、基本政策等方面总体上都体现了2016年和2020年两个《指导意见》的精神和要求，制度运行平稳。社会各方对试点总体评价较好，制度的保障功能和外延功能初步显现。

二、江苏省全面推行长护险制度的总体情况

江苏省是探索建立长护险制度的发源地，长护险制度试点工作起步较早。南通市于 2015 年 9 月率先探索建立长护险制度。2016 年，苏州市、南通市被列入国家首批试点城市开展长护险试点。2016—2022 年，全省陆续有 9 个设区市推行长护险制度（其中，2016—2019 年，南通、苏州、徐州、无锡、扬州、常州、泰州 7 个设区市先后予以推进；2021—2022 年，南京、盐城 2 个设区市以市人代会票决产生民生实事的方式予以推进）。2023—2024 年，省政府连续两年将"推进长期护理保险制度建设"和"深化完善长期护理保险制度"列入民生实事项目，推动尚未开展的连云港、淮安、镇江、宿迁 4 个设区市启动长护险制度建设，实现了长护险制度省域全覆盖。截至 2024 年 11 月底，全省长护险参保 6344 万人，累计享受待遇近 60 万人，基金支出超 110 亿元。

（一）制度体系逐步完善

全省长护险制度建设坚持"保基本、全覆盖、可持续"的基本原则和"市级统筹"的基本思路，探索建立以互助共济方式筹集资金、为长期失能人员的基本生活照料和与之密切相关的医疗护理提供服务或资金保障的社会保险制度。各设区市按照省级政策框架，积极探索长护险政策举措，在政策制定、服务供给、标准规范、监督管理、运行机制等方面，逐步形成适应各地经济发展水平和老龄化发展状况的长护险制度体系。保障范围不断扩大。在保障群体上，13 个设区市职工医保参保人员已经全部参保长护险，居民医保参保人员参保长护险工作逐步推开。目前，除新开展的连云港、淮安、镇江（扬中市 2024 年居民医保参保人员已纳入）、宿迁 4 个设区市外，其他地区均将居民医保参保人员纳入长护险参保范围。在保障对象上，重点解决重度失能人员基本护理保障需求。目前，南通、苏州、无锡、常州、徐州 5 个设区市已将中度失能人员纳入保障范围，南通、苏州、徐州 3 个设区市还将失智人员纳入保障范围。照护水平持续提升。全省各地照护服务以提供生活照料服务为主，少量提供与生活照料密切相关的医疗护理服务，从低水平

起步，根据护理等级、服务提供方式等不同实行差别化待遇保障政策，按照照护服务项目化清单，以招标方式选择社会机构提供服务，向提供服务的机构支付资金。各地照护服务方式主要分为机构护理、社区护理、居家护理3种，鼓励采用居家和社区护理服务，照护标准按不同失能等级和护理方式予以相应保障。南通、苏州、徐州、常州、南京5个设区市还开展了辅助器具租赁服务。评估标准逐步统一。国家长护险失能等级评估标准和操作指南印发后，各地积极将失能等级评估与国家标准统一。目前，除无锡市使用当地标准外，其他12个设区市已与国家标准统一，全省各地成立评估机构（评估委员会）135家。盐城市强化评估监管，将失能人员复评估、失能状态稽核融入监管体系，自2022年7月制度实施以来，复评估2153人，失能状态稽核8789人，取消待遇享受92人。

（二）筹资机制逐步优化

各地探索建立与经济水平相适应、与各方可负担能力相匹配、与长远可持续要求相协调的多元筹资机制，基本做到基金稳定筹集、独立运行、精算平衡、费率动态调整。各地落实基准费率制度，实施费率平移措施，将现有职工医保用人单位缴费费率拆分出一部分，平移为长护险费率。大部分地区职工与居民参保人群筹资标准一致，其中，个人缴费部分，职工医保通过个人账户一次性划拨，居民医保在年度居民医保缴费时一并征缴，困难人员个人缴费部分由财政资助。目前，各地均建立了个人缴费、医保基金划转、财政补助等多元化筹资机制，年人筹资标准在70—130元不等。南京市实施权责对等的参保筹资机制，60周岁及以上年度缴费标准130元/人，60周岁以下90元/人，未成年人和大学生及困难群体个人不缴费。南通市自2023年起建立筹资动态增长机制，从之前的每人每年固定100元（个人缴纳30元、医保统筹基金筹集30元、财政补助40元），调整为职工医保个人缴纳30元、医保基金划转收入的3%，居民医保个人缴纳30元、财政补助40元、医保基金划转收入的1.5%。

（三）服务管理逐步规范

省市医保部门牵头负责，建立全过程服务管理体系，依托数智化手段，提高服务的便捷性、监管的严密性，为保障长护险制度高效运转提供了有力支撑。确定经办主体和流程。各地长护险制度运行均采用政府购买第三方经办服务与政府主管部门监督相结合的模式，各设区市医保部门公开招标遴选商业保险公司，中标的商业保险公司承办受理评定、费用审核、结算支付、稽核调查、信息系统建设与维护等经办事务，同时负责政策宣传咨询、制定服务计划、追踪服务质量、处理争议投诉等。目前，全省各地委托承办的商业保险公司共98家。构建管理和监督体系。各设区市医保部门在实施过程中制定了定点准入、协议管理、考核管理、信用管理等一系列配套管理办法，建立内部管理制度，制定20多项操作规范，开发了本地的信息管理系统和移动服务App，总体上管理服务运行顺畅、规范。各地医保部门针对长护险评估和服务空间小、非公开、隐私性强的特点，建立定期抽查、违规重处等机制，使用精准定位、视频现场巡查等智能化监管手段，加强服务质量管理，提高护理服务行为规范性。

（四）实施成效逐步显现

长护险制度的建立和实施，对于提高失能人员的生活质量、减轻失能家庭的照护负担、促进养老产业健康发展、拓展服务行业就业岗位起到积极的作用。有效提供了失能人员基本照护服务。长护险制度的实施，为失能人员提供了专业护理服务，增强了社会化护理服务供给能力，初步建立起以居家为重点、机构为辅助，兼顾生活照料和医疗护理的基本护理服务供给体系。越来越多符合条件的失能人员因为有长护险的待遇支付或是住进了专业化的护理机构，或是在家里获得了专业机构的上门服务。各地区根据本地情况，制定长护险服务内容及标准，明确居家上门或者入住机构可以接受的服务项目、频次、时长、内容、收费标准等，护理机构按规定提供相应服务。长护险所提供的每周3—5次、每次1小时以上的专业照护服务，让失能人员家庭成员有了"喘息"的机会。优化提升了医疗养老护理资源配置。有些地区探索通过政策杠杆实现失能人员在医养机构、养老机构与综合医院之间的分流，失能人员的基本护理需求通过居家、社区、机构护理服务得到满足，降低了失能人员长期住院治疗率，提高了养老资源利用率，优化了有限医疗资源的配置。同时，长护险制度引导部分基层医疗机构转型发展养老服务，优化了现有医疗资源配置，促进了医、养、护的深度融合，破解了"机构不能医、医院不能养、家庭无力护"的困局。有力促进了养老护理产业发展。引导社会力量参与发展养老服务业，将潜在的养老服务需求显性化，按照市场化方式发展护理机构，推动护理服务产业的快速发展。截至2024年5月，全省有定点服务机构2814家，与之相关的护理床位超过9.4万张、从业人员近6.5万人，带动了医护设施、康养设备、辅助设备的研发生产，催生了社会力量经办长护险、辅助器具生产租赁、长护险商业保险产品开发与销售、失能评估等新业态。南通市积极促进养老服务及健康相关产业发展，照护机构增加360多家（其中护理院新增40多家），社会投资总额达30亿元。市区多家护理院利用政府腾退的老旧办公楼改建而成，既盘活了政府闲置资产，又支撑促进了民生保障事业发展。

三、江苏长护险制度实施中面临的困难和问题

调研发现，江苏长护险制度建设和实施在政策体系构建、资金筹集、护理服务供给、护理人员队伍建设、农村地区护理服务等方面还存在一些问题。

（一）长护险制度政策体系还不够完善

保障内容差异较大。省级层面在长护险制度建设起步阶段缺乏统一的制度设计，导致各地区在制定长护险政策时，参保对象、筹资政策、待遇保障等方面差异较大，不利于建立统一规范的制度体系。比如，无锡、常州等5个设区市将中度失能人员纳入保障范围，苏州、南通等5个设区市增加辅助器具租赁服务项目，其他城市的参保群众在进行比较后会产生心理落差和矛盾，影响政策实施的社会效果。跨区结算堵点没有打通。很多失能人员随子女在异地生活，需要在异地接受护理服务，但当前省内各市长护险异地结算

机制尚未建立,非本地参保人员难以享受当地的政策红利。比如,2023年7月以来,盐城6家照护保险承办机构先后收到外地户籍失能人员申请389份,但因不符合本市参保条件,有迫切需求且符合条件的失能人员无法纳入保险范围,无法使用长护险基金支付照护费用。管理监督还存在漏洞。有的地区存在服务标准执行不到位、评估不规范、办理过程烦琐、服务网点布局不合理等问题。比如服务标准执行不到位的问题,由于大部分失能人员不能与他人进行有效沟通、有的家属不清楚护理机构实际护理工作开展情况等,监管和核查的成效不明显。同时,享受照护服务的失能人员绝大部分都是老年人,各项身体机能的衰退都是不可逆转的,服务效果评估还需要进一步优化。

(二)长护险发展的资金压力较大

长护险的本质属性是社会保险制度,应按照独立的社会保险险种进行设计和推进,但目前主要依赖医保基金和财政补助。2023年,全省医保统筹基金划入金额占长护险筹资总额的62%。在长护险制度实施起步阶段,从医保基金向长护险基金划转资金简便易行;但从长期看,既不利于长护险制度的可持续发展,也对医保基金造成很大压力。目前,不少地区居民医保基金已处于紧平衡状态,部分地区甚至出现当期赤字,资金入不敷出,采用医保基金或结余划转的筹资方式形成的长护险基金,保障现有人群的基本服务已有压力。受地方财力影响,部分地区难以扩大长护险制度覆盖区域和参保范围,保障能力也尚属低水平。随着人口老龄化加速和将来长护险制度的全面铺开,提交申请评估并符合条件的人数会有较大增加,医保基金赤字风险会增大。另外,还要高度关注灵活就业人员这一群体,当前全省灵活就业人员超过1100万人,但医保参保人数仅为360.1万人,这样的筹资方式覆盖不了这一庞大的潜在人群;近期还出现医保参保人员退保的现象,退保人员在需要时也享受不到应有的护理服务,存在较大风险隐患。

(三)部门职责尚未厘清

长护险制度建设涉及部门多,相关政策供给、标准规范、监督管理、信息资源等职能分散在不同部门,存在部门管理交叉、职责划分不清等问题,如居家养老社会化服务行业主管部门不明确、服务标准欠缺、行业监管存在空白等。医疗和养老机构分属不同部门管理，各自的政策不能有效协同衔接，阻碍了医养资源的统筹使用，也给失能人员带来很大不便。政策供给存在重叠，有的失能人员在符合享受长护险待遇的同时，也符合领取重度残疾人护理补贴或经济困难高龄失能老人护理服务补贴的条件，不同条线各自办理，以致重复享受待遇。

（四）服务项目可选择范围较小，照护服务仍处于低水平

护理服务以基本生活照料为主，对于失能人员的心理疏导、康复器材租赁等服务较为匮乏，协助服药、生活自理能力训练、造口护理等专业性医疗护理服务短缺。护理服务供给存在较大缺口。照护服务刚刚起步，服务项目的丰富性和专业性均不足，总体处于较低水平。有的地区服务频次不能满足重度失能人员的护理需求。重度失能人员居家上门基础护理的标准为每月10次左右，如果选择特色护理服务，则每月上门服务的次数更少，有的重度失能人员仍需要另外雇佣护工以满足照护需求。有的地区"亲情服务"比重较高。省医保局、省财政厅联合印发《关于深化长期护理保险制度建设的指导意见》，明确要求"照护（长护）基金应向提供服务的符合规定的机构和人员支付，避免向失能人员简单化发放现金补贴"。但目前省内有5个设区市存在向失能人员直接发放现金，由亲属提供"亲情服务"的情况；有的市"亲情服务"类失能人员占比达48.6%，比例较高。有些失能人员亲属的照护能力不足，部分失能人员未真正享受到专业护理，有些发放的现金补贴甚至没有惠及失能人员，稽核工作也存在一定难度。护理服务人员队伍建设亟待加强。由于护理工作普遍存在工资待遇低、工作压力大、缺乏职业发展空间等问题，加上社会上也存在一定偏见，认为照顾失能人员"低人一等"，从业者职业认同感低，护理队伍职业精神普遍缺乏，人员流动性大，专业人才、年轻从业者招不来、留不住，当前的护理人员普遍年龄偏大（大多为50多岁的大龄劳动者）、文化层次偏低（大多为高中及以下学历）、缺乏专业技能培训，提供不了应有的高质量失能照护服务。

（五）农村地区制度落实不到位

农村地区长护险的个人缴费压力较大。同时政府在农村地区的卫生服务财政投入不足，导致农村养老机构的设施不完善，专业医生、护理人才也相当缺乏，"医""养"层面均存在短板。由于市场化机制的作用，机构进入农村市场的动力不足，农村地区护理服务机构较少，加上失能人员居住地分散，上门服务成本较高，导致农村地区发展长护险比城镇更加困难。目前享受长护险的农村居民以"亲情护理"为主，很难享受到专业的护理服务，影响制度的基础性、兜底性和普惠性。

四、国外推行长护险制度的做法和经验

根据世界卫生组织（WHO）发布的数据，全世界约有80个国家作出了长护险制度政策安排。由于经济社会发展情况和文化背景不同，各国采取的长护险制度设计也不尽相同。

（一）制度模式

主要分为三种。第一种是雇主、劳动者共同缴费为主的社会保险模式，荷兰、以色列、德国、日本、韩国等采用此种模式。比如，德国是以社会保险为筹资来源的付费型服务供给模式，雇主、劳动者缴纳社会保险，政府财政也予以必要的支持，形成政府、雇主和劳动者长护险费用共担的机制，社会中大多数人都能享受到保险待遇，同时基于保险精算原则确保长护险基金的顺利运行。享有长护险的失能人员可以在拥有许可资质的长期护理服务供给商中选择想要的服务种类和数量，地方政府设定该地区长期护理服务的价格，服务供应商只能通过提高服务质量来争取客户。第二种是通过国家税收筹集资金的国家福利模式，英国、瑞典、奥地利、加拿大、澳大利亚等采用此种模式。筹资来自一般性税收，用于提供服务或支付现金。制度保障定位上各国存在差异。英国采取发放救助型津贴的方式，主要为65岁及以上人群和失能人群，特别是为低收入群体提供援助，待遇水平依据受助人实际需要及其经济能力而定，且有额度上的限制。英国的长期护理制度模式中，政

府、社区、慈善组织、志愿者和民营企业相互补充、融合发展，政府主要负责政策制定、购买服务和监督管理工作。长期护理服务主要由非营利性组织和营利性组织通过市场来提供，市场竞争激励企业提供品种更多、质量更好的服务产品和项目，以满足老年人的需求。瑞典规定，只要达到一定失能等级，即可享受护理津贴。第三种是个人缴费的商业保险模式，代表国家是美国。在美国，长期护理是个人的责任，商业长护险占到商业人身险30%左右的市场份额，大多数失能人员需要自己支付长期护理费用，直到他们有资格获得医疗补助为止。医疗补助计划由联邦政府和州政府共同筹资，可覆盖保障对象的医疗护理费用，但有非常严格的资产和收入审查。

（二）筹资体系

德国长护险的资金来自被保险人缴纳的保险费和政府的各种财政补贴，其中保险费由雇员和雇主各缴纳一半，费用纳入长护险基金。日本40岁及以上的国民符合参加长护险的条件，其中65岁及以上参保人群被称为一号被保险者，40岁到64岁的参保人群被称为二号被保险者。一号被保险者比二号被保险者对长期护理服务的需求量大。长护险体系采取社会保险形式，强制缴费，由雇主、政府和参保者三方缴费。被保险人缴纳50%的保险费，其中17%来源于一号被保险者，33%来源于二号被保险者；政府负担另外50%的保险费，其中中央政府负担25%，地方政府的都道府县和市町村各负担12.5%。英国养老服务的资金来自个人和政府，对于个人净资产低于14250英镑的老人，养老服务和长期护理服务的费用由政府出资；对于个人净资产在14250—23250英镑的老人，政府每支付250英镑，老人每周要再支付1英镑；对于个人净资产在23250英镑以上的老人，养老服务须自费购买。美国长期护理商业保险规定，符合税收优惠资格的长期护理保单，其个人缴纳的长护险费用可列入医疗费用进行税前抵扣；企业或雇主为雇员缴纳的长护险费用以及雇主直接支付的长期护理费用可以进行税收抵扣，个人获得的长护险给付也可享受免税待遇。同时，美国国内税法亦有相关优惠规定。2019年，新加坡推出终身护保计划，年满40周岁的新加坡公民和永久居民自动加入该计划，终身护保计划的保费由两部分组成。一是基础保费。

1979年及之前出生的参保人需要缴纳基础保费，从投保当年开始一直缴纳到67周岁。基础保费将会随着潜在支出的增长而增加，在2020年到2025年之间每年增加2%。67周岁以后，基础保费保持固定值。对于1980年及以后出生并参加终身护保计划的，从投保当年开始到67周岁须每年缴纳保费，保费动态调整，每年按照2%的比例增长。二是附加保费。现有的"乐龄健保300计划"的参保人、未参加"乐龄健保计划"①或者晚加入"乐龄健保计划"的参保人，由于他们缴纳的保费少于稳定参加"乐龄健保400计划"的参保人，需要在缴纳基础保费的基础上，按固定金额缴纳10年附加保费。

（三）护理内容

德国的长期护理服务，包括居家护理、社区护理、喘息服务、专业机构护理、长期和短期护理服务等多种形式，满足居民的不同需求。按照不同等级评价提供不同的护理服务，从1级到3级需要护理的程度逐渐增大：1级是每天只需要1次长期护理服务，包括饮食、医疗、家务等；3级是需要24小时饮食、医疗卫生和交通、活动等方面的护理服务。日本长护险提供的服务主要包括"需要支援"两级和"需要护理"五级。被保险人生活基本可以自理，但在完成清扫、穿衣等生活活动时需要有人协助，完成单脚站立、行走等动作时需要支撑，这样的情况属于"需要支援"的对象；随着身体机能和生活能力的下降，当被保险人发展到梳头、洗脸、行走、站立，甚至排便都需要人辅助，也就是"离不开人"的状态，或者出现认知障碍，与人交流有困难时，会被认定为"需要护理"。根据长期护理需求的评估判定，按照相应的服务等级提供长期护理服务，分为居家护理服务、社区护理服务和机构护理服务三种类型。日本护理服务项目共有23种，如上门看护、洗浴、

---

① 2002年，新加坡推出"乐龄健保计划"，也称"乐龄健保300计划"，规定每月为失能人员和年长的公积金会员赔付300新元，支付期限最长为5年；2007年，该计划升级为"乐龄健保400计划"，赔付水平提高至每月400新元，最长支付期限延长至6年；终身护保计划是在"乐龄健保计划"的基础上发展起来的，赔付水平提高至每月600新元，每年增长2%，终身给付。

日托、康复、预防保健护理等。长期护理服务中会注重预防保健护理，将长期护理服务前置，降低失能发生概率及失能进一步发展的速度。

（四）学科建设

美国采用护理人才分级培训制度，学历层次涵盖学士、硕士、博士，依据《美国护理本科教育老年护理核心能力标准及课程指南》中的11项核心能力（评判性思维、沟通交流、健康评估、专科技能、健康促进、疾病预防、疾病管理、信息和健康照顾技术、伦理道德和卫生政策等），开发设计课程，以确保学生能胜任毕业后的老年护理工作。日本从20世纪50年代后期开始建立福祉大学，并在很多高校设立社会福祉和介护福祉（类似于我国的老年服务与管理）专业。日本的各类高校根据自身的特点及优势，结合社会对人才的不同需求，培养不同规格的老年服务管理人才。比如，普通高校（福祉大学和一些综合大学的福祉专业）重点培养应用型老年服务管理人才，其中硕士、博士层次研究型人才的主要就业去向是研究所、政府机构的各类福祉教育部门、福祉社会团体（NPO）及各种福祉产业的管理部门；短期大学（专科）及专门学校（中专）重点培养技能型人才，主要就业去向是各地方及区域福祉机构、福祉援助中心和福祉产业生产、销售、服务等部门。新加坡自20世纪80年代开始在专科层次学院开设老年医学和护理专业，1992年南洋理工学院首先设置护理专业开始培养养老护理人才。随着老龄化社会进程加快，南洋理工大学开设本科及研究生层次的老年服务相关课程，并将学生在养老机构的实习纳入核心课程，推动开展老年科研项目，学生毕业即具备养老服务能力。

（五）职业培训

美国长护险照护人员的要求是，在医疗保险或医疗补助认证的长期护理机构进行75小时的培训，并且在工作期间每年进行12小时的在职培训。培训内容主要包括医疗和临床照料、建立病人的病案和处置计划、直接医疗护理、为病人家属提供医疗和护理知识咨询及自我护理辅导等。另外，老年失智症是每一个护理机构员工必须接受的培训课程。除了入职后4周内要完成老年失智症 6 小时的基础知识培训外，一些直接为失智老年人提供服务的员工还要就特殊照料技能、与失智老人的交流技能、失智症患者活动项目设计和实施、环境打造和设计等内容进行至少 6 小时的培训，并保证每年都要有内容的更新和再次培训。英国引入国家职业资格（National Vocational Qualifications，NVQ）来规范长期护理人员的培训。NVQ 有若干层次，每个层次提供了基于特定职业所需的特定技能和知识模块，从事长期护理的人员必须通过国家职业资格考试，取得上岗资格。在日本，所有提供老年护理服务的人员都要经过专业学校系统培训并通过相关资格考试认证。这些培训学校办学方式灵活，学员可以通过全日制方式学习，也可以通过夜校形式学习。当学员学习理论学时数达 1600—1800 小时，实践经验积累不低于 800 个学时后，通过全国统一考试取得国家资格证书，才可从事护理工作。新加坡机构护理人员除了需要掌握基本护理技能外，还必须进行其职责范围内的专业培训，如学习失智、中风、糖尿病等老年常见疾病的症状及护理技术、熟练掌握基本临床护理技能及其职责范围内的特殊护理技能等；亲属、邻居等非机构护理人员必须参加护理课程培训，掌握基本的护理技术，如掌握常见的健康问题和疾病的初期迹象、日常生活活动护理技术等。

五、进一步完善长护险制度的建议

推进长护险制度建设，对提高失能人员照护服务质量具有重要意义。要坚持尽力而为、量力而行，按照"政府主导、社会参与、群众受益"的原则，建立并完善高质量、多层次、可持续的失能照护服务体系。对此，我们提出七个方面的建议。

（一）加强顶层设计，逐步构建统一规范的制度框架

长护险制度作为一项重大制度安排，应当积极稳妥全面推进。当前，老龄化与高龄化并存，人均寿命提高与老年人慢性病增多并存，应当科学研判人口结构未来的变化情况，充分认识到未来长期护理面临的风险，推动长护险制度规范、合理、稳定。在总结前期各地经验做法的基础上，要针对各地

实践过程中遇到的普遍性问题，建立健全省级层面的制度设计，完善制度框架体系，在筹资来源、保障范围及水平、长护险服务项目目录、照护机构准入标准、照护从业人员教育培训等重要方面及时作出统一规范，防止因各地差异导致制度定型后政策调整幅度过大。比如，浙江省构建多层次长期护理保障体系：政策性长护险，在长护险试点基础上，根据国家部署在全省域推开；惠民型商业护理险，依托"浙里惠民保"增设责任，以个人自愿投保方式筹集资金，为失能失智人员提供补充性保障；其他商业护理险，研发推广适用不同人群的产品，满足群众多样化护理需求；衔接养老护理补贴等社会福利制度，实现功能互补。根据国家有关要求，江苏应尽早启动长护险立法工作，依法落实与长护险制度相关的各级政府、单位、个人、家庭、社会等主体的权利、义务和责任。

（二）创新筹资方式，确保资金筹集合理可持续

世界各国的长护险，最初几乎都是由医疗保险衍生而来，之后再逐步分离。护理保险的保障对象主要是因衰老和慢性病而失能的老年人，对他们提供的照料护理远多于医疗服务，如果长期将长护险放在医疗保险的框架内，就等于是把生活照料纳入医保支付，在法理和管理上都带来不少问题——这是各国长护险最终都从医疗保险独立出来的主要原因。建议江苏将长护险作为一个独立的险种进行设计，逐步减轻对医疗保险基金的依赖，建立稳定可持续的独立筹资机制。现行筹资模式下，考虑到当前经济下行压力较大，增加缴费会加重企业和政府财政负担，医疗保险与长护险应实行缴费比例的划分，即在社会保险内部重新划分缴费比例，突出基础性、兜底性、普惠性，逐步提高服务供给水平，确保长护险的可持续。建立筹资和待遇关联机制，随着缴费年限的延长或缴费水平的提高，应给予更高的待遇支付，待遇标准应有一定的上限，鼓励多缴多得、长缴多得，提高个人缴费积极性。由于江苏地区间经济社会发展不平衡以及长期护理服务的属地属性，在各地建立长护险基金的基础上，全省可建立长护险调节基金，根据不同地区老龄化程度科学预测失能人群的人数分配调节基金，在全省范围内调剂余缺，落实照护服务基础性、统一性原则。探索建立缴纳长护险抵税机制，提高企业、

个人的积极性。对灵活就业和退保人员，要探索建立长护险补缴机制。建立市场化机制，培育商业性保险机构，设计多层次险种，满足不同群体多元化需求。同时，积极发挥社会救助、慈善事业等社会力量的作用，吸引社会资金，拓宽筹资渠道。政府要对困难人群提供兜底性支持，力求实现全覆盖。

（三）强化部门协同，提高基金使用效率

进一步整合部门力量，由医保部门牵头，协同各涉老部门，推动实现跨部门业务协同、数据互联互通。比如，上海市建立健全由医保、民政、卫健、人社、发改、财政、金融监管多部门参与的分工负责机制和联席会议机制，运行管理实现受理申请、评估流程、服务派发、支付结算、监督管理的"五统一"，确保长护险制度平稳有序运行、持续优化完善。江苏应打通医保信息与卫健的疾病就诊、民政的低保、残联的评残等信息壁垒，实现失能人员的精准主动发现，确保失能人员待遇保障的应享尽享。做好长护险和现有的经济困难高龄失能老人护理服务补贴、重度残疾人护理补贴等的整合衔接，统一将该部分人群纳入保障范围，解决不合理的叠加享受待遇问题。探索长护险制度与安宁疗护制度的衔接，解决好安宁疗护的堵点难点，推动安宁疗护制度的有效实施。

（四）提高监管质量，规范待遇支出管理

完善失能鉴定和待遇享受对象的分级分类标准与评定，明确享受人员范围，严把入口关，做到符合条件的人员应享尽享，不符合条件的人员不享受待遇，先多做"雪中送炭"的实事，随着经济社会的不断发展，再做"锦上添花"的好事，提高待遇支付的精准性。合理确定长护险服务项目范围，提高医疗护理比重，减少能由家庭成员提供的剪指甲、洗脚等一般性生活照料服务，避免因长护险制度的实施而"豁免"了家庭成员应尽的照料义务。实行按项目、服务包等打包付费的支付方式，严格把控各种付费方式的适用范围和实施条件，避免向失能人员简单化发放现金补贴。高度关注基金使用的安全性问题。目前，制度实施尚在起步阶段，还未覆盖所有符合条件的需照护人群，建议基金每年要有一定结余，防止今后因老龄化程度加深、长护险

制度大规模铺开而导致基金面临赤字风险。加快建立全省长护险基金异地结算机制，把握好不同地区的待遇支出衔接，特别要注意异地待遇申请、待遇享受、资金给付的便捷性与安全性相统一，做到既满足失能人员对有质量的照护的需求，又确保长护险基金安全、稳定、可持续。比如，山东省建立实施异地长护险报销制度，自 2024 年 7 月起，异地长期居住失能人员在居住地发生的长护险费用，可凭有效费用凭证等，由参保地医保经办机构按规定报销。江苏没有对符合条件的失能人员提供应有的服务，影响参保积极性，应及时打通异地结算的堵点。评估机构和护理机构的运行水平是长护险制度高质量实施的关键，江苏应强化对评估机构和护理机构的监管，建立激励约束和退出机制。要创造机构发展的有利环境，着力培育、引进服务机构，培育与服务需求相适应的规范化、专业化、品牌化市场主体，形成竞争机制，为失能人员提供多层次、高质量的照护服务。

（五）整合农村资源，补齐农村护理服务短板

提高农村地区照护服务补贴，综合利用乡镇养老院和卫生院，拓展农村养老服务机构功能，以乡镇为中心扩大服务半径，增强农村护理服务的可及性，为服务机构在农村地区布局创造更好的政策环境。鼓励发展农村护理邻里互助，将邻里互助员纳入护理服务队伍培训体系，研究长护险制度覆盖的"邻里互助"模式。有计划地面向农村剩余劳动力提供护理技能培训，尤其是对农村留守妇女进行护理技能培训，使其能就近提供护理服务，缓解农村地区护理人员紧张的情况；同时也能拓宽就业渠道，增加农村家庭收入。

（六）强化队伍建设，提高护理服务水平

加强社会宣传引导，积极选树典型模范，大力宣传养老服务先进个人等事迹，逐步消除社会偏见、转变价值观念、提升护理员的社会认同度。通过护理人员待遇的提高、资格等级的晋升、保险福利的完善，增强护理人员的职业荣誉感，吸引专业人才进入护理服务领域。支持养老服务机构中从事医疗、康复、护理等各类专业技术工作的医务人员，或按规定参加国家统一组织的卫生专业技术资格考试，或按规定通过各地有关社会化人才评价机构申

报职称评审。鼓励高等学校、职业院校设置失能人员护理服务相关专业，建立以职业教育为主体、应用型本科和研究生教育层次相互衔接、学历教育和职业培训并重的养老服务人才培养体系，培养长期照护服务业发展所需的不同层次的专业人才。加强长期照护相关学科建设，在相关专业中增加医学、心理、营养、社会工作、中医推拿等课程设置。建立涉老重点企业、龙头企业与高校、职业学校等校企合作长效机制，支持优秀涉老企业成为高等院校和职业学校的实习实训基地，并委托其指导学生的实习实践活动。按照涉老专业与养老产业对接、专业课程内容与职业需求对接、教学过程与生产过程对接的原则，改革教学模式。鼓励行业协会、高校举办养老护理中高端人才培训，在养老服务、医养结合、科技助老等重点领域，培养造就一批高层次、复合型人才，示范带动养老服务业发展。探索实施"时间银行"机制，倡导更多志愿者参与护理服务，充实护理服务队伍。加强对专业护理人员和有照护服务需求的家庭成员的技能培训，不断提高专业能力和服务质量。

（七）丰富服务产品，促进养老产业发展

据预测，全国老年人照护市场规模到 2030 年将达 2 万亿元（江苏约占全国市场总量的 10%），可以带动养老护理服务、养老产品用品、养老设施设备、老年健康养生等关联业态发展。银发经济贯穿生产、流通、分配、消费全过程，涉及面广、产业链长，可以拉动 5—7 倍上下游相关产业消费，是消费市场"新蓝海"，将成为经济增长新动能。但我国适老产品与发达国家相比还存在较大差距，制约了高质量养老服务的供给。根据中国老龄协会公布的数据，日本老年用品制造业处于世界领先水平。全球共有 6 万多种老年用品，其中日本产品有近 4 万种，而且智能化水平较高。德国的养老配套设施和老年人家用器具等处于领先水平，高端养老配套设施在全球市场的占有率约为 60%。与这两个国家相比，我国老年用品制造业发展不够，国产用品只有 2000 多种，品类缺失现象明显，与我国的制造业大国地位不符，具有较大的发展空间。要大力发展银发经济，智能化、多样化的适老产品可以提高长期照护的服务水平，而长护险基金也可以支持带动企业开发，生产种类更多、功能更强的适老产品。江苏制造业基础雄厚，工业门类齐全，建议

支持更多地区丰富长护险可提供的照护服务产品，推动辅具器具租赁、照护服务科技产品应用等进入长护险服务目录，培育一批养老服务高质量发展示范企业，促进养老事业与养老产业协同发展。

作者：卜宇，江苏省人大常委会委员、江苏省人大社会委副主任委员，老龄文明智库副理事长兼秘书长；朱琦，江苏省人大社会委办公室二级主任科员。

主要参考文献

1. 武亦文等.长期护理保险制度构建的中国进路.中国社会科学出版社，2022

2. 和红.社会长期护理保险：可持续性与可及性.武汉大学出版社，2022

3. 杨波.中国长期护理保险制度试点模式比较研究.西北大学出版社，2022

4. 孙伟.新家庭人口结构下长期护理保险的国际经验.中国财政经济出版社，2023

5. 李佳.中国长期护理保险制度财政负担可持续性研究：基于17种试点方案测算.《社会保障评论》2020年第4期

6. 张盈华.中国长期护理保险制度的可持续评价与趋势分析.《人口学刊》2020年第2期

7. 熊金才，曹琼.我国长期护理保险筹资机制研究.《汕头大学学报（人文社会科学版）》2020年第9期

8. 任今今，刘悦欣，张蕊.新加坡长期护理保险制度经验及启示.《中国医疗保险》2024年第3期

9. 郭丽君，鲍勇，黄春玉，张瑾，王海燕.中国养老人才队伍培养体系.《中国老年学杂志》2019年第14期

10. 李新泰. 新加坡养老护理职业人才培育经验解析.《山东商业职业技术学院学报》2024年第4期

11. 中国老龄协会.《需求侧视角下老年人消费及需求意愿研究报告》,2019

"苏适养老"服务体系研究

沙维伟　林　莉　梁　誉

一、研究缘起

江苏是我国进入人口老龄化最早、老龄化速度最快和程度最深的省份之一。截至2023年底，全省60周岁及以上常住老年人口达到2089万人，占常住人口的24.5%；65周岁及以上老年人口达到1573万人，占比18.4%。13个设区市65周岁及以上老年人口占比首次全部超过14%，均已进入中度老龄化社会。老龄人口基数大，老龄化程度持续加深，已成为江苏鲜明的省情之一。

江苏历来重视人口老龄化的应对工作，"十四五"以来，将养老服务体系建设作为积极应对人口老龄化、推动经济结构转型升级、保障和改善民生的重要内容。修订颁布了《江苏省养老服务条例》，将养老服务发展纳入法治化轨道；先后出台了《江苏省"十四五"养老服务发展规划》《江苏省基本养老服务指导性目录清单（2022年版）》《关于推进基本养老服务体系建设的若干措施》《关于推动养老事业和产业发展提升养老服务质量的实施意见》等政策文件。特别是，江苏基于人口老龄化进程与社会经济的发展实际，将养老服务作为增进老年人福祉、促进社会和谐稳定的民心工程，系谋划打造了"苏适养老"服务品牌，构建起具有江苏特色的养老服务制度框架，体现了江苏在推动养老服务高质量发展上走在前、做示范的要求。当前，江苏"十四五"养老服务体系建设进入收官阶段，"十五五"养老服务发展谋篇布局即将开始，为此，重新审视"苏适养老"服务体系的功能与图景，系统梳理"苏适养老"服务体系建设过程中的成效与难点，以及进一步探究"苏适养老"未来发展优化路径，具有十分重要的理论与现实意义。

二、"苏适养老"服务体系的理论基础与内涵图景

（一）"苏适养老"服务体系的理论基础

1.马克思主义的社会发展观

发展是个时代性的概念。正因如此，马克思以社会发展为研究对象，立足唯物史观，围绕社会的产生、社会发展的路径与规律等核心问题，形成了关于社会发展的基本见解，为人类探索与因应社会发展问题提供了重要的理论基础。

马克思指出"社会经济形态的发展是一种自然历史过程"[①]。人类社会的存在与发展和自然界本质是相似的，是遵循客观规律的，不以人的意志为转移。"历史不外是各个世代的依次交替。每一代都利用以前各代遗留下来的材料、资金和生产力；由于这个缘故，每一代一方面在完全改变了的环境下继续从事所继承的活动，另一方面又通过完全改变了的活动来变更旧的环境。"[②] 人类活动须在一定物质生产条件下进行，受既有生产方式的制约，社会的发展具有延续性和合规律性。与此同时，社会发展也在于人的实践活动。人的主体利益在历史活动中发挥着关键作用。人们总是依据自身需要和利益来改造客体，主体选择的结果会直接制约生产力的发展，这一选择是社会客观规律发挥作用的重要前提。[③] 社会的发展还具有变革性和合目的性。

---

① 《马克思恩格斯全集》第23卷，人民出版社1972年版，第12页。
② 《马克思恩格斯文集》第1卷，人民出版社2009年版，第540页。
③ 顾晓媛：《马克思社会发展观研究》，吉林大学硕士论文，2021年。

因此，江苏养老服务体系建设必须遵循社会发展的规律，立足江苏现有的经济与社会基础，选择适合江苏发展的改革路径。这是推动江苏建设什么样态和什么水平养老服务体系的重要前提。此外，江苏养老服务体系建设还要在遵循社会发展规律的基础上，结合时宜、推陈出新，充分调动政府、市场、社会和个人、家庭的主观能动性，推动养老服务的改革创新。

2. 以人民为中心的发展思想

以人民为中心的发展思想，是中国共产党依据马克思主义政治经济学基本原理，立足我国当前经济社会发展实践和社会主要矛盾的转化提出的崭新发展理念。[①] 系统回答了新时代新阶段"发展为了谁、发展依靠谁、发展成果由谁共享"等一系列重大理论和实践问题，成为马克思主义人民主体思想中国化时代化的最新理论成果。[②]

党的十九大报告中提出："坚持以人民为中心。人民是历史的创造者，是决定党和国家前途命运的根本力量。"[③] 党的二十大报告中强调："坚持以人民为中心的发展思想。维护人民根本利益，增进民生福祉，不断实现发展为了人民、发展依靠人民、发展成果由人民共享，让现代化建设成果更多更公平惠及全体人民。"[④] 因此，在新发展阶段，必须坚持人民主体地位，认识到人民既是历史发展的主体力量，也是社会进步的主体力量，要让广大人民群众共享改革发展成果。"家家都有老，人人都会老"，养老服务工作事关每一个人和每一个家庭的根本利益。这就要求江苏养老服务体系建设从人民主体性出发，将以人民为中心的发展思想作为核心理念，不断扩大制度的覆盖范围、增强服务的供给水平、提升服务的供给质量，让每一位老年人共享养老服务发展成果，提升广大老年群体的获得感、幸福感、安全感。

[①] 高鑫：《"以人民为中心"的马克思主义政治经济学理论依据》，《当代经济研究》2019年第1期。

[②] 张博颖、崔浩：《论以人民为中心的发展思想对马克思主义人民主体思想的原创性贡献》，《天津市社会主义学院学报》2022年第4期。

[③] 习近平：《决胜全面建成小康社会 夺取新时代中国特色社会主义伟大胜利——习近平在中国共产党第十九次全国代表大会上的报告》，《人民日报》2017年10月28日。

[④] 习近平：《高举中国特色社会主义伟大旗帜 为全面建设社会主义现代化国家而团结奋斗——在中国共产党第二十次全国代表大会上的报告》，《人民日报》2022年10月26日。

3. 供需高水平动态平衡理论

马克思主义政治经济学认为，生产与消费具有直接同一性，二者相互依存：生产创造出消费方式、动力和能力；消费也通过提供动机和对象对生产施加反作用。①这一特性揭示了供给和需求内在辩证统一的逻辑关系。

习近平总书记指出："没有需求，供给就无从实现，新的需求可以催生新的供给；没有供给，需求就无法满足，新的供给可以创造新的需求。"②需求和供给如同硬币的正反两面，二者要相对平衡，才能促进经济社会的平稳、健康发展。因此，要实现社会经济的高质量发展，既需要深化供给侧改革，也需要进行需求侧管理，供给与需求两端协同发力，形成需求牵引供给、供给创造需求的更高水平动态平衡，构建新发展格局。经过多年发展，江苏养老服务已经告别了需求与供给严重不足的阶段，但供需质效总体上依然有待提升。从需求侧看，伴随着生活水平的提升和养老观念的升级，虽然江苏老年群体呈现出巨大的服务需求潜力，但老年群体的消费能力依然有限，且对社会化的养老服务供给存在顾虑，市场的有效需求不足。从供给侧看，尽管养老服务的整体供给水平得到提升，但在结构上还不能充分满足老年人多样化、多层次的养老服务需求。为实现养老服务高质量发展目标，须以需求为政策着力点，重点解决供给侧和需求侧存在的问题，形成养老服务供给与需求良性互动和高效匹配机制。

（二）"苏适养老"服务体系的内涵图景

1. "苏适养老"服务体系的发展内涵

第一，符合江苏发展实际。江苏养老服务体系建设应符合江苏发展实际，在实践中创新养老服务的发展路径，这是由社会发展延续性、合规律性与变革性、合目的性的统一决定的。2023年底，江苏地区生产总值达12.82万亿元，人均达15.05万元、居各省（自治区）之首，居民人均可支配收入达到

---

① 肖潇：《新发展格局的政治经济学分析》，中国社会科学网，2021年5月12日，https://www.cssn.cn/skgz/bwyc/202208/t20220803_5462557.shtml。

② 习近平：《在省部级主要领导干部学习贯彻党的十八届五中全会精神专题研讨班上的讲话》，《人民日报》2016年5月10日。

52674元，居民人均消费支出达35491元。在经济社会有序发展的同时，江苏坚持把养老服务体系建设作为积极应对人口老龄化的重要内容，养老服务的供给能力不断增强、服务质量不断提升、产业动能不断激发，养老服务发展建立了较为健全的制度架构、体制机制、政策环境。江苏养老服务体系在新的时代背景下已具备向更高水平升级的条件，需要建立健全与经济社会发展背景相契合的体系架构。

第二，适度普惠、人人享有。江苏养老服务体系建设应实现适度普惠、人人享有，这是发展成果由人民共享在民生领域的直接体现。以人民为中心的发展思想倡导经济发展和民生改善良性互动，改革发展成果更多更公平地惠及全体人民。这就需要改变传统的社会政策依附于经济政策的发展理念，以及养老服务补缺型的制度模式和非均等化的发展方式，将满足老年人的需求作为推动经济发展的重要动力，增强供给能力、扩大服务范围。当然，在提升福利水平的过程中，也要秉持不过度、不冒进的原则，避免"泛福利化"问题。由此，在江苏基本公共服务发展背景下，也需要建立健全覆盖广泛且发展有度的养老服务体系。

第三，适应老年群体需求。江苏养老服务体系建设应做到适应老年人实际需求，这符合需求牵引供给、供给创造需求，供需更高水平动态平衡的运行规律。近年来，江苏老年人的养老服务需求正在从"基础型需求"和"保障型需求"，向"品质型需求"和"发展型需求"跃升。这一需求特征的转变，进一步释放了养老服务的生产动能和市场活力。同时，江苏产业结构持续调整、发展模式加快转型，也推动了养老服务技术产品的迭代升级，养老服务供给效率显著提升，为满足与激活老年人的服务需求创造了条件。江苏养老服务已逐渐形成了供需向更高水平匹配的新结构，需要建立健全动态平衡、良性循环，适应老年群体需求的养老服务体系。

2."苏适养老"服务体系的目标图景

第一，供给高质量。"苏适养老"服务体系的建设与发展首先应聚焦于供给侧领域，以深化供给侧结构性改革为总体目标。增加养老服务供给总量，围绕江苏养老服务在布局、资金、管理、服务等方面所存在的短板加强建设，促进各供给领域均衡发展，实现总供给与总需求总体平衡。优化养服务供给结构，从增加有效制度供给、技术供给、高质量产品供给方面着力，构建多层次、多样化、高效能的养老服务体系。

第二，普惠高水平。"苏适养老"服务体系的建设与发展同时应聚焦于需求侧领域，以满足人人享有养老服务为总体目标。江苏养老服务体系在强化兜底性养老服务保障的同时，需要以普惠性为发展导向，扩大养老服务的覆盖面，增加养老服务的可及性，提升养老服务的满意度，实现原居享老、社区安老、机构颐老。

第三，享老高品质。"苏适养老"服务体系的建设与发展还应对标"强富美高"新江苏现代化建设和"走在前、做示范"的重大要求，以满足老年人日益增长的美好生活需要为养老服务体系建设的新使命。从标准化、智慧化、社会化、专业化等方面努力推进养老服务从"有"到"优"，从"老有所养"到"老有颐养"。

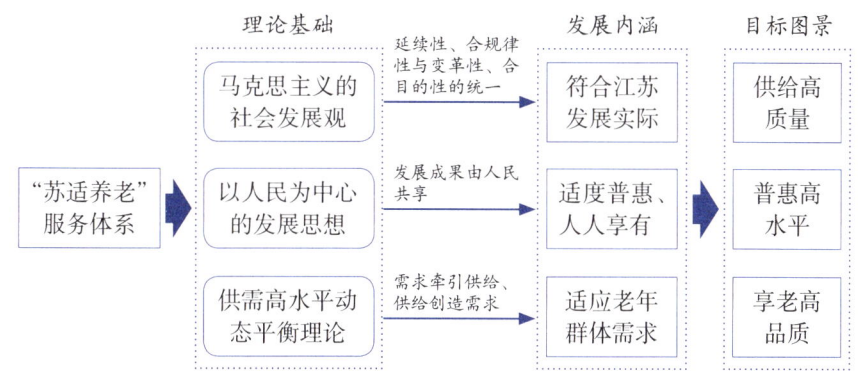

图 2-2-1 "苏适养老"服务体系的理论逻辑框架

三、"苏适养老"服务体系建设的有益实践

（一）养老服务供给体系：整体推进、整合导向、二元协同

1. 整体推进：构建居家社区机构相协调的养老服务供给体系

第一，夯实居家养老服务基础作用。江苏提出"原居享老"服务理念，在满足特殊困难老年人基本服务需求的同时，积极为有需求的居家老年人提供生活照料、日常探访、助餐、助浴、助洁、助急等服务，提高了居家养老

服务的可及性。创新居家养老服务供给方式，引导各地探索设置具有连续、稳定、专业服务功能的家庭养老照护床位，制定家庭适老化建设标准及规范。2024年，江苏享受政府购买居家上门服务的老年人数达到358万，占比为17.5%；完成老年人家庭适老化改造超10万户，建成标准化家庭养老照护床位近2万张，进一步改善了老年人的居家环境并提高了服务质量。

第二，强化社区养老服务依托作用。江苏率先出台《城市街道综合性养老服务中心建设及运营规范》，大力推进城市街道综合性养老服务中心和社区嵌入型居家养老服务站点标准化建设，将养老服务延伸到老年人的周边、家边。同时支持社区养老服务机构的专业化、连锁化、品牌化发展，鼓励市场化力量运营社区养老服务设施，提升社区养老服务品质。江苏各地还围绕"社区居家机构链式发展""社区银发顾问"等进行了一系列创新实践。截至2024年底，江苏累计建成标准化城市街道综合性养老服务中心超500家、社区居家养老服务中心1.8万所、各类老年助餐服务点8000多个，"15分钟养老服务圈"得到普及。

第三，优化养老机构专业支撑作用。江苏聚焦失能失智老年人长期照护刚性需求，着力提升养老机构照护能力。推进公办养老机构改革，探索建立公办养老机构入住综合评估轮候制度。同时推动民办养老机构积极参与提供普惠性养老服务，扩大质量有保障、价格可承受、运营可持续的普惠性养老服务供给。截至2024年底，江苏共有各类养老机构2200多个，通过等级评定的养老机构占比超过75%，省级评定五级养老机构43家；养老机构总床位近40万张，其中护理型床位占比达70%，远高于国家"十四五"养老服务体系规划设定的目标值15个百分点，居全国前列；共有护理院420家，占全国总数的1/3。

2. 整合导向：打造医养康养相结合的养老服务供给体系

第一，全面提升医养结合服务能力。为了更加充分地满足老年人医养一体需求，江苏整合利用现有基层医疗卫生资源和养老服务资源，改建和扩建了一批社区、乡镇医养结合服务设施。并且，聚焦服务质量，开展为期三年的医养结合机构服务质量提升行动，加强医养结合机构的规范化管理服务，提升了整合照护服务水平。例如，徐州依托全市24家三级以上医院的优质医疗资源，打造区域性医养结合服务阵地，建立206家医养融合机构，为高龄、重病、失能失智等特殊老年群体提供健康管理、家庭病床等服务。

第二，着力打造康养结合创新模式。江苏依托自身与长三角地区良好的自然、人文资源，引导社会资本与国有企业投资建设养老住区。鼓励旅居养老、异地养老、田园养老等新型养老模式的多样化发展，支持有条件地区建设养老养生项目基地。例如，盐城市盐都区通过树立"全域康养"理念，不断深化产业融合，积极依托里下河水乡自然禀赋和生态优势，并借助国家生态文明建设示范区、全国"两山"实践创新基地、"中国天然氧吧"三张国家级生态名片，开发适老旅居旅游产业，实现区域内康养融合发展。

3. 二元协同：推动农村、城市相均衡的养老服务供给体系

第一，完善农村县、乡、村三级养老服务网络。2020年，江苏省民政厅、发展和改革委员会、财政厅发布《江苏省失能（失智）特困人员集中供养服务机构设置标准》，着力推动县级失能失智特困人员供养服务机构建设。2021年10月，江苏省民政厅编制《江苏省农村区域性养老服务中心设置指导规范（试行）》，推动乡镇特困供养服务机构转型升级为标准化农村区域性养老服务中心。此外，江苏立足乡土文化、依托行政村，因地制宜建设互助睦邻点、农村幸福院等养老服务设施站点，为老年人提供助餐、助浴、日间照料、文体娱乐等服务。截至2024年底，江苏共建成县级失能失智特困人员供养服务机构76个、标准化农村区域性养老服务中心300余所，农村社区养老服务设施覆盖率超过80%。

第二，推动农村养老服务市场化改革。近年来，江苏采取承包经营、委托运营、联合经营、购买服务等方式，推进农村区域性养老服务中心和农村敬老院公办（建）民营改革。加大农村养老服务资金、土地、人才等政策支持力度，引导专业化社会力量参与农村养老服务设施管理与运营。此外，一些地方还自发探索小微养老机构规范化发展模式。例如，2023年海安市民政局联合财政局、市场监管局等9部门联合出台了《关于做好农村利用村民自有房屋开办养老服务场所相关工作的通知》，明确了养老床位数在10张以下、10张及以上、20张及以上三类利用村民自有房屋开办养老服务的设施在建筑、食品、消防、燃气、用电等方面的基本条件和办理流程，以及床位建设补贴和运营补贴等主要扶持政策。

（二）养老服务内核体系：兜底性、基础性、普惠性、多层次

1. 强化特殊困难老年人兜底保障服务

近年来，江苏不断强化政府在特殊困难老年人兜底保障上的重要职责。一方面，健全城乡特困老年人供养制度，坚持应保尽保、应养尽养，对生活不能自理的特困老年人优先提供集中供养服务，确保有集中供养意愿的特困老年人百分之百集中供养；对选择在家供养的特困老年人，实行分散供养，提供基本生活条件、疾病治疗、关爱探访、办理丧葬事宜等服务。另一方面，通过政府购买服务、提供服务补贴等方式，加强对经济困难的高龄、空巢、独居、残疾、失能失智、计划生育特殊家庭老年人的养老服务政策支持。

2. 动态完善基本养老服务清单

2020年9月，江苏省民政厅、财政厅、卫健委等10部门联合出台《江苏省基本养老服务指导性目录清单》，围绕困难老年人保障、老年人福利、老年人优待3大类设定了13个具体服务项目，明确了服务对象、内容及标准。2022年6月，江苏省民政厅、发展和改革委员会、卫生健康委员会等13部门又联合发布《江苏省基本养老服务指导性目录清单（2022年版）》，对目录内容进行了细化和更新，将基本养老服务项目扩展为30项。2022年9月，江苏省十三届人大常委会第三十二次会议通过了修订的《江苏省养老服务条例》，增设"基本养老服务"专章，并对省、市、县（市、区）各级人民政府以及相关部门的基本养老服务职责、能力等提出了要求。2022年12月，江苏省委办公厅、省政府办公厅印发《关于推进基本养老服务体系建设的若干措施》，从健全基本养老服务运行机制、强化基本养老服务兜底功能、提升基本养老服务能力、拓展基本养老服务供给、加强基本养老服务监管、强化基本养老服务保障等方面提出了具体措施。

3. 加大普惠性养老服务供给

为提升养老服务的可及性，江苏积极引导各类社会与市场主体参与提供普惠性养老服务，综合运用财政、税费、土地、用房、投融资等支持政策，促进社会化养老服务机构发展。推进"城企联动普惠养老专项行动"，支持

符合条件的养老服务企业和养老服务项目积极争取财政资金与政策支持。参与"城企联动普惠养老专项行动"的城市和企业按要求签订合作协议，约定"政策包"和"服务包"，落实地方配套的建设与运营补贴。自2019年"城企联动普惠养老专项行动"启动以来，江苏争取中央预算内投资超5亿元，用于支持全省78个普惠养老项目建设，新增普惠养老床位约2.5万张。

4. 推进高品质养老服务发展

为创新和改善服务模式，满足老年人多层次、多样化的产品和服务需求，江苏推动养老服务品牌化发展，支持各类市场主体按市场化原则积极参与养老服务，开展江苏省养老服务高质量发展示范企业评定，培育出包括无锡九如城养老产业发展有限公司在内的36家养老服务高质量发展企业，形成了一批行业领军企业、头部企业。同时支持养老服务规模化发展，引入CCRC模式和高端养老机构，建设了一批"住、养、医"一体化城市康养综合体，如银城君颐东方国际康养社区、泰康之家、苏茂颐园国际标准颐养中心等。

（三）养老服务支撑体系：政策支持、组织管理、空间规划、人才队伍、综合监管

1. 全方位的养老服务政策支持

"十四五"以来，江苏省政府出台包括《江苏省"十四五"养老服务发展规划》《关于推进基本养老服务体系建设的若干措施》等养老服务相关指导性意见、发展规划5部。省民政厅或单独或联合相关职能部门制定实施《关于推动农村养老服务高质量发展的指导意见》《关于加强养老服务人才队伍建设的实施意见》《江苏省"舒心助餐"专项行动实施方案》《江苏省养老机构等级评定管理办法》等养老服务专项政策、标准20余部，涉及农村养老服务发展、养老服务人才队伍建设、养老机构标准化建设、养老事业和产业协同发展等，基本涵盖了养老服务体系建设的全领域。

2. 立体式的养老服务组织管理

2022年9月，江苏省人大修订颁布《江苏省养老服务条例》，要求县级以上地方人民政府加强对养老服务工作的领导，统筹组织、督促推进本地养老服务工作，将养老服务纳入国民经济和社会发展规划，制定养老服务专项

发展规划，建立健全养老服务工作议事协调机制，强化养老服务扶持保障措施，将养老服务工作纳入工作督查和绩效考核范围。乡镇人民政府、街道办事处负责组织实施养老服务有关工作，指导村民委员会、居民委员会和养老服务组织等开展养老服务。村民委员会、居民委员会发挥基层群众性自治组织功能和优势，协助做好养老服务工作。

3. 科学化的养老服务空间规划

为强化养老服务设施的空间规划保障，江苏省规定各市、县（市、区）政府在编制国土空间总体规划时，要依据本地区人口结构、老龄化发展趋势，因地制宜提出养老服务设施相关规划布局原则和要求。在编制设施布局规划时，要充分考虑养老服务设施的数量与结构，确保养老服务设施分布合理。如南京市编制了《南京市养老服务设施布局规划（2020—2035年）》，徐州市编制了《徐州市市区养老服务设施布局规划（2021—2035年）》等。

4. 专业化的养老服务人才队伍

在人才培养方面，2020年，江苏省民政厅与南京中医药大学合作共建了全国首家本科起点的养老服务与管理学院，开展养老服务管理、老年护理等专业的高层次人才培养。常州、苏州、南通、盐城、宿迁等地共有31所高职院校和24所中职学校开设了养老服务相关专业。在人才技能提升方面，江苏围绕社会急需紧缺的养老服务相关职业，如养老护理员、健康照护师等，加强就业与技能培训。"十四五"以来，累计轮训养老护理员50万人次，12.8万人次通过职业技能认定。在人才评价与激励保障方面，2023年7月，江苏省专业技术人员职称（职业资格）工作领导小组正式印发《江苏省养老护理专业技术资格条件（试行）》，在全国率先建立养老护理职称体系，打通了职业上升通道。民政部评价此举为"养老服务人才队伍建设的重大突破与制度创新"。此外，江苏还制定了养老护理员一次性岗位补贴、入职奖励、特殊岗位津贴等激励制度，组织开展全省养老护理员职业技能大赛，以及"最美养老护理员"等选树活动，提升了养老服务从业人员的职业荣誉感和社会认同感。

5. 高效能的养老服务综合监管

2021年，江苏省政府办公厅出台《关于建立健全养老服务综合监管制度促进养老服务高质量发展的实施意见》。各级民政部门不断加强与卫健、住建、市场监管、应急管理、消防救援等部门的协同配合，制定了养老服务综合监管权责清单，相关部门依据职责分工依法履行监管责任。为提升监管水平，江苏全面落实《养老机构服务安全基本规范》强制性国家标准，制定实施指南。制定印发《全省养老机构消防安全专项行动方案（2023—2025年）》，开展"生命至上、隐患必除"养老机构消防安全排查整治；成为全国首个全面完成国务院交办解决养老机构消防审验问题指令性任务的省份。创新推行"互联网＋监管"方式，规范养老服务领域行政执法行为。

四、"苏适养老"服务体系建设须进一步研究解决的问题

（一）社区居家养老服务供给不够精准

1. 总体上社区居家养老服务的利用率不高

抽样调查数据显示，少数老年人不了解社区居家养老服务开展项目；部分居家老年人未接受过专业的社区居家养老服务或觉得街道/社区提供的养老服务项目偏少；部分老年人觉得街道/社区提供的养老服务项目不够精准、质量有待提高。上述问题从侧面反映出当前街道/社区养老服务站点所提供的社区居家养老服务还未能充分满足老年人的实际需求。

2. 社区居家养老服务的供需适配度不高

抽样调查数据显示，部分已接受家庭适老化改造的老年人表示政府或企业提供改造的服务政策、服务内容、服务项目仍有改进空间，应按照"一户一策"原则实施改造服务，提升老年人居家生活质量；部分接受过居家上门服务的老年人表示政府购买居家上门服务应更加关注老年人实际需求，实现政府"派送服务"向"点单服务"延伸转变。

（二）机构养老服务医养康养水平不高

1. 医疗服务资源和养老服务资源的融合度不高

部分养老机构存在"重养、轻医""重护、轻康"问题。抽样调查数据显示，3.9%的机构入住老年人未建立健康档案，10.5%的机构入住老年人

在身体状况发生变化时未接受照护等级重新评估，12.4%的机构入住老年人认为养老机构的医疗服务比较欠缺或者需要提升医疗服务水平。此外，不同养老机构之间的医疗资源配置差异较大，一些中小型养老机构囿于资金、技术、资源、人才等因素，自身缺少完备的医疗护理设施和专业队伍，与医疗服务机构之间也缺乏稳定和深入的合作关系，从而制约了医养服务能力提升。

2. 养老机构认知症照护和临终照护专业能力不足

随着江苏老龄化的快速发展、疾病谱的不断转变，社会面对于认知症照护和临终照护服务的需求正在快速提升。近年来，尽管一些地区在养老机构建设过程中开展了一些认知症照护和临终照护服务的探索与试点，但绝大多数机构并不具有完备的认知症老人的收住条件和临终照护的服务能力，即使是少数能够提供相关服务的机构，其服务内容也大多为一些生活照料类服务和生命维持类服务，拥有专业化、科学化照护能力的机构数量较少，所提供的服务无论在数量上还是在质量上都不足以满足实际需求。

（三）基本养老服务制度有待健全

1. 基本养老服务项目动态调整的及时性有待加强

抽样调查数据显示，12.9%的老年人认为基本养老服务的服务项目偏少，4.7%的老年人对当前基本养老服务供给不满意。随着老年人口的年龄结构、人群特征以及社会经济环境的变化，基本养老服务的社会需求也会随之发生变化，这就需要各级政府对基本养老服务目录清单及时进行动态调整，更多地将一些老年人受益度广、需求性强的服务项目纳入进来。

2. 基本养老服务的供给适宜度有待提升

基本养老服务的兜底性与基础性属性天然契合了支付能力较弱的老年人群，但就目前的基本养老服务供给制度而言，如何精准识别适宜的服务对象，如何有效选择适合的服务内容，如何科学确定适度的服务标准，如何避免基本公共服务资源消耗，如何防止基本养老服务的"福利过度"，依然需要在制度层面进一步优化、细化。

(四)普惠性养老服务发展相对滞后

1. 普惠性养老服务定位不清,服务发展差异化问题明显

在实践过程中,各级、各地对于普惠性养老服务的概念和标准缺乏统一认识与明确规定,政府职能部门及其工作人员、养老服务从业者在理解普惠性养老服务方面未充分形成共识。有的将普惠性养老服务狭义地理解为"城企联动普惠养老专项行动",有的片面地认为是兜底性的养老服务或是基本养老服务,使得各地在普惠性养老服务范围、内容、价格等方面存在较大差异,供给质量与水平也参差不齐。

2. 普惠性养老服务供给力度不强

以公办(建)民营型养老机构为例,公办(建)民营型养老机构的经营方因得益于政府资金、用房、税费等政策的大力支持,较大地减轻了机构的建设与运营成本压力,从而有能力为老年人群提供价格适中甚至低价的养老服务。但在实际运行中,这类养老机构有的仅面向特殊困难老年人群提供兜底性的养老服务,有的采取市场定价的方式提供一般性的养老服务,而面向社会面低收入老年人所提供的养老服务以及价格普惠性程度相对不足,其公益性功能没有得到有效发挥。

(五)农村养老服务存在结构性矛盾

1. 有刚性需求,但难以有效满足

一方面,伴随城市化进程加快和农村"空心村"现象增多,农村老年人长期照护的刚性需求更高,但农村地区真正具有医疗、护理、康复功能的专业机构相对较少,专业化的养老服务供给不足。老年人一旦失能,家庭照护负担较重,甚至面临身边无人照料的情况。另一方面,农村老年人社区居家养老服务需求主要聚焦于助医、助浴、保健等服务,且具有一定的潜在需求,但受供给力量不足、服务质量不高、消费能力较弱等因素的影响,这些服务的实际利用率不高,自费购买率普遍不足2%。

2. 养老服务市场发展不均衡

一方面,养老服务市场力量与社会资本呈现出"亲城市、远农村"的发展局面。调查显示,农村地区民办养老机构数量的比重和民办养老机构床位

数量的比重与城市相比有较大差距，农村养老服务的市场化程度明显低于城市，公共服务的公平性受损。另一方面，农村养老服务市场发展水平还存在苏南与苏北、苏中两端分化的问题。苏北和苏中地区农村民办养老机构数量的比重和民办养老机构床位数量的比重明显低于苏南地区，农村养老服务的市场化程度在区域间也呈现出发展不均衡的特征。

（六）养老服务人才队伍建设任重道远

1. 养老服务人才总体数量不足、结构不佳

近年来，在一系列政策措施激励下，江苏养老服务人员绝对数量有了增长，但相对于庞大的需求量，仍存在较大缺口。据统计，目前江苏失能半失能老年人超过150万人，而全省仅有6万余名养老护理员，与需求具有较大差距。此外，养老护理员年龄偏大、性别失衡的问题也较为突出。通过对南京、南通5家中大型养老机构的调查发现，每家养老机构的护理员平均年龄均在50岁以上，"小老人"照顾"老老人"的现象普遍存在。

2. 养老服务人才总体专业素质不强、技能层次不高

调查发现，目前多数养老服务人员具备一定的基础性生活照料技能，但对于一些专业技术要求较高的服务，如医疗护理、康复保健、认知症照护、临终关怀等，技能掌握度普遍不高，这种情况在社区居家养老服务人员中更是如此。全省6万余名养老护理员，通过人社部门职业技能等级认定的占比只达到一半左右。其中，技师、高级技师等高技能人才明显偏少。同时，专业技术人才队伍起步时间不长，截至2024年底，具有养老护理副高级职称人员和中级职称资格的人员仅有59人。

五、"苏适养老"服务体系发展优化路径

（一）双向增效：搭建高水平的养老服务供需匹配机制

1. 建立规范系统的"银发顾问"制度

第一，树立科学的"银发顾问"功能观。要拓宽以往人们对"银发顾问"的狭义与片面认知，从需求发掘与评估、服务方案制定、服务资源链接、服

务质量监管、养老信息咨询、老年生活规划、养老服务指导等方面重新认识与建构"银发顾问"职能与服务范围,将其打造为老年人养老服务潜在需求的"激活器"和供需高效匹配的"连接器"。第二,完善"银发顾问"制度。要加强"银发顾问"的专业化建设,鼓励有条件的地区设置公益性岗位,促进"银发顾问"由兼职向专职转变。要建立规范的"银发顾问"评价激励制度,如探索将"银发顾问"绩效考核结果纳入养老机构和社区居家养老服务组织等级评定的依据等。第三,加大"银发顾问"的宣传力度。依托社区、广场、机构等大众高频生活场所,以及抖音、今日头条、微信公众号等传播平台加大宣传力度,提高社会对于"银发顾问"的认识与接受度。

2. 数智赋能养老服务高效匹配

第一,建立数智化的养老服务信息平台。鼓励以设区市为单位建立实时化、自动化的养老服务信息平台。广泛链接线上线下各类养老服务资源,汇集各部门最新的养老服务资讯与场景,为老年人提供"点单式""查询式""VR(虚拟现实)可视化"的服务,精准链接养老服务需求和供给。要重视各类老年人需求信息的采集与分析,通过引入大模型与人工智能等技术实现养老服务管理系统的升级,深度挖掘与精确分析老年人需求数据,强化数据的科学决策支撑能力。第二,拓展养老服务的数智化应用场景。推进数字技术与智能技术在养老服务领域的研发与应用,鼓励发展安全、耐用、低成本的养老生活智能产品与服务,打造迎合老年人需求和适宜老年人使用的数智服务模式。

(二)分层分类:打造瞄准性强的养老服务供给体系

1. 强化基本养老服务的保障功能

第一,加强各类服务对象的精准识别。建立健全系统科学的老年人综合能力评估制度。基于经济收入、身体状况、居住形态等因素,按照需求的刚性柔性、困难状况、急迫程度对不同老年人进行科学分类,为各项基本养老服务对象的确定、项目的厘定、标准的衡定,以及各项保障政策的出台提供依据。第二,实行需求响应度高的基本养老服务清单管理。定期开展老年人养老服务状况抽样调查,从需求角度优化《基本养老服务指导性目录清单》,

并基于老年人需求的变化，以及经济社会发展水平和财力状况等因素健全基本养老服务目录清单的动态调整机制，提升服务供给的时效性和适宜性。

2. 加大普惠性养老服务供给力度

第一，建立普惠性养老服务制度。省级层面研究制定普惠性养老服务指导性文件，明确普惠性养老服务范围与内容。加强财政补贴、税费减免、设施建设等扶持政策的支持与兑现，多渠道降低市场主体的建设与运营成本，为老年人提供更多价格可负担、质量有保障、运营可持续的普惠性养老服务。第二，充分发挥公办（建）民营型养老服务设施的普惠性功能。制定公办（建）民营型养老服务设施管理规定，突出公益性导向。加强公办（建）民营型养老服务设施的合同管理与服务监管，建立科学惠民的轮候与定价机制。第三，鼓励养老服务机构连锁化发展。支持市场力量发展服务标准与运营流程统一性强、服务品质与用户体验一致性高的连锁化养老机构和社区养老服务站点，利用规模效应降低建设与运行成本，满足庞大的老年人中端养老服务需求。

（三）应时之需：构建特需化的养老服务功能体系

1. 构建认知症老人照护支持体系

第一，完善认知症老人照护支持政策。科学区分认知症老人照护与失能老人照护的差异，紧密围绕认知症照护需求与特征，完善认知症老人照护支持政策，引导更多的专业化社会力量参与认知症老人照护服务供给。第二，构建"机构为支撑、社区为依托、家庭为补充"的认知症老人照护服务体系。鼓励有能力的市场力量与社会资本投资建立认知症老人照护专院，有条件的养老机构内设认知症老人照护专区。拓展街道（乡镇）综合性养老服务中心和社区养老服务站点认知症照护功能，实现认知症老人以社区为中心的就近安养。重视家庭在认知症老人照护上的重要作用，通过政府购买服务或市场化组织等方式为认知症老人的家属提供专业化的知识普及与照护培训，提升家庭的照护能力。

2. 构建临终照护综合服务体系

第一，建立善终型的临终服务政策体系。正确认识临终服务在人生命末期中的重要作用,从积极、系统的理念出发,构建善终型的临终服务制度。搭建集照护计划、安宁疗护、临终关怀、善别辅导于一体的全周期的临终照护政策体系,满足临终人员及其家庭的多样需求。第二,支持养老机构和街道/社区养老服务机构开展临终服务。具备条件的可按相关标准开设临终服务专区或床位。鼓励有条件的养老机构结合家庭养老床位开展居家临终照护服务,构建顺畅的机构、社区、居家临终照护转接互动机制。第三,建立全方位的临终照护要素保障机制。例如,建立民政、卫健、教育、财政等部门的协作管理机制;建立临终照护的资金保障机制,推动将临终照护纳入基本医疗保险、长期护理保险、养老服务补贴的给付范围。

(四)聚力补短:推动农村养老服务高质量发展

1. 推动农村养老服务设施的规范设置与连锁运营

第一,统筹推进标准化农村区域性养老服务中心和村级养老服务互助设施建设。乡镇要打破"一镇一院"的农村敬老院发展模式,在县级民政部门统筹指导下,因地制宜对原乡镇敬老院进行重新规划、统一建设,转型升级为标准化农村区域性养老服务中心,有效发挥专业照护、服务转介、资源链接等作用。村居要对基层闲置的校舍、村部、农家院落等资源进行整合,改造提升为村级养老睦邻点或幸福小院。第二,打造以"标准化区域性养老服务中心+村级养老睦邻点"为组合的连锁化运营网络。通过公办(建)民营、财政补贴、税费优惠等政策,鼓励和吸引专业化程度高、品牌化水平强的市场主体打包运营标准化农村区域性养老服务中心和区域内的村级养老睦邻点,构建以一个标准化农村区域性养老服务中心为枢纽、数个村级养老睦邻点为触点的农村基层养老服务机构连锁化供给网络。

2. 提升农村刚需型照护服务供给能力

第一,提升农村医养结合服务的供给能力。充分依托基层医疗卫生机构的专业资源与业务优势,推动乡镇卫生院、村卫生室与养老机构、村级养老服务站点统筹规划、整体运营、资源整合、服务衔接。大力支持具备条件的乡镇卫生院托管乡镇敬老院,或是转型、举办农村养老护理院。第二,提升农村失能失智老年人长期照护服务的供给能力。加大县级失能失智特困人员集中供养服务机构的改造提升力度，强化标准化农村区域性养老服务中心的长期照护功能。此外，要探索农村家庭养老照护床位的建设、运营、维护新模式，推动长期护理保险向农村居家失能失智老人倾斜，有效提升农村家庭照护能力。

（五）育产促市：促进银发经济高质量发展

1. 推动养老服务产业提质增效

第一，积极推进养老服务产业供给侧改革。大力发展老年用品、康复辅具、智能产品、服务型机器人等养老制造业，以及生活服务、医疗康复、文化娱乐等养老服务业，促进老年产品与服务的优质、迭代供给。优化养老服务市场营商环境，支持民营养老服务企业充分发展。引导国有企业发挥自身优势和头部作用，积极拓展养老服务相关业务。第二，着力拓展养老服务产业消费渠道。将老年产品和服务纳入各级政府促消费政策的范围，鼓励有条件的地区通过举办老年购物节，以及结合春节、重阳节等传统节日发放消费优惠券、体验券，提升老年人消费热情，培育老年人消费习惯。

2. 发展特色化养老文旅教育业态

第一，打造适老化的本土文旅服务。结合江苏自然风光秀丽、人文资源丰富的优势，推介一批康养旅游示范项目，推广一批怀旧游、青春游、代际游经典线路，推出一批老年文旅发展典型案例，丰富老年人的文旅康养选择。引导旅游和保险业务市场主体以健康评估取代年龄约束，健全监督管理与投诉举报机制，规范文旅市场秩序。第二，大力发展老龄教育服务。依托江苏众多优质教育与文化资源，支持各类主体建设老年大学、社区老年学习点、银龄学习中心，依据老年人需求开设各类课程。鼓励各地老年开放大学、高等院校开发老年线上教育与培训资源，拓展老年人教育获取的渠道。

（六）多维并举：系统推进养老服务人才队伍建设

1. 建立"护理人才+管理人才+研究人才+志愿人才"全领域人才架构体系

第一，充实专业护理人才队伍。加强机构与居家养老护理员的实际操作技能培训，重点强化医疗护理、康复服务、认知症照护、健康保健、意外伤害预防与处理等方面的技能训练，提升养老护理人才的专业照护能力。持续开展养老护理专业技术职称评审，培育专技人才队伍。第二，培养高级管理人才队伍。依托江苏省社会福利协会、江苏省老龄产业协会等行业组织，加强对各类养老机构、组织、企业管理与领军人才的培训与培养。推动南京中医药大学等高校养老服务管理专业在职研究生教育建设，满足各类养老服务与管理人才高学历深造的需求。第三，强化科研人才队伍。鼓励各级民政部门设立"养老服务咨询专家库"，发挥决策咨询作用。鼓励各地民政部门在相关高校院所设立"养老服务研究基地"，提升养老服务领域的科研与成果转化水平。第四，广纳志愿服务人才队伍。探索与创新"高校+志愿人才""社区+志愿人才""党建+志愿人才"模式，积极链接各方志愿资源，灵活扩充养老服务人才队伍。

2. 建立"薪资待遇+社会地位+身份福利+职称评定"多举措待遇激励体系

第一，切实提高薪资待遇。各地可结合实际建立养老护理人才特殊岗位津贴制度，发布养老服务行业工资指导标准，完善技能技术等级与养老护理人才薪酬待遇挂钩机制，稳步提高养老护理人才薪酬水平。第二，提升社会地位。广泛宣传养老服务人才对养老服务业发展的重要意义，营造全社会尊重、认同养老服务人才的良好氛围。第三，提升福利身份。实施养老护理人才积分落户加分、子女入学优待、父母优先获得优质养老资源等优待与关爱政策。第四，完善养老护理专业技术职称制度。进一步修订完善养老护理专业技术资格评定条件，可适时在养老护理师、主管养老护理师、副主任养老护理师之上设立正高级主任养老护理师职称。探索建立养老护理高技能人才与专业技术人才职业发展贯通机制，打通两类人才转评通道，实现两类专业化职业化人才并行发展。

作者：沙维伟，江苏省社会福利协会会长，老龄文明智库学术委员会副主任委员、养老模式与养老服务体系研究专业委员会首席专家；林莉，江苏省民政厅副厅长，老龄文明智库学术委员会副主任委员、养老模式与养老服务体系研究专业委员会首席专家;梁誉,南京财经大学社会保障研究院常务副院长,副教授。

主要参考文献

1. 吕德明.发挥制度优势 打造"苏适养老" 走具有江苏特色的人口老龄化应对之路.《中国社会工作》2022 年第 20 期

2. 沙维伟.着力打造"苏适养老"服务品牌.《中国民政》2023 年第 4 期

3. 林闽钢.论我国社会养老服务的公益性及实现途径.《人口与社会》2014 年第 1 期

4. 吴玉韶,张钰婕.中国式现代化与养老服务发展新趋势.《社会保障评论》2023 年第 6 期

5. 林宝.养老服务高质量发展:内涵、方向及路径.《华中科技大学学报(社会科学版)》2024 年第 5 期

老龄文明背景下
江苏省中医药康养实施方案研究

朱　岷　郑晓红　唐心浩　汪海波　喻小勇　史　俊　郑亚威　黄天宇

世界卫生组织《中国老龄化与健康国家评估报告》指出，到2030年，我国人口快速老龄化所致疾病负担将进一步加重，且患有一种及以上慢性病的人数将增加三倍以上。截至2023年末，江苏老龄人口在常住人口中的比例已达26.02%，江苏成为全国老龄人口第二大省。面对江苏人口老龄化进一步加深的趋势及老龄人口因"众病缠身"所带来的个人、家庭、社会疾病负担加剧的情况，进一步发挥简便廉验的中医药在老年疾病的"防治养康"中的作用日益重要，以习近平新时代中国特色社会主义思想为指导，构建有深度、有温度、有文明的《老龄文明背景下江苏省中医药康养实施方案》愈加必要。《老龄文明背景下江苏省中医药康养实施方案》的出台，将有利于深入贯彻《中共中央　国务院关于加强新时代老龄工作的意见》的指导精神，将有助于促进江苏老龄人口高质量发展，也将有力推动江苏老龄人口实现老有所乐、老有所为，使"银发生辉"。

江苏于1986年进入老龄化社会，比全国早13年。预计到21世纪中叶，江苏人口老龄化率将达40%。老龄群体面临的健康问题复杂且多样，逐步给社会、家庭以及医疗系统带来了巨大的压力。面对康养研究所面临的重大课题，老龄文明提出了新的战略思想。课题组通过江苏省老龄疾病频谱调查、共病模式调查，结合吴门、孟河、龙砂医派及国医大师等康养经验、中医适宜技术，提出建议制定适合江苏省的中医药老龄康养实施方案。通过方案的实施，助力老龄群体有质量、有尊严地生活，减轻因慢性重大疾病所造成的社会、家庭负担。

一、江苏省老龄疾病频谱与共病模式调查报告

当前，尚未见针对江苏地区老龄人口全面的疾病频谱与共病模式的分析，为了给《老龄文明背景下江苏省中医药康养实施方案》良好而合理地构建奠定数据基础，并在未来健康老龄化公共政策中进一步关注老龄人口在气候变化、社会快速发展中所面临的健康不平等劣势，消除未来健康老龄化公共政策中可能存在的对于衰老与健康的误解，突出老龄人口所代表的伟大人类的能力，课题组在广泛调研近年江苏老龄人口的门急诊就诊与住院诊疗资料的基础上，形成江苏省老龄疾病频谱与共病模式调查报告。

（一）江苏老龄人口疾病频谱以慢性疾病高发为主

为描绘江苏省老龄人口疾病频谱特征，我们对全省老龄人口门诊就诊和住院诊疗情况进行了调查。通过调查全省老龄人口门诊就诊情况，我们发现高血压、糖尿病、慢性胃炎、脑梗死、冠状动脉粥样硬化性心脏病是老龄人口门诊就诊的主要原因，其中高血压是首要原因，近年就诊总人次在100万人次以上。此外，关节痛等慢性疼痛、睡眠障碍、慢性支气管炎等也是导致老龄人口门诊就诊的重要原因。通过调查全省老龄人口住院诊疗情况，我们发现心脑血管疾病、代谢内分泌疾病、恶性肿瘤是老龄人口住院诊疗的主要原因，与门诊就诊主要原因相同的是高血压、脑梗死、糖尿病、冠状动脉粥样硬化性心脏病也是老龄人口住院诊疗的前四原因。需要注意的是，高脂血症在2023和2024年排名呈现上升趋势，提示随着生活条件的改善，老龄人口饮食模式中脂肪摄入的增加可能加剧了高脂血症的高发率。

上述结果与《老龄文明蓝皮书2023》中《江苏省老年中医药康养现状、问题及政策研究》通过抽样调查得出的高血压、糖尿病、慢性胃炎、关节炎

等疾病高发是受调查江苏常住老龄人口慢性病罹患模式大体一致。老龄人口中的慢性疾病负担沉重，特别是高血压、糖尿病、脑梗死、冠心病等心脑血管疾病已成为门诊和住院的主要原因。这些慢性疾病的高发不仅影响了老年人的健康，还导致了大量的医疗资源消耗，给江苏卫生系统带来了极大的压力。

基于以上，作为老龄人口的高发病，心脑血管疾病等慢性疾病的中医药康养方案成了老龄人口康养亟待解决的首要问题之一。随着健康意识的提升，越来越多的老年人开始关注自己的健康问题，但许多人仍然存在不良生活习惯，且缺乏系统的健康教育和生活方式干预。建议促进老龄健康意识与健康生活方式的普及。

（二）江苏老龄人口慢性疾病综合管理需要关注慢性共病

我们基于大规模江苏老龄人口个体水平住院数据，通过多种关联分析方法评估老龄人口慢性疾病的共病模式，通过机器学习识别了各类慢性疾病关联网络。对于高血压，它与多种代谢性疾病及心血管疾病（如糖尿病、冠心病、高脂血症、哮喘和便秘等）共病，其中糖尿病、高脂血症的关联最强。对于糖尿病，它与高血压、高脂血症、冠心病、肝炎等共病，尤其是与高血压、高脂血症的关联性非常显著，表明这些代谢性疾病通常在同一患者身上共存。对于非酒精性脂肪肝，它与多种代谢性疾病及心血管疾病（如糖尿病、高血压、冠心病、哮喘和胃炎）存在显著的共病关系，尤其是与糖尿病、高血压的共病模式非常明显，这提示非酒精性脂肪肝可能是代谢性综合征的一部分。对于慢性肾病，它与高血压、糖尿病、冠心病等强关联，提示肾病患者往往同时患有这些相关疾病。另外，精神疾病与代谢性疾病（如高血压、糖尿病和非酒精性脂肪肝）共病明显，提示代谢性疾病与心理健康问题存在较强的关联性；失眠与糖尿病、非酒精性脂肪肝、胃炎等多种代谢性疾病共病明显，提示失眠与这些慢性疾病可能有共同的病理机制。总的来说，代谢性疾病（如高血压、糖尿病和高脂血症）与心血管疾病、肝脏疾病、精神疾病等其他疾病之间存在紧密联系。

我们通过因子分析进一步评估共病模式，再次观察到了糖尿病与高血压、冠心病与房颤、肝病与代谢综合征、心理健康问题与睡眠障碍等慢性病之间的共病风险。值得注意的是，代谢性疾病和心血管疾病在多重病患者中可能同时存在。这些共病模式的发现对慢性疾病的诊断和治疗策略具有重要意义，提示在管理慢性疾病时需要更加系统的眼光加以综合论治。

随着患者年龄的增长，慢性病的共病现象变得愈加严重。共病现象使得治疗和管理的难度大幅度增加，疾病治疗过程更加复杂，治疗效果和生活质量也受到不同程度的影响。多重疾病的共存可能导致药物的不良反应增加，并加剧慢性病的进展。老龄群体的慢性病管理常常面临"单病管理"的困境，忽视了老年人群体中普遍存在的慢性共病现象。单一疾病的治疗方案往往不能有效解决多病共存问题，导致老年人的健康状况得不到全面改善。建议强化老龄群体慢性病的综合管理与多学科协作。

（三）江苏老龄人口慢性疾病急性发作防治需要关口前移

通过调查全省老龄人口急诊就诊情况，我们发现老龄人口中年龄标化发病率较高的急性疾病主要为急性脑病，包括脑梗死、脑卒中、脑内出血与其他急性脑血管病，其中脑梗死发病率最高。此外，急性心肌梗死、院外心脏停搏、其他急性缺血性心肌病的年龄标化发病率亦相对较高。在2020—2023年间，院外心博骤停、脑梗死、急性脑血管疾病、脑内出血、急性胰腺炎与急性胆囊炎、急性呼吸衰竭与急性呼吸道感染的年龄标化发病率的年度变化趋势上升显著。基于各地级市数据分析发现，13个地级市的脑梗死均位于发病次数总数首位。

通过以上的调查分析，我们发现即便在急性病方面，江苏省老龄人口仍以心脑血管病等慢性疾病的急性发作为主。此类疾病具有一个共同的特征，即在发病后经过成功诊治，进入病情稳定期，会转归成为慢性疾病，仍须终身服药。以急性心肌梗死为例，患者发病后的数小时是关键的救治时期。医生通常会采用溶栓治疗或急诊经皮冠状动脉介入治疗来开通梗死相关血管，挽救濒死心肌。在成功开通血管后的一段时间内，患者进入病情稳定期，只是虽度过了最危险的阶段并逐步恢复，但其心肌已经受到了一定程度的损伤。类似地，急性脑卒中患者随着时间的推移会进入康复期，这个阶段可能会持续数周甚至数月，身体功能逐步恢复，但往往会残留一些神经系统的症状，如肢体力量减弱、平衡障碍等。

基于以上，如何将防治心脑血管疾病等慢性疾病急性发作的关口前移，亟须受到重视。老龄群体中慢性病普遍存在，然而许多老年人未能及时接受有效的早期筛查与干预，导致慢性病在早期阶段未能得到有效控制，进而发展为严重疾病，增加了住院率和医疗费用。建议加强慢性病的早期筛查与及时干预。

二、江苏省老龄慢病与共病中医药康养优势报告

（一）江苏中医药健康养老需求

《老龄文明蓝皮书2023》显示，42.1%的江苏被调查老年人使用过中医药进行门诊或住院治疗，其中食疗养生、慢性疾病防治、保健康复是老年人最为迫切的中医药服务需求。中医临床侧重于整体、宏观、功能、动态，西医临床侧重于局部、微观、结构、静态，各有各的特色、优势。特别是在老龄康养中，二者应相互学习、相互借鉴、相互补充、相互尊重，真正做到中西医并重、中西医结合。以老年共病为重点，以减少老年人同时服用多种药物为目标，立足整体诊察、合术调治的中医药特色优势，形成覆盖多应用场景（医院、机构、社区、家庭）的江苏老龄康养中医药特色服务包，提高相关机构康养服务能力及老年人自主健康能力，从而发挥中医药在老龄文明与康养中的独特优势和重要作用。

（二）江苏中医药健康养老基础底蕴

江苏历代名医辈出、流派纷呈、学术繁荣，吴门医派、孟河医派、龙砂医派等地方中医学术流派享誉全球。江苏是全国最早开办中医院、成立中医院校的省份之一，拥有我国第一批中医学部委员、第一批中医教材、第一批中医师资；代表中医领域最高学术荣誉和水平的国医大师有6人，拥有中医药行业院士1人、全国名中医7人、岐黄学者8人。

作为全国唯一的中医药服务模式创新试点省份，江苏打造了一批国家

中医医学中心（辅导类）、国家中医区域医疗中心、国家中医疫病防治基地、国家区域中医诊疗中心，建立了省市县乡村5级中医药健康服务体系，100%的省市级中医医院达到三甲水平，100%的县级中医医院达到二甲水平，100%的基层医疗卫生机构建有中医综合服务区。此外，现有规模以上中药生产企业77家，形成20个年销售额过亿的中药大品种，产业规模约占全省医药制造业的6.8%和全国中药产值的5%。

（三）江苏中医药健康养老优势病种

在全省范围内，高血压、糖尿病、慢性胃炎、脑梗死、腰痛、关节痛等慢性疼痛、睡眠障碍、慢性支气管炎是每年江苏老龄人口门诊就诊的主要因素，其中高血压是近五年老龄人口门诊就诊的首要因素。心脑血管疾病、代谢内分泌疾病、恶性肿瘤是江苏老龄人口近年住院的主要原因，与门诊就诊主要因素类似的高血压、脑梗死、糖尿病、冠状动脉粥样硬化性心脏病亦是老龄人口择期住院的前四位因素。在慢性共病分析中，发现代谢性疾病（如高血压、糖尿病和高脂血症）与心血管疾病、肝脏疾病、精神疾病等其他疾病联系紧密。代谢性疾病和心理健康问题往往在同一患者中共同存在，这表明在管理慢性疾病时需要更加系统的眼光加以综合论治。

（四）江苏中医药健康养老理念

1. 食饮有节，起居有常

中医老龄康养强调饮食、起居、情志、运动等方面的综合调摄。通过合理的饮食调养、规律的起居作息、舒畅的情志调节和适度的运动锻炼，使老年人的身体和心理处于良好的状态，延缓衰老进程，从而降低慢性共病的发生风险和疾病进展速度。

2. 整体诊察：全面审视，以人为本

中医强调对疾病的整体认识和辨证论治，对于患慢性共病的老年人，通过望、闻、问、切等诊断方法，综合判断患者的整体状况，制定个性化的治疗方案。

3."天人合一":尊重自然,绿色养老

"天人合一"是中国古代哲学的核心观念之一,认为人应顺应自然规律,实现内心的道德修养与外在行为的和谐统一。"天人合一"理念倡导简约生活方式,追求内心的平和与安宁,可以引导老年人树立简约生活观念,减少不必要的物质消费,注重精神生活的丰富和精神境界的提升。同时,通过组织各类文化活动、节日庆典和志愿服务活动,鼓励老年人积极参与其中,展现自我价值,感受社会温暖,从而达到修身养性、延年益寿的目的。

4.慢病康养:扶正祛邪

在慢性共病的过程中,老年人往往正气不足、邪气稽留。中医老龄康养注重扶正祛邪,通过中药、艾灸、食疗等方法,扶助正气,增强机体的抵抗力;同时祛除病邪,缓解症状,控制病情进展。

5.共病康养:合术调治,标本兼治

综合运用多种治疗方法,将药物疗法与非药物疗法相结合,除了使用中药进行内治外,还会结合针灸、推拿、拔罐、刮痧等非药物疗法进行外治。这些疗法各具特色,相互补充,共同发挥治疗作用。内治主要调节机体的内部环境,恢复脏腑功能;外治则通过刺激体表经络穴位,调节气血运行,达到疏通经络、调和阴阳的目的。既注重缓解患者的症状(治标),又注重消除疾病的根本原因(治本)。通过标本兼治,达到康养目的。

6.减少用药:降低不良反应

减少西药副作用:老年人在治疗慢性共病时往往需要服用多种西药,容易出现药物不良反应。中医可通过中药调理,减轻西药的副作用。替代疗法减少药物用量:在一些情况下,中医的某些疗法可以作为西药的替代治疗,减少西药的用量,从而降低药物不良反应的发生风险。

7.预防并发症:延缓疾病进展

未病先防,截断传变:中医的"治未病"思想在慢性共病的预防中具有重要意义。通过对老年人的体质、病情进行动态观察和评估,及时发现疾病的潜在变化,采取预防性的治疗措施,截断疾病的传变途径,预防并发症的发生。例如,对于患有糖尿病的老年人,中医通过定期的体质辨识和血糖监测,一旦发现患者出现口干、乏力、视物模糊等症状,就及时调整治疗方

案，采用滋阴润燥、益气养阴等方法进行干预，预防糖尿病视网膜病变、糖尿病肾病等并发症的发生。

8. 调理情志：稳定身心状态

情志调节：中医强调情志对健康的影响，认为情志失调可导致气血紊乱、脏腑功能失调，从而引发疾病。通过情志疏导、心理咨询等方式，帮助老年人保持心情舒畅，避免因长期的焦虑、抑郁、愤怒等不良情绪而引发急性心脑血管疾病等。另外，根据中医五行理论，不同的音乐对应不同的脏腑，选择适宜的音乐可以调节情志，促进脏腑功能协调。

（五）江苏中医药健康养老实践特色优势

目前，江苏通过新建、增设及合作等方式，探索实践中医药健康养老模式。"新建"是重新构建养老护理机构，以提供中医药健康养老相关服务。"增设"包括"养增医""医增养"两种情况，即在养老护理机构中增设中医老年病科室，在中医医疗机构中增设养老护理部门。"合作"主要是养老护理机构与中医医疗机构开展合作，设置转诊"绿色通道"；养老护理机构与基层社区医疗机构形成合作，共同为居家社区老年人提供中医药健康养老服务。

1. 社区照护模式

中医健康服务与基层医疗服务相结合。以社区街道、基层医疗机构为平台，提升中医药健康服务在基层社区服务的嵌入性与可及性，是江苏各地区普遍采取的主要模式之一。中医药服务供给的主体包括基层医疗卫生机构的医护人员、街道辖区范围内的中医医院医师和基层医疗机构与所在辖区内医联体的中医医院医师。以街道或者社区为主要工作依托平台，通过定期坐诊、家庭医生签约服务、社区义诊、健康宣教、知识竞赛等多种方式，将中医健康的理念融入社区居民的实际生活，进而改变他们的不健康行为与生活习惯，做到中医药服务的有效干预与治疗。

2. 医养融合模式

中医健康服务与养老机构相结合。为将中医资源与养老服务有机融合，充分发挥中医药注重养生、注重固本培元等优势，温和地改善老年人的体质。作为首批全国医养结合示范区的南京市秦淮区，成立了南京首家中医医养融合养老院。机构为入住老人提供中医体检，建立老人独特的体质、脉象、脾胃等医疗档案，让医师、护工了解掌握老人身体状况进而对症调理。中医理疗师定期给老人提供针灸、艾灸、中药外敷、中药泡脚等理疗，老人居住的房间以及公共活动室里放置中药香炉，房间中根据每一位老人的具体情况配备相应的药粉，用于提高老人的免疫力、帮助睡眠、预防疾病等。

3. 旅居养老模式

中医健康服务与养老产业相结合。江苏省积极推进中医药健康产业延伸至养老产业各领域，辐射周边关联产业，大力培育发展中医药文化健康旅游产业。泰州市获批全省唯一设区市国家中医药综合改革试验区，通过推动体制机制创新，积极探索"药、医、养、食、游"融合发展新模式，认定6家中医药健康旅游示范基地，开展"养生旅游季"等大型活动。

4. 医养护联合体模式

中医药健康服务与养老体系相结合。在中医药健康养老模式的探索创新方面，除上述中医药康养资源与某一环节的养老服务相结合外，部分地区也注重打通整合养老和医疗的双向路径与资源，从而推进养老服务供给效能的提升。基于此，部分地区在中医药领域链接养老服务体系与医疗服务体系方面作出了诸多尝试，在一些地区已经可以看出中医药医养护一体化模式的初步探索，取得了较为显著的初期政策效果。

三、江苏省医学流派与国医大师康养经验集萃

江苏作为中医药文化的重要发源地与传承地，中医药文化底蕴深厚，人文荟萃、名医辈出，孕育了众多具有鲜明地域特色的医学流派和杰出的国医大师。通过对江苏医学流派及国医大师的康养经验进行系统整理与分析，深入挖掘其背后的科学原理与实践价值，梳理各医学流派的康养特色，总结国医大师们的养生养老智慧，提炼出一套既符合现代人生活节奏，又能够有效提升健康水平的养生养老方法体系，为制定江苏省中医药康养实施方案提供思路与依据。

（一）江苏医学流派及国医大师康养经验

1. 食饮有道，滋养脏腑生机

江苏地区的医家非常重视"寓医于食"，以药食同源为养生大法。食当有节，不可暴饮暴食。食当有择，注重荤素搭配，以食谱广泛、食量适宜、饮食清淡、五味适度并随季节变化调整为总原则。食有出口，出口即大便的排泄，如果大便秘结或溏稀腹泻，应及时诊治，否则将妨碍健康。

2. 顺应四时，调和阴阳节律

治未病与顺应自然规律、维持阴阳平衡密切相关，所谓"春夏养阳，秋冬养阴"，维持规律的生活节奏，与天地阴阳变化相协调是最好的养生之道。在相应的季节遵循相应的作息规律，顺势而为、顺时而为，逆之则灾害生，从之则苛疾不起，是谓得道。

3. 动静相宜，身心健康并进

生命在于运动，运动能生阳，达到"消谷气，益气力，除百病"的作用。对于老年人而言，最好的运动就是步行。并且老人应避免过度劳累，不仅要动，还要有静，要保证充足的休息和睡眠，做到动静结合。

最好的静养当属修心。心之神明易为物欲所蔽，因此养生应当克除私欲，通晓天地人之事，明辨是非曲直，避免情绪大起大落，学会克制，戒怒戒满，保持一颗平常心，如此则能达到"恬淡随缘"的境界而不为外物所困，否则会损伤心神，导致精散神惑，以致诱发一系列疾病。

4. 艾灸助养，和畅经络气血

艾灸简便易行，于家中即可操作，对人体的好处非常多。温经散寒：艾灸可以扶助阳气、温通气血、散寒除湿；对于因感受寒邪而导致的胃痛、腹痛、痛经以及四肢关节疼痛等症状，能够温经散寒、缓解疼痛。消瘀散结：艾灸还能促进气血运行，消散瘀滞，缓解肌肉紧张及痉挛，使局部气血运行通畅，达到消肿止痛的效果；对于乳腺增生、甲状腺结节等包块，能够活血化瘀、软坚散结。防病保健：艾灸可以调整人体脏腑功能，改善身体状态，增强抗病能力，起到防病保健的作用；对于体弱多病、阳气虚衰的人群，艾灸能够增强体质、提高生活质量。

5. 治养结合，实现带病延年

很多老年慢性病因其根深蒂固的病理特性，往往难以彻底摆脱其困扰，故治疗的核心目标转向了缓解病痛症状、显著提升患者的生活质量，以及尽力延长宝贵的生命时光。应该积极倡导该类患者采取"带病延年"的生活方式，保持一颗乐观向上的心态，不要把疾病当成一种负担，而是当成一种正常的生命过程，不舒服的时候就调治一下，如此依然可以长寿。

6. 敬业乐群，工作滋养身心

工作与养生相辅相成，一个人对自身事业的追求和热爱是保持身强体健、延年益寿的主要动力。因为热爱工作，人们才愿意投入更多的精力与时间，这种积极向上的生活态度无形中增强了身体的免疫力，促进了身心的和谐。同时，工作中获得的成就感与满足感，也能有效缓解压力，保持心情的愉悦，进一步促进了身体的健康与长寿。如周仲瑛教授提出的六句箴言：认真看诊能养生、行德能润身强体、治好病中有真乐、诵读经典能添寿、执着追求能延年、开拓创新能防老。

7. 脾肾为本，先天后天并重

肾为先天之本，是水火之府、性命根源，肾精的充足可以防止病情恶化到无法挽回的地步，不足则会拖累全身的五脏六腑；而脾为后天之本，脾胃之气是维持全身脏腑气血正常生理功能的基石，脾胃功能的好坏直接关系到人体的健康。脾主生血，肾主藏精，而人体如同河流，精血充沛则水流顺畅，生命力旺盛；精血不足则水流缓慢，甚至淤塞，导致生命力衰退。只有先天后天并重，才能达到养生防病、既病防变的目的。

8. 因人而异，定制养生方案

不同年龄阶段、不同性别、不同虚实体质之人的养生方法不尽相同。从年龄上来说，老人肾胃两脏易早衰且心神易受影响，应以养心为核心，保持清淡饮食；幼童需关注饮食营养均衡和寒温调适。从性别上来说，男子应排解压力、规律作息、合理饮食、坚持运动和戒除不良嗜好；女子则以肝为先天，女科肝病为多，应调适心态、充足睡眠、规律运动、注重饮食营养。从虚实体质上来说，面色红润、腹部肥胖、腹胀便秘，以及"三高"和面部生有暗疮等人群应该以通为补、以泻为补；贫血者、肝肾功能不全者、严重腹泻者、营养不良者，以及健康无病者则谨慎使用通泻之法，若有虚不受补之人，当虚实夹杂先除实，先调神气后补身。

（二）江苏医学流派及国医大师康养特色

1. 吴门医派：寓医于食，守正致中和

吴门医派将日常饮食视为首要养生手段，倡导"当令而食"的饮食观，构建了独具特色的药膳体系。以"食借药力、药助食功"为配伍原则，以"不时不食"为实施准则，形成从食材甄选到烹饪技法的完整食养链条。在养生实践层面，吴门医派创造性地提出"动以养形，静以养神"的调摄原则。其养生理论既承袭传统中医动静结合、心性修养的精髓，又融入江南地域特色，形成"形神共养、修摄兼备"的完整体系，通过守中正之位、致阴阳之和，最终实现祛病延年的养生目标。

2. 孟河医派：和法缓治，淡食得多补

孟河流派强调"和法缓治"，选用性能平和的方药，缓慢图治，以达到脏腑阴阳气血调和、机体康复之目的。明确指出"天下无神奇之法，只有平淡之法，平淡之极乃为神奇；否则，眩异标新，用违其度，欲求速效，反速危亡，不和不缓故也"；指出《内经》中所说的"毒药治病去其五，良药治病去其七"正是"和法缓治"的精义所在。和法缓治首重脾胃中气，以护正气为根本——此法是治疗疾病的基本大法。

3. 龙砂医派：顺应自然，达天人合一

龙砂医派在养生实践中非常重视对五运六气的应用，认为健康是天人间动态节律的同步和谐，天人关系的失调是产生一切疾病的根本原因。因此，该流派强调顺应自然、天人合一，通过调节人体自身的抗病能力来达到健康状态。此外，善于运用膏滋方来养生治未病是龙砂医派的一大特色，即善于顺应自然节律，运用膏滋方进行调理。

4. 夏桂成：女性的养生要点

夏桂成对女性的养生建议有四。一是保证睡眠。女性属阴，睡眠对女性至关重要，睡觉晚了，火就旺了，心肝火旺，阴水就受到损害。二是稳定情绪，情绪不稳定必然干扰阴阳。三是不能受凉，月经来时受凉，凉会直接进入血海。四是饮食注意,行经期间,少吃水果。

5. 邹燕勤:"唤醒操"和"摩腹法"

邹燕勤强调养生重养肾。此外有两套家传的导引按摩法门。唤醒操:起床后要全身上下跟着一起运动;头部轻轻敲打、手指梳头,改善头部血液循环;脸部轻轻敲打,眼睛多眨,耳部上下按摩;颈部旋转,八个八拍每次做四到五次,缓解颈部的肌肉压力,松解肌肉。摩腹法:两只手同时按摩膻中穴和中脘穴,顺时针、逆时针各50次,有小肚子的人可以适当增加至各150次。

6. 干祖望:"养生八字诀"

童心:保持童心的人,天真、无邪、单纯、善良,不心怀怨恨,不忧患未来,不深究世事,不追求名利,大脑能充分休息。蚁食:一方面,吃得少,不贪食;另一方面,不挑食,不问精粗。龟欲:像乌龟一样保持低欲望。乌龟长寿,小问题与世无争,原则问题咬住不放。猴行:强调像猴子一样多动。一是要多动身体,二是要多动脑筋。

(三)江苏医学流派与国医大师康养经验的应用价值

江苏历代名医辈出、流派纷呈,吴门、孟河、龙砂等中医流派和医家传承发展了中医学的理论与实践智慧,同时扎根江苏,在长期临床实践中,对江苏常见病、多发病的防治和老年疾病的"防治康养"形成了宝贵的经验,为制定《老龄文明背景下江苏省中医药康养实施方案》奠定了基础。

1. 中医药康养对于老年慢性病共病的防治具有独特的医养价值

根据江苏省老龄疾病频谱调查,省内老龄群体慢性病高发,且慢性病共病现象不断增加。老年慢性病共病患者对卫生服务和卫生资源的需求普遍高于其他人群,如何应对老年人慢性病共病带来的影响,实现慢性病共病的合理管理与治疗,是医疗卫生保健系统面临的主要困难之一。中医学凸显了天人合一、以人为本的整体观念,千年实践形成了行之有效的养生治未病与医疗康复思想方法技术,整体诊察、合术调治,对于老年慢性病与共病,更是具有不可替代的优势。

2. 中医药康养"养生治未病"的理念方法对于生命全程养生养老具有独特的价值

中医药康养强调"养生治未病",这种贯穿生命全程、预防为主的思想,对现代医学模式具有重要的补充作用。中医养生注重人与自然的和谐,强调"治未病",通过调节饮食、锻炼形体、调养精神等方法,提高人体自愈能力,达到预防疾病、防复防变的目的。这一理念不仅有助于减轻医疗系统的负担,还能够帮助人们实现全面的健康管理。

3. 中医药康养个体化辨证有助于推进精准养生养老

中医药康养还具有强调个体化的辨证优势,注重人体脏腑阴阳气血的调和,充分发挥人的自主健康能力,在整个过程重视扶正祛邪,关注个体因体质、年龄、性别、生活环境等差异而具有的不同健康需求,根据个体差异制定个性化的养生养老方案。

4. 中医药丰富的康养方法技术可推动养生养老养病的生活化

历经数千年的传承与发展,中医药形成了丰富的养生养老养病的方法技术,可以切实地推动养生养老养病的生活化。针刺艾灸、推拿按摩、拔罐刮痧等多样化养生保健手段,经历了时间的检验与筛选,在实践中展现出显著的疗效和广泛的适用性,成为生命全程健康、自主养生养老、居家防病养病过程中取之不竭的宝库。

四、老龄文明背景下江苏省中医药康养实施方案建设思路

基于前述江苏老年疾病频谱、共病模式的调查结果,以及吴门医派、孟河医派、龙砂医派、金陵医派、山阳医派等中医学术流派和省域国医大师、全国名中医等专家学术临床经验,筛选、编制江苏中医药老年康养的优势项目。组建江苏省老龄康养中医药专家团队,通过自选和外聘等形式成立"江苏省老龄文明与康养中医药专家委员会",针对老年人体质特征、生活质量、心身疾病、康养环境等研究制定《老龄文明背景下江苏省中医药康养实施方案》。

（一）基本理念：全周期健康服务的理念

全周期健康服务是以健康影响因素为出发点，以人的全生命周期为主线，覆盖预防、治疗、康复、保健等全疾病周期，需要政府部门、医疗卫生机构、养老机构、健康相关产业以及老年人群等共同参与、协作提供的综合性一体化健康服务。当前养老服务体系对健康的理解不够全面，多侧重关注老年人的身体疾病预防、治疗与康复情况，对其社会、心理情况和个人整体多方面的发展情况关注不足。[①]其中，治疗服务主要由医院供给，医院、养老机构、社区卫生服务中心等运行相对独立，居家、社区、机构养老模式彼此分离，没有形成有效的衔接机制，[②]提供的健康养老服务往往呈现碎片化和断裂化特征，难以满足老年人连续性和周期性的健康养老需求。

基于全周期健康理念内涵、中医药健康养老服务体系的相关研究及全周期健康对构建中医药健康养老服务体系的重要意义，提出全周期视域下江苏省中医药健康养老服务体系的构想：作为推动老龄文明治理的重要举措，全周期视域下的中医药健康养老服务体系以促进老年人实现健康老龄化为目标，致力于满足老年人全生命周期、全疾病周期的中医药健康养老服务需求，形成内容丰富、服务可及、资源充分整合流动，政府、医疗机构、养老机构、社区、家庭、个人共同参与协同共治的全方位服务生态系统（图2-3-1）。

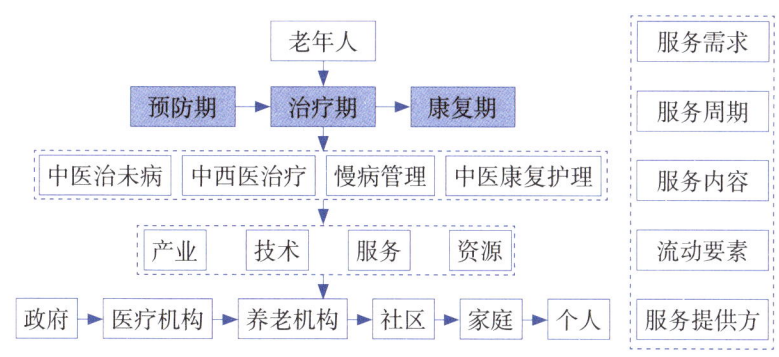

图 2-3-1　江苏中医药健康养老服务体系框架示意图

---

① 王俊华、董晨雪：《国家治理视域下我国健康养老服务体系的建构》，《苏州大学学报（哲学社会科学版）》2023年第1期。

② 刘远立：《中国老年健康研究报告（2020—2021）》，社会科学文献出版社2021年版，第1页。

（二）服务内容：中医治未病、治疗、慢病管理、康复护理等

老年个体的健康需求往往呈现出长期复杂性，不同年龄阶段和不同身体状况的老年人对于中医药健康养老服务的需求不同，疾病预防期、治疗期与康复期中医药健康养老服务的侧重也各有不同。健康老人主要为其提供情志疗法、养生保健、膳食指导等中医治未病服务，慢性病共病或处于疾病治疗期老人以提供中西医结合治疗、中医适宜技术等健康干预与健康管理服务为主，高龄和失能老人则重点提供中医特色的康复护理及临终关怀服务。

全周期健康视域下的中医药健康养老服务体系须把握老年人健康需求的多层次性，规律性总结出老年人不同年龄阶段、不同身体状况、不同疾病发展时期的基本中医药健康养老服务需求与变化，把握不同时期健康服务需求的侧重点，适时提供中医治未病、中医治疗、中医康复护理、慢病管理等中医药健康养老服务。此外，中医药健康养老服务体系还须兼顾多元化，须根据老年人的体质类型、个人常态化健康评估的变化及老年人的个人意愿，为其提供更多个性化高质量的中医药健康养老服务，如中医个性化养生指导、中医药养生旅游等，满足高水平的中医药健康养老服务需求。

（三）服务载体：医疗机构、养老机构、社区、家庭等相结合

医疗机构、养老机构、社区、家庭是提供中医药健康养老服务的重要载体，全周期视域下的中医药健康养老服务以居家中医药健康养老服务为基础，以社区中医药健康养老服务为依托，以机构中医药健康养老服务为补充。同时通过深度整合中医药健康养老服务资源，促进居家社区机构中医药健康服务的联动发展与链式链接，如居家与机构联动开展中医药康复护理签约上门服务、中医药健康信息线上咨询服务；居家与社区联动开设中医药社区日间照料中心、开展社区中医药健康保健活动；个人或社区与机构签约开展中医药上门或社区诊疗服务等，提高老年人居家、社区、机构等养老方式转化的灵活性，保障老年人接受中医药健康养老服务的连续性与综合性。

中医药健康服务方式可根据老年人居住条件、人群采取多种形式。中医

医疗机构。在中医医院、康复医院、乡镇卫生院（村卫生室）、社区卫生服务中心（站）、诊所（门诊部）等中医医疗机构为老年人提供中医医疗保健及康复服务。养老机构。在老年公寓、养老院、疗养院、护理院、临终关怀院等设立中医医院或诊所为老年人提供养生保健、康复护理服务。社区居家养老服务中心。鼓励掌握中医药养生保健技能的人员，通过街道养老照料中心、社区养老服务驿站、社区居家助老中心、老年服务站等为老年人提供养生保健服务。家庭门诊、家庭病房等上门服务。通过家庭签约医生、社区责任医生、医生联系卡等提供定期与不定期送医送药入户，包括公共卫生、预防保健、健康教育和医疗等全面服务。

（四）基本流程：未病先防、既病防变、病后防复三个层面

中医药健康养老服务流程主要从未病先防、既病防变、病后防复三个层面开展，在每个层面分别制定中医诊断（体质辨识、经络穴位诊断、精神状态分析、四诊合参等辨证方法）指导和治疗（老年人饮食调摄、生活习惯改善、运动调理、七情调整、药膳、针灸、刮痧、拔罐、药物、熏蒸、导引和推拿等）评估体系（每隔3—6个月进行效果跟踪评估），以及再治疗的体系。

以未病先防为例，其侧重养生保健服务、慢病干预服务。具体过程：中医健康状态信息采集、建立中医健康状态信息档案；中医健康状态评估，中医体质、亚健康状态、慢性疾病状态评估以及慢性疾病中医药干预的评估；中医健康状态调理，综合运用各种中医药干预手段，对健康人群、亚健康人群、疾病人群等不同健康状态进行调理；重新回到第一步，并将每次服务的中医药干预效果等相关信息及时记录补充电子健康档案中，之后再次完成第二步到第三步的循环。

（五）政府调控：机构、社区、家庭、个人多元协同

当前省域中医药医疗机构提供服务种类较少且同质化现象严重，二级及以上的中医医院内仅70%开设老年医学科，基础设施建设整体滞后，从业医师比例偏低，难以开展常态化中医老年常见病和康复护理服务。养老机构

与社区内提供的中医药健康养老服务如推拿、拔罐等中医适宜技术和中医养生知识教育，均较为基础且作为健康养老服务的补充而非主要内容，缺乏多样性和个性化。

中医药健康养老服务体系须强调政府的重要性，充分发挥其宏观调控与市场监管的作用，为中医药健康养老服务体系中产业、技术、人才、资金、服务等提供资源保障，并促进各类资源在体系内有效流转与整合配置。个人是中医药健康养老服务体系提供方的最后环节，老年人要树立健康老龄化的观念，充分了解自身身体状况，及时关注健康养生信息，树立良好的中医健康养生生活习惯，积极面对老年生活。通过政府、机构、社区、家庭、个人的共同参与、整合协同，保障老年人在不同养老居住方式下都能全周期全方位地接受中医药健康养老服务，维护和促进自身健康。

（六）产业支撑："中医药健康养老服务+"产业融合发展

当前江苏中医药健康养老产业数字智能化应用不够，发展呈现"小散弱"态势。中医药健康养老与智慧平台尚未紧密结合，信息技术赋能老年人周期性健康管理的效果不佳。省内大泗中药养生小镇、涟水万亩中药小镇、康缘养生谷等康养基地，虽提供中医药养生保健体验、中药种植生态观光等项目，但与文旅等深度融合不够，缺乏附加值较高的配套健康产品。

坚持技术创新与融合，促进中医药健康养老产业发展。加强中医药健康养老关键技术支撑平台和服务应用平台建设，推进中医药健康养老基础、临床研究和技术协同创新，培育中医药健康养老产业领军企业，打造高水平产业集群。加快中医药健康养老产业的数字化、智能化等发展，强化医养两端的数据应用，运用中医四诊仪等新型便捷诊疗设备，收集监测老年人健康信息，足不出户为老年人提供养生教育、健康咨询、线上问诊、购药配送、服务上门等个性化、全周期的健康管理服务。此外，围绕中医养生保健、诊疗与康复、中药药食同源等，促进中医药与文旅、体育、餐饮等产业融合发展，充分发挥中医药在老年人医疗、康复、养生、保健中的多元价值。

（七）人才资金支持：优化人才与资金资源配置

当前江苏中医类别执业（助理）医师和基层中医药人才仍存在短缺。养老机构从业人员中，中医药服务技能人才同样存在从业人员年龄偏高、流动性强、服务能力弱等问题。中医药健康养老服务还缺乏资金的支持，虽然国家在医保基金方面对中医药提供扶持政策，但尚未涵盖中医药疾病预防、家庭医生签约上门、健康管理等中医药健康服务项目，老年人长期护理保险尚在试点中未能在全省铺开。在养老机构模式下，中医药健康养老服务提供费用难以被纳入医保支付范围，几乎完全由机构承担；为维持经营，开展中医药健康养老服务的养老机构较少。

优化人才与资金资源配置是构建全周期中医药健康养老服务体系的重要保障。一方面，健全人才培养体系，加强中医临床、护理、康复、养老服务管理等专业人才培养，尤其是注重中医药与健康养老服务融合的复合型人才培养，鼓励高校与企业、养老机构等合作，搭建实习基地，加快技能应用型人才的培养；同时加强养老从业人员的继续教育，规范中医药适宜技术培训体系，提升养老从业人员中医药养老服务能力。另一方面，加快落实长期护理保险制度，发展多样化商业健康保险服务，进一步在老年人中医药慢病管理、康复护理、中医药适宜技术、中医药家庭医生签约服务等方面完善医保支付政策，覆盖老年人全周期的中医药健康管理。

（八）宣传教育：以中医药健康文化素养提升为导向

2023年，中国公民中医药健康文化素养水平达到24.62%。根据调查结果推算，在全国15—69岁人群中，具备中医药健康文化素养的人数约为2.56亿人，中医药健康文化知识普及率、阅读率、信任率均高于90%，行动率与2022年基本持平。提高中医药健康文化认同、提升自身健康素养是构建全周期中医药健康服务体系的关键。

建议加大宣传力度，提升老年人中医药健康养老认识。首先，发挥电视、网络等媒体作用，开设中医养生节目、推送中医养生保健药膳和功法视频，以老年人喜闻乐见的方式普及中医药治未病优势。其次，社区、乡镇等应加强中医药文化场馆建设，开展中医药义诊、中医健康教育宣讲等中医药传统文化活动，通过活动潜移默化地提升老年人的中医药健康素养。最后，构建线上线下相结合、以家庭医生为中心的老年人居家全周期全方位的中医药健康管理服务网络，利用智能设备采集信息、提供健康预案、家庭医生指导监督实施，引导激励老年人主动参与健康管理，提升老年人健康管理的自我效能感和依从性，不断提升老年人健康素养，帮助其树立全周期的中医药健康养老理念。

作者简介：朱岷，江苏省卫生健康委员会副主任，江苏省中医药管理局局长，老龄文明智库学术委员会副主任委员；郑晓红，南京中医药大学教授，博士生导师，江苏省老年康养与中医药研究专委会首席专家；唐心浩，南京中医药大学博士研究生；汪海波，江苏省卫生健康委员会中医科教处副处长；喻小勇，南京中医药大学副教授，养老服务与管理学院老年社会学系主任，养老服务与管理研究院养老政策法规研究中心主任；史俊，南京中医药大学讲师，中医学院中医药交叉学科教研室、基础临床转化教研室、中医经典研究室副主任；郑亚威，南京中医药大学讲师，中医学院中医药交叉学科教研室、基础临床转化教研室专任教师；黄天宇，南京中医药大学讲师，中医学院中医药交叉学科教研室、基础临床转化教研室专任教师。

主要参考文献

1. 老龄文明智库编著.老龄文明蓝皮书2023.江苏人民出版社，2024
2. 谢英彪，虞鹤鸣.金陵医派研究.东南大学出版社，2017
3. 华润龄.吴门医派.苏州大学出版社，2004
4. 朱良春.朱良春.中国中医药出版社，2011
5. 陆曙，陶国水.龙砂医派.湖南科学技术出版社，2023
6. 周仲瑛.国医大师周仲瑛的养生之道 养生从养心开始.湖南科学技术出版社，2013
7. 邹燕勤，曾安平，周迎晨.邹燕勤.中国中医药出版社，2009

8.夏桂成,谈勇等.夏桂成.中国中医药出版社,2001
9.徐景藩.徐景藩脾胃病治验辑要.江苏科学技术出版社,1999
10.俞无名,干千.干祖望.中国中医药出版社,2001
11.陈仁寿.孟河医派.湖南科学技术出版社,2020

城市更新背景下适老化改造的动力机制、改造策略及实践研究

肖鲁江 刘大威 孙 目

一、研究背景

(一) 从"老龄化焦虑"走向"老龄文明"

"积极老龄化"① 理论为全球老龄事业的发展带来了深远的影响,推动了相关政策制定和实践探索,社会各界对老龄群体的认知由"问题意识"转向了"文明意识"。中国在高度重视老龄事业发展的道路上已将"积极应对人口老龄化"上升为国家战略,对老龄化的认知正由"被动应对"转向"老龄友好"。党的二十届三中全会审议通过的《中共中央关于进一步全面深化改革、推进中国式现代化的决定》中提出"积极应对人口老龄化,完善发展养老事业和养老产业政策机制"的重大任务,明确了新时代老龄事业和老龄产业高质量发展的行动方针。十四届全国人大常委会第十一次会议中通过的"关于实施渐进式延迟法定退休年龄的决定"是国家积极有效应对人口老

---

① 根据世卫组织《积极老龄化政策框架》的定义,积极老龄化是指在老年时为了提高生活质量,在健康、参与和保障方面尽可能获得最佳机会的过程。"积极"不仅仅针对老年人群进行身体活动和参加体力劳动的态度,更是指持续参与社会、经济、文化、精神和公民事务等方面活动的努力。

龄化的又一重要举措。这些都将鼓舞老年群体为社会继续贡献智慧和创造价值，也将推动老龄文明社会的高质量建设。

老龄友好即全民友好，老龄文明引领社会文明。我们应当引导和倡导积极老龄化理念，提升公众对老龄文明的认知，积极推动老龄文明建设，让老龄化成为推动社会进步的动力。

（二）城市的发展现状与问题

新中国成立以来，由于中国底子薄，城市建设的目的主要是满足最基本的生产生活需求，没有考虑适老化建设。改革开放后，随着经济和社会的高速发展，城市建设也发展迅速，而快速推进的城镇化进程也积累了不少"城市病"。在初始阶段，城市建设关注的是数量和速度，关注的是"有无"，解决的是燃眉之急。随着城镇化率超过60%，城市建设重心逐渐从关注"有没有"转移到"好不好"，建设标准也一直在以人为本的理念下持续提升，无障碍等适老设施建设日益受到重视，并逐渐成为验收的刚性条件。但因历史原因，若不对存量巨大的既有建筑进行改善，则难以满足城市环境的适老基本需求。

如今城镇化迈入提质增效的重要时期，不仅需要通过城市更新解决城市发展中的突出问题和短板，更需要通过城市更新推进既有住区、街区、公共空间和交通等环境的适老化改造，使城市更新背景下的适老化改造成为建设老龄文明社会的有效路径。

（三）全面提升城市适老化环境品质的重要意义

截至2023年，我国60周岁及以上老年人口有29697万人，占总人口的21.1%。① 城市公共设施与环境的适老化改造是老龄文明建设的必然选择。2012年党的十八大中外记者见面会上，习近平总书记就指出："我们的人民热爱生活，期盼有更好的教育、更稳定的工作、更满意的收入、更可靠的社

---

① 民政部、全国老龄办：《2023年度国家老龄事业发展公报》，中国政府网，2024年10月12日，https://www.gov.cn/lianbo/bumen/202410/content_6979487.htm。

会保障、更高水平的医疗卫生服务、更舒适的居住条件、更优美的环境。"并指出"人民对美好生活的向往，就是我们的奋斗目标"。①2022年10月，习近平总书记在中国共产党第二十次全国代表大会上的报告中指出："实施积极应对人口老龄化国家战略，发展养老事业和养老产业，优化孤寡老人服务，推动实现全体老年人享有基本养老服务。"②总书记的系列指示为我们的工作指明了方向。截至2023年，江苏城镇化率已达75%。习近平总书记在江苏考察时强调："在率先实现社会主义现代化上走在前列，奋力推进中国式现代化江苏新实践，谱写'强富美高'新江苏现代化建设新篇章。"③江苏一直以总书记指示精神为指引，高度重视对人口老龄化的积极应对，持续推动城市适老化环境建设，并且取得了显著成绩。

通过城市更新进一步提升适老化改造工作的广度和深度，系统完善城市适老人居环境建设，是对"积极应对人口老龄化"国家战略的积极响应，事关城市环境品质、百姓福祉和社会和谐，也是践行总书记指示的重要工作实践，对于新时期城市建设的高质量发展具有深远意义。

二、驱动机制

（一）动因解析

1. 我国老龄化与城镇化的深度伴随

从1978年至2023年末，我国的城镇化率由17.92%增长至66.16%，相较大部分发达国家的城镇化进程，我国用时更短，速度更快。与此同时，我国老龄人口比例持续增长，老龄化和城镇化呈现同时上升的态势。

---

① 习近平：《人民对美好生活的向往就是我们的奋斗目标》，《人民日报》2012年11月16日。
② 习近平：《高举中国特色社会主义伟大旗帜　为全面建设社会主义现代化国家而团结奋斗》，《人民日报》2022年10月26日。
③ 习近平：《在推进中国式现代化中走在前做示范　谱写"强富美高"新江苏现代化建设新篇章》，《人民日报》2023年7月8日。

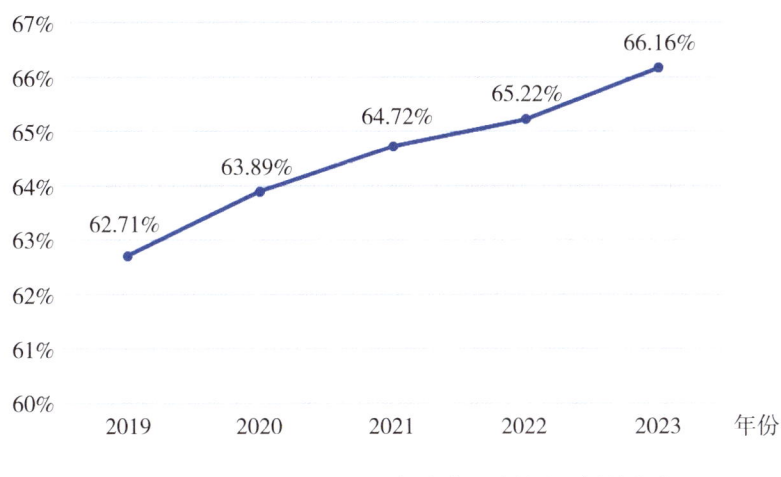

图 2-4-1　2019—2023 年末全国常住人口城镇化率

资料来源：国家统计局《中华人民共和国 2023 年国民经济和社会发展统计公报》，国家统计局官网，2024 年 2 月 29 日，https://www.stats.gov.cn/sj/zxfb/202402/t20240228_1947915.html。

图 2-4-2　2013—2023 年全国 60 周岁及以上老年人口数量占全国总人口比重

资料来源：民政部、全国老龄办《2023 年度国家老龄事业发展公报》，中国政府网，2024 年 10 月 12 日，https://www.gov.cn/lianbo/bumen/202410/content_6979487.htm。

有别于大多数发达国家"先城镇化、后老龄化"的发展历程，我国快速发展的老龄化与城镇化进程之间存在深度伴随的关系。"未富先老""未备先老"等人口老龄化现象，正成为我国面临的独有挑战，而这一总体特征从客观上影响了新时期我国老年人群的需求以及城市更新的要求。老龄化与城镇化，在社会发展过程中紧密关联，相互作用，并对新时期社会物质、经济、文化等方面产生至关重要的影响。

2. 新时期老年人群需求与城市更新要求的共生互补

随着社会经济的发展以及老龄化程度的提升，新时期一方面我国老年人群对基本的住房、医疗、照护和安全等方面的需求不断增加，另一方面老年人群的需求还呈现出多元化和个性化的特征，包括：第一，城区养老需求——越来越多的城市老年人倾向于在熟悉的环境中安度晚年，而不是入住远离城市的养老机构。第二，社会交往需求——更多地开展社会交往是老年人的主观愿望，也是促进其身心健康的客观要素。第三，自我实现需求——一些老年人在离开工作岗位后，仍希望通过继续就业等方式，为家庭和社会作出贡献，进一步实现自身的价值及生命的意义。第四，多元生活方式需求——老年人因各自不同的生活经历、经济条件、身体状况、爱好习惯、文化背景等因素，对于生活方式和环境的需求呈现多元化的趋势。

在老龄化与城镇化深度伴随的背景下，围绕新时期我国老年群体的多元需求，城市也需要以更加完备、多样、高品质的环境予以响应。我国经济由高速增长转向高质量发展，城市更新正是当今城市发展建设中持续完善功能、优化布局、提升品质、激发经济社会活力的重要空间治理活动。在城市更新中全面推进适老化改造，既能够呼应老年人群多元化的新需求，也能带来城市高质量发展的新机遇。

自然资源部办公厅印发的《支持城市更新的规划与土地政策指引（2023版）》中明确了我国城市更新工作的重点，包括六大方面：促进产业转型升级、扩容升级基础设施、提升社区宜居水平、保护传承历史文化、优化公共空间格局和品质、倡导绿色和数字智能技术。其中绝大部分内容与老年人群的迫切需求之间存在直接或间接的关联性，且与全体居民的权益和生活质量息息相关。新时期我国城市更新工作要求与老年人群的多元需求在客观上形成了共生互补的关系，两者在不断实施和发展的过程中互相影响、互相促进、互相补充，并共同决定了新时期城市环境的适老化改造将成为城市更新不可或缺的组成部分。

促进产业转型升级的更新任务中提到要以功能复合、土地和建筑物利用效率提升为重点，鼓励发展新产业、新业态、新用途，鼓励开展新型产业用地类型探索。产业的转型升级，能够为城市公共空间和传统商圈注入更加丰富、新颖的业态，响应老年人群在城市中对丰富的功能配套和社交场所的需求；也将为养老产业的发展提供机遇，促进新兴产业向养老产业注入活力，推进养老服务的扩容更新。适老化环境的改造也能够为相关产业提供动能转换的接口，为其发挥价值创造机遇。

扩容升级基础设施也是城市更新行动的重点。构建健全的基础设施体系、提高基础设施服务水平，可以增强城市环境的韧性，为老年人在城市中安全、便捷、舒适地出行和活动提供底线保护。与此同时，老年人群更积极地参与城市空间中的各类活动，也能够促进城市活力的提升。

提升社区宜居水平与老年人群的日常生活密切相关。从满足老年人需求的角度，改善居民住房条件是对老年人群基本生活需求的保障，有利于实现老年人对留在熟悉的城区养老的期望。另外，完善公共服务设施以及盘活存量资源的要求，也将进一步促进扩大城市养老服务设施的覆盖面，使其服务于更广泛的老年人群，并能够提升设施的服务内容与建设质量，与老年人群追求更加完善且丰富的生活体验的需求相呼应。

公共空间格局和品质的优化，包含了对城市公共空间数量、规模、布局、功能等方面的提升。适老化的公共空间环境是促进老年人群身心健康的重要因素，提升公共空间的环境质量，无疑可以使老年人群在生理层面获得更加舒适宜人的体验、心理层面获得更加亲切温暖的感受。同时，高品质的公共空间环境也有助于吸引老年人参与社交活动，使老年人在社区生活中得到重塑社会角色的机会，有助于老年人保持活力，提高生活的自主性和生活质量。

倡导绿色和数字智能技术一方面强调重点考虑以慢行友好和公交优先为导向的发展需求，这与老年人群追求更加安全、便捷和舒适的出行需求相吻合；另一方面强调以绿色发展和智慧建设、智慧服务、智慧治理为导向的发展，这与老年人群对养老服务的品质提升需求相呼应。老年人群对智慧助老的需求，也将促进城市和社区数字信息系统的迭代升级。

综上所述，老年人群的多元需求与城市更新要求所呈现的共生互补关系，共同催生了新时期城市环境适老化改造的迫切需求。而无论是城市更新行动还是适老化改造，都将牵涉到对城市环境各个维度的治理活动，都需要跨行业、跨学科、跨部门的协作，都需要策划、设计、建设、运维一体化的实施体系，都需要相关政策的大力支持……这些共同之处，也为两者在实践中的一体化融合推进创造了先决条件。

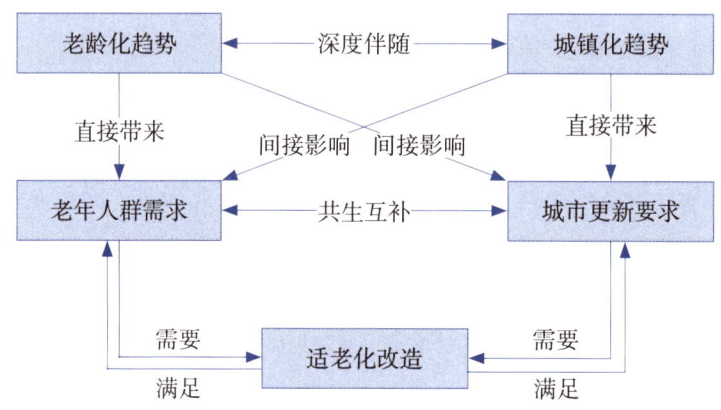

图 2-4-3　新时期城市更新与老年人需求的共生互补

（二）适老化改造要面对的现实挑战

1. 土地资源制约

老城区人口和建筑密集，土地资源短缺，开展适老化改造的成本高、难度大，企业参与的积极性会因此削弱，使改造难以系统性地推进。老城区建成年代参差不齐，积累的历史欠账多，依据当下的建设标准和城市发展需求，除了需要加以适老化改造的设施外，待完善、补充的公共设施也有很多，城区有限的土地资源难以满足适老化改造在内的各类环境提升需求。

2. 技术制约

国家与地方现行的技术规范主要围绕新建老年人设施的建设制定，关于环境改造层面的设计标准仍不够完善，缺少全方位关怀老年人群身心需求的设计指引。江苏省已出台《既有住宅适老化改造技术标准》等标准文件，对住宅的适老化改造提供了支撑，但城市其他类型的既有建筑和空间环境的适老化改造仍缺少系统性的规范体系。相比新建建筑，既有建筑改造所面对的抗震、消防、节能等方面的技术因素也更为复杂，为项目推进带来难度。以上技术层面的制约，容易影响适老化改造的实际成效，增加建设成本，造成推进效率和建成质量的降低。

3. 资金制约

适老化改造项目具有公益性质，经营性收入少，资金平衡难度高。企业参与城市更新时，更倾向于将现有城市存量资源转变为商业、办公等收益稳定的业态，对适老化项目的投资回报预期较低，参与积极性不高。现阶段政府对适老化改造项目的价格补偿机制、税收方面的优惠支持力度等，难以形成积极有效的市场刺激作用，也让社会资本望而却步。

4. 实施体系制约

在当前适老化改造工作的实施过程中，前期对环境现状的体检评估缺少体系支撑，后期对改造效果的评价缺少刚性指标约束，实施效能较弱。由于城市建设机制、土地出让机制和运营管理机制的不同，公益性用地与开发经营性用地之间在混合使用时还存在一定的障碍，例如部门间的多方协调缺乏统筹，复合型用地的土地出让模式、行政审批流程缺乏细则等等。

三、实践策略

基于我国新时期城市更新背景下适老化改造的动力机制解析以及对于推进适老化改造过程中面临的现实挑战的分析，下文将总结城市更新背景下适老化改造的五项创新策略，并结合具体的理论与实践案例解析各策略的要点，以期形成城市更新背景下适老化改造的策略体系，更加全面、深入地回应新时期的城市更新要求并充分响应老年人群的多元需求。

（一）策略一：**将既有建筑改造为老年建筑　充分盘活城市闲置地产资源**

随着我国城市建设进入存量提质改造和增量结构调整并重的新发展阶

段，城市更新已成为城市发展转型升级的重要途径。而城市中规模庞大、类型多样的存量地产资源蕴藏了巨大潜力，利用既有建筑改造建设老年建筑具有广阔的市场前景。

充分利用城区闲置的既有建筑，对其加以更新改造，使其具有老年居住或服务功能，无疑是进一步满足城市养老需求的重要路径。该策略可以更因地制宜地填补我国城市社区养老设施与服务的空缺，有效节约城区老年建筑的开发成本，还能够盘活低效闲置的地产资源，让城市中的消极空间成为新的活力点。

1.通过项目定位与策划，精准选取改造对象

针对利用既有建筑开展老年建筑改造的项目，前期应当开展充分的市场调研与投资分析，对当地客群现状、养老资源配置现状、项目投资预算等多个方面进行综合评估，从而精准选取改造对象。

首先，可以通过实地调研、数据搜集等形式，分析当地老年客群的特点，包括老年人口的数量、分布、年龄、健康、收入、居住状况等方面，进而对当地客群的养老服务需求进行充分分析，作为确定既有地产资源开发项目的总体定位、具体类型、功能配比等要素的重要依据。其次，需要结合当地养老资源的配置情况分析项目定位，判断当地的养老设施与服务的市场缺口，了解周边同类设施的运营现状和难点，分析项目与周边竞品在服务水平、地理位置、资金运作等多方面的优劣势，从而制定项目的总体规模、产品类型、配置比例等。另外，还需通过在开发策划阶段对项目涉及的人力、物力、财力进行详细规划，对具体的建设内容和建设规模进行测算和预估，对项目团队组建计划、物资调配计划、投资估算等内容作出尽可能明确和详细的计划安排，从而精准地匹配改造建设的对象。

美国纽约的 The Watermark At Brooklyn Heights 项目中，建设方在详细的市场调研后发现，高端养老居住产品在纽约这样的超大型城市中仍然处于供不应求的状态。对此，开发公司秉持需求导向的原则，实施了差异化的产品定位策略，精准选取了一栋具有历史文化价值的老旧酒店建筑，将其更新改造为纽约市第一个豪华度假型养老设施。该项目不仅填补了当地高端养老服务的市场空缺，还通过让这座历史建筑焕发新生，为城市带来经济和社会效益。

图 2-4-4　美国 The Watermark At Brooklyn Heights 项目

资料来源：Stacey Freed, The Watermark At Brooklyn Heights Undergoes Historic Transformation, *Environments for Aging*, 2021-4-30, https://efamagazine.com/projects/historic-transformation。

2. 对既有地产资源进行全面技术研判

既有建筑类型的自身特征决定了其转换为老年建筑的可行性、关注点和适配程度，需要结合既有建筑的总体规模、空间布局、结构类型、设备系统等因素进行建筑功能转换的技术分析，充分评估既有建筑所具备的改造潜质，如图 2-4-5。

建筑类型	具体类型	改造优势	改造劣势	适配度
居住建筑	住宅 宿舍 公寓 ……	基数大、分布广； 附近一般具有较多生活配套； 与老年居住建筑的空间需求匹配度很高。	居住空间改造的灵活性较差，需要沿用原有套型格局； 往往缺少足够的公共空间、配套服务功能空间。	很高
酒店建筑	商务酒店 快捷酒店 ……	原客房格局、设备管井和卫生间可沿用，改建工程量小； 原建筑大厅、餐厅、休闲配套、后勤服务等功能空间可经过较小改造进行利用。	客房分割墙体、管井较多，套型改造灵活性较差。	很高
办公建筑	写字楼 行政办公 ……	多为框架或框筒结构，内部空间改造灵活性强； 柱网一般较为规整，适合分格改造为居住单元； 原建筑大厅、食堂等空间可继续使用。	房间重新分割布局、增加设备管井和卫生间的改造量较大； 核心筒改造难度较大，位置可能影响空间布局； 对于进深较大的办公空间需要合理解决通风、采光不足的问题。	较高
教育建筑	学校 幼儿园 ……	教学空间原有的柱网规整，适宜进行居住单元的改造； 户外场地较为充足； 食堂、厨房、多功能室、阅览室等功能空间在老年建筑中仍可利用。	居住单元的卫生间、管井等改造量较大； 部分校园建筑布局较为松散，流线较长； 风雨操场等部分建筑空间与老年建筑需求不匹配。	较高
商业建筑	商场 购物中心 ……	原有空间尺度较大，利于复合设置不同类型的功能； 内部空间改造灵活度较高。	原建筑功能、空间形态与老年建筑之间共同性较少，改造量相对较大； 较大进深的空间内部采光和通风条件较差。	一般
工业建筑	工业厂房	自身空间高阔，具有较高的改造灵活性； 部分工业建筑具有一定的历史价值和文化吸引力。	所在区域若临近其他工业建筑，可能存在一定的噪声、空气和环境污染； 原建筑功能、空间形态与老年建筑之间共同性较少，改造量相对较大。	一般

图 2-4-5 既有建筑改造为老年建筑的适配度分析

例如，上文提到的 The Watermark At Brooklyn Heights 项目，在改造过程中充分保留了建筑既有的精美设计元素，并通过清理和修复再现了这座建筑的历史文化韵味。在对原建筑进行全面技术研判的基础上，项目保留了原公共配套部分的平面布局形式和空间格局，仅对局部空间进行了内墙退移或拆除，形成了俱乐部室、挑高餐厅、艺术画廊、图书馆等形式丰富的共享活动场所，为入住的老年人创造了丰富多彩的场所体验。此外，项目在对用户需求、原建筑客房单元布局、套型经济价值等信息进行综合分析的基础上，充分利用原建筑格局，进行了精细化的套型设计，改造完成了三大类型、275 套老年生活单元。

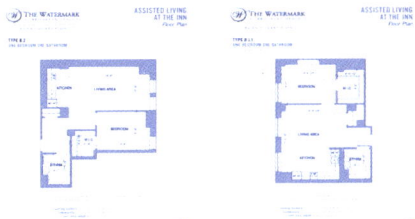

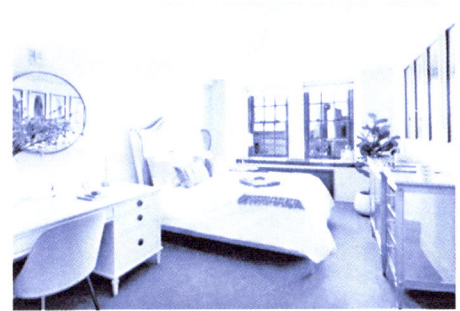

图 2-4-6　美国 The Watermark At Brooklyn Heights 项目

美国马萨诸塞州康科德市的 Peter Bulkeley Terrace Affordable Senior Housing 项目，是由一栋修建于 1912 年的具有百年历史的校舍建筑改造而来。项目团队在对原建筑进行全方位的技术分析后，一方面将原有校舍空间格局通过较小的改造转换为老年居住单元，另一方面根据项目条件对一部分使用效率低、安全性差的空间进行了巧妙的改造，将原建筑的半地下室改造为建筑的首层，营造出开放的入口广场、明亮通透的中庭、立体的休闲平台等丰富的活动空间，不仅最大化地利用了原建筑的空间价值，塑造了项目的特色，还为老年人提供了更具开放性且富有生机的空间体验和交往场景。

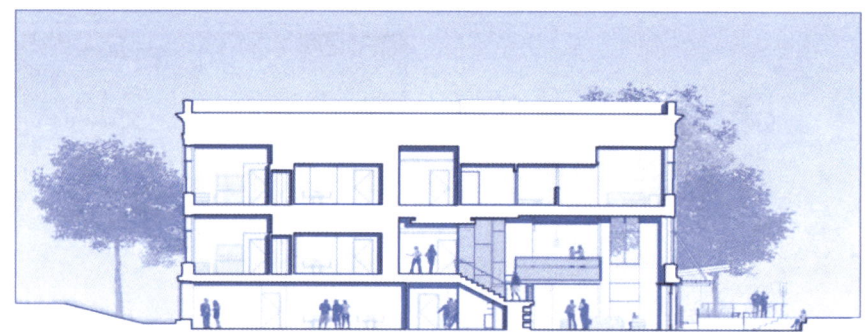

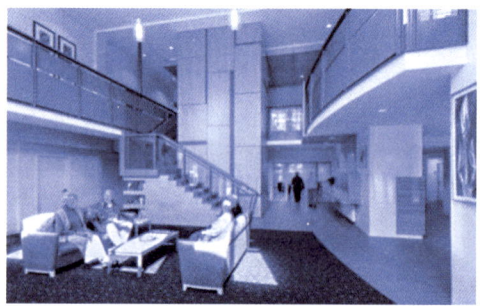

图 2-4-7　美国 Peter Bulkeley Terrace Affordable Senior Housing 项目

资料来源：https://www.abacusarchitects.com/project/peter-bulkeley-terrace/。

3. 对既有地产资源改造，利用相关政策和规范进行专项分析

在项目从策划到开发建设的过程中，还须充分了解和利用既有地产资源改造的相关政策和设计规范。因存量地产资源主体的多元化、利用方式的灵活性以及利益分配的复杂性，我国各地已出台诸多土地政策和设计规范支持低效地产资源的利用，为项目可实施性的综合研判提供了重要依据，也为项目的推进提供了制度保障。充分理解并运用各类政策与规范中关于容积率判定、改造技术要求、审批流程等方面的灵活性、激励性条款，有助于最大化发掘既有资源的价值，促进项目的高效推进。

（二）策略二：在老年建筑改造中复合公共服务功能，集约完善城市配套

城区中存在大量建成年代参差不齐的建筑与服务设施，待补充和完善的公共设施类型很多。这些公共设施不仅服务于老年人，也事关城市其他居民的生活体验。在城市更新的进程中，这些设施的种种缺失和不足，需要逐步得到填补和纠正。

本策略旨在通过对既有建筑的改造，将老年居住与服务功能同城市其他公共服务功能复合建设，创造更多集约型的城市共享空间。此模式不仅可以使老年人更便捷地获取各类服务，为老年人创造社交参与机会，同时还综合完善了城市公共功能，有利于打造具有特色、活力的空间场所，对激活整个城市、提升全龄人群的身心健康起到积极作用。

1. 在功能复合建设模式下突出政府的主导作用

在老年建筑改造中复合公共服务功能时会涉及不同的建设、运营和监管主体，在项目投资建设、责权分配、运营管理等环节会面临诸多复杂情况，所以项目的全过程都需要强有力的协调、决策体系提供保障。此外，改造项目在土地获取、规划指标、审批流程等方面也时常需要更具激励性、灵活性的政策予以支撑。在此模式下，政府的主导作用就显得尤为重要。在政府的有力主导下，可以构建创新机制以协调跨部门的决策，平衡多方利益关系，并适时地提供必要的政策和资金支持，为多方参与主体提供全过程、全链条的专业服务支撑，最终促成项目顺利落地。

2. 针对功能复合模式开展项目策划

（1）多功能复合可行性研究

功能复合模式的项目开发需要对多功能复合的可行性展开研究，充分分析项目中包含哪些功能、以何种形式和格局进行复合，挖掘不同服务功能与老年建筑复合改造与开发的要点和效益。一些公共服务功能与养老设施本身所需功能的契合度较高，在空间、动线、噪声等方面不会互相干扰，甚至能够形成互利互补的关系，可以作为优先考虑的复合对象，如图2-4-8。

公共设施类型	可复合融入的公共服务类型	复合改造的要点	适配度
医疗卫生设施	健康咨询；健康教育；预防保健；门诊；康复治疗等。	1. 咨询与门诊等功能宜布置在设施首层，并对外开放； 2. 保健与康复治疗等功能宜布置在二层及以上的公共层，临近居住空间； 3. 宜与活动空间临近布置，方便进行紧急医疗处理； 4. 宜考虑与老年建筑共享部分医疗护理设施和人员的设计。	很高
社会福利与保障设施	养老服务；信息咨询服务；常规体检与评估服务；亲子育儿指导；助餐和送餐服务等。	1. 宜布置在首层并对社区开放，且与门厅等接待空间临近布置； 2. 需与老年居住空间进行动静分区设计。	很高
公共文化设施	图书和电子阅览；科普知识宣传与教育；演出排练；书画创作；辅导培训；音乐欣赏；茶座等。	1. 需与老年居住空间进行动静分区设计； 2. 宜布置在设施二层及以上的公共层，并对外开放。	很高
行政管理与社区服务设施	综合家庭服务中心；社区老年服务中心；家政服务中心；社会救助；就业指导咨询等。	1. 宜布置在首层并对社区开放； 2. 需关注与老年居住空间的动静分区设计。	较高
商业服务设施	食品售卖；餐饮服务；邮政服务；便利零售；美容美发；图书影像；洗衣服务；文化娱乐；医疗保健；药品售卖等。	1. 宜将商业功能布置在首层沿街面； 2. 需关注与老年居住空间的动静分区设计。	较高
体育设施	健身及健身路径；球类运动；游泳等	1. 宜与动区的公共文化功能相邻布置，并对外开放； 2. 需关注健身路径的适老化设计。	一般
交通设施	机动车停车场	1. 进行人车分流的设计，避免停车对设施户外活动空间的干扰或造成安全隐患。	一般
市政公用设施	公共自行车服务点、公厕	—	较低

图2-4-8　城市公共设施与老年建筑复合改造的适配度分析

上海的南京东路街道社区综合生活服务中心改造项目便是一个将老年建筑与其他社区服务功能进行复合改造的典型案例。项目原为一栋老旧工业建筑，经过精心改造后，老年日托、长者照护之家、社区食堂、城市书房、社区展览、社区商业等适配度较高的多种功能垂直叠合于建筑内部，并通过合理的内部空间组织以及动静分区，让不同功能互不干扰、相互促进、共享互通。大部分功能区均对社区公众开放，并且在建筑沿河景观面精心打造了立体的共享活动空间，让老年人获得了更多社区交往、代际互动的机会。

日本八尾市的 Q house 项目，原本是一栋两户的住宅。当地一家空置房屋利用机构将其收购并巧妙地改造为一家功能复合的小型老年建筑，受到了社区居民的热烈欢迎。该项目虽然仅有 400 平方米的建筑面积，但在改造的过程中通过紧凑利用其自身的空间格局，以垂直复合的模式分层设置了社区食堂、诊所、老年疗养单元三个功能板块。不同功能之间互相支持、开放共享，为社区老年人和其他居民提供了人性化的服务。社区中不同年龄段的人们在这里就医、就餐，形成了代际共融的和谐氛围，这栋建筑也成为社区中充满活力的一大亮点。

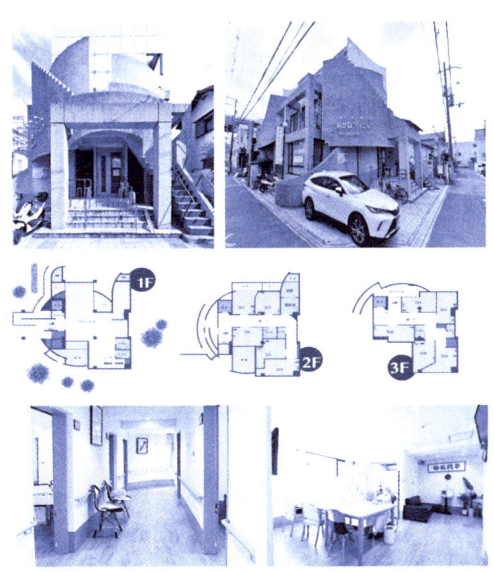

图 2-4-9　日本八尾市 Q house 项目

资料来源：https://xiyanghong.qhouse.jp/shisetu2/。

（2）跨部门、跨行业建立共同愿景

基于多功能复合的可行性分析，可以进一步开展跨部门、跨行业合作，通过共同策划，建立共同愿景，为项目的高效推进提供有力保障。项目的牵头方需要厘清项目参与各方的行业特征和需求，建立分工架构，明确责权体系，统一目标。为了更有效地推进项目，需要建立高效的沟通机制和决策体系，保证项目全过程中影响投资、建设和运营的各类事项得到高效沟通和决策，并围绕共同目标制定最佳的项目开发方案。这一过程中，还需要在前期对项目开发过程中的各种潜在风险进行充分的分析预判。

（3）相关政策和建设条件的专项研究

对于功能复合型项目的改造建设，还需要对不同功能复合建设相关的支持政策以及建设条件展开专项研究，在响应政策方针的同时，获取更多的过程支持。当前国家和地方的一系列推动土地复合开发的相关政策，已为该类适老化改造项目提供了诸多支撑。深入地了解相关政策，能够为此类项目的顺利推进提供极大助力。

（三）策略三：深度融合城市地域特质打造特色老年生活方式

新时期老年人群对物质和精神层面的多元需求对适老化改造提出了更高的要求，从满足基本的无障碍和使用需求，提升到对心理健康、人际交往、社会参与的全方位关怀。然而，传统老年建筑建设的重点在于基本服务内容的完善，在个性化生活方式的营造上，还存在一定的缺口。不仅老年人群需要更具特色的生活环境，城市也需要凸显自身特色，以此作为城市高质量发展的名片。

基于以上，本研究提出深度融合城市地域特质打造特色老年生活方式的策略，在城市老年建筑的改造建设中充分融入当地特质，为老年人群营造更加丰富多彩的特色生活方式。该策略既站在老年人的角度，强调为不同生活经历、经济条件、身体状况、爱好习惯的老年人在选择养老居所时，提供更加多元的选择，从而满足老年人个性化、高品质的生活追求；又从城市发展的视角，在开展适老化改造的过程中，力求对城市区域特色加以延续和发扬，塑造更具特色的城市建筑形象与空间环境。

第二部分 老龄文明主题调查研究

1. 深入分析可利用的城市特色要素

城市的地域特色是在特定社会、经济、文化发展条件下，一个城市区别于其他城市的主要内容与形式，及其所表现出来的个性特质与整体意象特征。本研究以校园文化特色、景观风貌特色、人文历史特色、城市产业特色四个方面为例，对其各自具备的城市特色要素的内涵进行了解析，如图2-4-10。

特色要素	要素内涵
校园文化特色	城市或区域以知名高校、大学城为依托展现的特色人文环境和氛围。高校的软硬件设施和教学、文化活动，都有与老年生活进行深度融合的可能性。大学城的特色氛围，也会受到曾从事教育相关行业或喜爱校园生活的老年人的欢迎。
景观风貌特色	依托城市的自然景观资源，以及城市自身的规划、建筑风貌形成的特色。优美的城市景观、特色的城市风貌，在老年建筑的开发中得到充分利用，可以给老年人带来身心的愉悦，以及更丰富的生活内容。
人文历史特色	不同的地域空间范围内，因不同的自然、地理和历史条件，形成、孕育的人文历史特征，包含了生活方式、民俗传统、宗教信仰、文化艺术等方方面面。将老年建筑与当地特色人文历史内涵相结合，可以营造具有归属感的特色生活环境，将老年生活与地域文化深度融合，并促进文化的传承。
城市产业特色	不同城市所具有的能够凸显城市特征的知名产业，例如：特色高新技术产业、特色制造业、特色服务业等。其不仅对城市职能的定位及区域辐射的能级具有一定的影响，还会促进城市活力营造与形象提升。老年建筑自身特色的营造，若与当地知名产业相结合，可以利用产业的优势和知名度，为老年人提供更高品质的服务，并营造生活方式上的特色。

图2-4-10 四种城市地域特色要素及内涵

2. 结合地域特质打造特色老年生活方式

通过对城市地域特色的调研和梳理，可以确定项目的总体定位，并从项目的选址策划、规划设计、运营管理等方面，将地域特质融入老年生活方式的营造，如图2-4-11。

地域特色	设计要点		
	选址策划	规划设计	运营管理
校园文化特色	1. 调研分析当地老年客群特征，根据受教育程度、是否曾从事文化、教育相关工作等，分析受众群体规模，进行项目定位策划； 2. 结合策划定位，选取临近高校的或者位于大学城内的闲置建筑进行全面的技术分析，关注大学城内各类设施的可达性，选择合适的改造对象。	1. 在建筑内部可设置代际互动的公共交流空间，或结合大学城内现有生活配套设施设置对大学师生共享开放的配套功能空间，增进代际互动； 2. 提取目标高校环境中的特征性元素，融入项目的场地、建筑和室内场景的改造设计，使其呈现出高校文化氛围。	1. 建立合作机制，使老年人能够进入校园，并使用各种校园中各类设施，体验校园生活； 2. 高校可与养老机构联合开展各类学术研究、社会实践活动。例如大学的医疗、护理相关专业在养老机构中开展科研实践；学生在养老机构中担任志愿者；组织老年人与高校师生联合开展文化活动等。
景观风貌特色	1. 充分调研分析当地可与老年生活结合利用的自然景观、城市景观资源及其特征； 2. 选址中优先考虑临近景观资源，或建筑和场地内部视野可以观赏景观资源的改造对象； 3. 同时需关注该区域生活、医疗、文娱配套设施的可达性，结合景观资源进行生活方式的全方位策划。	1. 在项目的建筑、景观设计的空间逻辑、造型元素、场景营造中，融入当地景观风貌资源的特征； 2. 在功能布局和场地设计中，关注室内外人员居住、活动空间的观景视野，最大化发挥景观风貌资源价值。	1. 结合当地景观风貌资源特色，组织老年人开展相关的户外活动、文化活动等，丰富老年人的生活内容。
人文历史特色	1. 深入调研当地人文、民俗、历史等特色； 2. 梳理有价值的历史建筑遗存资源；对于不允许改造利用的历史建筑，考虑作为项目外部资源，融入项目的总体策划；对于允许改造利用的建筑，进行综合技术研判，研究其改造利用的可行性和潜力。	1. 将场地空间与周边具有人文历史特色的空间节点进行串联，提高项目客群对城市人文历史特色的感知度； 2. 从建筑的整体造型、立面风格、色彩形态、细节元素等多个角度呼应人文历史特色，诠释地域文化特征。	1. 开展特色人文历史主题讲座、培训和表演等公共活动，促进历史文化的传承，并鼓励全龄人群参与和互动。
城市产业特色	1. 深入调研当地特色产业，并分析可以与老年建筑的策划、建设、运营相结合的产业类型； 2. 与相关企业建立合作关系，甚至共同开展策划和建设开发，全方位融入产业特色。	1. 规划设计中从功能组织、硬件设施、场景营造等方面，融入对特色产业的应用。	1. 在运营阶段与企业合作，组织老年人开展各类活动，构建特色产业与老年生活融合的合作模式。

图 2-4-11 结合地域特质打造特色老年生活方式的设计要点分析

美国的 Watermark at Westwood 项目选择与当地高校开展深度合作，打造了养老社区与校园文化特色相融合的老年生活方式。项目通过选取毗邻南加州大学洛杉矶分校的闲置大学宿舍作为改造对象，并与该大学建立深度合作关系，为老年人群体提供了充分融入校园生活的机会。入住该项目的老年人可以在大学内旁听学术课程、参与讲座和论坛、参加校园文化活动等。学校的长寿研究所也与该项目进行了长期合作，开展各类科研活动。项目通过对校园文化特色的充分融合利用，促成了养老机构、老年用户、高校等多方的共赢。

图 2-4-12　美国 Watermark at Westwood 项目

资料来源：https://www.callisonrtkl.com/projects/the-watermark-at-westwood/。

美国 The Filipino Community Village 项目是由一处保龄球馆经过几轮更新、扩建而成的。项目所在地的居民中有很多菲律宾移民。该项目通过新增 95 套经济型老年住房，有效解决了当地社区老年住房的短缺问题，还通过在项目中全方位融入菲律宾的人文历史特色，营造了特色老年生活方式。项目在满足居住基本功能外，创新性地在建筑首层设置了 STEAM 学习中心，为社区中的全龄人群提供包含民俗文化课程在内的各类文化、教育活动，让他们在异国他乡也能够学习和体验祖国的语言、音乐、艺术和习俗，在代际融合的社区活动中促进民族文化的传承。项目在建筑与室内设计上，也充分融入了菲律宾文化元素，进一步彰显了这座社区所传递出的地域文化特色与温情，充分营造了归属感，让居住在此的菲律宾移民可以感受到"家"的温度。

图 2-4-13　美国 The Filipino Community Village 项目

资料来源：https://www.rolludaarchitects.com/filipino-community-village。

（四）策略四：从老年人身心需求出发构建人性化高品质无障碍环境

无障碍环境是国家和社会文明的标志，是全体社会成员共享经济与社会发展成果的重要基础。我国的无障碍设施建设仍处于从基础覆盖到高质量发展的过渡阶段。一方面，城市无障碍环境建设发展仍然不够充分，设施覆盖率不高，亟须在各个建设实施层面达成关于"系统化"的核心共识，完善包括服务设施、出行环境以及信息标识等方面的无障碍设施；另一方面，已有规范中构建的无障碍设计体系，主要注重安全性和功能性，但仍缺乏更高品质层面上的、有精细化指引和体系化支撑的设计。

由此，本研究提出从老年人身心需求出发构建人性化高品质无障碍环境的策略，即以老年人的身心健康需求为本，从通用设计视角出发，在常规无障碍设计的基础上，进一步构建更高品质、精细化、人性化的建筑室内外无障碍环境，为城区老年人营造更安全、更便利、更高品质的生活环境，也响应全龄人群对美好环境与幸福生活的期待。

1. 全面、深度关注老年人身心需求的本质

根据美国心理学家马斯洛提出的需求层次理论，人的需求分为五个层次：生理需求、安全需求、社交需求、尊重需求以及自我实现需求。这些需求之间没有固定的先后顺序，但在通常情况下，人们会从低层次的需求逐渐向高层次的需求过渡。

在广度上，我国现行无障碍与适老化相关设计规范总体上呼应了老年人群的身体和感官的变化需求，但在呼应老年人更高层次的心理需求方面尚有较大提升空间。在深度上，在关注老年人基本生理、安全需求的基础上，也需要进一步关注对社交、尊重、自我实现需求的响应，如图 2-4-14。

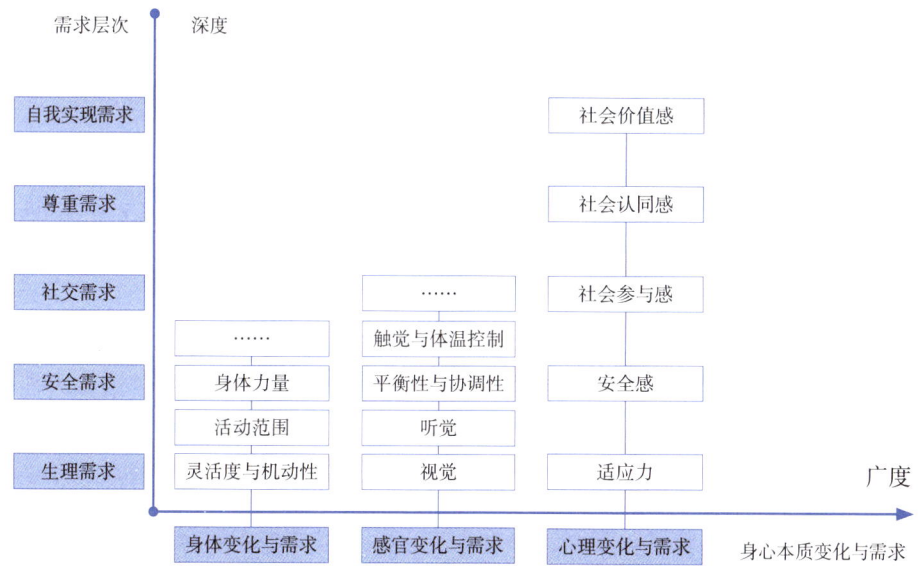

图 2-4-14 老年人群身心需求的深度与广度

在设计的广度上，首先需要更加全面地考虑到不同行动能力的老人在身体需求上的差异，并从整体到局部精细化地开展各场景的专项设计。例如，美国退休人员协会（AARP）出台的《住房适应性改造导则》中，仅有关淋浴间的设计标准就涵盖了淋浴器、淋浴坐凳、智能洁具、轮椅转向空间、卷纸架、水池台盆高度等诸多细节要素，从微观上为积极应对老年人的身体变化，提供了适老化改造的具体参考。

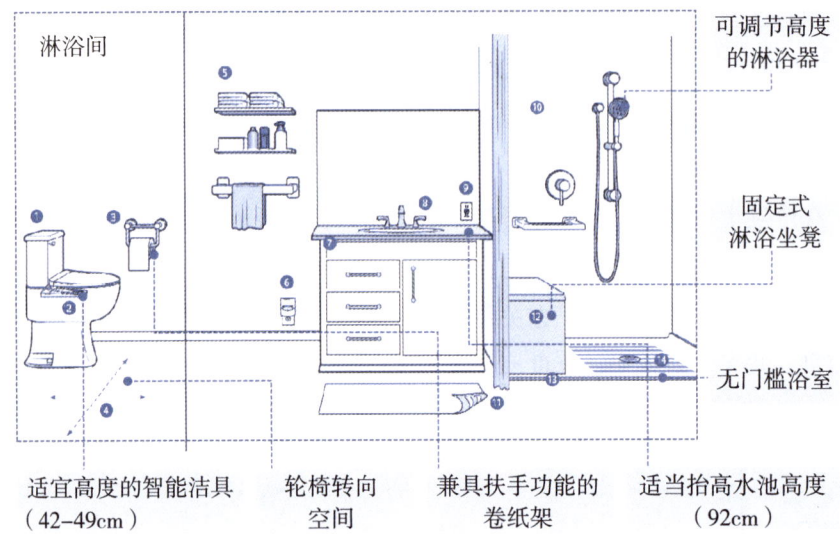

图 2-4-15　美国 AARP《住房适应性改造导则》节选

资料来源：改绘自 American Association of Retired Persons: Home Fit Guide, 2020-08-12, https://www.aarp.org/livable-communities/housing/info-2020/homefit-guide-download.html。

又如，我国泰康之家养老社区根据老年人的身体状况，进行了诸多人性化、标准化的细节设计，以降低身体变化对老年人日常生活所带来的影响。例如居住单元的入户门采用手柄式的门把手，方便手指灵活度较差的老年人使用；入户处设置换鞋区并安装换鞋扶手，以方便老年人屈身；将冰箱和微波炉设置在适宜老年人开关和拿取的高度。此外，卫生间采用了无高差的设计，并设置了助浴坐凳和墙面扶手，方便老年人洗浴，墙面还安装了应急拉绳报警器，方便老年人在洗浴过程中遇到紧急情况能及时处理。

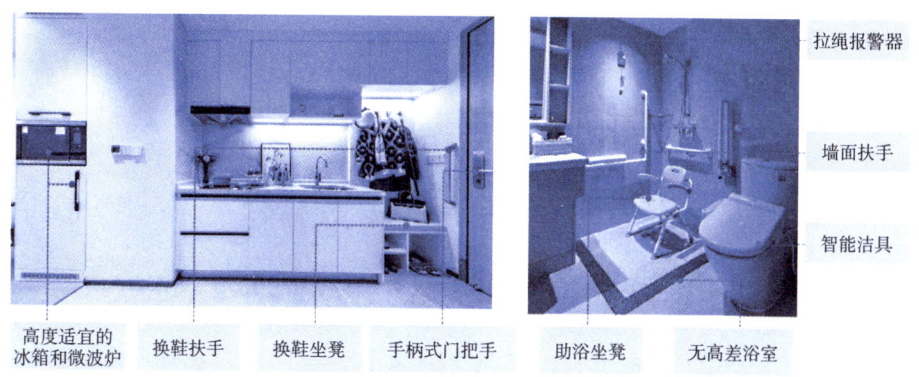

图2-4-16　泰康之家养老社区细部设计举例

资料来源：改绘自 https://www.taikangzhijia.com。

此外，在适老化环境建设中，还需要进一步关注老年人群容易被忽视的感官需求，做到更加系统和全面地回应视觉、听觉、触觉、平衡性与协调性和温度感知等各个方面的变化。例如，日本在《关于公共交通工具的旅客设施移动等顺畅化整备指南（修订案）》[①]中提出了以下几方面内容：容易理解的导示图标与记号；易于识别的文字字体；文字的大小与识别距离；标识的明暗与图底关系；色觉异常者和老年人的色彩识别等。该指引以老年人等人群的视觉感官需求为本，对标识系统进行了精细化的规定。

再如，利用一处住宅底层闲置架空空间改造而成的新加坡Goodlife! Makan活动中心，遵循老年人的感官特征需求，精心设计了一套色彩鲜明的集成家具和搁架系统，用鲜明的色彩指明了不同功能区域。与色彩体系结合设计的导视系统通过用直观的图示标识代替文字，让老年人在内的全龄人群都能够简明直观地识别空间用途，更快产生认知与记忆，并且营造了独具特色的室内环境。

---

① 日本国土交通省地方运输局：《公共交通機関の旅客施設に関する移動等円滑化整備ガイドライン（改訂案）》，2024年9月11日。

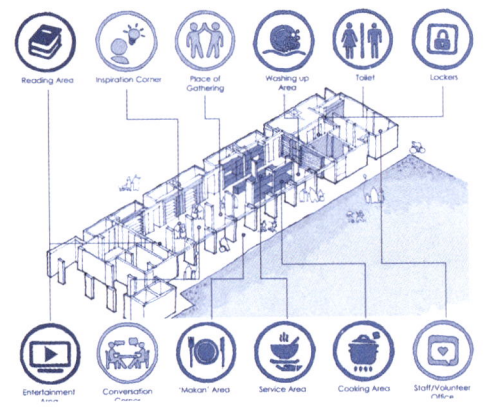

图 2-4-17　新加坡 Goodlife! Makan 社区活动中心

资料来源：DP Architects：Goodlife！ Makan 老年餐饮活动中心，2016 年 10 月 10 日，https://www.dpa.com.sg/projects/goodlife-makan/。

在设计的深度上，在满足老年人生理和安全需求的基础上，需要进一步关注他们的社交需求、尊重需求以及自我实现的需求，通过人性化的设计让老年人在城市公共空间中减少自卑感、获得归属感和社会认同感、提升自我价值感等。

例如，中国深圳的桔子坑村城市更新项目，就以小尺度渐进式的改造方式更新了社区的户外活动设施，通过营造适合全社区居民活动的公共场所，吸引当地的儿童、年轻人和老年人开展代际互动，促进全民的心理健康。项目还针对当地油画匠人、艺术家为主的居民群体，将当地地名衍生为艺术文化符号，融入全龄友好的公共空间改造中，让更新后的环境为当地老年人带来更多心理上的归属感。

又如，法国达克斯的 Alzheimer's Village 项目，创新性地在失忆症疗养院中心位置设置了包括社区超市、理发店、餐厅和种植花园等社区设施，并将整个疗养院向周边社区开放，营造了邻里共融的居住氛围，避免老年人与外界隔离，从而增进老年人的心理健康。

社区共享种植花园

休闲活动区

社区理发店　　　　　　　　社区超市

图 2-4-18　法国 Alzheimer's Village 项目

资料来源：NORD Architects:Alzheimers Village,ArchDaily,2021 年 12 月 21 日，https://www.archdaily.com/973948/alzheimers-villa-nord-architects。

2. 遵循通用设计理念，打造全龄友好的城市环境

通用设计（Universal Design）理念旨在为所有人而设计，它既包含了无障碍设计的内容，也进一步拓展了全龄友好的内涵。在适老化改造设计中融入通用设计的理念，在呼应老年人的身心需求的同时，不会让老年人群感受到设计的刻意性和隔离感，进一步促进全龄人群的共融。

美国芝加哥滨河步道改造项目将通用设计、全龄友好作为核心设计理念之一，贯穿于项目各个场景。项目在滨河空间巧妙地结合高差，设置了无障碍交通体系，既让整个沿河区域实现了无障碍通行，又将坡道等设施完全融入环境，不会让使用者感到突兀。富有特色的滨河活动区构成一道柔性边界，使得全龄人群都能够亲近河道景观，让项目成为城市中新的风景线和活力点。

图 2-4-19　芝加哥滨河步道改造项目

资料来源：赵赫男、吴倩、李时雨等《国内外线性空间更新（下）》，《北京规划建设》2024 年第 1 期。

（五）策略五：将亲自然设计理念全方位融入城市老年建筑改造

研究表明，亲近自然的环境可以激活身体和感官机能，带来温馨亲切的视听感受，缓解负面情绪和压力，从生理机能、精神认知、心理情绪等各个方面促进全龄人群的身心健康。

由此，本研究提出将广受关注的"亲自然设计（Biophilic Design）"理念全方位融入城市更新背景下的适老化改造，旨在将多维度的自然元素融入城市适老化改造的不同场景中，打造生态宜居的室内外空间。该策略有利于改善老年人群日常生活环境品质，营造有益身心健康的城市人居环境，对提升城市风貌、促进城市生态环境的可持续发展也具有重要的促进作用。

1. 直接的自然体验

直接的自然体验是通过在设计中引入、结合、创造直接的自然元素，例如生物要素、气候要素、地理要素等，构建并增进用户与自然环境的实际接触，拓展多层次的公共空间体验。

图 2-4-20 直接的自然体验

美国 The Summit at Rockwood Retirement South Hill（以下简称 Rockwood 项目）是美国华盛顿州斯波坎市 Rockwood 养老社区的改扩建项目。该项目最大的亮点在于将亲生物的设计原则贯穿于建筑和场地的改造设计中。在直接的自然体验方面，项目通过在室外景观空间中精心设计了开阔的具有自然风格的水景庭院，让老年人通过聆听水流声、接触植物、观赏景色等方式，直接体验大自然带来的愉悦和舒适。

图 2-4-21 美国 Rockwood 项目

资料来源：https://www.osborn320.com/portfolio/rockwoodretirementsummit。

2. 间接的自然体验

间接的自然体验是通过建筑实体对自然界中的图案、材料等元素的形象、状态进行模拟、呼应以及抽象的模仿，从而带来亲近自然的感受。

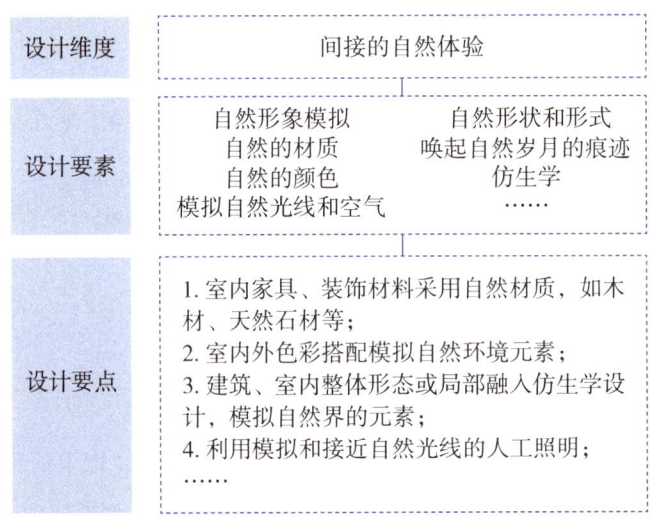

图 2-4-22　间接的自然体验

Rockwood 项目在室内大量使用了自然材料和元素，增加了环境的温馨和舒适感，使老年人在室内也能够获得亲近自然的体验。例如，将自然图案融入内饰的挂画、背景墙、地毯的纹样中；使用木材、石材等天然材料来塑造室内的天花板、地面、墙面等；通过加工当地的木材作为室内的家具和装饰，让室内环境更自然地展现当地的风土人情。

图 2-4-23　美国 Rockwood 项目

3. 空间与场所的自然体验

空间与场所的自然体验相对抽象和隐晦,需要通过建筑空间的潜在逻辑和状态提供与自然界类似的空间感受,激发人参与其中,从而推动人与人、人与自然的交互,营造自然舒适的感受,促进身心愉悦和健康。

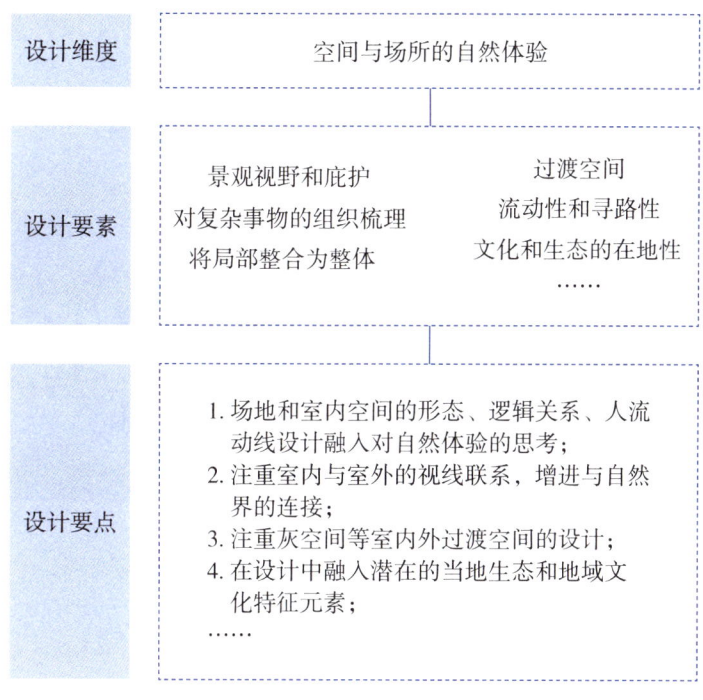

图 2-4-24 空间与场所的自然体验

Rockwood 项目中最具特色的空间是一条长约 150 米的曲线形室内人行走廊,其蜿蜒的形态隐含着当地标志性河流——斯波坎河的意象,行走于其中的老年人可以潜移默化地体验到自然的、形态丰富的空间,并与当地优美的自然环境和河流地貌建立起精神上的联系,产生愉悦感和归属感。步道在转折、端部等部位设置了拥有大面积开窗的开敞空间,人们可以欣赏周围的湿地保护区以及城市风光,通过与自然环境的视觉联系,获得宜人的场所体验。

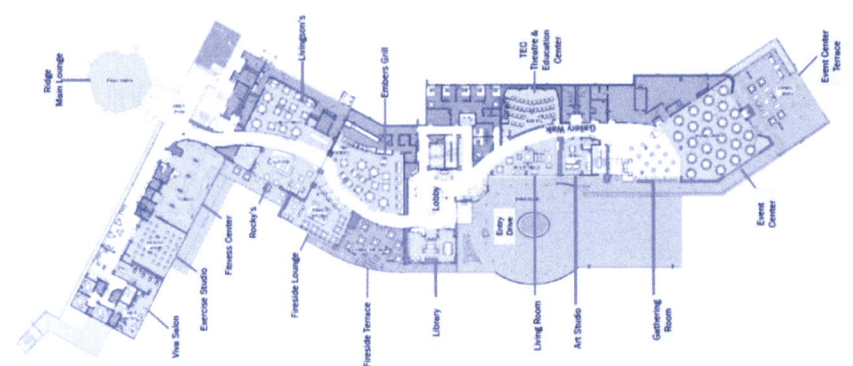

图 2-4-25　美国 Rockwood 项目

四、实施保障

以上实践策略体系的构建和落地，仍需要从规范标准体系、行动与管理机制、政策支撑与创新等方面，提供全方位的实施保障，才能够真正应对现实挑战，实现落地转化，让适老化改造为城市更新的高质量发展带来多元效益。

（一）完善规范标准体系

首先，需要进一步完善城市生活圈中与老年设施配置相关的技术指标，促进老年设施覆盖率的有效提升和供需匹配，细化老年设施的类型与更具体的功能配置标准，完善不同使用场景的环境细节要求。

同时，在基础性无障碍设计规范之外，应进一步推广通用设计理念，制定能够深度回应老年人在感知和心理层面的需求的设计标准,提升既有建筑适老化改造技术标准的广度,构建在老旧小区和居家适老化改造以外的更广泛城市空间环境及更多类型既有建筑的适老化改造的规范标准体系。

在合理利用低效闲置既有建筑将其改造为老年设施的项目时,完善抗震、消防、节能等技术规定,明确灵活性、支持性条款,并提供具体的技术指引,以提升项目的可实施性和经济性。同时对相关申报、审批、验收流程进行优化,提升项目推进效率。

(二)构建设计师全过程参与行动机制

城市更新背景下的适老化改造工作是一项复杂的系统工程,需要设计师承担贯通全过程、整合产业链的角色,并从设计、开发、产业三个维度发挥专业的设计力量,指导城市环境友好度的提升。

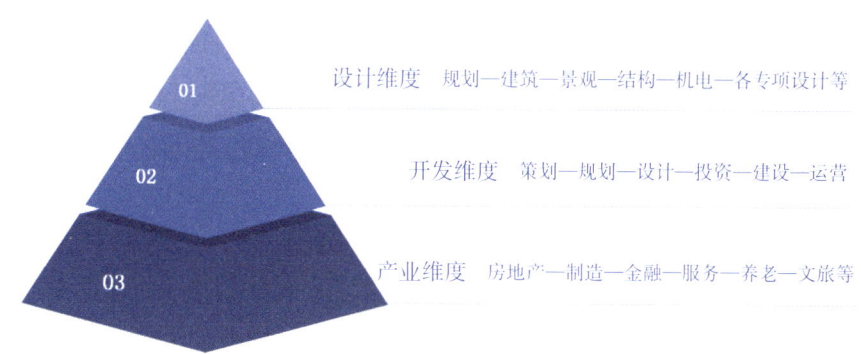

图2-4-26 设计师的贯通与整合作用

在设计维度方面,传统设计模式下的各专业、专项的设计工作之间仍存在一定的割裂现象。而适老化改造项目往往面临多变、复杂的客观情况,以及跨行业、学科的专业内容,需要主持设计师整合不同专业领域的设计工作,在方案形成、设计深化、建设实施等不同阶段统筹各专业、学科团队达成共识,围绕共同目标开展项目的设计工作。

在开发维度方面,城市更新背景下的适老化改造项目要求设计师能够承担开发全过程的协调服务者角色,统筹并发挥整合开发面临的复杂的建筑、设施、环境、人等要素的关键作用，实现对项目"策划—规划—设计—投资—建设—运营"的一体化参与。设计师不仅需要完成规划设计层面的专业工作，更需要将设计服务理念贯穿适老化改造项目的全生命周期，确保最终的建成环境和使用品质。

在产业维度方面，新时期的适老化改造不仅是对既有老年建筑室内环境或者社区环境的局部改造，还是对城市整体环境的改造，需要设计师能够跨行业地掌握建筑、制造、金融、服务、养老、文旅等诸多相关产业领域的信息，作为中间桥梁，发挥专业优势，在设计和建造过程中协调政府、企业和群众等多方利益与诉求，依靠系统性的思维，保障设计的科学合理和项目的顺利落地。

为保障设计师在这一过程中能够充分发挥作用，需要建立统筹适老化改造项目全过程全专业的"责任设计师制"。可通过遴选优秀的城市规划师、建筑师等，将其纳入老龄友好环境设计专家智库，让其扎根于所在的责任片区。责任设计师不仅要充分发挥设计人员在空间规划和设计创意上的专长，在摸底调研、技术咨询、规划评估等专业性较强的工作中发挥优势，还要作为项目全过程资源的组织协调者，最终通过塑造适老化的城市新环境，实现城市人居环境的改善和存量空间品质的提升。

（三）构建适老化建设专项协调管理机制

新时期城市环境的适老化改造是一项系统工程，政府在其中发挥着重要的主导性作用。适老化改造项目在产权类型、配置要求、运营管理等维度中充满复杂性，其建设和管理过程也涉及诸多部门。各部门不仅需要各司其职，也需要联动协作。

因此，为提升适老化改造的实施成效，应加大自上而下的统筹力度，建立多部门高效协同的联动管理机制。通过建立适老化改造的专项指导委员会等方式，监督协调发改、民政、住建、财政、卫生、教育、文旅、自然资源等多部门之间的联动协作，实现规划、建设、运维和监护的全方位协同管控，形成各部门协同共治的良好态势。

同时，进一步推行政府主导、多元参与的模式，统筹公益性与开发经营性功能的混合建设，对项目土地出让、产权归置、开发建设、运营管理等各环节全过程进行统一决策和管理，有效提升实施效率，保障落地质量。

另外，还需建立适老化环境综合评价实施体系，完善以问题为导向的体检评估机制和以结果为导向的建设评价机制，构建对各层级生活圈内服务功能、环境品质、无障碍设施等适老化环境要素的刚性评价指标，在建设规模、服务范围、运营水平、细节品质等方面提出明确要求，为适老化改造行动提供支撑。

（四）加强城市适老化改造政策支撑与创新

1. 土地和开发政策支持

面对城区大规模既有建筑低效、闲置的现状，以及老年人在城区就地养老的普遍需求，需要加大政策支持力度，提升社会资源参与老年设施建设的积极性。例如：出台支持性政策，对利用既有建筑建设老年设施的项目给予容积率优惠或与其他项目进行容积率置换；支持营利性和公益性功能搭配建设以促进资金平衡；适当优化项目审批流程，合理简化土地用途变更手续或设置变更过渡期，探索特定的规划许可支持政策。

为应对城市土地资源的制约，可将老年设施建设与城市公共设施提升体系相融合，通过政策引导加强城区老年居住、服务设施与商业、文化、医疗等功能的复合建设，在集约利用城市空间资源的同时，构建老年设施与城市公共功能融合的全民使用场景，提升老年人群的社会参与和身心健康，促进社会和谐安定。

通过政策鼓励城区老年设施与城市既有公共资源开展更全面的联动合作，同时补充专业化、小型化、嵌入式的老年设施，形成城区新型养老服务网络，通过资源的充分共享节约开发及运营成本，同时进一步激活既有城市公共资源，提升城市活力。

2. 金融政策创新

通过金融政策创新，增加建设和运营资金的可持续性，积极引入社会资本参与适老化建设。依托长效运营收入实现资金平衡，鼓励企业在改造项目的过程中通过购入有增值空间的物业获得增值收益，并在项目运营期间通过有偿增值服务、租赁闲置空间等方式平衡改造资金。

建立跨项目资金平衡机制，为企业提供多个项目组合开发的机会，通过更大范围、更多类型的项目之间的统筹搭配，实现总体投入产出的综合平衡。

健全政府、社会和居民多方资金共担的模式，综合考虑自筹经费、市场投入、贷款融资和发放政策性专项经费等多种方式，拓展项目资金的供给端口。创新金融政策支持和财税激励机制，鼓励银行、保险机构为适老化环境的更新建设助力，加强创新金融产品的供给。

五、结语

在老龄化与城镇化深度伴随的背景下，老年人群需求与城市更新要求的共生互补，构成了城市高质量建设的重要驱动力。通过创新的实施策略和完善的保障措施，全面构建适老化改造工作的实施体系，能够有效应对我国城市存量空间转型利用所面对的现实挑战，深度全面响应老年人群的多元需求，为老龄文明社会建设提供有力支撑。

作者：肖鲁江，南京城镇建筑设计咨询有限公司首席总建筑师，南京市工程勘察设计大师，江苏省建筑与历史文化研究会建筑与老龄友好设计专业委员会主任；刘大威，国际绿色建筑联盟执行主席，江苏省建筑与历史文化研究会会长，江苏省人民政府参事室特约研究员，老龄文明智库适老化与老龄友好型社会研究专业委员会首席专家；孙目，南京城镇建筑设计咨询有限公司品质研究中心主任，江苏省建筑与历史文化研究会建筑与老龄友好设计专业委员会委员。

主要参考文献

1. 老龄文明智库编著.老龄文明蓝皮书2022.江苏人民出版社，2023
2. 傅一程，张若冰，卓伟德等."全生活场景"理念下的无障碍城市规划体系构建与建设指引——以深圳市为例.《城市规划学刊》2022年第S1期

3. 周燕珉,王春彧,秦岭.国内外城市社区居家适老化改造典型案例集.中国建筑工业出版社,2021

4. 苏小雪,宣湟.亲生物养老建筑环境对老年人健康的影响研究.《室内设计与装修》2023年第8期

5. K. Ball, A. Bauman, E. Leslie, et al. Perceived Environmental Aesthetics and Convenience and Company Are Associated with Walking for Exercise among Australian Adults. *PrevMed*. 2001, pp. 434-440

6. R. S. Ulrich, R. F. Simons, B. D. Losito, et al. Stress Recovery during Exposure to Natural and Urban Environments. *Journal of Environmental Psychology*.1991, pp. 201-230

7. G. R. Meredith, D. A. Rakow, E. R. B. Eldermire, et al. Minimum Time Dose in Nature to Positively Impact on the Mental Health of College-Aged Students, and How to Measure It:A Scoping Review.*Front Psychol*, 2020, pp. 29-42

8. A. Kaimierczak. The Contribution of Local Parks to Neighbourhood Social Ties. *Landscape and Urban Planning*. 2013, pp. 31-44

9. Stephen R. Kellert, Elizabeth F. Calabrese. *The Practice of Biophilic Design*. www.biophilic-design.com, 2015

积极老龄化：理念、局限与拓展

陈友华　孙永健

一、引言

人口老龄化是21世纪全球性趋势。随着少子老龄化风险的不断增大，如何应对老龄化成为越来越多国家政策议程中的重要内容。在此时代背景下，"积极老龄化"的理念在世界卫生组织的阐发与推广下一度在世界范围内流行，不仅出现在诸多与老龄化相关的学术研究之中，更贯穿于许多政府涉老政策文件之中。然而，在人们对积极老龄化理念的一片赞扬声中却缺少了冷静的反思与批判。更为重要的是，尽管积极老龄化的政策框架被越来越多的国家所采纳，但西方国家应对老龄化问题的效果不仅不尽如人意，而且随着低生育率与少子老龄化形势愈演愈烈，财政赤字不断扩大，人口与经济形势堪忧。基于此，本文从积极老龄化的概念与思想渊源出发，反思性地阐述了积极老龄化"健康""参与"和"保障"三个方面的内涵，并对积极老龄化的特点与贡献予以总结。更进一步地，本文深刻剖析了积极老龄化的局限与不足，进而对其加以拓展与完善，从"健康""参与""保障""责任""可持续""五位一体"视角拓展了积极老龄化理论。

二、积极老龄化的理念、内容与贡献

(一) 积极老龄化的理念溯源

20世纪末积极心理学的盛行，推动了积极老龄化（active aging）概念与理论的出现。1997年，丹佛会议首次提及积极老龄化的概念。2002年，世界卫生组织在其报告《积极老龄化政策框架》中正式阐释了积极老龄化的概念与内涵。自此，积极老龄化的理念与框架被联合国推广为全球的行动纲领。在世界卫生组织的定义中，积极老龄化是指退休老年人为了提高生活质量，促进健康、增加社会参与和争取保障，令其发挥最大效应的过程；也是指老年群体和老年人自身在整个生命周期中，不仅在机体、社会参与、心理方面保持良好状态，而且能以积极的姿态面对晚年生活，作为家庭和社会的重要资源，可以继续为社会作出有益贡献。

不过，积极老龄化概念的提出与盛行并非一蹴而就，而是经历了漫长的理论积累与迭代过程。老年脱离理论（disengagement theory of aging）认为，老龄化意味着老年人逐渐且不可避免地从其曾经工作和生活的环境中脱离，这既有利于老年人从工作岗位体面地退休，也有助于实现劳动机会的代际转移。[1] 成功老龄化（successful aging）的提出推动了人们对于老龄化的认知由消极向积极的转变。这一理念最早由美国学者罗韦（Rowe）和卡恩（Kahn）在其发表的《人的老龄化：普遍与成功》一文中正式阐述。成功老龄化是指老年人口没有疾病和残疾，身体和心理机能正常，且获取积极的社会参与。这一理念强调残病与衰弱不应该是老年人的普遍状态。[2] 但成功老龄化概念存在明显不足，并受到了后续学者的批驳：一是未能意识到老年群体内部存在的异质性，忽略了很大一部分无法摆脱残病与衰退的老年人的存在；二是否定正常的老年期，对于"成功"的追求犯了理想主义的谬误；三是"成功"

---

[1] P. Coleman, E. Cumming and W. Henry, *Growing Old: The Process of Disengagement*, New York: Basic Books, 1961, pp.13-14.

[2] J. W. Rowe, R. L. Kahn, "Human aging: Usual and successful," in *Science*, 1987:237(4811), pp.143-149.

一词具有强烈的价值判断色彩，研究发现，许多老龄人口虽然患有各种疾病或有身体残疾，却认为自己的老年生活依然可以是成功的。[①]

作为同样强调积极色彩的老龄化概念，健康老龄化（Healthy Aging）概念的出现试图修正和完善成功老龄化概念。健康老龄化概念于20世纪末由世界卫生组织提出，被定义为促进和维护老年人健康生活所需的功能发挥的过程，其目的是达成老年人口的健康长寿以及身体、心理的完美状态和社会功能的充分发挥。2001年，联合国大会也认同和拓展了健康老龄化的理念，将其界定为老年人健康的、全面平衡的发展。然而，学者随即又意识到，健康老龄化理论仍然存在将老年人视为社会的负担而非社会财富，从其需要而非社会权利的视角看待老年人口健康的缺陷，[②] 这既局限在老龄化的健康维度，又忽视了许多老年群体难以实现健康状态这一客观现实。

（二）积极老龄化的主要内容

考察对积极老龄化的诸多界定，我们发现，"健康""参与"和"保障"是积极老龄化的核心构成要素，也是其理论阐发的主要内容。

1. 健康

严格来说，健康老龄化和积极老龄化的概念均由世界卫生组织提出，两者一脉相承。因此，积极老龄化仍然强调健康老龄化的重要性，其核心内容毫无疑问仍将健康放在首位。对于包括老年人在内的全龄人口而言，只有身体健康才能参加各项社会经济活动，才有可能享受生活的乐趣。积极老龄化定义的健康不仅指身体上的康健，也强调老年人心理层面与社会适应上的良好状态。促进精神健康和社会接触的努力，同那些促进身体健康的计划一样

[①] E. A. Phelan, L. A. Anderson, A. Z. Lacroix, et al, "Older Adults' Views of 'Successful Aging'—How Do They Compare with Researchers' Definitions?," in *Journal of the American Geriatrics Society*, 2004:52(2), pp.211-216.

[②] 刘文、焦佩：《国际视野中的积极老龄化研究》，《中山大学学报（社会科学版）》2015年第1期。

重要。①

不过，积极老龄化在健康老龄化的基础上对健康提出了更高的要求与期待，这些要求与期待，体现在这一概念与"保障"和"参与"两大内容的关联性中。一是积极老龄化不仅关心身心健康、活动功能正常的老年人，还特别关注那些不可避免地陷入失能状态的高龄老年人和通过自我调整无法达到健康标准的低龄老年人。为了避免后两类人群沦为社会负担，积极老龄化鼓励国家和社会通过"保障"的手段来大力帮扶他们；二是积极老龄化致力于提高包括残疾、衰弱和贫困老年人在内的全体老年人口的健康寿命与生活水准，以此来实现所有老年人在经济、社会、文化和体育等事务方面的积极"参与"。

2. 参与

积极老龄化在生产性老龄化等理念的基础上进一步增加和发展了"参与"的内涵。积极老龄化认为，"参与"是指老年人以自愿为前提条件，并且在身体状况允许的情况下参加家庭、市场和社会活动。积极老龄化理论倡导老年人"参与"的价值应从超越市场的角度来理解，老年人在家庭中的照料服务、在社会中的志愿活动、在文化中的传承功能均是老年社会参与的价值所在。② 简言之，积极老龄化对前述概念的超越之处即在于"参与"不仅仅指市场参与，而且涵盖社会、文化、政治、道德等多领域的多方面参与，老年人的参与不仅创造物质财富，更创造社会价值。此外，不少学者还指出老年人社会参与不仅"利他"而且还"利己"，特别是能够显著改善自身的身心健康状况。③④ 相较于"健康""保障"，"参与"的概念最能凸显积极老龄化的"积极"与"能动"的色彩，亦即强调老龄化对老年人的积极作用而非消

---

① 邬沧萍、彭青云：《重新诠释"积极老龄化"的科学内涵》，《中国社会工作》2018年第17期。
② 邬沧萍、彭青云：《重新诠释"积极老龄化"的科学内涵》，《中国社会工作》2018年第17期。
③ 盛亦男、刘远卓：《社会参与对老年人健康的影响》，《中国人口科学》2022年第6期。
④ 徐金燕、张倩倩：《老年人社会参与对心理健康的影响——基于CHARLS追踪调查的发现》，《中国人口科学》2023年第4期。

极负担，希望树立起老年人在社会经济生活中的参与者与生产者的形象，进而打破原先单一的依赖者和消费者的刻板印象。

3. 保障

积极老龄化区别于以往老龄化概念的独特之处在于强调"保障"的重要性。由于老年人群体内部存在巨大的差异，不仅全体老年人需要一些共性的基本保障，而且那些始终无法"健康生活"与"社会参与"的老年人更需要专门的特殊保障。积极老龄化认为，"保障"是"健康"和"参与"的必要条件，主要表现为向老年人提供多种社会福利，以保障其在权利行使的过程中得到平等对待。例如，以养老金为代表的经济保障、医疗保险为代表的健康保障、老年服务体系为代表的服务保障、无障碍设施为代表的环境保障、老年人保护法为代表的法律保障等。此外，保障还有"保护"的含义，保护意味着不仅满足老年人的物质需求，更要维护老年人的尊严，确保其参与的权利，满足其受到照顾、实现价值以及个人全面发展的要求。[1]

（三）积极老龄化的特点与贡献

积极老龄化一般被视为老龄化理论的"新范式"，与消极老龄化理论和其他具有积极取向的老龄化理论相比，积极老龄化的内涵丰富、特点明显、贡献突出。

首先，积极老龄化的概念彻底挑战了那些将老年人视为负担的消极老龄化理论，凸显了老龄化过程中的积极因素而刻意回避了其中的消极因素。其次，积极老龄化是一个多维概念，涉及身心健康、环境因素、生活方式等各个方面，极大地拓展了之前的老龄化概念的狭隘经济视野与效率取向。再次，积极老龄化强调老年人作为完全公民（full citizens）的社会参与，重视老年人权利的享有和自主性的开发。最后，积极老龄化要求政府、社会、市场、家庭等各个方面为老年人予以支持，以保障其晚年生活的平安度过。积极老龄化理念整合了个体、组织和社会等多元化、多层次的参与主体，同时

---

[1] 邬沧萍、彭青云：《重新诠释"积极老龄化"的科学内涵》，《中国社会工作》2018年第17期。

也增加了国家在应对人口老龄化方面的责任与负担。

三、积极老龄化的局限与不足

人们总是习惯于认定新出现的理念或政策框架要优于原先的理念或政策框架,从而常常容易对过往做法作出部分甚至全盘否定。积极老龄化在全球范围内成为一种天然正确的政治话语,似乎是对旧有老龄化理论的全面超越,因而政界和学界在不断引进与发扬积极老龄化理论的同时,却极少对其予以反思与批判。本文认为,积极老龄化理论同样存在局限与不足,一方面,它在部分情形下未能完全克服成功老龄化、健康老龄化等相关理论旧有的缺陷,也就是"改进不够",另一方面,它在部分情形下又对消极老龄化等理论全面否定,进而犯下了矫枉过正的谬误,也就是"改进过度"。

(一)忽略供给视角

尽管从积极老龄化的理念设计初衷来看,无论是对健康、参与或是保障,它都希望从需求和供给两方面来考量,但随着该理念的传播与嬗变,为了迎合民生诉求与彰显政治"智慧",积极老龄化逐渐演变成从老年人需求角度出发,倡导更好地满足老年人的需求,却较少考虑到作为老年人权益保障责任承担者的承接意愿与承担能力等问题。经济学谈及需求,一般指有效需求,它至少包含消费者的消费意愿和消费能力两个因素。能力是需求的必要但不充分条件。令人遗憾的是,目前积极老龄化相关理论与实践领域常常将意愿与需求两者混同,"保障"的内涵常常助长了"需求为本"的主张。例如,在制定老年福利政策时,积极老龄化理念总是强调政府和社会要更多地关心老年人在养老、医疗等多方面的呼声与诉求,错把意愿当需求,而鲜少考虑政策受众、政府或者纳税人是否具有为此"买单"的意愿与能力。实际上,包括老年保障在内的诸多福利制度本质上是对财富或责任进行了再分配,对它的评估不仅要听取福利享有者的想法,更要考虑福利承担者的意见与感受,在此方面我国目前还存在很大的改进空间。基于"短期看需求,长期看供给"的经济学原理,笔者认为老年人需求庞大也并非尽是好处,它在刺激消费、培养新的消费热点的同时，也对生产与供给提出了更高的要求，而对于供给能力不足或者供给无法落实的需求的激发，会诱发代际冲突与其他新的老龄问题。

由此可见，人口老龄化问题本质上是经济社会发展问题，涉及诸多方面，并非仅与老年人相关，更是全年龄段人口的共同事业。[①] 我们在制定积极老龄化相关政策时不仅要秉持"需求为本"的视角，更要有"供给为基"的理念，需要反复掂量中青年人或劳动者应不应该承担、是否愿意承担以及是否有能力承担诸多的老年福利保障的责任。

（二）局限在应然维度

积极老龄化理念是积极应对老龄化挑战的主要战略思路之一，但绝对不是应对老龄化挑战的全部。积极老龄化理论往往局限于应然的层面而忽视实然的维度，因此，学界围绕健康、参与和保障三个方面研究如何促进积极老龄化的成果很多，但从现实社会经济环境角度研究如何落实积极老龄化举措的成果很少，关于年轻人与劳动者在积极老龄化应对中的心理感受、承受意愿与承受能力等方面的研究成果更少。积极老龄化混淆了老龄问题的应然与实然的不同层面，因而常常使人混淆了政策理念与实际效果两个范畴，即一旦提出积极老龄化理念或积极老龄化国家战略，并且政府为此出台了系列政策，似乎老龄化危机就会因此迎刃而解，但很多时候政策效果却差强人意。仔细分析浩如烟海的积极老龄化政策，不难发现一些共性问题：一是语言华丽，承诺丰富，但缺少实质性内容，或者根本难以落实，因而政策质量不高；二是老调重弹，缺少新意；三是政府部门出台的某些政策文件实际上已经超出了其职责权限，给市场和社会增添了额外的责任；四是政策制定与问题化解是两回事，制定积极老龄化政策不一定能化解老龄问题，甚至还会产生更多的社会经济问题。

---

① 吴玉韶、李晶：《积极老龄观的理念与建构》，《行政管理改革》2022年第11期。

（三）造成消极与积极二元对立

理想化的积极老龄化理念采用了选择性的"优势视角"，往往只看到老年人或老龄化的优势，而刻意回避其劣势，结果造成对老龄化认知的一元积极论或二元（积极—消极）对立论。实际上，人类最初对老年人及其带来的社会问题的认知更多是消极的，后来逐渐转变为积极的。消极老龄化理论固然存在某些缺点与不足，但也绝对不是一无是处，其中的绝大部分是事实与真相，但忠言逆耳，因而不受人待见，甚至让人采取"躲避"的态度来应对。这是很自然的。积极老龄化理论虽然闪烁着许多思想的光芒，但也存在很多不足。因为将老龄化的消极与积极方面割裂开来看，积极老龄化更多从伦理道德层面阐述如何改善老年人的生活质量，却很少考虑到老年人身心状况的客观演变规律，也更少考虑到家庭与政府的承受能力，因而理想化色彩浓厚。可见，健康老龄化、成功老龄化等理念中存在的理想主义情结，在积极老龄化理论及其政策框架中依然留存了下来，甚至还"有过之而无不及"。由于过度聚焦在积极维度，积极老龄化思想最饱受诟病的即"强制化风险"，也就是忽视老年人群体真实的身心衰退状况。① 一方面，过度鼓励老年人参与社会活动，可能造成许多老年人超额的负担，反而不利于健康。另一方面，可能为健康状况欠佳的老年群体引来社会排斥，让不能参与社会活动或不愿参与社会活动的老年人受到被污名化或边缘化的影响。积极老龄化极易在对"参与"的夸大与宣扬中简化和扭曲了其与"健康"之间的复杂的因果关系，也有意无意地忽视了部分残障老年人所面临的客观困难。

（四）忽略了残病扩张对老年健康的冲击

积极老龄化理念总是希望尽量延长健康寿命，缩短不健康寿命，即民间流传的"好活快死"。但现实问题是：我国乃至世界人口的整体健康水平是提高了还是降低了？一方面，随着生活水平的提高与医疗技术的进步，人口死亡率大幅下降，但生命挽救技术进步使得原本不能存活的部分人口突破了

---

① ［英］艾伦·沃克、朱火云：《从概念到政策：积极老龄化再认识》，《社会保障评论》2023年第3期。

"自然选择"规律,特别是使那些存在先天残疾等出生缺陷的新生儿在技术帮助下大量地存活下来,从而拉低了全人口的平均健康水平。这就是社会对人口的一种逆向选择,是不健康人口挤压健康人口的人口质量逆淘汰现象。[1] 另一方面,人们愈发认识到随着疾病谱系的变化,健康可以导致长寿,但长寿者不一定就健康。"病残扩张理论"告诫我们,预期寿命的延长并没有伴随着健康预期寿命的延长,健康预期寿命的延长速度也赶不上预期寿命的延长速度,即所谓的"胜利的失败"。[2] 而中国的经验证据也表明,我国老年人口的认知和躯体功能相比过往出现了减弱态势[3],老年人口的健康寿命指数出现了一定程度的下降[4]。

(五)忽视在退休年龄太早的前提下的老年人力资源开发

老年人力资源开发是积极老龄化的主要内容之一,但目前各国之所以迫切需要开发老年人力资源的根本症结在于领取退休金的法定年龄太早、养老保险基金支付压力与劳动力短缺。延迟法定退休年龄而非让老年人"退而不休"才应当是开发老年人力资源的首要举措,可见,世界多数国家在执行积极老龄化政策时受制于各种现实困难,很容易混淆了老年人力资源开发的根本性方向,进而导致各类老龄政策的效果不彰。

回溯世界社会福利与人口预期寿命的演变历史,我们发现在实施社会养老保险制度之初,法定退休年龄或领取养老金年龄相对于当时人口的预期寿命而言较高,因而相当比例的劳动者在退休时已经失去或部分失去劳动能力,且能够享有养老金的年限也较短,所以当时基本上不存在养老金支付压力与老年人力资源开发问题。

---

[1] 陈友华:《独生子女政策风险研究》,《人口与发展》2010年第4期。
[2] E. M. Gruenberg, "The failures of success," in *The Milbank Memorial Fund Quarterly. Health and Society*, 1977, pp.3—24.
[3] 曾毅、冯秋石等:《中国高龄老人健康状况和死亡率变动趋势》,《人口研究》2017年第4期。
[4] 陈友华、孙永健:《放大与缩小:中国人口老龄问题中被掩盖的事实——兼论中国老龄研究中的指标改良与理论反思》,《人口研究》2023年第1期。

法定退休年龄一旦确定下来，很难发生变化，即便发生变化，延长幅度也极其有限。同时，人口预期寿命，特别是退休后的余寿，却在显著延长。因此，各国的退休金年龄指数均呈现出明显的缩小趋势，这意味着法定退休年龄相对而言是在"前移"而非"延后"，延迟退休的政策力度还远远不够。此外，福利主义国家延迟退休十分困难，特别是工会的力量严重制约了退休制度改革，甚至还一度导致了退休年龄的提前，但奉行自由主义的国家在延迟退休方面则相对容易达成妥协。最后，女性退休年龄普遍早于男性，但两性退休年龄在延迟改革中不断趋于一致。

四、积极老龄化的拓展与对策建议

（一）积极老龄化理论的拓展

有鉴于积极老龄化理念的局限与不足，对其改进与拓展显得十分必要。为此，本文尝试对积极老龄化理论进行必要的拓展，即在对健康、参与和保障的批判性吸收的基础上，再纳入责任与可持续两大新内涵，亦即完成积极老龄化政策框架从原先的"三要素说"向"五要素说"的转变。

1. 责任

在积极老龄化理论拓展中，将"责任"作为一个重要的维度是非常关键的。"责任"可以理解为政府、市场、社会、家庭和个体在积极应对老龄化过程中所应承担的义务和所应扮演的角色。遵循权利与义务对等的原则，我们必须认识到上述多元主体都负有必要但有限的老龄化应对责任，任一主体既不能推卸责任或承担较少，也不能承担太多或无限承担。然而，回顾历史，国家、社会、市场、家庭与个人的养老责任定位一直处在摇摆状态，现代社会养老究竟是谁的责任？究竟该依靠谁？"政府是承担养老基本供给的首要责任主体"的观点最为流行，然而事实并非如此。目前，在世界范围内均出现了养老责任的定位偏差，即形成了一种认知偏误，认为老龄化难题主要是国家责任未尽全或未尽好所致，很多人倾向于把人口老龄化应对的责任更多地转嫁给政府与社会，误以为老龄问题自此便能轻松得以化解，却常常忽略了政府与社会的承受意愿与承受能力。

想要准确地量化拓展积极老龄化理论中的"责任"内涵是十分困难的，但我们依然可以从以下几个方面展开探索：其一，可以从观念层面来测度老龄化的责任分担状况。例如，许多量化研究依托中国综合社会调查等大规模抽样调查数据，剖析了我国居民对于养老责任的认知情况及其影响因素。[①②]宏观上的国家是由一个个微观上的个体所构成的，因此，从具体调查中了解民众对于养老或老龄化议题的看法与期待，既能够反映出以往老龄政策的成效与不足，也能够为后续老龄政策的纠偏或完善提供一定的参考价值。其二，可以从实践层面来考察老龄化的责任分布情况，特别是要基于"权责对等"原则来加以考察。理论上，高税赋对应高福利，即政府多取多予，相反低税赋对应低福利，即政府少取少予。因此，衡量"责任"合理与否最重要的维度即税赋水平与福利水平之间是否匹配的问题。以英国为代表的福利国家，在应对国民养老、生育、养育、教育等民生问题时，主要是以政府为主导并由此构建起了一整套"从摇篮到坟墓"的社会保障体系。反之，以美国为代表奉行经济自由主义的国家，则更多提倡个人在应对社会风险中的责任与义务。从中我们可以清晰地看到，不同国家及制度类型产生了不同的"政—社"关系，而许多致力于国际福利比较的实证研究成果[③]同样可以应用至积极老龄化领域，从而帮助我们通过聚类分析的方法揭示出养老责任分布的理想类型与国家特色。事实上，本文之所以强调"责任"维度，恰恰是基于西方福利国家所经历的福利膨胀与削减的经验教训，长期的责任分担失衡只会造成应对老龄化问题时的"公用地悲剧"，结果换来的是社会经济发展的不可持续。

2. 可持续

积极老龄化内容拓展中的"可持续"可以理解为，在满足当前老年人需求的同时，不影响当期与未来世代持续满足老年人需求的能力，既要关注老

---

① 凌文豪、郝一潼：《老年人对政府养老责任的认知及影响因素研究——基于中国综合社会调查的实证分析》，《社会保障研究》2022年第1期。
② 丁志宏、陈硕、夏咏荷：《我国独生子女父母养老责任认知状况及影响因素研究》，《兰州学刊》2021年第1期。
③ 刘泽琴、冉磊：《基于宏观数据的多维福利指数的国际比较》，《统计与决策》2018年第18期。

龄社会的需求侧,更要考虑其供给侧。"可持续"不仅包括老年人微观层面生存与发展的可持续性,更包括国家老龄相关支持政策的可持续性,进而关照到整个社会经济发展的可持续性。换言之,可持续的内涵涉及确保老年人的健康和福祉、建立有效的社会保障制度、促进老年人的参与和劳动贡献,同时要考虑整体社会的长期稳定和发展。可持续性的内涵应当与责任的内涵形成呼应,两者均强调在应对老龄化时不同利益相关方之间应取得平衡,以实现人类社会的永续发展。

对于积极老龄化内容拓展中"可持续"内涵的理解与衡量是多维而复杂的,涉及人口、经济、环境等多个层面的可持续发展。例如,老龄化的应对还有赖于合理的人口结构,离开人口发展谈任何社会经济发展,都是"无源之水,无本之木",因而,人口本身的可持续性应当成为测量的重要方面。生育率维持在更替率水平附近是人口可持续发展的必要不充分条件。无论现在的人口总量充裕与否,生育率长期偏离更替水平,或者出生率长期偏离适度水平(适度出生率 $=1/e_0$,其中 e_0 为出生时的平均预期寿命),最终会导致人口规模的持续增长或持续缩减,从而偏离人口可持续发展的目标。因此,从长远来看,生育率与更替水平出现较大偏离时,人口都难言存续,社会经济发展更是不可持续。再如,大部分国家所提供的养老支持政策主要集中于政府所提供的养老金制度,而一切危机的根源都来自经济危机,因此,养老金体系能否长期稳定运行构成了衡量可持续性的重中之重。我们可以尝试从养老支持政策本身出发,对个人一生所缴纳的养老保险金与所获得的养老支持水平进行测算与比较分析,通过对个人养老保险收支均衡情况进行情境分析和政策模拟,探讨养老金制度的可持续问题。①

(二)积极应对老龄化的对策建议

1. 国家层面

在探讨积极老龄化的语境中,国家的角色尤为关键。积极老龄化不仅是

---

① 张子彧、陈友华:《个人视角下养老保险基金收支平衡研究》,《现代经济探讨》2022年第8期。

老年人自身的事情，也是国家政策和发展规划的重要组成部分。国家的责任在于创造有利条件，推动政策和制度的变革，以应对人口老龄化带来的挑战。具体来说：

第一，国家首先应当认清老龄化形势，合理引导民众的养老预期。不同的社会预期会诱导出不同的社会后果。我们应当充分考虑到以下情况：少子老龄化大势短期内难以改变，全球经济表现不尽人意，甚至爆发全球经济大危机的风险也不断积累，目前出现了财政亏空不断加大、财政承受能力不断弱化的趋势，而各国政府现在及未来的财政承受的压力却不断增大。因而，国家要呼吁个人与家庭自我养老责任的回归，适度减少人们对国家与社会的养老责任预期，体现生育、养育、教育、劳动与养老之间的责任与权利对等原则。

第二，重新界定老年标准。老年及其起始年龄标准是一个动态的概念，绝不是一个长期不变的、一刀切的固定标准。经久未变的名义老年起始年龄标准放在当下已经很难如实反映人口和社会经济的变化，也会严重误导我们对于当代老年群体的认知。因此，很有必要重新思考与定义老年人的起始年龄标准。笔者较为赞同将"期望余寿"15年作为老年起始年龄定义的全新标准，即当人口的期望余寿小于或等于15年时即视为进入老年期。据此，中国老年起点也应该随着时间的推移而逐渐提高，从2015—2020年的61.50岁提高至2100年的近75岁。①

第三，尽管提高生育率具有很大难度，且可能看不到立竿见影的效果，但从长远角度来看，这是一项符合政策导向的必要尝试，因此，要采取综合措施促使生育率止跌回升。其中，实施按家庭为单位征税与按生育数量实行的累退税制度可能尤为必要。生育不仅是公民应享有的天然权利，同时也是公民应承担的基本责任。在实施税制改革，按生育数量实行累退税制度，对生育者给予更多税收优惠方面，可以学习借鉴德国等国的做法与经验。这类做法的本质是让不育者和少育者承担更多的纳税责任，促使生育收益内化，

---

① 卢敏、彭希哲：《基于期望余寿理论的老年定义新思考与中国人口态势重新测算》，《人口学刊》2018年第4期。

减少生育收益外溢,进而避免"公用地悲剧"的发生。

第四,建立健全覆盖全体国民的基本养老保险与基本医疗保险制度。对于福利过度或政府财政紧张的国家而言,适度的社会保障水平才是改革的方向。而对于福利碎片化和差别化严重的国家来说,均等化或去差别化的社会保障格局才是变革的目标。在中国,相对于目前的社会经济发展水平而言,部分地区机关事业单位退休人员养老保障水平过高,保障标准要适度下降;企业职工养老保障水平适中,不应再以较快速度提升;城乡居民养老保障水平过低,要适度提高。去差别化而不是一味地提高保障标准是中国社会保障制度改革的大方向。但触动利益比触动灵魂还难,因而注定这样的改革将困难重重,中国在社会保障制度变革上进展缓慢也就不难理解。

总体而言,在诸多国家责任与政策措施中,提高生育率和延长退休年龄才应该是我国积极应对老龄化的根本措施。而在积极应对老龄化时,国家责任应当遵循如下特点和原则:一是保基本,满足基本需求,政府更多地起到"保基本"特别是"兜底"功能。二是体现硬性与刚性,积极老龄化政策既不能"口惠而实不至",也要警惕"增加福利容易,削减福利困难"的问题。

2. 市场层面

在积极应对老龄化的社会背景下,市场的角色和责任也在发生重大变革。市场需要通过创新和调整,不仅提供必要的商品和服务来满足老年人群的需求,同时也要为老年人的社会参与创造更多的机会。

第一,市场在提供定制化和差异化产品方面有巨大空间。随着老年人口的增加,从医疗设备到日常生活用品,再到休闲娱乐服务,老年友好型产品和特殊服务需求正在迅速增长。这要求企业进行创新研发,推出更加人性化、易于老年人使用的产品,以及更贴心的服务,帮助老年人更好地享受生活,提高生活质量。

第二,市场在推动老年人就业方面承担着重要职责。随着生活水平的提高和医疗条件的改善,很多老年人在退休后依然拥有较好的身体和心理状况,希望继续贡献自己的力量。市场机构可以通过设计适合老年人的工作岗位,灵活调配工作时间,为愿意工作的老年人提供就业机会。

第三,金融市场也需要对老年人的财务管理需求给予一定的重视。首先,金融产品设计应考虑老年人较低的风险承受能力。随着年龄的增长，投资者倾向于减少风险投资比例，更多寻求稳定收入和保本的投资渠道。因此，银行和金融机构可以开发适合老年人特点的理财产品，比如稳健的债券、定期存款，或者保证型基金。其次，金融服务应更加便捷和安全，以满足老年人可能面临的身体和认知限制。另外，教育和咨询服务对于帮助老年人理解复杂的金融产品非常重要。金融机构应提供专门的财务规划咨询，协助老年人制定合适的资产配置和财务管理策略，同时提高他们对金融诈骗的防范意识与技能。

第四，市场对老年人群体的包容度也需要不断提升。无论是就业市场还是消费市场，都需要消除对老年人的偏见和歧视，充分认识到老年人群体的多样性和潜力，为他们提供平等的机会和体验。

总体而言，市场在积极老龄化中肩负着融合经济效益和社会责任的职责。通过承担上述责任，市场能为老年人提供更加丰富和多样化的选择，提高老年人的生活质量，同时推动整个社会对老年群体的接纳和尊重。积极老龄化理念中的市场责任最需要遵循权责对等、等价交换的原则，以体现出客观、理性与务实的特点。

3. 社会层面

在应对人口老龄化的挑战中，社会扮演着必要的补充角色，其责任体现在创造一个包容和支持老年人的环境。积极老龄化要求社会在多个层面上进行调整，提高老年人的生活质量，使其能够继续贡献自己的价值。

第一，社会应当大力倡导并形成对老年人的正面态度。这包括消除年龄歧视，提高公众对老年人潜力和贡献的认识。比如，可以通过教育和宣传活动，帮助人们理解老龄化是一个自然过程，老年人仍然可以活跃在社会各领域。其中媒体承担着不可或缺的责任，应当宣传积极的老年人形象，鼓励公众认识到老年人是富有经验和智慧的社会财富，而非仅仅是负担。

第二，社会应当认识到老龄化问题绝不能窄化为老年人问题，而是需要将它纳入对于全年龄人口、各责任主体的考量中。我们在遵循老年人本位主义的同时，需要看到中青年人和儿童的权利和责任，切不可矫枉过正，以至于过度侵犯了其他年龄段群体的福利。以"年轻人为中心"的发展理念是不可取的，但以"老年人为核心"也是不恰当的，最合适的做法是形成多中心的理念框架。

第三，社会组织应该在推动积极老龄化中起到桥梁作用。它们可以通过组织活动，建立志愿服务系统，为老年人提供社交与社会服务平台，以减轻老年人可能遭遇的孤独感和隔离感。这些组织还能为老年人发声，推动社会关注老年人的权益。

第四，在中国语境下，社会的职责还在于弘扬孝道文化，传承和发展关怀老年人的传统美德。孝道的弘扬对于建立和谐的老年生活环境至关重要，能够深化家庭内部的亲情纽带，同时促进社会的和谐发展。

总体而言，社会在积极老龄化中的责任是全面的，功能是弥散的，既包括提供服务与支持，也包括在道德和文化层面上营造尊老爱老的社会氛围，从而为老年人提供一个充满温暖、令他们有尊严感的生活环境。不过，相较之下，社会在积极老龄化中的责任发挥更加"软"和"虚"，既做不到像国家责任那般"硬"，也无法像市场责任那般"实"。因而，社会这一主体在老龄化应对中仅能充当补充角色，我们不应过分高估社会的作用，否则也许反而会收获失望。

4. 家庭层面

在当前社会，家庭在积极老龄化中承担着重要的责任。家庭作为社会的基本单元，一直是支持老年人的重要力量。而随着时间的推移，这种责任的形式和内容也在不断变化。

第一，我们应深刻认识到传统的养儿防老观念在现代社会依然扮演着重要角色。尽管社会养老保险制度提供了一定的经济保障，但它本质上仍然依赖于年轻一代的贡献，还是一种代际相互赡养的模式。因此，家庭在积极老龄化中的责任并没有减轻，而且其内部的角色和功能也需要得到重新定义和调整。

第二，对于家庭来说，善待配偶是实现积极老龄化的一个重要方面。在人生的晚年，配偶往往是最稳定和最可靠的支持者。因此，建立充满爱和尊重的伴侣关系，是保障夫妻双方都能享有高质量晚年生活的关键。夫妻双方彼此支持、互相照料，可以极大地提高生活质量，同时降低对外部养老服务的依赖。

第三，建立家庭内部合作分工机制也非常重要。在多子女家庭中，每个成员都有其独特的优势和能力。通过合理分配赡养老年家庭成员的责任，可以确保每个人都能在自己最擅长的领域内贡献力量，从而更有效地照顾老年家庭成员。

第四，随着社会变迁和家庭结构的转变，家庭服务社会化成为一种趋势。对中国家庭来说，这意味着需要在传统孝道基础上，发展新的孝道形态，使孝道不仅仅限于子女直接赡养父母，而是结合老人自身的独立性、市场服务的外包性和政府服务的基本性与兜底性来共同构建养老支持系统。在这一过程中，子女的责任部分转变为通过辛勤劳动获取报酬并通过购买方式让市场提供养老服务，或者通过纳税让政府承担养老职责，而老年人本身则通过自我赡养和独立生活来支持新时代的孝道。

总体而言，家庭在积极老龄化中的责任不仅仅是维持传统观念，更是要在社会发展的大背景下，适应新的变化，通过自我提升、家庭内部合作以及与社会服务的有效对接来实现老年生活的质量、保证老年人的尊严。家庭在积极老龄化中的责任具有硬性与刚性相结合、翔实而具体的特点：一是因为家庭在履行养老责任时的强制性和不可推卸性；二是因为任何宏大而抽象的政策框架都需要落实到微观而翔实的个体行动之中。

5. 个人层面

个人在积极老龄化中的责任同样十分重要，老年人自身需要在多个方面承担积极而独立的角色，以实现更富有成就感和幸福感的老年生活。

第一，个人的健康管理是积极老龄化的基础。随着年龄的增长，中老年人都需要更加关注自身的健康状况，并采取积极的健康管理措施。这包括每年定期体检，确保慢性疾病得到及时治疗和管理。老年人也需要关注生活方式，包括均衡饮食、适量运动和戒烟戒酒等，以维持良好的身心状态。

第二，个人的财富创造和积累也是实现积极老龄化的基础。这意味着从年轻时就要通过努力学习、勤奋工作、延迟消费和投资理财来累积经济资本。财富的储存从个人开始工作时就应启动，通过不断学习、勤奋工作、合理消费和投资理财，个人能够为自己的老年生活编织一张经济安全网。

第三，个人还需要积极规划自己的老年生活，其中包括考虑退休计划、养老金、医疗保健和住房等方面的问题。个人需要提前思考并制定计划，以确保在老年时有足够的经济支持和健康保障。这包括储蓄和投资，购买长期护理保险，以及选择适合自己需求的养老方式，如养老院、老年社区或自助居住等。个人的积极规划有助于减轻老年生活中的不确定性，并实现更多的选择权和控制权。

第四，终身学习也是个人在积极老龄化中的重要责任之一。不断学习新知识和新技能有助于保持智力活跃、提高就业机会，以及更好地适应社会和科技的变化。老年人可以选择参加各种课程、培训班、研讨会，或者利用在线学习资源，如网上大学课程，来扩展自己的知识领域。这不仅能丰富个人生活，还有助于个人在职业生涯或兴趣爱好方面的持续发展。

第五，个人在积极老龄化中需要重视心理和社会维度的健康。老年人通常面临情感孤独、自我认同调整和退休后的生活目标重新定义等挑战。积极参与社交活动、建立亲密关系、追求个人兴趣爱好，以及学习应对压力和焦虑的方法，都有助于维护良好的心理健康。此外，老年人还可以尝试分享人生阅历与技术经验，甚至传授自己的知识和技能，以寻求与年轻人更多的联结。

总之，个人在积极老龄化中扮演着多重角色，其担负的责任涵盖了健康管理、财富积累、社交参与、终身学习和老年生活规划等等。这些责任不仅对于个人自身的生活质量和幸福感具有重要影响，还对社会整体的老龄化进程产生积极影响。因此，个人需要积极地履行这些责任，以共同推动积极老龄化的实现。

五、结语

20世纪末，世界卫生组织提出积极老龄化的概念与理念，此后这一理念对全球老龄化应对产生了深远的影响。积极老龄化理念传播至中国后，经历了本土化吸纳与创新的过程。国际提倡的积极老龄化理念与中国确立的积极应对人口老龄化国家战略之间存在传承与超越的辩证关系：一方面，我国的老龄政策文件中普遍使用"积极"一词或体现"积极"的内涵。党中央反复提出要着力增强全社会积极应对人口老龄化的思想观念，积极看待老龄社会，积极看待老年人和老年生活。① 这都是积极老龄化理念的充分体现。另一方面，与国际社会积极老龄化政策框架相比，中国积极应对人口老龄化国家战略是对国际社会积极老龄化的发展，是更具有整体性、综合性、长远性的全方位积极老龄化。② 作为新流行语的"积极老龄化"在我国主要的政策架构中的直接应用还较少，说明近年来中国的政策文件并不盲目追求国际术语的更新变化。③ 可见，积极老龄化并非积极应对人口老龄化的全部，我国积极应对人口老龄化国家战略是国际积极老龄化理念和中国特色老龄化应对道路相结合的产物，是基于中国文化逻辑对积极老龄化的再创造，其中已然体现出了中国应对老龄化方案对积极老龄化理念的反思与超越。而本文通过批判与发展积极老龄化中的健康、参与和保障内涵，并增加"责任"与"可持续"内涵，构建起了"五要素"的积极老龄化理念，对积极老龄化理论进行了必要的拓展，同样旨在为积极老龄化的本土化创新与中国式发展助力、提供有益补充。

作者简介：陈友华，南京大学社会学院教授、博士生导师，老龄文明智库副理事长、老龄事业规划与政策研究专业委员会首席专家；孙永健，南京大学新闻传播学院助理研究员。

主要参考文献

1. 邬沧萍，彭青云．重新诠释"积极老龄化"的科学内涵．《中国社会工作》2018 年第 17 期

---

① 杜鹏、谢立黎、王煜霏：《中国共产党老龄工作的思想与政策演变——百年历程的回顾与思考》，《人口与经济》2021 年第 5 期。
② 吴玉韶、李晶：《积极老龄观的理念与建构》，《行政管理改革》2022 年第 11 期。
③ 陈社英、刘建义、马箭：《积极老龄化与中国：观点与问题透视》，《南方人口》2010 年第 4 期。

2. 刘文，焦佩. 国际视野中的积极老龄化研究.《中山大学学报（社会科学版）》2015年第1期

3. 吴玉韶，李晶. 积极老龄观的理念与建构.《行政管理改革》2022年第11期

4. ［英］艾伦·沃克，朱火云. 从概念到政策：积极老龄化再认识.《社会保障评论》2023年第3期

5. 陈社英，刘建义，马箭. 积极老龄化与中国：观点与问题透视.《南方人口》2010年第4期

社区老年教育推进社区共同体建设的实践探索

——以江苏为例

叶南客　圣　莉

江苏省作为全国最早进入人口老龄化的省份之一，其老龄化的速度和程度尤为显著。截至2023年末，江苏省60岁及以上老年常住人口已达2089万，占总常住人口的24.5%，该比例超出全国3.4个百分点；而65岁及以上的老年人口数量为1573万，占比为18.4%，高于全国3个百分点；全省13个地级市均迈入中度老龄化阶段，特别是南通、泰州、盐城及扬州四市，更是步入了重度老龄化的行列。[①] 与此同时，老年教育的进步未能与现代化的步伐保持同步，且未能充分满足日益增长的老龄化人口的学习需求。[②] 部分地区老年人的经济水平、受教育水平、健康素养不断提升，其日常生活方式也转向"发展型"和"生产型"。老年学员们不仅有学习新知识、掌握新技能的强烈愿望，也期盼着通过积极参与社会活动，实现个人价值并更好地融入社会。老年教育已然超越了以往"应对生活""消遣时光"的范畴，成为

[①] 数据来源：《江苏省老龄事业发展报告（2024年）》。
[②] 叶南客：《未来五年中国老年教育现代化的目标导向与战略思考》，《终身教育研究》2024年第3期。

丰富老年人精神文化生活不可或缺的一环，①更是促进实现"老有所学、老有所乐，更可老有所为"的关键路径。习近平总书记指出："社区是基层自治的基本单元，是国家治理体系的基层基础。通过社区这个平台，办好'一老一小'等民生实事和公共事务，积极回应群众关切，是中国特色基层治理的显著优势，要把这一优势发挥好。"②社区老年居民是社区治理体系中不容忽视的力量，社区老年教育亦成为构建社区共同体、完善社区治理体系的有效切口。通过社区老年教育的高质量发展促进社区共同体构建，不仅有助于深化新时代养老服务领域改革，也在强化基层社区治理基础及提升老年群体生活质量方面发挥着不可或缺的作用。

一、社区老年教育推进社区共同体建设的意义

（一）提升老年人社会参与度与凝聚力

第一，社区老年教育作为连接老年群体与社会的桥梁，其意义在于为老年人提供了一个多维度、深层次的交流平台。通过组织丰富多样的教育活动，不仅满足了老年人终身学习的需求，更将他们从受教育者转变为文化、经济、社会发展中的积极参与者和贡献者。以江苏省为例，2023年末60—69岁户籍老年人口达1030万，较前一年增长52万，占户籍老年人口总数的50.41%，显示出低龄老年人口的增长趋势及潜在的社会参与活力；同时，该年龄段老年人的就业率达到了30.41%。③老年人社会参与度显著提升，也反映出他们在文化素养、经济能力上的持续增强。第二，社区老年教育在增强老年群体内部的社会资本累积与社会联结方面发挥着不可替代的作用。通过教育互动，老年人能够有效缓解因年龄增长、身体机能下降、家庭结构变化等因素带来的孤独感与心理压力，增强对社区生活的融入感与归属感。这

---

① 曹玉梅、赵媛：《老年学习服务体系研究》，载老龄文明智库编著《老龄文明蓝皮书2022》，江苏人民出版社2023年版，第302—318页。
② 《习近平在广西考察时强调 解放思想创新求变向海图强开放发展 奋力谱写中国式现代化广西篇章》，《人民日报》2023年12月16日。
③ 数据来源：《江苏省老龄事业发展报告（2024年）》。

一过程实质上是老年社交网络构建与深化的体现,它促进了社会资本在老年群体中的积累与增值。① 同时,它也促进了社区与外部环境的积极互动与资源交换,增强了社区的开放性与包容性,为社区的全面发展注入新的活力。第三,强化了老年人对社区的认同感与责任感。在教育过程中,鼓励和支持老年人共同参与社区事务,这不仅满足了他们的教育与学习需求,更让他们通过实际行动感受到自己是社区的一部分。这种身份认同感和价值实现感,极大地增强了老年人与社区的情感联结,形成了一种积极向上的社区氛围,可以提升社区凝聚力。

(二)推动社区治理现代化与养老服务功能升级

第一,社区老年教育是推动社区治理现代化的重要力量。面对人口老龄化的严峻挑战,社区治理需要不断创新,以适应老年人口的增长与需求变化。社区老年教育通过提供多元化、多层次的教育服务,不仅有效回应了老年人对于适应性学习、休闲性活动以及社会性交往的需求,更为社区治理模式的创新提供了实践路径。它鼓励老年人积极参与社区教育项目与社会服务活动,增强了老年人的主体意识与自治能力,使他们成为"一核多元"基层社区治理体系中的重要组成部分,共同推动社区治理向"共享共建共治"的方向发展。第二,社区老年教育在推动养老服务转型与升级方面发挥着关键作用。通过开设健康知识讲座、生活护理技能培训、安全防范教育等课程,老年教育不仅提升了老年人的自我管理与自我服务能力,②③ 还促进了养老服务从传统的"被动服务"向"主动关怀"转变。同时,老年教育可以促使老年人对医疗等养老服务的需求减少,④ 为养老服务功能的升级提供了可能,

---

① 孙立新:《论成人教育中社会资本形成机理及实现路径》,《国家教育行政学院学报》2014 年第 10 期。
② F. Chen, S. E. Short, "Household Context and Subjective Well-Being among the Oldest Old in China," in *Journal of Family Issues*, 2008:29(10), pp. 1379-1403.
③ 王中华、王娟、贾颖:《我国老年教育的回顾、反思与展望》,《现代教育管理》2020 年第 12 期。
④ 杜鹏、董亭月:《老龄化背景下失智老年人的长期照护现状与政策应对》,《河北学刊》2018 年第 3 期。

即从基本的生活照料向更高层次的精神慰藉与心理支持拓展,实现了养老服务内涵的丰富与质量的提升。第三,智慧养老已成为养老服务领域的发展方向。然而,老年群体由于技术接受度、认知能力等因素的限制,往往难以充分享受智慧技术带来的便利。老年教育中的信息技术类课程成为帮助老年人跨越"数字鸿沟"的重要途径。① 通过教育,老年人能够自信地拥抱数字化生活,享受智慧技术带来的便捷与乐趣。更重要的是,社区老年教育不仅仅停留在技术传授的层面,更是成为推动养老服务与信息技术深度融合的催化剂。在教育过程中,基层社区老年人对技术的接受与使用反馈,为养老服务的信息化、智能化提供了宝贵的实践依据和改进方向。这种双向互动促进了养老服务模式的创新,加速了智慧养老服务平台的构建与优化。

(三)助力构建"老幼共融"全龄友好型社区

第一,通过搭建代际互动平台,如读书会、文化传承工作坊等,老年教育为老年人与其他年龄段人群创造了交流和学习的契机。这些活动不仅促进了知识的传递与经验的分享,更在情感层面加深了老年人与年轻人之间的联结,有效缓解了由社会老龄化所带来的代际冲突与隔阂,为家庭与社会的和谐与稳定奠定了基础。第二,社区老年教育显著提升了"老幼共融"的社会效益。通过亲子教育活动等创新形式,老年人重新发现了自我价值,增强了社会归属感。在与儿童的互动中,老年人不仅能够感受到生命的活力与未来的希望,从而保持积极乐观的心态与健康的生活方式,还能够在传授知识与经验的过程中,实现自我价值的再次确认。对于儿童而言,与老年人的深入交流不仅使他们从中收获了丰富的知识与人生智慧,更在潜移默化中培养了尊老爱幼的传统美德,令他们形成更为全面、成熟的人生观与价值观。第三,社区老年教育在优化社区资源配置方面发挥着重要作用。在构建全龄友好型社区的过程中,社区可以通过有效整合教育、文化、体育等多方资源,满足不同年龄段人群的多元化需求。同时,社区老年教育办学机构与托育机

---

① 刘亚娜、张朋:《数字时代中国特色老年教育服务的现状、机遇与思考》,《成人教育》2024年第5期。

构、养老机构等社会服务机构展开合作，共同构建了一个全方位、多层次的社区服务体系。这种资源整合与合作模式不仅提高了社区资源的使用效率，还促进了社区内外不同群体之间的深度交流与合作，为构建全龄友好、和谐共生的社区环境提供了有力的支撑和保障。

二、社区老年教育推进社区共同体建设的江苏经验

（一）"5+N"办学体系基本形成

江苏省在社区老年教育发展方面取得了显著成效，已构建起以江苏开放大学为引领，各级开放大学（社区大学）、社区学院为支撑，社区教育中心和居民学校（含老年学校）为主体的五级办学体系。这一体系层级分明、功能互补、覆盖城乡，为老年居民提供了广泛的学习机会。截至2022年，全省已建立起73所开放大学、103所县（市、区）社区学院、1260所乡镇（街道）社区教育中心，以及超过1万所村（社区）居民学校，形成了较为完备的社区老年教育办学体系与教育网络。[①]这不仅推动了教育资源的下沉，使老年教育更加贴近基层，还成为基层治理的重要支点。在五级办学体系的基础上，江苏省进一步创新教育模式，积极构建"5+N"社区教育网络。"5"代表纵向的五级教育架构，而"N"则代表横向拓展的多样化社区教育"终端"平台。这些平台包括学习苑、游学基地、名师工作室等，为居民和老年人提供了丰富的学习场景和实践机会。

（二）政策体系构建不断完善

江苏省在推进老年教育发展过程中，高度重视政策体系的完善。《江苏省"十四五"教育发展规划》《江苏省"十四五"老龄事业发展规划》等纲领性文件从宏观层面明确了老年教育在全省教育改革与社会发展中的战略地位，为老年教育的目标和路径提供了指引。此外，《江苏"十四五"社区教

---

① 李楠：《打造"家门口的学习圈"，这组数据展现江苏这十年的终身教育成效》，《现代快报》2022年9月23日。

育发展规划》直面社区老年教育的实际需求，鼓励老年大学向基层延伸，推动社区教育网络与资源的优化整合，进一步促进了老年教育的均衡与优质发展。省人大颁布和修正的《江苏省老年人权益保障条例》明确规定了县级以上地方人民政府应当把老年教育纳入终身教育体系。特别是2023年颁布的《关于促进老年学习的决定》，为江苏省老年教育的发展提供了强有力的政策支撑，从服务体系、资源供给、组织实施等多个维度构建了系统化的政策框架。

（三）老年教育"数字适老"进程加速

随着科技的进步和人口老龄化的加剧，江苏省积极推进智慧技术在社区老年教育中的应用，加速"数字适老化"进程。江苏省统计局数据显示，自2015年至2022年，省财政科技支出从372亿元增长至678.3亿元，年均增长率达到近9%；[①] 省本级财政科技拨款连续四年保持每年10%以上的增幅，凸显了江苏省在促进科技创新方面的决心与投入。鉴于部分老年群体在技术适应性和参与度方面可能存在的困难，江苏省高度重视数字素养提升项目。自2021年起，江苏连续四年将"老年人运用智能技术专项普及培训工程"列为省政府民生实事工程，设立专项资金支持60岁以上老年人免费学习智能手机使用方法。截至2024年初，已累计培训老年人171万人次，2024年省级财政将继续投入近1000万元，计划培训50万人次。[②] 这些举措不仅提高了老年人的数字素养，还增强了他们参与数字社会的能力。同时，以"江苏学习在线"与"江苏老年教育网"为核心，江苏已经建立起全民终身学习的数字化平台网络体系。省、市、县各级均设有"学习在线"网站，整合了教育、科技、社会服务等多领域的资源。

---

① 数据来源：《2022年江苏省科技经费投入统计公报》，江苏省统计局官网，2023年10月8日，https://tj.jiangsu.gov.cn/art/2023/10/8/art_87595_11033468.html。

② 仲崇山：《每年拨付1000万元培训50万老人使用智能手机填平"数字鸿沟"，让老年人智享生活》，江苏省人民政府官网，2023年7月4日，https://www.jiangsu.gov.cn/art/2023/7/4/art_60096_10940766.html。

（四）江苏 6 市社区老年教育满意度良好

对南京、苏州、泰州、南通、徐州、盐城 6 市 907 名社区老年人的调查显示，江苏社区老年教育整体满意度良好，平均得分 3.32 分。性别、户口类型、社区类型、居住地、文化程度及经济状况对满意度具有显著影响，职业、年龄和收入的影响较小。研究数据表明，男性满意度（3.44）略高于女性（3.26），本地户籍老年人满意度（3.62）高于外地户籍（3.01），城市社区（3.63）高于农村（3.0）。苏南地区满意度最高（3.72），而苏北最低（2.98）。苏州满意度最高（3.93），远高于南通（3.16）、徐州（2.99）和盐城（2.97），反映出经济发达和教育资源丰富地区的优势。经济状况对满意度也有显著影响，自我评价"很宽裕"老年人满意度最高（3.37）。不同年龄段满意度差异较小，60—69 岁的老年人满意度（3.4）和 80 岁及以上的老年人满意度（3.35）稍高于其他年龄段。文化程度对满意度的影响呈正相关，高中文化程度者满意度较高（3.36），但本科及以上学历的老年人满意度略有下降（3.3）。以上数据反映了江苏社区老年教育的广泛覆盖和包容性，城市社区及苏南地区的较高满意度也展现出经济发达地区社区服务在满足老年群体教育需求中的较好表现。

（五）教育满意度、社区意识与社会支持的有效联动

社区老年教育不仅是提升老年人生活质量和社会参与度的关键途径，更是影响社区意识形成与社区共同体构建的重要因素。社区意识指社区居民对社区的关心、认同、归属与依赖等的心理感觉，及参与意识、认同感、归属感等，[1] 是构成社区共同体的基石。社会支持是一个多维度的概念，指个体从社会网络中获得的、用于应对生活中的压力和挑战的各种形式的帮助和资源；它也是推动社区共同体持续发展的重要动力。[2] 通过实证调研分析社区老年教育满意度、社区意识与社会支持的作用机制（图 2-6-1），对于通过

---

[1] McMillan D. W., Chavis D. M., "Sense of Community: A Definition and Theory," in *Journal of Community Psychology*, 1986:14, pp. 6-23.

[2] 肖水源：《〈社会支持评定量表〉的理论基础与研究应用》，《临床精神医学杂志》1994 年第 2 期。

高质量发展社区老年教育构建社区共同体具有重要的理论意义和实践价值。江苏6市问卷调查分析结果显示，社区教育满意度与社区意识之间存在较强的正相关关系，相关系数为0.559。高满意度的社区老年教育能够通过知识传播、社会互动和价值认同在社区老年学员之间形成积极循环机制，进而促进社区意识的增强。同时，社区老年教育满意度与社会支持网络强度也密切相关，相关系数为0.603。高满意度的社区老年教育不仅为老年人提供了丰富的学习资源和社交机会，还促进了他们与社区、社会之间的紧密联系。通过教育活动，老年人获得了更多的客观支持（如信息技术支持、生活帮助等）和主观支持（如关心、尊重等），也提升了自身对支持的利用率，并进而增强了老年人的社会支持网络。同时，社区意识与社会支持之间存在显著的正相关关系，相关系数为0.537。社会支持的发展会促进社区意识的形成和增强。当老年人感受到来自社区和社会的关心与支持时，他们更可能产生对社区的认同感和归属感，进而增强社区意识。

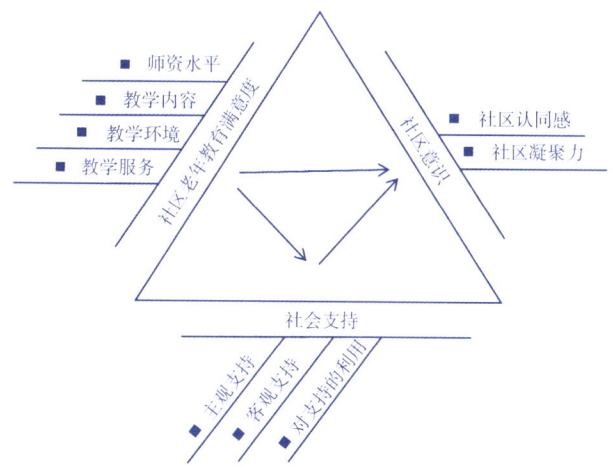

图2-6-1　教育满意度、社区意识与社会支持的作用机制

此外，社区老年教育满意度对社区意识的影响存在显著的区域异质性。苏南地区表现出最强的正向作用，社区教育满意度的回归系数为1.775，OR值（优势比）为5.9；苏中地区次之，回归系数为1.146，OR值为3.145；而苏北地区则呈现负向作用，回归系数为-0.8，OR值为0.449。这种区域差

异与经济发展水平、教育资源分配和社会环境特征密切相关。苏南地区经济发达、教育资源丰富，能够提供更高质量的社区老年教育服务，进而显著增强老年人的社区意识。而苏北地区由于经济相对落后、教育资源匮乏，社区老年教育服务的质量和效果有限，甚至可能因供需不匹配而削弱老年人的社区意识。最后，中介效应分析结果显示，社会支持在社区老年教育满意度与社区意识之间起到显著的中介作用。高满意度的社区老年教育能够直接提升老年人的社区意识，增强社会支持网络也可以间接促进社区意识的形成。

三、江苏社区老年教育推进社区共同体建设的主要问题

（一）基层老年教育理念转型滞后

社区老年教育在保障老年人基本生活需求和提供休闲娱乐方面发挥了积极作用。然而，随着社会进步和老年人需求多样化发展，传统"功能"为核心的教育模式逐渐显露出局限性。老年人不再满足于基本生活照料和简单娱乐，而是追求起更高层次的精神文化滋养、社会参与机会及自我价值实现。[1] 在现实情况中，基层老年教育理念转型依然面临挑战。首先，传统观念束缚是一大障碍，使"赋能型"教育理念难以得到广泛认同和推广。根据课题组2024年《江苏社区老年教育需求水平》调研数据，社区老年人对基于应对需求的"功能型"学习需求评分为3.62分，表现需求为4.21分，但在志愿服务、社会治理和超越自我等"赋能型"学习需求上，评分相对较低，贡献需求（3.33分）、影响需求（3.31分）和超越需求（3.10分）均显示出不足。当前老年教育在引导和供给赋能型学习内容方面存在明显短板，未能有效激发老年人的社会价值潜力和内在动力。其次，老年教育内容的单一性和缺乏创新性也是制约其发展的关键。当前社区老年教育课程主要集中在文化艺术类和生活技能类，参与率高达70%和62%，而社会性学习课程，尤其是职业技能类课程的参与率仅为13%。赋能型教育模式能够显著提升老年人的自我效能感、社会参与度和心理健康水平，但现实中老年教育的实践却与这

---

[1] 李宗华：《近30年来关于老年人社会参与研究的综述》，《东岳论丛》2009年第8期。

一理念存在差距，反映了社会与老年群体自身对老年人角色和价值的认知偏差，以及老年教育在理念更新和内容创新方面的不足。

（二）老年教育资源分配非均衡性显著

尽管我国老年教育始终秉承城乡一体、人本理念，致力于实现均衡与公正，①但资源分配问题仍是制约其普惠性与均衡性发展的瓶颈。这不仅体现在老年群体内部的教育机会与体验差异上，也体现在办学层级和区域层面的显著差异上。首先，老年群体内部资源分配不均衡。文化程度较高、身体状况良好且拥有稳定职业背景的老年人占主要参与群体的比例达 70%，这类人更容易获取老年教育资源，享受高质量教育服务。而低收入、健康状况欠佳或文化程度较低的老年人则面临显著参与障碍，削弱了社区老年教育的普惠性，进一步拉大了社会阶层间的教育鸿沟，影响了老年教育的公平性和包容性。其次，社区教育办学层级差异较大。基层社区教育中心和居民学校面临设施陈旧、师资不足及资金匮乏等多重挑战，影响了教育效果和教育满意度。43% 的老年人认为居民学校设施须改善，近 40% 的老年人指出存在师资水平参差不齐的情况，57% 的老年人反映教学质量因街道社区资金不足而受限。最后，区域间资源分配失衡问题突出。苏南、苏中、苏北三大区域间的老年教育资源差距显著，加剧了地区间教育不公平现象，成为制约老年教育普及与高质量发展的结构性障碍。苏南地区资源充足，如苏州市老年教育参与率达到 36%，而苏中、苏北地区老龄化程度高，但教育资源薄弱，参与率普遍低于全省平均水平。同时，苏南地区满意度（均分为 3.72）远高于苏中地区（3.27）和苏北地区（2.98），这种差距阻碍了老年教育在全省范围内实现均衡的社会效能。

（三）社区老年群体的社会支持网络薄弱

课题组 2024 年《江苏社区老年人社会支持水平》调研数据显示，苏南

---

① 马丽华、叶忠海：《中国老年教育的嬗变逻辑与未来走向》，《南京社会科学》2018 年第 9 期。

地区社区老年人社会支持均分为3.81，苏中地区为3.34，而苏北地区仅为2.92。近年来，现代化和城市化进程加快，家庭结构从大家庭向核心家庭转变，削弱了家庭成员间的互动与支持，对空巢老人而言尤其如此。邻里关系也从"熟人社会"变为"陌生人社会"，减少了对老年人的社会支持。改革开放后单位制的变迁，使老年人失去原有社会运行机制的庇护，生活方式快速变化更加剧了他们的身份错位和焦虑感。① 因此，部分老年人倾向于隐藏自我、减少交往，导致公共活动减少、人际交往冷淡，社区凝聚力不足问题愈发凸显。原有支持网络逐渐削弱甚至瓦解，而新的支持体系尚未健全，导致老年人在面对生活困难时难以找到可靠的社会支持，在老龄化程度高、社会结构相对封闭的地区更是如此。社区教育本应成为增强社区凝聚力、促进居民间相互了解与支持的重要途径，但因"区而不社"现象（即地理上划分为同一区域，却缺乏真正的社区意识和归属感），② 其效果大打折扣。老年人缺乏参与社区活动的机会，更难以通过几次老年教育活动建立新的社交网络，群体间情感交流缺失进一步加剧了老年人的孤独与隔离感。一些社区缺乏专职教育工作人员和志愿者队伍，无法为老年教育活动提供充分的组织和服务保障，特别是在苏北和部分苏中农村社区，老年人参与教育活动机会受限，教育活动组织和实施缺乏稳定性和持续性。基层系统化服务网络的缺失，也使社区内老年教育活动难以顺利开展，老年人无法得到及时帮助和支持。

（四）老年教育政策与实际基层服务存在脱节

江苏省在老年教育领域的政策布局体现了政府对提升老年人生活质量、促进社会和谐发展的高度重视。然而，政策理想与基层现实间的差距成为制约老年教育深入发展的关键因素。这一脱节问题不仅体现在政策内容与执行层面的不匹配上，而且在更深的层次上反映出政策制定与执行机制间的结构性矛盾。首先，政策内容的宽泛性与考核指标的不明确性，导致政策难以落

---

① 颜玉凡、叶南客：《新时代老年人的生活意义再造机理——基于对城市公共文化生活的考察》，《社会科学》2020年第6期。
② 顾东辉：《从"区而不社"到共同体：社区治理的多维审视》，《西北师大学报（社会科学版）》2021年第6期。

地生根。尽管《江苏省"十四五"老龄事业发展规划》《江苏省"十四五"教育发展规划》《关于促进老年学习的决定》等政策文件为老年教育发展设定了目标框架,但在具体操作层面缺乏细化、可量化的评估标准,使基层在执行过程中缺乏明确指导,难以将政策愿景转化为实际行动,影响了老年教育服务的有效供给与质量持续提升。其次,在构建多主体共担的老年教育服务体系时,各主体间权责不清、协调机制缺失问题依然凸显。政府、市场、社会组织及学习者作为老年教育的主要参与者,本应形成合力推动老年教育发展。然而,由于缺乏有效统筹与协调,在服务供给时出现职能重叠或空白,导致老年教育资源分散、利用效率低下,无法保障基层社区老年教育的实际办学效果。最后,在政策制定过程中对基层实际需求的忽视,是造成脱节问题的核心原因。从"教育"转向"学习",即从供给侧转向需求侧,从"提供"转向"服务"。① 江苏省的老年教育政策在具体执行时,需充分考虑区域、城乡差异性,尤其是经济落后地区和农村社区的特殊情况。这些地区因经济基础薄弱、教育资源匮乏,往往难以按照政策要求提供高质量的老年教育服务。同时,由于缺乏完善的教育评价与反馈机制,这些地区的基层社区在实施过程中遇到问题难以及时反馈至决策层,政策调整与优化因此滞后。教育发展规划在资源分配、课程设计等方面的"一刀切"现象,也反映出政策制定过程中地域差异考虑不足的问题,它限制了基层社区的自主性与创新性,使基层执行政策时产生了不适应与抵触情绪,加剧了政策与实际操作之间的脱节。

(五)教育模式创新处于探索与初步发展阶段

"学养结合"与"老幼共融"作为创新社区教育模式的发展方向,有助于通过整合教育资源和服务,实现老年教育与养老服务、幼儿教育的有机融合。然而,这些创新模式在实践中面临诸多挑战,尚处于探索和初步发展阶段,基层社区难以充分发挥其应有作用。在"学养结合"方面,首先存在适

---

① 吴遵民、邓璐:《终身教育立法中应关注的几个问题——由"终身教育"还是"终身学习"的立法争议谈起》,《教育发展研究》2022年第21期。

老化教学与服务设施不足的问题。许多教育场所未能进行适应性改造，教学环境难以对老年人提供充分支持，如缺乏无障碍设施或适合老年人使用的桌椅，使一些老年人因行动不便无法积极参与学习活动。其次，课程设置缺乏针对性，教学与养老服务之间的整合较为松散。许多社区未能在教育与养老服务之间建立有效的合作机制，教育活动与养老服务往往分开进行，导致老年人在学习过程中难以同时获得生活上的帮助和关怀，影响"学养结合"理念的实践效果。在"老幼共融"方面，实践中同样存在多重挑战。首先是缺乏适合老年人和幼儿共同活动的共融空间。许多社区未配备全龄友好空间，令老年人与儿童之间的互动受到限制。此外，卫生条件和安全隐患也是制约"老幼共融"模式推广的关键因素。社区在设计共融空间时，往往难以兼顾老年人和儿童的需求，导致这些空间无法充分发挥作用。同时，社区中缺乏能够同时胜任"一老"与"一小"服务需求的专业工作者。工作人员往往缺乏针对不同年龄段群体的专业培训，尤其是在老年照护和幼儿教育双重需求方面，能力存在明显不足。最后，老年人与儿童之间的互动活动在实际开展中也面临内容单一和缺乏引导的问题，多为形式化的亲子娱乐活动，缺乏系统的教育设计和引导，难以实现长期和深层次的教育目标。

四、江苏社区老年教育推进社区共同体建设的对策建议

（一）促进基层社区教育理念的转型，推广赋能型学习

针对基层社区老年教育理念转型滞后的问题，应着重推进教育理念从传统的功能型满足向赋能型学习的转型。一是社会层面需要强化"老有所为"的积极老龄化理念，鼓励各级社区教育机构将老年人视为具有潜在贡献能力的社会成员，而非单纯的受益者。可以通过政策宣传与引导，使社会大众逐步改变对老年人的传统观念，积极推广赋能型教育理念，赋予老年人继续学习和发挥余热的机会与动力。二是社区教育应增加赋能型课程的比重，特别是志愿服务、技能培训、文化传承等领域的内容。这些课程不仅可以帮助老年人获取知识与技能，还能有效激发他们的社会参与潜力，通过结合社区实际需求，让老年人在教育与学习中更深刻地感受到自我价值的实现与社区贡

献的重要性。三是赋能型教育需要系统性的教学计划与实施步骤。各级老年教育机构可与高校、社会组织合作，共同设计适合老年人特点的教学方案。例如，开发社区治理课程，教授老年人关于社会政策、社会治理的知识，组织参与社区议事活动，使老年人在教学中增强参与感和主人翁意识。通过系统的、具有实践性的教育内容，引导老年人发挥社会作用。

（二）优化老年教育资源的均衡配置，提升教育普惠性

针对老年教育资源分配不均衡的问题，政府需要加大对社区老年教育的政策支持力度，尤其是加大对经济欠发达地区和农村社区的教育资源倾斜。通过优化资源分配、提升教育普惠性，确保每位老年人都有机会享受到优质的教育服务。一是建议设立专门的老年教育发展基金，对欠发达地区的社区老年教育进行财政补贴，以改善办学条件，确保各地教育资源的均衡配置。二是需要加强城乡之间、区域之间的资源整合与共享，促进教育资源的跨区域流动。可以设立区域性老年教育资源共享平台，通过信息化手段实现优秀师资、课程和教育项目的跨区域调配，打破教育资源分布不均衡现象。例如，苏南地区经济条件较好、教育资源丰富，可以通过线上直播、教育下沉等形式，借助数字化技术，将其优质的教学资源输送到苏中、苏北等地区，弥补区域差距。三是针对低收入、健康欠佳和文化程度较低的老年群体，设计更加灵活、适老化的教育形式，以提升教育的可及性和包容性。例如，可以通过设立流动课堂、上门服务、居家辅导等方式，为这些群体提供更加便利的学习机会，使他们在熟悉的环境中接受教育，降低参与教育的门槛，从而真正实现老年教育的普惠性，缩小不同群体之间的教育鸿沟。

（三）加强社会支持网络的构建，提升社区凝聚力

针对社区老年群体社会支持网络薄弱的问题，应在执行层面加强社区的社会支持网络建设。一是鼓励在街道和社区设立专职社会工作者岗位，配备专职人员负责社区教育活动的组织与实施，加强对老年群体的情感支持与心理疏导，为老年群体提供日常生活帮助，营造互助互爱的社区氛围。二是建议通过社区老年教育以及相关社区活动，重建老年人之间以及与其他年龄群

体之间的情感联系。通过组织集体活动为老年人提供参与社区生活的机会，增强他们与邻里的互动与交流，有效缓解老年人的孤独感，使老年人在情感上找到归属。同时，通过机制创新和资源投入，逐步健全以社区为单位的"学习赋能—志愿服务—共享资源"联动，将老年人在社区学习中获得的知识和技能与实际的社区需求相匹配，通过学习成果的社会化转化提升老年人的社会参与度。此外，可以建立社区志愿服务激励机制，如对长期从事志愿服务的人员给予表彰和奖励，形成互帮互助的社区文化氛围。三是共同构建以基层老年群体为核心的社会支持网络。社区应充分利用社工团队的专业优势，联合医院、养老机构、社会福利组织等多方力量，建立跨部门的协作机制，提供更加多元化、全方位的社会支持服务，从而提升社区整体的社会支持水平，特别是在人口老龄化程度较高的苏北地区，帮助其构建更加紧密的社区联系网络。

（四）实现政策与基层需求的有效对接，提升政策执行力

针对老年教育政策与基层治理实际脱节的问题，江苏省老年教育政策的优化与实施，需从增强政策的可操作性、明确各主体职责、加强基层需求调研、建立有效的评价与反馈机制以及推动政策细化与本地化等多个方面入手。一是政策的可操作性是确保政策得以有效执行的基础。江苏省在优化老年教育政策时，应注重政策的实用性和可操作性，便于基层工作人员理解和执行。同时，政策应提供具体的实施步骤和指导，减少执行过程中的模糊性和不确定性，使基层能够准确、高效地落实政策。二是在社区老年教育政策执行与评估的过程中，应进一步清晰界定政府各部门、教育机构、社会组织及家庭等各方主体的角色和责任，形成各方协同合作的良好机制，共同推动老年教育的发展。应定期深入基层社区，通过问卷调查、访谈、座谈会等多种方式，全面了解老年人的教育需求、兴趣爱好及学习特点，并且对政策实施效果进行评估，包括政策目标的达成度、老年人的满意度、资源的利用效率等方面。同时，应建立畅通的反馈渠道，鼓励基层工作人员及社会各界人士对政策提出意见和建议。通过评估与反馈，及时发现政策执行过程中的问题和不足，为政策的调整和优化提供科学依据。三是应充分考虑地区差异和

社区特色，鼓励各地根据实际情况对政策进行本地化调整和创新。通过细化政策内容和本地化实施，使政策更加贴近基层实际，提高政策的针对性和实效性。

（五）推动社区教育模式的创新，促进"学养"与"老幼"融合

针对教育模式发展不完善的问题，应继续推动社区老年教育模式的多样化与创新，特别是"学养结合"和"老幼共融"模式的发展。一是要推动社区教育与养老服务的深度融合，建立以老年人为中心的全方位服务体系。建议对基层老年教育场地和设施进行适老化改造，致力于打造对老年人友好的社区教育环境。例如，增加无障碍通道和适合老年人使用的设施，使他们能够方便、安心地参加教育活动。同时，社区还应提供多样化的课程内容，建议引入"兴趣驱动+需求导向+健康促进"的教学设计，将激发兴趣的学习形式与老年群体的实际需求和健康管理相结合。通过模块化和分阶段的学习方式，使老年人在兴趣的驱动下，同时得到科学的身心健康管理，提升社区老年居民的整体养老质量。二是在"老幼共融"方面，社区应积极推动代际交流与互动，构建能够促进老年人与儿童共同参与的"共融空间"。可以通过定期举办亲子共学活动、交流会等方式，增进老年人与年轻一代之间的互动，促进代际情感交流和知识传承。同时，为确保"老幼共融"空间的安全和适用性，社区应在环境设计和管理上充分考虑老年人和儿童的需求，并建立健全卫生管理及应急救援机制，创造一个适合不同年龄段人群共同活动的友好环境。三是应加强对社区工作人员的培训。依据江苏各级政府"一老一小"整体解决方案，民政部门可与院校、企业和非营利性社会组织合作，共同研发课程并建立实训基地，定期开展"一老一小"服务双轨制培训，培养更多具有"养老+育幼"综合服务能力的复合型社区工作者，确保共融教育模式的人才支持和长效发展。通过社区教育模式的不断优化与创新，提升老年人的生活质量和幸福感，促进代际和谐与共融，增强社区居民的整体社区意识。

作者：叶南客，金陵老年大学副校长、教授，老龄文明智库副理事长、老龄学习与精神生活研究专业委员会首席专家；圣莉，南京师范大学金陵女子学院讲师。

主要参考文献

1. 曹玉梅，赵媛.老年学习服务体系研究.老龄文明蓝皮书2022.江苏人民出版社，2022

2. 杜鹏，董亭月.老龄化背景下失智老年人的长期照护现状与政策应对.《河北学刊》2018年第3期

3. 顾东辉.从"区而不社"到共同体：社区治理的多维审视.《西北师大学报（社会科学版）》2021年第6期

4. 李宗华.近30年来关于老年人社会参与研究的综述.《东岳论丛》2009年第8期

5. 马丽华，叶忠海.中国老年教育的嬗变逻辑与未来走向.《南京社会科学》2018年第9期

6. 孙立新.论成人教育中社会资本形成机理及实现路径.《国家教育行政学院学报》2014年第10期

7. 吴遵民，邓璐.终身教育立法中应关注的几个问题——由"终身教育"还是"终身学习"的立法争议谈起.《教育发展研究》2022年第21期

8. 颜玉凡，叶南客.新时代老年人的生活意义再造机理——基于对城市公共文化生活的考察.《社会科学》2020年第6期

9. F. Chen, S. E. Short. Household Context and Subjective Well-Being among the Oldest Old in China. *Journal of Family Issues*, 2008:29(10)

10. D. W. McMillan, D. M. Chavis. Sense of Community: A Definition and Theory. *Journal of Community Psychology*, 1986:14(1)

老年人参与学习时间与精神健康关系研究

——基于南京市三所老年大学的问卷调查

曹玉梅　赵　媛　顾钰璇　董韫宁　周　颖

我国老龄化进程的不断加速，不仅对医疗、经济等传统领域提出了更高要求，老年群体的精神文化需求和社会再融入问题也愈发凸显。抑郁、孤独感等精神健康问题在老年人中呈现出较高的发生率，老年人的生活质量与精神健康问题越来越引起社会的重视与关注，亟须创新的干预手段和政策支持。在这一背景下，老年学习逐渐成为促进老年人身心健康的重要社会实践。通过参与学习，老年人不仅能够获得知识、技能，还能提升认知能力、增强社会参与感，实现自我价值。已有研究表明，参与老年学习能够显著改善老年人的精神健康状态，有效缓解孤独感、焦虑和抑郁等问题，同时提升健康程度和心理韧性。

近年来，国家和地方政府相继出台了一系列政策，[1][2]推动老年学习事业的发展。《国家积极应对人口老龄化中长期规划》明确提出要加强老年教育服

---

[1]《2023年度国家老龄事业发展公报显示 养老服务人才培养力度加强》，光明日报网，2024年10月12日，https://www.gov.cn/lianbo/bumen/202410/content_6979486.htm。

[2]《关于全面加强老年健康服务工作的通知（国卫老龄发〔2021〕45号）》，卫生健康委，2021年12月31日，https://www.gov.cn/zhengce/zhengceku/2022-01/18/content_5669095.htm。

务供给，推动老年教育设施建设，支持开展多层次、多样化的老年学习活动；2023年，江苏省人大常委会审议通过了《关于促进老年学习的决定》，要求深入实施积极应对人口老龄化国家战略，推动学习型社会、老龄文明社会建设。这些政策为提升老年人的精神健康水平、构建和谐社会提供了重要支持。

老年学习的内涵，包括学习意愿、学习需求、学习目的、学习信息获取渠道、学习情境、学习媒介、学习障碍、学习过程中所获支持等方面。其中，老年人的学习情境形式多样，除进入老年大学学习外，还有在图书馆、科技馆、博物馆、美术馆、文体活动中心、街道社区或乡镇学习点学习，老年远程教育，大学中面向老年人的学习活动等等。老年学习是终身教育的重要组成部分，也是实现积极老龄化的核心策略之一。[1] 研究表明，参与学习的老年人通常表现出更高的健康水平、更强的社会支持感和更低的心理疾病风险。[2]

老年人精神健康主要指心理健康，包括抑郁状况与健康程度。抑郁状况反映了老年人的心理健康现状；健康程度是指老年人对其生活质量所作的情感性和认知性的整体评价。精神健康作为老年人生活质量的重要衡量指标，其水平直接关系到老年人的幸福感和社会参与度。在探索如何改善老年人精神健康的过程中，学习行为因兼具认知刺激、社会交往和心理支持等多重功能，逐渐被视为一项重要的干预手段。然而，目前关于老年学习对精神健康影响的研究仍存在不足，特别是在不同学习形式和学习行为如何改善精神健康方面，尚需进一步探索。

本研究结合积极老龄化理论和健康社会决定因素理论，通过对南京市三所老年大学开展问卷调查所获取的数据，分析老年学习行为中不同学习情境的学习时长对精神健康（包括抑郁状况、自我幸福感）的作用机制，通过实证分析，验证了老年学习在缓解抑郁情绪和提升自我幸福感中的作用，为养老服务、心理健康干预以及老龄化政策的制定提供支持，助力构建老年友好型社会、实现积极老龄化目标。

---

[1] World Health Organization, *Active Ageing: A Policy Framework*, Geneva: World Health Organization, 2002.
[2] 莫旋、阳玉香：《流动人口就业的影响因素及与主观幸福感之关系——基于分层模型的实证分析》，《华东师范大学学报（哲学社会科学版）》2021年第4期。

第二部分　老龄文明主题调查研究

一、数据来源与研究方法

（一）数据来源

研究数据来自江苏省教育厅老年学习与精神健康调查项目组于 2023 年 12 月开展的老年学习与精神健康问卷调查。调查问卷包括性别、年龄、社会地位、收入，以及老年学习相关指标和精神健康测量指标。

问卷调查借助"问卷星"软件平台，在金陵老年大学、青春老年大学、江苏开放大学发放，考虑到一些女性 50 岁就退休了，研究将调查对象的年龄确定为 50 岁及以上。共收回问卷 4571 份，删除变量值存在缺失、无效等情况的样本，得到 3711 份，再剔除学习时长明显不合理的样本，最终得到有效样本 3591 份。其中，50—60 岁，男性 117 人，女性 1240 人；61—70 岁，男性 507 人，女性 1189 人；71—80 岁，男性 183 人，女性 234 人；81—90 岁共有 31 人，男性 12 人，女性 19 人。平均年龄 63.37 岁。样本基本情况见表 2-7-1。

表 2-7-1　样本基本情况（n=3591）

类别		频数/平均数	百分比/标准差
性别（人）	男性	819	22.81%
	女性	2772	77.19%
民族（人）	汉族	3504	97.58%
	少数民族	87	2.42%
受教育程度（人）	没有受过任何教育	7	0.20%
	私塾、扫盲班	3	0.08%
	小学	28	0.78%
	初中	189	5.26%
	职业高中	76	2.12%
	普通高中	646	17.99%
	中专	292	8.13%

（续表）

类别		频数/平均数	百分比/标准差
受教育程度（人）	技校	31	0.86%
	大学专科（成人高等教育）	894	24.90%
	大学专科（正规高等教育）	350	9.75%
	大学本科（成人高等教育）	573	15.96%
	大学本科（正规高等教育）	374	10.41%
	研究生及以上	119	3.31%
	其他	9	0.25%
婚姻状况（人）	未婚	33	0.92%
	同居	107	2.98%
	初婚有配偶	2883	80.28%
	再婚有配偶	141	3.93%
	分居未离婚	20	0.56%
	离婚	192	5.35%
	丧偶	215	5.99%
拥有子女情况（人）	仅有儿子	1589	44.25%
	仅有女儿	1731	48.20%
	有儿有女	271	7.55%
自评社会经济地位（人）	上层	7	0.19%
	中上层	216	6.02%
	中层	1505	41.91%
	中下层	1394	37.82%
	下层	469	13.06%

（续表）

类别		频数/平均数	百分比/标准差
城市基本医疗保险/新型农村合作医疗保险/公费医疗（人）	参加了	3330	92.70%
	没有参加	136	3.79%
	不适用	29	0.81%
	不知道	96	2.67%
城市/农村基本养老保险（人）	参加了	2458	68.40%
	没有参加	788	21.90%
	不适用	116	3.23%
	不知道	227	6.32%
商业性医疗保险（人）	参加了	1182	32.90%
	没有参加	1819	50.70%
	不适用	178	4.96%
	不知道	410	11.40%
商业性养老保险（人）	参加了	757	21.10%
	没有参加	2197	61.20%
	不适用	182	5.07%
	不知道	452	12.6%
与伴侣一同居住的情况（人）	住在一起	3111	86.63%
	不住在一起，但同在一个城市	227	6.32%
	不住在一起，在同一个省不同城市	53	1.48%
	不住在一起，在不同省	90	2.51%
	不住在一起，在不同国家	110	3.06%

（续表）

类别		频数/平均数	百分比/标准差
参与老年学习的目的（人）	消磨空闲时间	374	10.40%
	弥补年轻时的遗憾	492	13.70%
	提高生活质量	2108	58.70%
	服务家庭	11	0.31%
	服务社会	46	1.28%
	增强社会交往	244	6.79%
	实现人生价值	241	6.71%
	其他	75	2.09%
学习信息的获取渠道（人）	已经参加的亲朋、邻居介绍	1748	48.70%
	在网上看到	630	17.50%
	自己打听	796	22.20%
	社会居委会或村委会工作人员通知自己	93	2.59%
	通过电视报刊宣传知道	228	6.35%
	其他渠道	96	2.67%
参与学习的方式（人）	进入公办老年大学学习	3034	84.50%
	进入民办老年大学学习	115	3.20%
	进入社区老年大学学习	162	4.51%
	参与社会自发老年学习社团	28	0.78%
	参与网络远程学习	57	1.59%
	自主学习	156	4.34%
	其他	39	1.09%

（续表）

类别		频数/平均数	百分比/标准差
过去一年接触过的学习情境（小时/月）	图书馆、科技馆、博物馆、美术馆、文体活动中心的活动	3.44	8.63
	街道社区学校、文化中心或乡镇成人学校的活动	1.69	5.78
	老年活动中心学习讨论活动	1.4	5.14
	传统老年远程教育	1.36	6.04
	老年大学正规课程	13.9	17.5
	大学中面向学生的教育活动	0.227	1.7
	中小学、幼儿园组织的活动	0.239	1.8
年收入（万元）		8.377	7.5207
学习总时长（小时/月）		22.24	24.6078

（二）研究方法

1. 研究指标

（1）不同学习情境学习时长与抑郁状况关系

① 被解释变量

本研究的被解释变量为抑郁状况。根据抑郁量表得分生成，总分小于等于 5 为健康，6—10 为轻度抑郁，11—15 为中重度抑郁，如表 2-7-2 所示。根据程度不同，对"健康"赋值为 1，"轻度抑郁"赋值为 2，"中重度抑郁"赋值为 3。

表 2-7-2 抑郁状况分布

类别		人数	占比/标准差
抑郁状况	健康	3159	87.97%
	轻度抑郁	387	10.78%
	中重度抑郁	45	1.25%

② 核心解释变量

将学习行为里不同学习情境的学习时长作为核心解释变量。选取调查问卷 B 部分老年学习情况 B13 题"过去一年您接触的学习情境",得出不同学习情境的学习时长,分别为:

B13.1 图书馆、科技馆、博物馆、美术馆、文体活动中心的活动;

B13.2 街道社区学校、文化中心或乡镇成人学校的活动;

B13.3 老年活动中心的学习讨论活动;

B13.4 传统老年远程教育;

B13.5 老年大学正规课程;

B13.6 大学中面向学生的教育活动;

B13.7 中小学、幼儿园组织的教育活动。

这七大类型的学习时长,变量类型属于连续型变量。

③ 控制变量

参照已有文献与问卷调查情况,本研究控制了研究对象的年龄、性别、受教育程度、婚姻状况、拥有子女情况、自评社会经济地位、与伴侣一同居住的情况、个人年收入等个人特征变量。

(2)不同学习情境学习时长与自我幸福感关系

① 被解释变量

本研究的被解释变量为主观幸福感,采用对"老年学习与精神健康调查问卷"中的题目"总的来说,您觉得您的生活是否幸福?"的回答进行衡量,其中,对回答"非常不幸福""比较不幸福""说不上幸福与不幸福",均表示"不幸福",赋值为 1;对回答"比较幸福""非常幸福",均表示"幸福",赋值为 2。如表 2-7-3 所示,3555 人认为自己幸福,36 人认为自己不幸福。

表 2-7-3 主观幸福感描述性统计(样本量 =3591)

变量	测项	频率	有效百分比
主观幸福感	不幸福	36	1
	幸福	3555	99

②核心解释变量

将学习行为里不同学习情境的学习时长作为核心解释变量。同样选取调查问卷 B 部分老年学习情况 B13 题"过去一年您接触的学习情境",根据不同的学习情境区分出七大类型的学习时长,变量类型属于连续型变量。

③控制变量

参照已有文献与问卷情况,同样控制了研究对象的年龄、性别、受教育程度、婚姻状况、拥有子女情况、自评社会经济地位、与伴侣一同居住的情况、个人年收入等个体特征变量。

2. 分析方法

采用 SPSS 27.0 和 R(4.4.1)统计软件处理数据,对老年人学习时长与抑郁状况、自我幸福感的关联,使用卡方检验、独立 T 检验、有序 Logistic 回归和二元 Logistic 回归进行分析。

二、数据分析与结果

(一)描述性统计分析

1. 样本基本信息分析

在受教育程度方面。由图 2-7-1 可知,超过六成的调查对象拥有大学专科及以上学历,显示出整体文化水平较高。其中,大学专科(成人高等教育)的人数最多,共有 894 人,占总调查人数的 24.9%;紧随其后的是普通高中,有 646 人,占比 17.99%;大学本科(成人高等教育)的人数为 573 人,占比 15.96%;大学本科(正规高等教育)的人数为 374 人,占比 10.41%;研究生及以上学历的人数为 119 人,占比 3.31%。数据表明,接受高等教育的群体在调查对象中占有相当大的比例,反映出良好的教育水平状况。

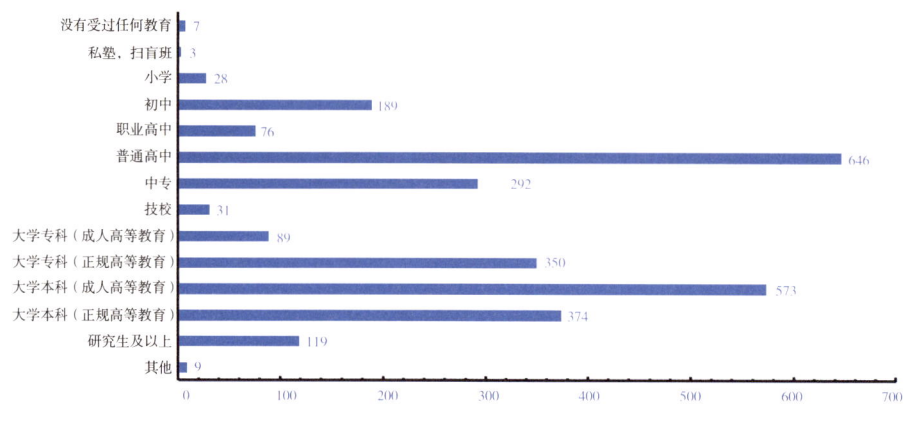

图 2-7-1　样本群体受教育程度（单位：人）

在社会经济地位方面，由图 2-7-2 可见，自评社会经济地位为中层的人数最多，共有 1505 人，占比达 41.91%；紧随其后的是中下层，共有 1394 人，占比为 37.82%。自认为属于中上层社会经济地位的人数为 216 人，占比为 6.02%，相对较少；自评为上层社会经济地位的人数最少，仅有 7 人，占比为 0.19%。自评为下层社会经济地位的人数为 469 人，占比为 13.06%，虽然比例不是最低，但也显示出一定数量的人群自评为属于下层社会经济地位。

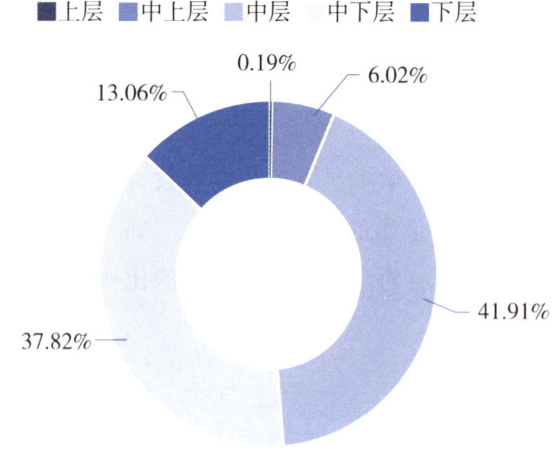

图 2-7-2　样本群体自评社会经济地位

由图 2-7-3 可见,绝大多数调查对象与配偶或同居伴侣住在一起,这一比例高达 86.63%;不住在一起但同在一个城市的共有 227 人,占比为 6.32%,两者合计达 92.95%。在同一个省内不同城市居住的有 53 人,占比为 1.48%;不住在一起,在不同省的有 90 人,占比为 2.51%。最后,不住在一起,在不同国家的也有 110 人,占比为 3.06%。

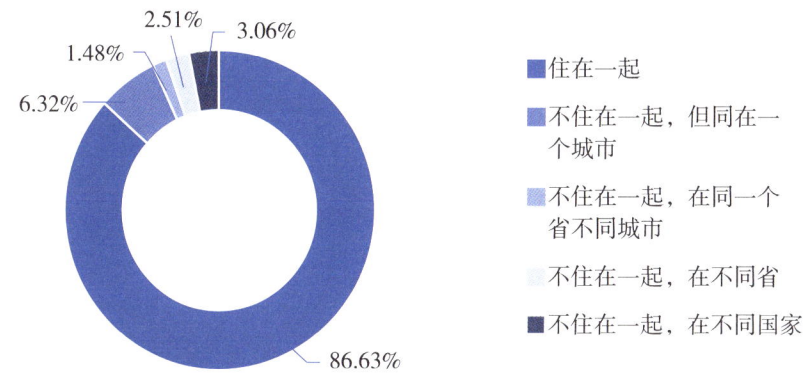

图 2-7-3　样本群体与伴侣居住情况

由图 2-7-4 可见,绝大多数人参与了城市基本医疗保险/新型农村合作医疗/公费医疗,占比高达 92.7%;未参加此类保险的人数较少,仅占 3.79%。认为这些保险不适用的人数占比为 0.81%,共有 29 人,而不清楚自己是否参与的人数占比为 2.67%,即 96 人。

在城市/农村基本养老保险方面,参与人数占比为 68.4%,共有 2458 人。未参与的人数占比为 21.9%,即 788 人。觉得不适用的人数占比为 3.23%,共有 116 人,而不清楚自己是否参与的人数占比为 6.32%,即 227 人。

商业性医疗保险的参与人数占比为 32.9%,即 1182 人。未参与的人数占比为 50.7%,共有 1819 人。觉得不适用的人数占比为 4.96%,即 178 人,而不清楚自己是否参与的人数占比为 11.4%,即 410 人。

商业性养老保险的参与人数占比为 21.1%,即 757 人。未参与的人数占比最高,为 61.2%,共有 2197 人。觉得不适用的人数占比为 5.07%,即 182 人,而不清楚自己是否参与的人数占比为 12.6%,即 452 人。

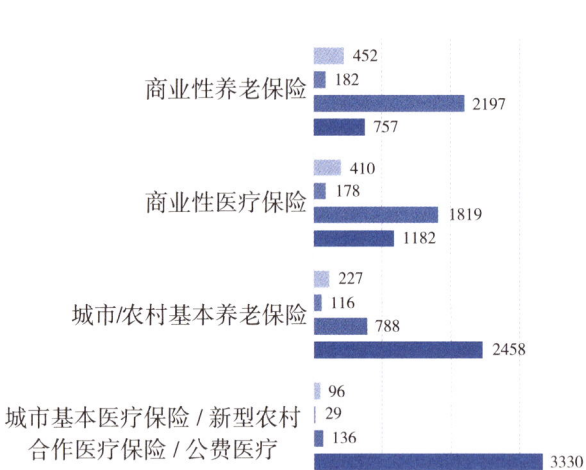

图 2-7-4　样本群体参保情况（单位：人）

2. 老年学习情况分析

由图 2-7-5 可见，超过五成的调查对象参与老年学习的目的是提高生活质量，具体人数为 2108 人，占比 58.7%。为了弥补年轻时的遗憾的人数为 492 人，占比 13.7%。为了消磨空闲时间的人数为 374 人，占比 10.4%。为了增强社会交往的人数为 244 人，占比 6.79%。为了实现人生价值的人数为 241 人，占比 6.71%。为了服务社会的人数为 46 人，占比 1.28%。为了服务家庭的人数为 11 人，占比 0.31%。其他目的的人数为 75 人，占比 2.09%。

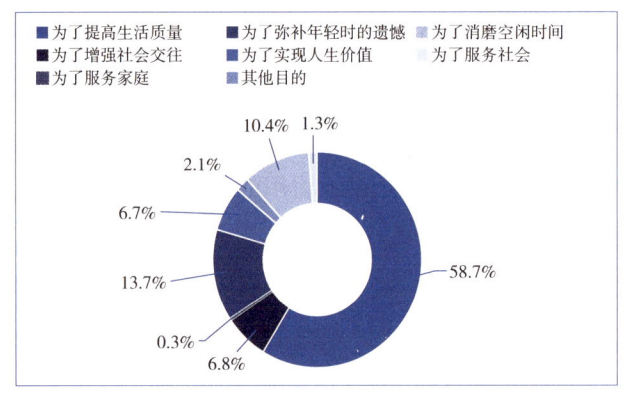

图 2-7-5　样本群体参与学习的目的

第二部分 老龄文明主题调查研究

在学习渠道获知方面，由图 2-7-6 可知，通过已经参加的亲朋、邻居介绍的人数最多，共有 1748 人，占比 48.7%；其次是自己打听的，有 796 人，占比 22.2%；在网上看到的人数为 630 人，占比 17.5%；通过电视报刊宣传知道的人数为 228 人，占比 6.35%；其他渠道的人数为 96 人，占比 2.67%；由社会居委会或村委会工作人员通知自己的人数为 93 人，占比 2.59%。

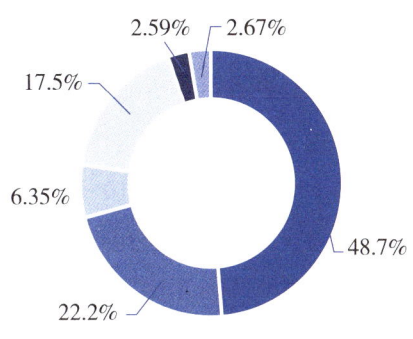

图 2-7-6 样本群体学习获知渠道

由于本次研究的问卷调查主要是在南京市 3 所老年大学中进行的，因此有八成以上的调查对象为进入公办老年大学学习的学员，共有 3034 人，占比为 84.5%。进入社区老年大学学习的人数占比为 4.51%；自主学习的有 156 人，占比为 4.34%；进入民办老年大学学习的有 115 人，占比为 3.2%；参与网络远程学习的人数占比为 1.59%；参与社会自发老年学习社团的人数占比最低，为 0.78%。此外其他方式学习的人数有 39 人，占比为 1.09%。

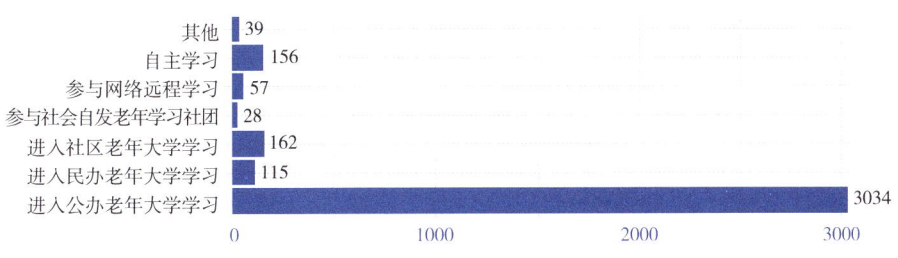

图 2-7-7 样本群体参与学习的方式（单位：人）

205

3. 老年人参与学习时间情况

本研究对不同年龄段（50—60、61—70、71—80、81—90 岁）和性别（男、女）的老年人在不同学习类型时长上的差异进行了探索。

在学习类型方面，老年大学正规课程的学习时长最高，平均每人每月为 13.9 小时，折合为大约 6.95 个半天（一般老年大学每半天课程学习时间为 2 小时），即平均每周去老年大学 1.74 个半天。学习时长最大值为 140 小时，折合为 70 个半天，计 35 天，也就是说，在老年大学学习时间最长的，几乎每天上午和下午都在老年大学度过。

其他情景类型的学习时长差距比较大。由表 2-7-4 可知，参与图书馆、科技馆、博物馆、美术馆、文体活动中心活动的平均时长最长，为 3.44 小时，最大值为 120 小时；其次是参与街道社区学校、文化中心或乡镇成人学校的活动，平均时长为 1.69 小时，最大值为 105 小时。老年活动中心的学习讨论活动的平均时长为 1.4 小时，最大值为 100 小时；传统老年远程教育的平均时长为 1.36 小时，最大值为 100 小时。而参加中小学、幼儿园组织的教育活动以及大学中面向学生的教育活动的时间最少，平均时长分别为 0.239 小时和 0.227 小时，最大值均为 60 小时。平均学习时长最长的老年大学正规课程的学习，与平均时长最短的大学中面向学生的教育活动的学习类型差值为 139.773 小时，平均到每天（按 30 天计算）时长差为 4.659 小时。

从总时长来看，平均每人每月为 22.24 小时，最大值为 150 小时。平均下来，每位老人几乎每个工作日都要进行 1 个小时以上的学习，而时长最长的老人每天学习 5 小时左右。

表 2-7-4　不同学习类型时长的基本情况（n=3591）

学习类型（小时/月）	最大值	均值	最小值	标准差
B13.1 图书馆、科技馆、博物馆、美术馆、文体活动中心的活动	120	3.44	0	8.63
B13.2 街道社区学校、文化中心或乡镇成人学校的活动	105	1.69	0	5.78
B13.3 老年活动中心的学习讨论活动	100	1.40	0	5.14

（续表）

学习类型（小时/月）	最大值	均值	最小值	标准差
B13.4 传统老年远程教育	100	1.36	0	6.04
B13.5 老年大学正规课程	140	13.9	0	17.50
B13.6 大学中面向学生的教育活动	60	0.227	0	1.70
B13.7 中小学、幼儿园组织的教育活动	60	0.239	0	1.80
学习总时长	150	22.24	0	24.61

表2-7-5反映了不同性别的老人对不同类型学习的偏好，从中也可以观察到不同年龄段的男性和女性在不同类型学习时长上的特点。

表2-7-5　不同年龄段、不同性别的学习类型时长情况（n=3591）

年龄段	性别	B13.1	B13.2	B13.3	B13.4	B13.5	B13.6	B13.7	总时长
50—60	男	3.40	2.13	1.41	1.85	8.30	0.575	0.711	18.4
	女	3.16	1.58	1.29	1.15	15.1	0.269	0.282	22.8
61—70	男	4.13	2.04	1.83	0.877	13.5	0.231	0.251	22.8
	女	3.38	1.65	1.37	1.55	13.6	0.194	0.182	21.9
71—80	男	4.46	1.99	1.88	1.73	14.5	0.126	0.148	24.9
	女	3.31	1.44	0.986	1.90	12.9	0.123	0.154	20.8
81—90	男	1.33	2.08	0.917	0.75	15.25	0.167	0.25	20.8
	女	0.842	0.0526	1.47	1.42	10.66	0.0526	0.0526	14.6

从不同学习类型来看，图书馆、科技馆、博物馆、美术馆、文体活动中心的活动（B13.1）的学习时长，男性从50—60岁的3.4小时逐渐增加到71—80岁的4.46小时；而女性从50—60岁的3.16小时增加到61—70岁的3.38小时，然后在71—80岁下降到3.31小时，不同年龄段的男性去图书馆、科技馆、博物馆、美术馆、文体活动中心等的活动时长都高于女性。对于街道社区学校、文化中心或乡镇成人学校的活动（B13.2），男性在不同年龄

段也都始终高于女性,男性的参与时长从 50—60 岁的 2.13 小时逐渐下降到 81—90 岁的 2.08 小时,女性则从 50—60 岁的 1.58 小时增加到 61—70 岁的 1.65 小时,在 71—80 岁下降到 1.44 小时,在 81—90 岁进一步下降到 0.0526 小时。在老年活动中心的学习讨论活动(B13.3)方面,男性的参与时长从 50—80 岁也始终高于女性,男性从 50—60 岁的 1.41 小时逐渐增加到 71—80 岁的 1.88 小时,女性则从 50—60 岁的 1.29 小时增加到 61—70 岁的 1.37 小时,在 71—80 岁下降到 0.986 小时。

但是,在传统老年远程教育(B13.4)的学习时长方面,除 50—60 岁男性的学习时间(1.85 小时)略高于女性(1.15 小时)外,从 60 岁以后,女性的参与时长都高于男性,特别是 61—70 岁,女性的参与学习时长为 1.55 小时,明显高于男性(0.877 小时),这可能与该年龄段女性要更多地承担隔代照料责任,无法有完整的外出学习时间有关,因此她们更多地选择远程教育学习。在 71—80 岁期间,无论男性还是女性,远程教育学习的时间都有所增加。

大学中面向学生的教育活动(B13.6)和中小学、幼儿园组织的教育活动(B13.7)的参与时长在各种学习类型中,无论男性还是女性都是最低的。

从总学习时长和老年大学正规课程学习时长来看,不同年龄段分性别的变化趋势基本一致。50—60 岁,女性的学习时长明显高于男性;61—70 岁两者趋于持平,但 70 岁以后男性的学习时长明显高于女性(如图 2-7-8 所示)。

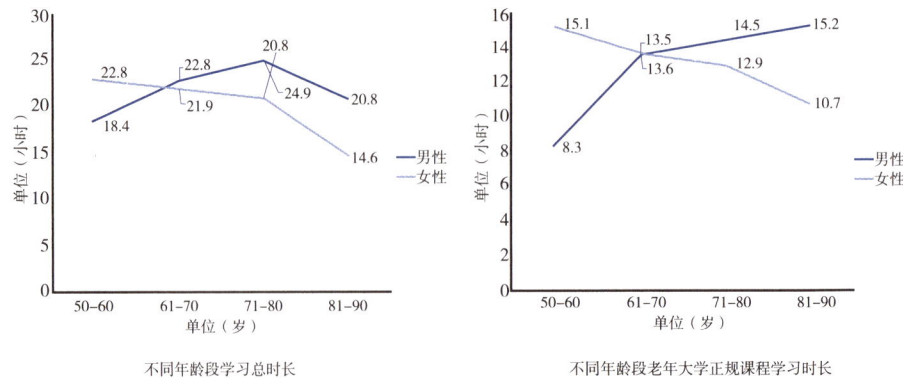

图 2-7-8　不同年龄段分性别总学习时长和老年大学正规课程学习时长变化

值得关注的是，本研究的样本中有 31 位高龄老人（81—90 岁），其中男性 12 人，女性 19 人。无论男女，在老年大学正规课程（B13.5）学习中的时长均是最长的，男性平均学习时长为 15.25 小时/月，按每天 2 小时算，每周要去老年大学 2 次左右；女性平均学习时长也在 10.66 小时/月，即平均每周要去老年大学 1—2 次。

（二）回归分析结果

1. 学习时长与抑郁状况关系的实证分析

（1）控制变量描述性分析

参照已有文献与问卷情况，本研究控制了研究对象的性别、年龄、受教育程度、婚姻状况、拥有子女情况、自评社会经济地位、是否与伴侣住一起、个人年收入等个人特征变量。问卷收集的样本平均年龄为 63.35 岁，77.19% 的调查对象为女性，22.81% 为男性。每位老人至少有一个孩子（儿子或女儿），有 7.55% 的老人儿女双全。62.5% 的调查对象个人年收入低于或等于 8 万元，37.5% 的调查对象个人年收入高于 8 万元。与伴侣住一起的调查对象占比为 86.63%，不与伴侣住一起的占比为 13.37%。更多详情见表 2-7-6。

表 2-7-6　个体特征变量有效性

	测项	频率	有效百分比
性别	男性	819	22.81%
	女性	2772	77.19%
受教育程度	未接受正式教育	10	0.28%
	小学	28	0.80%
	初级中学	189	5.30%
	高级中学（职业高中、普通高中、中专、技校）	1045	29.10%
	大学专科	1244	34.73%
	大学本科	947	26.44%

（续表）

	测项	频率	有效百分比
受教育程度	研究生及以上	119	3.32%
婚姻状况	已婚或同居	3184	88.70%
	离婚或丧偶等	407	11.30%
自评社会经济地位	中上层	219	6.09
	中层	1504	41.88
	中下层	1868	52.02
是否与伴侣住一起	住一起	3111	86.60%
	不住一起	480	13.40%
个人年收入	小于等于8万元	2244	62.50%
	大于8万元	1347	37.50%

（2）相关性分析

① 个体特征的相关性分析

人口统计学变量会影响被解释变量。采用卡方检验和独立样本T检验，对自评经济地位、个人年收入、受教育程度、性别、是否和伴侣在一起、婚姻状况和年龄、拥有子女情况进行相关性检验。卡方检验结果如表2-7-7所示。

表2-7-7 抑郁状况分类下卡方值检验

	卡方值/Fisher-Freeman-Halton 精确检验	精确显著性（双侧）
抑郁状况 * 自评社会经济地位	118.127	0.000***
抑郁状况 * 个人年收入	17.507	0.000***
抑郁状况 * 性别	12.68	0.002**
抑郁状况 * 受教育程度	8.322	0.032*

第二部分 老龄文明主题调查研究

（续表）

	卡方值/Fisher-Freeman-Halton 精确检验	精确显著性（双侧）
抑郁状况 * 是否与伴侣住一起	4.995	0.080
抑郁状况 * 婚姻状况	4.364	0.109

注：*、**、*** 分别表示在10%、5%和1%的水平上显著，后表同。

由表2-7-7可知，性别、个人年收入、受教育程度、自评社会经济地位在抑郁状况的分类下，有统计学意义上的差异。卡方值越大，表示变量之间有显著差异的可能性越大。人口统计学变量与抑郁状况有显著差异的可能性大小排序如下：自评社会经济地位＞个人年收入＞性别＞受教育程度，分别为118.127、17.507、12.68、8.322。通过独立样本T检验，年龄与拥有子女情况的变量p值分别为0.684与0.077，年龄与子女数量不具有统计学意义上的差异。

② 核心解释变量多样本独立T检验

对于多样本的独立检验，此处采用克鲁斯卡尔-沃利斯法，并用渐进法进行精确检验，比较不同抑郁状况与各项类型学习时长的样本差异。

表2-7-8 多样本的独立检验

	K-W H	渐进显著度
图书馆、科技馆、博物馆、美术馆、文体活动中心的活动	12.706	0.001**
街道社区学校、文化中心或乡镇成人学校的活动	7.084	0.026
老年活动中心学习讨论活动	5.236	0.066
传统老年远程教育	1.381	0.487
老年大学正规课程	19.716	0.000***
大学中面向学生的教育活动	0.394	0.822
中小学、幼儿园组织的教育活动	0.296	0.892

	K-W H	渐进显著度
学习总时长	26.557	0.000***

（续表）

（3）有序 logistic 回归分析

基于上一部分的相关性分析，得出抑郁状况与图书馆、科技馆、博物馆、美术馆、文体活动中心的活动时长，老年大学正规课程学习时长以及学习总时长存在显著的相关关系，为进一步了解两者的关系，采用有序逻辑回归进行分析，结果如表 2-7-9 所示。

表 2-7-9 有序逻辑回归结果

学习类型	抑郁状况 or 值	回归系数	显著性
性别（参考类别：男性）	0.679	−0.385	0.001**
受教育程度（参考类别：未接受正式教育）	0.893	−0.113	0.330
婚姻状况（参考类别：已婚或同居）	0.978	−0.022	0.919
自评社会经济地位（参照组：中上层）	2.715	0.999	0.000***
是否与伴侣住一起（参考类别：住在一起）	1.337	0.293	0.167
个人年收入（参考类别：小于等于 8 万元）	0.639	−0.440	0.000***
图书馆、科技馆、博物馆、美术馆、文体活动中心的活动时长	0.986	−0.014	0.066
老年大学正规课程学习时长	0.992	−0.008	0.041*
学习总时长	0.993	−0.007	0.005**

从表 2-7-9 来看，老年大学正规课程以及学习总时长的回归系数在统计上均是显著的，且二者的回归系数均为负值，表明它们与目标变量（即是否抑郁）之间存在负相关关系。从影响程度上看，老年大学正规课程和总学习时长相近。老年大学正规课程学习时长的 or 值为 0.992，即在其他条件不变的情况下，学习时长每增加一个小时，老人抑郁的概率将减少 0.8%；总学习时长的 or 值为 0.993，即在其他条件不变的情况下，总学习时长每增加一

个小时，老人抑郁的概率将减少 0.7%。

根据分析内容，我们做出以下推断：

老年大学正规课程学习，则可能通过增强教育成就感、提高社会参与感以及促进知识更新等方式，对抑郁产生负向影响。老年人通过参与课程学习，能够感受到自己在学习和进步，从而提升自尊和自信。同时，课程学习也使他们更积极地参与社会活动，增强归属感和满足感。持续学习新知识还可以保持思维的活跃性，对心理健康产生积极影响。

至于总学习时长对抑郁的负向影响可能与学习投入的回报、日常活动的充实度以及目标追求与实现等因素有关。投入更多的时间学习通常意味着能够积累更多的知识和技能，从而提升个人的自我价值和满足感。此外，较长的学习时长也可能使个人的日常生活更加充实和有意义，有助于预防抑郁。同时，持续的学习活动可能与个人目标的追求和实现紧密相连，而目标的达成则能带来正面的情绪反馈，进而降低抑郁风险。

2. 学习时长与主观幸福感关系的实证分析

（1）控制变量描述性分析

参照已有文献与问卷情况，本研究同样控制了研究对象的年龄、性别、受教育程度、婚姻状况、拥有子女情况、自评社会经济地位、是否与伴侣住一起、个人年收入等个人特征变量。详情同上表。

（2）相关性分析

① 个体特征的相关性分析

同样采用卡方检验和独立样本 T 检验，对性别、受教育程度、婚姻状况、自评社会经济地位、是否与伴侣住一起、个人年收入和年龄、拥有子女情况进行相关性检验。卡方检验结果如表 2-7-10 所示。

表 2-7-10　人口统计学变量卡方检验

	卡方值/Fisher-Freeman-Halton 精确检验	精确显著性（双侧）
主观幸福感 * 性别	12.313	0.000***
主观幸福感 * 受教育程度	9.985	0.076

（续表）

	卡方值/Fisher-Freeman-Halton 精确检验	精确显著性（双侧）
主观幸福感*自评社会经济地位	7.778	0.020*
主观幸福感*是否与伴侣住一起	4.222	0.049*
主观幸福感*婚姻状况	0.673	0.673
主观幸福感*个人年收入	0.029	0.846

注：*、**、*** 分别表示在 10%、5% 和 1% 的水平上显著，后表同。

由表 2-7-10 可知，性别、自评社会经济地位、是否与伴侣住一起在主观幸福感的分类下，有统计学意义上的差异。卡方值越大，表示变量之间有显著差异的可能性越大。人口统计学变量与主观幸福感有显著差异的可能性大小排序如下：性别 > 自评社会经济地位 > 与伴侣居住情况。受教育程度、婚姻状况、个人年收入三个变量与主观幸福感都无统计学意义上的差异，因此后续的回归分析将删除这三个变量。通过独立样本 T 检验，年龄与拥有子女情况的变量与主观幸福感不具备显著差异，p 值分别为 0.703 与 0.282，大于 0.05，这两个变量也同样不进入后续的回归分析。

② 核心解释变量独立样本 T 检验

选择独立样本 T 检验比较主观幸福感与不同类型学习时长的差异，主观幸福感在老年大学的正规课程学习时长（每月）这一维度上具备显著差异，P 值小于 0.05，说明老年大学的正规课程学习时长和学习总时长分别与主观幸福感存在关联，二者是否存在因果关系有待后续论证，检验结果如表 2-7-11 所示。

表 2-7-11 核心解释变量独立样本 T 检验

	主观感到幸福（N=3555）	主观感到不幸福（N=36）	T 值	P 值
图书馆、科技馆、博物馆、美术馆、文体活动中心的活动	3.48 ± 8.74	2.22 ± 4.02	−0.862	0.389

（续表）

	主观感到幸福（N=3555）	主观感到不幸福（N=36）	T值	P值
街道社区学校、文化中心或乡镇成人学校的活动	1.69 ± 5.80	1.14 ± 2.62	−0.574	0.566
老年活动中心学习讨论活动	1.40 ± 5.15	1.22 ± 3.70	−0.206	0.837
传统老年远程教育	1.36 ± 6.06	1.08 ± 3.45	−0.278	0.781
老年大学正规课程	14.04 ± 17.83	6.78 ± 8.16	−5.211	0.001***
大学中面向学生的教育活动	0.23 ± 1.71	0.19 ± 0.52	−0.114	0.909
中小学、幼儿园组织的教育活动	0.23 ± 1.79	0.92 ± 2.26	1.812	0.078
学习总时长	22.43 ± 24.96	13.56 ± 12.44	−4.195	0.000***

（3）二元 logistic 回归分析

基于上一部分的相关性分析，得出主观幸福感与老年大学正规课程学习时长、学习总时长两者存在显著的相关关系，为了进一步了解两者的关系，采用二元逻辑回归分析。在控制人口统计学变量的前提下，分别探索老年大学的正规课程学习时长和学习总时长与主观幸福感的关系。

① 协变量（哑变量设置）

是否与伴侣住一起、性别、自评社会地位设置为以第一个值为参考。

② 老年大学正规课程学习时长回归模型拟合度与模型数据结果分析。

霍斯默–莱梅肖（Hosmer-Lemeshow）检验的零假设是观测数据和回归模型的拟合状况良好，备选假设是拟合状况不好，若P值大于0.05则接受零假设，即表示观测数据和回归模型的拟合状况良好。如表2-7-12所示，霍斯默 P 值为 0.508，p>0.05，接受零假设，表示纳入的变量能解释主观幸福感并建立二元 logistics 回归模型，和真实数据拟合状况良好。换而言之，建立出的二元回归模型得出的结果可反映原始变量之间的真实关系。

表 2-7-12　老年大学正规课程回归模型拟合度（样本量 =3591）

霍斯默－莱梅肖检验			
步骤	卡方	自由度	显著性
1	7.267	8	0.508

根据 P 值判断 X 对 Y 是否呈现出显著的影响，当 P<0.05，说明 X 会对 Y 产生影响关系。如表 2-7-13 所示，显著性 p 值为 0.012，小于 0.05，说明老年大学的正规课程学习时长会对主观幸福感产生影响。老年大学学习时长每个月增加一个小时，感到幸福的概率会提升 6.5%。除了老年大学学习时长这一变量，其他变量如性别、社会地位对主观幸福感均有显著的正向影响。结果见表 2-7-13。

表 2-7-13　老年大学正规课程二元 logistic 回归分析结果（样本量 =3591）

变量	显著性	or 值
性别（参考类别：男性）	0.002**	2.900
社会地位（参考类别：中上层）	0.026*	3.204
是否与伴侣住一起（参考类别：住在一起）	0.041*	0.447
老年大学正规课程学习时长	0.012*	1.065

③ 学习总时长回归模型拟合度与模型数据结果分析

如表 2-7-14 所示，霍斯默 P 值为 0.174，p>0.05，接受零假设，表示纳入的学习总时长变量能解释主观幸福感并建立二元 logistics 回归模型，和真实数据拟合状况良好。

表 2-7-14　学习总时长回归模型拟合度（样本量 =3591）

霍斯默－莱梅肖检验			
步骤	卡方	自由度	显著性
1	11.523	8	0.174

如表 2-7-15 所示，学习总时长显著性为 0.044，小于 0.05，证明学习总时长会对主观幸福感产生影响。学习总时长每个月增加 1 个小时，感到幸福的概率会提升 2.6%。

表 2-7-15　学习总时长回归模型拟合度（样本量 =3591）

变量	显著性	or 值
性别（参考类别：男性）	0.001***	3.107
社会地位（参考类别：中上层）	0.026*	3.180
是否与伴侣住一起（参考类别：住在一起）	0.037*	0.439
学习总时长	0.044*	1.026

三、结论与政策建议

本研究探讨了老年学习对精神健康的影响，揭示了老年学习行为中不同学习情景、学习时长在降低抑郁风险和提升主观幸福感中的重要作用。研究结果表明，老年学习可以有效缓解抑郁情绪，同时显著提升主观幸福感。这表明，长期而持续的学习行为具有累积效应，对于保持心理健康和延缓认知退化具有重要意义。

基于本研究的分析结果，为了更有效地推动老年学习，改善老年人的精神健康水平，提出以下政策建议。

（一）提升老年学习资源可及性

研究结果表明，老年人自主的非正式学习并未影响其主观幸福感，而老年大学的正规课程学习时长却能对主观幸福感产生统计学意义上的影响，证明为了提升老年人幸福感，应多鼓励老年人接受老年大学正规课程的学习。但在实际中，许多老年人因学习资源分布不均或交通不便而无法充分参与学习，此外也存在城乡教育资源不平衡的问题，因此需要统筹城乡发展，促进老年教育资源均衡配置，提升老年学习资源可及性。

首先可以在供给端扩大老年教育资源覆盖范围，增加老年大学数量，丰富老年大学活动形式。在城乡社区推广老年大学和社区学习中心的建设，特别是在老年人口集中的地区，提供多样化的学习场所和活动形式。同时，精准匹配供需，畅通供给通道，推进老年教育资源的可及性。供给侧要明确老年学习需求的内容、种类和数量。不同地域的老年人学习需求不同，了解需求有助于提供更适配的学习产品。而需求侧必须做到便于了解相关服务信息，针对老年人主要的信息来源宣传发布老年大学相关资讯，提高老年教育资源的知晓率，从而让老年人能够根据自身的偏好作出选择。此外，可以通过移动学习车，将教育资源直接带到社区和农村地区，以实现老年学习资源的公平分配。还可以通过政策措施缩小因地理条件和资源分配不均导致的学习参与差距，进一步改善全体老年人的精神健康。

（二）激励更多老年人参与学习

老年学习是老年人增强社会融入能力和提升老年生活质量的重要路径，也是老年人共享社会公共服务的重要方式。研究表明，学习行为对促进精神健康具有积极作用，但调查发现仍有许多老年人对学习的参与意愿并不是很高，主要原因可能包括经济负担、对学习效用缺乏认知或缺乏动力等。因此，要实现老年学习的全面推广，需要从社会文化层面增强对老年学习重要性的认知。建议整合各方资源，通过多种方式激励老年人参与学习。首先，可以通过社区宣传活动和典型案例展示，普及学习对促进精神健康的积极影响，增强老年人对学习的认知与认可。其次，针对低收入老年人，政府或社会组织可以提供学费减免或发放学习补贴的方式，以降低学习的经济门槛。最后，还可以鼓励家庭成员支持老年人参与学习活动，例如通过祖孙共学或家庭学习计划增强学习氛围，利用家庭纽带激发学习动力。这些措施不仅能增加老年人的学习参与率，还将进一步改善其精神健康状况。

（三）重视老年学习课程设计

与非正式的学习相比，老年大学的课程更应具备系统性、持续性、计划性。系统性的老年学习可以提供全面、科学的知识体系，活跃老年人思维；

持续性的学习则可以不断强化、巩固已有的知识和思维逻辑，维持学习对情绪的积极效用；计划性的学习则能帮助老年人明确学习进度，减轻失控感，从而更加从容地面对未知。

通过对老年人不同学习类型学习时长与精神健康关系的分析，可知老年大学的必要性和优势之所在。为了更好地发挥老年大学正式教育的优势，首先，老年大学的课程应该按照老年人的认知规律和学习特点，立足于老年人在知识汲取、情感满足、社会参与等不同层次的实际需要，建立适合老年人学习的课程体系。其次，可以根据不同年龄阶段和学科特点，制定相应的学习时长标准，可以设计短小、精炼的课程模块，让老年人能够在短时间内感受到学习的成就感，从而增强持续学习的动力。第三，应当明确课程设计原则，深入调研老年人群的学习需求，确保课程内容与老年人的实际需求、兴趣和生活方式相契合。第四，建立课程进阶体系，允许老年人根据自己的学习进度和兴趣逐步深入学习。

（四）探索技术赋能下的新型学习形式

研究显示，远程教育仍然是老年人，特别是61—70岁女性的重要学习方式，且随着年龄的增长，无论女性还是男性，都倾向于将更多的时间用在远程教育学习方面。现在我们已步入数字化时代，在帮助老年人跨越"数字鸿沟"的同时，可以多开发一些设计界面简洁、操作便捷的老年学习App，提供多样化的学习资源；开设针对老年人的在线直播课程，实现实时互动和答疑；利用社交媒体平台建立老年学习社群，组织线上学习小组，让老年人结伴学习，鼓励互助学习和分享，增强学习动力。老年大学可以依托自身的人力资源组织跨代学习数字产品项目，让老年人与年轻人共同学习，促进代际交流，鼓励家庭成员参与老年人的学习过程，形成家庭学习氛围。通过VR/AR技术模拟真实场景，为老年人提供沉浸式的学习体验。未来可以探索这些新型学习形式在老年教育中的应用效果，评估其在提高学习兴趣和改善精神健康方面的潜力。通过这些新型学习形式，可以有效地利用技术赋能，提升老年人的学习体验和效果，帮助他们更好地适应数字化社会的发展。

（五）加强老年学习与健康服务融合

研究表明，老年学习与健康服务管理的结合能更全面地提升老年人的福祉，如果能够将老年学习与心理健康服务有效融合，其效果将更加显著。①同时老年学习也与银发经济存在诸多契合点，加强老年学习与健康服务的融合，可以达到"双赢"的效果。

一是明确融合目标。将老年学习与健康服务相结合，全面提升老年人的身心健康水平和生活质量，同时强调资源优化配置，整合老年学习和健康服务资源，提高资源利用效率。二是打造融合平台。在社区、养老机构等，提供面对面的教育和健康服务。鼓励社区和相关机构联合开展心理健康干预项目，例如组建心理咨询小组、情绪支持团队等，以进一步增强学习活动的健康促进效果。这种教育与健康服务的融合模式，将更全面地满足老年人的身心需求。②三是开发融合课程。在老年学习课程中融入健康知识、疾病预防、心理健康等健康素养教育内容。采用讲座、研讨会、实践操作等多种互动式教学方式，提高老年人的参与度和学习效果。未来可以深入研究如何在学习课程中融合心理健康辅导、健康评估等服务，形成教育与健康的双重支持体系，进一步提升学习的综合效益。

（六）加强老年教育政策评估与推广

政策的执行效果需要科学的评估和动态调整。我们可以建立科学的监测与评估机制，结合定量和定性方法，通过收集老年学习参与率、学习满意度以及精神健康改善程度等数据，定期评估政策的实施效果，在总结经验的基础上，对政策进行优化调整。此外，还可以关注典型特色案例，推广成功案例模式，如优秀的社区学习中心或特色学习活动模式等，促进老年学习政策的进一步普及。此外还可以强化评估能力建设，提升评估人员的专业素养，引进先进评估工具和技术，提高评估效率；实施多元化评估，鼓励第三方机

---

① 朱正杰、施正丽、纪颖等：《积极老龄化视角下老年人社会参与研究》，《中国健康教育》2024 年第 8 期。
② 孙立新、刘兰兰：《教育会影响老年人主观幸福感吗？——基于教育回报率的实证研究》，《开放教育研究》2020 年第 5 期。

构参与评估,增加评估的独立性和公正性;引入公众参与,听取社会各界意见,增强评估的民主性。

本研究尽管得出了一些有意义的结论,但仍存在局限性,研究样本主要来源于南京的3所老年大学,可能在一定程度上限制了结论的外推性。老年学习的影响是一个复杂的动态过程,未来还可以进一步从以下方面探索:一是扩大研究的样本覆盖范围,计划从明年开始扩大样本范围,由南京市扩大到江苏省全省,由上老年大学的群体扩大到参与各种类型老年学习的群体,由城市扩大到农村,以提高研究的普适性;二是进一步深入分析性别、家庭支持、受教育程度等因素如何调节学习行为的心理健康效应,以制定更加精准的干预策略;三是开展纵向研究,每隔一段时间作一次问卷调查,以较长时期来追踪老年人的学习行为和心理健康状态,探索学习行为对认知功能、社会参与和精神健康的累积效应。

作者:曹玉梅,江苏省教育厅副厅长,老龄文明智库学术委员会副主任委员、老龄学习与精神生活研究专业委员会首席专家;赵媛,南京师范大学二级教授,博士生导师,老龄文明智库老龄学习与精神生活研究专业委员会首席专家;顾钰璇,南京师范大学金陵女子学院教师,博士,老龄文明智库研究人员;董韫宁,南京师范大学金陵女子学院硕士研究生;周颖,南京师范大学金陵女子学院硕士研究生。

主要参考文献

1. 莫旋,阳玉香.流动人口就业的影响因素及与主观幸福感之关系——基于分层模型的实证分析.《华东师范大学学报(哲学社会科学版)》2021年第4期

2. 许学华,李晓鹏,李菲,等.老年人主观幸福感的影响因素及感恩的调节作用.《中国老年学杂志》2021年第17期

3. 王璐,陈璐.中国老年人的年龄认知与社会参与.《人口研究》2024

年第 5 期

4.何文炯，张雪，刘来泽.社会参与模式对老年人心理健康的影响——基于个人—家庭平衡的视角.《治理研究》2022 年第 5 期

5.朱正杰，施正丽，纪颖，等.积极老龄化视角下老年人社会参与研究.《中国健康教育》2024 年第 8 期

6.孙立新，刘兰兰.教育会影响老年人主观幸福感吗？——基于教育回报率的实证研究.《开放教育研究》2020 年第 5 期

7.World Health Organization. *Active Ageing: A Policy Framework*. Geneva: World Health Organization, 2002

江苏老年人力资源高质量发展评价体系研究

沙 勇

一、老年人力资源高质量评价的概念界定与研究现状

（一）老年人力资源高质量发展评价的概念界定

1. 老年人力资源

老年人力资源是指达到一定年龄但仍具备劳动能力、愿意参与社会生产和服务活动的老年人群体。通常这一群体包括60岁及以上的老年人，他们尽管从年龄方面来看达到了老年人口的标准，但仍具有健康的体魄，能够继续为社会和经济的发展贡献自己的力量，拥有丰富的知识、技能和经验，能够通过各种形式继续为社会作出贡献，可以继续走上工作岗位，贡献自己的"老有所为"。

2. 高质量发展

党的十九大报告中指出，我国经济已由高速增长阶段转向高质量发展阶段，正处在转变发展方式、优化经济结构、转换增长动力的攻关期，建设现代化经济体系是跨越关口的迫切要求和我国发展的战略目标。对于老年人力资源而言，高质量发展不仅意味着老年人能够充分发挥其潜能和价值，也意味着他们在就业、健康、教育、社会参与等方面的全面发展，其具体表现则

是老年人的就业机会增加、健康状况改善、受教育程度提高以及社会参与度和幸福感增强。

3. 评价体系

评价体系是指为实现评价目标而设计的一系列指标及其结构安排。一个科学合理的评价体系应具有系统性、科学性、可操作性和前瞻性。老年人力资源高质量发展评价体系，需涵盖多维度、多层次的指标，以全面反映老年人力资源的各个方面，包括人力资本（教育与培训、职业技能），健康资本（健康状况、医疗服务），社会资本（社会参与、社会支持）等。

（二）老年人力资源高质量发展评价的理论溯源

1. 适度人口理论

英国经济学家 E. 坎南于 19 世纪晚期提出适度人口的概念，适度人口指对一国或地区的经济发展最适宜的人口数量。瑞典经济学家 K. 维克塞尔在此基础上延伸出适度人口密度的概念，并从农业资源的视角出发探讨了人口与经济社会之间的联系。在此之后，适度人口理论历经了两次重要的理论进展。首先，着眼于"动态适度人口"分析，更多地关注技术及社会条件等发生变化时的最佳人口规模和密度。其次，法国人口学家索维将其界定为"一个以最令人满意的方式达到某项特定目标的人口"，并划分为两类：一是"经济适度人口"，即可以获取最大经济收益的人口；二是"实力适度人口"，即能实现最大实力的人口。20 世纪 20—30 年代间，适度人口理论的相关研究曾达到高峰。尽管如此，美国人口学家列宾斯坦等多位学者均未成功计算出精确的适度人口。由此，关于"适度人口理论"是否为伪命题的争议不断出现。[①]

2. 可持续发展理论

1972 年，可持续发展概念在联合国人类环境研讨会上被正式提出，呼吁人们重新思考人与资源、环境的相互关系，营造健康且富有生机的环境。世界环境与发展委员会在《我们共同的未来》一书中指出，"可持续发展是

---

① 陈友华、孙永健：《非均衡发展：人口发展理论的批判与建构》，《学海》2021 年第 4 期。

既满足当代人需要，同时不会对后代人满足其需要的能力构成危害的发展"。显然，这一定义是笼统而抽象的，缺乏实际中可执行的具体内容。20世纪70—80年代，对人口与可持续发展关系的讨论从未停歇。以金（King）为首的麦多斯学派主张，当人口数量处于资源环境可承载的限度之内时，持续发展的目标便可以达成。作为一种创新的发展观念，可持续发展备受国际社会认同。自20世纪90年代以来，它逐步成为全球各国的重要发展战略。各个国家或政府都在努力明确可持续发展的真正内涵，并明确其涵盖范围包括国际、区域、地方及特定的层面。①

3. 人口长期均衡发展理论

在经济学领域，均衡是指经济体系中各种因素在变动中达到相对平衡的状态。均衡状态中的系统各组成部分是相对稳定的，且系统的发展是协调、可持续的。20世纪90年代，胡伟略②、李涌平③等人用"均衡"这一概念，结合经济学的理论框架和分析方法，对中国所面临的人口问题进行了深入探讨。综合学者们对于人口长期均衡发展内涵的讨论，可以将其理解为三个方面的均衡发展。④⑤⑥一是人口内部长期均衡发展，即人口规模、质量、结构和分布四个要素处于协调状态，且不会因为其中某一个（或多个）要素的发展而导致其他要素偏离理想状态，从而能够支持人类自身的繁衍和人口系统自我演进到更高层次。二是人口外部长期均衡发展，即人口与经济社会协调发展，与资源环境承载能力匹配，人口发展既与经济、社会、资源和环境的发展相适应，同时也不应超越这些因素所能承受的界限。三是人口总体长期均衡发展，即人口内部均衡与人口外部均衡之间可

---

① 陆杰华、黄匡时：《关于构建人口均衡型社会的几点理论思考》，《人口学刊》2010年第5期。

② 胡伟略：《市场经济与均衡人口》，《人口研究》1994年第3期。

③ 李涌平：《决策的困惑和人口均衡政策——中国未来人口发展问题的探讨》，《北京大学学报（哲学社会科学版）》1996年第1期。

④ 翟振武、杨凡：《中国人口均衡发展的状况与分析》，《人口与计划生育》2010年第8期。

⑤ 李建民：《论人口均衡发展及其政策涵义》，《人口与计划生育》2010年第5期。

⑥ 张俊良、郭显超：《人口长期均衡发展的理论与实证模型研究》，《人口研究》2013年第5期。

持续的协调状态。陈友华教授对这一本土学者提出的理论进行了反思与批判，认为人口均衡发展理论带有强烈的理想主义色彩，人口非均衡发展才是现实常态。世界上与人口均衡发展最接近的可能只有北欧极少数几个国家，而大多数国家的人口都处在不同程度的非均衡状态之中。①

（三）老年人力资源高质量发展评价的研究现状

1. 人类发展指数

1999年，基于Sen的可行能力理论，联合国开发计划署（UNDP）在Haq的领导下提出人类发展指数（HDI），包括预期寿命指数、受教育指数[（期望受教育指数+平均受教育年限指数）/2]、人均GDP指数三个一级指标。2021—2022年的HDI计算使用的具体指标包括：出生预期寿命、期望受教育年限、平均受教育年限和人均国民收入。

2. 人力资本指数

人力资本指的是人在一生中积累的知识、技能和健康，它们使一个人能够作为有生产力的社会成员发挥潜力。为了能够通过开发人力资本来消除贫困，构建更具包容性的社会，我们有必要将营养、医疗保健、优质教育、就业和技能培养投资于人。世界银行和国际货币基金组织在印度尼西亚巴厘岛举行的2018年秋季年会上，首次发布各国人力资本指数（HCI），这一指数以157个成员国对从婴儿阶段至18岁青少年时期的国民的投资为评价标准进行排名，反映出被评价国在保健、教育等领域的水平。

3. 美好生活指数

2011年，经济合作与发展组织推出"幸福生活"（well-being）指标体系以测量人们的生活质量。通过对居民进行问卷调查，就成员国及地区的物质条件、生活质量等11个领域的表现进行排名，并据此生成各国及地区的"美好生活指数"（Better Life Index），以评估人们对生活的满意程度。目前所涉各项指标已被纳入该组织的年度"社会与福利"统计数据。经济合作与发展组织（OECD）对于"幸福生活"的测量与分析框架以其十年来对于社

---

① 陈友华、孙永健：《非均衡发展：人口发展理论的批判与建构》，《学海》2021年第4期。

会进步衡量的研究和探索为基础，纳入了传统的社会指标 GDP 未能反映的影响民众生活的一些因素，如安全、休闲、收入分配、环境清洁等。①

4. 生命质量指数

生命质量指数（PQLI）是一个综合性指标，从健康和文化教育两个维度反映人口质量。PQLI 由婴儿死亡率、1 岁时平均预期寿命和识字率三个基本指标组成。以 15 岁以上人口中识字者所占的百分比来表示识字率指数，无须进行换算。婴儿死亡率指一年内每 1000 个新生儿中的死亡人数。据联合国统计资料，从 1950 年至 PQLI 首次公布数据时的结果显示：加蓬的婴儿死亡率最高，达到 229‰，这个数字也被用来当作指数的起点"0"；瑞典的婴儿死亡率最低，为 8‰，估计到 2000 年将下降至 7‰，这一数据成为指数中的"100"。第二次世界大战后，越南的 1 岁平均预期寿命最低，为 38 岁，这个数字也被用来当作指数的起点"0"；预期寿命上限预计为 77 岁，这一数据成为指数中的"100"。换算结果是，1 岁预期寿命每变动 0.39 岁，在指数上变动 1。指数计算公式为：1 岁平均预期寿命指数 =1 岁平均预期寿命 −38/0.39。3 个分指数的简单算术平均数就是生命质量指数的结果。②

二、江苏老年人力资源发展的总体情况

（一）人口结构与变化趋势

1. 江苏老年人口的数量与比例

对江苏 2017 年至 2023 年 60 岁及以上老年人口数量及占比进行分析，可以发现：一是总体趋势持续增长，从 2017 年到 2023 年，江苏 60 岁及以上老年人口数量从 1756.21 万人增加到 2042.99 万人，增幅为 16.3%；老年人占比上升，60 岁及以上老年人口占总人口的比例从 2017 年的 22.51% 上升到 2023 年的 26.02%，增幅为 3.51 个百分点。二是年度变化明显，2021 年到 2023 年，老年人口数量从 1872.12 万人增加到 2042.99 万人，两年内

---

① 王俊秀：《OECD 的幸福指数及对我国的借鉴意义》，《民主与科学》2011 年第 6 期。
② 龚幼龙：《社会医学》，复旦大学出版社 2005 年版，第 40—41 页。

增加了170.87万人，占比从23.75%增加到26.02%，上升了2.27个百分点。2020年到2021年，老年人口数量从1850.53万人增加到1872.12万人，增加了21.59万人，占比从21.84%上升到23.75%，上升了1.91个百分点。每一年老年人口数量和占比都呈现上升趋势，户籍人口数据尤其显示出江苏省老年人口逐年稳步增加。三是户籍人口与常住人口对比，2022年和2020年数据按常住人口统计，与其他年份按户籍人口统计相比，常住人口的老年人口占比稍低。这可能是因为部分老年人在统计期间居住地的变化导致的。四是社会经济影响和劳动力结构变化。老年人口的持续增长和占比的上升意味着劳动年龄人口相对减少，可能带来劳动力短缺问题。此外还有养老和医疗需求增加的问题。随着老年人口的增加，社会对养老服务和医疗资源的需求也在不断增加，压力显著。

2. 江苏人口老龄化特点

江苏人口老龄化呈现出规模庞大，增长速度快，高龄化趋势凸显和城乡、区域发展不平衡等分布特点。2023年江苏老年人口绝对数量已居全国第二，并保持着较快增长速度。对比2020年江苏第七次全国人口普查数据，2021年60岁及以上常住老年人口较上年同期增加了33.15万人，全省60岁及以上老年人、65岁及以上老年人和80岁及以上高龄老年人口比重分别上升了0.31、0.84、0.41个百分点。江苏的老年抚养比例也在不断攀升，从2016年的17.33%上升到2022年的26.29%，并且这一增长趋势在未来还将持续。

从年龄结构分布上看，在江苏老年群体中，低龄老年人口比例相对较高，但高龄化趋势也日益显著。截至2022年底，全省60—69岁的老年人口总数要多于80岁及以上高龄老年人口，老年人力资源开发空间潜力巨大，同时80岁及以上老年人占老年人口总数的15.07%。

（二）老年人力资源的特点

1. 教育水平与职业技能

江苏老年人口的教育水平蕴含强大潜力。江苏省第七次全国人口普查公报数据显示，全省常住人口中，有15816765人具备大学（大专及以上）的教育背景，占总人口的18.66%；而拥有高中或中专教育背景的人数为

13721862人，占总数的16.2%。在平均受教育年限上，15岁及以上人口的平均受教育年限由2010年的9.32年上升至2020年的10.21年；而在16—59岁这一劳动年龄段中，人口平均教育年限则达到了10.8年。另外，全省登记在册的参加老年大学和老年学校学习的人数已有342472人，这些都是江苏丰富且宝贵的人力资源优势的集中体现。

江苏老年人口的职业技能水平在不断提高。江苏95%的乡镇（街道）已建成标准化社区教育中心，已实现每个设区市至少建有3所、90%以上的县（市）建有1所老年大学，并建有897所乡镇（街道）老年学校和11573所村（社区）老年学校，这些举措增加了老年教育资源供给，为老年人提升职业技能水平提供了多样化选择。此外，全省城市和农村居民的学习参与率已分别达到60%、40%，老年人参与学习活动的积极性高涨。

2. 健康状况与劳动能力

江苏老年人口的慢性病患病率较高，健康状况有待进一步改善，老龄就业比例也有所下降。老年人的健康状况将直接影响其劳动能力。一方面，近年来江苏高龄老年人数量不断增多。截至2021年末，江苏全省百岁老人达8375人，较上年增加了612人，80岁及以上高龄老人也已达288万，占老年人口的比重超过15%，这一比例相较于20年前上升了约5个百分点。江苏人口平均预期寿命达到了79.96岁，呈现出快速提高趋势。全省各设区市人口平均预期寿命相较2010年也实现了约2.5岁的显著提升，其中苏州市和南京市人口平均预期寿命已突破80岁。然而，江苏人均预期寿命虽有所延长，但老年人的健康状况和生活质量却不容乐观，健康寿命水平仍需进一步提升。第五次全国城乡老年生活状况抽样调查数据表明，江苏近八成老年人患有慢性病，大多数老年人都处于带病生存的状况。全省失能和半失能老年人占比为9.6%，79.4%的老年人患有一种以上的慢性病，两周患病率达到了12.1%。老年人自评健康状况为很好、好的只占50%，与自评健康状况一般、较差和差的比例相同，说明老年群体中存在明显的健康差异。老年人总体较好的健康状况不仅可以满足老年个体的健康养老需求，还能为开发老年人力资源打下良好基础。

3. 社会参与及社会贡献

江苏老年人口的社会参与度和社会贡献较小，并表现出一定的特殊性。江苏老龄人口参与就业方面的特点在于，一是就业占比较低。与发达国家相比，江苏老年人的就业比例远不如人口老龄化形势更加严峻的日本和韩国。据韩国统计厅发布的数据可知，韩国老年群体是劳动参与的有生力量，其劳动参与率已超60%，即每3名老年人中有2人仍愿继续参与就业市场。截至2022年底，韩国65—69岁老年人口的就业率为50.7%，较10年前增加了11.3个百分点；70岁及以上老年就业人口比例为24.5%，较10年前也增加了7.4个百分点。而根据日本的相关统计数据，日本65岁及以上老年人群的就业率为25.1%，其中65—69岁老年人的这一就业比例则高达50.3%。二是就业领域相对低端。江苏60岁及以上老年就业人口主要集中在农、林、牧、渔业生产及辅助人员等体力劳动岗位上，并且这一占比高达49.27%。而这些岗位对技能和学历要求相对较低，老年群体相较年轻劳动力在这些岗位上的竞争力可能更弱。还有一些老年人口就业集中在制造业、建筑业、批发零售和居民服务、修理及其他服务业中，分别占比为13.79%、10.96%、9.68%和3.54%。三是在就业分布上城乡差异显著。出于自然地理位置的原因，江苏农村、乡镇老年人口在农业领域的就业比例相对更高，分别为60.74%和40.31%，远远高于城市的对应比例（18.80%）。

（三）老年人力资源开发现状

1. 政策与制度保障

2022年1月，江苏颁布实施《江苏省就业促进条例》，明确"县级以上地方人民政府应当制定鼓励老年人再就业的政策措施，提供就业服务、就业培训等支持，维护老年人再就业的合法权益"。同年，省委办公厅、省政府办公厅印发的《关于稳定和扩大就业若干措施的通知》明确要求，"做好超龄进城务工人员用工管理和服务工作，依法保障进城务工人员合法权益。"推动用人单位与受聘老年人依法签订协议，依法保障老年人的劳动权益和合法收入。据全省建筑工人实名制管理系统统计，目前已登记在册的人数达448万人，其中超过60岁的为27.3万人，占总人数的6.1%。

2021年组织印发的《江苏省"十四五"高质量就业促进规划》，提出"贯彻落实渐进式延迟法定退休年龄政策，积极开发老龄人力资源，优化老龄劳动者就业环境，为老龄就业群体提供更多非全职就业、灵活就业和社区工作等岗位，推动更多的低龄老年人加入就业创业队伍，积极应对人口老龄化"。

2020年，《江苏省超过法定退休年龄人员和实习生参加工伤保险办法》明确支持用人单位按照国家和省有关规定为已达到或者超过法定退休年龄但不超过65周岁、未办理退休手续的就业人员办理工伤保险。截至2023年，全省超过法定退休年龄人员参加工伤保险共35152万人，参加企业养老保险、达到退休年龄仍在参保缴费的人员共16.7万人。

2019年，《江苏省就业失业登记管理办法》将登记失业服务中"在劳动年龄内"的标准放宽至从年满16周岁（含）至依法享受基本养老保险待遇之时，对登记失业的低龄老年人按规定免费提供政策法规咨询、职业介绍、职业指导、职业培训、创业开业指导等基本公共就业服务。鼓励用人单位优先返聘老龄劳动者，积极挖掘和开发现代农业、家政服务、老年护理等领域的就业岗位。

2. 实践与探索案例

江苏省人力资源和社会保障厅在2022年发布《江苏省企业职工基本养老保险实施办法》（以下简称《实施办法》），创新规定了推迟退休政策，将于2022年3月1日起正式施行。《实施办法》增设了女灵活就业人员的法定退休年龄为55周岁，并对部分符合一定条件的女灵活就业人员及女失业人员，将退休年龄下调为50周岁。延迟退休的讨论由来已久。江苏发布的新《实施办法》是全国第一个出台的企业职工延迟退休方案，是之前延迟退休讨论十余年来首次在地方落地。

江苏省各设区市也作出了许多有益的实践和探索，积极搭建老年社会参与平台，助力老年群体实现更充分、更高质量就业，为开发老年人力资源提供了有力支持。2023年，江苏省扬州市人社局景区办事处联合景区相关部门和乡街、社区，利用"9个一"探索推进老年人、新业态群体"心服务"的体系建设。旨在解决老年人、新业态群体在就业创业、社会保障、权益维护等方面的问题,力争年内帮助50名左右有就业意愿的老年人搭建就业桥梁,实现中、高质量就业;力争年内实现老年人就业创业培训500人、新业态就业创业培训50人,根据老年人、新业态群体各自的学习特点和就业需求,构建线上线下相结合、理论与实践相融合的培训体系,在数智时代,面对各种新业态层出不穷的背景,帮助有再就业意愿的初老族在新的就业岗位上继续发光发热。2021年,江苏省苏州市文化广电和旅游局开展"e"家人——老年人智能手机系列培训"智慧助老"行动,旨在培训老年人掌握智能技术技能、积极融入智能时代,提高其社会参与能力。

三、老年人力资源高质量发展评价体系的设计与构建

(一)评价指标选择原则

1. 科学性

所有构成指标的数据来源须有明确、规范的标准,这些数据不仅应相对客观,而且应具有权威性。同时,须具有科学的指标计算方法,使其能够准确地反映老年人力资源高质量发展的概念和维度,确保其具有很高的信度和效度。此外,须确保同一指标的数据来源及计算方式具有统一性。

2. 可持续性

为了指标体系的可持续利用,以及为持续定期发布和纵向比较老年人力资源高质量发展情况打下基础,要求使用定期更新的数据,如季度、年度、追踪调查数据等,避免使用一次性的抽样调查数据。

3. 易获性

在联合国、国际组织以及我国各级政府和部门对数据共享思想的深入实践中,将有更多公开数据或可申请获得数据可以用于老年人力资源高质量发展指标体系的构建。因此,指标选择优先考虑可公开查取数据,仅供特定组织或机构内部使用的数据则作为备选。

(二)老年人力资源高质量发展评价指标体系的维度

基于积极老龄化和高质量发展的相关理论,选择数量规模维度、健康维

度、教育维度、社会参与维度和环境支持维度，设计并建立"1+4"的老年人力资源高质量发展评价指标体系。

"1"代表数量规模维度，它作为评价体系的基础，提供了老年人力资源的总体数量和分布情况，为其他维度的深入分析奠定了数据基础。"4"则包括健康维度、教育维度、社会参与维度和环境支持维度，这四个维度从不同角度深入探讨了老年人的生活质量、社会贡献和发展潜力；数量规模维度提供了老年人力资源的基础数据，而健康、教育、社会参与和环境支持四个维度则从不同角度全面评估老年人的生活质量和参与度。评价维度覆盖了老年人口的基本规模与结构、健康状况、教育背景与终身学习、社会参与程度以及政策与环境支持，能够系统反映老年人力资源的潜在供给、现有状态和发展需求情况。

（三）老年人力资源高质量发展评价指标体系的设定

老年人力资源高质量发展评价指标体系采用三层评价架构，选用 5 大维度、12 个一级指标和 18 个二级指标，指标体系框架详见表 2-8-1。

表 2-8-1　老年人力资源高质量发展评价指标体系

评价维度	一级指标	二级指标	计算公式或指标解释	数据来源
数量规模维度	地区占比	老年人口占地区人口之比	老年人口占地区人口之比 = 本地区老年人口数量 / 本地区人口数	中国统计年鉴
	全国占比	老年人口占全国老年人口之比	老年人口占全国老年人口之比 = 本地区老年人口数量 / 全国老年人口数量	中国统计年鉴
健康维度	预期寿命	预期寿命	预期寿命为在特定条件下，一个人从出生时起预期能生存的平均年数。	中国人口和就业统计年鉴
		预期寿命增长	预期寿命增长为近十年预期寿命之差。	中国人口和就业统计年鉴

（续表）

评价维度	一级指标	二级指标	计算公式或指标解释	数据来源
健康维度	健康老龄化	健康老年人口比重	健康老年人口比重＝健康老年人数量/老年人数量	人口与家庭发展常用数据手册
健康维度	健康老龄化	健康老龄化水平	健康老龄化水平通过综合分析"健康医疗""人居环境""交通出行""社会公平与社会参与""社会保障与金融"，对健康老龄化发展水平进行系统分析。	健康老龄化蓝皮书：中国大中城市健康老龄化指数报告（2021-2022）
教育维度	识字情况	老年人非文盲率	老年人非文盲率＝1-老年人文盲率	CHARLS2020年数据
教育维度	受教育情况	老年人平均受教育年限	根据CHARLS2020年的调查结果进行计算	CHARLS2020年数据
社会参与维度	经济参与	老年人工作比例	老年人参与农业工作比例＝（参与农业工作的老年人＋参与非农工作的老年人）/老年人数量	CHARLS2020年数据
社会参与维度	闲暇活动	老年人参与社交活动比例	老年人参与社交活动比例＝有社交活动的老年人/老年人数量	CHARLS2020年数据
社会参与维度	闲暇活动	老年人有数字化参与活动的比例	老年人有数字化参与活动的比例＝有数字参与（上网等）的老年人/老年人数量	CHARLS2020年数据
社会参与维度	经济收入	有劳动收入的老年人口比重	有劳动收入的老年人口比重＝有劳动收入的老年人口数量/老年人口数量	人口与家庭发展常用数据手册
社会参与维度	经济收入	有财产性收入的老年人口比重	有财产性收入的老年人口比重＝有财产性收入的老年人口数量/老年人口数量	人口与家庭发展常用数据手册

（续表）

评价维度	一级指标	二级指标	计算公式或指标解释	数据来源
环境支持维度	生活环境	空气质量	空气质量=空气质量优良天数比例	中国统计年鉴
	医疗环境	老年人人均卫生机构数	老年人人均卫生机构数=卫生机构数量/老年人口数量	人口与家庭发展常用数据手册
		每千老年人床位数	每千老年人床位数=床位数/（老年人口数量*1000）	人口与家庭发展常用数据手册
		老年人人均卫生机构人员数	老年人人均卫生机构人员数=卫生机构人员数/老年人口数量	人口与家庭发展常用数据手册
	家庭环境	家庭支持	家庭支持=1-（有60岁及以上老年人的户/总户数）	人口与家庭发展常用数据手册

四、江苏老年人力资源高质量发展评价结果分析

（一）老年人力资源高质量发展的评价方法与数据

1. 指标权重确定方法

研究采用综合采用熵值法（Entropy Method）和德尔菲法（Delphi）进行权重设置。首先，熵值法通过对指标数据的客观分析，评估各指标的信息熵值，从而客观确定指标的差异性和贡献度，以减少主观偏差。然后，结合德尔菲法，通过专家咨询和反馈的多轮修正，充分吸收各领域专家的经验和知识，反映主观判断对各指标权重的重要性。综合采用熵值法和德尔菲法确定权重，两者结合，既保证了数据驱动的客观性，又融入了专家智慧的主观性，使得权重分配更加科学、合理，提升了评价结果的准确性和可操作性。

2. 数据说明

本研究的数据来源包括中国统计年鉴、中国人口和就业统计年鉴、人口与家庭发展常用数据手册、健康老龄化蓝皮书、CHARLS2020年等，均为权威的统计数据来源，确保了数据的可靠性和准确性。西藏的各项指标数据缺失较多，暂时不列入评价范围，因此本研究的样本为30。

基于数据可得性，大部分指标均为2021年数据，由于公开调查的时间限制，有些最新数据可能尚未发布或处理完毕，使用2021年的数据是基于数据可得性作出的现实选择。这些数据具有较高的参考价值和准确性，能够满足评价指标体系的需求。

（二）老年人力资源高质量发展的综合评价结果分析

在老年人力资源高质量发展评价指标体系的研究中，地区间的老年人力资源高质量发展指数得分及其排名展示了不同地区在老年人力资源高质量发展方面的表现。表2-8-2展示了2021年各地区的老年人力资源高质量发展综合评价结果，从表中可以发现：北京、上海、广东等地区排名靠前，得分分别为1.8756、1.7689和1.5635，这些地区的高分反映出这些地区在老年人力资源的健康、教育、社会参与和环境支持等方面具有较强的优势；吉林、内蒙古、辽宁等地区得分在1.5078到1.4815之间，表明这些地区在老年人力资源高质量发展方面也有较好的表现，但可能在某些维度上略逊于排名靠前的地区；宁夏、安徽、山东等地区得分相对较低，分别为1.2835、1.2354和1.2265，这些地区可能在老年人力资源高质量发展的某些方面存在挑战，如在健康水平、教育背景、社会参与度或环境支持等方面可能需要进一步提升。

表2-8-2　老年人力资源高质量发展的综合评价结果

地区	老年人力资源高质量发展指数得分	排名
北京	1.8756	1
上海	1.7689	2
广东	1.5635	3
江苏	1.5129	4
吉林	1.5078	5
内蒙古	1.4875	6
辽宁	1.4815	7
云南	1.4712	8

（续表）

地区	老年人力资源高质量发展指数得分	排名
浙江	1.4628	9
黑龙江	1.4621	10
广西	1.4563	11
江西	1.4548	12
湖南	1.4346	13
贵州	1.4311	14
湖北	1.4045	15
陕西	1.3902	16
新疆	1.3733	17
福建	1.3568	18
重庆	1.3501	19
山西	1.3499	20
天津	1.3442	21
甘肃	1.3395	22
海南	1.3343	23
四川	1.3278	24
河北	1.3096	25
青海	1.3061	26
河南	1.2968	27
宁夏	1.2835	28
安徽	1.2354	29
山东	1.2265	30

根据表中的综合评价结果，可以总结出以下三个主要特点：

一是区域差异明显。评价结果显示，不同地区在老年人力资源高质量发展方面存在显著的差异。排名靠前的地区如北京、上海、广东等，得分明显高于其他地区，反映了这些地区在老年人力资源的健康、教育、社会参与和环境支持等方面具有显著优势。中等排名的地区如吉林、内蒙古、辽宁等，虽然表现较好，但在某些维度上可能略逊于排名靠前的地区。排名靠后的地区如宁夏、安徽、山东等，得分相对较低，表明这些地区在老年人力资源高质量发展方面面临较多挑战，需要在健康、教育、社会参与和环境支持等方面改进。

二是综合得分较高的地区具备综合优势。排名靠前的地区往往在多个维度上具有较强的优势，这些地区不仅在健康和教育方面表现优异，而且在社会参与和环境支持方面也具备显著优势。例如，北京和上海等经济发达地区，不仅医疗资源丰富、教育水平高，而且老年人社会参与度高、环境支持良好，形成了全面的综合优势。

三是特定维度表现影响整体排名。特定维度的优异表现显著提升了地区的综合得分和排名，某些地区尽管在部分维度上表现一般，但由于在特定维度上有突出的优势，整体得分仍然较高。例如，云南在健康老龄化水平上的表现较好，使其在综合排名中位居中等。有些地区整体得分较低，可能是由于在某个关键维度上表现不佳，例如医疗资源不足或社会参与度低，从而影响了整体排名。

江苏在综合评价中的排名为第四位，得分为1.5129，这表明江苏在老年人力资源的高质量发展方面表现良好。但要看到，江苏与排名靠前的地区相比仍有提升空间。

（三）老年人力资源高质量发展的分维度评价结果分析

1. 分维度评价结果

根据表格2-8-3，各地区在老年人力资源高质量发展综合评价中的得分和排名差异显著。

第二部分　老龄文明主题调查研究

表 2-8-3　老年人力资源高质量发展的分维度评价结果

序号	地区	数量规模排名	数量规模	健康排名	健康	教育排名	教育	社会参与排名	社会参与	环境支持排名	环境支持
1	北京	24	0.0283	1	18.4366	1	7.4435	24	0.1268	23	2.5312
2	天津	26	0.0258	24	12.7925	6	4.2525	29	0.1027	26	2.2695
3	河北	5	0.0648	26	12.0244	7	4.2330	5	0.1474	27	2.1078
4	山西	18	0.0351	7	15.2725	10	4.0084	22	0.1282	30	1.9726
5	内蒙古	23	0.0288	11	14.3058	8	4.1693	14	0.1362	13	2.7457
6	辽宁	11	0.0545	19	13.2448	5	4.5324	26	0.1221	16	2.6699
7	吉林	20	0.0346	25	12.2449	4	4.5882	1	0.1713	9	2.8279
8	黑龙江	14	0.0403	30	10.7728	19	2.8945	21	0.1299	17	2.6517
9	上海	17	0.0370	5	16.0376	2	6.3981	30	0.1017	8	2.8519
10	江苏	3	0.0821	2	17.9762	3	5.0791	2	0.1535	7	2.8802
11	浙江	10	0.0558	8	15.0209	17	3.2712	11	0.1389	12	2.7615
12	安徽	8	0.0578	28	11.8107	26	2.0747	13	0.1370	15	2.6789
13	福建	21	0.0332	27	11.9548	25	2.2457	3	0.1512	1	3.1297
14	江西	16	0.0376	17	13.3789	16	3.4911	7	0.1461	22	2.5573
15	山东	1	0.0886	22	12.8996	18	3.2217	17	0.1347	29	2.0072
16	河南	4	0.0761	21	13.1234	13	3.7190	4	0.1478	28	2.0811
17	湖北	9	0.0558	13	13.9534	14	3.6911	6	0.1472	24	2.4743
18	湖南	6	0.0615	16	13.5291	11	3.9021	12	0.1373	19	2.6021
19	广东	7	0.0610	4	17.0030	15	3.5332	15	0.1356	10	2.8239
20	广西	13	0.0411	29	11.6683	12	3.7663	18	0.1346	5	3.0463

（续表）

序号	地区	数量规模排名	数量规模	健康排名	健康	教育排名	教育	社会参与排名	社会参与	环境支持排名	环境支持
21	海南	28	0.0158	20	13.1948	30	1.7579	20	0.1306	3	3.0977
22	重庆	12	0.0434	23	12.8931	20	2.8750	27	0.1207	11	2.7680
23	四川	2	0.0837	14	13.8179	22	2.5751	10	0.1411	21	2.5729
24	贵州	22	0.0321	10	14.4389	23	2.3699	28	0.1178	2	3.1209
25	云南	19	0.0350	6	15.5932	24	2.3583	9	0.1434	4	3.0842
26	陕西	15	0.0389	15	13.5496	9	4.1430	16	0.1351	25	2.3319
27	甘肃	25	0.0276	12	14.1111	21	2.7934	23	0.1274	20	2.5782
28	青海	30	0.0126	18	13.3041	29	1.7579	8	0.1452	6	2.9298
29	宁夏	29	0.0134	9	14.5820	28	1.7579	25	0.1248	14	2.6836
30	新疆	27	0.0175	3	17.5760	27	1.7579	19	0.1320	18	2.6336

一是数量规模维度。山东、四川和江苏在数量规模维度上排名前三，表明这些地区老年人口数量较多。青海、宁夏和海南在该维度上排名靠后，表明老年人口数量相对较少。

二是健康维度。北京、江苏和新疆在健康维度上表现优异，得分较高，表明这些地区在老年人健康状况和医疗保障方面具有显著优势。黑龙江、广西和安徽在健康维度上的得分较低，反映出老年人健康水平和医疗服务仍需改善。

三是教育维度。北京、上海和江苏在教育维度上排名靠前，表明老年人受教育水平较高，终身学习机会较多。海南、青海、新疆和宁夏在该维度上的得分较低，老年人受教育年限和教育机会相对较少。

四是社会参与维度。吉林、江苏和福建在社会参与维度上表现突出，得分较高,说明老年人在社会和经济活动中的参与度较高。上海、天津和贵州在该维度上排名靠后,表明老年人的社会参与度有待提升。

五是环境支持维度。福建、贵州和海南在环境支持维度上表现优异,得分较高,表明这些地区为老年人提供了良好的生活环境和社会服务。山西、山东和河南在该维度上得分较低,反映出在环境支持方面仍需加强。

2. 分维度评价特点

一是区域间的显著差异。各地区在老年人力资源高质量发展方面存在显著的区域差异。经济发达地区如北京、上海、江苏在综合得分和排名上表现突出,这些地区在多个维度上均表现优异,特别是在健康和教育方面。然而,经济相对欠发达的地区如青海、宁夏和新疆在综合得分上排名靠后,表明这些地区在老年人力资源发展方面仍面临较大挑战。这种差异反映了地区经济发展水平、医疗资源配置、教育水平等因素对老年人力资源高质量发展的影响。

二是维度表现的多样性。各地区在不同维度上的表现存在显著差异。一些地区在某些维度上表现优异,但在其他维度上表现较差。例如,北京在健康和教育维度上得分较高,但在社会参与和环境支持维度上仍有提升空间。相反,吉林和福建在社会参与维度上表现突出,但在健康维度上得分较低。这种多样性反映了各地区在不同方面的发展重点和资源分配差异,也表明综合提升老年人力资源质量需要多方面的协调和努力。

三是健康和教育的关键作用。健康和教育维度在老年人力资源高质量发展中起着关键作用。得分较高的地区通常在这两个维度上表现优异,如北京和江苏。健康状况良好的老年人群体更有能力参与社会和经济活动,而较高的教育水平则有助于老年人不断获取新知识和技能,提高自身价值。因此,提升老年人的健康和教育水平是实现老年人力资源高质量发展的重要途径。此外,这两个维度的提升也能促进老年人更好地融入社会,提高他们的生活质量和幸福感。

3. 江苏老年人力资源高质量发展分维度评价

一是数量规模维度表现突出。江苏在数量规模维度上排名第三,得分0.0821,这表明江苏老年人口占地区人口的比重较高,老年人口数量规模较大。

二是健康维度领先。在健康维度上，江苏排名第二，得分17.9762，仅次于北京，反映了江苏在老年人健康保障、医疗服务和健康促进方面占优势。

三是教育维度表现优秀。江苏在教育维度上排名第三，得分5.0791。江苏是教育大省，2023年进一步出台了《关于促进老年学习的决定》，提出要着力健全促进老年学习的服务体系，不断扩大老年学习资源供给，加快建设促进老年学习的友好型社会，鼓励支持老年人把学习作为一种健康生活方式。江苏老年人拥有丰富的学习资源，各种老年大学、开放大学、老年培训班及在线学习平台等可以为他们提供多种学习资源。

四是老年人社会参与维度领先。在社会参与维度上，江苏排名第二，得分0.1535，这表明江苏老年人积极参加经济社会活动。如何为全省2089万老人提供养老多元选择，倡导积极老龄观、健康老龄化新理念，打造"苏适养老"品牌，江苏各级老龄工作部门作了很多创新探索。

五是环境支持维度表现良好。江苏在环境支持维度上排名第七，得分2.8802。省人大先后制订、修订《江苏省老年人权益保障条例》《江苏省养老服务条例》《江苏省就业促进条例》等法规，在养老服务、老年人权益、帮助老年人跨越数字鸿沟、建设老年友好型社会等方面提供了有力的法律保障，在超龄老人签订就业合同、交纳工伤保险、养老服务人才培养等方面先行探索，率先从法制上实现突破。

五、延迟退休背景下进一步促进江苏老年人力资源高质量发展的对策建议

（一）进一步加强保障超过法定退休年龄的劳动者的基本权益

明确超龄劳动者与用人单位之间的法律关系。针对在超龄劳动者与用人单位之间是劳动关系还是劳务关系这一点上司法实践观点并不统一的现状，建议江苏先行一步，探索超龄劳动者与用人单位建立劳动关系，按特殊劳动关系处理，或者在超龄劳动者与用人单位未解除劳动合同并继续留用的情况下，可以按劳动关系处理。

完善法律法规保障机制。增加对超过法定退休年龄劳动者的权益保护条款，确保他们享有与其他劳动者同等的工资、福利和职业安全保障；明确"等基本权益"中的"等"具体涵盖哪些基本权益，是否包含获得经济补偿的权益等；明确"招用"一词仅指初次到用人单位工作，还是包括达到法定退休年龄后继续在用人单位工作等情况；设立专门的法律咨询和维权渠道，方便超龄劳动者了解自身权益，并提供法律援助，帮助其在遭受权益侵害时能够及时获得帮助和支持。

完善社会保险保障体系。应进一步完善社会保险制度，确保超过法定退休年龄的劳动者能够公平、及时地享受社会保险待遇；在现有养老保险制度中，允许超过法定退休年龄的劳动者继续缴纳养老保险，并享有相应的保险待遇；优化医疗保险政策，保障超龄劳动者的医疗费用，减轻其因健康问题造成的经济负担；建立信息共享机制，确保超龄劳动者能够方便地查询自己的社保信息和权益，提升保障意识。

提供职业健康和安全保障。鼓励企业建立健全职业健康和安全保障机制，保障超过法定退休年龄的劳动者的基本权益，确保其在工作过程中的安全与健康；定期对工作环境进行安全评估，消除潜在的安全隐患，为超龄劳动者提供必要的职业健康检查和心理健康支持；根据劳动者的健康状况和工作能力，合理安排工作岗位和工作强度，避免过重的体力劳动和高风险的工作内容，以确保身体健康和工作安全。

（二）进一步加强对未达到法定退休年龄的大龄劳动者就业的支持政策

优化职业培训与技能提升。针对未达到法定退休年龄的大龄劳动者设立专门的职业培训项目，帮助提高职业技能和适应新经济环境的能力。定期开展技能培训，邀请行业专家和技术人员授课，提供符合市场需求的课程，如信息技术、现代服务业的技能和新兴行业相关知识；鼓励社会机构组织针对大龄劳动者的在职培训，鼓励企业为其提供学习机会，提升其竞争力；培训结束后，设置技能考核和认证，帮助大龄劳动者获得相关资格证书，增强就业能力和市场适应性。

提供就业服务和支持。建立针对大龄劳动者的专门就业服务平台，为其提供职业指导和求职支持；各级人力资源和社会保障部门开设大龄劳动者专属的就业咨询窗口，提供职业生涯规划、简历撰写和面试技巧等一对一指导服务；组织定期的招聘会和专场就业洽谈会，吸引企业参与，帮助大龄劳动者与用人单位对接；加强对大龄劳动者在求职过程中遇到的困难和问题的调研，及时收集反馈，有针对性地优化和完善就业服务，提高大龄劳动者的就业成功率。

建立灵活就业模式。针对大龄劳动者的特殊需求，鼓励和支持灵活就业模式的发展；支持企业和社会组织为大龄劳动者提供兼职、临时工、弹性工作等多样化的就业机会，以满足他们的不同就业需求；促进互联网平台的发展，为大龄劳动者提供在线就业和兼职机会，帮助他们更方便地找到适合的工作；设立灵活就业者的社会保障政策，为选择灵活就业的劳动者提供社会保险和福利保障，减少他们的后顾之忧，促进大龄劳动者的积极参与。

（三）降低企业负担以促进老年人力资源开发

合理调整养老金缴费率。延迟退休年龄可能增加企业负担。一般而言，企业员工的基本薪酬随着年限而增长，老年员工基本薪酬一般较高，且养老保险费用也较高；同时，管理者一般是工作年限长、经验丰富的老员工，延迟退休使得老员工居于管理岗位时间延长，加上《中华人民共和国劳动合同法》中关于无固定期限劳动合同员工的规定，下属年轻员工的升职空间势必缩小，企业"血液循环"过慢。对企业而言，过于沉重的社保负担既会影响其提供更多就业岗位进而扩大社会就业，又会迫使某些逐利资本从实体经济退出。为此，建议合理调整第一支柱养老金缴费率，减轻企业负担，从而增强企业改革动力。

制定一揽子政策鼓励企业招用大龄劳动者。为企业提供面向老年员工的税收优惠，针对雇佣超过法定退休年龄员工的企业，给予相应的企业所得税减免或社保缴费优惠，减轻企业在薪酬和社会保险方面的负担；设立专项基金，对企业雇佣老年员工进行财政补贴，帮助企业缓解因延迟退休而增加的薪资和社保负担，为雇佣老年员工的企业提供一次性奖励、培训补贴和社保补贴等。

探索灵活的工资＋养老金模式。建议借鉴德国经验，设定阶段性灵活工作安排，允许老年劳动者每周选择工作特定天数，企业按实际工作天数支付工资，而老年劳动者在未工作的工作日可以领取相应的养老金。这样不仅可以减轻老年劳动者的身体负担，逐步适应完全退休的过程，而且能为他们提供更大的经济支持和生活保障，增强其工作积极性。同时，企业也能有效控制用工成本，保持人力资源的有效流动。鼓励企业探索灵活就业和岗位调整的模式，为老年员工提供更适合的工作方式，包括支持企业设立弹性工作、兼职和远程工作的岗位，让老年员工根据自身的健康状况和工作能力选择适合的工作方式。

（四）营造尊重和支持大龄劳动者就业的良好氛围

积极宣传大龄劳动者的优势，如丰富的工作经验、稳定的就业态度等，提高社会对大龄劳动者的认知和接受度，营造尊重和支持大龄劳动者就业的良好氛围。充分利用各类媒体平台，广泛宣传老年人教育培训的重要性和相关政策。通过典型案例的展示，激发老年人的学习兴趣，形成全社会关注和支持老年人教育的良好氛围。

澄清延迟退休与年轻人就业之间的关系。可就业数量取决于供给曲线、需求曲线和均衡工资率，随着行业不断高端化、专业化，老年人与年轻人的就业岗位间不存在绝对的替代关系，也因为如此才会出现"招工难"和"就业难"并存的现象。积极开展宣传活动，向公众和媒体详细解释延迟退休政策的背景与目的，通过发布政策解读、举办讲座和社区座谈会等形式，普及延迟退休的经济和社会利益，帮助社会理解老年人劳动参与对经济发展的积极影响。通过收集和发布相关数据，展示延迟退休政策实施后的实际效果，分析不同国家和地区的成功案例，说明在延迟退休的情况下，如何通过政策调整和市场机制促进年轻人就业。通过定期的劳动力市场报告，说明更多老年人进入劳动市场不仅不影响年轻人的就业机会，而且能够通过知识传承和经验分享，为年轻人提供更大的职业发展空间。

推广积极老龄化概念。充分尊重老年人按照自我意志和价值观念自由安排退休生活的权利，积极推广符合中国价值体系的积极老龄化概念，谋划适当的政策工具推进老年人力资源开发进程,优化老年人力资源开发利用的人文环境,做好舆论宣传工作,及时积极回应社会关切,引导民众正确认识和理解人口老龄化新常态。

作者:沙勇,老龄文明智库副理事长、老龄人力资源与人才队伍研究专业委员会首席专家,南京邮电大学社会与人口学院院长、人口研究院院长。

老年健康服务体系建设及健康支撑体系建设的政策研究

鲁 翔 何小菁

全球面临人口老龄化挑战，65岁及以上人口占总人口的10%，发达国家中的比例更高。为应对这一问题，各国和国际组织推出多项政策。联合国大会宣布2021—2030年为"健康老龄化十年"，世界卫生组织制定了《2020—2030年健康老龄化行动十年》。中国老龄化问题显著，2023年65岁及以上老年人口占全国人口的14.9%，并实施了多项政策以推进医养结合，强化老年健康服务体系建设和老年医学人才培养。尽管如此，中国的老年健康管理政策与欧美、日本等国相比仍有改进空间。江苏作为经济大省，在老年医学科建设方面存在欠缺，主要表现在老年医院数量不足、学科建设滞后、人才短缺以及医养结合体系不完善等方面。这些问题需要得到高度重视和有效解决，以满足老年人日益增长的健康需求。

一、基于WOS的全球老龄化健康政策研究现状、趋势及启示

本研究通过CiteSpace工具对WOS（Web of Science）数据库中相关文献进行可视化分析，旨在总结老龄化健康政策的研究现状、热点、发展过程和趋势，以推动中国老年健康服务的进步。

（一）数据来源与研究方法

1. 数据来源

本文以 Web of Science 为数据来源，检索得1977年1月至2023年12月间4066篇文献。

2. 研究方法

利用CiteSpace6.2.R4对文献进行可视化分析，设置时间跨度为1977年1月至2023年12月，切片为1年，节点类型包括发文国家、机构、作者、参考文献及关键词，进行概况分析、关键词共现与聚类分析，绘制时间线图和关键词突现图。

（二）研究结果

1. 文献概况

（1）发文量统计分析

发文趋势显示，最早的老龄化政策文章发表于1977年，1977—2006年发文量较少，2007年起稳定上升，2022年达最高峰581篇。

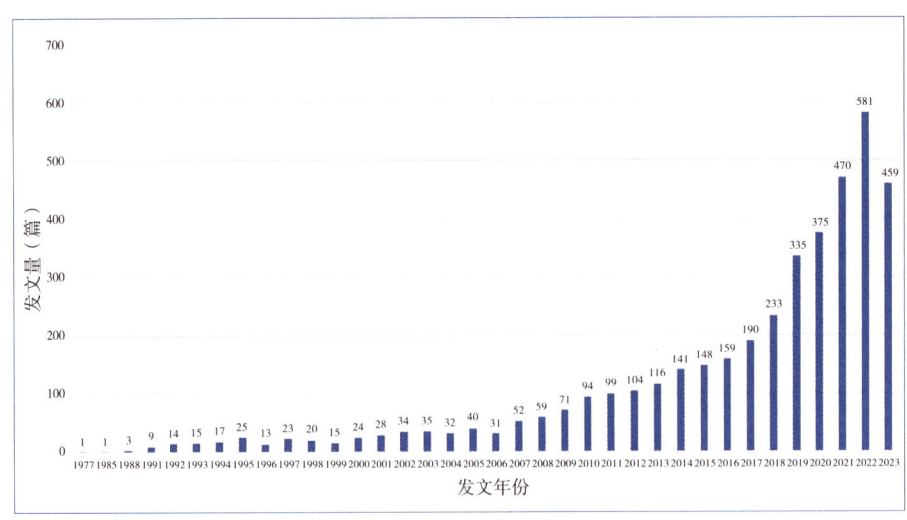

图2-9-1 发文量趋势图

(2)发文国家共现分析

美国发文量最高,共 1606 篇,中心度第一;中国次之,共 549 篇;加拿大和英格兰也位居前列。

(3)发文机构共现分析

加利福尼亚大学系统发文量最多,共 161 篇;哈佛大学次之,共 113 篇;密歇根大学系统排名第三,共 91 篇。高校组织占比大,机构联系紧密。

表 2-9-1 发文机构前十名分布表

序号	发文机构	发文量	各机构发文量占比(%)
1	加利福尼亚大学系统	161	3.96%
2	哈佛大学	113	2.78%
3	密歇根大学系统	91	2.24%
4	多伦多大学	85	2.09%
5	伦敦大学	81	1.99%
6	得克萨斯大学系统	78	1.92%
7	佛罗里达州立大学系统	71	1.75%
8	约翰斯·霍普斯金大学	68	1.67%
9	南加利福尼亚大学	66	1.62%
10	华盛顿大学	65	1.598

(4)发文作者共现分析

T.Muhammad 发文量最高,共 11 篇,研究印度老龄健康政策;Shobhit Srivastava 次之,与 T. Muhammad 合作密切;Maria Fernanda Lima-costa 排名第三,研究巴西老年健康服务。

表 2-9-2　发文作者前九名统计表

序号	作者	发文量
1	T. Muhammad	11
2	Shobhit Srivastava	9
3	Maria Fernanda Lima-costa	8
4	Kenneth M.Langa	7
5	Razak M.Gyasi	7
6	Sojung Park	7
7	Eun-Cheol Park	6
8	Katherine A.Ornstein	6
9	XinQi Dong	6

（5）被引文献共现分析

被引文献共现分析显示领域内经典文献及其影响。表 2-9-3 显示，Gill Livingston 等人编写的《痴呆症预防、干预和护理：柳叶刀委员会 2020 年报告》以 28 次被引频次领先，该报告补充了发表于 2017 年的文章，并系统提出影响痴呆症的风险因素，为预防策略提供科学依据。John R. Beard 等人 2016 年发表的《健康老龄化的政策框架》被引频次 19 次，提出的健康老龄化途径对政策制定者有较大的参考价值。

被引频次高的文献主题多聚焦于痴呆症防治、老年人慢性病经济负担、三级预防、心理健康、环境健康影响及长期护理制度，这些主题反映了老龄化研究的热点和未来研究方向。

表 2-9-3 被引文献前十名分布表

序号	被引频次	第一作者与发文年份
1	83	World Health Organization (2018)
2	28	Gill Livingston (2020)
3	21	Gill Livingston (2017)
4	19	John R. Beard (2016)
5	16	M. F. Lima-Costa (2018)
6	15	A. Steptoe (2015)
6	15	Z. L. Feng (2020)
8	15	M. J. Prince (2015)
9	14	United Nations (2019)
10	13	D. W. Barnett (2017)
10	13	T. Vos (2020)
10	13	J. W. Rowe (2015)

2. 研究热点分析

（1）关键词共现分析

关键词共现分析揭示了该领域内的研究热点。如表 2-9-4 所示，频次最高的 15 个关键词涵盖了健康、老年人、关照、死亡率、发病率、政策、生命质量、心理健康等多个方面，这些关键词不仅反映了研究的主题，而且揭示了研究的深度和广度。其中，健康、生命质量、老年人、照顾等主题处在较中心位置，表明这些主题是该领域内的核心议题。

表 2-9-4 关键词前 15 名分布表

序号	频次	关键词
1	979	health
2	508	older adults
3	404	care
4	326	people
5	315	mortality
6	274	prevalence
7	268	risk
8	255	adults
9	253	age
10	249	impact
11	223	population
12	220	life
13	213	policy
14	201	quality of life
15	177	mental health

（2）关键词聚类分析

关键词聚类分析进一步细化了研究热点。如图 2-9-2 所示，前十个研究热点包括心理健康、长期护理、人口老龄化、就地养老、健康政策、认知能力下降、生命质量、死亡率、大龄工作者和糖皮质激素危险等。其中，心理健康、长期护理、就地养老与生命质量的中心度较高，成为该领域内的研究重点。

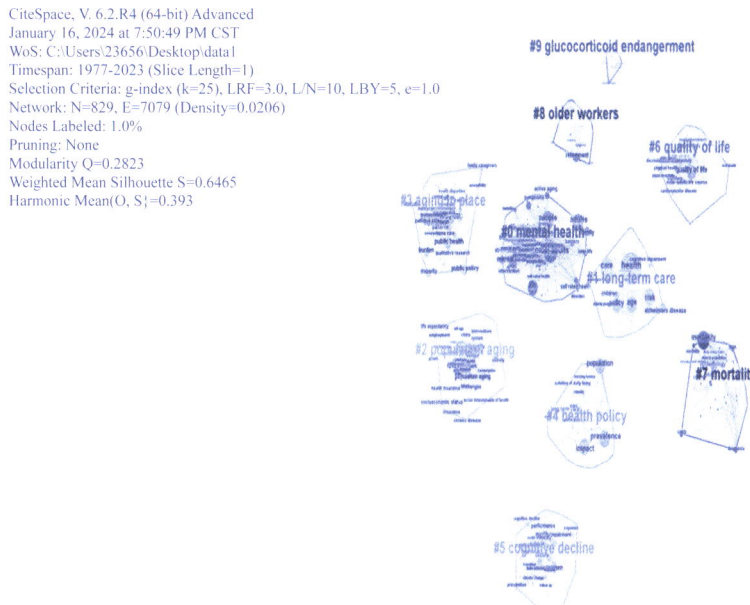

图 2-9-2　关键词聚类图

① 心理健康

心理健康对老年人来说至关重要，其中社会参与感是关键。许多国家通过社区护理模式提升老年人的社会参与度。疫情防控期间，老年人心理健康问题加剧，需加强群体活动、心理干预和环境改善。电子设备普及也应受到重视。

代际护理中老年人的心理健康同样重要。在中国，祖父母常照顾孩子，增加了压力。政策应关注为中老年人提供健康教育、医疗资源，以及精神和经济支持。

② 长期护理

长期护理是应对老龄化挑战的关键策略，德国和日本分别在立法与公共保险方面提供了范例。日本政府因人口老龄化面临财政压力，正通过综合社区护理系统（ICCS）来改善长期护理体系。到2025年，日本计划建立一个全面的社区健康服务系统。

其他国家也在寻求长期护理的解决方案，如欧盟的环境辅助生活（AAL）

技术、荷兰的数字科技支持、西班牙的远程护理和医疗,以及加拿大的运用数字技术扩大老年人社会网络等,这些措施旨在提升老年人独立生活能力和减轻照顾者负担。

③ 就地养老

就地养老是研究热点,与心理健康和长期护理相关。它能提升老年人心理健康和生命质量,提高卫生服务效率,节省资源。社区环境和设施对实施老龄化政策至关重要。新加坡通过实现卫生部和住房发展委员会合作,设计了老年人友好的城镇,改善了老年人的生活环境。

随着科技发展,数字化就地养老概念兴起,受到关注。多国探索将数字技术融入老年健康护理,以提高服务质量和效率。例如,欧盟采用 AAL 技术,荷兰用数字科技支持护理,西班牙发展远程护理服务,加拿大扩大老年人社会网络。这些措施增强了老年人独立生活能力,减轻了照顾者负担。

④ 生命质量

随着医学技术的不断进步,生命质量(quality of life)已成为研究热点之一。一项涵盖了 48 个定性研究、代表了生活在 11 个西方国家中的 3400 多名老年人观点的研究显示,老年人的生命质量与自主性、角色和活动、健康感知、人际关系、态度和适应性、情感舒适性、信仰、家庭和邻里以及财务保证等多方面因素密切相关。老年人的生命质量受到生理因素、心理因素以及社会环境三大因素的共同影响。其中,老年人的身体健康状况会随着年龄的增长而波动,慢性病、跌倒骨折、城市和养老机构的环境状况等因素对老年人影响较大。此外,教育水平的不均衡、社会保障的覆盖范围有限、社会经济差距等问题也会对老年人的生命质量产生深远影响。

(3)关键词时间线分析

基于关键词聚类,本研究绘制了关键词时间线图。1991—2000 年,欧洲国家和日本、美国、中国等进入老龄化社会,关注点转向老年人护理、心理健康和健康政策。2005—2010 年,随着老龄人口增加,心理健康研究成为热门,同时就地养老、认知下降和死亡率问题受到关注。近十年,全球老龄化加剧,65 岁以上人口占比增加,各国制定应对政策。老年人生活质量与养老环境成为关注焦点,研究热点扩展至就地养老、认知下降和生活质量等领域,取得新进展。

(4)关键词突现分析

使用 CiteSpace 软件分析关键词突现,选取前 20 个关键词,如图 2-9-4。结果显示,量最大的是 1991—2012 年的阿尔茨海默症研究。"健康政策""健康促进""关怀"等关键词突现程度强。近五年,队列研究、健康服务和福祉研究增多,可能成为未来趋势。

队列研究涉及长期护理、家庭服务、认知下降和慢性病。健康服务研究包括医疗保险、医疗救助和卫生服务效率。福祉研究关注卫生资源分配、移民老龄化和老年人心理健康。中低收入国家老龄化也是研究热点。

(三)讨论与启示

1. 关注老年人心理健康,提升社会参与感

国际社会重视老年人心理健康,采取如就地养老、普及电子产品、心理干预等措施。我国需提高重视度,普及数字化设备,进行心理监测和干预,组织活动预防认知下降,加大科研投入,立法推迟退休年龄,保护就业权,开发老年人力资源。

2. 完善长期护理保险,发展就地养老服务

多数国家重视长期护理制度,我国试点城市达 49 个,但存在覆盖范围不均、服务质量差异等问题。应扩大长护险覆盖范围,统一技术标准与评估机制,壮大护理人员队伍,利用社区资源提供援助。关注居家养老,规划社区环境,引进和培养专业人才,探索数字化居家养老,提高老年人独立生活能力,降低陪护成本,节约医疗资源。

3. 加强慢性病管理与防治,提高生命质量

影响老年人生命质量的因素包括生理、心理和社会因素。慢性病是全球老龄化进程中遭遇的一大问题,国外以预防为主,注重加强健康教育及药物研发。我国需加强慢性病防治,借鉴并创新照护框架,系统设计以预防为主。完善养老保障体系,鼓励商业保险参与,关注贫困人群救助;改善环境质量,加强健康教育,提高医疗服务能力;加强居民、社区和医疗保健机构间的联系,提高协同性。

（四）小结

本研究运用CiteSpace对WOS中全球人口老龄化背景下的健康政策研究进行统计及可视化分析，结合我国现状提出政策建议。研究发现，老年健康服务体系建设是政策关注重点。我国已出台多项政策措施，建立老龄健康服务体系，但在心理健康、长期护理、社区护理及数字养老等方面仍需更多政策支撑，以实现积极老龄化。

二、江苏老年医学科建设调查分析

（一）研究对象与方法

1. 研究对象

选取江苏13个市区的三级、二级医院，设计并采用自编问卷，重点考察老年医学科的设置，涵盖科室设置、人员配置、运营情况、人才培养、学科建设五个方面。问卷设计基于科学性与实用性原则，参考国内外建设现状和发展趋势。

2. 研究方法

通过江苏省卫健委老龄处下发问卷，收集三级、二级医院老年医学科相关数据。

技术路线：研究准备 → 数据收集 → 数据处理与分析 → 现状诊断 → 发展策略制定与成果总结。

（二）调查结果

本次调查共收回224份问卷，有效问卷211份，涵盖南京、苏州、无锡、常州、镇江、扬州、南通、泰州、徐州、盐城、淮安、连云港、宿迁等地区。苏南地区回收率较高，表明医疗资源集中和调查配合度高；苏中地区样本量偏少，可能影响分析结果的代表性；苏北地区样本量与苏南持平，但地域分布较广，反映医疗资源分散。三级医院样本占比略高，二级医院样本也占据较大比例，确保了基层医疗机构的代表性。

苏南地区医院数量多，苏州占44.4%，镇江最少，可能需关注资源配置。

苏中地区扬州的医院占比最大,南通最少。苏北地区徐州和宿迁的医院占比较高,淮安最少。综合医院数量较多,专科医院和中西医结合医院数量较少,有发展潜力。三级医院与二级医院数量相对均衡,二级甲等医院比例较高,显示基础医疗服务较完善。

1. 科室设置

科室设置时间上,苏南地区创立医院最早为1982年,最晚为2023年;苏中地区最早为1961年,最晚为2023年;苏北地区最早为1977年,最晚为2023年。苏南地区2000年前创立的医院占77.8%,2000—2020年占46.7%,2021—2023年占45.6%;苏中地区相应为19.4%、38.7%、41.9%;苏北地区为10%、43.3%、46.7%。苏南地区老年医学科发展最快,苏北地区增长迅速,苏中地区发展较慢。

是否为一级学科方面,苏南地区老年医学科属于一级学科的医院比例最低(41.1%),苏中地区接近一半(51.6%),苏北地区最高(57.8%)。苏南地区医疗资源充裕,但部分医院老年医学科未达一级学科标准。苏中地区医疗资源分布较均衡,老年医学科建设受重视。苏北地区老年医学科属于一级学科的医院占比最高,得益于政策和资金倾斜的推动。

关于是否为独立科室,苏南地区独立科室比例为78.9%,苏中地区为87.1%,苏北地区最高,为91.1%。苏南地区经济发达,但独立科室比例较低,可能与医疗资源整合有关。苏中地区独立科室比例较高,但总量较少。苏北地区独立科室比例最高,反映区域政策支持和资源倾斜效果。建议苏南地区对未成立独立科室的医院进行资源倾斜,提升其专业服务能力;苏中地区继续推动独立科室建设,增加专科服务广度和深度;苏北地区优化科室管理和服务质量,确保运行效率。

运营模式方面,苏南地区门诊和住院医院占82.2%,以住院为主的占15.6%,以门诊为主的占2.2%。苏中地区门诊和住院医院占90.3%,以住院为主的占6.5%,以门诊为主的占3.2%。苏北地区门诊和住院医院占91.1%,以住院为主的占6.7%,以门诊为主的占2.2%。

在老年医学科诊疗科目名称对应情况方面,苏南地区相关医院占80%,中医科相关占10%,其余占10%;苏中地区相关医院占90.3%,中医科相关占9.7%，其他占9.7%；苏北地区相关医院占100%，中医科相关占11.1%。

在病区规模方面，苏南地区87.8%的医院设置少于等于1个病区，12.2%的医院多于1个病区。苏中地区83.9%的医院设置少于等于1个病区，16.1%的医院多于1个病区。苏北地区94.4%的医院设置少于等于1个病区，5.6%的医院多于1个病区。苏南地区的医院平均有35张床位，最多有218张，最少有0张。苏中地区的医院平均有41张床位，最多有170张，最少有5张。苏北地区平均有34张床位，最多有178张，最少有6张。苏南地区大部分医院的老年医学科规模小，三甲医院病区和床位数多。苏中地区的医院病区设置少，三甲医院床位数多。苏北地区的医院病区设置与苏中类似，三甲医院接纳能力强，部分医院床位配置有限。

2. 人员配置

护理人员方面，苏南地区老年医学科医师配置较充足，但部分医院仍面临人力资源紧张问题。苏中和苏北地区医师数量少于苏南，人力资源紧张。苏南地区女性医师占比较高，可能与老年医学科对女性的吸引力更高有关。苏中和苏北地区男女医师比例较均衡。苏南地区高学历医师较多，硕士学历医师占比较大。苏中和苏北地区高学历医师相对较少。苏南地区护士配置充足，平均每家医院有15名护士，多于苏中和苏北地区。苏中和苏北地区护士配置较少，大多数医院未达到均值。苏南地区本科学历护士较多，但高学历护士很少。苏中和苏北地区护士学历较低。

苏南地区正高职称医师和护士较多，苏中和苏北地区正高职称护士较少。

执业医师方面，三级医院平均执业医师人数为9人，二级医院平均执业医师人数为7人，低于三级医院，说明二级医院老年医学科医师配置较少。三级医院平均每家有16名注册护士，二级医院注册护士平均为12人，低于三级医院，表明其护理资源相对不足。三级医院医师学历普遍较高，二级医院学历普遍较低。三级医院护士学历较高，本科较为普遍，二级医院护士学历较低，主要为本专科。三级医院医师职称层次丰富，二级医院职称配置简单。综合医院和中医院执业医师人数接近，专科医院和中西医结合医院执业医师人数较少。综合医院护士人数较多，中医院和专科医院略少，中西医结合医院最少。综合医院医师和护士学历层次较高，中医院和专科医院较低。

综合医院正高职称医师和护士比例较高，中西医结合医院和专科医院职称分布均衡。大部分医院医师性别比例接近3:4，专科医院和中西医结合医院性别比例有差异。综合医院人员配置最完善，中医院次之，专科医院和中西医结合医院配置简单。设区市医院执业医师人数较多，县级医院较少。设区市医院注册护士人数均值较高，县级医院较低。设区市医院医师学历层次较高，县级医院以本科学历为主。设区市医院护士学历层次平衡，县级医院较低。设区市医院医师职称层次丰富，县级医院职称层次平衡。设区市医院护士职称较高，县级医院职称较低。设区市医院人员配置较强，县级医院人员配置较弱但有发展潜力。

3. 运营情况

2022年和2023年，二级医院门诊收入增速低于三级医院，整体收入较低。三级医院住院人数逐年增加，但收入下降，可能与患者结构变化有关。二级医院住院人数减少，收入大幅下降，可能与患者减少等因素有关。三级医院职工年均收入维持高水平，二级医院职工年均收入较低且逐年波动。老年医学科职工收入在三级医院波动较小，在二级医院相对稳定。

二级医院老年综合评估开展频繁，MDT（多学科联合诊疗）评估技术应用增多。二级医院老年综合评估发展较快，MDT开展稳定。三级医院设备齐全，二级医院设备配备率较低，尤其是一些高端设备。三级医院门诊和住院收入较高，职工收入和技术与设备配置水平较高。二级医院门诊和住院收入较低，技术与设备配置不如三级医院。

综合医院门诊人数略有波动，收入下降。中医院门诊人数增长，收入稳定。专科医院门诊人数稳步增加，收入显著增长。中西医结合医院门诊人数波动，收入稳定。综合医院住院人数稳定，收入下降。中医院住院人数下降，收入稳步增加。专科医院住院人数和收入持续变化，2023年收入下降。中西医结合医院住院人数稳定，收入下降。综合医院职工年均收入略有下降，中医院职工年均收入稳定，专科医院职工年均收入较高且稳定增长，中西医结合医院职工年均收入较低且下降。综合医院老年综合评估和MDT技术开展广泛。中医院老年医学科技术开展稳健，专科医院老年医学科技术优势明显，中西医结合医院老年医学科技术开展较弱。综合医院设备配置全面，中医院设备配置普通，专科医院设备配置完善，中西医结合医院设备配置较少。综合医院老年医学科服务面广，设备齐全，技术成熟，但服务收入下降。中医院老年医学科收入和患者数增长稳健，技术发展缓慢。专科医院老年医学科发展迅速，职工收入高。中西医结合医院技术与设备配置薄弱，面临挑战。

设区市医院门诊收入波动，县级医院门诊人数少但收入平稳。设区市医院住院收入下降，县级医院住院人数回升但收入下降。设区市医院职工收入稳定，县级医院职工收入低且下降。设区市和县级医院积极推进老年医学科技术建设，设区市医院设备配置完善，县级医院设备配备较少。

4. 人才培养

人才培养需加强，特别是博士生培养。苏北地区缺少博士生导师，建议增加培育和引进。苏南地区博士生和硕士生招收情况良好，进修医师接收数量多。苏中地区博士生招收较少，硕士生招收数量较多。苏北地区硕士生招收积极，但博士生招收不足。苏南地区住院医师规培覆盖率高，苏中和苏北地区相对较低。苏南地区临床病例讨论次数多，苏中和苏北地区逐年增加。疑难病例讨论次数苏南地区稳定，苏中和苏北地区逐年增加。危重病例讨论次数苏南地区逐年增加，苏中和苏北地区有所增加。定期专题讲座或交流次数苏南地区较多，苏中和苏北地区逐年增加。

三级医院在人才培养方面具有优势，博士生与硕士生导师数量多。博士生与硕士生招收数量多，进修与外派学习活跃。二级医院资源较少，招收博士生和硕士生数量少，进修与外派学习略少于三级医院。三级医院临床病例讨论频次高，疑难病例讨论数量增加，危重病例讨论频次显著提高，定期讲座和交流活动频繁。二级医院临床病例讨论数量低于三级医院，疑难病例和危重病例讨论次数较少，定期讲座等学术交流活动较少。

5. 学科建设

苏南地区医院的研究经费从2021年的8.38万元增至2023年的14.4万元，科研投入增加。苏中地区医院的研究经费增长平稳，2021年为9.25万元，2023年增至14.28万元，增长幅度较小。苏北地区的研究经费从2021年的6.36万元增至2023年的11.27万元，但低于苏南和苏中地区，显示科研投入较少。苏南地区医院平均有 2.1—2.5 项科研项目，苏中地区医院科研项目均值约 2 项，苏北地区医院科研项目均值逐年增长，但低于其他地区，部分医院科研能力较弱。

国家重点专科或学科建设：2021—2023 年，设置国家重点专科或学科的医院主要集中在苏中地区。省级重点专科或学科建设：苏南地区每年有 4—5 家医院，苏中和苏北地区较少，需提升科研水平。市级重点专科或学科建设：苏南和苏北地区较多，但苏北地区分布分散，资源集中度低。

三级医院在科研经费和项目上占据优势，2021—2023 年，尽管科研投入和项目数量有所波动，但整体保持高水平，显示出较强的科研实力。然而，这些医院在获评国家重点专科方面进展缓慢，2021 年和 2023 年均无医院获此殊荣，仅 2022 年有 2 家医院获得。在省级重点专科方面，2021 年有 8 家医院，2022 年增至 9 家，2023 年又降至 7 家，表明省级重点专科建设取得一定成绩，但有波动。市级重点专科方面，三级医院表现稳定，2021—2023 年维持在 22—24 家，说明在市级重点专科建设方面成绩稳定，学科水平较高。

（三）江苏老年医学科的发展策略

一是科室建设方面需要提升医疗设施与服务质量。完善基础设施：建设适老化专科病房，加强护理设施配备，使用专为老年人设计的医疗设备。提升硬件设备与诊疗条件：升级诊疗设施，引进先进设备，提高疾病预防与早期筛查的能力。

二是人员配置方面需要优化团队结构与人才配置。建设专业化老年医学团队：设立专职老年病医生，建立跨学科团队，包括专家、护理人员等，进行专科培训。加强医护人员的适老化培训：提供全省范围内的老年医学基础培训，提升团队对老年患者特殊需求的响应能力。

三是运营能力方面需要优化资源分配与管理模式。加强医保与政策支持：出台政策鼓励医院加强老年医学科建设，提供资金支持，优化医保支付政策。提升科室运营效率与效益：加强数据管理，利用大数据分析并改进医疗服务流程，提高科室运营效率和服务水平。

四是人才培养方面需要建立完整的人才培养体系。增强学术交流与合作：加强与国内外老年医学科的交流和合作，提升医务人员学术水平。制定系统的人才引进和培育计划：鼓励医学院校开设老年医学课程，完善规培计划，加强专科培训，建立继续教育基地。

五是学科建设方面需要推动学科发展与特色化建设。推动学科特色化与多元化发展：结合需求形成特色学科方向，推动基础研究及其临床转化，支持科技攻关和创新项目。提升老年医学学科的国际影响力：开展国际化合作与交流，引进先进治疗理念和技术，参加国际学术会议，提升学科国际地位。

三、省会城市综合医院与中医院老年医学科建设的比较研究

（一）研究对象和研究方法

1. 研究对象

以位于某省会城市的某综合医院与某中医院老年医学科为研究对象，分别调查分析其2021—2023年科室发展及建设情况。

2. 研究方法

通过问卷收集两所医院概况及2021—2023年人才培养和学科建设情况，进行比较研究。利用某省卫生健康统计信息中心数据，统计两院2022年主要诊断和手术编码，依据国家临床版分类代码进行分类。使用SPSS29.0进行数据分析，采用χ^2检验分析医院类型相关性，$P<0.05$表示结果具有统计学意义。以两院主要诊断和手术操作总数比值为基准，分析各类诊断和手术操作差异。

（二）研究结果

1. 基本情况

两所三级甲等医院情况见表2-9-5。老年医学科均设独立科室。某综合医院病区床位数较多，该医院与某中医院老年医学科医师和护士人数分别为64和16、115和28，每床配备医师、护士数分别约为0.3和0.5、0.4和0.6名，医护比均约1:1.8。某中医院每床配备医师、护士更多，但两院医护比相近。

第二部分 老龄文明主题调查研究

表 2-9-5 两院基本情况

项目	某综合医院	某中医院
医院级别	三级甲等	三级甲等
医院类别	综合	综合
是否为一级学科	否	否
是否为独立科室	是	是
运营模式	门诊、住院都有	门诊、住院都有
对应诊疗科目名称	老年医学科	老年病专业（老年医学科）
病区数量	7	2
科室开放床位	218	45
执业医师人数	64	16
注册护士人数	115	28

2. 人才培养

比较两所医院人才培养情况，表 2-9-6 显示博士研究生导师、硕士研究生导师人数相当。某综合医院近三年博士生招生较多，而某中医院硕士生招生较多。某综合医院每年进修医师人数略多于某中医院。在进修人员外派方面，某综合医院也更多。

分析 2021—2023 年两所医院学习讨论情况，表 2-9-7 显示某综合医院在疑难和危重症病例讨论次数上超过某中医院，可能源于病情严重程度和讨论机制的差异。两院均实施 MDT 联合诊疗，且学习讨论次数总体呈上升趋势。

表 2-9-6 两院人才培养情况

项目	某综合医院	某中医院
博士研究生导师人数	2	3
硕士研究生导师人数	6	7
科室 2021—2023 年共招收博士研究生人数	6	3

（续表）

项目	某综合医院	某中医院
科室2021—2023年共招收硕士研究生人数	3	37
每年接受进修医师人数	5—10	5
近三年科室外派进修人员数量	10	3
住院医师是否接受规培	是	是

表2-9-7 两院学习讨论情况

项目	某综合医院			某中医院		
	2021年	2022年	2023年	2021年	2022年	2023年
疑难病例讨论次数	62	65	75	12	12	12
危重症病例讨论次数	42	50	55	12	23	35
MDT多学科联合诊疗开展次数	30	52	36	12	20	40

3. 学科建设

通过对比两院2021—2023年学科的研究经费与科研项目数（见表2-9-8）发现，两院的投入与产出近三年内有所波动。两院该学科均是省级重点学科。

表2-9-8 两院学科建设情况

项目	某综合医院			某中医院		
	2021年	2022年	2023年	2021年	2022年	2023年
卫生技术人员研究经费（万元）	60	58	85	27	91.8	67
卫生技术人员科研项目（项）	9	8	9	8	4	5
国家重点专科或学科（个）	/	/	/	/	/	/

（续表）

项目	某综合医院			某中医院		
	2021年	2022年	2023年	2021年	2022年	2023年
省级重点专科或学科（个）	1	1	1	1	1	1

4. 医疗业务开展情况

（1）主要诊断对比

χ^2检验显示诊断类型与医院类型相关，显著性水平数值小于0.05。某综合医院Z00-Z99类诊断最多，主要为健康查体，其次是特发性高血压和肺部感染。某中医院Z00-Z99类诊断也占较大比例，主要为高血压，其次是间质性肺炎和阿尔茨海默症。两院I00-I99和J00-J99类诊断占比较大，其中高血压是两院收治量最大的疾病。综合医院更多收治冠状动脉粥样硬化性心脏病，中医院更多收治脑梗死后遗症。对于J00-J99类疾病，综合医院多为肺部感染、急性支气管炎，中医院多为间质性肺炎、慢性阻塞性肺病。

两院主要诊断总例数比值为6.53，以此为基准对比2022年主要诊断例数。比值大于6.53的诊断类别患者更倾向于综合医院，如支气管或肺恶性肿瘤、结肠良性肿瘤等；比值小于6.53的诊断类别患者更倾向于中医院，如阿尔茨海默症、高血压等；比值接近6.53的诊断类别患者在医院类型的选择上差异不大。总体上，急诊、恶性肿瘤和癌症患者更偏好综合医院，慢性病患者更偏好中医院。

表2-9-9 两院2022年主要诊断类型对比

诊断类型	某综合医院(例/%)	某中医院(例/%)	比值
肿瘤（C00-D48）	267（5.22）	8（1.02）	33.38
内分泌、营养和代谢疾病（E00-E90）	320（6.26）	71（9.07）	4.51
精神和行为障碍（F00-F99）	487（9.52）	77（9.83）	6.32
神经系统疾病（G00-G99）	222（4.34）	82（10.47）	2.71

（续表）

诊断类型	某综合医院(例/%)	某中医院(例/%)	比值
循环系统疾病（I00–I99）	707（13.82）	270（34.48）	2.62
呼吸系统疾病（J00–J99）	682（13.33）	105（13.41）	6.50
消化系统疾病（K00–K93）	452（8.84）	75（9.58）	6.03
肌肉骨骼系统和结缔组织疾病（M00–M99）	80（1.56）	10（1.28）	8.00
泌尿生殖系统疾病（N00–N99）	127（2.48）	20（2.56）	6.35
症状、体征和临床与实验室异常所见，不可归类在他处者（R00–R99）	60（1.17）	25（3.19）	2.40
影响健康状态和保健机构接触的因素（Z00–Z99）	1710（33.43）	40（5.11）	42.75
总和	5114	783	6.53
χ^2 值	461.906		
P 值	<0.05		

（2）主要手术操作对比

χ^2 检验显示手术操作类型与医院类型相关，显著性水平数值小于 0.05。某综合医院以胃镜检查和内镜下胃肠息肉切除术为主，而某中医院则以穴位敷贴治疗为主。两院的 87–99 类操作均占较大比重，但具体项目不同。以 2022 年操作总例数比值 3.42 为基准，对比主要手术操作例数比值，发现：综合医院在多个手术类别上例数比值较高，表明其在外科手术、化疗放疗方面更擅长；中医院在 17 类操作上表现更佳，主要为穴位敷贴治疗。综合来看，综合医院擅长外科手术和化疗放疗，中医院则在预防康复类操作上更胜一筹。

表 2-9-10　两院 2022 年主要手术操作类型对比

手术操作类型	综合性医院（例/%）	某中医院（例/%）	比值
神经系统手术（01–05）	95（3.71）	0（0）	/

（续表）

手术操作类型	综合性医院（例/%）	某中医院（例/%）	比值
内分泌系统手术（06-07）	4（0.16）	0（0）	/
其他各类诊断性和治疗性操作（17）	1（0.04）	234（31.24）	0.00
呼吸系统手术（30-34）	61（2.38）	1（0.13）	61.00
心血管系统手术（35-39）	207（8.09）	24（3.20）	8.63
消化系统手术（42-54）	1378（53.85）	41（5.47）	33.61
泌尿系统手术（55-59）	63（2.46）	11（1.47）	5.73
肌肉骨骼系统手术（76-84）	12（0.47）	1（0.13）	12.00
各种诊断性和治疗性操作（87-99）	738（28.84）	437（58.34）	1.69
总数	2559	749	3.42
χ^2 值	1320.824		
P 值	<0.05		

（三）讨论与启示

1. 加强人才梯队建设，开展 MDT 联合诊疗

床护比和床医比对卫生服务有重要影响。老年医学科每床应配备大于等于 0.3 名医师，大于等于 0.6 名护士。某中医院床护比已达标，但某综合医院需提高。护理人力资源不足可能导致工作负荷重、满意度下降，影响护理质量。老年医学科应培养护理人员全人理念、全程照料能力，加快护理人才队伍建设，避免床位过度扩张，合理配置护理人力资源。

两院老年医学科博士生导师、硕士生导师数量较少。某综合医院近三年招收博士研究生多，某中医院招收硕士研究生多。为完善人才培养体系，加强人才梯队建设，可培育现有人才和引进高端人才。现有人才培育包括搭建学习交流平台，扩大积极协作与学术交流，培养跨学科思维、沟通能力和综合分析能力，推广综合教育，融入健康老龄化理念。高端人才引进需宣传研究成果和研究方向，吸引国际领先人才。拓宽人才选拔渠道，全职与柔性引进相结合。

MDT 开展次数少。老年人常有多病共存、多重用药、器官功能衰退等情况，提高 MDT 频率和质量对老年医学科发展很重要。加强 MDT 培训，优化实施流程，完善医师组成和结构，形成多专业团队，整合医疗资源，提高团队合作效能。提高患者在 MDT 中的参与度，及时沟通，制定最佳诊治方案，促进康复，提高生命质量。

2. 增加学科建设投入，中西医联合攻关

两院老年医学科都为省重点专科或学科，但科研投入和产出有波动。应加大对国家级科研项目的支持，提供人力资源、物力资源和财力资源，将科研成果转化收益用于奖励重要贡献人员，激励科室成员参与课题研究，形成良性循环，提高科研能力与产出。

两院 2022 年诊断量的最大疾病分别为健康查体和高血压。脑梗死、心脑血管疾病、多种慢性病共发等对患者生命健康和家庭经济产生严重影响。综合医院与中医院应加强科研协作，联合攻关，建立重点研究室，开展疑难危重症诊断治疗技术攻关，推进医疗新技术进入临床使用。

3. 发挥中西医诊疗优势，提高中西医结合水平

综合医院擅长急诊、外科手术、化疗放疗操作，中医院擅长预防康复操作。二者应发挥各自优势，推动学科高质量发展。综合医院应提高诊疗能力和疗效水平，引进先进医疗技术、药品和设备，加强人文关怀，开展多学科联合诊疗，优化健康查体流程。中医院应推广中医优势病种诊疗方案和临床路径，发展中医特色康复医学，推进中医药和中医康复器具应用，倡导老年人学习中医养生保健知识。

综合医院与中医院应加强合作，优势互补，提高中西医结合水平。推广中西医结合医疗模式，制定实施中西医结合诊疗方案，将中西医协同发展工作纳入医院评审和公立医院绩效考核。针对老年医学科常见疾病推进联合诊治，结合中医整体观与西医精准治疗，促进中西医联合诊疗模式改革创新。

（四）小结

为提升医院老年医学科建设，需规范床护比和床医比，搭建学习交流平台，加强科室成员及研究生的综合能力培养，开展 MDT 联合诊疗，并引进具有诊疗和手术优势的高端人才。同时，应支持创新科研项目，加强综合医院与中医院在老年医学疑难危重症诊疗方面的合作。综合医院需提高急诊和肿瘤等疾病的诊疗水平，强化手术等操作优势；中医院则应提升慢性病诊疗水平，发挥康复预防优势。两院应加强合作，推进联合诊治，提升中西医结合水平，共同促进学科高质量发展。

四、研究结论

我国人口老龄化的严峻形势和老年人对健康服务的迫切需求，与老年健康服务体系建设现状之间存在着巨大的鸿沟。随着我国人口老龄化的快速发展，老年人口数量不断增加，老年健康服务体系和健康支撑体系的建设变得尤为重要。我国 60 周岁以上人口已占总人口的较大比例，且这一比例还在持续上升。老年人健康状况不容乐观，患有一种以上慢性病的比例较高，失能和部分失能老年人数量庞大。这些老年人对健康服务的需求愈发迫切，包括医疗护理、慢性病管理、康复护理等多方面的服务。同时，党中央、国务院高度重视老年健康工作，强调要为老年人提供连续的健康管理服务和医疗服务。为解决老年健康服务体系不健全、有效供给不足、发展不平衡不充分等问题，国家相关部门联合印发了关于建立完善老年健康服务体系的指导性文件，以推动老年健康服务的有序发展，提高老年人健康水平，实现健康老龄化。此外，随着经济社会的发展和老年人健康需求的变化，老年健康服务体系的总体战略、政策措施和实施路径也需要加以动态优化调整，以适应新的形势和需求。

课题组认为，为积极应对老龄化，世界各国正从社会环境、养老模式、医疗水平、医疗保障、科技创新等方面不断完善老年健康服务体系。我国在老年人的心理健康治疗、长期护理、社区护理、数字化养老、慢性病防治以及老年医学人才的培养等方面仍存在发展的空间。从供方而言，为更好地服务江苏老龄化社会，应重点从老年医学科的科室设置、人员配置、运营情况、人才培养和学科建设等五个方面加强政策研究。

作者：鲁翔，江苏省医院协会会长，老龄文明智库老年医养与生命质量研究专业委员会首席专家，南京医科大学教授、主任医师；何小菁，老龄文明智库老年医养与生命质量研究专业委员会研究员，南京医科大学副教授，江苏省人民医疗集团南京医科大学附属逸夫医院医务处副处长。

智慧健康养老产业的现实需求与发展路径

池 宇 胡学同 吴 昕 乔 凯 周 婵 张 凯 单 涛

一、绪论

（一）研究背景和意义

民政部、全国老龄办发布的《2023年度国家老龄事业发展公报》显示，截至2023年底，我国60岁及以上老年人口已达2.96亿，占总人口的21.1%，其中，65岁及以上人口为2.16亿，占总人口的15.4%，这标志着我国已经正式步入中度老龄化社会。据测算，到2035年左右，我国60岁及以上老年人口将突破4亿，占比将超过30%，进入重度老龄化阶段。《中国统计年鉴2024》显示，目前全国已有19个省市步入中度或重度老龄化阶段，包括辽宁、上海、重庆、黑龙江、吉林、四川、江苏、天津、山东、湖北、湖南、河北、安徽、北京、内蒙古、浙江、陕西、山西及河南，其中东北三省（辽宁、吉林、黑龙江）和川渝地区（四川、重庆）的老龄化程度较高，辽宁是全国老龄化程度最高的省份，65岁及以上人口比例达到21.1%，已经步入重度老龄化社会。人口老龄化已成为我国今后较长一段时间内的基本国情。

人口老龄化在带来挑战的同时，也带来了发展机遇。不断加深的老龄化催生了海量的健康养老需求，推动了银发经济的发展。庞大的老年群体形成了日益增长的消费市场，其消费需求涵盖衣食住行、健康医疗、文化娱乐等多个领域，促使相关产业不断创新和多元化发展，如老年旅游、老年教育、老年康养等产业逐渐兴起。需求的增长带动了养老服务与医疗、金融、科技等产业的融合发展，如医养结合模式、养老金融产品创新、智能养老设备研发等，催生了新的业态和商业模式，为经济增长注入新动力。同时，需求的增长刺激了智能家居、远程医疗、可穿戴设备等领域的科技创新，推动了科技成果的转化和应用，创新了健康养老服务模式。2019年，国务院办公厅印发《关于推进养老服务发展的意见》，提出要持续推动智慧健康养老产业发展，促进人工智能、物联网、云计算、大数据等新一代信息技术和智能硬件等产品在养老服务领域深度应用。2021年11月18日，中共中央、国务院发布的《关于加强新时代老龄工作的意见》在"积极培育银发经济"部分提出，企业和科研机构要加大老年产品的研发制造力度，支持老年产品关键技术成果转化、服务创新，积极开发适合老年人使用的智能化、辅助性以及康复治疗等方面的产品，满足老年人提高生活品质的需求。2024年1月，国务院办公厅印发《关于发展银发经济增进老年人福祉的意见》，指出要加快构建新发展格局，着力推动高质量发展，打造智慧健康养老新业态。

党的十九大已经指出，我国社会主要矛盾已经转化为人民日益增长的美好生活需要和不平衡不充分的发展之间的矛盾。在我国老龄化日趋严重的当下，老年人日益增长的健康养老需求与健康养老产业当前不平衡不充分发展之间的矛盾，已成为社会关注的焦点。发展智慧健康养老产业是适应我国养老主要矛盾变化的必然要求，是破解中国养老供需困境的关键之举。智慧健康养老以智能产品和信息系统平台为载体，融合应用物联网、大数据、云计算、人工智能等新一代信息技术产品，能够促进现有医疗、健康、养老资源优化配置和使用效率提升，有效缓解当前面临的供需不匹配问题，满足家庭和个人多层次、多样化的健康养老服务需求，提升居民的幸福感和获得感。

（二）研究基础

供需理论是经济学中的基本理论之一，既适用于微观经济分析，也适用于宏观经济分析。方福前、王立剑等以供需平衡理论为支撑，构建了智慧健康养老产业供需分析框架,认为供需平衡理论是指导智慧健康养老产业协调、可持续健康发展的重要基础。需求侧主要体现在微观个人需求及宏观发展需求两个方面,供给侧主要受推进政策、市场规模和产业结构三个方面影响。在系统分析了智慧健康养老产业面临的需求以及供给现状和困境后,他们提出了智慧健康养老产业的发展进路。郭丽娜、吴瑞君基于需求内部一致性、供给内容一致性、供需一致性等三维角度构建了居家养老服务供需适配理论分析框架,分析了供需适配标准、目标和操作化指标,并以上海市居家养老案例为例,进行了多维的供需适配理论框架适用性检验。需求内部一致性的观测变量主要是有无需求判断依据、需求判断主体、需求判断结果;供给内部一致性的观测变量集中在主体参与力度和主体合作方式两个指标;供需一致性的观测变量主要体现在服务供需结构,服务时间,服务人员,有无服务评价依据,服务评价主体,服务地理距离,老年人年龄经济水平、受教育程度、健康水平、家庭结构等方面。赵胜国在研究新质生产力赋能打造体育消费新场景时,在供给侧方面坚持以供给侧结构性改革为主线,关注人力、效力、物力三方面的驱动,在需求侧方面重视需求侧管理,关注消费意愿、消费能力、消费方式的牵引,进而形成高质量供给创造需求、有效需求牵引供给的更高水平动态平衡。

在供需分析方面,丁文珺、熊斌提出积极老龄化视域下康养产业供需平衡的三个衡量标准,即康养产业供给能够满足不同年龄段人群的康养服务需求,能够满足不同层次的康养服务需求,康养产业的供给质量和效率能够满足经济发展的需求。供给侧的瓶颈主要集中在制度供给滞后于产业发展需求、供给结构滞后于消费升级需求、技术供给滞后于产业升级需求、人才资源供给滞后于市场需求等方面;需求侧的困境主要为有效需求不足、保障性需求与个性化需求并存、层次化递进需求无法得到满足等。基于此,他们从市场定位、发展方向、制度供给、区域布局、竞争测量等方面提出了康养产业的发展路径。姜琛凯建立了养老需求层次模型,构建了基于供需视角的分析框架及路径选择的智慧养老生态链,提出要想满足养老需求必须依靠智慧化技术手段和智慧化管理理念,提高传统养老产业供给效率,降低服务成本。他给出了利用智慧化技术解决养老产业供需矛盾的总体思路:互联网+、大数据、物联网、机器人和 3D 打印等技术为智慧养老提供支撑。智慧养老生态链为解决传统养老产业供需矛盾提供了对策，并且能够发现新需求，创造新业态，找到新的增长点。朱岱霖、刘效壮对智慧健康养老进行了供需分析，并分析了上海市智慧健康养老发展现状。在需求端，我国老年人口基数过大，社会医疗、养老金、老年人公共服务等方面的社会负担加重；老龄化进程过快，但我国在支付储备、长期照护体系、养老服务人才等方面准备不够充分；城镇化的发展导致传统家庭养老服务功能减弱，空巢老人、高龄老人、独居老人增加，家庭养老难以维持；老年人需求呈现差异化、多样化，急需依托智能化提供精准服务。在供给端，国家陆续出台相关政策来引导和支持智慧健康养老产业发展；老年人智能产品使用率较低，产品供给能力不足；社会经济发展促使新技术应用于健康养老服务，推动了传统产业的转型升级。单海峰等通过问卷调查，从以老年人为需求端、以养老机构为供给端这一微观角度，分析了新冠疫情背景下我国智慧养老服务的供需现状。在需求端，老年人更倾向于选择医养结合型养老机构，老年人对智慧养老服务的满意度较高。在供给端，医养结合类养老机构发展迅速，智慧养老服务供给方式多样，推进智慧养老建设时面临诸多困难，等等。供需匹配的矛盾点主要在于养老费用和服务类型方面。

（三）研究框架

本研究基于供需平衡理论，在需求侧分析老年人的现实需求和政策导向，在供给侧分析技术创新、产业结构、市场环境、人才培育、政策导向。在综合分析供给侧和需求侧的现实需求后，本研究以达到供给侧与需求侧的动态平衡为目标，研究有针对性地解决供需两侧相互影响、相互制约的共性问题。

本研究分为四个部分，第一部分对我国及江苏的智慧健康养老产业发展现状进行全面分析，第二部分深入分析智慧健康养老产业的现实需求，第三部分结合智慧健康养老产业发展现状及现实需求分析当前满足现实需求的产业路径，第四部分对江苏智慧健康养老产业发展提出相关建议。

二、智慧健康养老产业发展现状

（一）我国智慧健康养老产业发展现状

1. 产业规模持续稳定增长

通过近十年的发展，我国智慧健康养老产业发展取得了长足进步。全国各地积极参与，涌现出众多有代表性的企业，尤其是信息化企业显著增多。来自银行、保险、地产等领域的多元市场主体陆续布局智慧健康养老产业，推动市场规模持续扩大。根据数据统计，2019年我国智慧健康养老产业规模近3.2万亿[①]，2023年产业规模约为6万亿元[②]，年复合增长率约为17%。

在产业链结构方面，智慧健康养老产业链上游主要由零部件和底层技术市场主体构成，零部件方面主要为芯片、传感器等元器件供应商，底层技术方面主要为物联网、大数据、云计算、人工智能等服务商。中游为应用层，主要是健康管理、养老监护、家庭服务机器人等硬件提供、解决方案提供及信息化平台开发等类型的市场主体。下游为智慧健康和智慧养老服务。产业

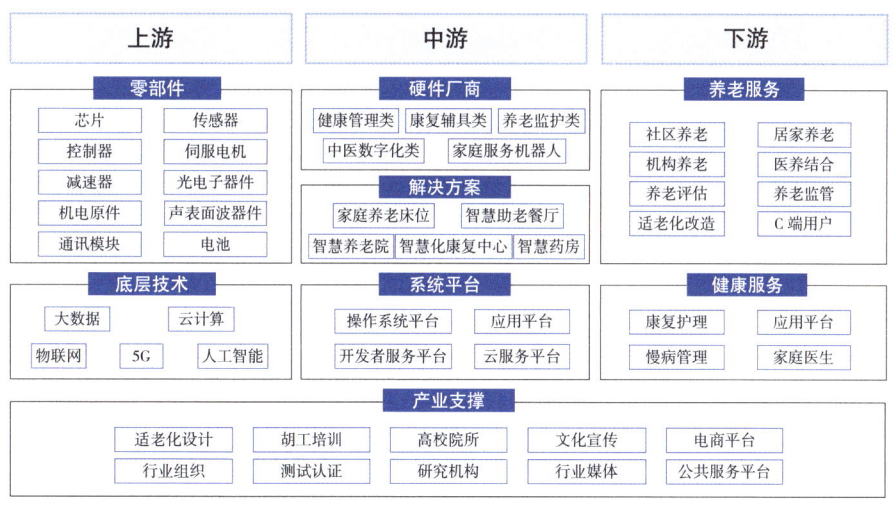

图2-10-1　智慧健康养老产业链

[①]《智慧健康养老产品规模将突破4万亿元》，中华人民共和国中央人民政府官网，2020年1月4日，http://www.gov.cn/xinwen/2020-01/04/content-5466410.htm。

[②] 数据来源：中国老龄产业协会《中国智慧健康养老产业发展报告（2023年）》。

支撑则包括高校院所、行业组织、公共服务平台等。目前，智慧健康养老整体生态体系已建立，进入逐步完善阶段，打造"终端+平台+服务"的集成化场景生态成为产业发展的主流趋势。

2. 产业集聚地已逐步出现

经过各地方智慧健康养老产业集群的发展，我国已经形成多个具有明显地区发展特色的产业集聚地。

北上广发展较早，已形成相对成熟的产业集群。北京依托领先全国的科技优势和医养资源，在老年用品尤其是康复辅具方面具有完善的研发及服务落地能力。上海不断探索新模式、新业态，通过"智慧上海"较早建立信息化优势，利用高素质的人才储备以及互联网群落加强创新孵化，在服务模式及能力方面领先。广东依托强劲的生产制造基础和完备的电子信息产业链，以研发及制造成本优势抢夺市场，产业集群优势明显，但服务配套较弱。

江浙和川渝分别围绕产业链上游生产与下游应用环节积极部署，形成了独具特色的发展模式。江苏依托信息技术优势，在物联网应用、康养智能终端、康复辅具领域具有领先全国的生产制造能力。浙江依托领先的智慧城市

表2-10-1 智慧健康养老产业分布

序号	地区	智慧健康养老产业情况
1	江苏	集成电路、生物医药、新一代信息技术已经达到全国领先水平，物联网应用、康养智能终端、康复辅具领域较早布局，生产制造能力全国领先，政策引导下将着重培育一批行业龙头领军企业
2	安徽	发挥后发学习优势，以"规划+标准"为引领，承担多项全国性重大养老改革试点任务，大胆探索创新，在资金补贴支持下抢夺行业优质企业，打通校企资源培育高端人才
3	川渝	养老服务体系健全，养老服务领域满意度得分位于前列，产业链后端优势显现，在产业应用牵引下，产业链向前延伸发展，成功引进一批国内优质智慧养老企业和国际知名企业布局成都
4	广东	生产制造基础强劲，电子信息产业链完备，以研发优势及制造成本优势抢夺市场，产业集群优势明显，但服务配套较弱

（续表）

序号	地区	智慧健康养老产业情况
5	北京	政企合作推动智慧养老，通过税费优惠等政策优化老龄产业营商环境，依托全国领先的科技优势和医养资源，在老年用品尤其是康复辅具方面具有完善的研发及服务落地能力
6	浙江	智慧城市基础建设领先，在多年的理念推广和基础准备下，产业数字化指数位居全国第一，培育了完善的数字化产业链条，养老数字化改造力度也在持续加大
7	山东	生物医药产业位于全国前列，结合其软件和信息服务业优势赋能养老领域，打造养老创新先行区、产业聚集区、国际合作区，培育众多养老信息系统龙头企业
8	上海	充分发挥先行区、示范区作用，在市领导小组主导下积极布局，不断探索新模式、新业态，通过"智慧上海"较早建立信息化优势，利用高素质的人才储备以及互联网群落加强创新孵化，在服务模式及能力方面领先

基础建设，培育了完善的数字化产业链条，养老数字化改造力度也在持续加大。川渝地区的养老服务体系健全，产业链后端优势较为明显。

山东与安徽奋起直追，展现了较好的后发优势。山东结合其软件和信息服务业优势赋能养老产业，打造养老创新先行区、产业聚集区、国际合作区，培育众多养老信息系统龙头企业。安徽以"规划＋标准"为引领，承担多项国家级重大养老改革试点任务，大胆探索创新。

3. 新一代信息技术得到创新应用

从技术发展来看，以人工智能、大数据、云计算、物联网、智能信息产品等为代表的新一代信息技术正在取得群体性突破，技术逐渐成熟，在健康养老领域的融合应用不断加快。物联网、云计算等技术的兴起及演进不断促使智慧健康养老产品及服务模式发生变革；大数据逐步成为健康养老企业关注的焦点，数据要素、数据安全、数据挖掘等成为研究热点；针对老年人群的语音识别、虚拟现实与脑机接口、人工智能与知识图谱等一系列技术融合发展，对智慧健康养老产业产生巨大的推动作用。

4. 系统集成化水平持续提升

随着5G、云计算、大数据处理、物联网等信息技术的应用，各地的智慧健康信息管理平台已成规模。根据民政部数据，全国建成和正在运行的智慧健康养老平台已经达到840个。同时，地方政府目前致力于以场景建设为抓手，来实现健康养老服务精准化、智能化、多样化，从而有效地推动智慧健康养老系统化、集成化发展，各类场景解决方案得到了快速发展和落地应用，如基于视觉的"火柴人"技术前端AI相机及智能床垫等设备的应用。北京经开区搭建了全市首个智慧养老健康监测场景，为所辖老年人提供健康监测、跌倒报警等服务。

（二）江苏智慧健康产业发展现状

《江苏省老龄事业发展报告（2024年）》显示，江苏60岁及以上老年人口首次突破2000万，达到2089万人，占常住人口的24.5%，高于全国（21.1%）3.4个百分点；65岁及以上老年人口有1573万，占比18.4%，高于全国（15.4%）3个百分点。13市均进入中度老龄化社会，其中南通、泰州、盐城和扬州已经进入重度老龄化社会，人口老龄化问题日益凸显。同时，江苏作为我国的经济大省，具有较强的经济实力，国家统计局数据显示，江苏2023年人均GDP为150583.9元，位列全国各省第三，高于全国人均GDP（89358元）68.52%。此外，江苏拥有良好的产业发展环境。一是制造业规模庞大，2024年制造业高质量发展指数连续四年全国第一[①]；二是科技创新实力强，众多高水平的高校和科研机构、前沿实验室、龙头和科创企业使得江苏创新范围广阔，创新能力较强；三是优越的营商环境为培育企业提供了充足的养分，在政策环境、市场环境、政务环境、法治环境、人文环境上，江苏均具有优势，现代金融的活跃、充足的人力资源、完善的基础设施等均为江苏产业发展提供了条件。江苏的高度人口老龄化激发了巨大的智慧健康养老需求，良好的经济基础带来了一流的消费潜力，坚实的发展基础为产业高质量发展提供了肥沃的土壤，这些均为江苏智慧健康养老产业的发展奠定了坚实的基础，江苏进入智慧健康养老产业迅速发展的关键阶段。

---

① 《江苏加快打造发展新质生产力的重要阵地》，江苏省人民政府网，2024年10月20日，http://www.jiangsu.gov.cn/art/2024/10/20/art_90863_11403244.html。

1. 政策扶持力度不断加强

在政策扶持方面，江苏省政府先后印发《江苏省"十四五"老龄事业发展规划》《江苏省"十四五"养老服务发展规划》等文件，2022年和2023年还分别出台了《关于加强新时代老龄工作的实施意见》《关于推动养老事业和产业发展　提升养老服务质量的实施意见》，为智慧健康养老产业的发展提供了政策指引。此外，省工业和信息化厅、省民政厅、省卫生健康委员会联合印发《江苏省智慧健康养老产业发展行动计划（2022—2025年）》，明确了产业发展的具体目标和任务。2024年，江苏省发布《促进银发经济高质量发展实施方案》，提出要加快发展智慧健康养老产业，推进新一代信息技术以及人工智能、可穿戴设备、移动终端等智能设备在各类养老场景集成应用，扩大健康管理、养老监护、护理服务、安全监管、心理慰藉类智能产品供给。

2. 产业生态布局不断完善

在产业链结构方面，围绕健康江苏、智慧江苏的战略目标，江苏建设了完整高效的智慧健康养老产业链供给体系，实现了产业链上中下游的融合。在区域布局上，江苏立足省内各区域产业发展背景和相关基础，统筹优化区域布局，大部分领域已形成完整的供应链体系和产业生态系统，呈现出集群化、融合化、智能化的发展态势：南京市江北新区、高淳区分别形成生物医药、医疗器械产业集聚区，栖霞区集聚多家高品质养老机构；无锡市智慧健康养老、养老机器人等产业发展迅速；常州市西太湖国际医疗（康复辅具）产业园已经成为国家级医疗器械（康复辅助器具）创新园区；苏州市形成以苏州工业园区为核心的生物医药产业集群；南通市聚焦生命健康产业发展，形成生物医药产业集群；泰州市加快培育大健康产业集群。① 在产业生态建设方面，充分发挥各种养老供给主体的专业优势，进行协同创新，在医疗、康复等领域形成较为体系化的产业生态。

---

① 《江苏银发经济驶入"快车道"》，江苏省人民政府官网，2024年10月14日，http://www.jiangsu.gov.cn/art/2024/10/14/art_88302_11386626.html。

3.试点示范效应不断强化

经过多年的积累,江苏已经形成了一批具有示范效应的可复制、可推广的实践经验。截至2023年,江苏共创建国家级智慧健康养老示范企业15家、示范园区1个、示范街道(乡镇)19个、示范基地6个,总数居全国前列。2023年江苏省第五批智慧健康养老重点企业、示范体验馆、街道(乡镇)认定工作,共创建5家企业、2个体验馆、3个街道(乡镇)。南京福康通、中科西北星、江苏禾康、南京索酷等众多养老信息化企业已成为国家级智慧健康养老试点示范企业,业务遍布全国;康辉科技、康龙威康复和钱璟康复等智能康复辅具企业均已入选国家级试点示范名单,打造出国内一流的产品标杆。同时,在政府的支持与带动下,省内多家龙头企业开展了品牌文化建设,提升品牌价值。

4.产品服务体系不断创新

江苏积极发挥在智能家居、医疗器械领域的产业优势,健康监测设备、健康检测一体机等健康监测/检测智能设备得到飞速发展,南京熙健、鱼跃医疗、鹿得医疗等企业市场占有率较大。江苏在康复治疗、康复训练机器人和外骨骼机器人领域也形成了多层次布局,生产和研发能力得到大力提升。江苏在养老监护、中医数字化、服务机器人等领域也不断积极创新,打造了一批国内领先的代表性产品。

截至2023年末,江苏共有在业养老机构2235家,建成居家社区养老服务中心1.8万个,为330万老年人提供政府购买居家上门服务,实现长护险制度所有设区市全覆盖。[①] 江苏已经逐渐形成了基于互联网平台的多种养老服务模式。"智慧+机构"模式通过集成应用智慧健康养老产品及信息化管理系统,提供智慧化服务。"智慧+社区"模式利用互联网技术打造智慧养老平台,连接社区和家庭,为老人提供多样化服务。"智慧+居家"模式以现代科技为依托,通过智慧物联服务,为老年人提供一系列高质量的智慧化养老服务。此外,"互联网+长护险"机制、"时间银行"、"物业+养老"

---

① 《江苏13市全部进入中度老龄化社会》,江苏省民政厅网站,2024年10月29日,http://mzt.jiangsu.gov.cn/art/2024/10/29/art_55087_11405971.html。

协同化服务新模式等多种创新模式在江苏不同地方得到落地应用。

5. 信息化建设不断健全

依托软件和信息产业优势，江苏在养老信息化领域建立了良好的产业基础，在智慧健康养老系统开发及数据库建设方面走在了全国前列。目前，江苏智慧养老服务信息化平台已实现县域范围全覆盖，居民健康档案库、健康知识库以及基础资源库已建设完成并不断优化。各类养老场景中应用的智慧健康养老系统更是有效地汇聚资源，让老人享受智慧化、个性化、自动化的智慧健康养老服务，实现了精准对接养老服务需求和供给。

6. 企业数量和人才建设位居前列

2022年，江苏省智慧健康养老企业398个，位于全国第三。省内高校积极参与人才建设，南京大学、南京邮电大学等高校在生物医疗、信息管理、智慧医疗等方面较早开展前沿研究，河海大学、南京医科大学等高校成立了老龄研究实验室。

三、智慧健康养老产业的现实需求分析

（一）需求侧现实需求分析

1. 老年人需求分析

根据中国消费者协会调研数据[①]，居家养老仍是老年人的主流选择。老人的养老需求重在家政清洁、餐饮、老年饭桌等"日常所需"，机构养老需求重在医养结合，特殊护理用品、辅助用品需求增加。低龄老年人消费更具活力，升级型消费需求明显，对高龄老年人养老亟需加大支持力度。老年人养老需求主要为12种，大致可分为生活照护、健康管理、安全监测、娱乐交往等四大类需求。生活照护需求中以家政清洁、餐饮服务为主，健康管理需求中以慢病管理和康复护理为主，安全监测需求中则以应急报警为主，娱乐交往需求主要体现在社会交往、身体锻炼、精神慰藉等方面。整体而言，老年人消费环境仍需进行适老化提升。

---

① 数据来源：《2022年养老消费调查项目研究报告》。

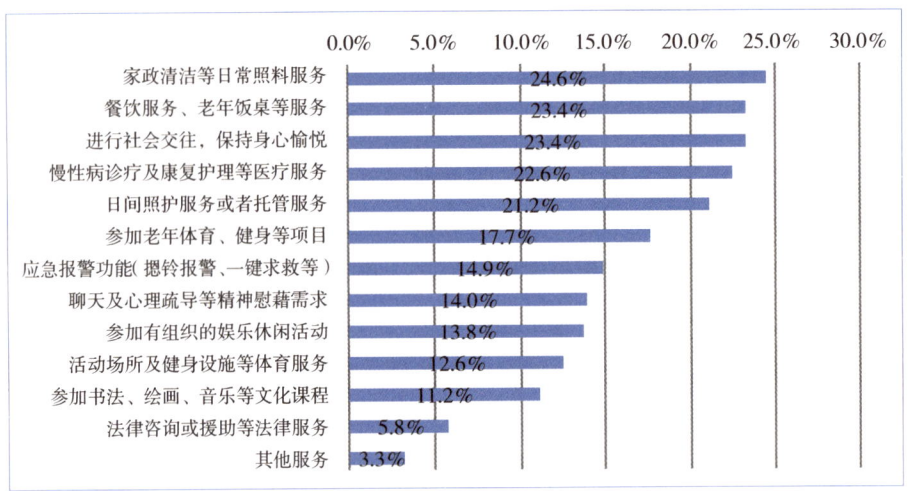

图 2-10-2 老年人养老需求

从年龄分布来看，50—59 岁老年人的需求分布相对较为平均，文化学习、社会交往需求相对较高；60—69 岁老年人除了社会交往需求较大外，开始向日常照料倾斜。随着年龄的增长，身体机能出现明显下降后，70—79 岁老年人居家需求则以日常照料、日间照护以及餐饮服务为主；80—89 岁老年人居家需求中，健康医疗服务成为最大需求，日间照护、日常照料次之；90 岁及以上老年人则对餐饮服务、慢性病诊疗的需求较大。

表 2-10-2 不同年龄段老年人养老需求

需求内容	50-59 岁	60-69 岁	70-79 岁	80-89 岁	90 岁及以上
餐饮服务、老年饭桌等服务	15.70%	23.00%	25.00%	27.30%	22.40%
慢性病诊疗及康复护理等医疗服务	18.20%	20.30%	23.30%	39.00%	22.40%
应急报警功能（摁铃报警、一键求救等）	14.90%	14.00%	17.90%	14.90%	5.20%
日间照护服务或者托管服务	16.50%	17.40%	26.50%	33.80%	17.20%
家政清洁等日常照料服务	17.40%	23.70%	27.10%	29.90%	20.70%

第二部分　老龄文明主题调查研究

（续表）

需求内容	50-59岁	60-69岁	70-79岁	80-89岁	90岁及以上
活动场所及健身设施等体育服务	13.20%	13.00%	13.30%	9.70%	5.20%
参加有组织的娱乐休闲活动	18.20%	15.30%	13.20%	5.20%	6.90%
参加书法、绘画、音乐等文化课程	**19.80%**	11.60%	11.10%	3.90%	5.20%
参加老年体育、健身等项目	18.20%	21.30%	14.80%	7.10%	6.90%
进行社会交往，保持身心愉悦	**20.70%**	**26.20%**	23.30%	13.60%	6.90%
法律咨询或援助等法律服务	3.30%	6.40%	6.20%	3.20%	3.40%
聊天及心理疏导等精神慰藉服务	12.40%	14.40%	14.80%	12.30%	6.90%

从身体状况来，主要依靠别人照顾的老年人对家政清洁等日常照料服务、慢性病诊疗及康复护理等医疗服务最急需。需要部分照顾的老年人对日间照护、日常照料需求量较大。而自理能力较强的老年人对体育、健身等项目以及保持身心愉悦的社会交往需求更大。

表 2-10-3　不同身体状况老人居家需求

需求内容	生活能够自理	需要部分照顾	主要依靠别人照顾
餐饮服务、老年饭桌等服务	22.1%	22.7%	27.6%
慢性病诊疗及康复护理等医疗服务	16.3%	21.9%	**39.5%**
应急报警功能（揿铃报警、一键求救等）	13.7%	17.5%	15.7%
日间照护服务或者托管服务	13.1%	**26.2%**	**37.4%**
家政清洁等日常照料服务	20.5%	**25.9%**	**34.0%**
活动场所及健身设施等体育服务	16.6%	11.2%	3.6%

（续表）

需求内容	生活能够自理	需要部分照顾	主要依靠别人照顾
参加有组织的娱乐休闲活动	16.8%	15.7%	4.3%
参加书法、绘画、音乐等文化课程	13.0%	13.5%	4.3%
参加老年体育、健身等项目	**23.1%**	16.0%	5.5%
进行社会交往，保持身心愉悦	**29.7%**	15.5%	14.8%
法律咨询或援助等法律服务	5.4%	9.2%	3.3%
聊天及心理疏导等精神慰藉服务	13.6%	14.5%	14.8%
其他服务	4.1%	1.7%	2.9%

从各省市情况来看，江苏老年人相对迫切的养老服务需求主要有清洁、日常餐饮提供、医疗/看病就医/买药、日间照料、代办服务、养生/保健/安全类讲座、外出/出行、给老人洗澡/洗头发等[①]，与全国情况基本一致。北京86.2%的被访者愿意使用智能产品，使用意愿最高的前三类智能产品分别是健康管理（61.1%）、安全监测（52.8%）和智能家居（38.0%）；除生活必需的基础消费外，老年人更青睐保健、出游和休闲。[②]最受陕西老年人欢迎的产品依次为健康管理类智能产品、养老监护类智能产品和家庭服务机器人；42.05%的老年人愿意使用居家智慧健康养老服务，个性化健康管理、互联网+健康咨询/科普、互联网+居家养老生活照料是他们的主要选择。四川、青海和重庆老年人最需要的养老需求则以慢性病诊疗及康复护理等医

[①]《江苏发布养老方式及服务需求研究报告》，中共江苏省委新闻网，2021年10月12日，http://zgjssw.gov.cn/yanwen/202110/t20211012-7263046.shtml。

[②]《老年消费潜能渐增 银发经济焕发生机——2024年北京市老年人消费调研报告》，北京市统计局官网，2024年11月27日，http://tjj.beijing.gov.cn/zxfbu/202411/t20241127-3951462.html。

疗服务和餐饮服务、老年饭桌等餐食服务为主。[①]

从调查数据来看，老年人对智慧健康养老的需求不是十分迫切。相对来说，智慧健康养老服务需求高于智慧健康养老产品需求。智慧服务需求主要集中在医疗、日常照料、日间照护、餐饮提供等方面，延伸的智慧健康养老产品需求则主要涉及健康监测、康复辅具、养老监护。老年人智慧健康养老需求不高的原因主要有：一是老年人数字素养不足，"数字鸿沟"的存在使得老年人对智能化产品和服务有所抵触；二是产品适老化设计不符合老年人使用习惯；三是产品和服务体验效果不理想，无法达到满意效果或者做到坚持使用；四是经济问题也是制约老年人智慧健康养老需求的重要因素。

2. 政策导向分析

在国家层面，民政部作为养老服务主管部门开展了居家和社区基本养老服务提升行动，主要是为经济困难的失能及部分失能老年人兜底。国家卫健委等部门发布《关于促进医养结合服务高质量发展的指导意见》，推动"互联网+医养结合"，推进医疗、养老服务信息互联互通和数据共享，提供远程诊疗、慢性病管理、康复护理指导等服务，探索人工智能在健康管理、健康监测、健康照护等方面的应用。

从地方层面，政策主体逐步由省一级向地市一级渗透，政策落地性明显增强，内容场景化趋势明显。各地政府深入研究健康养老需求，以场景为抓手，集成智慧健康养老产品和服务。北京、上海、浙江、成都、广州等省市均发布了相关场景需求清单。老年人智能相伴、家庭照护床位、老年人风险监护、老年慢性病用药、老年人防跌倒、独居老年人智慧照护、智能管家、养老服务商城等场景建设，为老年人居家养老提供了有效的解决方案。从整体看，情感慰藉、安全照护、机构运营管理相关的应用场景的统计频数较高，表明此类场景获得了各地政府的普遍关注。具体来看，各地在场景选择方面各具特色。北京从老年人行为能力出发，梳理养老服务需求，构建面向

---

① 消委会：《2024年居民养老现状消费调查报告》，四川省市场监督管理局，2024年11月11日，http://scjgj.sc.gov.cn/scjgj/c104529/2024/11/11/ea42b6263de848c8861586f556ffdb0b.shtml。

不同类型老人的智慧养老应用场景；上海智慧养老场景覆盖面更广，除了社区居家及机构养老中常见的场景外，还包括了老人智能出行、上下楼梯辅助等环境适老化场景，此外，老年人认知训练、智慧助浴等方面的场景也较有特色；成都和广州聚焦银发消费，面向老年人服务购买、养老院选择、老年教育等需求，设置了众多特色的应用场景。

表 2-10-4 　地方智慧健康养老应用场景相关政策

地区	政策	典型场景需求
北京市	《智慧养老建设试点"揭榜挂帅"申报指南》《智慧城市场景创新需求清单——智慧养老健康监测场景》《北京市智慧养老应用场景需求清单》《北京市智慧养老应用场景案例评选方案》	综合应用场景：重度失能老年人智慧照护综合场景、轻中度失能老年人智慧照护综合场景、高龄独居老年人智慧照护综合场景、失智老年人智慧照护综合场景、活跃老年人个性化健康促进综合场景、老年人数字化服务综合场景 技术应用场景：老年人跌倒监测与防护场景、认知障碍老年人防走失场景、老年人应急救援场景、独居老年人风险监测和报警场景、机构出入探视管控场景、机构智能视频监控场景、机构无接触智能消毒场景、机构智能查房场景、老年人卧床护理场景、家庭照护床位远程支持场景、老年慢性病用药场景、老年慢性病管理及预警场景、社区居家康复训练场景、老年人智能语音交互场景、老年人智能相伴场景
上海市	《上海市智慧养老应用场景需求清单（2020版）》《上海市智慧养老应用场景需求清单（2021版）》《上海市推进智慧养老院建设三年行动方案（2023—2025）》	老年人防跌倒场景、老年人紧急救援场景、认知障碍老人防走失场景、老年慢性病用药场景、老年人卧床护理场景、家庭照护床位远程支持场景、机构出入管控场景、机构智能查房场景、机构无接触智能消毒场景、老年人智能语音交流互动场景、老年人智能相伴场景、机构智能视频监控场景、智慧助餐场景、健康码智能核验场景、认知障碍老年人认知训练场景、行动不便老人出行"一键叫车"、养老机构老人常见病配药场景、居家失能老人助浴场景、老年人上下楼梯辅助场景、老年人用水用电智能监测
成都市	《成都市智慧养老应用场景需求清单（2020版）》	高龄独居老年人智慧照护综合场景、养老服务商城应用场景、老年人防跌倒场景、机构出入探视管控场景、机构智能查房场景、老年慢性病用药场景、社区居家康复训练场景、老年人智能相伴场景、智能助餐场景、健康码智能核验场景、老年人上下楼梯辅助场景

（续表）

地区	政策	典型场景需求
广州市	《广州市智慧养老应用场景需求清单（2021版）》	养老服务商城应用场景、老年人智能语音交互应用场景、居家老年人用电用水用气安全智能管家应用场景、为老服务直播间应用场景（线上教育）、老年人智能出行应用场景、老年人紧急呼援应用场景、家庭养老床位应用场景、老年人防走失应用场景、养老机构全景云看房场景、智能陪伴机器人应用场景
浙江省	《省发展改革委关于发布数字社会第二轮"揭榜挂帅"中榜单位的函》《浙江省智慧养老院建设方案（V1.0）》《浙江省乡镇（街道）居家养老服务中心智能服务终端配置方案（V1.0）》	—
江苏省	《促进银发经济高质量发展实施方案》《江苏省智慧健康养老应用场景清单》《南京市智慧养老院建设试点方案（试行）》	—
武汉市	《武汉市人工智能养老社会实验工作实施方案》	—

（二）供给侧现实需求分析

1. 技术创新分析

智慧健康养老产品涉及 MCU 芯片、通信定位芯片、存储芯片、智能传感器等多种基础器件。我国虽然在基础元器件方面具有一定的布局，但产品的性能、稳定性、一致性、开发生态等较国外仍有差距。新一代信息技术在为智慧健康养老产业带来变化的同时，也带来了发展风险，特别是 AI 的发展，使得技术应用的边界应如何判定、科技伦理与技术应用应如何平衡成为关注的焦点。同时，技术加速渗透带来老年人隐私及数据安全问题。随着个人信息泄露事件越来越多，个人信息遭受侵害的程度也出现恶化趋势。银发一族具备丰富的人生阅历，但对于这些新技术缺乏了解和防范，一旦成为数字世界的初探者，就相对容易成为被侵害的对象，成为此类诈骗的主要受害群体。此外，相较于年轻人，老年人在学习能力、认知能力等方面均有一定程度的下降。近六成的老年人在使用电子产品时存在困难，字体小、操作复杂学不会、声音小是主要问题。同时，很多智慧健康养老产品在设计研发之初，未充分考虑到老年人的生理特征和使用习惯，也导致了老年人不会用、不愿用的问题。适老化水平较低表明，老年人在跨越"数字鸿沟"，充分享受信息技术带来的便捷生活上，仍需更多的帮助。

2. 产业结构分析

从我国当前的智慧健康养老产业链来看，由部件、底层技术构成的产业链上游是当前发展的短板，尤其是在高端元器件领域，受国外制约较为严重。人工智能、适老化技术等底层技术的发展与国外相比也存在一定差距，需加大技术研发、技术创新的投入。产业链中游产品智能化、多样化、规模化不足，整体存在技术创新与应用需求脱节、产品单价居高不下等问题。下游的智慧健康养老服务主要的提供者、买单方仍然是政府，多数企业尤其是养老服务企业，依赖政府的专项补贴，缺乏自我造血能力，服务模式和商业模式有待优化，服务能力有待提升。在产业支撑方面，基于产业链的公共服务体系有待完善。

3. 市场环境分析

在国家政策的大力推动下，智慧健康养老产业快速发展，产品和服务持续迭代更新，但相关产品和服务标准的研究制定却相对滞后，无法支撑产业发展。行业标准"少而散"、团体标准"多而乱"等问题，导致企业常常陷入"无标可依"或"无所适从"的尴尬境地，产出的产品和服务在质量方面良莠不齐。据智慧健康养老产业联盟统计，目前智慧健康养老团体标准有千余项，但产业化程度不足10%。在地方标准方面，公开发布的标准共64项，主要针对养老信息化平台的建设，以及居家、社区及机构场景中的智慧化运营，缺少涵盖智能硬件设备、智慧化技术、数据治理的更为广泛的标准。此外，检测、认证、服务评估等第三方检测认证评估机制也尚不健全。

4. 专业人才分析

智慧健康养老人才培养体系、从业继续教育体系急需建立，人才资源缺口较大。一是专业技术人才急需扩充。智慧健康养老领域涉及多学科交叉的知识和技能，目前既懂信息技术又了解老年医学、养老服务的专业人才相对匮乏，制约了技术创新的深度和广度，也影响了产品和服务的质量。二是服务人员队伍急需壮大。先进的技术和设备需要专业的服务人员来操作和维护，也需要他们为老年人提供使用指导和帮助。目前健康养老服务行业中，专业素质过硬的护理人员和康复师等人才供给不足。

5. 政策导向分析

从国家政策层面，顶层设计逐步完善，强化科技赋能，助力智慧健康养老产品和服务创新应用。《国务院办公厅关于发展银发经济 增进老年人福祉的意见》《国务院关于印发"十四五"国家老龄事业发展和养老服务体系规划的通知》《国务院办公厅印发关于切实解决老年人运用智能技术困难实施方案的通知》等文件，均强调了推进智慧健康养老产品及服务的发展，重点支持健康类、监护类、机器人等智能产品的应用，以及居家上门助老、家庭养老照护、居家医疗等居家服务的发展。工业和信息化部作为行业主管部门，联合民政部、国家卫生健康委员会印发《智慧健康养老产业发展行动计划（2021—2025年）》，并开展了智慧健康养老产品及服务推广目录、老年用品产品推广目录等工作。其中，涉及的健康管理类、养老监护类、家庭服务机器人、适老化家电等智能产品可助力老年人提升生活质量，互联网+健康管理/养老服务、家庭养老床位则有效地为老年人享受居家养老服务提供了便利。在地方政策层面，上海、江苏均发布了智慧健康养老产品及服务推广目录。上海、浙江、南京等先进省市也积极利用信息技术对传统养老机构进行改造，推动养老院智慧化发展，取得了一定的成果。

结合需求侧与供给侧现实需求两方面情况，为满足老年人智慧健康养老需求，实现智慧健康养老产业供给侧与需求侧的有效匹配。当前智慧健康养老产业发展关注的重点应在创新应用、适老化、人才建设、体制机制建设等几个方面。创新应用涉及技术创新、产品创新、服务模式创新、场景创新等多个方面，适老化涵盖了适老化技术和适老化设计两方面，人才建设主要涉及复合型科研人才的培养以及健康养老服务团队的建设，体制机制建设主要反映在对相关产品和服务的标准的迫切需求上。

四、满足现实需求的发展路径分析

（一）以技术创新激发智慧健康养老产业发展活力

人工智能作为数字经济新时代下的重要生产力，仍将是未来 2—5 年发展的风口。人工智能技术将加速与健康养老行业的融合，形成面向垂直领域的大模型，推动诸如养老 AI Agent、人形护理机器人、AI 养老管家等产品的创新迭代，加速形成以数据为驱动要素的健康养老业务模式，推动服务流程等的重塑与变革。医学与信息技术将进一步交叉融合，在为智慧健康产品提供更扎实的循证依据的同时，推动相关产品和服务的创新。

随着我国人口老龄化的加速以及信息技术产品的快速应用，整个社会的适老化已经成为当下我国社会治理的一个重要课题，这不仅关系亿万老年人的福祉，也关系我国社会经济发展的可持续性和潜力。适老化成为产业发展重要趋势，适老化设计也必然受到高度重视。

（二）以需求导向提升智慧健康养老产业发展质量

坚持以老年人日益增长的智慧健康养老需求为导向，积极探索老年人迫切的需求点，切实研发符合老年人需求的智慧健康养老产品和服务，从而提高有效供给水平，推动产品和服务的广泛应用。产品和服务的未来发展重点在于在产品可靠性、交互便利性、用户体验等方面实现突破，产品服务的智慧化、集成化水平进一步提升。此外，产品和服务的耦合度将进一步提升。为"智慧"而"智慧"等从供给角度出发的建设将逐步被取代，需求拉动的趋势愈发明显，服务、运营的概念将进一步深化，行业整体将向产品和服务并重的方向发展，产品和服务的质量也将得到提升。

（三）以标准建设规范智慧健康养老产业发展秩序

从标准建设角度来看，智慧健康养老是新一代信息技术与健康养老服务融合形成的新型产业,很多产品比较新,迭代速度比较快,相关的产品、服务标准还不健全,导致了平台"数据孤岛"、产品集成成本较高、产品及服务质量参差不齐、信息安全无法保障等问题,影响了智慧健康养老产品及服务的渗透应用。随着整个产业的发展,建立智慧健康养老标准体系,根据企业产品研发及应用实际需要,采取更灵活的标准制定形式,开展行业关键技术、重点产品、数据格式、系统接口等标准的研究制定工作,实现底层技术、系统平台、产品、场景、服务、第三方检测认证等相关标准的逐步完善,促使产业向着标准化、规范化发展。

(四) 以人才培育夯实智慧健康养老产业发展根本

人才是支撑产业高质量发展的核心资源,是提升智慧健康养老服务水平和质量的要素保障。推动智慧健康养老产业高质量发展,不仅需要护理、医药、康复、心理学、产品研发等领域的专业型人才,更需要掌握多领域技能的复合型人才。优化人才培养体系架构,建立分类分级、多元化的人才培养方案,推动复合型科研技术人才与健康养老服务从业人员的培养,并通过高校、科研院所、企业、健康养老机构的联合培养,促进人才理论学习与实践学习相结合。强化人才继续教育与技能提升,建立面向智慧健康养老产业从业人员的继续教育体系,鼓励从业人员定期参加培训。积极推动社会力量参与智慧健康养老服务工作,减轻人才缺口的压力。同时,可出台人才引进政策,对稀缺型人才给予相关的优惠政策,吸引高层次人才投身智慧健康养老产业。

五、江苏智慧健康养老产业发展建议

(一) 夯实产业技术基础,鼓励技术创新应用

借助江苏锚定建设世界级产业集群这一契机,深化科技创新与产业创新的融合,力争在产品制造等领域形成更大的领先优势。同时,补足江苏在智慧健康养老产业链上游的短板,力争在芯片、传感器等核心元器件和底层技术等"卡脖子"环节取得新突破,推动产业技术创新应用,增强产业链、供

应链的韧性和竞争力，实现相关领域国产替代和自主可控。

强化数据支撑赋能，持续推动智慧健康养老云平台提质升级，强化平台在物联网设备接入、人工智能分析等方面的基础能力，促进数据创新应用。同时，要创新数据管理体制机制，通过搭建智慧健康养老数据中台等手段，强化数据治理，促进数据融合，提升数据质量，推动数据共享交换与安全开放，支撑智慧健康养老业务的开展。

支持省内企业开展适老化技术研发工作，加强适老化技术的研发及适老化设计，引导并鼓励企业在产品研发过程中充分考虑老年人的生理特征及使用需求，推出具备大屏幕、大字体、大音量、大电池容量、操作简便等适老特征的智能产品，提升老年人的使用体验。同时，遴选优秀的适老化智能产品及服务，编制形成智能产品适老化设计典型案例，推广优秀的设计思路和理念。

（二）发挥产业集聚效应，推动供给体系创新

充分发挥江苏雄厚的制造业基础及智慧健康养老产业完整的供应链体系和产业生态系统优势，开展产业链上下游之间、产业链同层级间的合作与竞争，以强势环节拉动弱势环节的发展，以弱势板块的厚积薄发增强强势环节的附加值，实现增强补弱、产业生态良序运转的格局。

以江苏智慧健康养老需求为导向，以智慧健康养老场景建设为载体，带动江苏重点需求的智慧健康养老产品和服务整体优化升级。结合前沿医学理论和人工智能技术，推动智能终端产品的形态创新、功能创新和服务创新，为老年人健康管理、安全监护等提供有力支撑。同时，推进以养老本位产业为核心，涵盖医疗保健、娱乐文化、旅游等衍生产业的泛养老产业集群的发展模式，打造整合康复医疗、健康养老、休闲养生为一体的特色小镇、养老新城、新型养老社区等。

依托江苏良好的营商环境以及"筑峰强链"企业培育支持计划，梯次培育壮大领航企业、专精特新企业和创新型中小企业，丰富智慧健康养老产业主体，支持企业组建创新载体，推动由企业主导的产学研融通创新。强化龙头企业的领军作用，带动小微企业规模化发展。支撑省内孵化器、创客空

间、加速器的发展,引导社会资本投早、投小、投硬科技,鼓励支持符合条件的智慧健康养老创新企业在科创板、创业板上市融资。

(三)加强人才队伍建设,优化市场发展秩序

充分发挥江苏高校、科研院所、实验室等资源,针对老年科技未来发展重点,研究开设老年交叉学科专业,培养具有老年交叉学科相关专业背景的复合型研发技术人才,建立健全复合型人才培养机制。鼓励高校、职业技术学校、社会培训机构增设智慧健康养老专业或者课程,培养服务型人才,同时积极吸纳低龄老人、退休老人加入养老服务人员队伍,完善人才培养梯队建设体制。此外,鼓励高校、实验室等与养老机构、服务企业等建立联合培养机制,将理论学习与实践学习有机结合起来,切实培养社会需要的人才。

加快智慧健康养老相关地方标准、团体标准的研制工作,鼓励联盟、协会等社会组织联合产业链上下游企业,开展行业关键技术、重点产品、数据格式、系统接口等标准的研究制定工作,促进产业规范化、标准化发展。同时,支持第三方计量、检测、认证、服务评估机构研究制定智慧健康养老重点产品及服务的计量、测试和评价规范,提供计量、检验检测、服务评估、适老化认证等相关服务。

作者:池宇,江苏省工业和信息化厅副厅长,老龄文明智库老龄产业与智慧养老研究专业委员会首席专家;胡学同,老龄文明智库老龄产业与智慧养老研究专业委员会首席专家;吴昕,中国电子科技集团公司第三研究所产业投资部主任,智慧健康养老产业联盟秘书长;乔凯,博士,中国电子科技集团公司第三研究所行业分析师;周婵,硕士,中国电子科技集团公司第三研究所行业分析师;张凯,江苏省工业和信息化厅信息化发展处三级调研员;单涛,管理学博士,高级工程师,江苏省人民医院门诊服务中心副主任。

主要参考文献

1. 韦艳，王欣宇，徐赟.智慧健康养老产业高质量发展的战略导向与实现路径.《西安财经大学学报》2022年第3期

2. 方福前.正确认识和处理供给侧改革与需求侧管理的关系.《经济理论与经济管理》2021年第4期

3. 王立剑，朱一鑫，马伟.智慧健康养老产业的现实需求与发展进路.《西安交通大学学报（社会科学版）》2024年第3期

4. 郭丽娜，吴瑞君.居家养老服务供需适配：一个理论分析框架.《河北大学学报（哲学社会科学版）》2020年第5期

5. 赵胜国.新质生产力赋能打造体育消费新场景的理据考察与实现策略——基于供需协同的分析框架.《体育学研究》2024年第5期

6. 丁文珺，熊斌.积极老龄化视域下康养产业的理论内涵、供需困境及发展路径分析.《卫生经济研究》2020年第10期

7. 姜琛凯.新常态下智慧养老生态链的构建——基于供需视角的分析框架及路径选择.《山东财经大学学报》2016年第6期

8. 朱岱霖，刘效壮.智慧健康养老的供需分析.《中国市场》2021年第11期

9. 单海峰，王广成，杨宝顺，等.新冠疫情背景下我国智慧养老服务的供需匹配分析.《滨州医学院学报》2022年第1期

10. 刘军军.智慧健康养老产业发展的现实困境与路径优化.《中国医疗管理科学》2021年第5期

11. 穆怀中，张献政.智慧健康养老产业高质量发展：机遇、挑战与路径.《经济纵横》2024年第10期

12. 张博.智慧健康养老产业发展困境与出路——基于有效供给视角.《兰州学刊》2019年第11期

13. 黄清峰.新发展阶段我国智慧健康养老产业发展的时代要求与路径选择.《延边党校学报》2021年第4期

中国式老年照护模式中的孝道文化传承与发展 *

张晶晶

一、问题的提出：老年照护的文化之重

人口老龄化是中国 21 世纪重要的现实国情之一。根据国家卫生健康委发布的《2021 年度国家老龄事业发展公报》，截至 2021 年末，我国 65 岁及以上人口占总人口比重为 14.2%，正式迈入老龄社会阶段。① 人口老龄化彰显了我国医疗卫生水平突飞猛进和社会经济发展的欣喜成果。与已经具备了充足的财富积累、拥有了相对完善的老年福利制度和服务体系的先期老龄化国家（如德国、法国、日本等发达国家）不同，中国人口老龄化进程与工业化、城市化、现代化、信息化等重大社会变革同频共振。这意味着中国社会在适应人口结构变化的同时，还要应对生产方式改变、产业结构转型、社会运行机制调整、家庭结构和居住安排变化等多方面变迁，以及由此带来的生

---

* 本文发表于《东南大学学报（哲学与社会科学版）》2024 年第 1 期。
① 根据联合国和世界卫生组织的定义，当一个地区或国家 65 岁及以上人口占总人口的比重达到 7%，就可以称作"老龄化社会"（aging society）。当这一比例达到 14% 时，就可以称作"老龄社会"（aged society）。如果 65 岁以上人口比重超过 20%，就可以称作"超老龄社会"（super-aged society）。

活方式和文化观念的改变。这些复杂并存的因素构成了中国老龄化社会的现实国情和文化语境。

关爱和照护长者是中华民族的传统美德。在中国一贯的语言表达中，对老年人的支持照护被囊括在"养老"这个极具整合性的概念中，并未深入探究其内涵和外延。[①]在传统社会，家庭常常作为养老的唯一主体和场域，为长者提供衣食住行等全方位生活所需，因而无须刻意区分其权责范围。而在当前中国，"养老"很难再被看作一项一体化的任务来完成。这一方面由于现代家庭的结构和形态难以维系既往的养老功能，养老的主体发生外溢；另一方面，养老的内容也伴随现代生活方式的改变而发生拓展和细化。随着中国基本养老保障体系的建立、完善，以及脱贫攻坚战的全面胜利，老年人的经济供养难题已得到缓解。相较之下，"照护"作为一套高度依赖情感纽带和人际信任的活动系统，在当前家庭和社会急剧变迁的背景下成为更加棘手的难题。不论在学界的理论探讨中，还是实务界的服务模式探索中，构建中国式老年照护模式，是中国积极应对人口老龄化、提高老年人生活质量的核心问题之一，而对于"中国式"的探寻离不开文化挖掘。

纵观先期老龄化国家对老年照护模式的探索之路，可以发现在经历了大兴养老机构建设和"反机构浪潮"之后，居家照护和原居安养（aging in place）成为全球发展老年照护的主流选择。[②]中国的老龄化开始晚、发展快，加之经济现实国情等因素，我国的老年照护模式一直围绕着"家"展开。在居家的情境下，根据照护主体的不同，老年照护主要包括两大类：一类是由具备亲属关系的照护者（如家庭成员、亲戚）所提供的老年照护安排，总体上可以被称为"家庭照护"；另一类是由非亲属关系的照护者（如保姆、钟点工、社区工作人员或政府委托的社会组织）所提供的老年照护服务，在我国现行的养老服务体系设计中被统称为"居家社区养老服务"。前者可以被看作传统的家庭养老的延续，而后者则是以中国现实国情为基础的社会化老

---

① 唐钧：《中国传统文化中的长期照护思想》，《湖南社会科学》2021年第6期。
② 景天魁、斯坦恩·库恩勒、潘屹等：《老龄福利与社会政策——中国与北欧国家的比较研究》，胡艳红译，华中科技大学出版社2022年版，第64—77页。

年照护服务的创新性改造。此二者构成了中国式老年照料模式的核心内容。两种照护类型常常相互补充,并存于当前中国家庭的老年照护安排中,赋能家庭形成有弹性的照护安排。

现有文献中针对家庭照护的研究大多通过分析照护安排对家庭成员劳动参与率、精神压力和经济负担等方面的影响,来考察并反思家庭照护的实际能力[1][2],并从政策制度设计和文化传承角度建议为家庭照护提供更好的支持[3]。针对居家社区老年照护的研究所关注的议题更为庞杂,大多聚焦在照护服务模式设计[4]、照护供需错置[5]等实践性、政策性较强的问题上。上述研究对于探索建构符合中国现实国情的老年照护模式具有至关重要的意义和价值。但是,这些关于当前中国老年照护问题的探讨似乎忽略了文化传承对照护模式的影响。从老龄研究的角度来看,文化不仅在个体和群体层面上影响我们对待老年人的态度、观念和行为方式,影响我们对老年照护服务的理解和认知,而且在制度层面上影响国家与社会的政策设计和制度安排[6],因此,建立中国式老年照护模式必须重视养老的文化面向[7],认清中国积极应对人口老龄化的文化优势,并不断激发出形成自主知识体系的文化自觉。正如习近平总书记 2023 年 6 月 2 日在文化传承发展座谈会上指出的,"只有全面深入了解中华文明的历史,才能更有效地推动中华优秀传统文化创造性转化、创新性发展","在更广阔的文化空间中,充分运用中华优秀传统文化的宝贵资源,探索面向未来的理论和制度创新"[8]。关注中国式老年照护模式的文化

---

[1] 杨红燕:《去商品化与去家庭化:老年照护服务体制的国际比较——以欧洲 14 个典型国家为例》,《江淮论坛》2019 年第 2 期。

[2] 熊吉峰:《农村失能老人家庭照护者压力:青壮年与老年的比较》,《西北农林科技大学学报(社会科学版)》2015 年第 1 期。

[3] 戴卫东:《中国家庭老年照料的功能变迁与价值转向》,《安徽师范大学学报(人文社会科学版)》2021 年第 1 期。

[4] 唐钧:《老年照护体系的整体效应》,《甘肃社会科学》2022 年第 4 期。

[5] 何文炯:《老年照护服务:扩大资源并优化配置》,《学海》2015 年第 1 期。

[6] 唐钧:《老年居家服务的基本概念与认识误区》,《社会政策研究》2021 年第 4 期。

[7] 樊浩:《孝道的文化之重》,《江苏行政学院学报》2017 年第 6 期。

[8] 习近平:《在文化传承发展座谈会上的讲话》,《求是》2023 年第 17 期。

之重，对于明晰我国与他国在积极应对人口老龄化进程中的共性和差异，对未来发展进路形成充分研判具有重要意义。

孝道文化一直作为思想的蓄水池对中国社会老龄观和养老方式产生持续且深远的影响。尤其自20世纪90年代以来，随着中国社会人口老龄化问题和老年照护问题意识的逐步凸显，学界与社会再次掀起对孝道现实意义的关注和解读，孝道也随即被视为应对老龄化问题的重要价值资源。[①]在过去30余年里，中国学者对于孝道的研究主要是在个体私德层面探讨如何孝亲尊老，就连国家的政策文件也主要从提升公民道德水平的角度强调要"大力弘扬中华民族孝亲敬老传统美德"，"实施中华孝亲敬老文化传承和创新工程"。[②]然而，在社群和社会层面上，孝道作为社群共同体的价值纽带和对老年社会成员的伦理保障，对于建构现代老年照护模式具有哪些学理启发，则在既有的研究中阐释不足。基于此，本研究重点探讨家庭照护与社区居家照护对传统孝道文化进行的继承和发展，以及数字化、智能化科技的发展对于孝道文化作出的新拓展，进而更进一步思考传统孝道文化的理论和实践资源对于推动当代老年照护的贡献。本研究强调探索并建构中国式老年照护模式必须建立在对传统文化资源展开深入挖掘的基础上，而老年照护作为价值观念和政策制度的统合式实践也体现出对传统文化的拓展和创造性转化。

二、家庭照护中的孝道文化传承与发展

中国人对于孝道的认知和认同，首先且主要发生在家庭代际关系中。传统的孝道文化之所以能够保障老年人从家庭获得包含照护在内的养老资源，关键在于孝道隐含的情感纽带与类差秩序两种重要的机制。前者关注情感互动，后者强调代际伦理差序。随着现代家庭和社会的变迁，家庭照护的内容和方式也呈现出新特点，体现出对孝道文化的传承与发展。厘清上述两种机

[①] 陈树德：《传统中国社会与"老年人"》，《社会学研究》1990年第6期。
[②] 《中共中央 国务院关于加强新时代老龄工作的意见》，中华人民共和国中央人民政府官网，2021年11月24日，https://www.gov.cn/zhengce/2021-11/24/content_5653181.htm。

制对于进一步挖掘孝道文化的理论和实践资源,推动当代老年照护模式发展具有重要意义。

(一)传统孝道的内容与层次

在相当长的历史时间里,对中国民众日常生活影响最为直接的"孝",是一个实践性很强,但同时也非常窄化的概念,①主要呈现为对"孝亲"内容和程度的一套具体的规范,并且全面地体现在"生""丧""祭"三阶段中。《礼记·祭统》云,"是故孝子之事亲也,有三道焉:生则养,没则丧,丧毕则祭。养则观其顺也,丧则观其哀也,祭则观其敬而时也。尽此三道者,孝子之行也"。此"三道"在《孝经·纪孝行章》中被进一步拓展为"居、养、病、丧、祭"五个方面:"孝子之事亲也,居则致其敬,养则致其乐,病则致其忧,丧则致其哀,祭则致其严,五者备矣,然后能事亲。"在《盐铁论·孝养》中,对孝的描述超出内容分类,在孝亲的程度和层次上作了更进一步的区分:"故上孝养志,其次养色,其次养体。"这里的"养体"以及上文的"居""养""病"都涉及照护的问题,是最基本的要求。其次是"养色",指在态度上关爱悦亲,能对父母和颜悦色。再次是"养志",即在精神上认可并愿意顺从父母的意志。对于这三个层次的论述,在大量的儒家经典文本中反复出现,形成了一个完整的思想体系和一套能区分德性层次的行为标准。

除了上述有关赡养和照护的内容,孝道还在日常言行举止、家庭财富的传承与分配以及家庭居住安排等方面提出具体的要求,以规范子代的孝行。例如《礼记·内则》明确孝道的一个重要内容就是"不私":"子妇无私货,无私畜,无私器,不敢私假,不敢私与。"也就是说,父母尚在,儿子及媳妇对家中财物不仅没有所有权,而且不能私自把东西借出或者赠予他人。这些内容和要求,与其所处时代的生产生活方式密切相关,显然不能为今天的年轻一代所接受,也不符合现代社会生产和家庭生活的运行机制。但是,在中国相当长的历史时期里,这种具体到日常生活实践的安排巩固了家中长者所拥有的资源和权威,为老年人在家庭内部得到充分的照护和养老资源提供

---

① 翟学伟:《"孝"之道的社会学探索》,《社会》2019年第5期。

了伦理保障。

（二）孝的实现机制：情感纽带与类差秩序

孝道能够成为中国家庭养老的基石并绵延几千年，主要根源于两种相互作用的伦理机制：其一是情感纽带，其二是类差秩序。前者以生命体验和个体间互动为基础，强调子代要对父代的养育和慈爱给予反馈。这虽然要借助教化才能实现，但也是"出乎情感之自然流露"[①]。后者则主要以"伦"为原点，通过对身份的严格界定，来规范身处关系之中的人的行为，使得孝道成为一套具有很强操作性的思想体系和行为规范。那么，何谓"伦"？伦，辈也。社会学家潘光旦通过对先秦文献的精细考证，结合中西文化比较研究，指出"伦"主要有"类别"和"关系"两重含义，并且关系之伦以类别之伦为前提。[②] 在中国传统社会中，"伦"的关系向来是不平等和先定的，是来自秩序本身的需要。不同"伦"的关系具有不同的、与关系相对应的资源交换与分配的原则。[③]《荀子·大略》中所说的"贵贵、尊尊、贤贤、老老、长长，义之伦也"，正是强调了仁义之道要以既定的差别类分为前提来确定行事的方式。在中国的家庭中，"明身份，定尊卑"既是最基本的伦理要求，也是确定行为规范的价值前提。"亲亲"与"尊尊"是紧密相连的，爱亲须以父子上下尊卑有序为前提。[④] 父永远比子具有更高的地位、更大的权力和更多的资源，这无关个人所拥有的权力和资源的绝对数量（比如年轻力壮的子代可能创造出比父辈更高的经济收益），在家庭内部的资源分配上，父辈一定具有优先性，这与当前普遍存在的下行式家庭主义截然不同。[⑤] 因此，传统孝道实践的一切基础是对"伦"所具备的等级差序的认可。

---

① 《潘光旦文集》第1卷，北京大学出版社2000年版，第135—136页。
② 潘光旦：《儒家的社会思想》，北京大学出版社2010年版，第256页。
③ 翟学伟：《伦：中国人之思想与社会的共同基础》，《社会》2016年第5期。
④ 肖群忠：《论"百善孝为先"——孝在传统伦理文化中的地位及其与诸德之关系》，《甘肃社会科学》1997年第3卷。
⑤ 阎云翔、杨雯琦：《社会自我主义：中国式亲密关系——中国北方农村的代际亲密关系与下行式家庭主义》，《探索与争鸣》2017年第7期。

以"伦"为基础，孝道文化通过类差秩序将"老"界定为一个具有一定普遍特征、需要特殊关照的特定类别群体。乍一看，这与当前国际老年学研究中反对忽视老年人的个体性和个体化需求，将老年人看作同质性群体的积极老龄化观念背道而驰①，不符合重视家庭成员平等公平的现代家庭理念②。但是在中国特定的文化语境中，"老"作为一个类别和等级差序概念，并不是简单的年龄概念，更多的是一种伦理关系表达，与代际角色、辈分和资历等相关，具有动态性和阶序性③，体现出对既往社会贡献的认可和尊重。从结果上看，中国孝道文化中类别化的老年定义形成了类似年龄分级的社会机制，通过（结构性的）角色分配和社会化过程，使得个体获得相应的权利、义务、个体价值和社会资源。④这使得在中国很长的历史时期里老年人能够成为在社会关系中具有相对优势地位的群体。上文提到过的父母在，"子妇无私货"，就是父辈在家庭资源分配上具有绝对权威的重要例证。这种伦理型的制度安排能够确保社会中的长者在代际关系中保持优势地位，成为其获得充分经济资源和老年照料的重要前提。

相比于情感纽带，"伦"的等级差序因其与父权、家族权威等有紧密联系，在现代化进程中饱受诟病，对其养老价值的挖掘也略显欠缺。但是，情感纽带与类差秩序作为孝道文化的两条伦理基线，在现代孝道的传承变迁中一直发挥着效用。台湾地区社会心理学家叶光辉等人提出的孝道双元模型——相互性孝道和权威性孝道，⑤也大抵源自上述这两套伦理机制，分别对应儒家的"亲亲"和"尊尊"原则。其中，相互性孝道强调孝道行为的基础在于亲子之间自然产生的情感和亲和状态，源自子女在与父母长期日常互动

---

① J. Zhang, X. Liu, "Media Representation of Older People's Vulnerability during the COVID-19 Pandemic in China," in *European Journal of Ageing*, 2021:18 (2), pp.149-158.
② 彭希哲、胡湛：《当代中国家庭变迁与家庭政策重构》，《中国社会科学》2015年第12期。
③ 马岚：《从世界知识到中国认识：老龄化概念的中国化过程和积极老龄观的构建》，《经济社会体制比较》2023年第3期。
④ ［美］哈瑞·穆迪、詹妮弗·萨瑟：《老龄化》，陈玉洪、李筱媛译，江苏人民出版社2018年版，第674页。
⑤ 叶光辉、曹惟纯：《从华人文化脉络反思台湾高龄社会下的老人福祉》，《中国农业大学学报（社会科学版）》2014年第3期。

中逐渐累积的丰厚情感，是主动自发的情感表现。权威性孝道强调孝道行为是基于子女对"辈分—年龄—性别"伦理阶序上"君父"权威的认同，因而会以符合社会规范的特定形式来满足父母的要求或期待。不少学者指出，现代家庭的孝道行为越来越突出情感纽带的重要性，强调家庭成员的对等关系和亲密情感，代际互动愈发体现出平等互惠等共赢特征。[1]但值得注意的是，相较于情感纽带，个体对父母权威关系的认可能为孝道行为提供更加持久的约束力，尤其在社会养老压力激增、社会人口流动加快、代际交往不足且关系失衡的背景下，通过制定相关政策提升老年人的价值和地位，对于强化孝道责任、弘扬孝行具有重要的社会现实意义。

（三）现代孝道的拆解与重组

在传统的孝道规范中，照顾长者被视作家庭的主要责任之一，并以一种整体化的方式被统合在家庭生活的基本安排中。这主要是因为在中国传统社会中，家庭是经济生产和社会生活的基本单位，社会生活的方方面面大多围绕家庭完成，养老也不例外。自现代以来，随着生产生活方式和居住方式发生改变，家庭结构愈发小型化、离散化，个体与家庭之间的关系更加疏离，依靠家庭完成老年照护在客观和主观方面都难以实现。在当前中国社会，尽管民众对"孝顺"依然普遍拥有认同感和观念共识，但是在实际行动上"心有余而力不足"。[2]从结果上看，老年照护任务必然要与家庭发生某种程度的脱钩，由传统的家庭一元或家庭、政府二元，向社区、社会组织、养老机构等多元主体共担的模式转化。同时，这表明孝道作为个体德性约束不再以一种整体性的"元德"方式体现，而是进一步被分解为关心、赡养、照护等具体的、可相互分离的板块。在实践或评判孝道时，我们不再僵化地要求齐头并进、缺一不可，而是可以结合个体和家庭的具体情况在"下拉菜单"中进行多种方式的排列组合。践行孝道也不再强调成年子女亲力亲为，而是可

---

[1] 胡安宁：《老龄化背景下子女对父母的多样化支持：观念与行为》，《中国社会科学》2017年第3期。
[2] 张晶晶：《现代家庭的伦理承载力——基于2017年全国道德调查的实证分析》，《道德与文明》2019年第3期。

以借助社会化、市场化的手段和资源，由其他行动主体代劳。①

孝道的拆解与重组是养老责任观变迁、养老产业逐步建立以及老年照护服务的专业化发展等要素共同作用的结果。首先，如前文所述，情感纽带与类差秩序是家庭层面孝亲、社会层面尊老得以实现的基础。不论是出于天然情感流露，还是代际权威要求，在绝大多数情况下，孝道都被限定为家庭责任，通过亲属关系（在差序格局中这个关系可以不断外推）来确保养老责任的落实。在现代社会，以职业为基础的福利体制在劳动、社会福利和养老保障之间构筑起新的关联，公民个体与国家之间形成一种契约关系。作为准公共产品的养老服务因此需要由公与私两大系统协同提供。养老是家庭对于衰老的长者的侍奉善终，也是国家和社会对成员的责任义务。养老责任观的根本性转变，体现在年轻人对尽孝的看法和行动上（如孝而不顺、照料"外包"），体现在老年人对理想养老方式的期待上（如经济靠政府、照料靠自己、情感靠子女），更体现在国家养老事业与养老产业的各项设计和谋划中（如建立长期护理保险制度、健全政府购买养老服务机制、推动民间资本参与养老服务业）。②上述制度安排很显然有助于补充家庭照护能力、保障老年人的基本权益，也进一步确证现代的老年照护是一项由家庭、政府、社会、市场等多元主体共同承担的"任务"，其具体承担方式在不同地区、不同家庭、不同老年人身上因情况和需要而异，具有相对灵活和弹性的实践方式。

加速孝道拆解与重组的另一股力量是消费社会的兴起。养老产业和服务业细分让"孝道"被具体化为实体产品和无形服务，并借由消费行为获得道德意涵。例如，京东自2021年推出"重阳孝老爱老购物节"，鼓励子女在重阳节为父母"一单式购齐"各类"孝老产品"，包括符合老年人喜好偏好的食品用品和医疗健康产品，还包括医生"0元问诊"、"京东家医"健康管理、家政保洁、文旅出行等服务类产品。在数字技术和平台经济的加持下，这种

---

① 孙永健、陈友华：《人口老龄化背景下养老服务市场化与孝道文化变迁》，《江苏社会科学》2023年第5期。
② 《中共中央办公厅 国务院办公厅印发〈关于推进基本养老服务体系建设的意见〉》，中华人民共和国中央人民政府官网，2023年5月21日，https://www.gov.cn/zhengce/202305/content_6875435.htm。

"尽孝型"的消费模式打破地域限制,让实体产品、无形服务在商品的使用价值和价值之外,又增加了孝道的象征性价值(symbolic value)。[①]京东的"重阳孝老爱老购物节"也因此得到工业和信息化部消费品工业司、电子信息司以及民政部养老服务司的认可,认为这有助于"加强对老年用品的宣传推介和消费引导,营造孝老爱老社会氛围"[②]。由此可见,养老产业和养老服务业的市场化发展打破了金钱与亲情的对立关系[③],一些产品和品牌开始被赋予孝老属性和情感符号,推动了孝道文化的再造。

与市场化力量相伴生的还有照料服务的专业化发展。随着物质生活水平的提高,以及人们对以健康为主导的生活质量的关注,养老的内容也从传统养身、养心、养志的维度,拓展到更为细化且多元的诸多方面。老年照护与健康的关系愈发密切,尤其是面对慢性病和失能失智群体的养老需求,老年健康照护服务向专业化的方向发展,并逐步形成专门的知识体系、制度保障和人才队伍。[④]由专业人士提供的照料服务被一些家庭看作比子女亲力亲为更好、更优质的照料手段,进一步推动了孝行由整体性向各种细分维度的拆解,也被政府看作提升公共服务水平的重要举措。各级政府近年来都通过向养老机构、居家养老服务中心等社会组织购买专业化养老服务的方式,将养老资源引入家庭内部,并通过无偿与低偿方式向中低收入和特殊老年群体倾斜,体现公共服务资源的再分配。[⑤]在上述多种要素的共同作用下,以家庭为主体的传统孝道必然要经历内容和方式的拆解并重组。社会化与市场化的养老服务不再是传统意义上继子女缺失和家庭缺位之后的替代性方案,而是

[①] [法]让·鲍德里亚:《消费社会》,刘成富、全志钢译,南京大学出版社2014年版,第113—116页。
[②] 消费品工业司:《消费品工业司出席2021年孝老爱老购物节活动线下发布会》,中华人民共和国工业和信息化部官网,2021年10月18日,https://www.miit.gov.cn/jgsj/xfpgys/qg/art/2021/art_474d4dee8e034441b20cd205dcbd2210.html。
[③] [美]薇薇安娜·A.泽利泽:《亲密关系的购买》,陆兵哲译,上海人民出版社2022年版,第22—36页。
[④] 王德文:《我国老年人口健康照护的困境与出路》,《厦门大学学报(哲学社会科学版)》2012年第4期。
[⑤] 胡湛、彭希哲:《应对中国人口老龄化的治理选择》,《中国社会科学》2018年第12期。

发挥其高效灵活的优势，全面渗透进年轻人与老年人的养老观念和养老方式选择，帮助和支持家庭保存其在养老功能上的情感性和精神性价值。

上述论述表明，在家庭照护方面，不论是老年被照护者的孝道期待和照护需求，还是家庭成员的实际照护能力、照护形式和评价标准，都发生了新的变化，使得照护内容与责任主体经历了拆解和重组。孝道已经打破了传统的刚性制度，具体的照护安排、照顾质量、照护效果带有情境性和多样性。老年家庭照护愈发充满张力。一方面，家庭显得越来越力不从心，有关老年照护的诸项具体实践逐步转移到家庭之外，由其他具体的主体代为完成。另一方面，家庭由于有其他服务主体的协助和加持，精神价值愈发凸显，功能也更为复杂多元。这种变迁本身体现出孝道在当代社会的自适应变迁。①

值得注意的是，确保孝道得以实现的双重机制——情感纽带和类差秩序——并未得到均衡的传承发展。现代孝道对于亲情（familial affections）给予更多的重视②，关注家庭成员间的情感互动，并借此促进对孝老敬老观念的认同和践行。但是，以代际类差秩序为前提的刚性约束不断被突破，老年人的权威与社会地位难以获得伦理性和制度性的保障，逐步退化至实用主义和功利主义的效用逻辑。对于老年照护质量的保障只能诉诸个体道德自觉和社会风尚引导，没能在制度层面为老年照护建立合理充分的价值前提。因此，在家庭变迁背景下建构老年照护体系亟须进一步加强对类差秩序这一孝道实践机制的创新性发展，在家庭内外提升对老年人既往社会贡献和先在长辈权威的尊重，完善老年照护的制度设计和服务保障。

三、社区居家照护中的孝道文化传承与创新

本研究前面曾提到，中国对于社会化老年照护模式的探索，是在借鉴西

---

① 钟涨宝、李飞、冯华超：《"衰落"还是"未衰落"：孝道在当代社会的自适应变迁》，《学习与实践》2017年第11期。

② Y. Yan, "Familial Affections vis-à-vis Filial Piety: The Ethical Challenges Facing Eldercare under Neo-familism in Contemporary China," in *The Journal of Chinese Sociology*, 2023:10(1), pp.1-21.

方原居安养和社区照护理念的同时，结合中国现实国情和本土文化传统所形成的。经过近20年的探索，中国特色的社区居家照护模式已基本成形。从文化角度来看，当前对于社会化老年照护的探讨大多以现代化进程中孝道观念嬗变和家庭养老能力下降为前提，即孝道衰落导致社会化照护兴起。社会化照护制度因而常被看作现代社会的产物，从时代传承中被割裂出来。然而事实上，我国在历史上就曾有过大量社会化照护的实践，是情感纽带与类差秩序的双重作用机制下孝道由家及国的具体例证。时至今日，发展中国式社区居家照护，既要充分挖掘传统社会中有关养老共同体的文化资源，又要敏锐地分析数智技术为老龄化社会带来的机遇和挑战，进一步拓展孝道的内涵和实践。

（一）传统孝道中的社会化照护

在传统社会，孝由家庭内部相对窄化的孝亲实践，向外拓展为社会层面的敬老助老，最广为人知的转化路径就是"老吾老以及人之老"。"百善孝为先"，孝道通过设定一套行为规范去磨砺年轻人的品性，进而实现人心向善的目标。孝是仁的起点，由亲亲之爱，逐步外推，施及同胞兄弟，施及家人，施及族属，人格愈伟大，其施及的范围也愈广，逐步接近与达到爱人及物的仁的至高理想。从个体角度上看，主张性本善的孟子认为"恻隐之心，仁之端也"。这种同理心为"老吾老以及人之老"的"以及"（一种外推机制）提供了共情路径。有学者指出，如果从心理学视角审视"老吾老以及人之老"，这就是在倡导一种"亲社会行为"。做出这种行为的人被认为具有高度的同理心，当他们观察另一个人的困境时，会因同理心而引发悲悯的情绪。自我和他人之间的认知边界在一定程度上消失了，自我身份和受助者身份的融合意味着观察者感到自己与他人浑然合一。因此，一个懂得在家尽孝的有德之人，必然会具备同理心，在外做出仁爱之举，尊敬和帮助其他长者。值得注意的是，孔孟所倡导的推己及人的孝道仍是以类差秩序为基础，是依照关系的亲疏远近逐层向外推移，并非诉诸以平等为前提的养老福利公正。

如果说孔孟以个体人性为切入点的仁爱思想为我们确立了老"吾老"到

"人之老"的同理心基础，使个体有可能发挥可行能力来为他人提供照护和养老服务，实现民间的互助互济，那么，墨子的"兼爱"则以群体为着眼点，力图将个体的善升华为群体共同的规范，使集体的爱成为社会公义的基础。《墨子·兼爱（下）》中记载："今吾将正求于天下之利而取之，以兼为正。是以聪耳明目相为视听乎！是以股肱毕强相为动为宰乎！而有道肆相教诲，是以老而无妻子者，有所侍养以终其寿；幼弱孤童之无父母者，有所放依以长其身。"在这段话里，墨子提出用兼相爱的理念来施政，以兴起天下之利。如果耳目聪明的人能相互关照，身体强悍有力的人能相互帮助，有道德学问的人能相互教诲，那么，年老而没有妻子儿女的就可以得到奉养，年幼弱小没有父母的就能有所依靠而长大成人。唯有以兼相爱为政，才可产生这些利益。相较于孔孟通过推己及人为养老事业提供伦理和情感根据，墨家兼爱思想试图突破情感与权利的等级差序，通过寻找共同利益、建立共同体的方式提供制度化的养老安排。①

中国历史上有大量关于社会化养老的制度设计与实践。追溯历史，有学者经考证认为，汉文帝元年（前179）颁布的"养老令"是中国古代养老尊老由礼制、习俗转向国家法令的重要标志。据《汉书·文帝纪》记载，汉文帝元年三月曾下诏令重申养老的意义，曰："老者非帛不暖，非肉不饱。今岁首，不时使人存问长老，又无布帛酒肉之赐，将何以佐天下子孙孝养其亲？"可见，当时在国家层面设定养老令的目的是"佐天下子孙孝养其亲"，类似于我们今天所说的支持家庭更好地承担养老义务。在具体的养老标准上，养老令规定"年八十以上，赐米人月一石，肉二十斤，酒五斗。其九十已上，又赐帛人三匹，絮三斤"，并对实施措施作了明确、严格的规定，以此保证养老诏令的贯彻执行。到南北朝时期，梁武帝普通二年（521）面向全国颁发的"收养孤独诏"更系统地体现了国家层面对"老吾老以及人之老"的实践。"凡民有单老孤稚不能自存，主者郡县咸加收养，赡给衣食，每令周足，以终其身。又于京师置孤独园，孤幼有归，华发不匮。若终年命，厚加料理。"这可被视作以制度化的方式确定了国家对于孤幼和老人的

---

① 康学伟：《论"孝"与墨家思想》，《社会科学战线》2004年第4期。

照料责任，是中国社会老年福利制度和机构养老的雏形。以梁武帝设置的"孤独园"为模板，几乎以后的各朝各代都设有福利机构。例如，唐朝设有悲田养病坊，住的是老年僧人和周围无家可归的老年人；宋朝有福田院、居养院；明朝有养济院；清朝有养济院、普济堂；晚清到民国期间还"舶来"了一些西方模式的福利思想和慈善机构。①

相比起以慈善思想为基础的早期养老机构和以仁政思想为基础的官方养老福利，以家族和宗族为基础的宗族式社区养老更加体现了伦理共同体的思想。宗族，从字面看指同宗同族之人，其生成逻辑与家族同构，社会功能类似，是血缘共同体、生活共同体、经济共同体和福利共同体。②例如，北宋范仲淹所创立的范氏义庄，成为本族承担宗族福利和宗族养老的主要组织形式。宗族作为一个组织发挥养老功能主要表现为四个方面：第一，强化孝道教育和孝道约束；第二，资助贫老无依者；第三，宗族内部家庭之间过继子女、侄辈等以赡养孤寡老人；第四，为贫困家庭提供丧葬支持。③上述四方面均体现了中国传统养老责任的差序特点，即宗族组织是规范家庭成员孝行的外部约束力，是家庭养老缺席的兜底性保障。但是，其运行逻辑发生了两个重要的创造性转化：一是养老责任主体的扩大化，二是养老资源在更大范围内的调动和分配。具体而言，就是以血缘情感纽带为基础，以差序外推为起点，结合兼爱思想，构建血缘、生活、经济和福利的共同体，将养老责任和义务由小家庭扩展到更大的共同体。上述社会化养老福利和实践的底层逻辑有很大一部分延续至今，构成了中国社会化老年照护服务体系的总基调，并在文化层面上解释了为什么中国的社会化照护一直被视作对家庭养老的补充。但与此同时，在经历了现代社会保障制度的不断发展完善之后，社会化照护实践也逐步发展出一套包含具体的照护内容和服务标准的社会化老年照护服务体系。历史实践和传统孝道思想为我们探索新时代中国特色的老年照护模式提供了文化积淀。

---

① 李岩：《中国古代尊老养老问题研究》，中国社会科学出版社2016年版，第208—216页。
② 唐钧：《老年社区服务的历史演进和发展思路》，《社会工作》2022年第3期。
③ 毕天云、刘梦阳：《中国传统宗族福利体系初探》，《山东社会科学》2014年第4期。

（二）现代社区养老共同体：情感塑造与资源聚合

与上述传统的社会化照护实践不同，现代社会中所谓的社会化照料通常是指一套有组织的、专业化的服务体系，具有明确的任务取向，依据科层制和市场化模式运作，并且强调服务者的专业化。① 在探索现代意义上的养老福利制度的过程中，中国一直将社区作为开展老龄工作的重心。2001年印发的《中国老龄事业发展"十五"计划纲要（2001—2005年）》中首次明确提出要"形成以社区为依托的老年照料服务体系，提供全方位、多层次的服务"，引入更多的养老资源和服务方式，将老年照料的主体由家庭扩展到社区、国家和社会。在过去20余年里，社区在中国老年照护体系中的重要性不断凸显，成为家庭、社会、国家的汇集点、结合部和妥协点，在建构具有中国特色的老年照护体系中扮演着重要角色。

从概念起源来看，"社区"一词最早由德国古典社会学大师滕尼斯提出，他用德文单词Gemeinschaft强调人与人之间所形成的亲密关系和共同的精神意识，以及对Gemeinschaft的归属感、认同感。该德文单词被以都市社区研究著称的美国芝加哥学派翻译为英文单词Community，并于20世纪30年代经由费孝通先生和他的同学们翻译引介到中国，"社"字以示人群之意，"区"字作为群体的空间坐落。② "社区"一词虽为舶来品，但在中国的本土语境中，民众一直对社区有朦胧感知。不论是在乡土中国还是现代城市中，社区常常都具有相对明确的边界、易于熟悉的环境和人群以及可共享的有形和无形的资源。从养老的角度来看，社区作为承载家庭的一个具体空间场所和人情伦理场域，已然成为当前探索中国特色老年照护模式的关键抓手。发展社区居家照护是对传统孝道中"老吾老以及人之老"思想的传承和发展，具体表现为在地域、行政、文化三个维度上挖掘社区养老共同体的情感价值和资源聚合优势。

第一，从地域维度上看，社区是基于人和地两个因素所形成的人们之间

---

① 纪竞垚：《社会化照料会替代家庭照料吗？——基于CLHLS纵向数据的实证分析》，《南方人口》2020年第3期。

② 丁元竹：《中文"社区"的由来与发展及其启示——纪念费孝通先生诞辰110周年》，《民族研究》2020年第4期。

相互依存的关系,如经济关系、情感归属、权力秩序等。① 正是基于社区的地域和空间属性,社区作为老年照护服务的空间载体,是老年健康护理、生活照料和精神关爱的实际发生场域。既有在家这样的私人空间里提供的服务,例如助浴、助洁、家庭病房等各种上门入户的照护服务,也有在社区公共空间里提供的服务和养老资源,例如各种社会组织在社区服务中心开展的文娱活动、保健服务等。社区内部人口集中度高,降低了上门服务的时间、距离成本,有助于整合碎片化养老资源,提高养老服务的覆盖效率。

第二,随着经济社会的变迁,社区制逐步取代单位制、街居制,社区成为基层治理体系的基本单元。作为带有行政属性的统筹管理者,社区是政府治理的微观层面和基层场域。② 政府各职能部门的照护资源都在社区层面进行整合并完成供需对接。在中国构建老年照护服务体系的实际工作中,社区是组织养老服务的协调主体,承载着社会组织和居民之间的沟通介质功能。居委会、党总支等社区管理机构直接面对社区居民以及老年照护服务机构的工作人员,具有多向沟通的便利性以及统筹管理的合法合理性,能够及时解决因信息差产生的误会,保障老年照护服务的递送效率。

第三,从文化维度上看,社区是居民养老的伦理共同体,具有亲属互助、邻里交往、熟人关爱、成员义务等相互连带的原初共同体意涵。③ 社区为居民之间的交往搭建公共活动的平台,提供有效增进邻里间互动协作的场所,为社区营造人文关怀环境。社区成员在日常生活中通过共享各种有形和无形的社区资源,如公共空间、共同的社区服务和文化活动等,建立了相对稳定和密切的文化纽带,促进了社区成员之间的文化交流和传承,增强了社区凝聚力和归属感。社区工作人员以及长期为社区老年居民提供照护服务的专职护理人员和志愿者,也常常来自社区,他们以共同体成员的身份服务老年人,在熟人社会中照护服务易于开展和落实,更能有效兼顾老年照护服务

---

① 蔡禾、黄晓星:《城市社区二重性及其治理》,《山东社会科学》2020年第4期。
② 任克强、胡鹏辉:《社会治理共同体视角下社区治理体系的建构》,《河海大学学报(哲学社会科学版)》2020年第5期。
③ 陆杰华、黄钰婷:《新时代构建社区养老共同体的理论和实践探究》,《晋阳学刊》2022年第2期。

的专业性和情感性。

基于上述三个维度，中国式的社区在建构老年照护模式中既是一个具有行政力量的行动主体，也是照护服务实际发生的空间和资源聚合的平台，更是巩固情感纽带的伦理场域。构建社区养老共同体，有助于培育社区居民的情感归属，促进社区内的共情（同理心）和共利（兼爱），进而提升对老年居民普遍的尊重和关爱，再借由制度化、规范化的服务递送体系，为老年人提供充分且有质量的照护服务和养老资源。

通过制度化的方式优化整合老年照护资源并且强化情感塑造的一个突出例子，就是 2023 年天津市医保局首创的"亲情照护服务"①。这项服务鼓励有照护需求的老年人和家庭自主选定照护人员（亲属、邻居、保姆等），与医保局签订协议，在经过相关部门的护理培训后，由长期护理保险基金每月支付亲情照护人员 750 元照护补贴。作为一种制度化的安排，这种"亲情照护"的实践是将孝道情感纽带进行现代转化的积极尝试。第一，亲情照护补贴体现出对非正式照护劳动价值的认可，以经济补偿的方式鼓励家庭成员、邻里朋友等为有需要的人提供服务，是一项有力的家庭支持政策，对于提升家庭的照护能力有积极作用。第二，其本质是一种政府购买服务，与常见的向第三方社会组织打包购买服务的方式不同，这种亲情照护服务认可照护者和被照护者个体之间有关照料的约定，是对情感纽带、人际信任、个人信用和经济利益的并存状态的认可，突破了以往在家庭照护中将情感付出和金钱回报相对立的思维。第三，对于使用社会化、市场化照护资源进行经济补偿，有助于培育家庭使用社会化照料服务的观念和消费习惯，推动养老模式的整体转型。第四，通过亲情照护理念的推广，在社会化、市场化的照护劳动中培育"类亲属"的情感和理念，有助于养老服务质量的整体提升。

---

① 天津市医疗保障局：《市医保局关于做好我市长期护理保险亲情照护管理服务有关工作的通知》，天津政务网官网，2023 年 5 月 5 日，https://ylbz.tj.gov.cn/xxgk/zcfg/ybjwj/202305/t20230526_6250110.html。

（三）数智技术对孝道文化的新拓展

进入21世纪，中国经济社会的高速发展与数字时代的来临高度重合。数字时代的技术革命性地改变了人们的生产与生活，带来了根本性的社会变迁。[①]尤其近几年在"数字中国"战略引领下，中国在5G网络、物联网、人工智能等数字基础设施建设、数字经济、数字化公共服务、数字政务服务等方面取得了巨大的成就，推动了中国经济增长和社会进步。[②]每个个体都被卷入经数字雕刻过的现实和虚拟空间，传统的人际交往和照护关系也随着技术的发展出现新的形态。一方面，催生出新的伦理关系的风险及其反思，人机交互取代了部分的人际交往，人与人之间的情感距离可能进一步拉大。但另一方面，技术的发展和广泛应用也为探索建构中国式老年照护模式提供更多的契机，不仅在工具和技术层面丰富了照护的内容、方式、手段，而且在深层次的价值层面与中国的孝道文化发生新的互动，重新诠释与形塑孝道观念和孝道实践。

首先，数智技术丰富了现代家庭的孝道实践。信息时代激发了人们的"身体意识"，信息技术与生物医学的融合，改变了人们对于衰老和健康的理解与认知，开启了人类通过数字来监视身体、量化自我和量化衰老（quantified aging）的新时代。[③]包括运动手环在内的大量可穿戴式产品应运而生，帮助人们随时随地关注心率、血压、血氧等生物数据及其他健康信息，将自我对于身体的掌控能力发挥到最大化，以期减少疾病、延缓衰老。技术的发展拓展了人们应对衰老身体的方式，越来越多的老年人及其家庭开始主动接入智能化、数字化的设备。2017年中国智慧健康养老产业规模约为2.2万亿元，到2020年规模已增长至近4万亿元，预计到2025年将超过8万亿元，展现

[①] 王天夫：《数字时代的社会变迁与社会研究》，《中国社会科学》2021年第12期。
[②] 规划司：《"十四五"规划〈纲要〉解读文章之11│建设数字中国》，中华人民共和国国家发展和改革委员会官网，2021年12月25日，https://www.ndrc.gov.cn/fggz/fzzlgh/gjfzgh/202112/t20211225_1309699.html。
[③] B. Marshall, S. Katz, "How Old Am I? Digital Culture and Quantified Ageing," in *Digital Culture & Society*, 2016, 2(1), pp.145-152.

出迅猛发展的势头和广阔的发展前景。① 这个发展速度似乎可以说明，很多家庭已经接受了将以技术为依托的关爱作为一种新型的孝道表达方式。这些设备一方面可以满足老年人对于健康身体的追求和想象，另一方面可以满足子女及其他家庭成员尽到养老责任的需求，二者相结合，推动了智慧养老产品进入家庭的步伐。也正是这种孝道观念的持续存在，让智慧养老产品有广阔的消费市场，继而能够推动老年科技产业的发展。

其次，数智技术通过建构虚拟亲密丰富了现代家庭的孝道表达。技术为家庭成员之间的互动创造了新的交往方式和情感形态。随着家庭小型化、离散化程度的加剧，家庭结构和家庭的居住安排越来越多元。子女的离家会让老年人面临空巢，家庭内部的照料资源减少；老年人自身也可能会在老年期因为各种原因发生居住地的迁移和流动，与其子女、兄弟姐妹、朋友同事间的地域关系和实体性互动越来越多样化、复杂化。移动互联网与各类可视化终端设备（如智能手机）的广泛运用创造了可视化的虚拟亲密，为家庭成员间传递情感关爱提供了更多可能。② 尽管老年群体内部在数智技术使用上存在着鲜明的分化，在使用数智技术的方式、享受数字红利的程度上千差万别，但巩固社交是接受和应用程度最高的功能，对于满足老年人情感需求有重要意义和价值。

最后，智慧养老平台的开发和引入，有利于养老资源的"云整合"，进一步巩固社区养老共同体。所有以数字媒介为载体的行为都可以聚合为大规模数据集的数字数据，进而成为一个有价值的实体，使得养老服务资源的整合能力大大提高。③ 在火热的智慧养老浪潮下，许多地方政府部门发动技术型企业与专业社会组织联手探索智慧化社区居家养老模式，较为常见的是"政府—平台运营商—服务供应商—客户终端"共同参与的多主体服务平台。从设计理念上看，这个智慧养老服务系统利用区块链、算法技术、大数据等实现需求和资源的直接对接，以养老产品和养老服务为载体，以提高养老质

---

① 中国战略新兴产业：《"智慧健康养老"为老年人撑起幸福伞》，网易网，2021 年 12 月 16 日，https://www.163.com/dy/article/GRBUREJ20550HKM7.html。
② 张晶晶：《流动时代的老年生活质量》，东南大学出版社 2022 年版，第 169 页。
③ ［澳］狄波拉·勒普顿：《数字社会学》，王明玉译，上海人民出版社 2022 年版，第 25 页。

量和效率为目标，以创新模式和机制为手段，形成一种新型的养老产业。例如，中国"移动云"服务就开发了"智慧养老一体化平台和运行服务系统"，需要建设智慧养老平台的组织和机构可以通过购买平台服务包，实现智慧养老社区的项目落地。具体服务内容包括对社区内老年人进行基础信息的数字化建档，利用智能手表、健康传感器等智能设备与子女、社区工作人员、养老机构等实现信息交互，应对意外摔倒、疾病突发等紧急情况。从养老服务管理的角度来看，平台能够对各项服务流程进行全方位标准化管理和监控，提高对社区养老资源的整合性监管。

在数智技术的助力下，老年照护资源在社区层面得以整合，实现信息、服务的共享，线上线下相互促进，巩固共同体的构建。家庭和子女也被重新整合到老年照护网络中，以技术方式巩固孝道规范。[①] 当然，在数智技术日新月异的时代，我们要高度警惕数智技术中所包含的科技伦理风险（如隐私泄露、算法控制等），以及更深层的养老资源分配的不平等问题。在发展智慧养老服务的过程中要高度重视老年人的实际需求和能力，注重个性化服务和人性化关怀，并加强数据保护和安全措施，提高老年人对智慧居家养老服务的信任度，让高科技为老年人带来有温度的服务。

四、结论和讨论

传统文化的现代变迁与中国社会的老龄化进程相互形塑，共同影响中国式老年照护模式的发展方向。本研究以孝道文化为切入点，分别从家庭照护和社会化照护两个方面梳理、挖掘传统孝道文化中有关老年照护的内容安排、实践规范、制度设计等，进而为当下家庭照护与社区居家照护的发展提供理论和实践资源。本研究指出，孝道文化之所以能够保障老年人得到充分的尊重和照护，主要是通过情感纽带和类差秩序两重机制。前者通过血缘亲情和同理共情实现在家孝亲侍老，在外"老吾老以及人之老"；后者主要借

[①] 董红亚：《从孝文化到照护文化、敬老文化——构建适应老龄社会的新文化体系》，《中州学刊》2020年第9期。

助家族伦理规范和社会福利制度设计，强化代际权威，保障资源分配。

在伦理型社会中，由于社会流动程度极低，上述两重机制不论是在个体德性的引导和塑造方面，还是在伦理制度的设计和执行方面，都有极强的约束力。伴随着当代中国社会经济结构转型和家庭结构变迁，以及养老保障金制度和公共服务体系逐步建立，社会运行的整体逻辑发生变化。老年照护由家庭事务逐渐演变为多元主体共担的社会化、市场化甚至专业化服务，孝道的内容和实践方式经历了拆解及重组，引发了家庭、社区、社会、政府在完善老年照护观念、政策和制度上一系列的变革。从家庭照护的角度来看，由于个体化进程不断加剧，家庭成员的个体理性逐步彰显，突出表现为对个体感受和情感的关注，老年人能从家庭得到多少照护越来越取决于代际的情感互动。这一方面似乎说明孝道的情感纽带在当前家庭照护中发挥着比传统社会更加重要的作用，但另一方面也暴露出以代际类差秩序为前提的刚性约束已经被打破。由此，家庭对于老年人的照护程度、照护内容、照护方式、照护质量越来越具有多样性、情境性和功利性，家庭对老年人的照护也正在从强义务逐步退化为可协商、可变通的家庭选择。

正因为家庭照护的刚性约束正在不断被突破，社区居家照护的保障性意义得以凸显。本研究在地域、行政、文化三个维度上分析了具有中国特色的社区在构建老年照护体系中所发挥的情感价值和资源聚合作用。构建社区养老共同体，可以挖掘社区中的老年照护资源，培育非正式照护关系的情感纽带，提升正式照护服务的专业度和规范度，从情感和规范上提升对老年人的价值认可，完善老年照护的制度设计和服务保障。特别值得重视的是，数智技术迅猛发展正在显露出其在照护需求响应、资源供需对接、云社区建设等方面强大的应用潜力，不仅在工具和技术层面丰富了照护的内容、方式、手段，而且在深层次的价值层面上与中国的孝道文化发生新的互动，重新诠释、形塑、拓展了新时代孝道观念和孝道实践。孝道文化传统为探索中国式老年照护模式提供了丰富的思想资源，为建构具体的照护服务体系提供了基本的理念构型。未来应当继续围绕"家庭"和"社区"这两个极具中国特色的概念展开深入研究，尤其关注乡土社会中家庭和社区的文化价值，以推动中国式老年照护模式的发展完善。

作者简介：张晶晶，东南大学人文学院副院长、副教授、博士生导师，老龄文明智库学术委员会委员。

主要参考文献

1. 唐钧. 老年照护体系的整体效应.《甘肃社会科学》2022年第4期
2. 何文炯. 老年照护服务：扩大资源并优化配置.《学海》2015年第1期
3. 樊浩. 孝道的文化之重.《江苏行政学院学报》2017年第6期
4. 陈树德. 传统中国社会与"老年人".《社会学研究》1990年第6期
5. 翟学伟. "孝"之道的社会学探索.《社会》2019年第5期
6. 潘光旦. 儒家的社会思想. 北京：北京大学出版社，2010
7. 翟学伟. 伦：中国人之思想与社会的共同基础.《社会》2016年第5期
8. 阎云翔，杨雯琦. 社会自我主义：中国式亲密关系——中国北方农村的代际亲密关系与下行式家庭主义.《探索与争鸣》2017年第7期
9. 彭希哲，胡湛. 当代中国家庭变迁与家庭政策重构.《中国社会科学》2015年第12期
10. ［美］哈瑞·穆迪，詹妮弗·萨瑟. 老龄化. 陈玉洪，李筱媛译. 江苏人民出版社，2018
11. 胡安宁. 老龄化背景下子女对父母的多样化支持：观念与行为.《中国社会科学》2017年第3期
12. 张晶晶. 现代家庭的伦理承载力——基于2017年全国道德调查的实证分析.《道德与文明》2019年第3期
13. 孙永健，陈友华. 人口老龄化背景下养老服务市场化与孝道文化变迁.《江苏社会科学》2023年第5期
14. 胡湛，彭希哲. 应对中国人口老龄化的治理选择.《中国社会科学》2018年第12期
15. 王天夫. 数字时代的社会变迁与社会研究.《中国社会科学》2021年第12期

16. 张晶晶. 流动时代的老年生活质量. 东南大学出版社，2022
17. ［澳］狄波拉·勒普顿. 数字社会学. 王明玉译. 上海人民出版社，2022

老龄心理健康的临床特征调研与智能大数据平台建设和数字疗法诊治

张 丽

一、老龄心理健康与睡眠健康国内外现状

(一) 国内现状

在中国，随着老龄化社会的加速发展，老年人心理健康问题，特别是与睡眠健康密切相关的心理问题，逐渐成为社会关注的焦点。据中国老龄科学研究中心发布的《中国老龄发展报告2024——中国老年人心理健康状况》，23.7%的老年人表示感受到不同程度的孤独，其中4.7%的老年人"经常感到孤独"。长期的睡眠障碍不仅会加速身体衰老，还严重损害大脑的认知功能，甚至诱发异常的心理行为。同时，我国26.4%的老年人存在不同程度的抑郁症状，其中6.2%的老年人有中重度抑郁症状。根据中国睡眠研究会的数据，中国成年人中失眠的发生率高达38.2%，超过3亿人受到睡眠障碍的困扰，且这一数字仍在逐年上升。

(二) 国外现状

在国际范围内，老年人的心理健康与睡眠健康问题同样不容忽视。世界卫生组织的数据显示，全球睡眠障碍的发生率高达27%。在美国，睡眠障碍

在老年人群体中尤为普遍，睡眠呼吸暂停综合征和失眠是两大主要类型。这些障碍严重影响老年人的生活质量，还引发高血压、糖尿病及心血管疾病等一系列健康问题。英国的研究表明，50岁、60岁和70岁的人，睡眠时长≤5小时，与每晚睡够7小时的人相比，其多病风险分别增加30%、32%和40%。① 在美国每年由驾驶时打瞌睡导致的交通事故数量高达5.6万起，在德国和英国分别有25%和20%的交通事故与睡眠障碍相关，澳大利亚因嗜睡导致的死亡事故造成的经济损失超过15亿美元。②

二、老龄精神心理障碍分类和症状

（一）老龄精神心理障碍分类

老龄精神心理障碍是指发生在老年期（通常指60岁以上）的一系列精神心理问题，它们可以由多种因素引起，包括生理变化、慢性疾病、社会角色转变等，一般分为器质性和功能性精神障碍。

（1）器质性精神障碍：包括由脑部器质性病变引起的精神障碍，如阿尔茨海默病、脑血管病性痴呆、额颞叶痴呆、路易体痴呆、帕金森病（Parkinson's disease，PD）所致精神障碍等。

（2）功能性精神障碍：这类障碍包括精神分裂症、情感性精神病（如抑郁症、焦虑症和双相情感障碍）、神经症、睡眠障碍、人格障碍和适应性障碍等。这些疾病通常没有明显的脑部器质性病变，而是与心理社会因素更相关。

（二）老龄精神心理障碍症状

1. 抑郁症状

（1）情绪低落：长期心情沉重、悲观失望。

---

① S. Sabia, "Association of Sleep Duration at Age 50, 60, and 70 Years with Risk of Multimorbidity in the UK: 25-year Follow-Up of the Whitehall II Cohort Study," in *PLOS Med*, 2022:19(10).

② S. Saleem, "Risk Assessment of Road Traffic Accidents Related to Sleepiness during Driving: A Systematic Review," in *Eastern Mediterranean Health Journal*, 2022:28(9).

（2）兴趣减退：对以往感兴趣的事物失去兴趣。

（3）食欲不振：进食量减少，体重下降。

（4）睡眠障碍：失眠或过度睡眠。

（5）思维迟缓：反应迟钝，言语减少。

2. 焦虑症状

（1）过度担心：对日常琐事过分担忧。

（2）紧张恐惧：无明显原因的紧张、恐惧感。

（3）躯体症状：心悸、出汗、肌肉紧张等。

3. 精神病性症状

（1）幻觉：听到、看到不存在的事物。

（2）妄想：坚信不真实的事物，如被跟踪、被陷害等。

（3）行为紊乱：行为怪异、冲动、攻击性强等。

4. 谵妄症状

（1）意识障碍：意识清晰度降低，如嗜睡、昏睡等。

（2）注意力减退：注意力难以集中，易受外界干扰。

（3）思维混乱：言语不连贯，逻辑混乱。

5. 睡眠障碍症状

（1）失眠：入睡困难、夜间醒来次数增多、早醒等。

（2）嗜睡：日间过度困倦，难以保持清醒。

（3）睡眠呼吸暂停：睡眠时呼吸中断，导致夜间觉醒和白天困倦。

6. 人格障碍和适应性障碍症状

（1）人格改变：性格变得固执、自私、依赖等。

（2）适应性障碍：对新环境、新事物难以适应，产生焦虑、抑郁等情绪。

老龄精神心理障碍和症状复杂多样，影响老年人的生活质量，加重患者家庭和社会负担。及时发现并干预老龄精神心理障碍，对于改善老年人的健康状况和生活质量至关重要。

三、老龄器质性精神心理障碍

（一）神经系统及脑疾病与心理健康

本部分将深入探讨神经系统疾病如认知障碍、帕金森病和运动障碍疾病，以及脑血管病（中风）与心理健康的相互关系，旨在为相关领域的研究与实践提供有价值的参考。

1. 认知障碍与心理健康的关系

认知障碍影响个体记忆、语言、视空间、执行功能、计算和理解判断等多个方面，伴有抑郁、焦虑、孤独感和社交障碍等。认知能力的下降使患者难以应对日常生活中的挑战，从而产生挫败感和无助感，这些负面情绪进一步加剧认知障碍的症状，形成恶性循环。① 认知障碍患者社交能力下降，感到孤独和被孤立，进而加剧心理健康问题，更易陷入抑郁和焦虑的情绪。

2. 帕金森病和运动障碍疾病与心理健康的关系

帕金森病主要表现为运动迟缓、静止性震颤、肌强直和姿势平衡障碍等症状，不仅严重影响患者的生活质量，还对其心理健康产生深远影响。患者常伴有抑郁、焦虑、烦躁等心理健康问题，这些负面情绪由疾病本身的生理变化、生活质量下降以及社会支持减少等多种因素引起。来自美国佛罗里达州立大学医学院的研究团队通过对近50万参与者长达15年的随访发现，孤独感增加37%的帕金森病发病风险。② 抑郁和焦虑进一步加重运动障碍，进一步降低患者的生活质量。③

3. 脑血管病与心理健康的关系

脑血管病是由脑部血液循环障碍导致脑组织损伤引起，不仅会产生严重的生理损伤，还对患者的心理健康产生深远影响。患者常伴有抑郁、焦虑、

---

① A. Terracciano, "Loneliness and Risk of Parkinson Disease," in *JAMA Neurol*, 2023:80(11).
② G. Maggi, "Sleep and Wakefulness Disturbances in Parkinson's Disease: A Meta-Analysis on Prevalence and Clinical Aspects of REM Sleep Behavior Disorder, Excessive Daytime Sleepiness and Insomnia," in *Sleep Med Rev*, 2023:68.
③ Q. Wen, "Association between Sleep Disorder and Depression in Stroke in the National Health and Nutrition Examination Surveys (NHANES) 2005 to 2014," in *Sleep Med*, 2024 :124.

烦躁等心理健康问题。脑血管病导致患者认知障碍、社交障碍和语言障碍等问题，这些障碍进一步加剧患者的心理健康问题，使其更易陷入孤独和无助的情绪。[1] 长期的抑郁、焦虑等负面情绪导致中风复发率增加，加重病情，影响患者对康复治疗的依从性及效果。

4. 神经系统及脑疾病与心理健康的相互作用机制

（1）神经生物学因素：神经系统及脑疾病通过影响神经递质（如多巴胺、5-羟色胺等）、神经回路（如帕佩兹环路等）和大脑结构等神经生物学因素而影响心理健康。例如，帕金森病与脑内多巴胺能神经元的退变相关，而多巴胺在调节情绪和情感方面起着重要作用。

（2）心理社会因素：生活压力、社会支持、应对方式等社会因素影响患者的心理健康状态，进而影响疾病的发展与预后。此外，患者对自身疾病的认知、态度和期望等因素也影响健康和疾病康复。

（二）躯体疾病与心身健康

老龄躯体疾病与心理健康之间的关系是一个复杂且至关重要的议题。以下将详细阐述心血管、呼吸系统、内分泌系统、消化系统疾病与心理健康的相互关系。

1. 心血管疾病与心理健康的关系

心血管疾病与心理健康之间存在着紧密的联系。长期的心理压力、焦虑、抑郁等不良情绪会导致体内应激激素分泌增加，引发血压升高、心率加快等生理反应，增加心血管疾病的风险。研究表明，消极心理因素如抑郁、焦虑、愤怒和长期压力等，不仅直接影响个体的情绪状态，而且通过多种途径损害心血管健康，导致心律失常、消化系统不适、血压和炎症水平升高；积极心理因素如幸福、乐观、感恩和目标感等，有助于降低心血管疾病的发病率和死亡率，改善患者的预后和生活质量。

---

[1] M. Hein, "Cardiovascular Outcome in Patients with Major Depression: Role of Obstructive Sleep Apnea Syndrome, Insomnia Disorder, and COMISA," *in Life (Basel)*, 2024:14(5).

2. 呼吸系统疾病与心理健康的关系

呼吸系统疾病如哮喘、慢性阻塞性肺疾病（COPD）等，使患者感到恐慌和无助，加重心理负担。① 慢性咳嗽和睡眠质量下降也是呼吸系统疾病患者常见的心理问题诱因。长期的心理压力导致免疫系统功能紊乱，增加呼吸道感染的风险。

3. 内分泌系统疾病与心理健康的关系

内分泌系统疾病如糖尿病、甲状腺疾病等，与心理健康之间存在着密切的关联。这些疾病往往导致激素分泌异常，进而引发焦虑、抑郁等心理问题。糖尿病患者由于需要长期控制饮食和服药，容易感到生活失去乐趣，产生焦虑、抑郁情绪；甲状腺疾病患者也容易出现情绪波动、焦虑、抑郁等问题。反过来，心理健康问题也导致内分泌系统功能紊乱，加重病情。

4. 消化系统疾病与心理健康的关系

消化系统疾病与心理健康之间的关系同样密切。压力、焦虑、抑郁等负面情绪会导致身体分泌应激激素（如皮质醇），这些激素会影响肠胃的蠕动、消化液的分泌以及肠道的通透性，进而引发胃痛、胃胀、腹泻、便秘等消化系统疾病。反之，消化系统疾病的症状也会加重患者的心理负担，形成恶性循环。在治疗消化系统疾病时，应关注患者的心理健康状况，采取心理干预措施来缓解负面情绪。

四、老年期抑郁焦虑

抑郁焦虑是老年人常见的精神心理问题，严重影响老年人的生活质量。随着我国人口老龄化加剧，老年期抑郁焦虑的发病率呈上升趋势。据统计，我国老年期抑郁焦虑的患病率为10%—20%。

---

① M. M. Ohayon, "Meta-Analysis of Quantitative Sleep Parameters from Childhood to Old Age in Healthy Individuals: Developing Normative Sleep Values across the Human Lifespan," in *Sleep*, 2004:27(7).

（一）症状与表现

老年期抑郁焦虑的症状较为复杂，相互交织，很多患者临床症状具有隐蔽性，往往被忽视或误诊。

（1）情绪低落：老年人会表现出持久的情绪低落，闷闷不乐、郁郁寡欢，对生活和以往感兴趣的事情失去兴趣，悲观失望。自卑、自责，苛责自己，觉得自己无用。

（2）焦虑和激越：焦虑和激越是部分老年期抑郁焦虑最为常见而突出的特点，主要表现为过分担心、灾难化的思维与言行以及冲动激惹。部分患者表现出紧张、恐惧，尤其是无明显原因的紧张和恐惧感。也伴有心悸、出汗、肌肉紧张等躯体性焦虑症状。注意力减退，难以集中精力。为了避免焦虑情绪，老年人会主动回避某些社交场合或活动。

（3）精神病性症状：精神病性抑郁常见于老年人，常见的症状为妄想，偶有幻觉出现。

（4）自杀行为：抑郁是导致老年人自杀的危险因素，老年期抑郁焦虑患者自杀念头频发且牢固，自杀计划周密，自杀成功率高。

（5）认知功能损害：老年期抑郁焦虑患者大多存在一定程度认知功能损害的表现，比较明显的为记忆力下降，思维迟缓，反应迟钝，言语减少。

（6）意志活动减退：患者表现出行动缓慢，生活懒散，不想说话，不愿与周围人交往。

（7）睡眠障碍：失眠或过度睡眠，入睡困难，夜间醒来次数增多，早醒等。

（8）躯体症状：老年期抑郁焦虑患者因躯体不适及担心躯体疾病辗转就诊多家医院，表现为包括慢性疼痛在内的各种躯体不适。

（二）病因

1. 生物学因素

（1）大脑结构和功能变化：随着年龄增长，大脑神经元丢失和神经纤维退行性病变，影响情绪调节和认知功能。

（2）遗传因素：研究发现，抑郁焦虑具有一定的遗传倾向，家族中若有亲属患有此类疾病，老年人发病风险增加。

（3）慢性疾病：慢性疾病不仅导致身体不适，还引发心理压力，进而诱发抑郁焦虑。

2. 心理因素

（1）生活事件：老年人面临的生活事件较多，如丧偶、子女离家等，这些事件导致心理创伤。

（2）个性特征：老年人的个性特征如完美主义、依赖性强等，加重抑郁焦虑症状。

3. 社会因素

（1）社会支持不足：缺乏社会支持网络的老年人，更容易感到孤独和无助。

（2）经济压力：经济条件不佳导致老年人生活压力大，增加抑郁焦虑的风险。

（三）治疗

1. 药物治疗

（1）抗抑郁药物：选择适合老年人的抗抑郁药物。在老龄抑郁症患者使用抗抑郁药物时，需要特别注意老年人常同时使用多种药物，必须警惕抗抑郁药与其他药物间的相互作用，应优先考虑安全性高、副作用小的抗抑郁药，并尽量简化用药方案，尤其是对于有心血管疾病的老年患者。注意药物剂量和副作用，遵循医嘱调整用药。

（2）抗焦虑药物：使用抗焦虑药物时，需注意药物依赖性和耐受性，尽量避免长期使用。

2. 心理治疗

（1）认知行为疗法：通过专业心理咨询师的帮助，让老年人认识到自己的负面思维，帮助患者识别和纠正负面思维，并学会用积极的方式去应对，减轻抑郁焦虑症状。

（2）心理咨询：为老年人提供心理支持，帮助他们处理生活中的困扰，提高心理承受能力，更好地应对生活事件。

（3）社会支持：子女应多增加家庭支持，关心老年人的心理需求，陪伴和倾听是重要的支持方式。社区可以组织适合老年人的活动，如健身、兴趣小组等，帮助他们融入社会。

3. 其他治疗

（1）光照治疗：针对季节性抑郁焦虑，采用特定强度的光照治疗，改善情绪。

（2）物理治疗：经颅磁刺激、经颅直流电、生物反馈治疗等。

（3）运动疗法：鼓励老年人进行适量的运动，如散步、太极拳等，有助于缓解抑郁焦虑情绪。

五、老年期睡眠障碍

多项权威研究的数据揭示，老年期睡眠障碍的患病率已然高达30%—40%[①]，对老年人的日常生活品质及身心健康构成严峻的挑战。

（一）症状与表现

老年期睡眠障碍的典型症状涵盖入睡困难、夜间频繁觉醒以及过早醒来等。由于夜间睡眠质量不佳，白天便会出现困倦、疲乏以及注意力难以集中等问题。老龄患者还容易遭遇睡眠呼吸暂停的问题，频繁因憋气而醒来，并伴有夜尿频繁、晨起时头痛头晕等不适。

（二）病因

老年期睡眠障碍的成因复杂多样，受到躯体疾病、不良生活习惯以及精神因素三方面的综合影响。在躯体疾病方面，高血压性心脏病、冠心病、消化性溃疡、前列腺疾病等会影响睡眠。在不良生活习惯方面，经常熬夜、睡

---

① M. M. Ohayon, "Meta-Analysis of Quantitative Sleep Parameters from Childhood to Old Age in Healthy Individuals: Developing Normative Sleep Values across the Human Lifespan," in *Sleep*, 2004:27(7).

前饮用浓茶或咖啡等刺激性饮品,都容易引发睡眠问题。在精神因素方面,精神压力大和有抑郁症、焦虑症、阿尔茨海默症或血管性痴呆等精神疾病的老年人,更容易出现睡眠障碍。

(三)治疗方法

针对老年期睡眠障碍,可以采取多种治疗方法,包括药物治疗、心理治疗以及环境调整等。在药物治疗方面,可以服用应用最广泛的安眠药物,但长期使用需警惕依赖性的风险。在心理治疗方面,认知行为疗法、放松疗法等可以帮助患者识别并改变不良的睡眠观念和习惯,从而建立起健康的睡眠模式。在环境调整方面,则侧重于改善睡眠环境,如调整室内温度、减少噪声干扰等,以营造一个有利于睡眠的温馨氛围。①

六、老龄药物与精神心理障碍

药物与精神心理障碍之间的关联显得尤为关键,而药物治疗无疑是这些障碍管理的核心环节。

(一)老龄精神疾病及睡眠疾病的药物治疗应遵循以下原则

(1)个体化治疗:需根据患者的年龄、病情、身体状况及药物耐受性等多种因素,量身定制治疗方案。鉴于老年人身体机能衰退,药物代谢和排泄能力减弱,药物剂量需相应作出调整。

(2)安全性优先:在选择药物时,应首要考虑其安全性,避免使用可能增加老年人不良反应风险的药物。某些抗抑郁药与抗精神病药会增加跌倒和骨折的风险,使用时需评估患者的跌倒风险,并采取相应的预防措施。

(3)最小有效剂量:老年人对药物较为敏感,因此初始剂量通常建议为青壮年剂量的1/3至1/2,并根据患者的反应逐步调整。

---

① K. K. Gulia, "Sleep Disorders in the Elderly: A Growing Challenge," in *Psychogeriatrics*, 2018:18(3).

（4）单一用药：应尽量使用单一药物治疗，以减少药物相互作用的风险。多种药物联合使用会增加不良反应的发生率。

（5）定期评估和调整：应定期评估患者的病情和药物疗效，及时调整治疗方案，以确保治疗的有效性和安全性。对于老年人，更需密切监测药物反应和副作用。①

（二）常用药物的特点

（1）抗抑郁药：老年人常用的抗抑郁药疗效显著，副作用相对较少，但需注意引起的口干、便秘、视力模糊等不良反应。

（2）抗精神病药：老年人常用的抗精神病药会增加跌倒和骨折的风险，并导致代谢综合征、糖尿病等不良反应，因此需定期监测患者的体重、血糖等指标。

（3）镇静催眠药：镇静催眠药是治疗老年人失眠症的主要药物。

药物副作用、药物相互作用会影响患者的治疗体验和效果；药物治疗往往需要较长时间才能产生明显效果，而老年患者由于身体机能的下降，对药物的反应较慢；此外，药物治疗并不能解决所有精神心理障碍问题，认知障碍等需要综合运用其他治疗方法。②

药物与精神心理障碍之间的关系错综复杂且至关重要。在老年人精神疾病的药物治疗中，我们应遵循个体化治疗、安全性优先等原则，谨慎选择和使用药物。

七、老年综合评估与老年期心理健康

老年综合评估（Comprehensive Geriatric Assessment, CGA）作为一种集多学科、多维度于一体的健康评估方法，在维护老年人心理健康、提升生活

---

① H. Fang, S. Tu, J. Sheng, A. Shao, "Depression in Sleep Disturbance: A Review on a Bidirectional Relationship, Mechanisms and Treatment," in *J Cell Mol Med*, 2019:23(4).

② D. P. Shaha, "Insomnia Management: A Review and Update," in *J Fam Pract*, 2023:72.

质量方面发挥着重要作用。

（一）CGA的定义与内容

CGA是一种通过跨学科方法，全面评估老年人的躯体状况、功能状态、心理健康情况及社会环境状况的综合过程。其核心目的在于全方位了解老年人的健康状况，精准识别潜在的健康隐患，并据此制定旨在维持和改善老年人健康及功能状态的个性化防治计划。老年综合评估的内容涵盖以下多个维度。

（1）涉及重要脏器功能、药物安全性、视力、听力、牙齿状况、进食情况（包括呛咳）、尿失禁、便秘、慢性疾病疼痛、营养状况及睡眠状况等多方面的评估。

（2）老年功能评估：重点关注老年人的日常生活自理能力、行动能力、平衡与步态等，以评估其独立生活的能力。

（3）老年精神心理评估：包括认知功能评估和心理状况评估，旨在深入了解老年人的认知水平、情绪状态及心理健康状况。

（4）老年社会评估：考察老年人的社会支持系统、照护者负担及虐待问题等，以全面评估其社会支持网络和社会环境。

（5）老年环境评估：评估老年人的居住环境安全性、功能需求及经济状况等，确保老年人生活的舒适与安心。

（6）老年生活质量评估：通过综合考量老年人的健康状况、功能状态、心理健康和社会环境等多重因素，全面评价其生活质量。①

（二）CGA对老龄心理健康的影响

一方面，通过全面评估老年人的心理健康状况，能够及时发现并有效处理其心理问题，如抑郁症、焦虑症等，从而减轻其心理负担，提升心理健康水平。另一方面，老年综合评估促进了老年人的社会参与和人际交往，增强

---

① N. Wang, "Association Between Cognitive Function and Emotion, Sleep, Frailty, and Nutrition in Hospitalized Patients," in *Brain Behav*, 2024:14(11).

了其社会支持网络，提高了生活满意度和幸福感。此外，通过引导老年人建立健康的生活方式，如合理膳食、适量运动等，老年综合评估还有助于预防和改善心理健康问题。随着智能大数据平台和数字疗法的不断发展，老年综合评估将更加精准、高效，为老年人提供更加全面、专业的医疗服务，助力他们享受更加健康、幸福的晚年生活。

八、康复与老龄心理健康

康复是通过一系列综合性的医疗、教育等措施，助力身体或心理受损的个体恢复或改善功能，提升其生活自理能力和社会参与能力的过程。康复作为提升老年人身心健康、改善生活质量的关键途径，与老年期心理健康之间存在着千丝万缕的联系。[①]

（一）康复的定义与类型

（1）躯体康复：主要针对老年人因疾病、手术或意外伤害导致的身体功能障碍进行恢复训练，如中风后的肢体功能恢复、骨折后的康复锻炼等。

（2）心理康复：针对老年人出现的心理问题，如抑郁症、焦虑症等，通过心理咨询、心理治疗等方式进行干预和治疗，帮助他们调整心态，增强心理韧性。[②]

（3）社会康复：通过提供社交活动、社区支持等途径，帮助老年人建立或恢复社交联系，提高社会参与度，从而增强他们的归属感和幸福感。

（二）康复对老龄心理健康的影响

康复对老龄心理健康的影响显著且深远。首先，康复过程中的身体锻炼

---

① M. M. Syed-Abdul, "Benefits of Resistance Training in Older Adults," in *Curr Aging Sci*, 2021:14(1).
② G. McGregor, M. Underwood, "Clinical Effectiveness of an Online Supervised Group Physical and Mental Health Rehabilitation Programme for Adults with Post-covid-19 Condition (REGAIN Study): Multicentre Randomised Controlled Trial," in *BMJ*, 2024:384.

和技能训练能够刺激老年人的大脑活动，促进神经递质的分泌，有助于缓解抑郁、焦虑等负面情绪。其次，康复活动中的社交互动能够增强老年人的社会支持网络，减少孤独感和社交隔离，从而提高他们的幸福感和生活满意度。此外，康复过程中的成功体验与进步反馈能够增强老年人的自信心和自我效能感，使他们更加积极地面对生活中的挑战和困难。[①] 具体来说，康复对老龄心理健康的积极影响主要体现在以下方面：

（1）改善情绪状态：参与康复活动让老年人感受到自己的进步和成就，从而增强自信心和自尊心，改善情绪状态。

（2）增强应对能力：康复过程中的挑战锻炼了老年人应对压力的能力，提高了他们的心理韧性。

（3）促进社交互动：康复活动为老年人提供了与他人交流和互动的平台，有助于建立新的社交关系，增强社会支持网络。

（4）提升生活质量：康复服务综合考虑老年人的身心需求，通过提供个性化的康复方案，帮助他们在多个层面实现全面康复，进而全面提升生活质量，包括心理健康水平。

（三）实施老龄心理康复策略的有效建议

（1）制定个性化的康复方案：根据老年人的具体需求和健康状况，量身定制康复方案，确保康复服务的针对性和有效性。

（2）组建多学科的合作团队：由医生、护士、康复师、心理咨询师等多学科专家组成团队，共同为老年人提供全方位的康复服务。

（3）注重心理康复的重要性：在康复过程中，应特别关注老年人的心理健康状况，及时提供心理支持和干预，预防和治疗心理问题。

（4）鼓励老年人积极参与社会活动：通过组织社交活动、志愿服务等方式，鼓励老年人积极参与社会活动，增强他们的社会参与感和归属感。

（5）持续跟踪与评估康复效果：定期对老年人的康复效果进行评估，根据评估结果及时调整康复方案，确保康复服务的持续性和有效性。

---

① A. Terracciano, "Loneliness and Risk of Parkinson Disease," in *JAMA Neurol*, 2023:80(11).

九、老龄心理健康的护理

根据老龄的心理学理论，护士在为老年人提供服务时，不仅应该关注老年人各脏器、系统的结构及其生理功能的退行性改变，还要关注老年人的心理健康问题。老龄的心理学理论作为临床实践活动的指南之一，为护士提供了评估老年人心理健康状况的方向。

老龄的心理学理论，比如弗洛伊德的精神分析理论，不仅在心理学领域有着深远的影响，而且在老年护理中显示出其独特的价值。利用弗洛伊德的理论，护理人员可以对阿尔茨海默症患者身上出现的"返老还童"现象进行解释，这些现象主要是记忆丧失、情绪波动或行为幼稚化。通过理解这些行为背后隐藏的心理需求和冲突，护理人员可以更加同情和耐心地对待患者，从而提供更为有效的护理。①

同样，埃里克森的心理社会发展理论也为老年期护理提供了宝贵的思考视角。埃里克森的理论强调了人的一生中各个阶段的心理发展任务，而老年期是人生最后一个阶段，被称为"完整性对绝望"的阶段。② 在这个阶段，老年人面临着回顾一生并寻找生命意义的任务。通过运用这一理论，护理人员可以协助老年人进行生命总结和回顾，鼓励他们分享自己的故事和经历，从而帮助他们达到一种心理上的完整性，实现自我整合。

在老年期护理实践中，人格发展理论的应用不限于理解个体行为，还包括在老年人面临发展危机时提供适当的护理支援。发展危机是指个体在生命不同阶段所遇到的转折点，这些危机带来心理上的压力和挑战。例如，退休、丧偶、健康状况恶化等事件都可能引发老年人的发展危机。③ 通过运用人格发展理论，护理人员可以识别这些危机，并提供相应的心理支持和干预措施，帮助老年人成功适应变化，保持心理的稳定和健康。

---

① 李黎明：《居住安排、孝道期望与老年人心理健康》，《浙江社会科学》2023 年第 9 期。
② Y. Chen, "The State of Mental Health among the Elderly Chinese," in *National Bureau of Economic Research*, 2020:11(6).
③ 中国老年保健医学研究会老龄健康服务与标准化分会：《老年人心理健康评估指南（草案）》，《中国老年保健医学》2018 年第 3 期。

在老年人的健康教育和管理中，护理人员不仅要识别危险，还要学会有效地预防危险。可以从以下几个方面来预防老年期精神障碍的发生。①

（1）保持身体健康：注重饮食健康，营养摄入均衡，补充富含维生素B12和胆碱的食物；定期进行身体检查。

（2）积极参与社交活动：参与社交活动，与家人、朋友保持联系，增加互动和交流。

（3）保持脑力活动：比如下棋、画画、写作等，刺激大脑的思维和记忆力，学习新知识，掌握新技能。

（4）适当运动：选择有氧运动，提高身体素质，促进血液循环，有助于缓解压力和焦虑。

（5）寻求心理支持：面对困难和压力时，可咨询专业的医生，来排解情绪困扰。

（6）避免不良习惯：戒烟、限酒是预防精神障碍的重要措施。

（7）保持良好的睡眠：保证充足的睡眠，避免睡前有过度兴奋的活动，并建立良好的睡眠习惯。

十、智能大数据平台建设

（一）智能心理健康大数据平台建设

建立睡眠疾病诊疗智能大数据平台，例如南京脑科医院纳入了4000余名睡眠及心理障碍患者的数据。该平台是一个集成了云计算、大数据、人工智能等先进技术的综合性平台，旨在收集、分析和利用心理健康数据。在医疗三级体系中，平台作为核心支撑，有助于促进睡眠及心理健康服务的标准化、智能化和个性化。

（1）多源异构数据的全面采集：智能大数据平台充分实现了多源异构数据的全面采集与汇聚。通过部署多导睡眠监测仪、智能手环、体动记录仪等多种智能监测设备，平台能够实时采集患者的睡眠生理信号、运动数据等，

---

① 张田恬：《心理健康管理策略与进展》，《海军军医大学学报》2024年第7期。

为后续的数据分析和挖掘提供了丰富资源。

（2）远程监测与便捷管理：患者可在家中使用便携式睡眠监测设备进行睡眠监测，数据实时传输至平台。医生可远程查看患者的监测数据，及时了解患者的睡眠状况，并进行远程指导和管理。这种模式提高了医疗服务的便捷性，有效缓解了医疗资源紧张的问题。

（3）设备的互联互通与数据共享：平台支持各种智能监测设备的互联互通。通过统一的接口和协议，不同类型的设备能够实现数据的共享和交换。医生可综合多个设备的数据，对患者进行更加全面、准确的评估。

（4）人工智能与临床诊疗的紧密结合：在智能大数据平台建设中，充分利用医学人工智能技术，将 AI 与临床诊疗紧密结合。多种睡眠人工智能算法与应用的开发，如睡眠小程序、睡眠量表智能评估系统等，显著提高了医生的诊断准确率和效率。

（5）智能疾病辅助诊断工具的集成应用：平台集成了多种智能疾病辅助诊断工具，如 PSG 时序数据睡眠分期算法、睡眠异态算法等。这些工具基于患者的睡眠监测数据，自动进行睡眠分期、异常行为检测等，为医生提供客观、准确的诊断依据。

（6）个性化治疗方案的智能推荐：智能大数据平台能够根据患者的具体情况，智能推荐个性化的治疗方案。通过分析患者的病史、量表数据、监测数据等，平台生成有针对性的治疗建议，帮助医生制定更加科学合理的治疗方案。

（二）医疗三级体系中的智能心理健康大数据平台建设

利用睡眠智能化大数据平台，构建了三级医院—社区医院—居家养老的网格化管理监测体系。该体系提供远程医疗支持和培训服务，将三级医院的优质医疗资源延伸至社区医院，通过远程会诊、远程培训等方式，有效提升了社区医院的诊疗水平。该体系助力社区医院实现患者的初步诊断和转诊管理，确保患者能够及时获得专业的医疗服务。在居家养老方面，利用智能化大数据平台为老年人提供了便捷的睡眠监测和健康管理服务。通过便携式睡眠监测设备和智能穿戴设备，老年人可在家中进行睡眠监测和健康管理，实时将采集的数据上传至云端进行分析和处理，为老年人提供个性化的健康管理建议。同时，平台还支持紧急情况下的快速响应服务，全力保障老年人的生命安全。

（三）睡眠疾病全流程管理平台建设

利用睡眠医学大数据人工智能应用平台，南京脑科医院初步实现了睡眠障碍疾病诊疗全流程管理。

（1）诊断前阶段：患者可以通过手机小程序等移动端工具，向平台上传基本信息，并填写各种与睡眠相关的量表，如匹兹堡睡眠质量量表、Epworth嗜睡量表等，作为诊断前的重要参考，帮助医生初步了解患者的睡眠状况。

（2）诊断中阶段：平台支持医生对患者进行详细的睡眠监测和分析，实时采集患者的睡眠生理信号，如脑电图（EEG）、心电图（ECG）、呼吸气流、血氧饱和度等。这些数据将自动传输到平台，由智能算法进行实时分析和处理，为医生提供准确的诊断依据。

（3）诊断后阶段：平台将为患者提供个性化的治疗建议和随访管理。根据诊断结果，平台将自动生成治疗方案并发送给患者。同时，平台还支持患者的随访管理，定期收集反馈数据，评估治疗效果，并适时调整治疗方案。

（四）睡眠疾病全覆盖管理平台建设

该平台通过运用人工智能技术、物联网技术、云计算技术，以及各类传感器和通信网络，使睡眠障碍患者的日常生活处于全程服务状态，将睡眠障碍患者、养老院、医疗机构、社会服务机构、家庭成员、职能部门等紧密联结起来。

（五）医学人工智能与物联网的融合应用

（1）物联网在智能心理健康大数据平台中的深度融入：物联网技术通过传感器实时监测生理指标和行为，数据即时传输至平台，支持医生决策。

（2）智能设备与平台的无缝互联：物联网实现智能设备与平台无缝连接，提升服务效率和便捷性，如智能手环数据实时上传、智能音箱按需播放。

（3）环境感知与智能化适应：物联网技术根据情绪调节家居环境，如光线、音乐，营造舒适生活空间，改善心理健康。

（4）数据的深度融合与全面分析：AI与物联网融合，进行多维度的数据分析，揭示心理健康与环境之间的关联，为精准干预提供科学依据。

（5）智能干预与高效管理：AI与物联网融合实现智能干预，自动触发设备以应对异常，提高响应速度和效果。

（六）智能大数据平台建设与医学伦理

智能大数据平台在医学领域应用广泛，伴随而来的是医学伦理问题。以下是对两者关系的深度剖析及建议。

（1）隐私与安全：医学大数据涉及患者隐私，需采用加密技术、访问控制等方式确保数据安全，构建隐私保护政策体系。

（2）数据真实性与可靠性：数据质量是平台应用的基石，需建立数据质量控制体系，严格清洗、校验数据，打击数据造假。

（3）算法偏见与公平性：算法产生偏见，应采用多元化数据集训练，融入伦理考量，建立透明算法审核机制。

（4）医患关系与信任：平台应用将变革医患关系，需加强伦理教育与培训，建立医患沟通机制，增强信任。

（七）数据安全建设

智能老龄心理大数据平台的数据安全建设是确保平台稳定运行和保护老年人隐私的关键环节。

（1）全面强化数据加密：对平台上所有心理健康数据进行全方位、多层次的加密处理。采用AES、RSA等国际先进加密算法，实施高强度数据加密，构建坚实的数据安全防线。

（2）严格实施访问控制：建立严密、灵活的访问控制机制，根据用户角色和职责设定差异化访问权限，确保经严格授权的人员才能访问特定数据资源，有效防止未经授权的访问和数据泄露。

（3）深入实施定期安全审计与评估：定期对平台数据安全状况进行全面审计与评估，及时发现并修补安全漏洞；聘请第三方专业安全机构执行审计，确保审计的客观性和准确性。

（4）完善建立数据备份与恢复机制：定期对平台数据进行全面备份，确保数据意外丢失或损坏时能迅速、准确恢复。建立健全数据备份和恢复机制，保障数据备份的完整性和可用性。

（5）持续强化合规性管理：确保平台数据处理活动严格遵守相关法律法规及标准要求。定期对数据处理活动进行合规性审查，及时发现并纠正违规行为。

（八）智能大数据平台标准化建设

老龄心理疾病、睡眠障碍疾病智能大数据平台的标准化建设，旨在通过统一标准和规范，提升平台服务质量和效率。

（1）数据标准化：制定统一的数据格式标准，确保不同来源的心理健康数据能够互联互通，实现数据的无缝对接。明确数据内容的要求和范围，确保收集的数据具有完整性和准确性，为后续的数据分析提供可靠基础。

（2）服务标准化：制定统一的服务流程标准，确保平台在不同地区、不同时间提供的服务具有一致性，提升服务的规范化水平。建立服务质量监控和评估机制，对服务过程和服务结果进行定期检查和评估。在保持服务一致性的基础上，根据老年人的个性化需求提供定制化的心理健康服务。

（3）技术标准化：制定统一的技术架构标准，确保平台的技术架构具有可扩展性、可维护性和安全性，为平台的长期发展提供有力支撑。制定统一的接口标准，确保不同系统、平台之间的数据交换和信息共享能够顺利进行，实现系统的无缝集成。采用先进的安全技术标准，确保平台的数据安全、网络安全和隐私保护，为老年人的信息安全提供有力保障。

十一、老龄心理及健康疾病数字疗法诊治

（一）老龄心身慢性疾病管理

数字疗法（Digital Therapeutics，DTx）是基于循证医学和高质量软件程序驱动的创新疾病干预方案，它利用手机应用、在线平台和虚拟现实等技术手段，提供个性化的心理健康服务。[1] 在老龄心身慢性疾病管理中，数字疗法通过提供定制化的健康管理计划、实施远程监测、发送智能提醒等功能，助力老年人更有效地管理自身疾病，显著提升生活质量。

（1）全面健康评估：对老年人的生理状况、心理状态和社会环境进行全面而细致的评估，深入了解其健康状况、疾病风险及生活习惯，为后续的个性化管理奠定基础。以失眠患者为例，数字化失眠症评估包括对睡眠质量、心理认知及社会和日常生活状态等内容的评估，实现失眠症评估、失眠严重程度分级、失眠诱发因素分析等辅助临床诊断。

（2）个性化护理计划：根据评估结果，为老年人量身定制个性化的护理计划，包括药物治疗方案、非药物治疗措施（如物理疗法、心理治疗等）、营养指导以及生活方式调整建议等，确保每个老年人都能得到最适合自己的管理方案。

（3）利用数字疗法平台对老年人的健康状况进行实时远程监测，及时发现并处理异常情况。同时，通过智能提醒功能，确保老年人按时服药、积极参与康复训练等，提高管理的时效性和有效性。

（4）心理支持与社会参与：针对老年人的心理健康问题，提供心理支持和社会参与机会，如在线心理咨询、组织社交活动等，有效缓解老年人的焦虑、抑郁等情绪问题，增强其社会归属感和幸福感。

（二）老龄心理及健康疾病数字疗法分类

数字疗法在老龄心理及健康疾病诊治中的应用范围广泛，可根据疾病类

---

[1] C. Sakal,"Association Between Sleep Efficiency Variability and Cognition Among Older Adults: Cross-Sectional Accelerometer Study," in *JMIR Aging*，2024:7.

型和技术手段进行细致分类。

1. 按疾病类型分类

（1）心理健康类：如抑郁症、焦虑症、睡眠障碍等心理疾病的数字疗法。这类疗法通过提供心理治疗、认知行为疗法、自我监测等服务，有效缓解患者症状，提高其生活质量。以失眠为例，数字化失眠症认知行为疗法（dCBT-I）包括心理教育、放松训练、刺激控制疗法、睡眠限制疗法和认知疗法等，对短期、慢性和阈下失眠症均效果显著。数字化失眠症正念疗法（dMBT-I）通过正念冥想等方法，帮助患者改善睡眠质量及其伴随的情绪问题。虚拟现实（VR）和远程神经生物反馈（NFB）技术对改善失眠症也有一定的疗效。①

（2）慢性疾病管理类：如糖尿病、高血压、心血管疾病等慢性疾病的数字疗法。这类疗法主要通过智能设备远程监测、个性化干预等手段，帮助患者有效控制病情，延缓疾病进展。

2. 按技术手段分类

（1）基于移动应用的数字疗法：利用智能手机或平板电脑等移动设备，提供心理健康支持、慢性病管理等服务。

（2）基于可穿戴设备的数字疗法：通过智能手表、健康监测手环等设备，实时监测患者的生理指标，提供个性化的健康管理建议。

（三）老龄心理及健康疾病数字疗法的集成

在老龄心理及健康疾病数字疗法诊治中，"集成"是一个至关重要的概念。它指的是将多种数字疗法技术、手段和资源进行有机整合，构建一个综合性的数字疗法平台，为老年人提供更为全面、个性化的健康管理服务。集成的优势主要体现在以下方面。

（1）提高服务效率：通过集成多种数字疗法技术，可以实现服务的自动

---

① E. Karyotaki, "Internet-Based Cognitive Behavioral Therapy for Depression: A Systematic Review and Individual Patient Data Network Meta-Analysis," in *JAMA Psychiatry*，2021:78(4).

化和智能化，减少人工干预，提高服务效率。

（2）提升服务质量：可以根据老年人的健康状况和需求，提供个性化的健康管理计划和服务，提升服务质量。

（3）促进资源共享：可以促进不同机构、不同领域之间的资源共享和合作，为老年人提供更加全面、专业的健康管理服务。

（四）老龄心理及健康疾病概念验证中心建设

概念验证中心是数字疗法研发过程中的重要环节，旨在验证数字疗法的可行性、有效性和安全性。在老龄心理及健康疾病数字疗法诊治领域，建设概念验证中心具有重要意义。概念验证中心的建设包括以下几个方面。

（1）技术研发与验证：针对老龄心理及健康疾病的特点和需求，研发适合的数字疗法技术，并通过临床试验验证其可行性、有效性和安全性。

（2）数据收集与分析：收集老龄心理及健康疾病患者的相关数据，包括生理指标、心理状态、生活方式等，为数字疗法的研发和优化提供数据支持。

（3）推动老龄心理及健康疾病数字疗法诊治的研发和应用，同时通过学术交流、技术研讨等方式，促进领域内的知识共享和技术进步。

概念验证中心的建设可以加速老龄心理及健康疾病数字疗法诊治的创新和发展，为老年人提供更加高效、个性化的健康管理服务。

（五）老龄心理及健康疾病数字疗法应用场景推广

（1）医疗机构深度合作推广：与医疗机构建立紧密的合作关系，将数字疗法有机融入医院的诊疗体系，为老年人提供更为全面、个性化的健康管理服务方案。

（2）社区宣传普及推广：在社区层面积极开展数字疗法的宣传活动，向老年人详细介绍数字疗法的独特优势及广泛应用场景，有效提升他们对数字疗法的认知与接纳度。

（3）家庭引导应用推广：借助家庭医生、社区护士等贴近老年人的服务人员，向老年人及其家庭成员细致讲解数字疗法的应用场景及使用方法，鼓励他们在家中利用数字疗法进行日常健康管理。

综上所述，随着技术的不断进步和应用的深入，数字疗法在老龄心身慢性疾病管理及诊疗中的应用前景广阔。未来，我们期待更多创新技术的涌现，带来更多的解决方案。同时，随着政策的支持和市场的推动，数字疗法有望成为老龄身心疾病的主流管理及诊疗手段之一。

作者：张丽，南京脑科医院副院长、主任医师，老龄文明智库心身健康与脑健康研究专业委员会首席专家。

主要参考文献

1. 李黎明. 居住安排、孝道期望与老年人心理健康.《浙江社会科学》2023 年第 9 期

2. 中国老年保健医学研究会老龄健康服务与标准化分会. 老年人心理健康评估指南（草案）.《中国老年保健医学》2018 年第 3 期

3. 张田恬. 心理健康管理策略与进展.《海军军医大学学报》2024 年第 7 期

4. K. K. Gulia. Sleep Disorders in the Elderly: A Growing Challenge. *Psychogeriatrics*, 2018:18(3)

5. H. Fang, S. Tu, J. Sheng, A. Shao. Depression in Sleep Disturbance: A Review on a Bidirectional Relationship, Mechanisms and Treatment. *J Cell Mol Med*, 2019:23(4)

6. D. P. Shaha. Insomnia Management: A Review and Update. *J Fam Pract*, 2023:72

第三部分

老龄文明专题学术研究

老龄文明的现代化意涵及其治理价值*

朱 荟

一、引言：中国式现代化呼唤构建老龄文明

古今中外，以现代性为首要特征的文明进程始终与人口的总体数量、性别年龄、科技利用、交流交往以及受教育水平等宏观结构特征紧密联系。当前，全球正在经历人类发展中前所未有的老龄社会新形态，这也是世界现代化历史阶段中不曾经历的人口老龄化转变时期。秉持"对历史最好的继承就是创造新的历史，对人类文明最大的礼敬就是创造人类文明新形态"①的深刻见地，兼具历史纵深与未来展望，重新审视中国同世界正在探索的现代化多重进路，应将老龄文明这一极具创新效应的文明要素作为分析视角。

老龄文明在现代化的话语体系与理论格局中具有极为重要的含义及地位。对"老龄"的概念认识、性质定位及价值判断，不仅影响着一个国家和地区进行养老服务、健康照料、社会保障等老龄工作的顶层设计与政策体系

---

* 本文为国家社科基金重大项目"'十五五'时期人口增长趋势、结构变迁、社会影响及对策研究"（编号：24&ZD156）研究成果。

① 习近平：《在文化传承发展座谈会上的讲话》，《求是》2023年第17期。

的制定，而且关系到应对人口老龄化与促进经济社会协调发展的老龄友好型社会建设，更关乎在迈向人口负增长、超低生育率与重度老龄化的世界人口大变局中如何创造崭新的现代文明形态。由于人口要素深深嵌入现代性的生成、演进与转型的过程，当前西方学界充斥着对老龄化偏向悲观的论调。① 这种论调源于绩效主义、新自由主义与普遍理性主义等西方国家现代化的实践逻辑，主张年轻型人口结构与较轻人口抚养比的人口红利论成为解释人口结构转变如何影响社会经济发展的重要理论。② 如此将社会达尔文主义的生物进化原理简单移植用于人类发展的文明评价或作为现代化的转型标准，自然不适用于当下世界人口老龄化的新历史进程。

从思想渊源上说，老龄文明与中国式现代化有着密切关系。但长期以来，我国对人口老龄化的认识过于依赖西方视角，在分析策略上也多从中层理论入手，相对忽视中国孝老敬老的悠久历史积淀，也较少总结新中国成立以来我国老龄文明实践的独特经验。③ 马克思在《资本论》中早已强调，在世界现代化的历史进程中，社会主义和共产主义否定、取代与超越资本主义的目标就在于建立"以每一个个人的全面而自由的发展为基本原则的社会形式"④。换言之，国家、经济、社会、政治、科技、权利与关系等并不能够完全依据年轻型人口结构而设定。否则，现代文明的丰富度将被削弱，人类文明的多样性也将被简约，世界现代化的理论与实践更将呈现为单向度。为此，作为老龄人口数量世界第一，老龄化发展态势极为迅速，并将积极应对人口老龄化作为国家战略的发展中国家，中国在创造人类文明新形态的进程中建构老龄文明，成为新时代中国式现代化新征程中的新探索，以及"共同努力创造属于我们这个时代的新文化，建设中华民族现代文明"的新追求。

---

① 杜鹏、邬沧萍：《跨学科交叉研究与21世纪老年学的发展》，《中国人民大学学报》2001年第3期。
② 蔡昉：《人口转变、人口红利与刘易斯转折点》，《经济研究》2010年第4期。
③ 朱荟、陆杰华：《老龄社会新形态：中国老年学学科的定位、重点议题及其展望》，《河北学刊》2020年第3期。
④ 《马克思恩格斯文集》第5卷，人民出版社2009年版，第683页。

二、现代化进程中老龄文明的概念内涵与双重结构

在过去的一个半世纪中,法国在1865年率先步入老龄化社会,此后德国、英国、日本和中国等越来越多的国家相继迈入老龄化社会行列。至21世纪中叶,绝大多数欧洲和东亚国家都将进入重度老龄化社会。有学者指出,人类已经走进一个西方学者所谓"未经充分准备的"非常时代:"文明已经走到这样的历史关头,不是在老龄化中老去,就是在老龄化中涅槃。"①

为此,世界卫生组织和联合国提出健康老龄化、生产性老龄化、积极老龄化等应对人口老龄化的多重理念,从建设性的角度帮助更好地理解老龄化、适应老龄化并释放老龄化红利。在现代化进程中随着老龄化程度的加深和对该现象认识的逐步深入,围绕着老龄化究竟是"危"还是"机",中国的态度变化可以划分为三个阶段:第一阶段是1978年党的十一届三中全会召开后,国家着力实施计划生育政策之时,"谈老色变"的论调盛行。一些悲观的思想往往将独生子女政策和人口老龄化联系起来,担忧我国人口老龄化进程加剧。第二阶段是进入21世纪后,自全国老龄人口的数量和比重持续攀升,老龄化的人口结构态势加深导致老龄化成为新的基本国情以来,"老龄负担"的危机观点根深蒂固。人口老龄化仍然被归于一种社会问题,被认为会给中国与全世界带来严重的风险和挑战。第三阶段是2021年《中华人民共和国国民经济和社会发展第十四个五年规划和2035年远景目标纲要》明确提出实施积极应对人口老龄化国家战略以来,社会各界对于老龄化有了更系统、深刻的认知,呈现出较为明显的乐观转向。事实上,人类寿命的延长并不会削弱老年人在晚年对社会经济发展作贡献的潜力,相反人口老龄化将产生一种新的人口红利,学术界称之为"长寿红利"(the longevity dividend)。②

可以说,中国实施积极应对人口老龄化国家战略的工作进展到今天,取

---

① 樊浩:《老龄化,还是老龄文明》,《东南大学学报(哲学社会科学版)》2023年第1期。
② 朱荟:《从老年负担到长寿红利:国家战略定位下的中国方案》,《山东大学学报》2022年第4期。

得的成就是巨大的。一方面，就制度设计而言，推出延迟退休、改革养老金以及发展银发经济等一系列举措，将积极老龄观融入经济社会发展全过程。另一方面，就技术革新而言，科技适老、智慧养老与互联网医疗等数字技术逐渐实现老年人与新技术环境的互联互通，健康管理、社区活动、家庭养老、护理照料及安全监测等老龄生活场景都在数据化与信息化中得以体现。

这些新变化帮助我们去审视、修正甚至改写现存的关于老龄化较为负面或消极的论断，但同时也带来更多争议和挑战。无论是西方还是中国，几十年间学术界紧紧围绕年龄、老年人和衰老过程（age/aged/aging），不断构建老年学与老年医学。但是已有西方学者提出老年科学研究缺乏想象力，以医学和生理学为主探讨如何治疗疾病与延缓衰老，以社会学与心理学为辅分析人口老龄化社会转型与心理认知转变的主导框架，并不是一种综合范式[1]，特别是"到底是应对老龄化，还是论证老龄文明"这一基本立场问题尚未得以辨明。其中，首要问题在于对"老龄文明"概念的认识，即老龄文明在现代化进程中是否成立，其内在含义是什么。

在已有多学科的话语体系中，"老龄文明"概念具有多层内涵。第一层内涵在于哲学层面，是在反抗与放弃中体验逐渐变老的存在主义哲学。"察觉自己老了和正在变老意味着，在身体和在人们可以称为灵魂的东西中拥有时间。"[2] 第二层内涵在于社会心理学层面。这一概念不仅在于反思与超越对老龄化的担忧焦虑，而且在于理解老年阶段的幸福体验与积极心理。老年期可能是人生诸阶段中最无助而在某种意义上说却是最幸福的阶段，"老年人的幸福回忆就像是小孩子快速的学习能力一样是自然的恩典礼物"[3]。第三层内涵在于宏观战略文化层面。老龄文明是一种具有中国特色的人类文明形态，它饱含对待老龄群体的伦理文明，宣示拥抱老龄化社会的制度文明，体现积极应对人口老龄化的战略文明。有学者总结，老龄文明是在哲学理念、

---

[1] Kenneth F. Ferraro, *The Gerontological Imagination: An Integrative Paradigm of Aging*, Oxford: Oxford University Press, 2018.

[2] ［奥地利］让·埃默里：《变老的哲学：反抗与放弃》，杨小刚译，鹭江出版社2018年版，第29页。

[3] ［丹麦］克尔凯郭尔：《人生道路诸阶段》，京不特译，商务印书馆2017年版，第10页。

价值判断、文化态度和总体性话语上应对老龄化的积极话语与积极战略。①

老龄文明涵盖了文明的多义性，即文化（culture）和教化（civilization），并且在现代化进程中逐渐与现代性交织演进。老龄文明包含了老龄化客观描述之外的价值观念，即随着人口结构的变化，社会系统能够衍生出与之相适应的文明形态。一方面，老龄文明包含了一整套界定、理解和处理衰老、老年、老龄化的意识形态，深深地嵌入生产组织形式的发展、家庭与社会结构的变迁等经济社会过程。另一方面，老龄文明具有鲜明的现代性烙印，也只能在现代化演进过程中臻至完善。老龄文明与人口结构老龄化紧密相关，它是工业化与现代化的产物，更是形塑现代化文化价值体系的重要推手。由以上关于"老龄文明"概念的解读可以发现，从学理层面认识"老龄文明"概念的含义远比想象中更为复杂。在更多时候，对于老龄文明的界定侧重于来自老龄层面的解释，将老龄文明或释为与孝老敬老同义，或释为一个崭新的社会发展阶段，或释为某种特殊的生命历程或独特的人生体验。这就导致"老龄文明"概念的多义性及其与应对老龄化关系的复杂性，将难以从文明层面剥离出老龄文明的历史意涵。

事实上，老龄文明的话语体系及其"活着的"老龄文明实践极其鲜明地表现出现代社会的文化传统。因此，对于"老龄文明"概念核心要义的界定必须考察其与现代化进程的相互关系。有研究指出，在现代化新征程上，老龄文明是社会文明的高级形态，是物质文明与精神文明的高度凝结，代表国家的文明发展程度和公民道德水准，是"社会文明程度高"的直接体现，具有创造高品质生活的动能。② 从现代化进程中进一步探讨与明晰"老龄文明"概念的内涵，具有层次递进且内容升华的双重结构，并致力于完成两项理论任务。一是在现代化话语体系中发现并重新界定老龄文明，平衡现代化研究中长期以来的年轻化倾向；二是以老龄文明超越单一的西方现代化模式，使对中华文明与中国特色社会主义的认识达到新的理论高度。

第一重结构是"老龄文明"概念指出了现代文明转型的新进路。虽然前

---

① 樊浩：《老龄文明的伦理革命》，《探索与争鸣》2023 年第 1 期。
② 李程骅、张钒：《中国式现代化与老龄社会文明建构》，《江苏社会科学》2023 年第 2 期。

现代社会已有关于老年和老年生活的反思，但作为一种文明形态的老龄文明更多的是工业化和现代化的产物。"应对老龄化"的论断暗含着资本主义现代性的阴影——完全作为"受供养者"（因而与儿童画等号）的老年人是工业化时刻表的产物，此外，衰老过程被纳入生物医学的分析框架下，老年人自杀与家庭权力的下移和社会转型过程中的意义感丧失紧密相关……所有的一切都在提示，老龄文明正在指出现代文明转型的新路径，老龄文明将改写老龄社会问题与资本主义的关系。老龄文明严肃批判资本主义生产与再生产模式下的年龄歧视和老年人排斥。资本现代性的老年观认为，老年人作为不可出卖劳动力的劳动者应被排除出生产部门，其观念系统也应被排除出文化再生产过程，老年人在社会加速中被边缘化、抽象化。老龄文明并不是在上述资本现代性框架下所作的局部修补，而是深刻反思资本主义风险管理方式下衰老的时间体验，强调重新分配社会产品并弘扬代际正义。海德格尔在《存在与时间》中提出了极具现代性特点的生存之时间结构——向死而生（即以朝向终点的姿态反观当下），这与通过"购买时间"来延宕经济与社会危机的资本主义发展逻辑高度吻合。① 老龄文明旨在克服资本主义现代性的局限和西方现代性之殇，摒弃代际零和博弈的思维方式，倡导构建全生命周期的命运共同体，展现全人口在现代化进程中的发展愿景，进而指明现代文明转型的现实可能性。

第二重结构是"老龄文明"概念体现了中华文化的历史自觉。贯穿形而上学与现代社会科学的核心问题是人的有死性（mortality）。西方古典哲学传统面向人的有死性提出了"何物为真""何物永恒""何者永恒存在"等问题，并基于此发展出一个处理经验现象、区分表象与实在的观念系统。如柏拉图所说，"哲学是死亡的演练"②。然而，与形而上学对有死性（存在—非存在）的关注形成鲜明对比的是，古典哲学较少将老或老年作为一个独立的论述主题，即使老年是最接近于死亡的人生阶段。西塞罗的《论老年》是

---

① ［德］沃尔夫冈·施特雷克：《购买时间：资本主义民主国家如何拖延危机》，常晅译，社会科学文献出版社2015年版，第57页。
② ［古希腊］柏拉图：《柏拉图对话录》，水建馥译，商务印书馆2013年版，第117页。

古典哲学脉络中为数不多涉及老年话题的论著，然而，西塞罗对人在老年期"专注于知识和学习"的热忱期望似乎早已消解在历史进程中。直到19世纪，柏格森和克尔凯郭尔才重新找回了时间与老年体验。与西方传统思想中生与死的截然划界不同，以代际传承与社会整合为核心的中华文化并不缺少关于老或老年的讨论。追溯五千年中华文明，"老"这一生命状态本身是与"考"（长辈，后专指父亲）和"孝"（由"长辈"含义衍生出的伦理实践）具有统一内涵的。它们一起被纳入生命本位的文明建构中，从对血亲的伦理责任推演出普遍性的社会理想——"老吾老以及人之老"。① 从《论语》伊始，被不断征引的各类儒家经典都不乏对孝慈关系、事亲之法的论述。新中国成立以来，从1954年《中华人民共和国宪法》明确指出"中华人民共和国劳动者在年老、疾病或者丧失劳动能力的时候，有获得物质帮助的权利"，到1996年我国第一部保护老年人权益的专门法律《中华人民共和国老年人权益保障法》颁布实施，再到党的十八大以来国家密集出台百余项老龄事业及产业的政策规划与重大举措，特别是2024年初国务院一号文件聚焦银发经济，老龄文明伴随着中国老龄政策体系的完善逐渐丰富。可以说，老龄文明体现了中国式现代化进程中的历史自觉。老龄文明不仅反映了中华优秀传统文化的人生观、养生观及伦理责任观，而且体现了中华民族在现代化过程中的科学老龄观与积极老龄观，它将不断解放和发展全社会的生产力，释放强大的老龄社会发展活力与生生不息的时代品格。

三、支撑现代性的动力机制受限：推进老龄文明的世界性困境

在我们识别老人的需要、为老人提供照料、担忧人口结构的变动可能带来社会问题的同时，社会形成了一个定义何为"老"、使老化的内在体验变得可以理解，并对老年人不作出价值判断与文化歧视的文化系统。老龄文明的观点既解构了现象学-存在主义的西方哲学传统，强调从社会主体间性重新理解人口老龄化的文明建构过程，也旗帜鲜明地反对认为老龄化是一种

---

① 周琛：《"老龄化时代"的伦理形态》，《学海》2016年第4期。

纯粹的、个体化的、排他性的人口过程的观点，主张老年人并不是内在地进入到衰老的过程，而是通过整体性的社会文化规定以及他人对自我的理解来反观自我老化。① 由此推断，虽然存在差异性的衰老体验，但事实上不存在所谓"独自衰老"，而仅有社会意义上的老龄化。除此之外，老龄文明试图进一步改写老年歧视（ageism）与青年崇拜（the cult of youth）的价值取向。老龄文明将自己的视角从宏大叙事转向人本情怀或日常生活，主张衰老不仅是年龄增长的生理性过程，而且是牵涉代际正义、交叉性不平等等文化理念的社会性过程。②

老龄文明虽然植根于现代化，但在西方现代化的实际进程中，却未能完全落地。老龄文明建立在代际正义、全生命周期关怀等价值追求上，强调社会对于老年人的全面关怀和尊重，而在西方的现代化模式基础上，代际正义难以实现，文化价值体系未在其老龄化实践中生根，因而难以真正建构以人为本的老龄文明。一方面，西方国家处理与老年人有关的社会不平等（如老年歧视和代际不平等）以及所谓老龄化问题的方式，内嵌于资本主义生产体系，根本上遵循着"生产不平等—以再分配缓解不平等"的风险管理逻辑。这种逻辑与发达资本主义国家的税收—社会保障体系内在逻辑相同，只能拖延或遮盖问题，而无法真正解决老年人的发展问题。以老年歧视举例。老年歧视问题产生于以效率作为单一评判标准的生产体系。在这一体系下，老年人被视作价值贬损的劳动力/单纯的消费者。在资本主义生产关系没有改变的前提下，任何政策倾斜、文化宣导都无法从根本上解决老年歧视问题，只能推迟老龄社会的经济危机，或调整人口老龄化风险的转移模式。另一方面，从世界体系的角度讲，发达资本主义国家缓解老龄化的策略是引入青年移民，这本身依托于不平等的国际格局。由于发达资本主义国家与发展中国家处于资本主义生产链条的不同位置，在社会生产力具有高低附加值差异的世界版图中，引入来自不发达或发展中国家的青年移民是西方发达国家应对

---

① Simone De Beauvoir, *The Coming of Age,* New York: G. P. Putnam's Sons, 1972, pp.361-448.
② Lawrence R. Samuel, *Age Friendly: Ending Ageism in America,* New York: Routledge, 2022, pp.1-8.

老龄化的主要做法之一。相较之下,老龄文明则可以说是提出了一种新的现代化方案,塑造真正以人为中心的、和平的现代化,能够消除剥削结构、实现人的根本解放的现代化。老龄文明还能够打破中心—边缘的依附性世界体系,从而建构起以人为本、迈向未来的人类文明新形态。

在世界范围内推进老龄文明之所以存在困境,不仅因为发达国家资本现代性的内在逻辑,即对人的异化、对劳动的异化、对生产力与生产关系的异化,阻碍了老龄社会新形态下人的自由而全面的发展,而且在于老龄文明意味着开启新的现代化之路,突破当前西方通行的以技术理性的推进以及劳动和组织的变迁为旨归的现代化模式。乌尔里希·贝克认为,除此之外,现代化还包含更多的东西:社会特征和标准人生的变化、生活方式和爱恋模式的变化、权力和影响力结构的变化、政治压迫和政治参与形式的变化、现实理解和知识规范的变化。[①]再进一步推论,老龄文明意味着迎来一个全新的"现代时期"(modern era),推进老龄文明并不是在既有的由西方世界主导的现代制度下即可实现的。按照安东尼·吉登斯的描述,现代世界是一个飞速发展的世界,社会变迁的速度远快于先前所有的历史时期,社会变迁的深度、广度、厚度及温度也与之前迥然有异。[②]从某种意义上说,老龄文明所提倡的现代性,是一种后现代的社会秩序与知识体系。"时空转型""脱域机制""彻底的反身性"三者将共同促进老龄社会新形态摆脱既有的西方文明之文化惯例和行为规则的控制。然而遗憾的是,当前世界范围内的绝大多数老龄化国家支撑老龄文明现代性的动力机制存在若干不足。

推进老龄文明的世界性困境在于支撑现代性的第一层次的动力机制"时空分离"(separation of time and space)难有成效。从吉登斯的现代性理论来看,"时空分离"意味着通过现代社会的制度和技术手段,逐渐打破时间与空间的限制。这一价值层面的原因指的是,当前,缺乏这种广泛、广阔及广域的时空领域,作为全人口、全代际和全生命周期的社会关系发生联结的条

---

① [德]乌尔里希·贝克:《风险社会:新的现代性之路》,张文杰、何博闻译,译林出版社2018年版,第3—5页。

② [英]安东尼·吉登斯:《现代性与自我认同:晚期现代中的自我与社会》,夏璐译,中国人民大学出版社2016年版,第14—20页。

件。伊曼纽尔·沃勒斯坦在考察转型中的世界体系时提出的代际资源分配问题就是极好的例证。他提出，医疗资源作为有限的社会剩余具有稀缺性，应该分配给一个6岁的孩子（代表即将进入劳动力市场的群体）、一个40岁的成年人（代表正活跃在劳动力市场的群体），还是一个75岁的老年人（代表已经退出劳动力市场的群体）？他进一步提出一个发人深省的问题："难道我们在道德上如此落后于昔日农业社会，以至不能尊老爱幼，同时使劳动力仍然过上公平适度的生活？"① 在那些逐渐老龄化的西方发达国家中，虽然在社会福利和长期照护等老龄事业上有一定投入，但这种再分配并未有效跨越代际差异，实现代际的分配公平。与此同时，生命周期赤字（lifecycle deficit）和公共年龄再分配（public age reallocations）成为西方国家开展国民转移账户（National Transfer Accounts, NTA）、运行实践代际公平的社会经济模式的主要难题。

推进老龄文明的世界性困境在于支撑现代性的第二层次的动力机制"社会制度脱域机制"（disembedding of social institutions）有所局限。这一工具层面的原因指的是，缺乏由象征标识（symbolic tokens）和专家体系（expert systems）构成的抽象体系，使得老龄社会的群体互动及关系建构难以建立足够的社会信任。依据吉登斯的现代性理论，脱域机制根植于一种现代的信任关系，而信任本质上与现代性制度相关联。相较于信任，它的对立面并非不信任，而是一种生存焦虑（angst）或忧虑心态（dread）。世界卫生组织在关于老年社会排斥（social isolation）与孤独感（loneliness）的专题调查中称，已有研究表明，25个欧洲国家中有20%—34%的老年人感到孤独，这一数值在美国也达到了25%—29%。② 一项2021年的跨区域比较研究进一步发现，拉丁美洲老年人社会孤独问题不容小觑，该数值已经上升至欧美国家

---

① ［美］伊曼纽尔·沃勒斯坦：《转型中的世界体系：沃勒斯坦评论集》，路爱国译，社会科学文献出版社2006年版，第208—210页。
② World Health Organization, *Social Isolation and Loneliness among Older People: Advocacy Brief*, https://www.who.int/publications/i/item/9789240030749.

水平，即25%-32%；印度的数值为18%，但中国仅为3.8%。① 如图3-1-1所示，老龄社会形态下的社会排斥和孤独感已经成为影响人口死亡率、疾病谱系、行为和代谢风险、内在能力、老龄福祉以及经济成本的重要社会问题。欧盟统计局数据显示，2020年27个欧盟成员国中老年人面临贫困或社会排斥的风险比率已达到19.4%，立陶宛、爱沙尼亚和保加利亚等东欧国家这一数值更是超过40%。② 这一系列数据表明，世界范围内大量老龄化国家的老年人对社会制度的基本信任并未完全建立，生存焦虑仍然持续存在。从这个意义上说，虽然老龄文明完全有可能打破资本主义所建立的现代西方文明的局限性，但在消解代际间对抗性社会关系、增强社群与社区中赋能性的社会凝聚与社会支持等方面，仍面临重重困境。

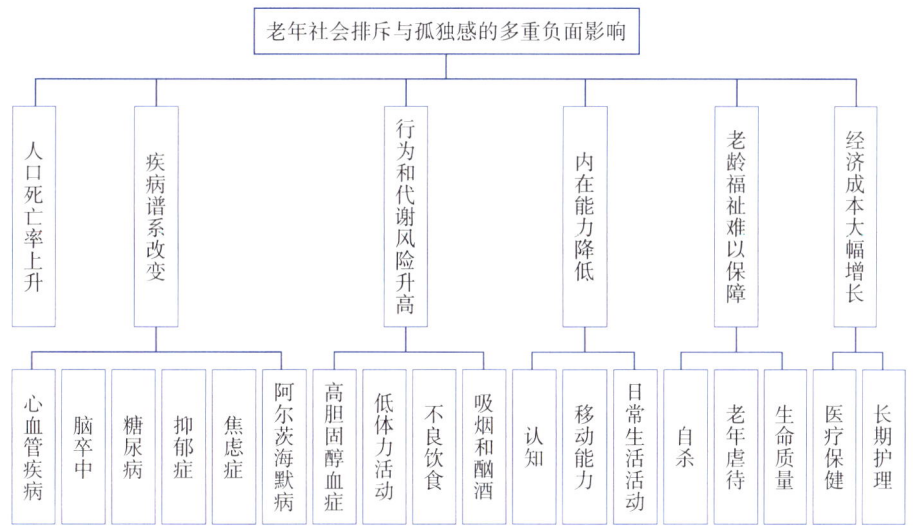

图3-1-1　老年社会排斥与孤独感的多重负面影响

注：根据世界卫生组织《老年社会排斥与孤独感》宣传简报，作者整理。

---

① Gao Qian et al., "Loneliness among Older Adults in Latin America, China, and India: Prevalence, Correlates, and Association with Mortality," in *International journal of public health*, 2021:66, pp.1-10.

② Eurostat, *At Risk of Poverty or Social Exclusion Rate for Elderly (65+)*, https://ec.europa.eu/eurostat/databrowser/product/page/tespm090__custom_11892432.

推进老龄文明的世界性困境在于支撑现代性的第三层次的"制度化反身性"（reflexive constitution）动力机制。事实层面的成因分析认为，老龄社会新形态下相关政策制定在一定程度上忽视了对老龄学理知识的转换及应用，未能使老龄学理知识成为积极老龄化的制度设计、观念革新以及实现现代化转型的建构要素。在社会政策科学的理念中，现代性的反身性突出的是一种敏感性，即在人与自然、人与社会经济等方面都会受到新信息与新知识的影响，但是这些信息与知识是否成为现代制度的重要组成，进而在长周期内以知识更新与知识体系建构来影响现代社会制度的变革呢？遗憾的是，这种长周期内以累积知识的形式呈现的制度修正敏感性并未在老龄社会新形态下得以强化。学术界基于老龄文明视角对老龄福祉和老年社会福利的多样性与迭代更新已有较多讨论。研究认为，长寿社会的来临将不可避免地挑战传统老年社会保障制度的底层逻辑，对主动健康、自主工作和学习等方面的老龄化战略进行整体升级才是应有之义。① 然而，当前世界多国在推进老龄文明时仍未实现这种将知识运用于政策关切的"制度化反身性"机制。即使在法国、英国和德国等较早进入老龄化社会的西方发达国家，老年社会福利的构成上仍是以物质支持为主的现金福利占主流，促进老年人的智慧养老、社会参与、医疗保健和休闲娱乐等的非物质性服务福利依旧处于较低水平。

四、老龄文明支撑中国式现代化的治理价值

在整个世界都正致力于加快推进现代化的普遍历史进程中，一些文明可能即将为历史所遗忘、吞噬甚至遗弃，也有一些文明将重振自身，奋发、勃兴，从而引领当代世界的文明发展潮流。上下五千年的中华文明博大精深、源远流长，晚清时期经历了"三千年未有之大变局"这一相对沉重的转折；近现代的百余年来，中华文明如何再次屹立于世界的东方，成为无数中国人历尽艰辛、奋力求索的执着追求。如何通过文明比较和文化

---

① 林闽钢：《老年福祉的多样性与迭代更新——基于老龄文明视角的考察》，《社会科学研究》2023年第6期。

自觉,讲好中国故事、总结中国经验并贡献中国方案,更是我国当代哲学社会科学的共同目标。无论是古今之间、东西之间还是自我与他者之间,学术界关于文明进程的论断不外乎"西方中心论"与"中国特殊论"。前者将现代化视为西方构建并主导的普遍历史脉络,中国以及其他发展中国家处于相对落后的阶段;后者否认西方现代化是唯一路径,认为中国具有与西方世界截然不同的历史文化、经济社会和生活样态,试图凝练出一条中国式新道路。费孝通主张"各美其美、美人之美、美美与共、天下大同"的第三种思路,即"希望对中国几千年历史有一个综合认识,然后把它讲出来",让"西方文化能接受",以便"把我们的好东西变成世界性的好东西"。如此相互理解、相互包容的文明共生境界,正是中华文明"兼收并蓄"的独特之处,最终目的是"创建一个和而不同的全球社会"。① 如今,中国老龄文明正在老龄社会新形态下走向中华文明的深处,不仅肩负着探索中华文明复兴的历史重任,而且需要回应世界人口新变局下现代文明的展望问题。要想在世界现代化进程中讲述"和而不同"的中国老龄文明的深刻道理与未来向度,就需要找准治理价值的问题意识与切入点。

在全球人口快速老龄化的背景下,中国老龄文明不仅继承了中华优秀传统文化中的代际伦理与孝道传统,还通过现代化治理理论的深化与制度创新,逐步塑造出独具中国特色的老龄社会治理模式。中国老龄文明根植于中华五千年的文明历程,尤其在儒家文化中,尊老、敬老作为社会秩序的重要组成部分一直延续至今,蕴含着代际间责任的延续,这一伦理规范奠定了中国社会长期以来对老年群体的尊重与关怀。进入现代社会,中国老龄文明不仅仅停留在传统文化层面,更通过国家政策和社会制度的形式得以强化和制度化,形成了具有时代特征的新型老龄文明。这种传承既有文化上的连续性,又通过国家和社会治理框架融入了现代化的治理需求。中国老龄文明为国家治理现代化提供了文化基础和价值导向,中国式现代化则在不断发展的过程中进一步丰富了中国老龄文明的实践与内涵。

一方面,从历史纵深上看,中国老龄文明具有国家治理的"韧性"

---

① 费孝通:《费孝通文集》第 15 卷,群言出版社 2001 年版,第 290—320 页。

（resilience）。"韧性"的概念可溯源至哈耶克晚期的市场理论和克劳福德·霍林提出的复杂系统理论，它强调市场、生态系统在面对冲击或压力时能够适应变化，保持原状或迅速恢复到期望状态的程度。在治理层面，"韧性"的概念也被广泛应用，"韧性"是国家治理及社会治理的重要维度，不仅涉及系统应对突发事件的能力，还包括长期的社会稳定和发展。①中国老龄文明将重新梳理文明与国家之间的"关系本质"问题，强调在传统文化表征下国家如何于现代化进程中保持延续性。"文明"与"国家"的关系问题一直是历史学、考古学和人类学等多学科关注的议题，长期未能获得共识。从词源的角度看，"文明"约等同于"国家"，②文明的起源就是家庭、私有制和国家的起源；《中华5000多年文明的考古实证》却认为，"文明"并不就是"国家"，"国家"只是"文明"进步到一定阶段必然出现的产物。③上述关于"文明"与"国家"的概念辨析无疑是回答中国式现代化与中华文明复兴理论问题的基础与前提。无论是将两者等同视之，还是认定为不同领域的两个概念，其研究理路都是偏重人文主义的方法，基于历史研究或考古发现的立场。虽然老龄社会新形态已经成为当前社会构成和人口转变的基本维度，但是世界人口老龄化毕竟只有不到两百年的历史，从老龄文明角度探讨"文明"与"国家"并不具备进行宏观历史比较分析的条件。

中国老龄文明所理解的"文明"与"国家"的关系具有独特性，不关注两者在时间断点上的耦合性，而是重构一种长历史周期内"文明"与"国家"在现代化进程中的延续性。有学者在思考"是否有可能让老去的全球文明重新恢复生机"这一问题时提到，中华文明之所以持续了五千多年仍没有任何老化的迹象，根本原因在于它是世界文明形态的一个例外，并不完全遵循"诞生—童年—青春期—成熟期—老年期—死亡"的生物模式，而是具备一些其他模式。④中国老龄文明也具备这种持续更新并保持活力的特殊模式。

---

① 易承志：《中国韧性治理体系的框架和构建路径》，《人民论坛》2023年第15期。
② 易建平：《从词源角度看"文明"与"国家"》，《历史研究》2010年第6期。
③ 王巍：《中华5000多年文明的考古实证》，《求是》2020年第2期。
④ A.V. Makrushin, N. V. Aladin and A. S.Vasiliev, "Is It Possible to Rejuvenate the Aging Global Civilization?," in *Advances in Gerontology*, 2018:8, pp.37-40.

从这个角度说，中国老龄文明建立在中华文明世代相传的尊老信仰、敬老礼仪、孝老观念和助老风俗之上，并没有随着朝代更替或时间推移而衰落。一项发表在《美国国家科学院院刊》上的事件史研究进一步考察了从公元前2000年至公元1800年的324个国家消亡和文明兴衰的时间跨度和风险因素。结果认为，在形成初期的200年左右，导致国家崩溃或文明灭绝的负面风险将迅速积累，如干旱和地震等环境因素以及侵略和政变等政治因素。① 那么，能够在历史长河中克服消极影响且保持发展的"常量"或驱动机制，则是解答谜题的关键。可以认为，中国老龄文明的内聚性、稳定性和持久性是中华文明、中华民族和中国国家形态得以延续至今、未曾中断的重要方面。中国老龄文明饱含深刻的生命体验，也聚集了独特的文化力量。在中国语境下，"老吾老，以及人之老""生而不有，为而不恃，长而不宰"或是"生，事之以礼；死，葬之以礼，祭之以礼"等一整套孝道行为规范和民间尊老美德都具有国家治理意义。换言之，中国老龄文明与国家治理具有天然的亲和性，其所构建的家文化、祖先崇拜、农耕传承、宗族组织、重要节日和丧葬仪式等，从未在自然灾害的侵袭或王朝递嬗的剧变中动摇过。随着老龄文明在中国步入老龄化社会以后不断确立、衍生与强化，中国老龄文明将探索出全新的、具有世界人口发展历史意义的社会主义新文明形态。

另一方面，从当下现实中看，中国老龄文明具有社会治理的"团结"（solidarity）属性。"团结"的概念与埃米尔·涂尔干的理论紧密相关，根据涂尔干的"有机团结"理论，现代社会依赖于社会成员之间的分工和合作。当人们的公共性提升，适度谦虚退让，对他人保持尊重、信任并通过合作增进共同利益，社会团结的交往状态就会显现。② 在老龄文明的理想状态下，社会应通过代际合作和制度支持，实现老年人作为社会成员的有机融合。然而，西方国家的现代化进程强调经济效益和个人自由，可能导致社会的中青年群体与老年群体之间的"排斥性团结"（exclusive solidarity）。中国老龄文

---

① Scheffer Marten et al., "The Vulnerability of Aging States: A Survival Analysis across Premodern Societies," in *Proceedings of the National Academy of Sciences*, 2023:120, pp.1-6.

② 冯仕政：《社会治理与公共生活：从连结到团结》，《社会学研究》2021年第1期。

明将扭转既往应对老龄问题研究的个体化视角,而指向现代化发展中的集体动员与代际共享。社会建构学派的安东尼·吉登斯和乌尔里希·贝克等学者严肃指出,随着社会分工和现代化发展,当代社会中的每个人都似乎越来越远离传统习俗,能够得到的帮助、指导与支持的机会也愈发稀缺,人们正在学会承担自己作选择时的种种责任。这些看似有道理的个体化论断不仅轻描淡写地将个人与社会做了明确的区分与隔离,而且从结构分析的角度看,这种指责个体并要求个人对社会机制的系统化影响负责的观念,容易产生个体原子化、个体与社会对立,以及整体性的社会涣散。例如,批判老年学(Critical Gerontology)在反思老龄化、社会意义与社会结构的关系中明确表示,将收入不足、福利不够和医疗保健不科学等个体在遭遇衰老或疾病过程中的问题归因于老年人本身,就是一种典型的个体化思路。[1]这种起源于个体主义和生物医学还原论的思路将"因为老了"这句"咒语"用于解释老年人遇到的任何问题。事实上,这不仅无助于解决老年人问题,还造成了老龄化社会在资源分配、家庭功能和技术应用等方面的诸多隔阂与多重鸿沟。

中国老龄文明以实践回答了老龄社会中所谓的现代性在哪里这一严肃且重要的问题。在每一个人都会变老且老龄人口数量和比例逐渐增加的老龄化社会形态中,如果个体化盛行、神圣性缺乏、集体意识淡薄,那么人类社会必将走向消亡。有学者指出,现代社会的最大危险,便是将纯粹的个体原则凌驾于集体原则,或是以绝对的利己观念僭越于社会交往。[2]不得不说,从埃米尔·涂尔干以"机械团结""有机团结"重新审视现代社会的"失范"与道德危机,到马克斯·韦伯从新教的资本主义精神气质入手,讨论不同文明将开启迥异的社会生活样式,再到卡尔·马克思和弗里德里希·恩格斯借助家庭、私有制和国家的起源以及文明史的演进路径,为人类社会未来道路指明方向,这些思想巨擘无不对个体与社会、信念与责任、价值与追求等现代社会制度思想给出既有的实证分析与全景式判断。从问题实质和基本进程

---

[1] Christopher Phillipson et al., *Ageing, Meaning and Social Structure: Connecting Critical and Humanistic Gerontology*, Bristol: Policy Press, 2013, p.2.

[2] 渠敬东:《作为文明研究的社会学》,《中国社会科学》2021年第12期。

来看,中国老龄文明就是在不断调适个体与社会关系的过程中,增进老年人群体与其他代际群体的交融,消除老龄问题与其他社会经济问题之间的割裂,实现中国特色老龄社会的和谐与团结。再进一步从老龄社会政治的公共性角度上看,作为致力于将各种应对老龄社会问题的政治力量纳入体制之内的战略理念,中国老龄文明对老龄化社会治理产生了积极作用,将老龄社会治理整合进国家制度,最终确立了积极应对人口老龄化国家战略。纵览中国老龄文明成功构建老龄社会治理的历程,此过程绝非个体化的自下而上路径,而是集中体现了老年人基础性社会权利的扩展,以及"国家—社会—老年人"自上而下的推进。如图3-1-2所示,作为一个可以被描述和刻画的历史事实,中国式现代化进程中老龄文明的治理价值不容小觑。它之所以能够形成兼具国家治理与社会治理的双重属性,与中华人民共和国成立以来的现代意义上的文明化密切相关,实则与中国式现代化密切相关。

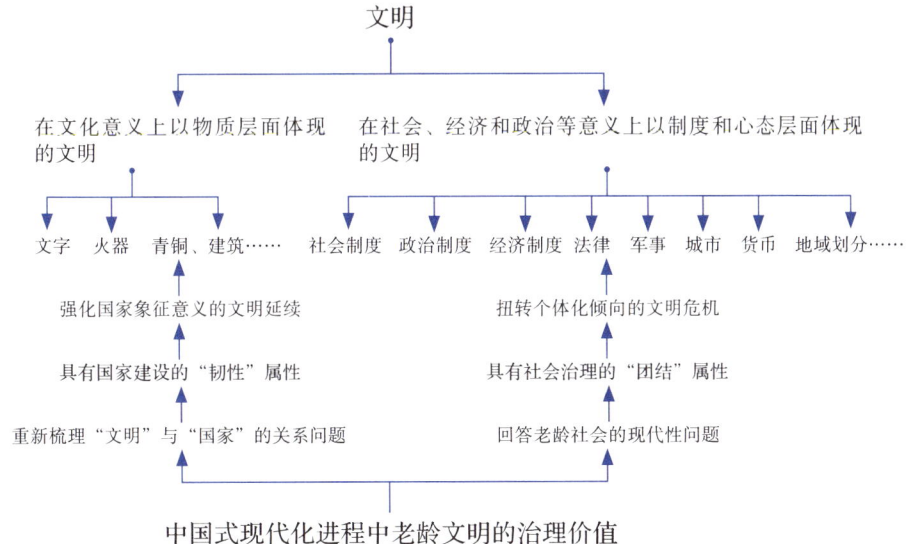

图 3-1-2　文明谱系下老龄文明的治理价值

中国老龄文明的治理价值具有典型性。它不仅是中国的,更是世界的,它容纳了来源多样与性质各异的结构因素、文化因素、族群因素和社会经济因素;它所有的知识体系与话语体系,也都将融合于全人类共同创造的世界现代化进程之中。费孝通是这样谈论中国及中国的文明的,"一切中国的东西,任何一项文化的特质——器具、习俗、传习,以及制度——无不相互地极正确地适合",这是因为中国所独有的文明特质,"它不仅是一个古旧的文明而且是一个已经完成了的文明"。确实如此,虽然现今中国人的涉老看法、生活方式和思维模式发生了很大的变化,但中国老龄文明作为"完成时"的文明的延续,依然体现出强大的生命力,并在中国式现代化的新征程中展现勃勃生机。

中国老龄文明与以美国为代表的西方社会所盛行的年轻文化具有本质区别。费孝通在初访美国时感慨,"各人既凭一己能力来创立事业,年龄也就成了一个威胁。愈老,可以利用的时间也愈短;精力衰竭是落伍的征兆。老了,也就不足畏矣"。与此同时,费孝通提出一个判断和一个疑问。前者是"我们不是会都走上美国路线",后者是"时间、年龄会成为我们的冤家了么?"。在新的世纪里老年人将怎么去恢复他的被尊敬的地位?这一"世纪之问"可谓振聋发聩。其实,他在观察中国社会变迁中的文化症结时,就给出了适宜于中国情境的理性的答案——"人类进步不应单限于人对自然利用的范围,应当及早扩张到人和人共同相处的道理上去"。费孝通进一步明确指出,因"东西相隔","我们的传统""被视为古旧的中华文明"竟然迄今没有被应用来解释当前人类文明的危机。

在社会、政治、文化、银发经济和道德力量控制等方面,中国老龄文明试图达到超历史、非评价性、共享共通的层面,为世界范围内人口老龄化贡献理性智慧和长久经验。作为"文明的进程"之改写,中国老龄文明将以中国深厚的孝文化思想衔接诺贝特·埃利亚斯所描写的社会发生的关系结构与心理发生的个体表征;作为"文明的冲突"之调适,中国老龄文明对于从人口视角理解塞缪尔·亨廷顿的世界秩序的重建具有重大意义,并将进一步强调老龄文明要素在塑造全球人口—政治经济社会格局中的核心作用。简言之,中国老龄文明以本土化传统知识与社会存在为基石,以"积极"为核心范畴与思维方式,以超越西方老龄化思潮的语义为突破目标,发展并回应老龄化人口转变中的治理难题、文明危机与现代化困境等恒久议题。

总之,作为现代化进程中的基础概念与治理体系中的基本单元,中国老龄文明不仅吸收了中国古典的文明思想，而且具有家国一体的社会大同理想，更是在"身—家—群—国—世"的整体性治理格局下凝练并充实积极应对人口老龄化的中国方案。①一方面，它确定个体与社会之间的相互关系，并尝试建立一种切实可行的集体规范；另一方面，它对中华文明与西方文明进行毫无偏见的思索对比，并探索建立适应当代老龄化社会的制度体系。综上所述，在农业文明到工业文明再到老龄文明的现代化历史进程视角下观察，如今世界人口老龄化危机并不是现代文明的某一个层面出现了问题，而是缠绕于古代—现代、中国—西方、个体—社会—国家所有维度上的发展性困境。只有通过老龄文明在现代化进程与治理规范下的联动变革，我们才能走向治理现代化，走出一条人类命运共同体的未来道路。

作者：朱荟，人口学博士，南开大学社会学院教授、博士生导师。

---

① 胡湛、彭希哲、吴玉韶：《积极应对人口老龄化的"中国方案"》，《中国社会科学》2022年第9期。

中国银发经济发展面临的机遇、挑战及其应对策略[*]

代宝珍　邹嘉诚

一、引言

人口老龄化已成为我国经济社会发展的重要特征之一。根据国家统计局发布的数据，截至2023年末，60周岁及以上人口29697万人，占总人口的21.1%；其中65周岁及以上人口21676万人，占总人口的15.4%，较2022年增长了0.5个百分点，标志着中国已经步入深度老龄化社会。据联合国《世界人口展望2022》预测，到2035年，中国65周岁及以上人口将增至31519万人，占总人口的22.5%；2050年这一比例将增至30.1%，标志着中国将在2030年前后可能进入超级老龄化社会。这一人口结构的变动对国家公共政策、经济模式及社会治理结构提出了前所未有的挑战。随着老龄化进程的推进，老年群体的社会参与、消费需求和医疗健康等方面呈现出空前的变化，传统的生产、消费及社会保障模式已无法完全适应这一转型需求。探索适应老龄化社会的新型经济形态，成为全球范围内的共识。

"银发经济"作为响应老龄化社会需求的经济形态，近年来在中国和全

---

* 本文是国家社会科学基金重大项目（23&ZD188）阶段性研究成果。

球范围内获得了广泛关注。银发经济的核心在于为老龄化社会提供符合其需求的产品和服务，带动相关产业的快速发展。这一经济形态涵盖了健康产业、养老产业、老年金融服务等多个领域，具有巨大的市场潜力和发展空间。随着技术的发展，尤其是数字化和智能化技术的应用，老龄化社会的新需求不仅加速了产业的创新，也推动了相关产业的深度融合，提升了银发经济的整体效益和社会价值。从全球范围看，银发经济已经成为各国应对老龄化社会的重要经济抓手，推动了包括养老保险、老龄健康、智慧居家养老等多项服务和技术的应用，展现了强大的经济增长潜力和社会影响力。

自 2000 年以来，中国政府逐步加强对老龄事业的战略布局，并在此基础上推动了老龄产业的快速发展。2021 年 11 月，《中共中央 国务院关于加强新时代老龄工作的意见》首次提出要"积极培育银发经济"。2022 年 2 月，《"十四五"国家老龄事业发展和养老服务体系规划》进一步明确提出，要大力发展银发经济，推动老龄产业与相关服务业的协同发展。2024 年 1 月，国务院办公厅发布了《关于发展银发经济增进老年人福祉的意见》，这是我国首个专门聚焦银发经济的政策文件。该文件提出了包括消费促进、就业拓展、产业创新和社会保障优化等在内的 26 项具体举措，为银发经济的发展提供了系统的政策支持。这些政策体现了中国政府应对人口老龄化挑战从单纯的基础设施建设逐步转向关注老年群体的多元化需求，反映了国家在推动经济社会转型过程中政策的前瞻性和务实性。政策的系统性推进不仅能够更好地应对人口老龄化所带来的挑战，还能在银发经济的培育中发现新的增长动力和社会价值。

当前我国银发经济的发展仍面临诸多挑战，主要表现在需求精准匹配、社会保障体系适应性以及产业创新能力等方面。如何在消费结构多样化、就业形态变化以及技术进步的背景下推动银发经济的可持续发展，是当前亟须解决的问题。特别是在数字技术的推动下，智慧养老、健康管理等新兴领域的创新潜力巨大，但如何高效整合技术与老龄化社会需求，仍需进一步探索。因此，全面深入地分析中国人口老龄化与银发经济的关系，对于理解老龄化社会带来的经济和社会挑战具有重要意义。本文通过对银发经济的概念辨析、机遇与挑战的识别、国际经验的借鉴，为实现社会可持续发展和经济转型提供理论支持和政策建议。

二、银发经济的起源、概念与特点

(一) 起源

随着人口老龄化问题的加剧，银发经济相关概念开始出现。20世纪80年代，学界和业界逐渐意识到，老年人不仅是社会保障的受益群体，同时也是经济市场中的高潜力消费人群，"银发市场"这一术语应运而生，用以指代老年人口的消费需求及其对经济的潜在贡献。"银发产业"的概念在20世纪90年代得到进一步发展，尤其是在人口老龄化日益严重的背景下，业界和政府部门开始意识到，围绕老年群体的消费需求和产业发展将成为新的经济增长点。进入21世纪后，"银发经济"这一术语逐渐得到普及，并逐步形成了一个以老年群体为核心的经济学领域。

2008年，欧洲议会正式采用"银发经济"一词，进一步推动这一概念的全球传播。随后的几年里，国际组织和学者对银发经济的内涵和边界进行了深入探讨。2014年，经济合作与发展组织（OECD）在《培育弹性经济》的报告中，将银发经济界定为"致力于针对老年群体进行产品研发与服务提供的行业或经济部门"。该定义强调了银发经济不是局限于产品和服务，而是更广泛地涵盖了老年群体在经济活动中的参与和贡献。2015年，欧盟委员会进一步拓展了银发经济的概念，指出"50岁及以上人口有关的公共和消费支出所产生的所有经济活动"均可纳入银发经济的范畴，这进一步丰富了银发经济的多维度内涵，强调了其对社会整体经济结构的影响。

回顾银发经济的发展历程，其内涵经历了三次重要转变：初始阶段的银发经济主要被视为一个专注于满足老年群体生活需求的产业，主要聚焦于提供养老、医疗、保健等产品和服务；进入中期阶段，随着老龄化问题的深化，银发经济逐步发展为一个涵盖老年人全生命周期需求的综合性服务体系，扩展到教育、金融、旅游等多个行业；而当前的银发经济已转型为一个全方位适应老龄化社会结构下多元需求的整体经济生态系统，涵盖了从医疗服务、健康管理、智能养老到老年文化、数字化技术等多个领域，并成为老龄化社会经济增长和社会创新的重要驱动力。

（二）概念

自"银发经济"这一概念出现以来，关于银发经济的研究逐渐得到广泛关注，但至今学界对其内涵及相关问题的理解尚未达成共识。总体而言，银发经济可以分为广义和狭义两种。从广义角度来看，《关于发展银发经济增进老年人福祉的意见》明确指出，"银发经济是向老年人提供产品或服务，以及为老龄阶段做准备等一系列经济活动的总和，涉及面广、产业链长、业态多元、潜力巨大"，对银发经济内涵的界定融入积极老龄化与健康老龄化理念，彰显全人群覆盖、全生命周期关怀的思维，不仅包括老年阶段的老龄经济，还涵盖了未老阶段的备老经济，即提前为老年生活做好准备的相关活动。该意见紧密对接积极应对人口老龄化国家战略与健康中国战略，展现出深刻的辩证逻辑、鲜明的时代特征和前瞻性的战略规划，为银发经济的可持续发展奠定坚实的理论基础。从狭义角度来看，银发经济指的是专门为老年人及准老年人群体提供的产品和服务的集合，涵盖了他们在健康、养老、消费、居住、教育、金融等方面的特殊需求。这一经济形态的核心是满足老年人的生活质量需求，促进其社会参与，延长其健康寿命。例如，老年消费市场中的健康产品、保健品、辅助设备等，逐渐成为银发经济的重要组成部分。

（三）特点

银发经济是针对老年人口独特的消费需求和生产能力而形成的经济形态，共有以下四大特点：

1. 特殊性

银发经济的特殊性源于老年群体需求的独特性和不可替代性。老年群体需求可分为普遍性需求和特殊性需求，其中，普遍性需求是与其他年龄段群体共有的基本需求，如衣、食、住、行等，往往通过社会通用经济体系就能得到满足，因而不构成银发经济的直接内容。相对而言，特殊性需求主要指其他年龄段群体少有或没有的需求，包括健康管理、长期护理及专属养老设施等。

2. 综合性

银发经济的综合性表现为其覆盖的产业范围与经济活动的多样化。这一经济形态不仅限于产业链的广泛延伸，还涉及资源配置与社会需求的多层次对接，体现了经济系统理论中跨域整合的特性。老年消费需求的多样性决定了相关产业间必须形成协同效应，以实现规模经济与集聚效应。例如，医疗健康产业需要与养老地产、文娱产业形成有机联动，以提升服务的整体价值。

3. 复杂性

银发经济的复杂性主要源于老年群体内部需求的高度异质性和动态变化性。这一群体的异质性涵盖多个维度，包括经济水平、健康状况、文化背景、兴趣爱好和家庭结构等。同时，不同地域、民族或者城乡之间的生活习惯差异也进一步加剧了需求的不确定性。此外，老年群体的需求还随着年龄、健康状况的变化而不断调整，具有显著的动态性。

4. 市场性

市场性的突出表现为老年阶段的老龄经济和未老阶段的备老经济的并存与互补。前者主要针对当前老年群体，提供医疗服务、养老设施和文化娱乐等；后者则着眼于中青年群体的未来老龄化需求，如健康储蓄、适老化金融产品等。与非营利性质的传统养老事业不同，银发经济强调通过市场机制进行资源配置，推动相关产业的可持续发展。其核心在于通过经济激励机制引导社会资本参与，实现从传统福利性养老模式向市场化、产业化模式的转型。

三、中国银发经济的发展机遇

自20世纪90年代起，公办养老机构推行公建民营模式，推动了养老服务的社会化、专业化与市场化。2013年9月，发布《关于加快发展养老服务业的若干意见》；2017年实施"放管服"改革后，养老服务领域迎来了社会资本的参与高峰。但养老产业的持续发展依然面临一系列深层次矛盾和结构性问题，亟待通过系统性改革予以根本解决。2024年1月，国务院办公厅发布《关于发展银发经济增进老年人福祉的意见》，该文件明确提出了两个核心议题：一是服务对象不仅限于60岁及以上的老年群体，还包括备老群体；二是银发经济作为一种经济形态，既涵盖社会事业领域，又包括产业化发展方向。此外，该文件还详细列出了事业发展的七大领域和产业发展的七大潜力方向，标志着中国银发经济在政策引导层面进入了全新的发展阶段。

（一）周期性机遇

2022 年是中国人口发展史上的一个重要转折点。一是中国首次出现人口负增长，二是中国已正式进入中度老龄化社会，三是出现老年人口队列更替。预计至 2035 年，中国将全面进入重度老龄化社会，且这一转型过程预计仅需 10 年左右的时间。在由中度老龄化社会向重度老龄化社会的过渡过程中，银发经济的发展呈现出周期性机遇：

1. 从"政府主导的事业发展"阶段逐步过渡至"事业与产业协同发展"的新阶段

在这一发展进程中，尽管政府在推动社会事业的基础建设和提供公共服务方面仍具有主导作用，但随着市场化改革的深入推进，产业化的力量将愈加显著。传统观念认为，银发经济事业的发展依赖于政府的资金和政策引导，但随着银发经济规模的扩展和服务需求的多样化，单纯的政府主导模式显然无法充分应对日益复杂的社会需求。在政府主导的框架内引入市场机制，通过市场化的手段来优化资源配置，提高服务质量和效率。具体而言，政府在加强政策引导、战略规划和宏观调控的基础上，通过财政政策的引导，撬动社会资本的投入，并确保市场的监管和服务功能，以实现政府与市场的双轮驱动，为银发经济的可持续发展提供制度保障。

2. "以养老服务为主体"的传统模式转向包含"养老、为老、享老、备老"多业态的新兴格局

传统的银发经济聚焦于 60 岁及以上老年群体的养老服务需求，服务内容较为单一，主要满足老年人的基本生活需求。然而，随着人口老龄化的加剧以及人口结构的变化，银发经济的服务范围和服务对象逐步扩展至备老群体，既包括尚未步入老年期的中青年群体，也涵盖进入老年期但尚未完全依赖养老服务的群体。老年群体的需求，尤其是对医疗健康、社会参与、文化娱乐等方面的需求，显著推动了银发经济产业链条的多元化发展。银发经济不仅关注老年人的日常养老问题，更延伸至满足全体老年群体及备老群体多样化、多层次的需求，涉及健康养老、精神慰藉、文化服务、社会参与、老年疾病预防等多个维度。银发经济的服务内容不仅涉及日常的生活保障，还将深度渗透到老年群体生活质量的全面提升中，并在此过程中，结合社会、文化和技术等多方面因素，形成全生命周期的产业生态。

（二）结构性机遇

中国的银发经济正在进入一个快速发展的新阶段，伴随着人口老龄化的加剧以及相关政策的不断完善，银发经济逐渐成为全球经济竞争中的重要领域之一，呈现以下结构性机遇：

1. 国际市场空间广阔

根据联合国《2023年世界社会报告》，全球65岁及以上人口在2021年底已达到7.61亿，预计到2050年将增加至16亿，人口老龄化加剧，银发经济市场的规模呈现出爆发式增长的趋势。以欧盟为例，预计到2025年欧盟银发经济总规模将达到6.4万亿欧元，占其GDP的32%。在全球老龄化的大背景下，中国作为全球老年人口最多的国家，具有独特的市场优势。中国具备完整的工业体系，涵盖41个工业大类、207个工业中类和666个工业小类，成为全球唯一拥有联合国产业分类中全部工业门类的国家。结构性优势为银发经济的发展提供了坚实的产业支撑，使中国有能力在银发经济的全球竞争中占据有利地位。

2. 国内市场需求多元

中国作为全球老年人口最多的国家，其银发经济的市场需求具有多样性和强大潜力。据预测，在人均消费水平中等增长的背景下，到2035年，中国银发经济的规模将达到19.1万亿元，占GDP的9.6%。这一增长不仅反映出中国银发经济规模的庞大，也凸显了其在经济总量中的重要地位。银发经济的需求层次呈现出从基本型到发展型、从刚性到多元的趋势。例如，基础的生活照料、康复护理、住宅适老化、养老服务等刚性需求仍然占据市场需求的主导地位。但随着老年人口生活质量的提升和消费水平的提高，多元化的需求开始浮现。老年群体的需求不仅包括文化娱乐、休闲旅游、健康养生、心理慰藉、社会参与等精神层面的服务，还涉及投资理财、个性化养老产品等发展型服务，极大地拓展了银发经济的市场范围。银发经济的多元化市场需求为相关产业提供了巨大的发展空间，也促使政府、企业和社会资本加速布局银发经济的多个细分领域。

四、中国银发经济面临的挑战

（一）老龄事业与产业界限较模糊，产业细分业态不够清晰

中国的银发经济在发展过程中，事业与产业间的界限较模糊，以及产业内部细分业态不够清晰，已成为制约银发经济健康发展的关键问题。现有政策体系中，往往未能明确区分事业与产业，导致银发经济的战略规划、发展路径与实施过程缺乏指导。事业与产业的界限较模糊可能直接影响政策设计和资源的有效配置。事业以满足社会公共需求为核心，强调社会效益和公益性质；而产业则以市场化运作为核心，关注经济效益和市场需求。然而，当前银发经济相关的政策文件尚未能进一步明确区分事业与产业的发展目标与路径。

银发经济作为一个复合型领域，既涉及面向老年群体的基础性公共服务事业部分，又包括面向市场的产业部分。产业细分业态不够清晰可能会限制银发经济的全面发展。银发经济涉及的产业业态繁多，包括健康养老、智慧养老、老龄金融和老年文化娱乐等。现有的产业分类标准较为宽泛，缺乏对各子领域的细致划分与具体界定。产业分类不够清晰可能导致政策执行过程中难以精准识别和大力支持重点发展领域，进而影响市场需求的充分释放。例如，健康养老产业作为银发经济的核心组成部分，内部分工复杂，涉及居家养老、机构养老、康复护理、老年健康管理等多个细分业态。虽然各细分业态间存在紧密联系，但不同业态的发展步伐不一致，这将导致银发产业的整体发展水平受限。

（二）老龄事业发展的政策体系有待进一步完善

当前，我国应对人口老龄化的政策框架和制度体系已基本建立，但在

"十四五"期间及今后较长时间内，我国面临财政增收放缓与银发事业发展资金需求刚性增长的双重压力，老龄事业发展中的部分政策体系亟待进一步完善和落实，相关政策的精准度与针对性尚需加强。一是尽管基本养老服务清单已公布，但基本养老服务制度仍处于具体落实过程中。二是现行医保制度是基于年轻型人口年龄结构设计的，主要应对急性医疗支出。然而，面对老龄化社会，老年群体更多是面临慢病管理与多病共存的挑战，医疗费用大部分集中于健康促进、健康教育、长期照护与心理慰藉等方面，亟须加快与疾病谱和健康服务模式相衔接的医疗保障制度改革。三是长期护理保险制度有待进一步完善。从2016年开始试点的长期护理保险制度虽已实行8年，但至今尚未覆盖全国。此外，银发经济的高质量发展离不开行业标准和技术规范的建设，但现行的标准化体系仍未充分满足银发经济的发展需求，亟须制定符合银发经济发展需求的行业标准和技术规范，推动银发经济相关行业可持续发展。

（三）基础性银发产业发展中存在产品和服务成本过高问题

基础性产业是银发经济产业链中的核心，直接影响到老年群体生活质量的提升和银发经济的可持续发展。当前，基础性银发产业面临的主要困难集中在产品和服务成本过高与老年群体支付能力不足之间的矛盾，导致老年群体养老"买不起"、未老先备"备不起"的困境。尽管近年来各地不断健全面向经济困难、失能和高龄老年群体的养老服务补贴制度，但只能在一定程度上满足老年群体及其家庭的实际需求。此外，失能、失智老年群体的消费能力普遍较低，公共设施的建设总量不足且运营困难，普惠性养老服务的数量和质量依然有待进一步加强。

同时，养老服务行业的专业人才总量不足且结构性矛盾明显，无法满足养老服务领域日益增长的专业化与社会化发展需求。当前，我国养老服务人才队伍面临社会认同度较低、流动性较高、收入待遇较差、劳动强度较大、学历水平较低以及年龄偏高等问题。具体表现为一般性服务人才占比较高，专业性服务人才较缺乏。如何在加速的人口老龄化进程和养老消费增速换挡的背景下，破除制约养老消费需求释放的障碍，成为养老领域从量变到质变的关键,也是推动基础性银发产业健康发展的关键。

(四)延伸性银发产业的产品、服务、模式的创新不足

延伸性产业的最大特点是需求弹性大,能够通过产品升级换代等供给侧改革方式激发需求。但由于个性化需求的多样性,延伸性产业难以形成规模效应,且存在产品价格较高、服务范围难以界定等问题。延伸性产业的主要短板集中在供给侧,表现为"有钱买不到服务"的现象。一是老年个体的实际需求尚未得到有效转化。消费升级呈现出一定的规律,从基础型、生存型的消费逐步向发展型、享乐型消费需求扩展。养老和备老消费作为高度个性化和场景化的消费,既是动态的变化过程,又是细分和具化的过程。因此,需要做好老年人消费方式的引导。二是客观需要未有效转化为现实需求。个体消费升级有一定的规律和先后顺序,基本遵循从基础型、生存型的消费逐步升级到发展型、享乐型消费这一规律。此外,养老消费和备老消费作为个性化消费和场景式消费,既是动态变化过程,又是细分具化过程,因此,要构建多样化的消费场景,提供可展示的平台,实现消费的便利化。三是产品、服务和商业模式的创新不足。目前,市场上提供的大多是一般性日常生活服务,老年群体急需的整合式、一站式服务还较为匮乏,如长期照护、康复护理和心理慰藉等服务供给仍显不足。随着人口老龄化、高龄化进程的加快,这一供需矛盾将愈发突出。此外,养老科技、智慧养老产品的生产制造市场主体相对较少,专门根据老年群体生理特点和生活需求定制的产品和服务种类仍然较为有限。康复辅助器具的配置、租赁、回收链条尚未完全建立,商业模式创新也显得尤为薄弱。四是产业链、供应链整合度低。当前,我国的银发经济产业链整体社会化分工尚不充分,大部分产业依然由中小企业主导,生产经营以分散为主,产品与服务种类单一,尚未形成产业规模,难以产生聚集效应。同时,产业链本身的整合度较低,上下游企业的合作机会较少,合作水平较低,未能形成有效的协同效应。尽管延伸性产业具有广阔的市场空间和丰富的业态内容,但要实现产业的规模化、系统化发展,精细化的社会分工与高效的协作体系是基础。完善产业融合、并购重组以及产业链协同发展等方面的支持政策,以助力产业链整合,提高产业整体的运营

效率和市场竞争力。

（五）战略性银发产业的科技支撑和金融支持有待加强

提升银发产业整体竞争力的关键因素之一是技术创新。一方面，目前中国在战略性银发产业的科技支持上不够充分。中国自主研发的老年用品种类数量仅为 2000 余种，而全球总数已超过 6 万种。其中，德国的数量约占全球的三分之一，中国的占比仅为 3% 左右。同时，智慧养老相关公共基础设施建设亦相对滞后，尤其在针对老年人特殊生理特点与不同生活应用场景的产品研发方面，专项支持资金与高素质科研人才的缺口较明显，这导致相关解决方案创新性不足，科技创新在推动战略性银发产业融合发展方面未能发挥充分的作用。

另一方面，金融服务在促进银发经济消费和投资方面的拉动效应有待加强。中国战略性银发产业的融资渠道较狭窄，融资规模较小，且金融产品和金融工具的创新性不足。当前，战略性银发产业的融资主要依赖政府出资、银行贷款、私募资金以及政策性贷款。而风险投资、海内外创业板上市、资产证券化和产业基金等融资手段未能得到充分利用，限制了产业的扩张和升级，亟须构建更加多元和长效的融资供给体系。从个人投资角度来看，针对老年群体的金融产品较少，且现有金融产品缺乏特色，难以满足老年群体的实际需求。例如，企业年金管理产品主要面向央企、国企等，私营企业和外资企业的参与相对较少；适应居民个人养老金积累需要的商业保险、理财、基金、信托等养老金融产品则较为匮乏，无法有效满足老年群体的金融理财需求。

五、推动中国银发经济发展的策略

（一）提高老龄事业发展质量效能

一是坚持规划引领，提高社会期望值。银发经济的发展需要系统化的顶层设计，以明确发展方向和预期目标。可以根据《"十四五"国家老龄事业发展和养老服务体系规划》，研究制定并实施银发产业发展专项规划，明确产业的分类、发展目标、重点领域与发展时序。尤其需要在规划中细化产业的组织、结构、管理与发展政策，确保各项措施协同推进。在此基础上，可以将银发经济相关信息纳入国民经济和社会发展统计公报，建立完善的银发产业分类和统计指标体系，并定期发布银发经济的规模、增速与国民经济增长的贡献率等数据。银发经济的信息发布不仅能有效提升银发产业的认知度和社会对其期望值，也为政府决策提供数据支持，推动银发产业健康、可持续发展。

二是坚持深化改革，提高银发经济发展的质量和效能。银发产业的可持续发展依赖改革的不断深入，特别是养老服务领域的改革，需要探索更有效的市场机制和社会参与机制。推动养老服务价格、财政补贴制度改革，建立健全基本养老服务政策体系，涵盖服务的内容、标准和价格等，为市场化养老服务提供明确的参照标准，带动银发消费的整体发展。加强社会组织在养老服务中的作用，深化"放管服"改革，鼓励行业协会、公益组织和基金会等社会组织积极参与。进一步推动养老志愿服务、"时间银行"等创新机制的快速发展，不仅有利于提高养老服务的社会化水平，也能提升老龄事业发展的质量与效能，为银发产业提供更为坚实的支撑。

（二）推动银发产业业态细分

一是从战略高度推动银发产业的细分。建议依据全产业链发展原则，在顶层设计中明确银发产业的结构框架与细分业态。针对当前银发产业整体缺乏清晰划分而导致的市场资源配置难度加大的现状，可以支持银发健康管理、智能养老、康复护理、老年文化娱乐等各个细分领域的独立发展，并强化各领域之间的协调与联动。产业链的细化不仅有助于明确各个业态在国家战略中的地位与功能，也能够增强社会资本对银发产业的信心，避免银发产业被视为低盈利的行业，有助于引导社会资本精准投入，推动产业高质量发展。

二是立足国内外市场制定产业政策。在制定银发产业政策时，综合考虑国际、国内两个市场。推动银发经济的国际化发展，既能提高我国银发产业的国际竞争力，又能拓宽产业发展的空间。因此，不仅应着眼于满足国内银发经济的需求，还要兼顾国际市场的变化与趋势，确保国内银发产业能够与国际市场有效对接。具体而言，可以通过推动适老化产品与服务的出口，在国际上建立具有中国特色的银发产业标准，提升中国在全球银发经济中的话语权。

三是遵循多领域均衡发展原则。在政策实施过程中，可以遵循多领域均衡发展原则，避免过度依赖某一领域单一发展，特别是在养老服务、康复护理等传统领域，不能忽视新兴业态的培育。例如，培育老年消费品、智慧健康技术、老龄化社会相关的数字服务等新兴业态。支持新兴业态的发展不仅能够促进产业结构的优化升级，也有助于银发产业的全面健康发展，满足老年群体多样化的需求。

四是倡导有效竞争，激发市场活力。有效竞争原则是推动银发经济产业高质量发展的核心驱动力之一。可以通过支持性政策和激励措施，促进公平竞争，避免市场垄断，保障消费者利益。营造健康的市场竞争环境，推动各细分领域的良性发展，有利于提升产业效率，促进银发经济的可持续增长。

（三）促进银发产业多元化发展

一是基础性银发产业要着力补短板、强基础、惠民生。基础性银发产业是银发经济产业链的核心，需要补齐短板，强化事业发展基础，保障老年群体的基本生活需求。当前养老服务的市场供给主要依赖政府与社会组织，但在老龄化进程加速的背景下，单靠政府补贴难以满足日益增长的需求。基础性银发产业的发展应强化事业发展基础，强化市场机制与福利机制的衔接，将更多养老服务内容交由市场提供。尤其是要完善和发展社区居家养老服务、护理和社会照料等基础性服务，保障老年群体的基本需求。

二是延伸性银发产业要深化供需侧改革，激发需求升级。延伸性银发产业涉及多样化的产品与服务，最大的特点是需求弹性大。延伸性银发产业的核心任务是通过供给侧与需求侧的双向改革，激发需求并促进产业升级。一方面，要通过优化产品与服务供给，推动从满足基础性需求到提供高端、个性化服务的转变，形成更高质量的养老服务体系。另一方面，通过改革释放老年群体的消费潜力，创造更加多样化的消费场景，如老年群体医疗健康、文化娱乐、旅游休闲等领域。

三是战略性银发产业要深化科技创新与国际合作。战略性银发产业的核心是创新，特别是科技创新。要充分运用新型举国体制优势，加强银发科技前沿领域的研究与应用，全面深化银发科技创新体制改革，推动产学研用一体化平台的建设。积极参与国际合作与分工，特别是在银发产业的全球标准制定、适老化产品研发、国际市场拓展等方面加强国际合作，提升中国银发产业的全球竞争力。大力支持具有创新能力和国际竞争力的企业发展，促进国内银发产业与全球市场的融合。

四是因地制宜，发展地方特色银发产业。银发产业要根据不同地区的经济、社会、文化特点，发展具有地方特色的银发产业。例如，在新型城镇化的背景下，推进老年友好宜居环境建设，提升城市的宜居程度与老年群体的生活质量。顺应乡村振兴战略，发展"银发+休闲农业""银发+文旅""银发+特色食品"等产业，满足老年群体在乡村地区的养老与休闲需求。同时，超大城市和经济发达地区可以依托制造业和数字化优势，发展"银发+宜居部品制造""银发+智慧医养服务""银发+康复辅具制造"等产业，推动银发产业的多样化与专业化。

（四）精准制定相关金融政策

一是在国家战略设计已明确产业发展方向和原则的领域要发挥金融对银发消费的促进作用。在全国范围内加快推广长期护理保险制度，并将其与医疗保障制度有机衔接，以提升老年群体特别是农村老年群体的养老保障水平。推出具有互助共济性质的长期储蓄功能型商业性养老保险等金融产品，缓解老年群体对养老资金的需求压力，释放其消费潜力。

二是发挥金融对银发科技创新体系建设的促进作用。银发产业的长远发展需要持续的科技创新，而金融正是促进科技创新的重要工具。加快发展银发科技，围绕行业创新的关键技术问题，通过提供金融产品和工具推动基础研究、产品开发以及产业化推广的合作。例如，可以设立专项科技基金，支持银发科技领域的初创企业，特别是在智能养老、健康管理、康复辅具等前沿领域的企业。此外，金融支持应推动产学研用一体化创新链的形成，促进银发产业与相关产业的跨域发展、跨界融合；加强银发产业链的上下游合作，推动资源的有效配置，提升行业的整体竞争力，为银发产业提供持续的技术创新动力。

三是发挥金融对科技创新中人才培养的积极作用。加强对银发产业相关人才的培养，不仅能提升产业的科技含量，还能通过产品设计优化、服务创新等途径，提高产品的市场竞争力与附加值，推动新技术、新业态和新模式的快速发展。银发产业的发展需要大量高素质的服务人才、市场开发人才与产品设计开发人才。可以通过设立专项奖学金、创业基金等方式，激励社会资本参与人才培养，为银发产业的科技创新提供智力支持。

（五）促进银发经济区域协同

目前，京津冀地区、长三角地区、粤港澳大湾区和成渝地区等已布局了高水平的银发经济产业园，但要实现银发产业的可持续发展，仍需在区域整合深化和政策协同方面进行制度性整合与系统性推进。要在全国范围内形成产业梯度发展格局，推动银发产业的纵向与横向协作，打造更加完善的银发产业体系。

一是推动都市圈之间的区域协同与合作模式创新。都市圈作为区域经济一体化发展的关键承载体，在推动银发经济可持续发展方面具有重要作用。为此，应以人口增减分化、区域间要素资源共享互利为基础，推动都市圈之间的协同合作。具体来说，都市圈之间可采用异地养老模式、共同体模式、网络模式等多种合作形式，推动产业链的延伸和资源的有效配置。例如，异地养老模式可以依托城市间的资源互补，打破地域限制，满足老年人在不同区域的养老需求。共同体模式则强调不同都市圈之间的集体协作，形成合力推动银发产业整体发展。网络模式则依靠先进的信息技术，建立更加高效的信息共享和资源流动平台，促进银发产业的互联互通。此外，在区域协作中，都市圈之间可以通过共享基础设施、医疗资源、养老服务设施等，推进老龄事业与产业的发展。统筹各个区域的产业资源，避免重复建设，提升资源利用效率，增强银发产业的整体竞争力和可持续发展能力。

二是加强都市圈内部的一体化建设与跨区域政策衔接。在都市圈内部，以国土空间规划为牵引，推动城乡基础设施与基本公共服务的有机衔接，进一步提升银发经济的整体服务水平。尤其是在养老服务、医疗保险、长期护理保险等政策方面实现跨区域的无缝衔接，打破老年福利政策的区域性限制，实现全国范围内的老年福利互通。一方面，解决与户籍相关的异地享受问题，确保老年群体在不同城市、不同地区享有同等的福利待遇；另一方面，要通过政策协同，解决异地养老服务机构的运营补贴计发问题，确保跨区域养老服务的顺利进行。此外，建立统一的护理人员资格认证标准，推动跨区域的人力资源流动，提升养老服务质量，确保各个都市圈内的银发产业服务质量保持一致。同时，在推动都市圈内部一体化建设过程中，需要特别关注老年群体的身份认同和文化认同。建议建立统一的文化与社会服务机制，增强老年群体对不同都市圈的认同感，提升老年群体的生活质量，促进银发经济的持续增长。

作者：代宝珍，东南大学公共卫生学院劳动与社会保障学科带头人、系主任、教授、博士生导师，国家社会科学基金重大项目首席专家，老龄文明智库研究员；邹嘉诚，东南大学公共卫生学院硕士研究生。

主要参考文献

1. 原新，范文清.银发经济高质量发展的环境基础与资源禀赋.《人口与经济》2024 年第 6 期

2. 陈友华.银发经济：概念、特点与规模.《人口与经济》2024 年第 6 期

3. 穆光宗.银发经济的发展机遇与方向.《人民论坛》2024 年第 13 期

4. 杜鹏，罗叶圣.数字时代的老龄社会：特征、机遇与挑战.《江西师范大学学报（哲学社会科学版）》2024 年第 2 期

5. 黄石松，胡清.发展银发经济的战略设计、焦点难点及路径优化.《新疆师范大学学报（哲学社会科学版）》2025 年第 2 期

6. 金牛，原新.银发经济高质量发展：人口基础、战略导向与路径选

择.《河北学刊》2024年第2期

7. 彭希哲，陈倩.中国银发经济刍议.《社会保障评论》2022年第4期

8. 徐莹，刘含笑.中国"银发经济"的现状、问题与前景.《北京航空航天大学学报（社会科学版）》2023年第1期

9. 李磊，王震，李连友."双循环"新发展格局下银发经济高质量发展的三重逻辑.《河海大学学报（哲学社会科学版）》2024年第5期

10. 葛延风，王列军，冯文猛，等.我国健康老龄化的挑战与策略选择.《管理世界》2020年第4期

11. 张歌.养老服务体系与银发经济的耦合逻辑与路径构建.《中州学刊》2024年第10期

照护伦理与为老之道

——一项关于中老年照护者的医学人类学考察

张 敏

就我的研究主题来说,可以用一句话概括——在中国社会和文化变迁的背景下,有关于个体的文化何以建构。这一研究涉及教育人类学与医学人类学两个领域。

在我们考虑到照护以及照护伦理问题的时候,很重要的一点就是要考虑关系维度的核心要素——互惠性。诚如凯博文教授所指出的,当我们讨论照护的互惠这种道德意涵的时候,非常有必要将其放在一个社会和文化的情境中进行考察。基于这样一个理论假定,我将运用人类学研究中民族志的方法,旨在探究在中国社会与文化变迁的背景下,照护承担者是如何积极建构与协商照护的道德和伦理内涵,以及这一过程如何影响其自身关于"老去"的意义建构。

在中国传统文化语境中,"孝"与"孝顺"是重要的文化概念,如"老吾老,以及人之老"所表达的尊老理念。然而,在现代社会情境下,有必要对"孝"与"孝顺"的实践进行梳理。

在社会学领域,费孝通先生作为中国著名的社会学家和人类学家,在不同场合都谈及照护议题。1999年,在接受李亦园先生的访谈时,费孝通先生指出继承性是中国文化的显著特点,世界上没有其他文化像中国文化一样展现出如此显著的继承性特点，这种文化以"亲属关系"（kinship）为基础，即"亲亲而仁民"。

此外，费孝通先生对中国同西方的赡养做了很清楚的对比。他认为西方的赡养模式是接力式的，父母将子女养大成年后，子女再抚养自己的下一代，如此代代传递；而中国的赡养模式是以家庭为中心的代际互惠式照护，是"孝道"非常关键的实践形式。他将这种抚育者又会被抚育的实践形式归纳为反哺，即个体先被抚养，成年后再赡养长辈，通过这样的过程实现集体、个体以及世代的成长。但在当下，这种文化背景事实上在变化，社会变迁成为我们必须面对的现实。

社会变迁的一个重要体现是人口老龄化问题。中国老年人口数量的增加给老年照护带来了巨大挑战，同时照护模式也发生了显著变化。从社会学角度分析来看，早在20年前，代际间的互惠式照护逐渐让位于交换式或逆反哺式照护模式，近年来对这一现象的讨论愈发频繁。此外，基于问卷和大数据样本的研究发现，老年人自身的养老意愿也发生了变化。

从人类学的视角能够提一个什么问题呢？社会结构和照护模式发生变化时，实则是当下关于"到底如何老去？"这一议题的社会规范和文化规范在发生变化，同时伦理标准也在发生变化。《礼记·内则》记录："五十始衰，六十非肉不饱，七十非帛不暖，八十非人不暖，九十虽得人不暖矣。"意思是人到了五十岁就开始衰老，到了六十岁饭没有肉就吃不饱，到了七十岁没有丝绸衣物就会感到身上不暖和，到了八十岁没有人暖被就睡不暖和，到了九十岁即使有人暖被也睡不暖和了。换一个角度想，这意味着对每一个老去的阶段，社会都有一个非常清楚的文化期待和行为规范。但在当今社会，这些规范正面临着变化甚至缺失，这也是我目前关注的重点问题。

在一个更具体的研究背景当中——中国广大的农村，老龄化问题更为突出。从人口学角度来看，农村老龄化程度高于城镇，出现了老龄化城乡倒置现象。农村无论是财政资金还是社会服务基础都落后于城市，所以形成这样的结构性差异。

虽然当下家庭养老依然是主要的模式，但当我们讨论家庭养老的时候，一个很现实的问题体现在性别维度上，也就是虽然家庭养老是主要模式，但是照护的承担者性别主要为女性。这种特征在农村地区尤其突出，如果农村地区空心化程度加重，中老年女性作为"夹心世代"便主要承担养老的照护义务。诸多学者提出，今天其实是一个初老阶段的群体在承担一个更老阶段的群体的照护义务。在这个背景下，我的研究聚焦于中老年女性照护者，探究她们的照护实践是什么？到底是做什么样的工作？其主要构成是什么？在照护实践过程中她们是如何创造性地利用当地的地方道德和伦理体系来为自己构建意义，以及赋予她们自己进行照护的具体内容？

以一项较为典型的人类学研究为例，2021年，我和我的团队在四川甘孜藏族自治州的一个村庄开展了调查研究。该地区位于西南"藏彝走廊"腹地，是多民族融合的区域。在文化传统方面，当地存在"家屋""房民继承"的社会制度。与中国大多数农村地区类似，青年男性多外出务工，主要在城市或县域寻找季节性工作，在秋天、重大节日以及家庭有事件、仪式时返乡。家庭中的中老年女性群体则主要承担家务、农事以及照护老人的职责，该群体是我们所关注的主体。

上述介绍简要呈现了村庄的政治经济背景，在此背景下，我们要关注的便是这个地方的文化体系。因为它处于多民族融合地带，有着独特的文化特性——"家屋"。在当地传统文化中，"家屋"概念下，老年人比较受尊重，而且强调整体有序。而"房民继承"制度规定了主家与分家的区别，多个子女中只有一个能继承房主名下的房屋、土地等固定财产，同时承担赡养老人和照顾未婚家庭成员的义务，其他子女则另谋出路。其他子女虽不继承财产，但在文化上仍负有一些责任，如逢年过节回家、日常问候和赠送礼物等普遍的文化实践。在这个意义上，主家与分家既同源又独立。这个过程中的推动因素是儿媳妇群体。在家庭中，儿媳妇群体承担着照顾全家饮食起居、种地以及饲养牲畜等大部分家务和家外劳作，这一职责的承担受到社会规范的约束。

在这样的政治、经济和文化背景下，我们关注女性照护者对自己照护义务的理解。凯博文教授曾对道德和伦理做出区分。在当地的道德语境中，我们研究发现，50岁以上，尤其是60岁左右的中老年女性群体，在解释自己照护公婆和父母的实践时，存在几个要素。

当地强调互惠，注重女性照护者的代际报答。一方面是向上，即对于长辈的关爱，另一方面是向下，为子女起到示范作用，如当地俗语"屋檐水，点点滴"所表达的，现在把长辈照顾好，以后子女也会更孝顺。同时当地藏传佛教的六道轮回、因果报应观念也对她们的行为产生规约作用。因此在女性照护实践过程中，我们也要考虑到这种文化期待或是道德期待，尽管它不是非常宽泛地作用于这些女性照护者。

在家庭的日常运作中，我们自然能够联想到很多具体的例子，女性照护者可能会与公婆有一些冲突，或者双方的关系并不总是那么和谐，所以家庭照护也有明确的社会性。这个社会性就是，如果是对关系亲密的被照护者，女性照护者强调的是"报恩"，即"因为长辈对我好，我成长的时候他很照顾我，所以等长辈上年纪的时候，在他需要的时候，我要好好地报答他，尽孝心把长辈照顾好"。同时，如果在成长的时候双方关系很疏远，女性照护者会强调"义"，也就是她们照护的动力不是"报恩"，而是对于"义"的实践。因此照护不是因为回报长辈的好，而是她们认为作为一个人有义务要做这些事情。所以我们就会看到，对于"报恩"的强调带有互惠性、代际性的维度。而对于"义"的实践，就是强调社会期待。我们能够更进一步看到，对于照护的社会期待在很大程度上取决于当地的这个村庄对于儿媳妇，或者更准确地说是"好媳妇"还有什么样的角色期待。那么，从这些中老年女性照护者的角度，她们很清楚地知道自己只是尽"本分"。那这种"本分"说的是什么？"本分"有关于孝顺，就是指我来到这个家庭，我应该对长辈孝顺，而且我对这个家庭有所亏欠。在照护过程中，村庄里的长者和其他家庭也会以这一套说法，对中老年女性进行劝导或规约。

但要特别提醒的是，如前文所述，在当地的道德环境中，非常重要的一个文化特色是主家和分家的区分。因为主家继承了财产和房屋，所以要承担照护老年人的重任。分出去的家庭有不一样的义务，但依然会对其有道德期待。不是不继承家产就不需要赡养老人，对于分家也是有照护期待的。因此能够发现社会期待是有层次的，这个层次可以具体地放到一个日常的社会互动和交往的情境中，发现情况会更加复杂。复杂性体现在对于主家与分家的这种很微妙的社会期待，会影响到中老年女性照护者对于老年父母的照护投入。比如日常的问候、辅助性的工作，分家的女性照护者会根据对方的反应——就是看长辈的脸色——避免过于频繁地投入。因为违反了对方期待的时候，又会有其他多种解释。

综上所述，照护的伦理与道德实践同时具有社会性，复杂的社会期待有多维度内在的考量。上述对于照护的分析都是在传统的比较理想状态下进行的。但是目前也可以看到，在当地空心化，以及大量人口流动的背景下，照护原有的一些伦理与道德的维度备受冲击。一方面，冲击使中老年女性照护者的负担加重，因为其他家庭成员都到城镇里而只有她们留在农村，所以要承担更多的任务，也没有其他成员能够帮助她们。另一方面，照护的道德负担加重，照护的社会承认遭遇贬值，且村庄的道德体系也在慢慢发生变化，这使得照护实践面临严峻挑战。

基于以上研究，我提出关系性照护管理的观点，即不再考虑有关照护以及照护实践的关系性维度，而将这种伦理建构嵌入地方的道义世界之中。同时，进一步提出将这种伦理或者道德构建的尝试嵌入到前文多次提及的文化情境中，包括"孝顺"、传统的有关于儿媳妇的社会义务的期待以及一些宗教中的具体要素。在微观层面社会学概念的关系网络中，中老年女性照护者和老年被照护者会受到彼此对义务和责任不同理解的影响，照护过程是高度情境化的。因此，如何决定照护的尺度也是需要分析的。关于照护尺度，它的复杂性和多重的可协商性，其实影响到了照护者自身的伦理和意义的建构，即再一次回到了差序格局，照护的伦理和道德意涵是要在关系的差序实践中定义的。也就是在这个意义上，我们再一次提出老龄照护实际上是有具体的伦理实践的，因此它的意义建构要更加复杂。

基于此，回到一个更加宏观的社会政策议题，我们一直强调家庭养老，不同学者也在探讨家庭与社区在养老中的作用，但在我看来不论是强调家庭，还是更大维度的家国一体，其实仍然需要更加具体的支持，例如对于邻里照护以及村庄的社会性养老功能的强调等。在文化层面，构建照护的伦理和文化支持体系以及话语体系也至关重要。

作者：张敏，中央民族大学民族学与社会学学院讲师。

临终照护中的信息告知

陈楚倩

一、引言

临终关怀的核心在于尊重生命,维护患者的尊严和自主性。信息告知是临终关怀的重要组成部分,而是否进行信息告知直接关系到患者能否做出知情的医疗决策,以及能否在生命最后阶段拥有精神上的平静和满足。然而,在信息告知实践中,医务人员常常面临伦理和文化上的挑战。尤其在中国,儒家文化中的家庭主义、集体主义思想以及对死亡的禁忌观念,深刻地影响着医疗决策,进而对信息告知的方式和效果产生显著的影响。

本研究旨在通过对中国情境下临终信息告知三个层面的实证发现的分析,探讨临终照护中信息告知的现状、影响因素及其对患者和家属福祉的影响,并在此基础上提出相应的实践策略,以期为完善中国临终关怀体系提供参考。

二、文化与法律背景

中国传统文化,特别是儒家文化,强调家庭和谐和集体主义。家庭在社会中扮演着至关重要的角色，家庭成员之间通常存在着强烈的责任感和依赖性。这种文化背景下，家属往往将保护患者免受精神痛苦视为首要责任，即使这意味着隐瞒病情真相。① 这种善意的谎言虽然出于保护患者的目的，但可能剥夺患者的知情权和自主决策权，使其无法参与到自身医疗和生命安排中。此外，儒家文化中也存在着对死亡的禁忌观念，认为谈论死亡是不吉利的，这使得许多人难以坦然面对死亡，更难以将死亡信息告知患者。②③

《中华人民共和国民法典》第一千二百一十九条规定，"医务人员在诊疗活动中应当向患者说明病情和医疗措施。需要实施手术、特殊检查、特殊治疗的，医务人员应当及时向患者具体说明医疗风险、替代医疗方案等情况，并取得其明确同意；不能或者不宜向患者说明的，应当向患者的近亲属说明，并取得其明确同意。"这条法律条文为信息告知提供了法律依据，但同时也存在一定的模糊性，例如"不能或者不宜向患者说明"的情况如何界定，以及家属是否拥有干涉信息告知的权利等问题，都需要进一步的探讨和规范。

三、问题提出

关于终末期照护中信息告知的研究，现有文献大多从理论层面展开，围绕"应当如何"这一核心问题展开探讨，尤其关注患者的知情权与家属保护意愿之间的冲突。理论上，患者的知情权被视为基本的伦理要求，强调患者有权利了解自身的诊断和预后信息，以便做出自主的决策。然而，家属往往出于保护患者心理健康的好意，倾向于隐瞒病情，认为知晓真相可能会对患者造成过大的心理负担。在此背景下，现有研究主要聚焦信息告知的伦理困

---

① R. Fan, B. Li, *Truth Telling in Medicine: The Confucian View*, Netherlands: Kluwer Academic Publishers, 2004, p.179.

② "Our Memorial Quilt: Recollections of Observations from Clinical Practice on Death, Dying and Bereavement," in C. L. W. Chan, A. Y. M. Chow (eds.) *Death, Dying and Bereavement*, Hong Kong University Press, 2006, pp. 15-30.

③ Y. Y. W. Mak, "A Personal Journey: The Physician, the Researcher, the Relative, and the Patient," in C. L. W. Chan, A. Y. M. Chow (eds.) *Death, Dying and Bereavement*, Hong Kong University Press, 2006, pp.31-64.

境和规范性讨论，却很少基于实证研究回答"现状如何"以及"我们正在做的是否有效"的问题。

具体而言，学术界较少关注实际的信息告知实践，以及这些实践是否能够实现预期目标。换句话说，现有文献缺乏对以下问题的深入解答：当前的信息告知状况是怎样的？是否真正实现了家属保护患者的目标？隐瞒患者直至其去世的家属又是否因保护了患者而在丧亲后更好地适应？这些问题亟须通过实证研究加以回应，以补充现有理论研究的不足。

针对这些问题，本文基于实证视角，在中国的具体文化与实践背景下，试图回答三个关键问题。第一，当前中国临终关怀中信息告知的现状如何？这包括患者希望了解病情的程度、家属的告知意愿以及实际的患者知情情况。第二，信息告知是否会对患者的身心健康造成伤害？换言之，传统观念认为的"真相有害"假设是否成立。第三，隐瞒病情是否有助于家属在丧亲期间的适应？通过回答这些问题，本研究不仅能更好地揭示中国信息告知实践的现状及效果，还能为优化临床实践提供实证支持，从而为患者和家属创造更加人性化的医疗环境。

四、信息告知现状与影响因素的实证分析

为了了解中国临终照护信息告知的现状，作者率领研究团队对近年来发表的相关实证研究进行了系统性回顾，并将成果发表于英文期刊 *Psycho-Oncology*。① 该研究旨在探讨中国大陆地区癌症患者及其家属对诊断和预后信息的告知需求与实际告知状况，并分析影响患者知情的因素。

该研究采用荟萃分析方法，对2000年至2021年间发表的关于中国大陆癌症患者信息告知的22个实证研究进行了系统回顾和量化整合。数据来源包括中国知网、万方数据知识服务平台、PubMed数据库和Web of Science数据库。为确保结果的可靠性，研究对纳入文献的质量进行了评估，并使用

---

① C. Chen, G. Cheng, X. Chen, et al., "Information disclosure to cancer patients in Mainland China: A meta-analysis," in *Psycho-Oncology*, 2023.

随机效应模型对数据进行综合分析，同时通过亚组分析和元回归探索影响患者知情的因素。

结果显示，89.6%的患者希望了解自己的诊断信息，而81.8%的患者希望获知预后信息（图3-4-1）。这表明，大多数患者有强烈的知情权。然而，与之形成鲜明对比的是，只有50.0%的家属支持向患者告知诊断信息，而支持告知预后信息的比例仅为32.4%。针对诊断和预后信息，患者的知情意愿与家属告知意愿均存在显著差异。实际告知率方面，仅有59.3%的患者知晓自己的诊断信息，而只有19.9%的患者获知预后信息。这些数据说明，在当前临床实践中，信息告知与患者需求之间存在显著的差异，尤其是在预后信息方面更为严重。

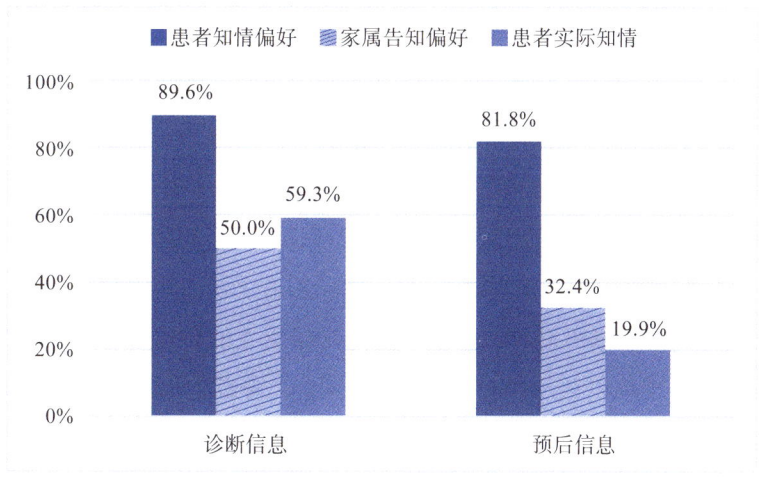

图3-4-1　我国信息告知现状

研究进一步分析了影响患者知情的因素，发现年轻患者、受教育水平较高患者、早期癌症患者以及在高等级医院接受治疗的患者更可能获知诊断信息。这些结果显示，患者的知识水平和获取医疗资源的能力，医疗机构告知信息的难易程度和应对由不当信息告知引发的医疗纠纷的能力对患者的信息知晓情况有重要影响。而性别、癌症类型和治疗方式对诊断信息的知晓率无显著影响。现有实证研究中缺乏对影响预后信息知情的因素的探讨。

总的来说，目前我国患者对诊断和预后信息有强烈的知晓意愿，但实际告知率偏低，尤其在预后信息方面差距显著，医务人员、患者、家属三方的权力关系深刻影响信息告知的实践。

五、信息告知对患者福祉影响的实证分析

传统观念认为，了解真相可能对患者的心理和身体健康造成伤害，因此许多家庭和医疗机构选择隐瞒病情。然而，近年来的实证研究挑战了这一假设，提供了有关信息告知对患者影响的更为全面的实证依据。

首先，研究发现，了解诊断真相与患者的生存期延长显著相关。一项针对29825名肺癌患者的大规模研究显示，知晓诊断信息的患者的中位生存期为18.33个月，而不知晓的患者仅为8.77个月（$p < 0.001$）。这一结果在控制了性别、年龄、病理类型、临床分期、手术史、医院等级和职业等因素后依然显著。[1] 这一发现表明，了解病情不仅不会缩短患者的生存期，反而可能促使患者采取更积极的应对策略从而延长生存时间。

其次，知情还与更积极的死亡态度和较轻的心理痛苦相关。一项研究指出，知晓病情的患者对死亡的态度更加积极，能够更从容地面对生命的终结。[2] 另有研究表明，知情患者的心理痛苦显著低于不知情患者。[3] 这些结果表明，病情隐瞒可能导致患者承受比知情更大的心理压力（可能由于对病情的怀疑、担忧以及与照护者沟通的受阻），降低他们在临终阶段的心理适应能力。

最后，一项荟萃分析进一步显示，是否了解诊断信息对患者的整体生活质量没有显著影响。这项研究涵盖了23篇论文（其中18篇来自中国），分

---

[1] T. Su, C. He, X. P. Li, et al., "Association Between Early Informed Diagnosis and Survival Time in Patients with Lung Cancer," in *Psycho-Oncology*, 2020.

[2] Y. Tang, "Death Attitudes and Truth Disclosure: A Survey of Family Caregivers of Elders with Terminal Cancer in China," in *Nursing Ethics*, 2019: 26, pp. 7-8.

[3] Yanwei L., Dongying L., Zhuchen Y., et al., "A Double-Edged Sword: Should Stage IV Non-Small Cell Lung Cancer Patients Be Informed of Their Cancer Diagnosis？," in *European Journal of Cancer Care*, 2017: 26(6).

析了癌症患者在疲劳、疼痛、呼吸困难、失眠、食欲不振、腹泻、角色功能和认知功能等方面的表现。结果显示，是否知情与这些指标之间无显著关联。[1] 这表明，信息告知并不会对患者的生活质量造成负面影响。

综合上述研究结果，可以得出结论：了解病情真相不仅不会伤害患者的身心健康，反而可能带来诸多正面影响，包括延长生存期、提高心理适应能力以及形成对死亡的更积极的态度。此外，信息告知并不会对患者的整体生活质量造成显著影响。

六、信息告知对家属哀伤反应影响的实证分析

围绕"隐瞒患者直至其去世的家属是否因保护了患者而在丧亲后更好地适应"这一问题，本文作者率研究团队开展了一项实证研究，结果发表在英文期刊 Journal of Advanced Nursing。[2] 该研究探讨了家属对临终患者病情知情情况的认知如何影响家属的哀伤反应，重点分析了"非告知"模式对家庭的心理影响。

该研究采用横断面调查设计，在江苏省一家三级医院内通过便利抽样招募了181名参与者，这些参与者均为在过去8天至365天内失去直系亲属的主要照护者。研究者询问了参与者对患者病情知情情况的认知，并使用中文版《哀伤反应评估表》（GRAF）测量了参与者的哀伤反应。研究同时控制了患者是否接受临终关怀、死亡地点等变量，以及家属的年龄、性别、教育水平和与患者的关系等基本信息。研究通过多元线性回归分析来确定主要预测变量（家属对患者病情知情情况的认知）与哀伤反应之间的关联。

研究发现，当家属相信患者从不知情时，他们的哀伤反应显著强于那些

---

[1] D. C. Wang, C. B. Guo, X. Peng, et al., "Psychological Morbidity and Health-Related Quality of Life in Patients with Differing Awareness of Cancer Diagnosis: A Cross-Sectional Study," in *Psycho-Oncology*, 2014: 23(9), pp. 975-980.

[2] C. Chen, L. Du, G. Cheng, et al., "Families' Perception of Terminal Patients' Prognosis Awareness is Associated with Families' Own Grief: Evidence from a Hospital in China," in *Journal of Advanced Nursing*, 2023.

认为患者知情或不确定患者是否知情的家属，后两组之间的哀伤强度差异并不显著。这一结果表明，家属对患者病情知情情况的认知与家属的哀伤情绪密切相关，尤其是在家属相信患者完全不知情的情况下，家属的哀伤情绪更加强烈。

这一结果的潜在原因包括多个方面。首先是家属自身的状态：预期性哀伤较强的家属往往避免与患者谈论病情[1]，而照护中强烈的预期性哀伤往往与更复杂的丧亲后哀伤结果相关[2]。其次是家属与患者之间的沟通模式：那些知道患者知晓病情的家属更可能与患者进行开放和直接的沟通，而这种沟通有助于减轻家属在哀伤中的心理负担，并减少因"未尽事宜"（患者离世前未与家属就心结、矛盾、未满足的期待等达成和解）、"不告而别"（患者离世前与家属未进行正式告别）和"决策内疚"（由于患者未能因了解自己即将离世而对临终决策进行清晰的偏好表达，家属在患者离世后怀疑自己为患者做的决策不能反映患者的真实需求而感到内疚）产生的负面体验。[3]此外，由于知晓病情的患者通常表现出较积极的态度和较低的焦虑水平[4]，这也在一定程度上减轻了家属的心理压力。

由此看来，隐瞒患者直至其去世的家属并不会因保护了患者而在丧亲后期能更好地适应。与之相反，开放的病情告知和沟通才能够在患者和家属之

---

[1] W. Yu, Q. Lu, Y. Lu, et al., "Relationship Between Anticipatory Grief and Communication Avoidance in Chinese Caregivers of Patients With Advanced Cancer," in *Cancer Nursing*, 2021.

[2] M. K. Nielsen, M. A. Neergaard, A. B. Jensen, et al., "Do We Need to Change Our Understanding of Anticipatory Grief in Caregivers? A Systematic Review of Caregiver Studies During End-of-life Caregiving and Bereavement," in *Clinical Psychology Review*, 2016:44, pp. 75-93.

[3] K. L. Klingspon, J. M. Holland, R. A. Neimeyer, et al., "Unfinished Business in Bereavement," in *Death Studies*, 2015: 39(7), pp. 387-398.

[4] N. Nakajima, Y. Hata, H. Onishi, et al., "The Evaluation of the Relationship Between the Level of Disclosure of Cancer in Terminally Ill Patients With Cancer and the Quality of Terminal Care in These Patients and Their Families Using the Support Team Assessment Schedule," in *American Journal of Hospice & Palliative Medicine*, 2013: 30(4), pp. 370-376.

间建立更深的理解与联系,从而减轻家属的心理负担并降低哀伤适应难度。在信息告知决策中,不仅要考虑患者的知情权,还应充分重视对家属长期心理健康的影响。

七、讨论与结论

针对前文提出的三个问题,本研究的实证分析回答如下:

第一,在我国的临终照护中,大多数患者希望了解自己的病情,而家属则通常出于保护患者的考量而犹豫是否告知。这种矛盾导致了患者的实际知情率相对较低,尤其是在预后信息方面。家属的保护意愿虽然出于好心,但常常忽视了患者自身强烈的知情权,形成了一种家属保护意愿与患者知情权之间的冲突局面。

第二,实证研究未能支持"真相对患者有害"的假设。相反,研究发现,告知病情的患者通常能够更积极地面对现实,并更有效地参与治疗或规划遗愿,展现出更高的心理适应能力。尽管信息告知可能引发患者的短期情绪波动,但长期看来,缺乏沟通更加不利于患者处理心理压力,同时会降低他们对自身状况的掌控感。

第三,研究显示,隐瞒病情不能减轻家属的哀伤,反而可能导致更强烈的分离焦虑和内疚感。特别是在患者去世后,家属往往因未能与患者建立更深的临终偏好沟通及充分地"道爱、道别、道歉、道谢"而感到遗憾。相比之下,开放的病情沟通能够减轻家属的心理负担,帮助他们在哀伤过程中更快地适应和恢复,从而在长期内带来更多正向效应。

综上,从实证角度来看,"真相对患者有害"的假设以及基于此假设隐瞒病情的行为缺乏支持性证据。患者在得知真相后能够表现出更好的心理适应性,而隐瞒病情不仅未能实现保护患者的初衷,还可能让家属在哀伤阶段承受更严重的心理负担。这一发现揭示了当前临终关怀实践中需要重新评估隐瞒病情行为的合理性,并建议探索更加开放且人性化的信息沟通方式,以平衡家属保护意愿与患者知情权。

八、实践建议

在临终患者信息告知过程中，决策应遵循科学性与人性化相结合的原则，充分考虑患者与家属的需求与感受。以下是基于研究发现提出的实践建议：

（一）慎重决定是否向患者隐瞒病情

信息告知的决策需要因人而异，特别是对于终末期患者，需综合考虑文化背景、患者需求和家庭状况，慎重进行隐瞒病情的决策。

首先，要充分尊重患者的意愿。在可能的情况下，询问患者是否希望了解诊断与预后信息，并尊重其选择。这一过程可通过温和的沟通方式进行，以避免患者因直接提问而产生心理压力。

其次，要重新审视"真相对患者有害"的假设。传统观念认为告知病情可能引发患者的恐惧或绝望，但研究显示，部分患者知晓真相后能够更好地适应病情，并积极参与治疗或规划遗愿。因此，应谨慎评估隐瞒信息是否真的对患者有益，并基于理性考虑做出选择。

再次，要全面考量对家属的影响。告知或隐瞒病情都会对家属产生深远影响。医疗团队需提前评估并向家属介绍信息告知可能引发的心理反应，确保家属在充分了解选择对自身影响的前提下作出决策。

最后，需纳入多方专业意见。信息告知应在医生、护士、社会工作者和伦理咨询专家的协作下进行，特别是在家属意见分歧较大的情况下，专业团队可帮助分析现状、澄清误区、平衡患者与家属的需求，制定最佳方案。

（二）特别关注坚持隐瞒病情的家属

一些家属坚持对患者隐瞒病情，其背后可能隐藏着复杂的情感与心理动因，需要特别关注和支持。

首先，要针对强烈的预期哀伤反应进行干预。研究表明，这类家属在患者去世后往往会经历更强烈的哀伤与痛苦。医疗团队应为这些家属提供心理疏导，帮助他们正视自身情绪，逐步接受现实。

其次，要着重缓解选择对患者隐瞒的家属的分离焦虑和内疚情绪。长期向患者隐瞒病情的家属可能因患者的离世而感到强烈的分离焦虑和内疚感，尤其是在"未尽事宜"问题上感到后悔，在代理临终决策后自我怀疑。专业人士可通过哀伤辅导和心理干预，帮助家属处理这些负面情绪。

九、结语

临终照护中的信息告知是一个复杂的问题，涉及伦理、文化、法律以及医疗实践等多个方面。本文的实证分析结果和实践建议旨在为优化中国临终关怀中的信息告知流程提供参考，推动临终关怀事业在尊重事实与患者真实意愿的基础上稳步发展，让患者及家属都能得到充分的理解与关怀。未来需要进一步研究、探讨信息告知的最佳策略，以及如何更有效地回应患者的知情权和家属的情感需求。

作者：陈楚倩，讲师，主要从事职业丧痛、安宁疗护、生死教育研究。

地景—时景建构与养老服务完善研究*

——基于社会时空视角

严新明

进入 21 世纪，我国开始步入老龄化社会且程度日益加重，党和国家一直非常重视养老事业。2023 年 5 月，中共中央办公厅、国务院办公厅印发《关于推进基本养老服务体系建设的意见》，确定以公共产品形式提供基本养老服务。本文基于社会时空视角，在分析基本养老服务中的社会空间（地景）社会时间（时景）问题及原因的基础上，提出完善养老服务的建议。

一、家庭的社会时空要素及活动

（一）家庭的社会时空要素

传统社会中，家庭作为唯一的福利组织，责任义务是家庭价值观中最为重要的内容，包括生产劳动、育幼养老等活动。① 中国古人对"家"的阐释

---

* 本文为国家社会科学基金项目"基于水母型社会结构的'弱有所扶'制度建设研究"（18BSH045）的阶段性成果。
① 费孝通：《家庭结构变动中的老年赡养问题——再论中国家庭结构的变动》，《北京大学学报》1983 年第 3 期。

为:(1)家庭。例如,《孟子·梁惠王上》(寡人之于国也):"百亩之田,勿夺其时,数口之家可以无饥矣。"(2)住所。例如,《庄子·山木》:"夫子出于山,舍于故人之家。"① 可见,"家"包括"田""宅"等空间要素,田间劳作、家务活动等时间要素,以及家庭成员的人口要素。家庭成员在一定的空间按照农事规律,"勿夺其时"地付出劳动时间来保障一家人的生活。在家庭内部,一家人需要安排饮食起居、育幼养老等的生活时间,这些从生产到生活的活动都体现了空间和时间的社会属性。家庭是社会的基本细胞,现代家庭因生产功能外移成为商品的消费场所,而非生产场所②,家庭的空间和时间的社会属性也发生相应变化。

1. 经济社会转型中的家庭

现代社会中经济财富、生活机会和社会声望等资源在空间上的非均质分布促使人口离开出生地。不同世代对独立生活空间需求的增长加快了直系组家庭的分化,导致家庭结构的变化很大。③ 研究发现,有成员长期外出的家户比例超过四分之一,其中农村家户这一数字超过30%。成员长期外出直接提高了一人户、二人户这些极小家户的比例,特别是老年人夫妇家户、单人家户增加,无形中提高了他们的生活风险。④

2. 家庭的空间和时间区隔

家庭生活的组织方式与家庭成员的互动方式在空间居住方式中得以反映,家庭保障功能的时间维度也将在社会分工秩序既定的情况下逐渐显现。依托家庭可及的时空压缩技术,直系组家庭预算约束的差异将带来不同的家际空间距离与社会服务替代率,进而重塑家际功能。王宁指出,"时间荒"是生活压力的一种表现,是一种令人不适的日常体验,并构成社会问题。⑤ 这主要是从劳动时间角度研究"时间荒",而家庭生活(特别是养老方面)

---

① 徐莉莉主编:《文言文学习字典》,人民教育出版社2012年版,第155页。
② A. Giddens, P. W. Sutton, *Sociology*, Cambridge: Polity Press, 2021, p.1193.
③ 王跃生:《百年来中国家庭结构研究的回顾与展望》,《杭州师范大学学报(社会科学版)》2021年第5期。
④ 王跃生:《城乡家户、家庭规模及其结构比较分析》,《江苏社会科学》2020年第6期。
⑤ 王宁:《压力化生存——"时间荒"解析》,《山东社会科学》2013年第9期。

也存在"时间荒"问题。在现代社会,有酬劳动和家庭照料的时间密集性特征加剧了工作—家庭冲突,使得同居或近距离聚居的子代成员难以承担足够的养老服务职能。养老问题的核心在于谁来提供养老服务,但养老资源提供者和养老职能承担者两个角色具有一定的可分离性。① 贾玉娇等将家庭功能的物质载体——时空要素引入其中,基于时空—功能视角,提出代际时空区隔、错位概念,挖掘国家、市场与社会组织在家庭养老保障功能重构中的角色功能,提出分化家庭的新型聚合之道。②

3. 政府和社会在家庭养老中的作用

快速的城镇化导致家庭养老功能弱化、非正式保障资源减少,仅靠家庭保障难以解决养老问题。在代际时空区隔下,家庭养老保障功能主要体现在经济保障、服务保障和精神慰藉三个方面。其中,代际时空区隔不仅不会弱化经济保障,反而能够因子女外出务工而提高家庭收入,进而增强老年人所获得的代际经济支持。农村劳动力流动性增强、青壮年劳动力外出务工带来的代际时空区隔减少了子女对老年人提供的服务保障。③ 养老服务的代际外部性是导致现阶段养老服务供需矛盾的重要因素,并且伴随老龄化程度的加深和老年抚养比的攀升而不断凸显。④《老龄文明蓝皮书2022》中指出:"在现代社会,生育的外部性明显,孩子演变为准公共产品。"⑤ 同理,养老服务也应是准公共产品。

(二)家庭社会时空的活动体现

人的一生如果分为老、壮、幼三个时期,其中只有中间这一段时期能靠自己的劳动养活自己,幼年和老年这两个时期在不同程度上都要靠别人来养

---

① 穆光宗:《中国传统养老方式的变革和展望》,《中国人民大学学报》2000年第5期。
② 贾玉娇、范家绪:《从断裂到弥合:时空视角下家庭养老保障功能的变迁与重塑》,《社会科学战线》2019年第7期。
③ 任德新、楚永生:《伦理文化变迁与传统家庭养老模式的嬗变创新》,《江苏社会科学》2014年第5期。
④ 孙海婧:《养老服务代际外部性及其治理》,《广东社会科学》2020年第3期。
⑤ 老龄文明智库编著:《老龄文明蓝皮书2022》,江苏人民出版社2023年版,第53页。

活。抚育幼儿、赡养老人是一切社会都必须解决的问题。中国传统社会就是采取反馈模式来解决这个问题的。① 家庭是夫妻共同经营的家庭生活的社会时空，更是代际之间的互动时空。吉登斯认为，理解人类活动的时空分布对于接触、分析并理解一般社会生活具有重要价值。一切互动均处在某一情境之下，即它们发生于特定地点，并在时间上具有一定的连续性。个体行为也通常在空间和时间上进行分区。② 我们经常把工作看成有酬的，但事实上该观点过于简单化。无酬劳动（如家务劳动）在许多人的生活中都占有重要的地位③，无酬劳动中的育幼对每个人的幼年阶段是至关重要的，养老对每个人的老年阶段也是十分重要的。

家庭以及人们在家庭的社会角色，体现出社会时空属性。从人类进入个体婚制以来，家庭一直作为生育单位，是种族绵延的保障。在中国乡土社会中，家庭还承担赡养功能。家庭是基本的生产生活单位，人的生老病死都离不开家庭或家族，所以家庭的抚育就不仅仅是父母对子女的单向抚育，子女对父母也负有养老的责任，家庭中父辈与子辈之间是双向的抚育/赡养过程。正因如此，许多国家对家庭的这一功能进行了法律上的规定。④

在家庭这一社会空间里，成年成员需要通过劳动付出的社会时间为家庭带来食物以及其他物品，而家庭内部的社会时间则更多地体现为抚养幼小成员，以及为老年成员养老，体现出代际之间的共存和互助、绵延和传承。如果我们以水平的 x 轴代表人的生命历程从低龄到老龄的过程，垂直的 y 轴代表与劳动能力相应的经济收入与生活自理能力（x 轴与 y 轴的交点 O 表示平均能力，向上为高、向下为低），就会得到图 3-5-1，我们可以看到家庭成员中低龄者和老龄者都具有"脆弱性"的特点：

---

① 费孝通：《家庭结构变动中的老年赡养问题——再论中国家庭结构的变动》，《北京大学学报》1983 年第 3 期。

② A. Giddens, P. W. Sutton, *Sociology*, Cambridge: Polity Press, 2021, p.1003.

③ A. Giddens, P. W. Sutton, *Sociology*, Cambridge: Polity Press, 2021, p.1375.

④ 朱强、张寒：《家庭社会学》，华中科技大学出版社 2022 年版，第 86 页。

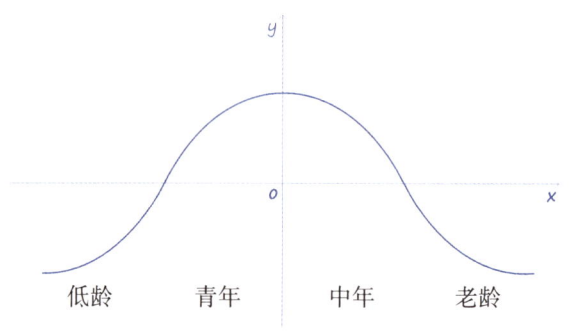

图 3-5-1　家庭成员构成图

1."幼弱"——人之初其本弱

每个人都要经过"幼弱"阶段,再随着年龄的增长成为成年人和劳动者,从事体力或脑力劳动,并获得收入。

2."老弱"——人之老其亦弱

国际标准通常将60岁或65岁定义为老年人的界限。进入老龄阶段的人会在多方面表现出弱的特点,首先是体力弱,人的体质在中年时期达到高峰后会逐渐衰退。其次是精力弱,表现在听力、视力、嗅觉等多方面。再次是记忆力弱,随着年龄的增长,记忆力下降是必然的,甚至智力都会下降。最后是反应慢,随着年龄的增长,体力精力的衰弱,必然带来老年人的反应慢和动作慢等问题。也就是说,随着年龄增长,老年人的工作能力、生活能力甚至自理能力会下降或丧失。

从上面的分析可以看出,由于具有"幼弱""老弱"特征的人(群)都可能出现生活、生存问题,而"幼弱""老弱"又是一般家庭都有的成员。传统社会中是由家庭承担起养老责任的,所以中国有多子多福的传统。大家庭人多,劳动力也就多,更容易承担起对孩子的抚养和老年人的赡养的责任。卡斯特说,"依据社会理论的观点,空间是共享时间之社会实践的物质支持。而所谓共享时间的社会实践,主要指空间把在同一时间里并存的实践聚拢起来。正是这种同时性的物质结合,使得空间相对于社会有其意义"[①]。

---

① [西班牙]曼纽尔·卡斯特:《网络社会的崛起》,夏铸九等译,社会科学文献出版社2001年版,第505页。

社会学首要研究对象的时间应是社会时间，社会时间是一种通过对诸社会行动者的行动加以协调，使社会行动者彼此的行动交织能依其意向在需要的时间点得以发生的行动参照机制。①

在传统的大家庭里，老年人曾在年轻时付出劳动、抚养孩童、赡养老年人，他们年老时又由下一代来赡养，但同时也会为子女抚养孩童。由此，在家庭这一社会空间中，中青年人、老年人的社会时间让家庭生产生活有序进行，一代又一代传承。从人的脆弱性及保障需求看，这些社会时间包括对不能自立的"幼弱"、不能自理的"老弱"、不能自愈的"病弱"、不能自足的"动态弱""常态弱"等提供经济上的供养、生活上的照料、精神上的慰藉。这些经济供养、生活照料、精神慰藉的提供经历了一个由家庭向社会的扩散过程。

二、工业化和城市化带来家庭的社会时空断裂

农耕社会的社会时间融合了家庭劳作与亲情要素。到了近现代社会，家庭意义上的劳作随着社会分工的分化而逐步瓦解，传统的劳动方式也被社会化大生产改变。工业时代的时间转化为客观的钟表运动，并成为强迫人们劳动的规范。人们从事的抽象劳动成为获取商品的一般等价物，社会时间与金钱等价。到了信息社会，时间作为极其重要的资源，人们对其的重视程度也将达到巅峰。②

进入工业化时代，城市的发展为家庭成员外出谋生提供了平台和载体，子女离开父母到新的地方定居以寻找新的生存发展机会，这尤其受到就业机会的影响。预期寿命延长导致"空巢"家庭增多，也将父母与子女分开生活的期限延长。"空巢"家庭成为工业化时代的一个基本特征。由此，家庭赡养老年人的功能弱化成为工业化引起的家庭结构变化的重要后果之一。③

---

① 景天魁、张志敏等：《时空社会学：拓展和创新》，北京师范大学出版社2017年版，第208—209页。
② 汪天文：《社会时间研究》，中国社会科学出版社2004年版，第12—13页。
③ 刘燕生：《社会保障的起源、发展和道路选择》，法律出版社2001年版，第48页。

工业化和城市化是老年人照顾方式、保障形式变化的最重要原因，对老年人的经济保障、家庭照顾以及老年人在家庭中的地位产生突出影响，具体表现如下①：其一，工业化导致包括子女及其父母的每个人都要依靠工资收入为生，甚至有人不能掌控自己的经济生活。其二，在城市化过程中，城市规模扩大，就业、居住、交通等客观环境变化带来的阻碍增加了子女照料父母的难度。同时，也产生了休闲时间等新的限制因素。其三，老、弱、残家庭成员的照料难以在家庭中实现，进入现代社会，有相当比例的妇女因就业而使得承担照料责任的家庭角色缺失。其四，老年人的地位及其价值被社会性机构所代替，如老年人在传统社会中照料幼儿的职能正逐步让位于幼儿园、学校等机构。其五，老年人与子女共同生活的比重因国家而异。随着经济社会的发展，必须有家庭之外的保障机制来应对和解决人在老年阶段的各种基本生活需求方面的问题。

工业化和城市化对我国家庭的影响，也可以从家庭规模等方面进行考察。中华人民共和国成立以来，户均人口在1953年为4.3人，1965年之后一直维持在4.5人以上，1973年达到顶峰4.8人，之后开始出现小幅下降，到1978年时为4.7人。在农村地区，户均人口在1958年为4.6人，之后保持相对稳定，到1978年为4.5人。由于农村地区存在多户共住现象，所以平均每个家庭的常住人口数在1978年为5.7人。②总之，在计划经济时期，无论是在城市还是在农村，中国的家庭规模都比较大，具备家庭保障的基础。同时，这种代与代之间的双向关系既有文化和伦理基础，1950年《婚姻法》的出台也使其有了法律保障，赡养父母和抚养子女正式成为法定义务。

1982年全国人口普查数据显示，一个世代户和两个世代户占总户数比例从51%上升到82%，而三个世代户和三个以上世代户由50%下降到18.79%。我国户均人口在20世纪50年代前约为5.3人③，1990年缩减到3.96

---

① 刘燕生：《社会保障的起源、发展和道路选择》，法律出版社2001年版，第49—51页。
② 郑功成等：《从饥寒交迫走向美好生活：中国民生70年（1949—2019）》，湖南教育出版社2019年版，第408页。
③ 郑功成：《中国儿童福利事业发展初论》，《中国民政》2019年第11期。

人，2010 年为 3.10 人，2020 年仅为 2.62 人。①随着经济社会发展，中国城乡家庭规模及结构变化具有"时空压缩"的特点。

社会行动总暗含其自身的时间需求，家庭养老服务政策这种驱使人们运用时间以构筑行动的发生与交织的需求，被称为"时间需求"。②伴随着出生率的下降以及经济体制改革带来的人口流动，家庭规模明显缩小，家庭保障功能弱化。③社会空间的隔离造成社会时间问题，家庭难以照顾老年人，通过社会空间建构即地景建构，来实现社会时间即家庭养老服务的时景赋予，成为当前公共养老服务中亟须开展的工作。传统和当前中国家庭的地景/时景变化情况，如表 3-5-1 所示。

表 3-5-1 传统和当前中国家庭的地景/时景情况

	传统中国家庭	当前中国家庭
地景	田地、房屋	房屋
时景	生产：家庭组织劳动 生活：包括育幼、养老	生产：劳动者进入就业市场 生活：育幼尚可、养老变难

三、在地景—时景建构中完善养老服务事业

1982 年，维也纳世界老龄问题大会促使公众和决策者重视这一现象，即世界各国人口日益老龄化。老年人和青年人相互独立，家庭成为联结两代人的基本纽带。在急剧变化的世界中，人们一生中流动性极大，只有在家庭中才能从许多方面得到长辈的支持，并赡养长辈、抚育晚辈。所以，人们早

---

① 国务院第七次全国人口普查领导小组办公室：《2020 年第七次全国人口普查主要数据》，中国统计出版社 2021 年版，第 8 页。

② 景天魁、张志敏等：《时空社会学：拓展和创新》，北京师范大学出版社 2017 年版，第 192 页。

③ 郑功成等：《从饥寒交迫走向美好生活——中国民生 70 年（1949—2019）》，湖南教育出版社 2019 年版，第 422—423 页。

就认识到了家庭养老的重要性。①

经济社会发展、人员流动加大、代际居住分散,这些都造成代与代之间获得直接的养老服务变得困难。因地域区隔,家庭成员难以面对面沟通和共同生活;因时间缺乏,家庭成员也难以进行代际养老等活动。依据社会时空理论,可将家庭看作地景和时景,著名时间社会学家娅当积极参与这个时间生态学活动,创造了"时景"(timescape,时间景象)这一概念,阐述时间生态学今天不能只关注空间性的地景(landscape),还要将抽象不可见但相当重要的时景纳入研究对象。②娅当在论文中指出:地景是指某一特定活动发生的一般场景或情形③;当时间就是金钱时,有偿就业成为时景。说到时景,就是承认社会情境的空间和时间特征以及更广泛背景的重要性,在多维时景中,社会生活被解构、组织、完成。④家庭养老不能简单地以金钱来衡量,但还是构成了社会生活中重要的时景之一。

家庭通过常规化的社会实践活动得以组织起来,是社会系统的一种形式。景天魁说:"社会时间是社会现象的内在因素,它对于形成社会行动、社会生活和社会过程具有作为构成要素的意义。"⑤在《社会的构成——结构化理论纲要》的末尾,吉登斯指出:"尽管话说起来有些别扭,但人类确实既创造他自己的历史,也'创造他们自己的地理'。由此,从社会理论层面来看,社会生活的空间构型与时间性维度同等重要。从时空的角度来分析问题,要比分别考虑时间和空间适当得多。"⑥

---

① [澳]哈尔·肯迪格等:《世界家庭养老探析》,刘梦等译,中国劳动出版社1996年版,第1页。
② 景天魁、张志敏等:《时空社会学:拓展和创新》,北京师范大学出版社2017年版,第197页。
③ Barbara Adam, "Industrial Food for Thought: Timescapes of Risk," in *Environmental Values*, 1999: 8, pp.219-238.
④ Barbara. Adam, "When Time Is Money: Contested Rationalities of Time in the Theory and Practice of Work," in *Theoria: A Journal of Social and Political Theory*, 2003, pp.94-125.
⑤ 景天魁、张志敏等:《时空社会学:拓展和创新》,北京师范大学出版社2017年版,第2页。
⑥ [英]安东尼·吉登斯:《社会的构成——结构化理论纲要》,李康、李猛译,中国人民大学出版社2016年版,第341页。

综合社会空间及地景、社会时间及时景的相关理论，对现代家庭背景下的养老问题进行质性分析，如图3-5-2所示，老年人与地景、时景表面上呈现出"三位一体"的关系，但真实的情形是老年人在地景、时景中生活，其养老状态与地景的建构、时景的供给有十分密切的关系。老年人的养老状态依据居住形式分为居家、社区和机构养老三种，此种划分方式主要关注的是地景。在家庭内部不管子女是否能提供养老服务，都需要探讨提供养老服务的政府机制、市场机制、社会机制，这里主要关注的是"时景"。

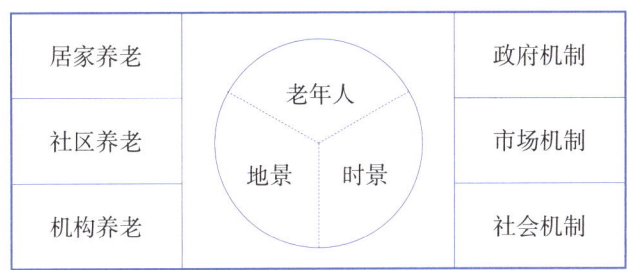

图3-5-2 现代家庭背景下的养老质性分析

（一）居家养老服务中的地景—时景分析

《联合国老年人原则》明确"老年人应尽可能长期在家居住"，这也契合绝大部分老年人的意愿。[1] 在《老龄问题维也纳国际行动计划》基础上，1991年联合国通过了一个更为综合的包含18个原则的老年人文件，即《联合国老年人原则》，这一文件强调了5个核心领域：独立、参与、照顾、自我充实和尊严。例如，在和"独立"有关的6个原则中很少涉及自主的肢体功能，而更多的是选择、自我决定和获得资源（如收入维持、可调适的环境、选择自己居住在自己的家中）。[2] 从传承家庭养老的中国文化传统和回应当前家庭养老功能弱化的现实困境两方面的需要考虑，发展社会化养老服务等外部支持思路必不可少，但提高老年人在家庭里的自我发展能力的内部

---

[1] 老龄文明智库编著：《老龄文明蓝皮书2022》，江苏人民出版社2023年版，第184页。
[2] ［英］马克·普里斯特利：《残障：一个生命历程的进路》，王霞绯、李敬译，人民出版社2015年版，第152页。

增能路径同样重要。①

在居家养老的内部增能方面，居家适老化改造非常重要，政府应以准公共产品形式提供硬件方面的适老化改造，并提供相应的上门助老服务。上海从2012年开始，连续8年每年为1000户低保困难老年人家庭进行居家环境适老化改造。2019年底，新型居家环境适老化改造试点启动，该项目面向全体老年人，预计于2022年完成5000户改造任务，最终改造6804户，超额完成任务。对符合一定条件的老年人，在全市统一补贴的基础上，部分区、街镇也给予一定补贴。②2023年江苏省民政工作会议指出：全省共实施困难老年人家庭适老化改造3.6万户；通过"原居享老"支持行动，为3万户老年人提供居家适老化改造；开展失能老年人家庭成员照护培训5000人次，设置家庭养老照护床位1000张，继续用心打造"苏适养老"服务品牌。③此时的地景体现为老年人自家的房子以及子女不在身边时，室内设施最大程度地方便老年人自己做饭、洗浴等。老年人可以自理，或行动有所弱化时，借助适老化设施基本能够达到自理的效果，是对养老活动时景的充分构建。

居家养老是老年人及其子女最易接受的形式。我国社会养老服务体系由三大部分构成：一是居家养老服务，大约覆盖90%的老年人；二是社区养老服务，覆盖6%—7%的老年人；三是机构养老服务，覆盖3%—4%的老年人。④2003年，南京市鼓楼区推出政府购买"居家养老服务网"工程，为独居老年人提供居家养老服务。之后，每年政府都加大购买力度，基本解决独居老年人养老难题。⑤以《南京市社区居家养老服务中心评定标准（2017版）》为例，社区居家养老服务包括助餐、助浴、助洁、助急、助医、护理、

---

① 李艳华：《家庭养老的内部增能：基于社会工作的分析视角》，《社科纵横》2018年第9期。
② 顾杰：《"高频"养老场景服务就在家门口》，《解放日报》2023年4月16日。
③ 徐苏宁：《今年完成3万户老人居家适老化改造》，《现代快报》2023年3月18日。
④ 林闽钢：《走向社会服务国家：全球视野与中国改革》，中国社会科学出版社2020年版，第107页。
⑤ 范炜烽：《政府购买公民社会组织居家养老服务研究——以南京市鼓楼区为例》，《科学决策》2010年第4期。

探望、助行、助购、助乐、助聊、助学、开设家庭养老床位、精神慰藉等14项服务项目。老年人在家可以接受政府购买的以上服务项目，提供者可以是民办非企业单位或工商注册的公司，名称包含"养老服务"字样，民办非企业单位注册的名称一般以"中心"或"站"或"点"结尾；工商注册的公司名称一般以"公司"结尾。① 居家养老的老年人，在区分经济情况的基础上，通过政府购买服务等方式提供家庭养老服务或补贴。② 整体上涉及政府机制、市场机制和社会机制三种机制运转下的养老服务供给。

与此同时，居家养老还有一些重点工作，如"十四五"期间重点聚焦老年人面临家庭和个人难以应对的失能、残疾、无人照顾等困难时的基本养老服务需求；依托全国一体化政务服务平台，推进跨部门数据共享，建立困难老年人精准识别和动态管理机制，细化与常住人口、服务半径挂钩的制度安排等。③

（二）社区养老服务中的地景—时景分析

社区养老服务中心（公司）是有一定的空间，建设目的是为辖区的老年人提供上门养老服务，或者为自理能力弱化的老年人的子女在照顾中提供"喘息"服务的机构。地景在具体空间甚至扩大的空间体现出来，时景即养老服务在老年人的家里或服务中心完成。

上海市近年来开始打造社区综合为老服务中心，整合社区托养、文体娱乐、智慧养老等资源，将服务聚集在老年人身边，让他们在社区内获得相关服务。计划于"十四五"末建成500家上海综合为老服务中心。④ 江苏省民政厅表示：实施"社区安老"提升行动，改造提升100个标准化街道综合性

---

① 南京市民政局：《2017版居家养老服务中心标准》（宁民福〔2017〕93号），2018年1月8日。
② 黄健元、常亚轻：《家庭养老功能弱化了吗？——基于经济与服务的双重考察》，《社会保障评论》2020年第2期。
③ 《关于推进基本养老服务体系建设的意见》，《人民日报》2023年5月22日。
④ 顾杰：《"高频"养老场景服务就在家门口》，《解放日报》2023年4月16日。

养老服务中心、1000个示范性乡村互助养老睦邻点、500个社区助餐点。①《南京市社区居家养老服务中心评定标准（2017版）》规定：服务中心的基本职能包括（1）掌握服务范围内的老年人基本信息；（2）向服务范围内的老年人宣传上级的养老政策；（3）收集服务范围内的老年人服务需求。被评定为市AAA级以上等级的社区居家养老服务中心，纳入当年绩效考核范围，符合本通知相关要求的，按照相关规定给予综合补助。显然，老年人依托政府购买服务机制享受社区养老服务；养老服务公司则以市场机制提供服务，获得经济收益；社会组织和志愿者等社会机制提供服务，获得经济及精神回报。

社区养老服务中的问题表现在，当城市社区养老服务逐步走向完善的时候，广大农村地区的社区养老服务短板问题却日益突出。如中共中央办公厅、国务院办公厅印发的《关于推进基本养老服务体系建设的意见》指出：依托街道（乡镇）区域养老服务中心或为老服务综合体、社区养老服务设施以及村民委员会、社区居委会等基层力量提供家庭养老指导服务，帮助老年人家庭成员提高照护能力。农村的养老服务中心建设和服务提供存在难度，农村人口居住分散、子女可能不在身边都会进一步增加服务供给难度。

（三）机构养老服务中的地景—时景分析

机构养老服务的生活规则做法呈现如下特点：人性化不足、结构化的生活、人员封闭、高度化的员工决定和主导；公共与私人生活之间不平衡；与社区明显隔离。②机构养老服务的表现形式是政府、市场或社会设立的养老机构，政府所建设的一般称为社会福利院，承担兜底责任，为社会上的"三无"老年人提供居住及养老服务；市场力量所建的往往是高端的以养老地产为基础的养老机构，为那些自身有一定经济条件，或者子女经济条件较好但没有时间照顾的老年人提供养老服务；社会力量所建的养老机构，一般由社

---

① 徐苏宁：《今年完成3万户老人居家适老化改造》，《现代快报》2023年3月18日。
② ［英］科林·巴恩斯、杰弗·默瑟：《探索残障：一个社会学引论》，葛忠明、李敬译，人民出版社2019年版，第153页。

会组织出于公益目的而建设运营的,如曜阳国际老年公寓秉承"心系民生,回报社会"的公益理念,致力于中国老龄事业的发展。

机构养老服务中的地景即专门建设的养老机构,时景即专门提供的养老服务。当前,我国机构养老服务覆盖3%—4%的老年人。在机构养老服务中,政府机制负责兜底,体现政府的责任以及文明的进步;市场机制为那些经济条件较好的老年人提供符合其要求的养老服务;社会机制则主要体现公益精神,如社会组织、志愿者以及公众,可以通过组织形式或"时间银行"①等形式参与到包括机构、居家和社区养老服务之中。

机构养老的问题在于,曾经我们以为在老龄化社会,老年人对养老机构中的床位需求是很强烈的,但在江苏南部的调研结果表明,入住养老机构的老年人很少,张家港市只有不足1%的老年人住在养老机构,养老机构中的床位空置率超过50%。因此,机构养老如何定位?养老机构如何更好地提供养老服务?这是当前必须考虑的问题。

四、结论与建议

1982年,维也纳世界年龄问题大会通过《老龄问题维也纳国际行动计划》,强调"尊敬和照顾年长者是全世界任何地方人类文化中的少数不变的价值因素之一,它反映了自我求存的动力同社会求存的动力之间的一种基本相互作用,决定了人种的生存和进步"②。《世界家庭养老探析》针对完全由家庭负责养老,或者子女不再承担养老责任的"传说"进行的研究表明:发达国家和发展中国家的现实实际上是处在两者之间:各国的家庭在特定生活环境下都尽可能地提供感情支持和物质支持。③人们通常认为,虽然以家庭

---

① 陈际华:《"时间银行"互助养老模式发展难点及应对策略》,《江苏社会科学》2020年第1期。
② [英]马克·普里斯特利:《残障:一个生命历程的进路》,王霞绯、李敬译,人民出版社2015年版,第152页。
③ [澳]哈尔·肯迪格等:《世界家庭养老探析》,刘梦等译,中国劳动出版社1996年版,第110页。

为基础的赡养制度成为经济发展早期老年人福利的主要来源，但随着经济的发展，照顾老年人的责任正在逐渐转移，由公共赡养制度来承担。①

当前及今后相当长的一段时期，老龄化问题是我国政府和社会都需要面对和解决的重要的、基础的问题。进入21世纪，也就是我国步入老龄化社会以来，党和国家对养老事业和产业做出总体规划，逐步形成了公共赡养制度，既明确了政府机制，也充分肯定了市场机制和社会机制的重要性。2023年5月21日，中共中央办公厅、国务院办公厅印发《关于推进基本养老服务体系建设的意见》，指出基本养老服务是指由国家直接提供或者通过一定方式支持相关主体向老年人提供的，旨在实现老有所养、老有所依所必需的基础性、普惠性、兜底性服务，包括物质帮助、照护服务、关爱服务等内容。②民政部养老服务司有关负责人就《关于推进基本养老服务体系建设的意见》答记者问时指出：将养老服务划分为基本和非基本养老服务，用清单化、标准化的方式将基本养老服务作为公共产品向全体老年人提供，是根据我国国情作出的一项创新性政策举措。③基于此，为老年人构建地景、提供时景是最为基础的工作，建议如下：

（一）完善和提升居家养老服务

2023年9月1日起施行的《中华人民共和国无障碍环境建设法》的立法目的是"加强无障碍环境建设，保障残疾人、老年人平等、充分、便捷地参与和融入社会生活"。结合该法的施行，为包括老年人在内的有特殊需求的群体建立无障碍环境，提升适老化程度，让老年人在自家环境中的生活（包括接受部分养老服务的老年生活）得以顺畅进行，具体措施包括硬件设施的改造、有关养老的高科技产品配备、软件和服务方面的提供，让"互联网+"链接每一位老年人，便于与其联系和沟通。居家养老是老年人和家人

---

① ［澳］哈尔·肯迪格等：《世界家庭养老探析》，刘梦等译，中国劳动出版社1996年版，第69页。
② 《关于推进基本养老服务体系建设的意见》，《人民日报》2023年5月22日。
③ 《民政部养老服务司有关负责同志就〈关于推进基本养老服务体系建设的意见〉答记者问》，《中国社会报》2023年5月22日。

最易接受的方式，而且尊重传统、照顾现实，让家庭价值最大化。

（二）完善和加强社区养老服务

社区养老服务中心及其提供的服务为辖区的老年人及其家庭解决了很多问题。当前，社区养老服务还应加强和提升，表现为场所的建设、队伍的充实、服务的提升；能接纳少量老年人白天或短期入住、接受照护；基于"互联网+"的产品能为辖区的老年人提供诸多上门养老服务。关于农村的社区养老服务，《国务院办公厅关于推进养老服务发展的意见》指出：大力发展政府扶得起、村里办得起、农民用得上、服务可持续的农村幸福院等互助养老设施，努力建设和提供符合当前经济社会条件、适应农村环境的养老服务。

（三）完善和拓展机构养老服务

机构养老虽然不尽如人意，但不可或缺。在老龄化日益严重的形势下，养老机构完全可以利用自身的专业知识和能力，积极拓展服务范围，为更多的老年人提供养老服务。当前，相关政策已明确支持养老机构提供基本养老服务，包括自有床位的有效利用、借助"互联网+"向处于养老机构之外的老年人提供养老服务。

通过地景建构和时景赋予的理论研究，可以看到老年人在地景中的时景，即居家养老、社区养老、机构养老三种情形，都需要来自政府、市场和社会机制提供的养老服务。唯有如此，老年人才可以根据自身及家庭的经济条件、自理状态、自我（或子女）意愿来确定养老方式，实现"老有所养、老有所依"的愿景。

作者：严新明，南京大学政府管理学院劳动人事与社会保障系主任、教授、博士生导师，老龄文明智库研究员。

主要参考文献

1. ［英］安东尼·吉登斯.社会的构成——结构化理论纲要.李康,李猛译.中国人民大学出版社,2016
2. 陈际华."时间银行"互助养老模式发展难点及应对策略.《江苏社会科学》2020年第1期
3. ［澳］哈尔·肯迪格等.世界家庭养老探析.刘梦等译.中国劳动出版社,1996
4. 黄健元,常亚轻.家庭养老功能弱化了吗？——基于经济与服务的双重考察.《社会保障评论》2020年第2期
5. 贾玉娇,范家绪.从断裂到弥合:时空视角下家庭养老保障功能的变迁与重塑.《社会科学战线》2019年第7期
6. ［英］科林·巴恩斯,杰弗·默瑟.探索残障:一个社会学引论.葛忠明,李敬译.人民出版社,2019
7. 老龄文明智库编著:《老龄文明蓝皮书2022》,江苏人民出版社,2023
8. 林闽钢.走向社会服务国家:全球视野与中国改革.中国社会科学出版社,2020
9. 李艳华.家庭养老的内部增能:基于社会工作的分析视角.《社科纵横》2018年第9期
10. 刘燕生.社会保障的起源、发展和道路选择.法律出版社,2001
11. ［英］马克·普里斯特利.残障:一个生命历程的进路.王霞绯,李敬译.人民出版社,2015
12. 曼纽尔·卡斯特.网络社会的崛起.夏铸九等译.社会科学文献出版社,2001
13. 孙海婧.养老服务代际外部性及其治理.《广东社会科学》2020年第3期
14. 汪天文.社会时间研究.中国社会科学出版社,2004
15. 王跃生.城乡家户、家庭规模及其结构比较分析.《江苏社会科学》2020年第6期

16. 王跃生. 百年来中国家庭结构研究的回顾与展望.《杭州师范大学学报（社会科学版）》2021年第5期

17. 郑功成等. 从饥寒交迫走向美好生活：中国民生70年（1949—2019）. 湖南教育出版社，2019

18. 郑功成. 中国儿童福利事业发展初论.《中国民政》2019年第11期

19. 朱强、张寒. 家庭社会学. 第二版. 华中科技大学出版社，2022

20. Barbara Adam. Industrial Food for Thought: Timescapes of Risk. *Environmental Values*, 1999：8(2)

21. Barbara Adam. When Time Is Money: Contested Rationalities of Time in the Theory and Practice of Work. *Theoria: A Journal of Social and Political Theory*, 2003：102

22. Giddens, P. W. Sutton. *Sociology*. Cambridge: Polity Press, 2021

推动智慧养老高质量发展，何以可为？
——以江苏为例

高传胜

智慧养老（smart elderly caring）是一种新兴的养老服务形态，其主要特征是以智能产品和信息系统平台为载体，深度融合应用互联网、物联网、大数据、云计算、人工智能等现代信息技术，目的是整合和优化养老服务资源配置，高效提供养老服务，充分满足老人的服务需求，让老人生活得更有保障、更加方便、更有尊严。[①] 智慧养老服务，一方面属于民生服务，其中包含的基本与非基本公共服务等内容需要政府给予不同程度与方式的政策支持；另一方面它还处于发展初期，属于幼稚产业（infant industry），按照产业经济学基本原理，需要政府给予积极支持、规范引导，以促进其健康成长，增加服务有效供给。

中国已经迈入国际公认的"老龄社会"（aged society），迫切需要推进老龄社会治理现代化。在人口老龄化持续深化、劳动年龄人口已连续减少十多年的严峻人口变化形势下，进一步强化并优化政策支持，加快推进智慧养老

---

① 参见工业和信息化部、民政部与国家卫生健康委共同印发的《智慧健康养老产业发展行动计划（2021—2025年）》；江苏省地方标准《智慧养老建设规范》（DB 32/T 3530—2019）；左美云《智慧养老：内涵与模式》，清华大学出版社2018年版，第4页。

实现以需求为导向的高质量发展，不仅有助于顺利实施积极应对人口老龄化的国家战略，更好地满足规模庞大并不断增长的老龄人口多层次、多样化需求，而且可以整合养老服务资源、优化人力资源配置、缓解劳动力供给紧张压力，并通过产业关联效应、旁侧效应以及示范效应、鲶鱼效应等影响路径，培育经济增长新引擎，推动经济高质量发展与社会治理现代化，进而助推以国内大循环为主体、国内外双循环互促的新发展格局构建，有效应对错综复杂且越发不确定的国内外发展环境。

为此，需要针对智慧养老在发展中面临的突出问题以及现行政策支持体系中存在的不足与缺陷，积极借鉴与学习国内外先行地区的有益做法，并结合学理分析，探讨有针对性的政策优化方向与着力点。从全国范围来看，江苏人口老龄化来得早、程度高，因而，推动智慧养老高质量发展的政策实践探索走在全国前列。但是，无论是与上海、浙江等地的发展程度相比，还是与百姓的美好生活需要和期待相比，智慧养老发展都还存在进一步的可为空间，其中包括政策支持方面。因此，结合江苏情况，进一步探讨如何加强并优化政策支持，推动智慧养老高质量发展，不仅对江苏具有重要的现实意义与政策指导作用，而且对国内其他地区亦有较强的启发意义与探索价值；在国家亟须创新驱动（innovation-driven）①的新发展阶段，如何通过推动包括养老服务在内的民生服务高质量发展，营造安居乐业的社会环境，有效激发社会创新活力与潜力②，还具有理论与实践相结合的学术探讨意义与战略研究价值。

一、新形势下推动智慧养老高质量发展的重要意义

（一）有助于更好地满足老年群体多层次、多样化服务需求

在人口老龄化持续深化、老龄人口规模越来越大的客观趋势下，进一步

---

① 参见［美］迈克尔·波特《国家竞争优势》，李明轩、邱美如译，华夏出版社2002年版，第534页。
② 参见［法］菲利普·阿吉翁、赛利娜·安托南、西蒙·比内尔《创造性破坏的力量：经济剧变与国民财富》，余江、赵建航译，中信出版社2021年版，第218—233页。

推动智慧养老高质量发展,有助于顺利实施积极应对人口老龄化国家战略,推进老龄社会治理现代化,更好地满足老年群体的多层次、多样化需求,毕竟,"高质量发展就是能够很好满足人民日益增长的美好生活需要的发展"①。相较于全国,江苏不仅人口老龄化来得更早、程度更高,而且老龄人口数量增长快、规模大,尤其是最近几年。如图3-6-1所示,按照常住人口计,1991年江苏65岁及以上人口占总人口的比例达到7%,进而进入国际口径的"老龄化社会"(aging society),比全国早了10年;2018年江苏老龄人口占比进一步上升至14%,进入"老龄社会"(aged society),比全国早了约3年。而且如图3-6-1所示,江苏老龄人口规模一直在持续增长,2021年、2022年、2023年分别达到1449.60万人、1522.00万人、1573.00万人,人口老龄化程度比全国平均水平均高出约3个百分点,在省级地区中亦位居前列。

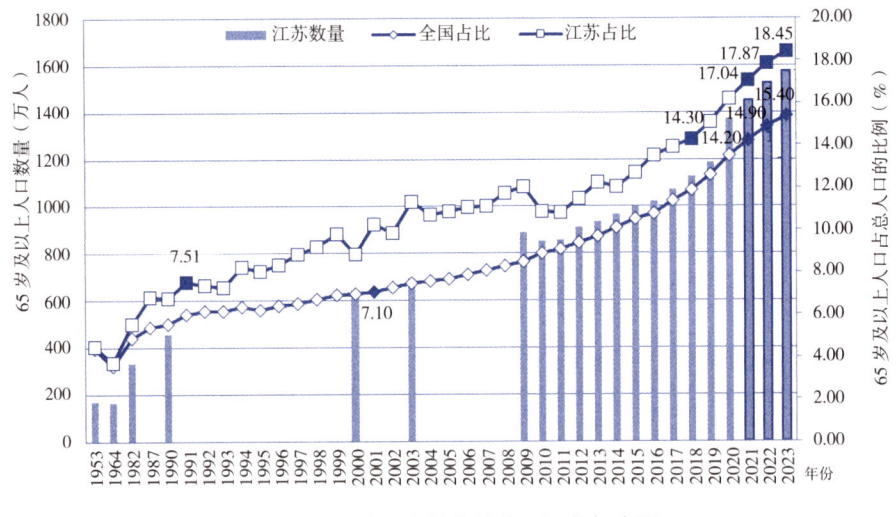

图3-6-1 人口老龄化趋势:江苏与全国

数据来源:相应年度《中国人口统计年鉴》、《中国人口和就业统计年鉴》和2023年全国与江苏省《国民经济和社会发展统计公报》。

---

① 参见《牢牢把握高质量发展这个根本要求》,《人民日报》2017年12月21日。

如果按照户籍人口计，江苏人口老龄化程度则更高。截至2023年底，江苏全省户籍人口7850.33万人。其中，60岁及以上老年人口2042.99万人，占户籍人口的26.02%；65岁及以上老年人口1540.55万人，占户籍人口的19.62%，比江苏常住人口老龄化程度高出1个多百分点，比全国平均水平高出4个多百分点。①

正因为如此，江苏较早开启了积极应对人口老龄化、建设养老服务体系的实践探索，并持续不断地加强政策供给，养老服务体系日益健全。尽管如此，与江苏经济社会发展水平和人民群众对美好生活的期待相比，养老服务体系仍存在一些短板与不足：养老服务供需匹配性有待进一步提高，老年人急需的各类便捷、优质养老服务供给尚不够充分；区域之间、城乡之间养老服务发展水平存在不小差距，农村养老服务能力尤为薄弱；服务质量还有待进一步提升，养老服务专业化、精细化水平尚有不小提升空间；管理体系有待进一步健全；在推动智慧养老等养老服务新产业、新业态、新模式发展等方面尚待进一步发力。

加快推动智慧养老高质量发展，不仅有助于整合分散的养老资源，优化资源配置，提高养老服务供需匹配度，更加便捷高效地提供普惠性养老服务，而且可以提升养老服务质量、水平以及专业化、精细化程度，这都有助于更好地满足老人需求。

（二）有助于优化人力资源配置，缓解劳动力供给紧张压力

在劳动年龄人口占比不断下降的客观形势下，推动智慧养老高质量发展，不仅有助于优化人力资源配置，缓解劳动力有效供给面临的压力，还可以为经济社会高质量发展留下更多宝贵的人力资源，这也是日本加快开发养老机器人等智能养老产品的重要原因之一。

---

① 参见《2023年江苏省人口老龄化情况》，江苏省民政厅官网，2024年11月15日，http://mzt.jiangsu.gov.cn/art/2024/11/15/art_78624_11420268.html。

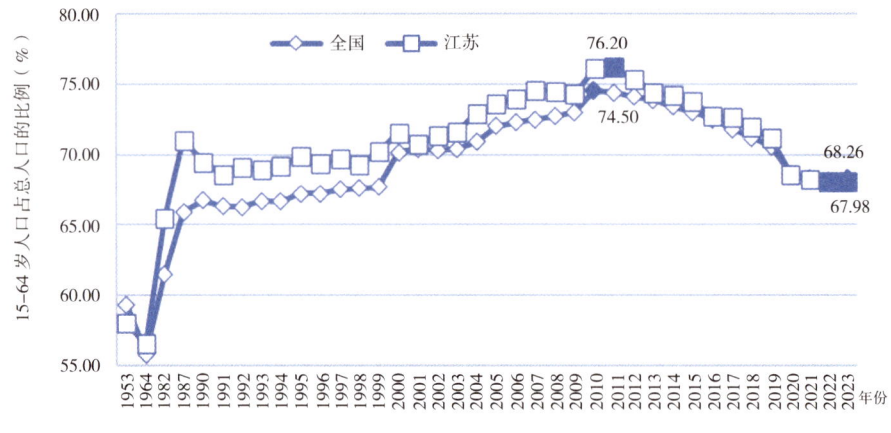

图 3-6-2　劳动年龄人口占比及变化趋势：江苏与全国

数据来源：相应年度《中国人口统计年鉴》、《中国人口和就业统计年鉴》和 2023 年全国与江苏省《国民经济和社会发展统计公报》。

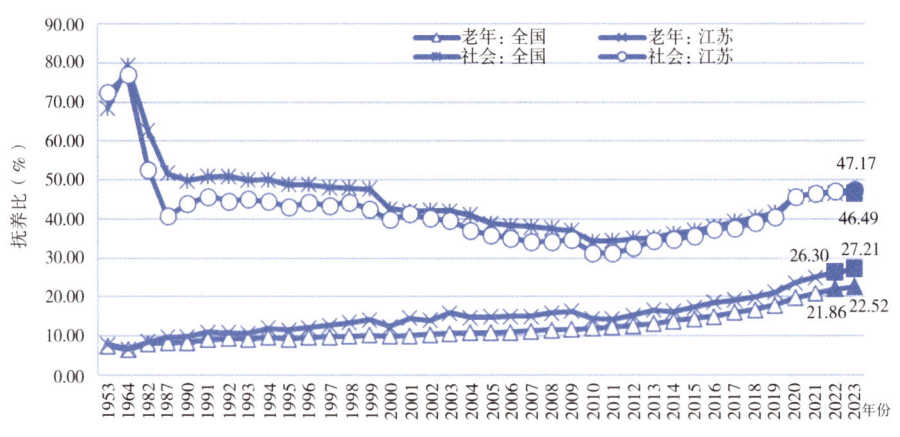

图 3-6-3　老年和社会抚养比变化趋势：江苏与全国

数据来源：相应年度《中国人口统计年鉴》、《中国人口和就业统计年鉴》和 2023 年全国与江苏省《国民经济和社会发展统计公报》。

如图 3-6-2 所示，跟全国情况类似，江苏省 15—64 岁劳动年龄人口占总人口的比例已持续下降十多年，2023 年已经降至 67.98%，比波峰的 2011 年低了 8 个多百分点，由此必然导致老年抚养比不断上升，养老服务供给面临的人员供需矛盾越发凸显，养老服务有效供给面临人力资源供给的严峻挑战。如图3-6-3所示，无论是江苏还是全国的老年抚养比均呈现出稳步上升态势，而且江苏一直比全国平均水平要高，2022年、2023年分别高出了4.44、4.69个百分点，而包括少儿和老人在内的社会抚养比在2010年之后亦开始转而上升，并一直延续至今。2023年全国和江苏的社会抚养比分别上升至46.49%和47.17%，江苏由于少儿抚养比比全国平均水平低了4.01个百分点，因而，江苏社会抚养比只比全国平均水平略高了0.68个百分点。不断上升的老年抚养比和社会抚养比，势必会对照护人员产生更多、更高的需求，然而由劳动年龄人口决定的人力资源供给总量却是越来越少，特别是由于受到养老服务人员经济福利水平较低、社会认可度不高以及劳动内容与性质特殊等众多因素的复杂影响，养老服务人员尤其是专业护理人员的供需矛盾越发凸显。

推动智慧养老高质量发展，不仅可以整合和优化人力资源等养老资源配置，增加养老服务有效供给，而且可以缓解养老服务人员供需之间的矛盾。毕竟，充分利用现代化网络通信基础设施、设备与平台以及先进的信息通信技术、数字技术的智慧养老服务，有的可以不同程度地替代人力资源，进而节省人力资源；有的可以辅助人力资源，进而提升人力资源利用效率；还有的可以整合和优化人力资源配置，更加高效地发挥人力资源作用。①

（三）有助于充分发挥多种产业效应，培育经济增长新引擎

在国家越来越需要依靠创新驱动发展的新发展阶段，推动智慧养老高质量发展，还可以充分发挥前后向产业关联效应、旁侧效应以及示范效应和鲶鱼效应，带动相关产业发展，培育经济增长新引擎，提升江苏产业竞争优势，助力经济高质量发展，助推新发展格局构建。其中，既包括通过需求拉动上游的技术知识密集型产业（如智能设备和产品研发、设计与制造等行业）发展，也包括通过更加高效、便捷地满足老年群体需求而产生的其他效应，比如，让身体健康且有活力的老人能够有更多的时间和精力积极投身于

---

① 参见高传胜《智能养老：智能时代孕育的养老产业新业态——兼论智能养老与中国人口结构双重不利变化趋向带来的挑战》，《人民论坛·学术前沿》2019年第18期。

社会建设与治理，贡献自己的智慧和力量；再如，因节省人力资源而让其他产业有更加充裕的劳动力，进而支撑先进制造业等其他产业发展并提高其国际竞争力；此外，还包括对其他行业产生的示范效应与鲶鱼效应，如带动托育、医疗等其他民生服务领域的智慧化、数字化转型，促进养老托育相结合、医养康护有机有效结合，等等。

二、新发展阶段推动智慧养老高质量发展的可为空间探讨

正因为新形势新发展阶段推动智慧养老高质量发展具有多方面的现实意义与战略价值，因而，中央和地方政府相关部门在支持智慧养老发展方面陆续出台了一系列政策文件，其中包括针对性强的专门文件，如2017年和2021年工信部、民政部、国家卫健委联合发布的针对不同时期的两个智慧健康养老产业发展行动计划。此外，还有一些文件从不同角度提及相关内容，如从推动互联网经济、数字经济等新兴经济形态加快发展、培育经济新增长点角度，从促进消费、拉动内需、应对经济下行压力和支撑经济高质量发展角度，从加大新型基础设施投资建设、保障与推动经济高质量发展角度，等等。

综合来看，我国现行政策支持智慧养老发展的方式主要包括以下几种：（1）政府直接通过财政投入方式，投资建设并运营公共基础设施、公共服务平台与综合管理平台，促进养老资源整合与信息共享，为智慧养老服务充分、平衡发展以及服务评价监管提供支撑条件。（2）政府通过税收和费用减免、土地保障、投资建设补贴、日常运营补贴、金融支持、房屋支持、购买服务等方式，支持市场力量、社会力量参与智慧养老服务发展。（3）政府发挥规划引领与组织协调功能，牵头新技术联合攻关，引领建设智慧养老服务相关产业集群，完善智慧养老服务相关产业链条，优化产业生态，支持保障智慧养老服务相关产业全面发展。（4）政府通过制定指引指南、标准规范、地方性法规以及推广场景与产品目录等方式，规范引导与鼓励支持智慧养老服务机构建设、软硬件设施设备与产品研究开发与设计，开展示范评优、推广宣传等行动，树立先进典型，引领智慧养老服务规范、健康、充分、平

衡发展。如2019年江苏省在全国率先出台了地方性标准《智慧养老建设规范》。(5)政府通过改革完善老年社会保障制度，制定地方性法规，积极推进长期护理保险制度建设，优化服务补贴、护理补贴、困难补助、高龄津贴发放等方式，提高老人支付能力，为智慧养老服务发展营造有利的市场条件和良好的社会环境。

在政策支持、需求拉动等的综合作用下，各地智慧养老发展取得了不俗的阶段性成绩。"虚拟养老院"越来越多，一些省份（如江苏省）实现了智慧养老服务平台县域全覆盖，全国各地涌现出一大批智慧养老示范单位和案例，智慧养老服务能力不断增强，线上线下联动发展水平得到进一步提升。但是，就总体而言，智慧养老发展还不够充分平衡、不够普惠包容，支持政策亦存在进一步完善、优化的空间。因此，需要结合各地在推进智慧养老发展中的突出问题以及支持政策的不足，进一步探讨政策优化、完善的可行空间。

（一）智慧养老发展中面临的突出问题

1. 公共基础设施与综合服务平台建设与运行有待完善

结合在江苏盐城、南通、苏州、南京等地的实地调研，并通过与浙江、上海等省市实践探索状况比较，可以发现江苏智慧养老发展存在着一些突出问题，如地方的公共基础设施与综合服务平台建设还不够完善、接入不太便捷且成本较高，以及信息共享不够充分等。正因为如此，不少养老服务机构不得不依靠自建平台来整合资源、提供服务，但这又存在着老人信息收集较难且信息收集不够全面等问题，直接影响到根据老人的实际状况而有针对性提供的各种养老服务。

实际上，如果政府投资建设的公共基础设施与综合服务平台比较完善、信息共享比较充分、平台运行比较顺畅高效，养老服务机构接入方便且成本较低，那么，不仅可以降低养老服务机构的平台建设与运营成本，而且可以降低整个地区养老服务的成本。这样，养老服务机构便可以将主要精力放在拓展服务覆盖面、提高服务水平与质量效率等方面，这对更好地实现"老有所养"无疑是十分有益的。因此，要进一步推进智慧养老服务健康快速高质量发展，还需要进一步发挥政府主动作为、积极有为的功能与作用，加强公共基础设施与综合服务平台的统一建设与运行，提高信息数据资源收集与管理水平，进而通过规模经济、范围经济效应，有效降低整个地区的养老服务供给成本。

2. 智能养老产品尚不够成熟可靠，直接影响服务的及时对接

智能养老产品对于发展智慧养老服务来说不可或缺。智能养老产品不仅多种多样，涉及智慧养老服务的方方面面，比如智能物联、健康监测、安全防护、生活照料、康复护理、精神关爱等服务往往都需要相应的智能产品、设施和设备的配套与支持，而且产品越先进、成熟、可靠，越需要服务能够及时对接上。但是，智能养老产品的技术水平、智能化程度以及成熟性、可靠性等特征与性能却受到研发设计和生产制造水平的深刻影响。

在调研中发现，目前江苏智慧养老服务发展，面临着智能养老产品还不够先进、成熟、可靠等现实问题，这不仅直接影响到养老服务机构和老年群体对产品的选择与使用，而且会增加养老服务与之对接的难度。毕竟，如果智能养老产品因本身质量和技术不过硬而发出不可靠、不准确的信号，那么，据此来提供的服务不仅不是老人真正需要的，而且还会浪费原本就十分紧张稀缺的养老资源。正因为如此，不少养老服务机构对目前的智能养老产品并不十分青睐，尽管目前他们宣传展示的智能养老产品与设备比较多，但实际选择使用的并不多。

3. 养老产品智能化水平低，便捷性差，价格不够普惠

发展智慧养老服务，不仅要充分利用互联网、物联网等网络信息技术与条件，而且可以借助科技水平更高、智能化程度更强的产品、设施与设备来提供更加智能化、便利化的养老服务。这样做不仅可以提高养老服务水平，还能节约人力资源。智能化程度越高的养老产品，往往技术知识密集程度越高，越有利于节约人力资源。

日本智能化程度较高的养老设备、产品十分丰富，相关产业十分发达，其中的重要原因是其人口老龄化程度异常高，劳动力极为稀缺。这双重人口不利状况客观上要求日本借助智能化程度更高的养老产品来提供为老服务，其中包括各种养老机器人，如洗澡机器人、洗头机器人。而且，日本也有这方面的科技研发优势与产业优势。因此，日本通过多种途径和方式对智能养老设备与产品的研发设计、生产制造、租赁维护等产业链环节进行政策引导、鼓励与支持，其中包括通过财政资助方式建立全面覆盖40岁以上人口的长期护理保险制度。当然，日本本田、丰田等知名大企业出于自身长远发展的战略考虑，积极响应政府号召，主动投入智能养老机器人等的研发，培育新的竞争优势产业，也是其中的重要原因。

相较于日本，目前我国的智能养老产品不仅产品本身还不够成熟、可靠，而且智能化水平也存在差距。再者，相较于我国绝大多数老人的收入水平与支付能力，目前智能养老产品与设备的高昂价格超出了相当多老人的实际负担能力。因此，推进智慧养老服务高质量发展，还需要切实解决智能养老产品的科技含量和智能化程度还不够高、价格不够普惠等现实问题。

（二）智慧养老发展政策建设存在的不足

1. 公共基础设施与综合服务平台建设与运行的政策支持有待加强与优化

发展智慧养老如果有统一的公共基础设施与综合服务平台支持，可以充分发挥规模经济、范围经济等效应，有效降低整个地区养老服务的成本。但是，政府如何支持公共基础设施与综合服务平台建设，让公共基础设施与平台能够更加及时、有效地适应养老服务提供者与需求者的现实需要，着实是一个值得探讨的重要问题。即便是完全由财政来投资，政府自主建设与运行也只是众多可能方式中的一种，这种方式往往因其较强的行政性色彩与较难建立起有效的激励约束机制而影响其及时有效地适应众多养老服务提供者与需求者的需要。

对于这种需要适时适应市场需求变化的公共基础设施与综合服务平台建设，即使是完全由政府来投资，也可以采取由专业化第三方企业或社会组织来建设与运行的方式。如果建设与运行成本较高，规模经济、范围经济性又比较强，还可以采取政府与养老服务提供者共同出资的方式，其中包括采取公私合作伙伴关系（PPP）方式，这样对双方都是有利的。一方面，共同出资可以引入养老服务提供者参与监督与约束，比起单靠政府部门来监督与约束，往往更加及时、有效。另一方面，还能使平台供需双方加强沟通，让平台建设与运营更符合需要。如果公共设施与服务平台建设、运营得好，政府部门还可以通过此平台发挥监管职能及提供政务服务，如精准发放护理补贴、养老服务补贴以及高龄津贴，等等。

2. 对智能养老产品的研发、制造与新技术攻关的支持需要加强并优化

作为制造大省，江苏应该抓住智慧养老发展的宏观大势，加强智能养老产品、设施与设备的研发设计与生产制造，并联合进行新技术攻关，提高产品的科技含量、适用性与普惠性。这样，不仅可以培育经济增长新引擎，提升江苏产业竞争优势，而且有利于充分发挥江苏相关产业基础较好的独特优势。尽管目前江苏已经涌现出一些智能养老产品生产企业，但产品的科技含量、智能化水平以及适用性等都还有待进一步提升，更不用说这些产品与日本等先行国家同类产品还存在着不小的技术差距。

为此，既需要加强对智能养老设施、设备与产品研发设计、生产制造和新技术联合攻关等的政策支持力度，又需要进一步优化政策支持方式，不断提升政策支持效果，以保证受到政策支持而开发生产出来的智能养老产品确实能够为养老服务的供需双方接受并真正投入使用，防止出现"叫好不叫座"的尴尬境地。其中，尤其要防止两种因政策支持方式不佳而出现严重的道德风险现象甚至违法犯罪行为：一是要防止像支持新能源汽车行业发展那样，因直接补贴汽车厂商而出现大量的汽车厂商造假骗取财政补贴现象[1]；二是要防止像支持养老机构建设与增加养老床位那样，出现大量与需求并不匹配的养老机构与床位，甚至有的就是为了骗取财政补贴而盲目增加不符合使用要求的养老床位[2]，造成养老床位空置率高达50%左右，极大地浪费财政资金和养老资源。

3. 对智慧养老服务需求方的支持既需要进一步加强，又需要不断优化

对智慧养老发展的政策支持，既可以从供方进行，也可以从需方进行。各有其道理，但都同样需要选择合适的政策支持方式与方法。从学理上而言，有些对供方的政策支持，不如改为对需方的政策支持，其效果往往更加有效，否则容易产生前述的造假骗补现象以及政策支持下提供的产品与服务并不符合需方需求，最终造成财政资金与供方资源的双重浪费。当然，实行

---

[1] 参见崔文苑《对新能源汽车骗补"亮剑"》，《经济日报》2016年9月9日。
[2] 参见张翔、王佳丽、郑芝、徐秋涵《养老服务机构的"放管服"改革——浙江案例》，科学出版社2021年版，第222页。

需方支持政策的前提条件是供方主体日趋多元化、行业发展充分、竞争相对有序。江苏已经初步具备了实行需方支持政策的条件。但为了促进江苏智慧养老健康有序发展,既需要加大对需方的支持力度,也需要优化对需方的支持方式。

一方面,江苏的区域差距、城乡差距、群体差距都还客观存在,加强对落后地区、农村和经济困难及低收入群体的财政支持,不仅有助于切实保障老人的基本生活需要,而且可以拉动对智慧养老服务的有效需求,毕竟,有些老人的社会保障待遇实在太低,根本保障不了基本生活需要,尤其是一些城乡居民基本养老保险的待遇水平。2021年我国城乡居民基本养老保险待遇为每月189.38元/人,远低于城、乡居民最低生活保障标准的711.40元、530.18元。① 江苏省的情况也类似,根据《2021年度江苏省人力资源和社会保障事业发展统计公报》和《2021年江苏民政事业发展统计公报》提供的数据,2021年江苏省城乡居民基本养老保险基金支出为398亿元,领取人数为1093万人,由此推算出年人均基本养老金为3644元,即人均每月303.67元,远低于全省城乡最低生活保障人均每月803元的标准。低保标准实际上是保基本的最低要求,而目前如此低的基本养老金水平是远低于低保标准的,如何能保障一些居民的基本生活需要?

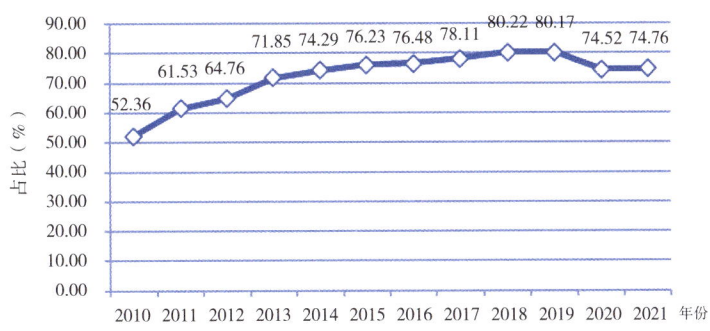

图 3-6-4　江苏城乡居民基本养老保险基金收入中财政补贴占比

数据来源:2010年度—2021年度《江苏省人力资源和社会保障事业发展统计公报》。

---

① 参见高传胜《有为与可为:新发展阶段城乡居民基本养老保险制度建设与改革》,《社会科学战线》2023年第12期。

另一方面，目前一些政策支持方式还有待进一步优化，以提升政策支持效果，比如对城乡居民基本养老保险的财政补贴，似乎并没有有效调动居民参加保险并提高缴费档次的积极性，尽管近些年财政补贴基本上占到城乡居民基本养老保险基金收入的 70% 以上，各年的具体情况可参见图 3-6-4。从全国范围看，江苏经济相对发达，财政实力较强，可以充分发挥其对居民更强的财政支持力度，但同样需要加强具体的政策支持方式设计与选择，以切实提高政策支持效果，激励城乡居民提高缴费水平。

三、国内外支持智慧养老发展的先行政策实践探索

尽管江苏智慧养老发展已经有了不少积极的实践探索，也涌现出不少全国先进典型案例，但就总体而言，发展水平还有待进一步提高，充分性、平衡性亟待加强，普惠性、包容性需要进一步提升。为此，可以学习借鉴日本、新加坡等先行国家与地区以及上海、浙江等国内先行地区的有益做法与经验，持续完善政策体系，不断优化支持方式，进一步提升支持效果。

（一）借鉴沪浙等地先行做法，充分发挥政府在职责范围内的积极有为作用

智慧养老服务具有民生性，包含公共服务内容以及幼稚产业，这些特征决定了在其发展初期可以充分发挥政府的积极有为作用，上海和浙江在这方面都有值得借鉴学习的地方。上海智慧养老服务发展水平在全国范围内居于前列，一方面与政府在职责范围内给予较大力度的财政等政策支持有着很大关系，比如 2021 年 12 月便出台了《上海市"十四五"期间保基本养老机构市级建设财力补助政策实施方案》，给出了公开明确的支持政策实施方案，另一方面也与政府一直积极支持开发多种应用场景的"智慧养老"平台、智能手机应用程序（App）以及各种各样的智能养老产品有关。上海不仅在市级层面建有"上海市养老服务平台"网站及其"姊妹版"——"上海养老顾问"微信公众号，方便市民对养老机构的收费标准、距离以及是否为长护险定点等信息进行查询，而且多次发布智慧养老应用场景，目的就是让更多企

业知道"老人需要什么",引导与鼓励更多企业为老年人提供实时、快捷、高效、低成本,同时又具备物联化、互联化、智能化特征的养老服务。此外,上海也在企业申请专项资金时给予优先支持。

与上海类似,浙江同样支持开发"一键养老""浙里办"等智能手机服务端口与应用场景,以方便老年人快捷地解决高频需求和生活关键问题。并且鼓励各地进行分类探索,探寻智慧养老高质量发展的有效路径。比如,绍兴市建设覆盖全市并囊括养老大数据、服务与支付、监管、智能看护和养老产业发展等功能在内的智慧养老综合服务平台,建立供需双方数据库与政府管理数据库,整合数据资源,实现数据充分共享,不仅极大地推动了智慧养老服务发展,还有利于养老金和各种财政补贴的精准发放。安吉县则在实现"一床一码一人"、协同推进智慧养老项目建设方面走在全国前列。

(二)借鉴日本经验,积极鼓励与支持智能养老产品、设备与设施研发制造

日本是人口老龄化程度较高的国家,人力资源越发短缺。为了应对人口结构双重不利的变化趋势,日本十分重视对智能养老产品、设备与设施的研发、制造与使用的政策支持。市场的巨大需求、政府政策的积极鼓励和支持以及企业出于长远考虑而谋求继续在高科技领域占领制高点的战略追求,共同促使日本智能养老产业发展壮大,并由此带来高度发达的智慧养老产品与服务。

在日本,养老被视为"非产出性"产业。日本社会认为,若将大量年轻劳动力投入养老院,则会使日本先进工业品的生产制造受到影响。因此,日本政府自2013年10月起,便原则上不再批准增建养老院,而是通过政策支持鼓励发展家庭生活支援机器人,以期通过机器人来解决居家养老中的照护难题。于是,移乘搬运、移动辅助、步行助力、自动排泄处理、健康监测、走失监视等智能养老产品的研发、制造和租赁使用,便成了日本政府的重点扶持对象。政府的积极扶持、业界原本就非常好的研发制造基础与著名企业的长远战略追求,共同促成了智能养老产品与设施设备的井喷,且科技含量极高,智能化水平上乘。比如,日本目前比较成熟的老人智能移动辅助

产品，便包括智能轮椅和智能拐杖两种。其中，智能轮椅可以通过脑电波、声音或手柄对轮椅进行遥控（通过脑电波操控的智能轮椅目前还处于研究阶段，尚未投入使用）；而智能拐杖不仅能为老人提供稳固支撑力，还能感知障碍物。有了这些智能化水平极高的养老产品的有力支持，包括长期照护在内的日本智慧养老发展便走在了世界前列。

日本扶持养老领域机器人等智能养老产品、设备与设施的研发制造与租赁使用，不仅有助于缓解劳动力供给日益短缺的社会问题，还有出于培育经济新增长点的长远战略考虑。日本著名的汽车制造企业本田、丰田，都在花重金从事护理机器人的研发，就是出于长远的战略考虑，其目标是谋求在新兴产业中继续占领高科技领域的制高点。江苏不仅有良好的制造业基础，人口结构也出现与日本非常类似的双重不利变化趋势，可以学习借鉴日本的做法，加强对智能养老产品研发制造的政策支持与引导，并以此推动智慧养老高质量发展。

（三）借鉴日本、新加坡等国经验，优化财政支持方式，提升老人有效需求

智慧养老发展离不开需方有支付能力的有效需求的有力支持，那些依托科技含量密集、智能化程度较高的养老产品而提供的智慧养老服务尤其如此。而提高需方支付能力，既要靠个人年轻时的财富积累，也需要保险制度的建立与财政政策等方面的有效支持。从国际经验看，即便是建立保险制度，往往也离不开财政政策的有力支持。结合江苏实际情况，日本和新加坡等国的先行做法与经验，具有很强的政策启示意义。

一方面江苏正在全面推进长期护理保险制度建设，另一方面城乡居民基本养老保险的待遇水平总体上比较低。这些都会影响老人的支付能力，进而影响到他们对智慧养老服务尤其是智能化程度较高的智慧养老服务的有效需求。日本早在1999年便出台专门针对老年护理的《介护保险法》，其中至少有两方面的做法值得江苏在全面建立长期护理保险制度时学习借鉴。一是其参保对象是40岁以上的人群，考虑到40岁以下的人群不仅收入较低、生活压力比较大，而且抚养负担比较重，因而不用参保缴费；二是中央和地方政

府通过税收筹资在长期护理保险基金收入中都占有一定的出资比例，为45%左右。[①] 这两方面的做法都值得江苏借鉴学习，即使不是补贴所有参保对象，也可以补贴经济困难人群与低收入人群。

具体的补贴方式，则可以学习借鉴新加坡的经验，即加强补贴的激励约束机制设计，以期充分调动参保对象提高缴费档次、积累养老资产的积极性。目前我国城乡居民基本养老保险是根据个人选择的缴费档次而给予相应的财政补贴，缴费档次越高，补贴水平也越高。尽管相较于缴费水平，补贴水平并不算低，但选择较低档次缴费的居民仍然占绝大多数，这直接影响老人的养老保险待遇水平，进而影响到他们选择智慧养老服务时的支付能力。新加坡的做法则与我国不同，他们采取的是补贴利息方式，也就是个人账户里积累的基金资产越多，补贴的利息越多，而且利率也不低。在我国居民普遍缺乏有效的投资理财渠道的现实状况下，居民在银行的存款利率普遍跟不上物价上涨率。如果政府将对城乡居民参加基本养老保险的财政补贴，改为根据其个人账户积累的资产总额来补贴较高的利息，不仅可能会激励个人提高缴费档次、积累更多的养老资产，甚至还可以激励其子女乃至其他亲属帮助其提高缴费档次与水平，最终提高其养老金待遇水平，进而带来更高的支付能力与智慧养老服务消费水平，这无疑会通过较高水平的有效需求而拉动智慧养老实现高质量发展。

四、进一步推动智慧养老高质量发展的政策建议

进一步推动智慧养老高质量发展，必须针对发展中面临的突出问题和现行支持政策存在的不足，积极借鉴国内外先行地区的有益做法与先进经验，并结合学理分析，从供给侧与需求侧同时发力，进一步完善与优化政策支持路径与方式，不断增强政策支持效果，进而一方面切实保障老有所养，逐步

---

① Hongsoo Kim, Boyoung Jeon, et al., "Same Same but Different? Comparing Institutional Performance in the Long-Term Care Systems of Japan and South Korea," in *Social Policy & Administration*, 2021:56 (1), pp. 148-162.

实现老有颐养，另一方面培育经济发展新动能，积极应对越发不确定的国内外发展环境。为此，需要选好政策支持的重点内容与优先选项。

（一）加强并优化政策支持，提升公共基础设施与综合平台建设和运行水平

针对江苏智慧养老发展所需要的公共基础设施与综合服务平台在投资建设与日常运行中存在的突出问题，有必要借鉴学习上海、浙江等地的先行做法，充分发挥政府相关部门积极有为的协同作用，加强科学规划与顶层系统设计，面向智慧养老服务供给侧与需求侧的双方需要，从加强政策支持与优化支持方式两个方面着力，切实提升公共基础设施与综合服务平台的统一建设和运行水平，有力支持智慧养老高质量发展。

一方面，充分发挥政府在职责范围内积极主动有为的功能与作用，通过财政等渠道，进一步加强对公共基础设施与综合服务平台统一建设和运行的支持力度。这样，既有助于解决由各个智慧养老服务提供者分散建设与运行平台而面临的成本高、接入难、信息收集不全且共享不充分等诸多问题，又可以通过规模经济、范围经济等效应的实现，降低整个地区智慧养老服务提供的成本，更好地满足规模庞大并不断增长的老年人口的养老服务需求。

另一方面，可以通过与智慧养老服务提供方共同出资、委托专业性的第三方企业或社会组织的方式，来建设与运行投资规模比较大的公共基础设施与综合服务平台。这样，既有助于发挥智慧养老服务提供方对公共基础设施与综合服务平台建设与运行的监督与约束作用，又可以加强他们之间的沟通与协调，以便公共基础设施与综合服务平台建设与运行能够更好地适应智慧养老服务供需两侧的需要。

（二）改革供方支持政策，激励其开发制造智能化程度更高的普惠性养老产品

在智慧养老服务高质量发展还面临着智能养老产品科技含量不高、智能化程度较低、关键核心技术突破难等突出问题时，可以学习借鉴日本的先行做法与有益经验，进一步加强并优化对智能养老产品早期研发、制造的政策

支持，助推其研发制造能够为市场接受的智能养老产品。但是，为了避免因政策支持方式不佳而可能产生的道德风险现象甚至违法犯罪行为，必须加强政策支持方式的科学设计。

具体而言，可以根据研发制造的进程，分不同阶段采取不同的支持方式，亦即前期主要通过财政贴息的金融贷款等方式来支持其研发设计与生产制造，后期则待开发的智能养老产品能够获得需求方的接受与实际使用时再给予一定金额或比例的研发经费支持。这种政策支持方式的好处起码有二：一是引入了智能养老产品需方的真实评判与实际考核机制，有助于保证开发出来的智能养老产品的安全性、可靠性与适用性，防止政策支持下开发出来的产品根本不符合市场需求的状况发生；二是可以约束智能养老产品的研发制造企业的盲目冲动等不负责任行为以及为了骗取财政补贴甚至弄虚作假等违法犯罪行为的发生，充分发挥支持政策的自动筛选作用。

（三）完善并优化需方支持政策，着力提升老人对智慧养老服务的有效需求

有支付能力的有效需求是推动智慧养老服务高质量发展的关键因素之一。而且，智慧养老服务所依赖的智能养老产品科技含量越高、智能化程度越高、价格越高，在发展的早期越需要加强对需方的政策支持，就像新能源汽车那样。等技术成熟、产品稳定、使用者众多之后，产品的成本往往会得到更多用户的分担，价格也会变得越来越普惠，产品也会因此而得到越来越多老人家庭的青睐，就像现在的洗衣机、电视、电脑之类电子产品那样。因此，在发展早期，完善并优化对需方的政策支持，也是推进智慧养老健康有序、高质量发展的可行路径之一。

结合江苏的具体情况，一是可以充分发挥经济发展水平较高、财政实力较强的优势，进一步加强对经济困难老人和低收入老人的经济支持，切实保障他们的基本生活需求，其中包括通过政府购买服务、直接补贴老人等方式，来为他们提供必需的智慧养老服务及其所需要的智能养老产品；二是借鉴日本等先行国家和地区的有益做法与先进经验，通过财政补贴等支持方式推动建设覆盖一定年龄（如40周岁）以上居民的长期护理保险制度，通过

支持参加社会保险方式来提高居民选择智慧养老服务的支付能力；三是借鉴新加坡激励民众参与中央公积金的做法，改财政补贴城乡居民缴费为财政补贴个人账户累积资产利息的方式，充分调动城乡居民参加基本养老保险并提高缴费档次的积极性、责任感，让他们为自己未来的养老储备更多的财富，进而也有更强的支付能力来选择使用智慧养老服务。

（四）结合紧迫需求及与上海等地的实际差距，优先支持发展三个重点内容

第一，建设并运营好养老服务网络平台。建设并运营好功能齐全的养老服务网络平台，不仅可以全面清晰准确及时地展现养老服务设施及机构等信息，为公众提供便捷、高效、精准、详实的信息查询服务，方便公众选择适合自己的养老服务，而且可以通过大数据分析，把握公众的需求状况及其变化动向，为提供更加符合需求的养老服务和选择政策支持重点提供决策依据。此外，还可以为相关机构和个人提供便捷的办事通道，以便机构申请和发放投资建设与日常运营补贴，个人申请养老服务补贴和护理补贴等各种津贴、申请适老化改造等，进而服务行业管理，提高政务服务效率。通过比较发现，江苏"养老服务地图"不仅功能明显不如上海市养老服务平台齐全，运行不够流畅，而且信息不够全面准确，更新不够及时，因此网站建设可以作为近期政策支持的优先选项。

第二，优先支持开发面向高频需求的集成型、"一键通"式养老服务手机应用小程序。面向老龄人群看病挂号、安全防护、助餐叫车等日常高频需求的手机应用小程序，有助于减少腿脚越来越不方便的老龄人群遇到的诸多麻烦，让他们通过一个小程序入口，便能"一键通"式地轻松找到经常需要的养老服务链接，既有助于消除"数字鸿沟"，又能更好地满足他们的日常消费需求。目前，江苏正在积极推行的"苏服办""苏服码"等数字化改革有助于此类应用小程序的开发，疫情期间因防控需要而开发使用的一些应用小程序也为此提供了有益经验。

第三，支持推介智慧养老服务应用场景与智能养老设施设备产品。为了更加有效地调动市场力量与社会力量参与的积极性，应该充分发挥政府部门

掌握宏观跨界大数据的综合信息优势，借鉴学习上海相关部门联合发布三批智慧为老服务应用场景等先行做法，紧密结合江苏实际，定期宣传推广智慧养老服务供需双方急需的智慧养老服务应用场景以及需要联合进行技术攻关和重点研究开发设计与制造的智能养老设施、设备与产品，并优先给予专项资金的重点支持。这样，可以让更多的市场组织、社会组织知道"老人需要什么"，鼓励它们积极为老年人提供实时、快捷、高效、低成本，同时又具备物联化、互联化、智能化特征的养老服务和智能产品。

作者：高传胜，南京大学政府管理学院教授、博士生导师，老龄文明智库学术委员会委员。

主要参考文献

1. 左美云．智慧养老：内涵与模式．清华大学出版社，2018
2. ［美］迈克尔·波特．国家竞争优势．李明轩，邱美如译．华夏出版社，2002
3. ［法］菲利普·阿吉翁，赛利娜·安托南，西蒙·比内尔．创造性破坏的力量：经济剧变与国民财富．余江，赵建航译．中信出版社，2021
4. 高传胜．智能养老：智能时代孕育的养老产业新业态——兼论智能养老与中国人口结构双重不利变化趋向带来的挑战．《人民论坛·学术前沿》2019年第18期
5. 高传胜．有为与可为：新发展阶段城乡居民基本养老保险制度建设与改革．《社会科学战线》2023年第12期
6. 张翔，王佳丽，郑芝，等．养老服务机构的"放管服"改革．科学出版社，2021
7. Hongsoo Kim, Boyoung Jeon, et al. Same Same but Different? Comparing Institutional Performance in the Long-Term Care Systems of Japan and South Korea. *Social Policy & Administration*, 2021:56(1)

何为善终：中国社会文化情境下"善终"认知的质性元分析

徐 彪 邵轶凡 张 颖

一、引言

在人的生命周期中，死亡是无法避免的终点，因此如何应对死亡一直是人类社会所关注的重要议题。随着生活方式和环境因素的变化，中国慢性病的发病率和死亡率呈现逐年上升的趋势。同时，人口老龄化的加剧使得人们将关注重点从"优生"转向"优逝"，如何实现"善终"已成为公共卫生和临终关怀领域的核心问题之一。善终的实现不仅涉及个体尊严和生命质量，更体现了家庭和社会在伦理和人文关怀上的责任。一个优质的临终过程不仅可以使患者身体上的痛苦最小化，还可以抚慰患者及其家属的心灵，使他们能够平和地面对生命的终结。

想要实现善终，首先必须清楚什么是善终。然而，善终具有很强的主观性和个体差异性，是多样的文化背景和社会价值观共同塑造的结果。善终概念的不统一导致善终的实现有显著差异，如一些文献强调物质和医疗支持的充足性①，而有些研究则侧重于心理、社会和灵性需要的满足。②这种多元而分散的视角导致临终关怀实践缺乏统一的标准和方法，使得临终关怀服务在质量和可达性上存在不均。由此带来的问题尤为突出：一方面，患者及其家属对临终关怀的期望与实际服务之间可能存在差距，影响他们的满意度和心理状态；另一方面，医疗提供者在缺乏清晰指导原则的情况下，可能难以提供最适宜的关怀方案。这种理解上的差异和实践上的不一致，加剧了对善终深层次、系统化研究的需要，为了确保每个人都能以尊严、平和的方式结束生命旅程，形成更为全面、一致的善终理念和实践模式就尤为重要。此外，中国拥有悠久的历史和独特的文化传统，儒家、道家和佛教等文化背景深刻影响了中国人对生命、死亡和善终的看法。西方的善终概念虽然在理论上被广为研究，但其背后的文化和社会意象并不完全适用于中国社会，因此研究中国传统文化下的善终可以更好地满足中国人对于善终的特定需要和期望。

善终作为一个情境化的概念，其复杂性导致对其难以形成一个统一的标准化理解。这一概念的理解需要综合考虑跨地区、文化和人群之间的差异，而质性研究在探究具有高度模糊内涵和维度的概念上显示出其优势。现有关于善终概念的研究已从多种视角、不同群体和各种条件出发，主要采用半结构化访谈等方法，对当代善终的概念进行了广泛的讨论和话语构建，揭示了其多元理解和实践的差异。但现存关于善终的研究往往局限于特定文化或人群，导致不同研究之间存在明显的"孤岛化"现象，这增加了文献间的理论对话及知识积累的难度。③因此，迫切需要引入新的研究方法以整合现有成果，全面展现善终的多维面貌。将质性元分析方法（qualitative meta-analysis）引入对善终概念的建构，可有效整合既有研究成果中的概念，并形

---

① Y. Wang, X. Zhang, Y. Huang, X. Ma, "Palliative Care for Cancer Patients in Asia: Challenges and Countermeasures," in *Oncology Reviews*, 2024:17.
② Y. N. Batzler, N. Stricker, S. Bakus, M. Schallenburger, J. Schwartz, M. Neukirchen, "Implementing Spiritual Care Education into the Teaching of Palliative Medicine: An Outcome Evaluation," in *BMC Medical Education*, 2024:24（1）.
③ 李会军、席酉民：《一个探索性的商业模式创新理论框架——基于质性案例研究的元综合》，《西安交通大学学报（社会科学版）》2019年第2期。

成较为系统的认识。①

综上，本研究借助质性元分析的综合理念，尝试整合中国社会文化情境下与善终概念相关的质性研究成果，并进行高层次的归纳，旨在构建一个更为系统的善终概念框架，为临终关怀工作的开展提供理论支持。根据质性元分析的基本原理，本文选取了27篇关于善终主题的案例文献作为研究样本，通过系统地摘录、编码和归类，识别并提炼了不同研究中的善终概念，从而构建了一个可以全面系统地剖析善终概念的框架体系，以期引起医护人员及研究者的关注，并积极采取措施达到促进终末期患者善终的目标。

二、研究设计与过程

（一）确定研究问题

本研究主要目的是探讨中国社会文化情境下对善终的定义，并对其系统地分类，因此本文的研究对象主要是与善终相关的各群体对善终概念的认知，通过将不同角色主体的认知进行整合梳理，试图描绘出中国善终的全貌。已有的研究大多是单独从某一个群体的角度探究对善终的理解，而很少将这些群体的观点进行整合。然而善终无法一概而论，需综合各群体观点，分析异同并整合，方能全面理解其含义。

（二）研究方法选择

元分析，也被称为荟萃分析，是对某一主题的文献进行系统整合的研究方法。元分析又分为量性元分析和质性元分析。质性元分析也被称为元人类学、元民族志或者综合集成法。质性元分析不是简单拼凑文献的研究结果，而是重新组织已有的、分散独立的研究结论，对所凝练提取的主题进行比较与阐释，进而全面解读某种现象。②

---

① 陈小梅、吴小节、汪秀琼、蓝海林：《中国企业逆向跨国并购整合过程的质性元分析研究》，《管理世界》2021年第11期。
② 龚泽鹏、彭晓玥、王洪、汤志伟：《邻避行为的影响因素：一项质性元分析》，《情报杂志》2018年第11期。

本文选择质性元分析有助于建构理论，通过整合分散的文献，构建全面的现象图景。我国有关善终的文献大多从特定群体角度研究，尽管这种单一视角的研究产生了独特结论，但也引发了"孤岛"现象。质性元分析方法能够突破视角局限，形成系统的知识框架，为研究者提供整合性的、有依据的引导与启示。同时，目前采用质性元分析方法研究善终的中文文献更多纳入的是国外文献，因而所得出的结论更符合西方的善终概念。而本研究通过纳入更多与中国传统善终观念相关的研究，以确保所构建的善终框架不仅涵盖了国际上对于善终的定义，还能够充分体现中国社会文化情境。

（三）数据收集

1. 文献检索

计算机检索数据库：知网、万方、维普和中国生物医学文献数据库（CBM）、PubMed、Web of Science、MEDLINE。此外，追溯纳入文献的参考文献，以补充获得相关文献。中文文献检索时限从 2010 年 1 月至 2024 年 3 月，英文文献检索时限从 2016 年 1 月至 2024 年 3 月。中文检索词：善终/好死/优逝/临终/末期/患者；英文检索词：death/good death/hospice care/terminal stage/advanced cancer。

2. 文献纳入和排除标准

纳入标准：(1) 研究对象是成年人（≥ 18 岁），处于癌症末期、无有效治疗的患者，照护过或正在照护临终患者的家属，救治过或正在救治临终患者的医护人员，临终关怀照护机构及其照护人员；(2) 研究内容包括临终患者、家属、医护人员和专业照护人员对善终或说好死的认知、态度、需要；(3) 研究方法为质性研究，包括现象学研究、扎根理论、民族志研究、叙事研究等各类质性研究方法。

排除标准：(1) 排除特殊疾病（如艾滋病）患者，由于患者或家属可能存在的病耻感，照顾者的体验可能不同于其他临终患者的照顾者；(2) 排除了护理学生、医学生等对象，并排除并非长期接触患者或没有接触过临终患者的家属，其对善终的认知不具有代表性；(3) 无法获取全文的文章；(4) 重复发表及雷同文章；(5) 非中英文文章。

纳入部分英文文献的原因：尽管善终的概念和实践自古以来就存在于中国和西方社会中，但国际上对于善终概念的探讨目前以西方文化为主导，并在世界范围内广为接受，中国社会文化情境下的善终研究是在引进西方理论的基础上逐步发展而来的。并且近年来，有关中国社会文化情境下临终关怀、善终的英文文献日益增多。因此，纳入部分国外文献有助于更全面地构建理论框架。此外，由于文化差异，西方理论并不能很好地适应中国情境，纳入部分国外文献有助于更好地对比不同文化情境下的善终概念差异。

根据主要信息来源，已纳入的文章分为以下几组：（1）定性研究：从临终患者的角度探讨"善终"；（2）定性研究：从临终患者家属的角度探索"善终"；（3）定性研究：从治疗临终患者的医护人员的角度探讨"善终"；（4）定性研究：从专业照护人员的角度探讨"善终"；（5）理论分析。

3. 文献筛选

文献筛选和资料提取由2名研究人员独立进行，之后进行交叉核对，如遇分歧由双方讨论决定，如果未达成共识，则由第三方协助裁决。研究人员首先通过阅读题目和摘要初筛，然后通过阅读全文二次复筛。资料提取内容主要包括：作者、发表年份、国家和地区、研究方法和收集资料的方法、研究对象、感兴趣的现象、情境因素、主要研究结果。

此外，为保证原始研究质量，所纳入的中文文献限于核心及以上质量的期刊，选取的英文文献限于JCR分区中Q3及以上质量的期刊。

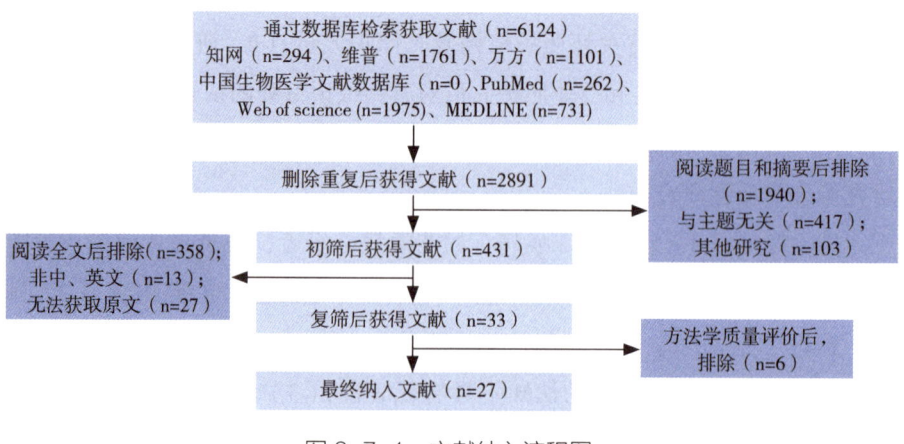

图 3-7-1　文献纳入流程图

4. 文献质量评价

2名研究人员采用2017年澳大利亚JBI循证卫生保健中心质性研究文献质量评价工具标准，独立对纳入研究进行评价。评价内容共10项，每项均以"是""否"或"不清楚"来评价。A类文献符合所有评价标准，且偏倚最小；B类文献符合部分评价标准，偏倚中等；C类文献未满足所有评价标准，偏倚可能性最高。本研究最终纳入A、B级文献，剔除C级文献。当意见遇到分歧时，研究者共同讨论，必要时听取第三位研究者的建议以求达成统一。对于重复报道、研究质量差、不完整的文献，本研究均作排除。

表3-7-1 纳入文献的质量评价

纳入文献	①	②	③	④	⑤	⑥	⑦	⑧	⑨	⑩	质量等级
方静文2011	是	是	是	是	是	是	是	是	是	是	A
刘小红等2016	不清楚	是	是	是	是	否	否	是	是	是	B
王宝莲等2016	不清楚	是	是	是	是	否	否	是	是	是	B
尚海明2016	不清楚	是	是	是	是	是	否	否	是	是	B
卢小丽等2017	不清楚	是	是	是	是	否	是	是	是	是	B
叶嘉慧等2017	不清楚	是	是	是	是	否	否	是	是	是	B
何仁富等2018	不清楚	是	是	是	是	是	否	否	是	是	B
梁敏余等2018	不清楚	是	是	是	是	是	否	是	是	是	B
蒋欢宜等2018	不清楚	是	是	是	是	是	是	是	是	是	B
张锦欣等2019	不清楚	是	是	是	是	否	是	是	是	是	B
徐丹丹等2020	不清楚	是	是	是	是	否	否	是	是	是	B
余成普2020	不清楚	是	是	是	是	是	否	是	是	是	B
曾纪丽等2020	不清楚	是	是	是	是	是	是	是	是	是	B
孙荣等2020	不清楚	是	是	是	是	是	是	是	是	是	B
景军等2020	不清楚	是	是	是	是	是	是	是	是	是	B
景军2021	不清楚	是	是	是	是	是	否	是	是	是	B

（续表）

纳入文献	①	②	③	④	⑤	⑥	⑦	⑧	⑨	⑩	质量等级
宋靓珺等 2021	不清楚	是	是	是	是	否	否	是	是	是	B
薛云珍等 2021	不清楚	是	是	是	是	是	否	是	是	是	B
张容南 2022	不清楚	是	是	是	是	是	是	是	是	是	B
刘彦权等 2023	是	是	是	是	是	否	否	是	是	是	B
李繁荣等 2023	不清楚	是	是	是	是	是	是	是	是	是	B
何仁富 2024	不清楚	是	是	是	是	是	是	是	是	是	B
Emily A. Meier 等 2016	不清楚	是	是	是	是	否	否	是	是	是	B
Lisa Kastbom 等 2017	不清楚	是	是	是	是	否	否	是	是	是	B
Reiko Asano 等 2019	不清楚	是	是	是	是	否	否	是	是	是	B
Alicia Krikorian 等 2020	不清楚	是	是	是	是	否	否	是	是	是	B
Andrea Bovero 等 2020	不清楚	是	是	是	是	否	是	是	是	是	B

注：①哲学基础与方法论是否一致；②方法论与研究问题或研究目标是否一致；③方法论与资料收集方法是否一致；④方法论与资料的代表性及资料的分析是否一致；⑤方法论与结果阐释是否一致；⑥是否说明研究者自身的文化背景和价值观；⑦是否阐述了研究者对研究的影响，或者研究对研究者的影响；⑧研究对象是否具有典型性，是否充分代表了研究对象及其观点；⑨研究是否符合当前的伦理规范；⑩结论的得出是否源于对资料的分析和阐释。

5. 数据提取与编码

质性元分析的数据提取过程通常包括三个步骤：摘录、编码和归类。摘录阶段旨在准确定位并提取文章中与研究主题相关的关键性语句，因为质性元分析的数据对象是研究者通过对原始数据的理解和分析而得出的结论，即对前人的研究结论进行再次加工理解，形成新的研究结论。编码阶段是对摘录的关键性语句进行概括和凝练，以形成一致的专业术语，便于后续的分类和界定。归类阶段则在编码的基础上，根据一定逻辑将术语归类整合，需要多次重复以确保所有关键词都被收录并分类。

三、数据分析

（一）样本基本情况描述

根据纳入排除标准筛选后，一共纳入27篇文献作为质性元分析研究的数据来源，包括22篇中文文献和5篇英文文献。所选的27篇文献的基本情况可从以下两个方面进行概述：第一，从发表时间来看，大多数文献集中在2016—2021年，其中2018年有4篇，2020年有5篇，2021年有4篇；第二，从文献研究对象来看，大部分都是从患者角度探究对善终的认知，表明研究者更关注患者的态度，也说明了善终的话语权和主导权取决于患者本人，同时所选文献也表现出较多的视角，除了患者，还包括患者家属、医护人员、专业照护人员等角度，多群体视角的认知丰富了本文的研究内容，提高了本文研究结论的情境适用性，更有利于构建起善终的全貌。

（二）数据提取过程

为深入理解27篇文献的具体研究内容，本文建立了一个包含6个项目的编码表，分别是文献基本信息、地区、研究方法、研究对象、感兴趣的现象或研究内容、研究结果。随后遵循质性元分析的操作步骤，对这27篇案例研究进行摘录、编码、归类。

第一步，对纳入的案例研究结论进行摘录。从纳入的27篇案例研究中找出关键性结论部分，摘录与善终态度、认知、需要相关的结论性语句。

第二步，对所摘录语句进行编码。为确保编码结果的一致性与可靠性，本研究在编码前进行预分析，即两位研究者同时背对背式编码同一篇案例研究。当一致性达到95%以上后，编码者按照既定思路进行独立编码操作。借鉴陈小梅等人的编码策略[①]，本研究的编码阶段采用了以下三种策略：

一是合并具有并列关系的摘录语句，将相近含义的语句概括为统一的

---

① 陈小梅、吴小节、汪秀琼、蓝海林:《中国企业逆向跨国并购整合过程的质性元分析研究》，《管理世界》2021年第11期。

学术概念，如卢小丽等提到的"减轻疼痛;心理安抚"①、孙荣等写到的"减轻痛苦,渴望家人陪伴"②和张锦欣等提到的"缓解疼痛与症状控制;维护尊严"③表达的都是相近的含义，其对于"疼痛、痛苦、症状"的论述可以概括为生理需要层面，而对"安抚、陪伴、尊严"的论述可以概括为心理需要层面。

二是概括具有隶属关系的摘录语句，对摘录语句间为包含、外延或者递进关系的变量，可将它们进行合并，归纳为一个更为抽象的概念，如梁敏余等提到"善终包含着希望减轻家人的经济负担"④;余成普提到善终包含"有儿子送终"⑤;薛云珍等提到"善终……经常涉及人伦责任的完成或重要事情的交待"⑥;张容南提到的善终包括"在生命结束时获得社会、伦理的最高评价"⑦;尚海明提到的"一个人只有完成了正常的家庭生活,履行了家庭责任,才算实现了善终"⑧。减轻家人负担、重要事情交待、有儿子送终、完成家庭生活都包含在实现家庭责任中，而履行家庭责任进一步包含于实现社会价值中，因此可被概括为中国情境下的善终概念包含社会价值的实现。

三是对于无明显逻辑关系甚至结论互相冲突的摘录语句，将其嵌入研究情境进行转化或分类。如将曾纪丽提出的照护人员认为善终应当是"让患

---

① 卢小丽、陈弟洪、余亚希:《ICU护士对临终关怀认知和行为的质性研究》,《护理学杂志》2017年第5期。
② 孙荣、王艳晖、董凤齐、郑瑞双:《终末期癌症患者对优逝需求的质性研究》,《中国慢性病预防与控制》2020年第11期。
③ 张锦欣、王云岭、吕晓燕、曲越、史翔婷、曹英娟:《社会角色视域下的优逝期望研究进展》,《中国护理管理》2019年第7期。
④ 梁敏余、潘艺朝、李巧慧、李金秋:《生命终末期患者濒死体验质性研究的Meta整合》,《中国全科医学》2018年第35期。
⑤ 余成普:《社区参与、家庭责任与慢性病人的道德生活——基于一个侗寨的调查》,《西北民族研究》2020年第2期。
⑥ 薛云珍、马婷、王偌敏、李丽珠、周旻:《积极老龄化背景下我国老年人善终现状及启示》,《护理学杂志》2021年第14期。
⑦ 张容南:《好的死亡为何重要——西方生命伦理学与儒家伦理对话的可能》,《道德与文明》2022年第1期。
⑧ 尚海明:《善终、凶死与杀人偿命——中国人死刑观念的文化阐释》,《法学研究》2016年第4期。

者接受死亡、计划后事"[1]和张锦欣等调查的患者期望是"不愿知晓病情希望突然离世"[2]作比较，看起来两个结果是相悖的，揭示的本质却是一致的。善终之所以存在理解上的偏差是因为个体角色的不同，作为身患病痛、独自走向死亡的临终者对善终的感触更加深刻，他们对"好的死亡"的偏好更加具象，也更加满足自身的需要，而照护人员作为陪伴者，无法做到完全感同身受，只能通过对病患的了解、观察和交谈感知患者的需要，这又需要很强的沟通能力才能完全了解患者所想。

第三步，对编码结果归类。归类是将编码结果进一步抽象化的过程，本文深入分析并比较了类别间的关联性，进行了两次归类操作。在归类完成之后，两位编码者再将各自编码和归类的结果进行比较和互相讨论，形成了一致的归类结果。

四、结果分析

对已纳入分析的文章进行提炼，共提取出127个研究主题，再将相近主题组合形成新类别，对类目进行梳理，最终提炼为4个善终类型。通过对27篇文献研究的Meta分析结果，本文根据"价值观取向""临终时间跨度"两个维度对善终进行分类。

维度1：价值观取向，包括个人决策和文化传统。前者是指患者在决定自己的临终过程和条件上拥有高度的自主权和控制力，如能够选择死亡的时间和方式，这包括患者的生理健康状况能够允许患者进行自主决策，且患者在心理上更关注自身的主观体验。后者是指患者在临终过程中由于健康状况限制无法进行自主决策，只能由其家属代为决策；或患者本身对"善终"的定义更偏向传统文化、家庭社会的价值观取向。

维度2：临终时间跨度。由于患病后的具体剩余寿命取决于疾病类型、

---

[1] 曾纪丽、胡芬、罗丹、徐丹丹、李朝阳、程晓琳、柯苏苏：《专业照护人员对"善终"看法的Meta整合》，《中国护理管理》2020年第5期。

[2] 张锦欣、王云岭、吕晓燕、曲越、史翔婷、曹英娟：《社会角色视域下的优逝期望研究进展》，《中国护理管理》2019年第7期。

分期、治疗方案和患者整体健康状况等多种因素，因此对死亡无法进行精确预测，本研究参考世界卫生组织（WHO）、美国医学学会（AMA）对于疾病状态的相关定义，以及美国癌症协会（ACS）发布的TNM癌症分期系统，将临终时间跨度分为长临终阶段和短临终阶段两种。长临终阶段是指患者在被诊断为不可治愈的晚期疾病后，生命预期为数月甚至数年，该阶段从患病到死亡的时间跨度较长，并且死亡的轨迹可以预测，此时患者通常有更多的时间思考死亡和面对自己生命的终结；同时，医护人员和家属在这个阶段也有更多的时间和机会来满足患者的需要和愿望。短临终阶段是指患者在被诊断为不可治愈的终末期疾病后，生命预期仅剩几天到几周，也包括患者病情短时间内快速恶化或突发性死亡等死亡轨迹不可预测的情况，此时的善终更关注如何保持患者的尊严和丧葬礼仪。

通过这两个维度，可以将善终划分为以下4种类型，如图3-7-2。

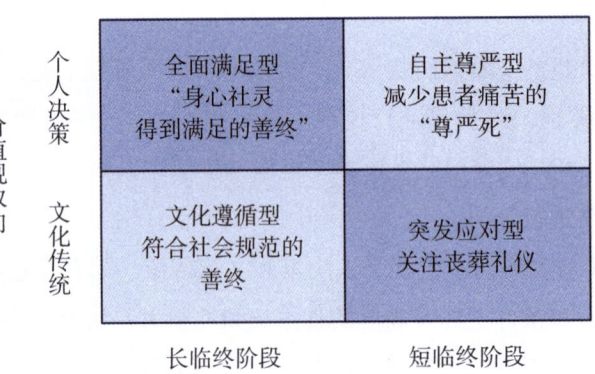

图 3-7-2 善终的整合类型

（一）全面满足型善终（Holistic Satisfaction Death）

全面满足型善终，即患者"身心社灵"都得到满足的善终。患者能够进行自主决策，更关注自身的主观体验；并且在较长的临终阶段中，患者的需要能够得到全方位的满足，包括生理、心理、社会以及灵性需要层面。

从生理需要层面来看，它包括病症控制与痛苦最小化、日常生活能够得到专业照护和支持。在临终阶段,治疗已不是第一要义,避免过度医疗,减轻疼痛,使患者尽可能舒适度过末期才是最重要的。这不仅是患者本人的期待,"我别的不怕,最怕疼"①;也是患者家属的期待,"当你看到亲人到了这个地步……重点就是她能感觉舒服点、痛苦减轻点"②;同时也是医护人员的期待,"我们科室对于临终患者疼痛的控制还做得不够,比如说止痛药的剂量应该可以酌情增加"③。此外,由于医疗资源的不足和人口老龄化程度的加深,人均医疗资源往往供给不足;同时临终患者由于病痛经常面临日常生活无法自理的情况。因此,对于善终的认知在生理需要层面还表现为能够得到专业的照护,以确保他们临终时的生活质量能得到维持和提升。例如,癌症晚期营养失衡发生率高达40%—80%,这将会加速器官衰竭,因此需要充分补给营养。

心理需要层面是指对死亡的平和接纳与心愿的实现。面对死亡时,能保持平和接纳的积极心态,对死亡不存在恐惧和焦虑情绪也是善终的体现。同时,心愿的实现也是善终的重要组成部分。人们常常希望在生命的最后阶段能够完成心愿、弥补遗憾,如"不留遗憾最好,家人也好,亲朋也好,有些挂念的事儿,需要办的都办好了"④。在接纳死亡和实现心愿后,个体能够在心理层面上更好地面对生命的终结。

社会需要方面包括能够在熟悉的环境和陪伴关怀的氛围中离世。陪伴和关怀是高频词,患者在得知病情和治疗过程中,内心起伏波动,多种情绪交织,此时需要倾诉和他人理解开导,这种关怀不仅来自家属,也需要医患之间良好的沟通,医护人员的鼓舞和支持。病友之间的谈心也能缓解患者的焦虑情绪,彼此加油打气、日常关心使双方避免长期陷在低沉的情绪当中。此

---

① 刘小红、吴梅利洋、邱林凤、陈凤菊、曾铁英:《恶性肿瘤临终患者善终认知的质性研究》,《护理学杂志》2016年第3期。

② 徐丹丹、曾纪丽、吴艳梅、李朝阳、胡芬:《生命末期患者及家属对"善终"看法的Meta整合》,《医学与哲学》2020年第1期。

③ 卢小丽、陈弟洪、余亚希:《ICU护士对临终关怀认知和行为的质性研究》,《护理学杂志》2017年第5期。

④ 孙荣、王艳晖、董凤齐、郑瑞双:《终末期癌症患者对优逝需求的质性研究》,《中国慢性病预防与控制》2020年第11期。

外，很多患者也表明，希望能够在家中而不是医院去世，在熟悉的环境中度过生命最后的时间能够满足临终者对于归属感的需要。

在精神、灵性需要方面，有患者认为宗教信仰能起到优逝的作用，如基督教的与上帝和平相处和佛教的因果轮回能给患者带来思考，寻求慰藉。这一观点在医生中也得到了佐证，有医生认为患者在确诊时由于没有信仰支撑，内心空洞无力，因此需要宗教信仰作为支点给予他们精神抚慰。对于无宗教信仰的患者，他们期望获得死亡教育，帮助他们学会自我开导，达到内心的和平，从而安然度过晚期。

（二）自主尊严型善终（Autonomous Dignified Death）

自主尊严型善终，即患者的健康状况允许患者能够自行决策治疗方式、死亡方式等，但由于临终时间跨度较短，患者难以甚至无法获得心理、社会和精神层面的满足，此时只能关注尊重患者的决定，维护患者的尊严。

提到尊严，本研究在进行文献梳理时，发现不同人对于尊严理解不一。如有的患者认为尊严离世就是临终时面容保持完整、心态良好以及不过度治疗；有些人认为尊严离世是参与自己治疗决策，拥护自己的死亡权利，这与生命权一致。因此尊严对每个人来说理解不同，一个人是否感到尊重取决于他内化后的主观感受，不同的生活经历以及价值观都会导致对尊严的理解产生差异，不能一概而论。2020年颁布的《中华人民共和国民法典》首次将"尊严"写进第1002条的生命权条款中，"自然人的生命安全和生命尊严受法律保护"，其实也表明尊严离世的本质是在维护生命尊严，核心要素意味着对人的主体性的尊重，体现在给予患者自我决定的空间。

因此笔者倾向于认为，临终时的尊严是给予患者对自我生命的决定权和选择权，能够对生存状态、死亡方式进行选择。当他的意见被人采纳和听取，那么这个人就有了被关心和尊重的感觉。

（三）文化遵循型善终（Culturally Conforming Death）

文化遵循型善终，即符合社会文化的善终，善终过程主要由文化规范指导，决策时可能较少考虑个人的特殊需要，更多反映社会和文化的期望。

第一,对生命终点的极限追求。对于中国人而言,死亡一直是讳莫如深的话题。位于偏远地区的农村居民认为活到一定岁数即为善终。如"不到60还不算老人,死掉就没有意思的"①;"而五十几岁的中年人去世,虽然不至于说是凶死,但也很难说是善终"②。同时,中国传统文化强调生命的珍贵,这体现在诸如"好死不如赖活着"的谚语中。受社会文化和求生本能的影响,人们会在临终时更加渴求延长生命进程。最后,患者家属受"孝文化"的影响,认为长辈生病不尽力救治的做法有悖于孝道。如"对于家庭照顾者而言,由于死亡是家庭'禁忌话题',加之过分注重孝道……维持和延长充斥着痛苦的生命"③。

第二,强调实现生命的人伦价值和社会价值。中国传统文化不仅强调生命的珍贵,而且关注生命的质量和延续性。同时中国人的生命观更倾向于集体主义。因此,许多个体将实现人生价值以及被社会认可视为实现善终的基本前提,如"在中国的文化传统中……他们都希望在生命结束时获得社会、伦理的最高评价"④。此外,如成功生育后代并抚养子女成人、目睹子女结婚成家等,这些人伦价值的实现也被视为实现善终的重要条件之一,如"一个人只有完成了正常的家庭生活,履行了家庭责任,才算实现了善终"⑤。

第三,不对家属造成负担。善终还包含不给亲属造成沉重的经济负担或照护负担。这种观念源于中国人对家庭责任和社会义务的认识,认为善终不仅涉及个体本身的舒适与尊严,也包括对家人福祉的关注和尊重。这些个体期望政府能够加大医疗保险的报销力度,社会能够提供更多的经济支持与照

---

① 方静文:《体验与存在——一个村落长期慢性病人的病痛叙述》,《广西民族大学学报(哲学社会科学版)》2011年第4期。
② 余成普:《社区参与、家庭责任与慢性病人的道德生活——基于一个侗寨的调查》,《西北民族研究》2020年第2期。
③ 刘彦权、曾小五、唐焕文:《生命优逝与临终关怀之哲学思辨》,《医学与哲学》2023年第2期。
④ 张容南:《好的死亡为何重要——西方生命伦理学与儒家伦理对话的可能》,《道德与文明》2022年第1期。
⑤ 尚海明:《善终、凶死与杀人偿命——中国人死刑观念的文化阐释》,《法学研究》2016年第4期。

护资源。

（四）突发应对型善终（Crisis Response Death）

癌症的死亡具有相对可预测的轨迹和可预测的症状，而急病的不可预测轨迹使善终复杂化，如脑出血、心梗、脑梗等，这种具有突发性质的死亡使得患者、患者家属及其医疗从业者面临较短的临终阶段。当突如其来的死亡使患者及其家属缺乏应对计划时，善终主要体现为逝世后对传统仪式的重视。

首先，从逝者层面来说，社会和文化要求逝者肢体完好、身体干净整洁——"寿终正寝、肢体完好且死于屋内的属于'达汝'"[1]；逝者是自然死亡，不能死于自杀或他杀——"在村寨，人们不愿意提及自杀事件，既因为自杀在这里甚少发生，也因为它被看成大凶之兆"[2]。

其次，中国自古以来都非常重视丧葬文化，隆重的葬礼不仅是对逝者的尊重和纪念，也能够帮助逝者的亲友缓解悲痛、释放情感。"善终"在中国情境下，也包括能够为逝者举办一个体面的葬礼，其内涵包括：（1）复杂细致的丧葬仪式——"生者的面子往往通过对死者的殡葬仪式体现出来"[3]；（2）社会关系的表达——"逝者的殡葬活动……发挥着凝聚家族和基层自治的重要作用"[4]；（3）经济的考量——"丧葬费用属于为短短的存活时间画上终止符号的一笔较大支出……户籍身份为农村居民的患者而论，丧事及安葬费用支出的平均水平为16866元。以户籍身份为城镇居民的患者而论，丧事费用支出的平均水平为33079元"[5]。

---

[1] 蒋欢宜、周忠华：《湘西苗族"仇滚伽"仪式灵魂观念及其功能解析》，《宗教学研究》2018年第1期。

[2] 余成普：《社区参与、家庭责任与慢性病人的道德生活——基于一个侗寨的调查》，《西北民族研究》2020年第2期。

[3] 郭林：《中国殡葬服务：核心问题与发展思路》，《社会保障评论》2020年第3期。

[4] 薛云珍、马婷、王偌敏、李丽珠、周旻：《积极老龄化背景下我国老年人善终现状及启示》，《护理学杂志》2021年第14期。

[5] 景军：《大渐弥留之痛与临终关怀之本》，《中央民族大学学报（哲学社会科学版）》2021年第3期。

五、讨论

通过对相关文献的整理总结，可以发现尚未形成对于"善终"的普适性定义。但通过将中国社会文化情境下的善终归纳为四种类型，即全面满足型、自主尊严型、文化遵循型和突发应对型，有助于理解其内涵。首先，全面满足型与自主尊严型的善终与国外相关文献和世界卫生组织所定义的善终存在共性。这两种类型的善终强调对患者个体需要的尊重和全面满足。它们涵盖了生理需要层面的疼痛最小化和症状控制，心理需要层面的平和接纳、心愿实现和尊严维护，社会需要层面的关怀与陪伴，灵性需要层面宗教信仰的作用。这都是人本主义思想和人文关怀的体现。

其次，文化遵循型和突发应对型的善终则反映了中国社会文化情境的特殊性，是中国的社会价值观和传统文化规范共同塑造的结果。包括了对生命终点的极限追求、实现生命的人伦价值和社会价值、不给家属造成负担、对丧葬礼仪和仪式的重视，这些对于善终的定义凸显了家庭和集体责任感，以及对仪式和礼节的看重。

因此，在临终关怀和实现善终的过程中，应综合考虑患者"身心社灵"四个方面的需要，以及社会规范和文化仪式的需要。通过强调全面关怀、尊重个体意愿和符合社会规范的方式，可以提高中国的整体死亡质量，推动善终进步。具体而言，可以从以下三个方面做出改善。

（一）完善安乐死法律法规，试行生前预嘱

安乐死起源于国外，自引进国内对它的争论便从未停歇，呼声大致分为两派：一派为拥护个人权利，尊重个人意愿，更加注重生命质量和意义的自由主义派；另一派认为生命神圣不可侵犯，每个人的生命都有一定的价值，并且人道主义精神体现为对生命更加宽容，越是弱者越需要尊重，以此维护自我的尊严。① 从人权方面来讲，我们在谈论死亡权时就联想到生命权，认为死亡权和生命权是相互独立的关系，这其实是失之偏颇的，大部分人将生

---

① 张玉堂：《我们有死的权利吗——对安乐死争论的法理学思考》，《法学》2001年第10期。

命权等同于生存权,所以在这一认知下,死亡权和生命权就成了对立关系,然而生命包含了生存和死亡这两种状态,它们互生互存、彼此超越构成了生命,因此死亡权也是生命权的应有之义,①人们有权利选择偏好的死亡方式。同时笔者认为,选择死亡方式的话语权最终还是归属于患者本人,即使身边围绕许多支持陪伴的人,但届时也只有患者一人独自面临死亡,因此患者的意愿才是最关键、最值得考虑的。在解决死亡权利这一核心问题后,探讨安乐死立法又面临许多法律问题。

在患者已丧失判断能力之时,决策权就转移到了医生和患者家属身上。医生的职业理念即不能放弃患者生命,若授权医生可以主动为患者采取致死措施,就从根本上动摇了原先医生据以取得救治权的逻辑基础。患者家属代理患者作出安乐死决断时,其在民法上违背了代理人的合法行为是代理某种利益,而此时的"利益"即患者的生命,采取安乐死是在剥夺生命,因此法律须对此行为进行制止和管控。② 由于主体采取行为的意图难以定夺,行为界限模糊不清,因此安乐死的授权行为存在较大的法律隐患,立法之路道阻且长。

安乐死合法化还有待各方论证,但在此之前我国已有可替代或具有同样效果的做法——生前预嘱。在"选择与尊严"网站推出的《我的五个愿望》"生前预嘱"范本中,包含以下几个问题:我要或不要什么医疗服务;我希望使用或不使用生命支持治疗;我希望别人怎么对待我;我想让我的家人和朋友知道什么;我希望谁帮助我。这些问题可以引导帮助人们思考对死亡的认识和偏好,在意识清醒时安排自己的临终治疗决策。但是生前预嘱也需要符合严格的条件,首先为了确保是患者本人的意愿,要在患者意识清醒且自愿自主的情况下签署文件,如果自身不便签字等,需要他人代签并有第三人在场作证;其次患者放弃治疗的前提是在病情确实无法逆转、只能维持生命体征的情况下,因此医疗机构需要给出权威的医学判断。③

---

① 任丑:《死亡权:安乐死立法的价值基础》,《自然辩证法研究》2011年第2期。
② 张玉堂:《我们有死的权利吗——对安乐死争论的法理学思考》,《法学》2001年第10期。
③ 睢素利:《对生前预嘱相关问题的探讨》,《中国卫生法制》2014年第2期。

（二）加大对患者"身心社灵"方面的支持

通过文献研究得出，满足"身心社灵"四个方面需要几乎是患者、家属和医护人员对善终的共识，对身体方面的控制是最表面也最好观察到的，但"心、社、灵"这三个方面不仅是患者生病当下的及时需要，也反映了患者长久以来对死亡的认知与态度，然而大部分患者在生病前并未深入思考过死亡，所以在突然面临死亡时充满恐惧与排斥，而不能妥善规划所剩不多的时日，因此死亡教育对于临终患者而言至关重要。

在患病末期，治疗已不是第一要义，此时的患者更需要心理、精神上的关怀与支持，以更开阔的视野面对死亡，并且由死观生度过这一时期。死亡教育的目的并非让所有人塑造统一的死亡观，而是尊重并承认差异。它通过各种方式帮助人们认识到生死是自然规律，努力减轻生命末期群体的恐惧心理，提倡尊严死亡，并且重塑人生价值感，帮助完成未竟的心愿。如果人们从小就接触死亡教育，在生命的各个阶段、对各个人群都进行死亡知识的普及，那么人们对死亡就不再避讳，可以更好地谈论生死，珍惜当下。医务人员有正确的死亡观才能将心比心地对待临终患者，了解他们的诉求，尊重他们的意愿[1]；家属接受死亡教育才能在陪伴患者时，更好地进行交流，而不是避之不谈，未能了解患者的真实心愿，以及在患者无法自主决策时抱着愧疚和负罪感不知作何治疗选择。

（三）做好社会规范与文化仪式更新与引导

随着时代的发展与进步，许多传统话语已经不太符合当代情境，所谓"取其精华，去其糟粕"，在新时代善终定义上也同样适用。传统文化的裹挟限制着人们面临死亡时的思考，有些患者或家属对死亡讳莫如深，不愿意考虑死亡及死亡后的事情，或者信奉"好死不如赖活"这样的话，一味地接受无法逆转病情的侵入性治疗，徒增痛苦且耗损意志，让患者在临终时不能体面离去，直观来看并非"善"终。但仔细思考"好死不如赖活"作为一个具

---

[1] 关晓清、王希超、于秀华、关琰珠：《从死亡教育助推尊严死亡——提高老年人生命末期质量》，《中国老年学杂志》2019年第23期。

有时代性的语言，在以往医技水平较低，对许多疾病束手无策时，便意味着患者自然死亡，不主动结束生命，其含义与当今临终关怀的宗旨是一致的，因此在现代医学情境中不能简单理解为盲目选择通过治疗来延长死亡过程。医学技术水平的快速发展也是一把双刃剑，让人们有更多治疗的选择，给予人们生存希望的同时，干预人类生命与死亡过程的能力也极大增强，甚至可以使人"求生不能、求死不得"，从而陷入"不得好死"的尴尬生存境地[①]。因此对善终的探讨不能仅关注生命长度，应该扩展到生命的各个维度，包括生命的宽度、厚度，多维度的融合才构成了人本身，所以更应该关注患者在不同阶段的需要，从心理、情感上给予更多抚慰开导，真正听从患者意愿，尊重患者决定，才能做到尽"善"。

同时，与死亡相关的仪式在一定程度上能够缓解死者亲属的悲伤情绪。葬礼的庄重性、集体性、仪式感能够为死者家属提供一种宣泄情感、表达哀思的方式，举行这些仪式不仅符合中国情境下善终的内涵，也能使死者亲属得到社会和家庭的支持和安慰。然而，部分丧葬仪式由于文化或宗教的要求而过于复杂烦琐、花费过大，这样的程序不仅耗费大量的时间资源，还会增加亲属的经济和心理压力。因此，在兼顾对逝者的尊敬与纪念、缓解逝者亲属悲痛的基础上，应对仪式进行适当的简化和现代化。

作者：徐彪，南京大学政府管理学院教授、博士生导师；邵轶凡、张颖，南京大学政府管理学院硕士研究生。

主要参考文献

1. 陈小梅，吴小节，汪秀琼，蓝海林．中国企业逆向跨国并购整合过程的质性元分析研究．《管理世界》2021年第11期

---

① 叶嘉慧、杨智慧、张立力：《肿瘤科医护人员对病人优逝认知的质性研究》，《护理研究》2017年第18期。

2. 郭林 . 中国殡葬服务：核心问题与发展思路，《社会保障评论》2020年第 3 期

3. 景军 . 大渐弥留之痛与临终关怀之本 .《中央民族大学学报（哲学社会科学版）》2021 年第 3 期

4. 李繁荣，游雪梅，唐如冰，赵凤娟，林景 . 恶性肿瘤患者对善终认知的 Meta 整合 .《护理学杂志》2023 年第 6 期

5. 刘彦权，曾小五，唐焕文 . 生命优逝与临终关怀之哲学思辨 .《医学与哲学》2023 年第 2 期

6. 曾纪丽，胡芬，罗丹，徐丹丹，李朝阳，程晓琳，柯苏苏 . 专业照护人员对"善终"看法的 Meta 整合 .《中国护理管理》2020 年第 5 期

7. Alicia Krikorian, Camilo Maldonado & Tania Pastrana . Patient's Perspectives on the Notion of a Good Death : A Systematic Review of the Literature. *Journal of Pain and Symptom Management*, 2020:59 (1)

8. Andrea Bovero, Francesco Gottardo, Rossana Botto, Chiara Tosi, Marta Selvatico, Riccardo Torta . Definition of a Good Death, Attitudes Toward Death, and Feelings of Interconnectedness among People Taking Care of Terminally Ill Patients With Cancer: An Exploratory Study. *American Journal of Hospice and Palliative Medicine*, 2020:37 (5)

9. Y. N. Batzler, N. Stricker, S. Bakus, M. Schallenburger, J. Schwartz, M. Neukirchen. Implementing Spiritual Care Education into the Teaching of Palliative Medicine: An Outcome Evaluation. *BMC Medical Education*, 2024:24 (1)

10. Emily A. Meier, et al. Defining a Good Death (Successful Dying): Literature Review and a Call for Research and Public Dialogue. *The American Journal of Geriatric Psychiatry*, 2016:24 (4)

老年教育赋能银发经济发展的逻辑理路和实践路径

周振华　朱文静

一、引言

银发经济是指向老年人提供产品或服务，以及为老龄阶段作准备等一系列经济活动的总和，具有涉及面广、产业链长、业态多元等特征。[①] 我国已进入深度老龄化社会，截至 2023 年底，我国 60 岁及以上人口为 29697 万人，占全国人口的 21.1%；其中 65 岁及以上人口为 21676 万人，占全国人口的 15.4%。在老年人口总量大且数量不断增加的当前社会背景下，银发经济有巨大发展潜力。发展银发经济是增进民生福祉的坚实支撑，也是推动经济社会高质量发展的新支点。2024 年初国务院办公厅印发的《关于发展银发经济增进老年人福祉的意见》中明确提出，为积极应对人口老龄化，培育经济发展新动能，提高人民生活品质，未来要加快银发经济规模化、标准化、集群化、品牌化发展，培育高精尖产品和高品质服务模式，让老年人共享发展成果、安享幸福晚年，不断实现人民对美好生活的向往。

[①] 国务院办公厅：《国务院办公厅关于发展银发经济增进老年人福祉的意见》，中国政府网，2024 年 1 月 11 日，https://www.gov.cn/zhengce/zhengceku/202401/content_6926088.htm。

老年教育是以老年人为教育对象，以促进老年人的全面发展和社会的可持续发展为目的的各种教育活动的总和。老年教育不仅是老龄文化产业的重点领域，也是联结银发经济需求侧和供给侧的枢纽。老年教育的普及和发展能够提高老年群体生产、消费的能力和意愿，不断促生新的需求增长点，为银发经济的长期可持续发展奠定坚实基础、提供不竭动力。因此，厘清老年教育赋能银发经济发展的逻辑、困境和路径有着重要的理论价值和实践意义。

二、文献回顾

我国老年教育始于1983年，至今已有四十年发展历程，其内涵和意义随老年群体特征的变化和社会发展而不断扩充。现阶段，老年教育不仅是丰富老年人生活、促进老年人身心健康和全面发展的途径，也是推进银发经济发展的重要切入点。① 作为人力资本挖掘渠道的老年教育能够为老年群体继续参与劳动、拓宽收入来源创造有利条件，支撑老年人和社会经济同步发展。② 作为认知提升和社会参与手段的老年教育能够激发老年人文化消费潜能，加强老年人的社会参与程度。③ 同时，作为一种用户留存时间相对较长的文化消费方式，老年教育既能够帮助老年人获取关于基础生理需求、生命质量提升、情感需求、自我价值实现等方面的知识技能，又能够提供产业链上下游的相关机会，推进综合性产业生态网的构建。

银发经济的概念最早在20世纪70年代初出现于日本，指为50岁以上富裕人群提供产品和服务的细分市场，以及为企业提供适应劳动力老龄化趋

---

① 张春江、侯焱华、王洁：《老年教育服务中国式现代化建设：价值、机理与路径》，《高等继续教育学报》2023年第5期；金光照、陶涛、刘安琪：《人口老龄化与劳动力老化背景下中国老年人力资本存量与开发现状》，《人口与发展》2020年第4期。
② 金光照、陶涛、刘安琪：《人口老龄化与劳动力老化背景下中国老年人力资本存量与开发现状》，《人口与发展》2020年第4期。
③ 岳圣元：《在线老年教育促进银发经济的机理与路径》，《天津电大学报》2024年第2期。

势的解决方案。①21世纪初，银发经济的概念在欧洲得到认同，欧盟国家开始采用银发经济的概念指代与人口老龄化及50岁以上人口特定需求相关的公共和消费者支出所产生的经济机会的总和②。狭义的银发经济关乎扩大相关产品和服务的市场以满足老年消费者不断增长的购买力，广义的银发经济还包括提高法定退休年龄、鼓励老年人参与志愿服务、保持积极的公民身份继续参与生产性活动等。③在更早进入老龄化的国家中，老年教育和老龄化相关的教育是银发经济发展中的重要板块。就需求侧而言，老年人闲暇时间参与教育学习活动的意愿较高，2001年数据显示，德国60—69岁老年人平均每天有4%的时间用于教育和学习活动；2006年调查指出，教育和兴趣爱好是日本婴儿潮一代（出生于1947年—1949年）退休前后的第二大消费领域，金额达109亿美元，仅次于住房及相关行业。④从供给侧而言，企业等市场主体开展与老龄化相关的教育培训项目有助于加深其对银发经济中潜在机会的认识，使其对参与银发经济保持开放、积极的态度。⑤

在国内研究中，银发经济和老年教育都是积极应对人口老龄化、满足老年人美好生活需要的重要途径。老年教育是发展银发经济的重要任务之一⑥，

---

① Klimczuk A. Silver, "Creative, and Social Economies as Positive Responses to Population Ageing," in *Economic Foundations for Creative Ageing Policy: Volume I Context and Considerations*, New York: Palgrave Macmillan US, 2015, pp.75-107.

② F. Bran, M. L. Popescu, P. Stanciu, "Perspectives of Silver Economy in European Union," in *Revista de Management Comparat International*, 2016:17(2), p.130.

③ A. Klimczuk, "Comparative Analysis of National and Regional Models of the Silver Economy in the European Union," in *International Journal of Ageing and Later Life*, 2016:10(2), pp.31-59.

④ F. Kohlbacher, C. Herstatt, "The Silver Market Phenomenon: Marketing and Innovation in the Aging Society," in *Springer Science & Business Media*, 2010.

⑤ H. McGuirk, L. A. Conway, N. Lenihan, "Awareness and Potential of the Silver Economy for Enterprises: A European Regional Level Study," in *Small Enterprise Research*, 2022:29(1), pp. 6-19.

⑥ 曾光、佟景泉、黎新华：《人工智能赋能老年教育模式变革的表征、动因与路径》，《教育与职业》2024年第13期。

有促进老年人个体收入增长和提振老年消费市场的双重作用①。2016年，国务院办公厅发布的《老年教育发展规划（2016—2020）》已指出，要促进老年教育与相关产业联动，扩大老年教育消费，发掘与老年教育密切相关的养老服务、旅游、服装服饰、文化等产业价值，促进生活性服务业提档升级，拉动内需，推动投资增长和相关产业发展。围绕老龄化社会经济转型与老年人文化需求提升的目标，本文将以现有文献为起点，分析老年教育与银发经济发展的内在理路，探讨老年教育赋能银发经济发展的现实困境，在此基础上提出具有可行性的实践路径。

三、老年教育赋能银发经济发展的逻辑理路

（一）重塑文明形态：老年教育赋能银发经济发展的价值逻辑

"老龄文明"将老龄化视为人类文明进步的重要体现，是以老龄化为人类文明的生命气象、生命气质以及与之相对应的文明形态。② 以人为本，尊重和关爱人的生命本性，培养人的个性和社会属性，关注人的全面持续发展是教育的应有之义。③ 老年教育赋能银发经济发展有助于重塑以中青年为主体和中心的文明定势，深入推进"老龄文明"战略理念，为银发经济注入人文关怀。老年教育能够从三方面将"老龄文明"融入银发经济，提升银发经济的社会感染力：

第一，彰显老年人生命的本质价值。"老龄文明"的要义在于肯定老年人作为社会参与主体的地位，要求社会随着人口结构的变化而转变，以达到新的文明境界。④ 作为一种价值引领活动，老年教育不仅承担保护老年人尊严免受教育和其他外在因素伤害的任务，也肩负引导老年人追求有尊严的生

---

① 张春江、侯焱华、王洁：《老年教育服务中国式现代化建设：价值、机理与路径》，《高等继续教育学报》2023年第5期。
② 老龄文明智库编著：《老龄文明蓝皮书2022》，江苏人民出版社2023年版，第23页。
③ 姚姿如、杨兆山：《"以人为本"教育理念的意蕴》，《教育研究》2011年第3期。
④ 老龄文明智库编著：《老龄文明蓝皮书2022》，江苏人民出版社2023年版，第12页。

活的责任。①以老年教育赋能银发经济发展，一方面可以帮助老年人理性认识自身价值，发展抵御社会偏见的精神力量，超越社会建构的老化预设，从而保持自由自主的生活状态；另一方面有助于推动社会观念从关注老年人的脆弱性和依赖性，转向注重老年人的发展性和主体性，推进社会对老年人尊严和价值的承认。第二，维持老年人的社会身份，满足老年人的精神需求。在以生产者和消费者为人之首要社会身份的当下②，为老年人提供继续接受教育、参与文化生产消费活动的机会，有助于维护老年人的社会身份，使其获得社会身份认同感和自我价值感。第三，促进老年人的全面发展。作为一种使人有意识地生成自我的独特劳动方式③，老年教育能够通过认知和技能的提升引导老年人实现自我超越和全面发展，从而有能力继续参与社会经济文化发展进程。由此可见，以老年教育赋能银发经济发展有助于明确老年人作为社会主体的地位，推动银发经济牢固树立以人为本的本质目标④，将产业发展的底层逻辑从"借助银发经济风口快速盈利"转向"在老龄化社会中持续发展"。

（二）培育发展动能：老年教育赋能银发经济发展的知识逻辑

加快转向需求结构合理、产业结构平衡以及科技进步、管理创新和劳动者素质提高的经济发展方式，对提高人民生活质量、丰富人民的社会文化生活有重要意义。⑤教育能够在加快推进经济发展方式转型中发挥重要作用，是化解经济快速发展带来的社会矛盾、协调不同群体之间的利益关系、促

---

① 胡友志：《实现有尊严的教育生活：一种教育正义论框架》，《苏州大学学报（教育科学版）》2019年第2期。
② ［英］齐格蒙特·鲍曼：《工作、消费主义和新穷人》，郭楠译，上海社会科学院出版社2021年版。
③ 程从柱：《论教育可能性的人学存在论基础——基于马克思人的"类本质"思想的考察》，《高等教育研究》2021年第10期。
④ 何显明：《中国式现代化语境下的"人文经济学"》，《浙江社会科学》2024年第6期。
⑤ 彭俞超、张雷声：《改善民生与转变经济发展方式》，《社会科学战线》2015第1期。

社会和谐稳定的主要措施之一。① 老年教育能够从三个层面赋能银发经济的发展：第一，老年教育具备支持性、补偿性，有助于提高弱势群体的生活质量和发展能力、推动资源均衡分配。老年教育能够通过低筛选、低门槛的教育模式服务于全体老年人。扩大老年教育资源供给，促进教育资源区域间均衡分配有助于缩小区域间的教育水平差距，提高更多地区老年群体对文化消费的认知，从而在更大范围内提升老年群体对老龄文化产业的认同度和文化消费需求，因此老年教育能够在对经济、社会和文化资源的二次分配中缩小群体间差距，增进社会公平的作用突出。② 第二，老年教育是老年人更新知识技能结构、提升自身素养与市场需求的匹配度、拓宽就业信息获取方式的必要路径。开展老年教育能够通过提升人力资本激活老年人的生产潜力，使老年人在更长的时间内保持经济活动和生产力。第三，发展老年教育有助于扩大内需，促进银发经济供给结构调整。老年教育本身即一种发展型、享受型需求。老年人对各类教育和培训项目的参与，一方面能够直接提升其文化及相关用品的消费水平，提升非刚需消费在总消费中的比重。另一方面，老年教育能够通过传播有价值的知识技能、促进社会参与和同辈交往吸引并维护目标受众，以提高老年人对专业化、个性化产品和服务的消费意愿，唤醒老年人潜在的多元化消费需求。由此可见，以老年教育赋能银发经济的发展有助于推动发展方式的转型，改善银发经济的产业结构，增强经济发展的包容性和社会效益。

（三）转变发展模式：老年教育赋能银发经济发展的融合逻辑

将社会和谐稳定、人民幸福感和生活质量提升作为经济发展的核心目标，推动人文和经济的融合发展是人文经济的本质属性。③ 化解经济快速发展带

---

① 何菊莲、袁永逸、李军：《教育对经济发展方式转变的贡献：测量与评价——来自全国的经验证据（1995—2014）》，《教育与经济》2017 年第 2 期。
② 黄健、吴真：《教育公平视域下老年教育的发展研究——基于上海老年教育的一项实证研究》，《当代继续教育》2016 年第 2 期。
③ 徐政、吴晓亮：《人文经济助推共同富裕：内在逻辑与实践路径》，《西南民族大学学报（人文社会科学版）》2024 年第 3 期。

来的社会矛盾、协调不同群体之间的利益关系、促进社会和谐稳定是教育在加快推动经济发展模式转型中的主要作用。[1]老年教育能够以维护社会公平、促进代际融合和弥合数字鸿沟为切入点转变文化产业的发展模式，提升银发经济的发展生命力。

第一，老年教育有助于维护社会公平，彰显老龄文化产业的社会担当。老年教育与其他年龄段教育的本质区别在于其目标立足于丰富生活、陶冶情操、资源共享和人文关怀，而非选拔和培养精英，因此能够在缩小老年群体间差距、增进社会公平中发挥突出作用。[2]老年教育与银发经济、老龄文化产业的有机结合能够提高教育资源配置效率，促进文化资源均衡分配，保障老年人的文化权益，从而增强银发经济的社会效益和影响力，吸引政策支持和社会资本投入。第二，以老年教育赋能银发经济也有助于促进代际融合，提升社会凝聚力。老年教育是终身教育体系的重要组成部分，涵盖多维度、多层次的内容和多样化的开展形式，能够服务全年龄段人群的文化需求。现阶段，以"全龄皆可用"来弱化老年人特殊性、避免年龄歧视的通用设计理念已逐渐成为国际老龄产业的发展趋势。[3]在此背景下，通过老年教育推动老龄文化产业的发展，有助于搭建代际互动平台，形成多代共融的文化体验和价值认同，从而促进不同年龄群体的交流合作。第三，老年教育有助于弥合数字鸿沟，推动老龄文化产业数字化转型。老年教育是提高老年人数字素养和技术应用能力的主要途径。以老年教育为基础发展老龄文化产业有助于弥合数字鸿沟，激发老年人数字文化生产和消费的潜力，推进文化数字化战略的实施。[4]

概言之，以老年教育赋能银发经济发展有助于老年人参与助力新发展动

---

[1] 何菊莲、袁永逸、李军：《教育对经济发展方式转变的贡献：测量与评价——来自全国的经验证据（1995—2014）》，《教育与经济》2017年第2期。

[2] 黄健、吴真：《教育公平视域下老年教育的发展研究——基于上海老年教育的一项实证研究》，《当代继续教育》2016年第2期。

[3] K. Carr, P. L. Weir, D. Azar, et al., "Universal Design: A Step Toward Successful Aging," in *Journal of Aging Research*, 2013.

[4] 臧志彭、陈美欣：《文化数字化战略能力跃迁机理及其实现路径研究》，《西南民族大学学报（人文社会科学版）》2024年第6期。

能的培育,从而增强银发经济持续自我更新的内生动力,改善银发经济长期发展的外部生态。

四、老年教育赋能银发经济发展的现实困境

(一)精神层面教育不足阻滞老年人思维行动转变

面对老龄化时代的新文明形态,个体和社会都需要从根本上进行转型。个体需要调整自我理解和人生规划,把老年生活视作需要构建的意义空间;社会经济架构需要转变发展逻辑,以回应老龄文明的要求。① 当前老年教育在促进老年人精神发展中的相对缺位,以及现有关于老年人精神发展的教育活动在目标设置、内容传授和实践指引方面的不足,共同导致老年教育无力增强老年人的参与意识,从而未能推动文化产业适老化发展。

第一,精神教育目标的局限性制约老年人主体意识的提升。主体意识指主体能充分认识外界、自我,以及外界与自我的关系,并能够主动参与现实生活,在实践中不断改造世界和自我教育的意志和能力。② 提升老年人的主体意识是支持老年人参与老龄文化产业的关键。然而,由于当前老年教育在精神层面的目标集中于为老年人提供精神慰藉、促进老年人的心理健康,缺乏对老年人主体意识的培养,相关理论探讨和实践活动主要关注丰富老年人的文娱生活、预防和化解老年人心理健康问题。③ 此类教育活动虽然有助于消解负面情绪,帮助老年人保持积极的生活状态,但更多侧重于通过休闲活动加强老年人与社会的联结,而非引导老年人重新定位自身社会角色、发现自身主体价值。

第二,精神教育内容的浅表化阻碍老年人思维模式的转变。思维模式是关于自身和世界的假设,对个体的感知、思考、感受和行动有指导作用。以

---

① 武小西:《数智时代老年人的能动性建构研究——以护理机器人为切入点》,《道德与文明》2024 年第 1 期。
② 胡江霞:《学生主体意识的唤醒与培植》,《中国教育学刊》2011 年第 2 期。
③ 陈兰双、宋莉莉、张镇:《老年教育与心理健康:实证、理论和机制》,《中国临床心理学杂志》2023 年第 5 期。

固定型思维对待衰老容易使得老年人将关于老化的刻板印象内化为消极的自我认知，催生"自我诱发的依赖"和"无能的幻觉"①，从而形成依赖他人支持、不愿参与生产、抵触新鲜事物的行动模式。以成长型思维对待衰老则能够激励老年人探索、尝试并持续实施有助于他们成功老龄化的行为习惯。②目前老年精神教育内容主要集中于传播积极老龄观、开展生命关怀教育，未能触及老年人思维模式的重塑。此类教育内容虽然能够帮助老年人树立积极的生活态度，正确看待生老病死，但难以唤醒老年人主动适应、积极引导文化产业发展的意识。

第三，精神教育中实践向度的缺失难以激发老年人的能动性。能动性关乎思考和行动，是"追求人类意义的工具"，能够促使人通过行动实践提高及深化认知水平。③当前关于老年人精神教育的理论和实践主要关注老年人的心理疏导和生命意义探索，对激发老年人能动性的关注度不足。这种偏重个体心理活动的教育导向虽然有助于支持老年人走出心理困境，提高生活幸福感，但未能鼓励老年人参与到社会经济文化发展中，能动地形塑老龄文化产业发展。

（二）老年职业教育缺失阻抑老年人继续参与生产

老龄化社会经济的可持续发展需要制度创新和社会创新，从而使有意愿、有能力的老龄人口得以更多、更深入地参与到经济社会发展活动之中。④具体到文化产业，提高老年人收入以提升老年人对文化产品和服务的有效需求是支撑老龄文化市场规模化的必要举措。⑤当前老年教育中职业教育缺失的现象突出，现有老年教育课程体系在老年人力资源开发和创造力提升方面的

---

① F. Pagnini, C. Cavalera, E. Volpato, et al., "Ageing as a Mindset: A Study Protocol to Rejuvenate Older Adults with a Counterclockwise Psychological Intervention," in *BMJ Open*, 2019:9(7), e030411.
② P. A. Heslin, J. L. Burnette, N. G. Ryu, "Does a Growth Mindset Enable Successful Aging?," in *Work, Aging and Retirement*, 2021: 7(2),pp.79-89.
③ 霍涌泉：《能动性的心理机制研究及其价值》，《河北学刊》2024年第6期。
④ 参见李佳、王岳《银发经济：从认知到行动的商业创新路径》，机械工业出版社2024年版。
⑤ 李晶、肖文印：《我国老龄文化产业发展背景和现状》，《老龄科学研究》2023年第12期。

不足，共同限制了老年人推动文化产业在老龄化社会中持续发展的能力。

第一，人力资源开发维度的缺失限制老年人有效需求的提升。收入来源单一且缺乏预期增长会增加老年人的消费顾虑，抑制文教娱乐等非刚需消费的需求。① 在多数城镇老人以相对固定的养老金为主要经济来源的当下，支持老年人继续参与生产以提高老年人的收入和经济预期，对提振老年人文化消费有重要意义。老年人再就业面临多重阻碍，比如，"老有所为"的观念尚未深入人心、缺乏就业信息获取渠道、因缺乏数字素养而无法适应产业结构的数字化转型等。② 因此，有必要加强老年职业教育以提升老年人继续参与生产的意愿、拓宽老年人信息获取渠道、提升老年人知识技能结构与就业市场的适配性。当前老年教育课程设置以休闲艺术、养生保健、语言文化、信息技术等类别的科目为主，延伸活动也多为表演走秀或文化旅游等消费型活动，虽然能够在短期内吸引部分老年人进行文化消费，但无法提升老年人的职业能力、提高老年人的收入和消费水平，进而构建有利于老龄文化产业发展的长效机制。

第二，创造力培养维度的空白限制了老年人满足自身需求的能力。老龄产业对老年人精神需求的关注不足，导致满足老年人享受型、发展型需求的产品和服务供给严重缺失③，文化市场供给基本以娱乐型为主，知识型和体验型的文化消费较为匮乏④。中青年群体掌握生产方向，是许多针对老年人的产品和服务未能充分考虑老年人需求的主要原因。⑤ 在此背景下，提升老年人的创造力，使其能够自主完善或创新产品和服务，是加强文化市场供需

---

① 王树、张峻康、苏杰：《内循环视域下老龄化对居民消费的动态影响研究》，《统计与信息论坛》2023年第1期。
② 彭可余、宋月萍：《互联网使用与老年人就业收入：数字资本的视角》，《人口学刊》2024年第4期。
③ 徐莺、刘含笑：《中国"银发经济"的现状、问题与前景》，《北京航空航天大学学报（社会科学版）》2023年第1期。
④ 丁岚：《长寿红利与数智创生：老年人数字文化消费的价值基底、现实困境与实践指向》，《内蒙古社会科学》2024年第2期。
⑤ 参见［美］约瑟夫·库格林《更好的老年：关于老年经济，你必须知道的新理念》，杜鹏等译，北京大学出版社2022年版。

匹配的重要途径。然而，当前老年教育对老年人创造力的关注更多停留在理论构想层面上，实践中提升老年人创造力的针对性教育培训相对稀缺。如创造性故事疗法等项目往往是以老年认知功能障碍患者为对象的治疗，而不是面向所有老年人的活动。虽然开展老年文化艺术教育有助于提升老年人创造力，但现有文化艺术教育培训的目标多局限于陶冶情操、自我展示和促进社会交往，未能将老年人的创造力转化为促进产业创新、完善产品和服务的资源。

（三）事业主导的发展模式影响老年文化消费增长

作为一种公共文化服务，老年教育在增强文化认同、促进文化创新、提升公众文化素养等方面具有共性，又在运作机制和目标使命上存在差异，互为补充。[1] 老年教育能够保障老年群体对文化活动的需求和参与，为银发经济的发展奠定基础，老龄文化产业的市场资源和运作模式优势有助于提升老年教育的供给效能。当前老年教育治理滞后的现象突出，老年教育中资源分配不均、发展理念有待更新、多元主体协同治理机制有待健全的问题共同导致老年教育与文化产业难以与时俱进地共生发展。

第一，教育资源供给不均制约老龄文化产业的均衡发展。需求要素、资源要素和信息渠道要素是影响老年人消费结构升级的三大要素。[2] 推动老年教育资源的均衡分配既能够提升老年人文化素养，培养其文化消费意识和兴趣，又有助于提高老年人就业和收入水平、拓宽信息获取渠道，促使老年人将潜在需求转化为实际消费行为。因此，促进教育资源均衡分配既是老年教育公平的要求，也是以需求带动老龄文化产业规模扩张的应然之举。然而，目前老年教育中区域间供给失衡的现象突出，不仅体现在公办和民营老年教

---

[1] 王忠、李小霞：《公共文化服务与文化产业：共生机理与实践路径》，《深圳大学学报（人文社会科学版）》2024年第3期。

[2] 杨凡、潘越、黄映娇：《中国老年人消费结构及消费升级的影响因素》，《人口研究》2020年第5期。

育在不同地区的发展态势和规模上①，也带来老年教育参与率、满意度等多个层面的差距。这种失衡一方面难以为欠发达地区老龄文化产业提供发展所需的基础资源条件，另一方面抑制了老年人文化消费需求，削弱了欠发达地区老龄文化产业的市场规模与扩张潜能。

第二，发展理念有待更新限制老龄文化产业的模式创新。人口老龄化对代际利益格局的重塑将在社会、经济、文化和政治等多个层面加剧代际矛盾和冲突。在此背景下，重新组织社会生活模式以加强代际间的合作互动有关键意义②。《老年教育发展规划（2016—2020）》已将代际沟通列为老年教育发展的路径之一。当前我国许多研究已经关注到，开展代际教育学习项目以促进代际交流、消除代际隔阂是老年教育发展的必然趋势。20世纪末以来，国际研究对终身化老年教育的讨论也为老年教育发展理念从以老年人为对象转向以所有人为对象奠定了一定的理论基础。③然而，实践中，代际共学项目依然稀缺，大多数老年教育机构仍有明确的年龄限制，只在生源不足时招收青年入学。文化事业处于引领性地位，要通过培育社会文化资源，厘清重点发展的、可升级的文化项目，为文化产业提供发展方向和前提条件。④老年教育发展理念的滞后性一方面限制了自身在促进代际文化沟通中的先导作用，另一方面抑制了老龄文化产业在前瞻性的创新产品和服务中促进代际融合方面的潜能。

第三，老年教育多元主体协同治理机制有待健全阻滞老龄文化产业转型升级。现阶段老年教育中存在网络服务设备配置不足、服务设备的质量和性能有待提升等教学设施问题，导致教育质量不能满足老年人数字素养提升的需求，急需数字化企业和社会资本等多元主体力量共同推进老年教育数字化

---

① 参见中国老年大学协会《中国老年教育发展报告（2019—2020）》，中国商务出版社2021年版。

② [西]莫洛·F.纪廉：《多代社会：重新思考事业、家庭和未来规划》，张培青、陈召强译，中信出版社2024年版。

③ 李洁：《老年教育理论的反思与重构——基于西方现代老龄化理论视野》，《开放教育研究》2015年第3期。

④ 王忠、李小霞：《公共文化服务与文化产业：共生机理与实践路径》，《深圳大学学报（人文社会科学版）》2024年第3期。

转型。然而，当前老年教育中市场与社会参与不足、未能形成多元主体协同治理的发展格局的问题依然突出。① 尽管少部分地区已通过探索逐步形成了充分尊重社会主体的办学主体和主导地位，激发社会力量自主参与老年教育活力和动力的机制②，但企业和社会组织等多元主体在参与提供老年教育服务时因缺少自主权而地位不高、市场处境尴尬、难以发挥决定性作用的现象在其他地区依然存在③。老年教育多元主体协同治理机制的不足一方面导致自身数字化转型的技术和资源支撑不足，另一方面制约了老年人数字素养的提升，从需求侧减弱了老龄文化产业数字化转型的动力。

五、老年教育赋能银发经济发展的实践路径

（一）关注老年精神发展，推动教育积极转向

发展老龄文明是新时代背景下构建文明新形态的本质追求，是推动解决老年人现实需求问题，满足老年人对美好生活新期待的"中国方案"④。在老年人物质生活水平不断提升的当下，满足老年人精神需求、促进老年人精神发展已成为当前老龄工作的重要方面。因此，未来老年教育应从聚焦主体意识的培养、加强老年人身份认同、强化实践导向三个维度鼓励老年人积极参与到老龄文化产业发展的进程中。

第一，聚焦主体意识培养。人的主体性是自然性、社会性和自主性的有机统一，精神发展意味着个体与自我、他人、自然与超然的关系，以及个体对生命意义、生活目的的意识与理解逐渐增长。⑤ 未来老年教育应从以娱乐、

---

① 刘雅婷：《多元博弈与协同共治：推动老年教育治理现代化的新路径》，《终身教育研究》2024年第6期。
② 林琛、马丹宇、李金等：《多元社会主体参与老年教育的机制与策略研究——以上海市徐汇区为例》，《成人教育》2023年第6期。
③ 李雨瞳：《网络治理视角下基层社区老年教育服务供给研究——以北京K社区为例》，《成人教育》2023年第8期。
④ 李程骅、张钒：《中国式现代化与老龄文明社会建构》，《江苏社会科学》2023年第2期。
⑤ 李洁：《老年教育课程目标的现实构建——以"精神发展"为内核要素》，《终身教育研究》2023年第6期。

保健、福利为主的消极老年教育，转向发挥老年人积极性、主动性和创造性的老年教育①，从而促进老年人的精神发展，提升老年人的主体意识。第二，加强老年人身份认同。老年人身份认同意味着使人接受"老年人"的新社会身份，形成积极的老化态度和自我认知，从而愿意以老年人的身份继续参与到社会中。未来可以通过开展老化教育增进老年人对衰老和老年人生命价值的理解，从而使其能理性看待生理衰老的现实，积极探索老年生活的多种可能性。第三，强化实践导向。未来可以基于老年积极心理干预项目提升健康老年人的生活幸福感和社会参与度。②通过认识和运用积极特质、感知和欣赏积极体验、训练和养成积极思维、建立和维持积极关系四种策略发展老年人的心理资源③，使其能够突破传统老龄观的限制，能动地参与到老龄文化产业的发展中。同时，未来应开展问题导向的老年教育活动，以老龄文化产业发展现实为基础，引导老年人探究解决实际问题的路径，从而提升其思考和行动能力。

（二）发展老年职业教育，提升老年人力资本

挖掘老年人口红利，释放老年人力资本是人口老龄化时代社会经济发展的必然要求。在此背景下，未来应大力推进老年职业教育发展，加强对老年人就业创业的引导和支持，从加强专业能力教育、支持创新创业和搭建就业服务平台三个方面提升老年人参与老龄文化产业发展的能力。

第一，加强专业能力教育。具备适配市场需求的知识技能储备和能力素养水平是老年人参与老龄文化产业发展的基础。在较早进入老龄化社会的许多欧洲国家中，都有开展专业教育以支持老年人在写作、美术等领域开启新职业生涯的实践。比如，苏格兰社会组织Luminate通过开展培训和专业发

---

① 吴遵民、姜宇辉、蒋贵友：《论老年教育的本质——基于世界图景演变视角的分析》，《现代远程教育研究》2022年第1期。

② P. Sutipan, U. Intarakamhang, A. Macaskill, "The Impact of Positive Psychological Interventions on Well-Being in Healthy Elderly People" in *Journal of Happiness Studies*, 2017:18, pp.269-291.

③ 段文杰、卜禾：《积极心理干预是"新瓶装旧酒"吗》，《心理科学进展》2018年第10期。

展计划、颁发奖学金支持50岁以上老年群体成为职业艺术家。未来一方面可以通过开展专业化老年文化艺术教育，支持老年人成为文化生产者和文化服务的提供者。另一方面可以通过加强产教融合，推动教育机构与文化企业合作开展以就业为导向的老年教育。第二，引导支持老年人创新创业。社会经济文化中许多根深蒂固的观念源于年轻人口数量快速增长、人口结构年轻化的时代背景，是导致银发市场对老年人意见和参与的重视度不足，供给与老年人需求脱节的主要成因。①未来应创建老年人创新创业指导中心，通过一站式提供创新创业教育、咨询建议等服务，支持鼓励老年人自主设计生产符合老年人需求的文化产品和服务、自发组织老年文娱活动，以提升文化产业的供需匹配度。第三，搭建就业和志愿服务平台。老年教育机构是老年人活动和接受新事物的重要场所。老年教育机构可以充当老年人与文化产业之间的中介平台，通过组织老年人参与用户意见反馈、加强交流等途径，使老年人直接或间接地参与到产品设计和测试过程中。比如，德国创意老龄化与包容性艺术培养中心定期举办短期工作坊和研讨会，鼓励老龄产业从业人员与老年人交流探讨，并将所学经验应用于工作中。

（三）加快老年教育治理现代化，推进老年教育与老龄文化产业共生发展

在政府领导力持续强化、市场和社会力量广泛参与的背景下，老年教育治理体系正稳步朝多元化的方向迈进②。未来应继续加快老年教育治理现代化进程，从提高资源配置公平性、提升发展理念前瞻性、完善多元主体协同机制三个方面推进老年教育与老龄文化产业的共生发展。

第一，提高资源配置公平性。大力支持中西部和农村等欠发达地区的老年教育事业发展是实现精神文明发展成果共享的应然举措。未来应进一步强化政府宏观调控，通过加大政策倾斜和财政扶持力度，促进区域间、城乡间

---

① ［英］迪克·斯特劳德：《银发营销：老龄友好型社会的商业机遇》，中国科学技术出版社2023年版，第4页。
② 刘雅婷：《多元博弈与协同共治：推动老年教育治理现代化的新路径》，《终身教育研究》2024年第6期。

要素的合理流动，重点推进欠发达地区基础文化和教育设施建设，从而以教育事业发展为社会资本流入欠发达地区老龄文化产业提供支持和引导。第二，提升发展理念前瞻性。转变老年教育发展理念，将老年教育打造为促进代际文化交流的媒介，这既是丰富老年人生活、加强老年人社会支持网构建的要求，也是打造全龄友好社会、促进社会和谐发展的要求。未来应以社区为依托，通过提供优惠政策鼓励文化产业参与公共文化空间建设，开发代际学习项目、有区域特色的代际教育活动以增强代际凝聚力。第三，完善多元主体协同机制。加强协同机制建设、鼓励多元主体合作对提升老年教育供给的数量和质量、加速老年教育的更新迭代至关重要。未来应积极构建"政产学研用"一体化生态，通过加强政府支持引导、搭建跨领域资源共享平台、加强产用结合的协同创新，推动老年教育和文化产业的共生发展和数字化转型。

作者：周振华，江苏开放大学老年发展学院院长，博士，教授，江苏老龄文明学习联盟老年学习指导专家组成员；朱文静，江苏开放大学公共管理学院副教授，博士。

主要参考文献

1. 国务院办公厅. 国务院办公厅关于发展银发经济增进老年人福祉的意见
2. 金光照，陶涛，刘安琪. 人口老龄化与劳动力老化背景下中国老年人力资本存量与开发现状.《人口与发展》2020 年第 4 期
3. 中共中央马克思恩格斯列宁斯大林著作编译局. 马克思恩格斯文集. 第 1 卷. 人民出版社，2009
4. ［英］齐格蒙特·鲍曼. 工作、消费主义和新穷人. 郭楠译. 上海社会科学院出版社，2021
5. 何显明. 中国式现代化语境下的"人文经济学".《浙江社会科学》2024 年第 6 期

6. F. Pagnini, C. Cavalera, E. Volpato, et al. Ageing as a Mindset: A Study Protocol to Rejuvenate Older Adults with a Counterclockwise Psychological Intervention. *BMJ Open*, 2019:9(7)

7. P. A. Heslin, J. L. Burnette, N. G Ryu. Does a Growth Mindset Enable Successful Aging?. *Work, Aging and Retirement*, 2021: 7(2)

8. P. Sutipan, U. Intarakamhang, A. Macaskill. The impact of Positive Psychological Interventions on Well-Being in Healthy Elderly People. *Journal of Happiness Studies*, 2017:18

老龄文明视域下养老体系演化分析*

彭 翔 孟荣芳

一、文献回顾与理论框架建立

（一）文献回顾

已有很多学者从历史的视角中考察养老体系的发展。在理念方面，彭希哲关注孝伦理的动态演变，认为传统农耕社会强调发挥家族整体力量，以孝伦理调控纵向代际关系，孝伦理包括生活照料、尊老敬老等全方位持续性的内涵。随着社会经济发展以及家庭模式、社会结构的变化，在老龄化背景下需要重构孝伦理并作为老龄公共政策制定的依据。范方春指出工业革命开启的现代化进程与老龄理念的变迁相联系，这样的变迁包括从传统社会的"尊老""崇老"到现代化开端后出现"老年歧视"，而随着人口老龄化的发展，研究者开始重新思考老年人、老龄化和老龄问题，20世纪80年代以来，密集地产生了成功老龄化、生产性老龄化、健康老龄化和积极老龄化等理念。

---

* 本文为国家社会科学基金一般项目"普惠养老视域下超大城市社区居家养老服务整合模式创新研究"（22BSH111）研究成果。

在战略方面，林闽钢基于老龄文明的整体性视角指出，工业社会的老年福祉以老年保障制度为标志，信息社会的老年福祉以智慧养老技术为标志，由此区分了第一代老年福祉和第二代老年福祉，并在第一代积极老龄化战略的基础上提出了第二代积极老龄化战略。王锴指出，包括养老保险在内的社会保险产生于工业社会资本主义的第一次平等危机，后工业化社会的到来使福利国家遭遇第二次平等危机，需要重塑福利国家的正当性。林卡从需求群体、服务提供、体系发展的政策导向三个维度观察发现，由于老龄化和高龄化的不断加剧、家庭空巢化和小型化以及公共养老服务体系的发展，养老体系中经济生活保障方面的重要性不断降低，而发展公共养老服务体系逐渐受到关注。

在模式体系方面，谷甜甜基于埃斯平-安德森对福利国家五种类型的划分，分别以瑞典、英国、美国、日本、法国为例，对养老服务体系形成历史和标志性事件进行系统梳理，发现典型福利国家的养老模式在少则40年，多则160年的时间中，大致经历了家庭照护、机构照护、去机构化、社区照护的发展路径，养老服务体系的发展也呈现出了明显的阶段性特征。张京唐将主要发达国家的养老服务体系变迁历程划分为以家庭养老功能为基础的基本保障阶段、转向社会养老功能的发展探索阶段，以及福利多元主义理论指导下的多元整合阶段。

由此可见，从历史的角度考察养老体系，呈现出明显的发展阶段性，也反映了人类社会的深刻变革。而养老体系演化逻辑的进一步分析，则有助于看清未来养老体系的发展方向。因此，本文在学者们研究的基础上，进一步细分发展阶段、细化阶段特征，并且考察养老体系演化的逻辑，为养老体系未来发展的方向提供参考。

（二）理论框架

养老体系是指养老的主客体、资金来源、服务提供、理念等的综合，是关于养老的正式和非正式制度安排。养老体系的发展与人类社会的发展息息相关，本文结合已有研究并进一步拓展，提出考察养老体系演化的视角包括宏观、中观、微观、个人四个维度。如图3-9-1所示。

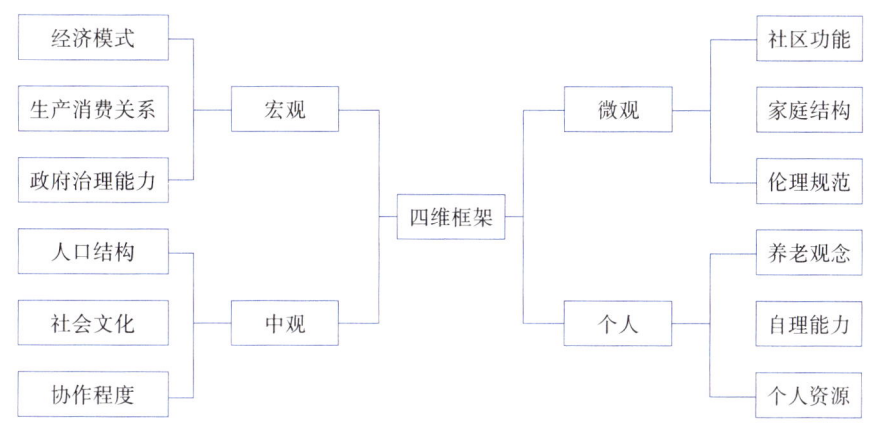

图 3-9-1　养老体系演进四维分析框架

宏观维度是国家层面的因素，包括：经济模式、生产消费关系、政府治理能力。经济基础决定上层建筑，生产力发展决定了养老体系的发展水平；生产消费关系体现了老年人劳动的可能性和必要性，体现了老年人的经济地位和生活状态；政府治理能力体现了政府可以为养老问题调动的资源和工具，决定了养老体系的指导思想和制度框架。

中观维度是社会层面的因素，包括：人口结构、社会文化、协作程度。人口结构指社会总人口中各年龄群体的分布，反映了社会的年龄形态；社会文化指社会普遍对老年人的看法和做法，体现了老年人的社会地位；协作程度指社会在养老领域的共济能力和分工程度，决定了养老体系的广度和深度。

微观维度是家庭层面的因素，包括：社区功能、家庭结构、伦理规范。过去的宗族村落、现在的生活社区是家庭可以直接获取资源的依靠，它们都围绕着家庭，一定程度上可以看作是扩大的家庭，社区功能的发展体现了社区对养老的支持程度；家庭结构是指老年人所在家庭的人口数量和老年人人口比例，反映了老年人养老可依托的人力资源；伦理规范是指家庭内部的秩序，反映了老年人养老的人文环境。

个人维度是老年人自身的因素，包括：养老观念、自理能力、个人资源。养老观念是老年人自身对老年生活的态度，反映了老年人对养老体系的期待；自理能力是指老年人自我照顾的能力，决定了老年人对养老体系的需求程度；个人资源是老年人能调度的养老资源，反映了老年人对养老体系的支付能力。

在人类社会发展的不同阶段，以上几个维度的因素逐步演化，促使养老体系呈现出不同的阶段性特征。基于对四个维度因素动态演化的考察，本文将养老体系的发展逻辑概括为"自发—引导""问题—对策""冲击—回应""机遇—变革"四个阶段，其中前三个阶段是历史发展到现在的过程，第四个阶段是未来发展的方向。

二、养老体系的演化阶段

（一）"自发—引导"逻辑下的家庭养老

传统的家庭养老是一种源于农业社会的以婚姻和血缘关系为基础，老年人在家庭居住，由子女等家庭成员为老年人提供经济供养、生活照料和精神慰藉等的养老模式。传统的家庭养老适应当时的环境和需求，在农业社会的很长一段时间里，是老年人养老的主要形式，且一直延续到现代社会。

其一，宏观维度上，农业经济及其伴生的生产消费关系、政府治理能力决定了依托家庭进行养老。

在经济模式上，这一阶段处于家庭经济时代。中国古代由秦汉直至明清以小农经济为主要经济特征[①]，小农家庭既是生产单位也是征役单位，是一种最坚固最持久最富于生命力的利益共同体。[②] 英国工场手工业时代的家庭经济也具有这样的特征。[③] 家庭经济是一种自给自足的经济形态，由于生产力水平低，物质资源不丰富，家庭生活处在脆弱的平衡状态，没有丰富的物资供养老年人，老年人的晚年生活处在家庭低水平的维持状态。

在生产消费关系方面，老年人既是消费者，也是生产者。小农经济没有"退休"概念，同时由于生产力水平低的客观现实，老年人也要参与生产

[①] 陈丹：《中国历史上的人口增长与传统社会结构》，《山东社会科学》2002年第3期。
[②] 林刚：《小农与中国古代社会的商品经济》，《中国社会经济史研究》2017年第4期。
[③] 丁雪明：《英国工业革命时期的家庭体制变迁》，《湘潭大学学报（哲学社会科学版）》2005年第S2期。

劳动。从农业生产到家务劳动,老年人在力所能及的范围内从事生产生活活动,直至完全丧失劳动能力,开始由家庭供养。而到了这一阶段,由于长期劳作和自身疾病因素,老年人的余寿有限,作为完全消费者的时间是相对短暂的。

在政府治理能力方面,在这一时期"皇权不下郡县",政府治理能力不足。政府的治理资源也不可能主要投入养老领域,只能开设一些个别的养老场所①,对少部分老年人建立专门制度比如以"王杖"制度保障"三老",或对"高年"不定期地赏赐絮帛粮物、有限地复除其赋税徭役。②主要治理手段是通过打造孝文化,以"孝"治天下③,教化民众并惩戒"不孝",引导子女承担养老责任,尽量使养老问题在家庭范围内解决。在中国传统农业社会,孝文化是儒家伦理思想的核心内容之一④,也是整个社会政治、经济和文化的基石,维系了家庭养老的存在。

其二,中观维度上,年轻化的社会年龄结构、尊老文化和社会协作的不发达使得家庭承担养老责任。

在人口结构方面,这一时期人均预期寿命低,老年人稀少,人口以年轻人为主。因此养老问题还不成为一个社会问题,可以在家庭范围内解决,使得养老长时间处在一种家庭养老的自然状态。

在社会文化方面,尊老、敬老既是引导的结果也是来自自觉。由于识字率低,生产生活经验以口口相传的方式进行传承。老年人的经历丰富,生产生活经验多,能够为家庭提供指导,是生产生活的重要决策者。有的老年人固守一些技艺,在传给下一代时十分谨慎,具有权威性。加之朝廷在尊老、敬老、孝老方面的教化,老年人的社会地位高。

在协作程度方面,小农经济时代的社会协作体系缺乏。因为物质条件、

---

① 葛晓萍、李澍卿、袁丙澍:《中国传统社会养老观的变迁》,《河北学刊》2008年第1期。
② 臧知非:《"王杖诏书"与汉代养老制度》,《史林》2002年第2期。
③ 郝彩虹:《贯通家里家外:中国传统社会整合的理念和实践架构》,《人文杂志》2024年第10期。
④ 林闽钢、康镇:《构建中国养老、孝老、敬老社会政策体系》,《人口与社会》2018年第4期。

技术条件难以支持大规模的互助、协同养老，社会化养老体系难以建立，所以家庭养老是必然选择。

其三，微观维度上，家庭及扩大化的社区使得家庭养老成为可靠的选择。

在社区功能方面，由于社会流动性低，人口处于小聚居状态，宗族村落为家庭提供必需的支持。生活社区与宗族居住范围重合，基于地缘性的乡里制度与根植血缘性的宗族制度，构建了传统邻里聚落面向的社区共同体，以非正式制度实现化礼成俗和话语认同。① 这使得老年人可以在地缘和亲缘关系范围内获得支持。乡里、宗族的尊老崇祖观念保证了老年人的地位，互帮互助行为也会具体化为支援家庭对老年人的送终、治丧等。

在家庭结构方面，大家庭或者大家庭与小家庭接替是常见的家庭结构。由于农耕土地的限制，普通的中国农耕个体家庭一般只包括父母、未婚的儿女、已婚的儿子及儿媳、未婚的孙儿女。父母过世后，则同辈兄弟分居，此时家庭只包括两代人。② 因为老年人生活在血缘关系中，而养老的本质责任是基于血缘关系，在血缘关系范围内生活，可以使老年人有可靠的养老保障。

在伦理规范方面，任何成员都从属于家庭整体，只有家庭整体的经济利益概念而无个人的经济利益概念，家庭天然要负责每个成员的生老病死。③ 婚姻导向、生育导向和陪伴导向使得老年人能够得到子女的养老支持。中国历史上以生子为目的的婚姻，以多子为内容的生育行为，以"父母在，不远游"为原则的留守观念④，使得"养儿防老"成为老年人养老的天然选择。

其四，在个人层面，老年人需要家庭一定程度的支持，又不会过分要求，使得家庭养老能够满足需要。

在养老观念方面，老年人并不奢求丰富的老年生活。在粗茶淡饭的生活条件下，"长寿"本身已经是老年人认可的人生成功，即使出现"久病床前

---

① 刘佳燕：《社区共同体何以可能：中国传统邻里营建与治理的智慧及当代启示》，《城市规划》2024年第11期。
② 史晋川、丁峰：《中国传统家庭的子女结构与教育产出——基于清代辽宁人口普查数据的实证研究》，《浙江大学学报（人文社会科学版）》2020年第3期。
③ 林刚：《小农与中国古代社会的商品经济》，《中国社会经济史研究》2017年第4期。
④ 刘颂：《传统家庭养老模式解析及其现实适用性质疑》，《南京社会科学》2000年第6期。

无孝子"的情况，老年人也能够自洽，安于接受命运的安排。

在自理能力方面，由于人均预期寿命较低，老年人在退出主要劳动力角色后，仍然有较强的生活自理能力。老年人能够进行自我照顾，只需要子女供给粮食等基本生活物资即可。如果完全丧失自理能力，在当时的医疗条件下，老年人的剩余生存时间也有限，家庭可以承受照护负担。

在个人资源方面，由于整体生产力水平较低，大多数家庭只能靠天吃饭，满足基本的生活需求，生产所得大部分用于再生产，家庭消费的档次很低。[①]因此，老年人所掌握的生活资源十分有限，必须依靠家庭的供养支持。

因此，在农业社会的小农经济状态下，家庭养老成了自发的选择，朝廷政府加以引导和强化，在历史上相当长的时间内实现了养老需求和供给的均衡。即使在现代，家庭养老仍然有其基础作用，例如在我国，《中华人民共和国宪法》明确规定了父母和子女之间的抚养、赡养义务。

（二）"问题—对策"逻辑下经济支持导向的社会养老

工业革命之后，西方国家的工业化生产带来了巨大的社会变革，也出现了一系列社会问题，政府在为解决这些社会问题寻求对策的过程中，进行了一系列制度创新。其中，对老年人的赡养方式由家庭向社会转化，社会养老开始出现，这一阶段主要是以养老保险制度为代表的经济支持。

其一，在宏观维度上，社会化大生产需要国家层面做出制度化养老安排，生产力的发展使之具有可行性。

在经济模式方面，工业革命使人类社会的生产方式发生了根本性变革，传统自给自足的分散型农业经济逐渐被强调分工合作和专业化生产的工业经济取代。[②]工业化生产形成产业工人这一群体，为了使大量产业工人能够在现阶段安心生产，社会需要解决他们包括养老在内的后顾之忧。工业革命带来了生产力的快速发展，经过社会财富的长期积累，社会有资源为老年人群做

---

① 郑晔：《浅析中国古代家庭的消费模式》，《消费经济》1993 年第 4 期。
② 尹建龙、陈雅珺：《工业化时期英国企业家群体与自由贸易转向——以"反谷物法同盟"为例》，《江西社会科学》2019 年第 2 期。

出养老安排。①

在生产消费关系方面，退休工人生产和消费的角色不再重合。农民脱离土地成为工人，依赖工厂的生产资料进行生产劳动，形成了专门的生产技能。一旦退休，工人就与工厂的生产资料相分离，又由于已经不再拥有土地，就无法持续开展生产。工业化背景下的退休老年人只有消费者的角色，而几乎没有正式的生产者角色，养老高度依靠外来资源支持。美国1935年的《社会保障法》甚至规定如果退休者继续工作并有收入，就没有资格获得退休金（尽管未实际实施），目的是要让退休老年人完全退出劳动力市场，以便给年轻人创造更多的就业机会。②

在政府治理能力方面，随着政府财政收入的增加和现代政治的发展，政府的治理能力上升，具备了对社会资源进行再分配的条件和能力，能够建立养老保险制度这样的养老制度安排。因此，养老从家事上升为国事，并且随着时间的推移，三支柱养老保险体系逐渐出现。以德国、美国为代表的国家在这一阶段陆续建立了养老保险制度。1889年德国的俾斯麦政府建立了世界上第一个强制性国家养老金制度。1935年美国颁布《社会保障法》，标志着美国基本养老保险制度的正式确立。

其二，在中观维度上，人口红利奠定了社会养老的基础，通过社会代际协作的方式，实现了让年轻人供养老年人。

在人口结构方面，工业化初期社会人口仍然以年轻人为主，老年人相对较少。在几十年甚至上百年的时间范围内，产业工人规模迅速扩大，而产业工人的退休则是一个滞后且渐进的过程，因此劳动年龄阶段的工人人口数量处于优势。人口红利既是经济发展的资源，也是养老保险制度顺利运行的保证。

在社会文化方面，老年人的地位与社会现代化程度成负相关。③由于工

---

① 姜永宏、黄德鸿：《工业化进程中的中国养老金制度基本框架》，《当代财经》2001年第5期。
② 董登新：《美国基本养老保险制度的起源与逻辑》，《社会保障研究》2022年第4期。
③ 孙丽、虞满华：《现代化进程中老年人地位的弱化及原因探析》，《齐齐哈尔大学学报（哲学社会科学版）》2017年第8期。

业化生产不断带来的技术革新和社会进步，老年人不再有生产生活的经验优势，文化水平更高的年轻一辈在家庭和社会中的地位显著提高。① 此时的社会规则以劳动人口为中心进行设计，老年人受到的关注较少。老年人权威和地位的削弱意味着老年人价值的弱化，因此动摇了传统养老伦理文化"崇老、尊老"的文化根基②，需要建立专门的制度进行养老安排。

在协作程度方面，由于社会化大生产的开展，养老方面的社会协作体系开始形成。从职工养老保险到居民养老保险，养老保险所体现的互助共济和代际支持，使得养老体系的协作秩序不断扩展，直至覆盖全体国民。

其三，在微观维度上，家庭养老的弱化使得社会养老的需求增加。

在社区功能方面，社区成为新的生活功能区。产业工人群体背井离乡脱离了原来的宗族聚居地和乡邻关系，到新形成的工厂宿舍区或城市社区居住。相较农村社区而言，新的城市社区配套设施完善，依靠养老金提供的支付能力，老年人能够借助市场的力量安排好老年生活。

在家庭结构方面，核心家庭成为趋势。1850年以后，随着工业革命的深化，英国的产业工人倾向于脱离原有的大家庭，组建自己的小家庭，年迈的父母也不愿与子女共同居住。③ 日本在20世纪50年代开始家庭结构由直系家庭为主向核心家庭为主转变④，平均家庭成员数从1955年的4.97人减少到1995年的2.28人，家庭平均规模的缩小和完全核心家庭的增多，导致纯老年户不断增加。⑤ 由于生育率下降和人口年龄的老化是一个渐进过程，在这一阶段的前期，核心家庭中的户主一代往往还有兄弟姐妹分担对父母的照护，家庭还能够为老年人提供经济和服务支持。

在伦理规范方面，子女对父母的直接养老责任逐步弱化。由于婚姻生育

---

① 朱海龙、欧阳盼:《中国人养老观念的转变与思考》，《湖南师范大学社会科学学报》2015年第1期。

② 任德新、楚永生:《伦理文化变迁与传统家庭养老模式的嬗变创新》，《江苏社会科学》2014年第5期。

③ 丁雪明:《英国工业革命时期的家庭体制变迁》，《湘潭大学学报（哲学社会科学版）》2005年第S2期。

④ 石原邦雄:《日本家庭研究动向及日中家庭研究课题》，《社会学研究》2000年第6期。

⑤ 王伟:《日本家庭变迁与老年人问题》，《日本学刊》2001年第1期。

观念逐步改变，加之子女也要参加工作，社会养老逐步承担家庭养老的部分功能。

其四，在个人维度上，老年人的自立意识增强，在个人能力和资源能够保障的情况下，开始追求老年生活品质。

在养老观念方面，开始关注老年生活质量。产业工人往往具有一定的文化水平，长期的城市生活也开阔了个人的眼界，退休产业工人不再安于最低限度的生存需要，而是有了更多的消费意愿。

在自理能力方面，低龄老年人的生活自理能力较强。此时期的人均预期寿命在逐步延长，老年人口主体处在低龄的状态，对社会照护的需求处在相对较低水平。

在个人资源方面，老年人自身掌握着养老资源。产业工人退休之后，依靠养老保险有稳定的退休金收入，在经济上对子女的依赖程度下降。同时，稳定的退休金收入带来了稳定的购买能力，老年人也具备了较强的自立能力。

社会保险制度原本是为了解决社会化大生产伴生的社会问题而出台的对策，在制度发展中成为家庭养老功能的补充甚至替代。随着养老保险制度的不断完善，经济支持导向的社会养老体系成为有生命力的养老体系，能够在家庭养老之外使老年人有了新的养老选择，改变了养老的局面。

（三）"冲击—回应"逻辑下服务支持导向的社会养老

随着现代化进程的发展，人口老龄化成为新的社会问题，人口老龄化的不断加剧对养老体系带来了冲击。养老保险制度承受的压力越来越大，而且单纯的经济支持逐渐不能满足高龄失能老年人的养老需求，于是以长期护理保险制度为代表的服务支持导向的社会养老体系开始出现。

其一，在宏观维度上，工业化中后期的新变化使得社会养老体系开始进化。

在经济模式方面，随着经济持续发展，社会财富的积累程度更高，经济业态更加丰富。第三产业比重呈现迅速增长的态势，服务业的发展为服务支持导向的养老体系奠定了基础。市场提供了越来越多的需求满足手段，购买服务成为普通人养老的可行选择。

在生产消费关系方面,老年人开始重新进入生产领域。虽然老年人不是主要生产人群,但因为一些原因和条件,老年人又进入了劳动力市场。首先是一些国家通货膨胀和养老金增长乏力,退休金的购买力下降,老年人需要有新的经济收入,以备自身当前和未来的生活需要。同时由于劳动条件的改善和部分岗位对年轻人吸引力的下降,老年人也有了工作机会。比如老年人在身体条件允许的情况下可以从事司机、保安等职业。退休之后的一段时间内,老年人仍然同时具有生产者和消费者的身份。

在政府治理能力方面,虽然政府治理能力不断提升,但应对老龄化已有困难。养老保险制度不断进行适应性改革,加强第二支柱和第三支柱的作用,尽量维持制度的保障能力。例如德国于1992年开展养老保险改革,从2001年起,逐步将退休年龄延迟至65岁。① 同时,为应对人口老龄化带来的养老服务需求增加,建立专门的长期护理保险制度②,如日本于2000年建立的介护保险制度。长期护理保险制度的建立意味着政府开始关注养老服务的供给,解决养老的具体问题,通过组织养老服务的提供应对老龄化的冲击。

其二,在中观维度上,人口老龄化改变了人口结构,也带来了社会文化和协作方式的变革。

在人口结构方面,老年人口占总人口的比重迅速上升。我国60岁及以上老年人口的规模于2018年末首次超过0-15岁少儿人口,预计到2035年老年人口将达到少儿人口的两倍以上。③ 尤其是高龄和失能老年人增多,使得社会资源在养老方面的投入越来越高,社会的负担越发沉重。

在社会文化方面,老年人逐渐被贴上"被照顾者"的标签。随着人均寿命延长和疾病谱的变化,老年人非健康生存时间增加。特别是半失能、失能老年人有较长的生存时间,需要被照料的时间延长。因此,老年人的衰弱特

---

① 杨伟国、袁可:《二战后德国养老保险制度改革及启示》,《北京航空航天大学学报(社会科学版)》2020年第6期。
② 张静:《长期照护制度的三个世界——兼论中国特色基本养老服务制度创新发展》,《人口与发展》2023年第2期。
③ 李佳:《银发经济认知先行》,《人口与经济》2024年第6期。

征更加明显,越来越处于弱势地位。

在协作程度方面,整个社会养老体系不断完善、深化。长期护理保险制度提供了照护的资金来源,大量的养老机构、上门服务机构提供了照护的服务来源,适老化改造和适老化产品生产的企业提供了照护的技术来源,更好地满足老年人的养老需求。

其三,在微观维度上,社区功能的改善为服务导向的社会养老体系提供了支撑,适应了家庭结构和伦理规范变化带来的养老服务需求。

在社区功能方面,以老年人的照护需求为导向,社区功能逐渐演化,在社区为老年人提供养老支持。养老机构成为老年人集中接受照护的场所,而持续性照料社区(CCRC)等的出现为老年人提供整体养老的解决方案。此外,居家社区养老模式和上门养老服务的出现也使得在家养老的老年人获得了支持。

在家庭结构方面,家庭进一步小型化,子女数量减少。随着我国独生子女的父母步入老年以及空巢老人、独居老人越来越多,迫切需要社会化的养老服务。

在伦理规范方面,由于家庭规模缩小和结构简化导致家庭养老人力资源的短缺,家庭养老人手出现"赤字",子代常常有心无力。[1] 子代直接照护老年人的愿望在实际的照护困境下逐步消解,子代倾向于选择求助于专门机构、专业人员。

其四,在个人维度上,老年人追求高品质养老的观念已经形成,自理能力的缺失和个人资源的充足使得老年人对社会养老服务需求增加。

在养老观念方面,这一时期的老年人在年轻时已经充分经历了现代化的生活,对老年阶段甚至失能阶段的生活仍然有较高的期待。高品质的养老服务超出了家庭的能力,更需要借助社会的力量。

在自理能力方面,老年人的失能情况较多。例如随着寿命的延长,心脑血管疾病、阿尔茨海默病等疾病的发病率上升,而医学技术虽然在发展,但在降低病死率的同时还不能根治或逆转疾病。病程发展从过去的"生病—死

---

[1] 杨菊华:《家庭结构八大转变与政策回应》,《人口学刊》2025年第1期。

亡"变成"生病—失能—死亡",非健康生存时间延长,这使得老年人对专业照护的需求增加。

在个人资源方面,老年人自身有充足的养老资源。由于养老保险制度和长期护理保险制度的保障作用,老年人有较强购买养老服务的支付能力和支付意愿。

面对老龄化的冲击,养老体系在回应中创新发展。在当前人口老龄化程度较高的一些发达国家,随着长期护理保险制度的不断完善,以及社会对养老问题的关注,服务支持导向的社会养老体系已经发展到较高水平。

三、养老体系发展的历史动能与现实困境

(一)历史动能

工业化、老龄化是养老体系发展的历史动能。以家庭为生产单位的小农经济时代盛行的是家庭养老,这是一种自发的状态,在相当长的时间内保持了稳定,直至工业革命的开端。在现代化早期,工业化发展催生了"长寿时代"这一文明果实,然而这一时期的生产力虽然快速发展,水平却依然有限,劳动者个体年老后缺乏养老保障的问题呈现出来。对此,各国纷纷设立养老保险等制度作为应对之策,提供经济支持,使得老年人口相关议题进入国家制度范畴,塑造了问题导向的社会政策体系。此后,面对老龄化的不断冲击,国家通过长期护理保险等制度提供养老服务,回应新的需求。工业化、老龄化是人类文明进程中出现的两个新变量,在养老领域促使通过国家制度调动社会资源满足老年人需要成为现代国家社会福利制度的主要内容。历史上的三种养老体系不是替代关系,而是叠加关系。养老体系在各种因素变化的发展过程中,不断适应新形势、解决新问题,呈现出一定时期的标志性特点,从而使养老体系有了更加丰富的内容。

(二)现实困境

虽然服务支持导向的社会养老体系较大程度上适应了老年人的养老需求,但随着人口老龄化的持续进展,现有理念下的养老体系遇到越来越多的

挑战。具体而言，在四维分析框架中，以下因素较为突出。

其一，政府的治理能力已经难以应对越来越严重的人口老龄化问题。以人口老龄化程度最深的日本为例，养老支出加剧了财政赤字问题①，近年来介护保险制度运行遇到挑战，不断利用每三年修订一次的《介护保险法》的机会做出适应性调整，例如对部分高收入人群提高自负比例。②养老护理行业存在劳动力供给不足的问题，尽管政府采取了多种激励措施，但收效甚微。③

其二，人口结构变化带来系统性问题。预计到2065年，日本老龄化率将达到38.4%，而劳动年龄人口占总人口比例将减少到51.4%，养老代际矛盾十分突出。④"未富先老"的我国，还面临快于其他国家的人口老龄化速度，形势更加严峻。人口老龄化的加深需要更加庞大的养老社会协作网络，但劳动人口减少会系统性影响养老体系的服务能力。

其三，家庭养老功能持续弱化。随着国家发展程度的提升，家庭规模持续缩小，2020年日本平均家庭户规模已降至2.21人/户。⑤当核心家庭的户主一代步入老年，家庭养老将面临巨大挑战。特别随着预期寿命的延长，需要被照护的老年人的子女也成为老年人，而且由于缺少兄弟姐妹，出现了一位老年人需要照护两位高寿的父母的情况。在这一趋势下，家庭养老功能不可避免地持续弱化。

其四，老年人失能情况越发严重。以我国为例，2019年我国已有4000多万老年人处于失能状态。⑥失能老年人的增加会大大加剧应对人口老龄化

---

① 燕颖川、徐洁：《新时代法治视阈下政府购买养老介护服务的治理路径——以日本实践经验为镜鉴》，《中国老年学杂志》2024年第20期。
② 李伟群、马禄伟：《日本介护保险财源建构模式的最新研究及启示》，《现代日本经济》2024年第2期。
③ 宋悦、吕康银：《日本养老护理服务业劳动力供给分析》，《现代日本经济》2019年第2期。
④ 丁英顺：《日本人口结构变化与养老金制度改革》，《国外理论动态》2019年第8期。
⑤ 王磊、张卓然：《日本家庭结构变动研究》，《日本问题研究》2023年第5期。
⑥ 王秉阳、龚雯：《4000万失能老人如何照料？我国进一步明确怎么服务、谁来服务、如何买单等问题》，中华人民共和国中央人民政府官网，2019年8月29日，https://www.gov.cn/xinwen/2019-08/29/content_5425729.htm。

的难度，对家庭和社会都会带来巨大的照护负担。同时，我国也存在养老机构床位闲置的问题①，养老服务供需失配的情况使得养老问题更加复杂。

四、"机遇—变革"——以老龄文明的视角看待养老体系

有学者指出，"应对老龄化"的论断暗含着现代性的阴影，即完全作为"受供养者"的老年人是工业化时刻表的产物②，需要认识到老年人口本身也是具有生产性的群体，需要通过生产性老龄化战略的实施来增强老龄化过程的发展性。③随着人口老龄化的持续发展，单纯被动应对将会耗尽政府的治理能力，需要转变思维。既然老龄化难以避免，不妨将其视作机遇，从而变革理念和价值观，从新的维度上思考老龄问题。

（一）以积极视角看待老龄社会，实现从"问题"到"文明"的认识转变

人口老龄化与现代化进程相伴而生，是人类文明发展的结果。截至2024年末，我国60岁及以上老年人口超过3.1亿。④在老年人群体规模不断扩大的同时，老年人群体间差异性越来越显著，老年人在社会经济生产中的重要性也日益凸显。虽然他们总体上面临健康、经济、家庭支持等诸多挑战，但仍有部分老年人能够保持较高的参与社会活动的能力，甚至有一些老年人在劳动力市场仍具有相对可观的优势地位。重新审视老年人的价值已是势在必行。

进入到现代化中后期后，生产力得到了极大的丰富与发展，工业化、后工业化与服务经济孕育出了"长寿时代"文明果实。老年阶段的时间跨度拉

---

① 马姗伊：《人口老龄化视角下我国家庭养老支持体系建设研究》，《当代经济研究》2021年第3期。
② 朱荟：《老龄文明的现代化意涵及其治理价值》，《治理研究》2024年第6期。
③ 任远：《发展生产性老龄化的人口机遇及实施策略》，《南京社会科学》2024年第11期。
④ 王萍萍：《人口总量降幅收窄 人口素质持续提升》，国家统计局官网，2025年1月17日，https://www.stats.gov.cn/sj/sjjd/202501/t20250117_1958337.html。

长，老年人拥有的丰富人生积累与阅历，在经济、文化、社会管理等方面具有一定的优势，老年人的社会价值彰显。这就需要人们以积极视角看待老龄社会，实现从"问题"到"文明"的转向。

以老龄文明视角看待老龄社会，首先要正视老年阶段的价值。老龄文明强调以全面客观的视角看待老年阶段，这一阶段既有"近黄昏"的无奈，也有"夕阳无限好"的生命价值升华。以成熟、冷静的心态对待老年阶段，注重生命的连续性、整体性，把为老服务与备老经济结合起来。其次要以包容的心态对待老年人。老年人不是社会发展的包袱和负担，老年人仍然可以参与到社会生产中；老年阶段的需求不是只有基本需求，也有情感、尊严等高级层面的需求。再次要以老龄文明视角看待老龄社会。老龄社会是社会发展的一种文明形态，人们需要站在客观中立的立场上引导人口老龄化与现代化进程相互适应、互促发展。

（二）重新发现并认识老年人价值，实现从"养老体系"到"银发经济"的认识转变

2024年1月15日，国务院办公厅印发《关于发展银发经济增进老年人福祉的意见》，其中强调重视老年群体在经济社会发展中的积极作用，将发展银发经济作为贯彻落实积极应对人口老龄化国家战略的重要举措。价值理念变迁是行为的先导，要重新发现并认识老年人在经济、社会、文化、生态等多个维度的价值。

其一，就经济维度而言，老年群体既是受供养者又是贡献者。老年阶段，受身体机能衰弱、退休制度使老年人退出主要生产领域等因素影响，老年人在疾病治疗、健康照护、情感支持等方面需要外部力量提供支持。也正因为如此，传统认知给老年人贴上"被照顾者""虚弱无力"等标签，基于此建构了诸多社会政策，如养老金制度、长期护理保险制度等，为部分面临困难的老年人解决了急难愁盼问题，切实增进了老年群体福祉，保障了他们的权益。但同时，我们也不能忽视老年人作为"贡献者"的一面。银发经济鼓励养老产业发展，就是重视作为消费者的重要群体组成的老年群体，重新发掘老年人对经济消费的推动能力。虽然我国现阶段已经进入中度老龄化社会，

但目前老年人口结构以70岁以下的年轻老年人为主,尤其是随着"60后"逐渐进入老年阶段,这些"新老人"群体更是在经济、健康、社会能力方面有了显著提升,已经具备作为老龄社会人力资源组成部分的初步条件。开发并涵养老年人力资源,鼓励老年人参与到社会生产中,成为银发经济的主旨之一。

其二,就社会维度而言,老年群体既是被照顾者又是奉献者。近年来我国养老保障制度不断完善,为老年人提供了经济支撑、社会服务、情感支持等方面的福利,使老年人福祉有了较为显著的提升。老年人作为被照顾者,获得感极大增强。在此基础上,老年人还充当了奉献者的角色。比如,在当下,老年人支撑着哺育下一代的家庭照顾工作,隔代照料是众多家庭主要的养育婴幼儿方式。在发掘老年群体奉献者角色方面,《关于发展银发经济增进老年人福祉的意见》进一步提出"强化要素保障,优化发展环境",要求"支持老年人参与文明实践、公益慈善、志愿服务、科教文卫等事业"。这些任务部署旨在引导老年人走出家庭、走向社会服务领域,既有利于解决社会服务领域人力资源短缺的问题,也能够让老年人重新融入社会,避免社会孤立现象。

其三,就文化维度而言,老年群体既是传承者又是涵养者。前现代化时期,在社会技能习得、农业生产等领域,老年人作为文化接续的载体,在推动社会生产力进步方面扮演着重要角色;进入后工业社会,虽然强调创新是经济社会发展的新动能,但老年人的文化知识积累仍然能够为创新提供基础支撑,年龄并不是创新的阻碍因素。同时,在社会风俗、家庭建设方面,老年人具有更丰富的人生阅历、更沉稳的心态,能够成为社会稳定、家庭和谐的重要支持者。对此,银发经济强调丰富老年文体服务,为老年人终身学习创造条件,让老年人成为文化传承的重要力量。

其四,就生态维度而言,老年群体既是受益者又是建设者。良好的生态环境不仅有利于老年人身体健康,而且可以改善老年人心理健康状况。现阶段生态康养项目的兴起,为老年人提供了更好的宜居环境,康养产业已经成为银发经济的重要组成部分。与此同时,老年人也是生态环境的建设者。老年人的外出活动更有规划,客观上有利于减少碳排放量,保护生态环境。银发经济强调拓展旅游服务业态，未来通过采取组建覆盖全国的旅居养老产业合作平台等举措，将老年人对生态健康的需求与养老产业发展联系起来，将在更好满足老年人对良好生态环境要求的同时，助力养老产业的发展。

五、启示

（一）将养老体系融入经济建设和社会发展中

老龄文明视域下的养老将不再仅限于提供服务，而是融入经济建设和社会发展中。通过发展银发经济，健全为老经济和备老经济，既能应对人口老龄化，又能培育经济发展新动能。应当以实际劳动能力而不是年龄评判老年人在社会生产中的地位，如果老年人达到退休年龄之后仍然具备劳动能力，应当赋予老年人适宜的生产者角色，并保障其劳动权益。通过转变思维提升政府治理能力，将老年人作为老龄社会的治理主体之一，使其成为老龄社会治理中的中坚力量，优化治理效果。

（二）提升老年人社会参与度

老年人口是老龄社会的重要资源，应当改变观念，将老年人看作社会的有机主体，不把老年人单纯看作养老服务对象，而是使其成为推动社会进步的力量，打造全龄友好型社会。老年人群体之间存在年龄、知识、技能、阅历的巨大差异，不宜一概而论，要分别施策。既要开发低龄老年人的人口红利，盘活老年人的知识、技能存量，发挥老年人的阅历优势，又要加大老年人力资源开发，推动老年人再就业，尤其是使老年人参与到养老协作中，扩大养老服务的供给。

（三）建立养老体系新秩序

确立以自理老人自立为前提，居家养老为基础、社区养老为依托、机构为专业支撑的养老体系秩序。不再把养老看作问题，而是看作每个人必经的阶段，据此优化养老资源。把增龄和衰弱区分开来，自理老人依靠自己的力量安排好老年生活；把家庭作为养老的主阵地，以居家养老、外部支持的形式，提高家庭的养老能力；推动养老资源下沉社区，发展嵌入式社区养老服务，让社区可得的专业化服务成为居家养老的可靠依托；发挥养老机构的专业优势，承担失能、失智老年人的特别照护，实现养老资源的高效利用。

（四）以技术发展增强老年人的自理能力

人工智能技术、人机交互工程、智慧养老辅助设备等的发展，为人类社会发展带来了新的科技变量，也为老龄文明提供了重要技术支撑。老龄文明应当充分利用技术进步，鼓励智慧养老产品的研发，如助听、助行设备的进步可以提高老年人的生活自理能力，机器人技术的进步可以减少生活照料和精神慰藉的工作量。通过适老化设备应对老年人的身体衰弱过程，赋予老年人新的支持手段，降低失能老年人的介护程度，提高生活质量，使老年人享受老龄文明的发展成果。

作者：彭翔，南京中医药大学养老服务与管理学院养老管理学系主任，副教授、硕士生导师；孟荣芳，中共南京市委党校社会学教研部副教授。

主要参考文献

1. 彭希哲，郭德君.孝伦理重构与老龄化的应对.《国家行政学院学报》2016 年第 5 期

2. 范方春，吴湘玲.老龄问题应对理念的辨析——历史和比较的视野.《社会保障研究》2018 年第 4 期

3. 林闽钢.老年福祉的多样性与迭代更新——基于老龄文明视角的考察.《社会科学研究》2023 年第 6 期

4. 王锴，林闽钢.养老保险改革的自反性与福利国家平等危机——罗桑瓦隆对福利国家正当性的透视.《行政论坛》2021 年第 6 期

5. 林卡，朱浩.应对老龄化社会的挑战：中国养老服务政策目标定位的演化.《山东社会科学》2014 年第 2 期

6. 谷甜甜，张建坤，李灵芝等．典型福利国家养老服务体系发展历程对比及启示．《经济体制改革》2017年第3期

7. 张京唐，陆宇．多元化供给：国外城市社区养老服务的历程变迁、经验模式及实践启示．《行政科学论坛》2022年第4期

8. 彭翔．"老龄文明"引领银发经济浪潮．《中国人口报》2024年10月16日

老龄保障政策的概念建构与内在逻辑*

王 锴

19世纪以来，现代化进程中的老龄化问题，催生了老龄保障政策建立。老龄保障政策既应对了老龄化问题，同时又建构了老龄概念。按照剩余型、工作能力-成绩型和制度性再分配型社会保障政策的类型划分，可以发现不同政策类型分别对老龄进行了不同的概念建构，体现出多样性的内在逻辑。据此可归纳老龄保障政策的三张老人面孔，包括经济市场主义逻辑下的弱者面孔、生产工业主义逻辑下的退休者面孔、政治民主主义逻辑下的投票者面孔。面向中国式现代化，自主性发展内涵可以使我国老龄保障政策超越西方现代化条件下的政策逻辑，走面向全体人民、以主动参与和社会融合为内涵、以需求为导向、以家庭为依托的老龄保障政策发展路径。

一、引言

人口老龄化已成为现代化以来全球最不可逆的趋势。从世界范围来看，1865年法国65岁以上老年人口超过总人口7%，成为世界上第一个进入人

---

* 本文刊发于《社会保障评论》2024年第6期，收入本书时有修改。席嫣嫣参与了本文格式的修改工作。

口老龄化的国家。此后，瑞典于1890年，英国于1930年也先后迈入老龄化社会。①根据联合国《世界人口展望2022》预测，全球65岁及以上人口所占比例预计将从2021年的9.6%上升至2050年的16.5%。②可以说，人口老龄化与19世纪以来的西方现代化进程交织前行，并成为现代化重要的标志之一。

Wilensky认为，现代化导致人类社会快速发展，但它又使得家庭照顾难以为继，在经济发展的同时，老龄化创造出对于社会支出的强烈需求。③现代化一方面造成各种社会问题，另一方面又催生出应对社会问题的手段，即社会保障政策，而这也被认为是现代化过程中的产物。④可以看出，现代化、老龄化和社会保障政策三者之间存在着紧密的内在关联。⑤Walker和Maltby认为，老龄将社会保障政策建构在精确的年龄类别中，随着环境的改变，它可以被重新建构。⑥可见人口老龄化是在现代化进程中被建构出的社会问题，老年人开始作为一类独立人群进入社会保障政策中，并推动了老龄保障政策的形成和发展。

中国作为发展中国家，同样面临着现代化、老龄化和老龄保障政策的同频共振。截至2023年末，中国60岁及以上人口达2.97亿，占全国总人口的比例为21.1%，65岁及以上人口2.2亿，占全国总人口的比例为15.4%。⑦

---

① 彭希哲：《老龄化背景下的人口年龄结构》，《上海交通大学学报（哲学社会科学版）》2023年第2期。
② 数据来自联合国《世界人口展望2022》的中等方案预测结果。
③ Harold Wilensky, *The Welfare State and Equality: Structural and Ideological Roots of Public Expenditures*, Berkeley: University of California Press, 1975, p. 12; Harold Wilensky, Charles Lebeaux, *Industrial Society and Social Welfare*, Glencoe: The Free Press, 1958, p. 230.
④ Evelyne Huber, John Stephens, *Development and Crisis of the Welfare State: Parties and Policies in Global Markets*, Chicago: University of Chicago press, 2001, pp. 14-15; 刘军强：《社会政策发展的动力：20世纪60年代以来的理论发展述评》，《社会学研究》2010年第4期。
⑤ Carroll Estes, "Political Economy of Aging: A Theoretical Framework," in Carroll Estes (ed.) *Social Policy and Aging: A Critical Perspective*, Bverly Hills: Sage Publications, 2001.
⑥ ［英］Pete Alcock等主编：《解析社会政策（下）：福利提供与福利治理》，彭华民等译，华东理工大学出版社2017年版，第345页。
⑦ 国家统计局：《中华人民共和国2023年国民经济和社会发展统计公报》，国家统计局官网：https://www.stats.gov.cn/sj/zxfb/202402/t20240228_1947915.html，2024年2月29日。

党的二十大报告指出，中国式现代化是人口规模巨大的现代化。在人口老龄化国情背景下，中国式现代化也是老年人口规模巨大的现代化。①中共十九届五中全会将实施积极应对人口老龄化上升为国家战略，这是关乎国家长远发展与人民世代福祉的战略举措。②基于此，本文提出的研究问题是，从西方现代化进程来看，老龄保障政策是如何被建构的？它具有怎样的内在逻辑？面向中国式现代化，中国老龄保障政策又应遵循怎样的发展路径？

二、"老龄"：一个政策建构的结果

（一）福利国家研究中的"年龄视角"

自20世纪90年代Esping-Andersen将"去商品化"（de-commodification）③作为量纲引入福利国家的研究之后，福利国家内部政策差异性开始被研究者所关注。通常福利国家被认为涵盖了一系列社会保障政策，④它通过社会支出这一集体行动来应对社会问题，并体现出内在价值。⑤但"量"的层面研究并不能说明为何相同社会支出的国家会存在不同的福利形态，支出的具体类型即"质"的层面也至关重要。⑥

Lynch认为，Esping-Andersen的研究相对忽视了代际关系，特别是对"年龄"的忽视。⑦从社会支出的组成来看，不同国家在社会支出对象上存在显著年龄差异，即有些国家可能更倾向于善待老年人群，而亏待另一些年

---

① 杜鹏：《中国人口老龄化现状与社会保障体系发展》，《社会保障评论》2023年第7期。
② 郑功成：《实施积极应对人口老龄化的国家战略》，《人民论坛·学术前沿》2020年第22期。
③ ［丹麦］考斯塔·艾斯平-安德森：《福利资本主义的三个世界》，郑秉文译，法律出版社2003年版。
④ "福利国家""社会保障"和"社会政策"是概念内涵重叠很多的术语，虽然在具体范畴和侧重点上有差异，但涉及对象相当一致，因此本文中这几种表达会交替使用。
⑤ Gøsta Esping-Andersen, *Social Foundations of Post-Industrial Economies*, London: Oxford University Press, 1999, pp. 33-35.
⑥ ［日］武川正吾：《福利国家的社会学：全球化、个体化与社会政策》，李莲花等译，商务印书馆2011年版，第17—18页。
⑦ 林闽钢、吴小芳：《代际分化视角下的东亚福利体制》，《中国社会科学》2010年第5期。

龄层的人。① 其本质是福利国家到底在去"谁的商品化"的问题。②

从经合组织（OECD）成员国老龄社会支出（包括养老金和养老服务）占总社会支出的比重进行分析，可以发现上述政策的年龄差异。希腊、意大利等南欧国家社会支出更具老龄倾向，其次是挪威、瑞典等具有高度去商品化程度的社会民主主义福利体制国家，而新西兰、加拿大等国家社会支出中用于非老龄群体的比重更高。对此，Lynch认为这源自20世纪初以公民权为基础的福利体制和以职业为基础的福利体制的分野：前者在福利制度建立之初强调普遍主义或资产调查，受老龄化程度的影响较小，老龄倾向不明显；后者强调老龄社会支出与就业、工资收入相挂钩，受老龄化程度的影响较大，呈现出显著的老龄倾向。③

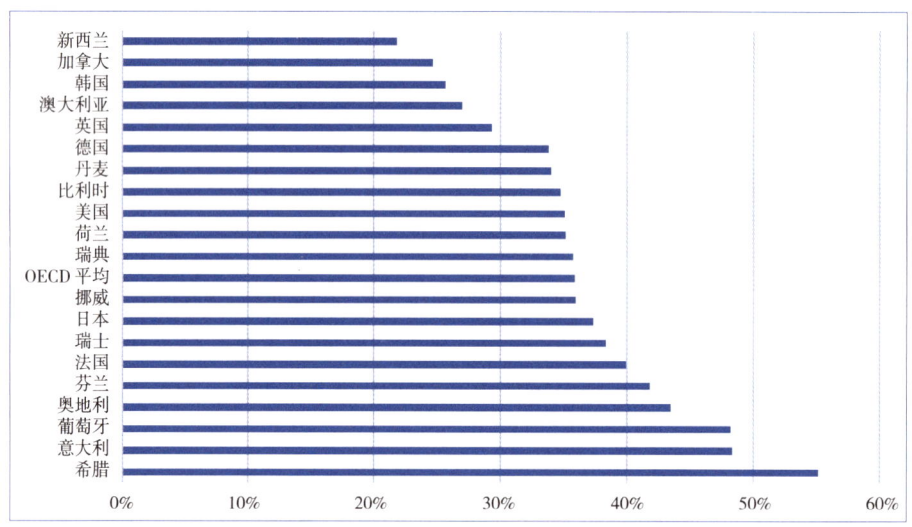

图3-10-1　OECD成员国老龄社会支出占总社会支出的比重（2015—2019年平均）

数据来源：根据OECD数据库（https://stats.oecd.org/Index.aspx）整理计算而得。

① Julia Lynch, *Age in the Welfare State: The Origins of Social Spending on Pensions, Workers, and Children*, Cambridge: Cambridge University Press, 2006, p. 1.
② 刘骥：《福利国家的年龄倾向——评朱利亚·林奇的〈福利国家的"年龄"〉》，《欧洲研究》2008年第1期。
③ Julia Lynch, *Age in the Welfare State: The Origins of Social Spending on Pensions, Workers, and Children*, Cambridge: Cambridge University Press, 2006, pp. 56-57.

实际上，Lynch虽然将"年龄"拉入到福利体制和社会政策的研究视野中，但忽视了家庭结构和家庭内的私人代际转移。[①] 同时，Lynch 并未对具体社会保障的政策类型进行区分。也就是说，即使相同老龄社会支出比重的国家，也可能有些倾向社会保险，而有些更偏重社会救助，即通过不同手段实现老龄人的去商品化。而这也构成对 Lynch 研究的一个追问：为何有些国家选择以公民资格为老龄保障政策的基础，而有些国家选择以就业和工资为基础？"老龄"在不同国家的社会保障中是否有着不同的所指？关于这一问题的回答构成了本文进行老龄保障政策内在逻辑研究的基础，虽然对于不同国家老龄社会支出的划分比较仍然是一个值得研究的问题，但这已不在本文的讨论范畴之中。

（二）老龄保障政策对"老龄"的概念建构

现代社会保障是为了应对现代化以来的诸多新问题和新风险而制定的制度性保障政策。它一方面在解构着社会问题，另一方面又在建构着社会问题。[②] 例如社会救助政策既缓解了贫困问题，但又建构出了对于贫困的识别和界定问题，包括谁是贫困者、贫困的标准等。老龄保障政策实际上建构出了一个关于何为"老龄"的概念认知，使公众对于老龄群体有了具体和清晰的界定。

需要指出，"老年"（old age）和"老龄"（aging）的概念是不同的。通常"老年"是一个相对模糊和主观的概念，是指生物出现衰弱特征到死亡的这个阶段，即"生命周期的最后一个阶段"。[③] 由于个体的差异，实际上每个人的"老年"阶段并不一定是确定的和相同的。"老龄"则是具有明确年龄划分的概念，是指超过一定年龄，通常指60岁或65岁以上的人群。那么

[①] 刘骥：《阶级分化与代际分裂：欧洲福利国家养老金政治的比较分析》，北京大学出版社2008年版。

[②] ［英］哈特利·迪安：《社会政策学十讲》，岳经纶等译，上海人民出版社2015年版，第120页。

[③] 李佳：《从"关心"到"国家战略"——积极应对人口老龄化的中国探索》，载老龄文明智库编著《老龄文明蓝皮书2022》，江苏人民出版社2023年版。

为何以这样的年龄作为对"老龄"的界定？

Beck认为，现代化对于数字的崇拜，使个体形成了制度性生命历程，即制度为生命历程打下烙印的过程，也就是教育体系、职业体系、社会保障体系的各项规章直接与生命历程的各个阶段相耦合的过程。①因此现代化使数字成为生命划分的依据，并以精确的数字建构对于年龄的定义。②数字在现代化过程中超越了中世纪的象征意义，而获得了实际意义。以精确数字确定的年龄也具有了超越自然的特别意义，对于生命节点的区分，从"上帝赋予"转变为了人类的自主。③

在前现代化时期，对于何为老人并无一个确定的依据。④在英国《伊丽莎白济贫法》中，要求教区对"年老和无能的穷人"提供帮助，但并未规定出一个具体的年龄。"老年"被当作是一个功能性问题，指体弱多病、身体机能退化、心智减弱以至于不能完全养活或照顾自己，从而出现功能丧失的样子，而不是指一个精确的日历年龄。⑤直到《伊丽莎白济贫法（修订案）》，老人仍然被等同为"贫困无能的人"⑥。因此，老年人并未作为一个独立的社会群体进入社会保障视野中，也并未出现专门的老龄保障政策。

"老龄"概念产生于19世纪末的养老金政策，它将老龄人看作一个以年龄为标准的独立的社会群体，这种以数字确定生命阶段的后果是使年龄获得了社会属性。此时老人有了一个确定的年龄，即"领取退休金的年龄"。德国于1889年颁布《残障和老年保险法》，这也是最早的专门性老龄保障政

---

① ［德］乌尔里希·贝克：《风险社会》，张文杰、何博闻译，译林出版社2018年版，第161—162页。
② Martin Kohli, "The Institutionalization of the Life Course: Looking Back to Look Ahead," *Research in Human Development,* 2007: 4(4).
③ Beda Venerabilis, *The Reckoning of Time*, Livepool: Liverpool University Press, 1999, pp. 100-103.
④ Chris Gilleard, "Aging and Old Age in Medieval Society and the Transition of Modernity," in *Journal of Aging and Identity*, 2002:7(1).
⑤ Janet Roebuck, "When does 'old age' begin? The Evolution of the English Definition," *in Journal of Social History*, 1979:12(3).
⑥ Margaret Anne Crowther, *The Workhouse System 1834-1929*: *The History of an English Social Institution*, New York and London: Routledge, 2016, p. 73.

策。其中规定在工作年限内交满20年保险的60岁以上人口，均可享受养老金待遇。60岁也就意味着需要退出劳动力市场，这一规定被认为是出自保险精算平衡的需要。同样美国在1935年的《社会保障法》中，将退休年龄确定在65岁也是基于"精算完整性"原则。① 此后，养老金年龄开始成为其他社会保障政策的依据。Rowntree为调查贫困率和确定贫困人群，借鉴英国养老金政策，将65岁以上男性和60岁以上女性视为老龄人。②Booth在调查老年贫困时也将65岁作为筛选规则。③Townsend则将60—65岁领取养老金的人定义为老龄人，领取养老金和接受照顾服务是"老"的象征。④因此，"老"不再仅是一个自然身份或道德身份，而是被建构成为一个社会身份。⑤

总之，现代化将具体的日历年份嵌入每个人的生命历程中，老龄保障政策依此将生命建构出了"老龄"和"非老龄"之间的区隔。出于养老金精算平衡的需要，60岁或65岁开始成为对于"老龄"的界定标准。回到Lynch留下的研究问题中，"老龄"并非一个自然和固定的概念，而是来自政策的建构。不同国家老龄保障政策之间的差异实际上体现了对"老龄"概念的不同建构，反映了对于"老"的不同理解。

三、西方现代化条件下老龄保障政策的三张老人面孔

如果说老龄保障政策建构了"老龄"概念，那么不同的政策类型将形成

---

① [美]尼尔·吉尔伯特：《社会保障面临的现代挑战：第二次人口结构转型》，《社会保障评论》2022年第2期。
② Benjamin Seebohm Rowntree, *Poverty: A Study of Town Life*, New York: Garland Publishing, 1980, p. 1.
③ Charles Booth, *The Aged Poor in England and Wales*, New York: Garland Publishing, 1980, p. 4.
④ Peter Townsend, *The Family Life of Old People: An Inquiry in East London*, London: Taylor & Francis, 2023, pp. 14-16; Peter Townsend, "The Structured Dependency of the Elderly: A Creation of Social Policy in the Twentieth Century," in *Ageing & Society*, 1981: 1(1).
⑤ [英]皮特·阿尔科克、玛格丽特·梅：《解析社会政策（第五版）》，董璐译，北京大学出版社2020年版，第508页。

对"老龄"概念的不同建构并体现不同的内在逻辑,从而表现出差异性的老人面孔。Titmuss 依据社会政策机能,区分出剩余型、工作能力-成绩型和制度性再分配型三种社会保障政策类型。① 类型间差异既来自现代化进程中具体的发展条件和发展要求,又催生出特定的老龄保障政策内在逻辑,即如何理解"老"、如何界定"老龄"对象以及如何建构和应对老龄化问题。

(一)经济市场主义逻辑下的弱者面孔

剩余型社会保障政策类型可以追溯到英国《伊丽莎白济贫法》时代,其基本假设是个人的需求可以通过市场和家庭这两个自然的渠道获得,认为自由市场是劳动力最好的保护机制,只要没有外力干扰,人们就能自然找到工作并获得应有的福利待遇,居于支配地位的是通过家计调查进行对象选择,辅之以"普救式"的转移支付和作用有限的社会保险。② 社会保障关注的是对家庭和市场功能的补充而非取代,以公民身份为基础的特征显著。

在中世纪,欧洲贫困者大多为妇女和儿童,老人通常为富有者的象征。中世纪晚期城镇市场经济的发展,使老人更多与贫困联系在一起。③ 19 世纪末,英国官方和民众都仍然强调政府解决养老问题的根本办法是依靠济贫法对老年贫民进行救济,老年人也成为 19 世纪末至 20 世纪英国社会救助的主要对象。据英格兰和威尔士的调查统计,1871—1911 年,65 岁以上的老人占济贫院内贫民的四分之一至三分之一。④ 剩余型社会保障政策类型源自现代化进程中对于经济市场化的追求,强调自由市场竞争和个体主义。政策重点在市场和年轻人,具有突出的年轻取向,注重对市场和家庭进行补充,老人被作为政策兜底对象,因此老龄社会支出在总社会支出中的占比较低。老龄保障政策使老人的形象被建构为缺少家庭保障或市场竞争失败的贫困弱

---

① [英]理查德·蒂特马斯:《蒂特马斯社会政策十讲》,江绍康译,吉林出版集团 2015 年版,第 14—15 页。
② 郑秉文:《"福利模式"比较研究与福利改革实证分析——政治经济学的角度》,《学术界》2005 年第 3 期。
③ Vernon Henderson, "Externalities and industrial development," in *Journal of Urban Economics*, 1997:42(3).
④ 丁建定:《英国济贫法制度史》,人民出版社 2014 年版,第 242—243 页。

者。剩余型社会保障政策下的老龄保障政策，基于经济市场主义逻辑，将老龄人理解为贫困、多病、孤寡的弱势群体，老龄保障政策呈现出一张弱者面孔。

以加拿大为例，加拿大老龄保障政策在内容上以现金保障为主，服务和实物保障较少。政府公共资金主要支持老年保障金（OAS）、老年收入补贴计划（GIS）、针对低收入老年人配偶的津贴计划，以及加拿大养老金计划（CPP）。前三者均是第零支柱下的支付计划，在收入保障体系中发挥兜底作用。OAS属于普遍覆盖的基础年金，65岁以上老年人均有领取资格，可归结为社会福利政策，但水平较低，替代率水平仅为15%。①而GIS和低收入老年人配偶的津贴计划则是面向低收入老年人，需要经济调查，属于社会救助政策。CPP则是强制性缴费的工薪收入关联型计划，属于社会保险政策。图3-10-2反映了加拿大分类型老龄社会支出的总体状况和变化情况。可以看出，加拿大老龄保障政策中，基于公民身份的社会救助和社会福利占据了主要的位置，社会保险次之。普惠性的OAS属于兜底性福利，且收入超过一定数额便会递减直至失去领取资格，其目的是向未缴纳保险的老年人提供最低收入来减轻贫困，使这一政策与社会救助在目标上具有了一定相似性。②如果将OAS与社会救助合并考察的话，可以发现其支出总额占据了总支出的大部分。虽然加拿大也曾深受《贝弗里奇报告》的影响，但分散的联邦体制、自由主义思想传统和市场倾向的社会政策，使加拿大老龄保障政策更多倾向于通过现金转移进行兜底保障以缓解贫困，③老龄群体在经济市场主义逻辑下被建构为缺少储蓄和收入的贫困者，因此常常遭到社会排斥。

---

① 王立剑：《加拿大社会保障制度》，中国劳动社会保障出版社2017年版，第16页。
② Mohammad Hajizadeh, et al., "Equity Challenges in Canada's Old Age Security Pension: Income Eligibility and Cost of Living Considerations," *Canadian Public Policy*, 2024: 42(1).
③ Daniel Beland, et al., "Translating Social Policy Ideas: The Beveridge Report, Transnational Diffusion, and Post-War Welfare State Development in Canada, Denmark, and France," *Social Policy Administration*, 2022:56(2).

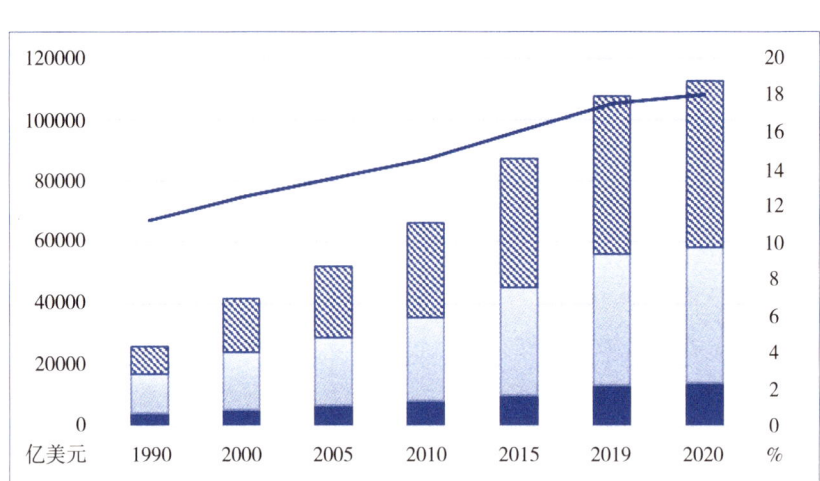

图 3-10-2　1990—2020 年加拿大分类型老龄社会支出和老龄化水平

数据来源：根据 OECD 数据库（https://stats.oecd.org/Index.aspx）和世界银行数据库（https://data.worldbank.org.cn/）整理计算而得。

（二）生产工业主义逻辑下的退休者面孔

工作能力-成绩社会保障政策类型是以职业为基础的社会保障政策，强调社会保障是经济政策的附属品，将社会保障与工业生产的流程、要求和表现结合起来，以服务于工业生产力。一般认为其起源于19世纪末的工人运动剧烈的国家，如德国。作为后发现代化的国家，德国19世纪中期的讲坛社会主义者高度重视国民经济中的社会问题，如工资、工时、税收、资本利息、养老金、工会组织等。[①] 因此，社会保障侧重向与就业市场联系紧密的人提供支持。

老龄保障政策一方面为了安抚工人运动，另一方面通过确定退休年龄实施强制退休，使劳动者能够自动地退出劳动力市场，而无需雇主辞退，从而增加了雇主的自由选择性，也妥善处理了被认为工作能力有限的老年人。[②]

[①] 刘涛、李秋璇：《社会政策的概念、范式与理论框架——兼论社会政策的历史渊源》，《社会政策研究》2024 年第 1 期。

[②] Georges Minois, *History of Old Age: From Antiquity to the Renaissance*, Chicago: University of Chicago Press, 1989, p. 246.

在美国，20世纪20—30年代有大量劳动能力健全的老年人被解雇，许多年轻人认为老年人效率低下，如果将老年人从重要位置上移除会使整个社会获益。①"对于工业生产效率的追求被表述为进步主义运动的'为效率而狂热'，这几乎相当于一场世俗大觉醒。"②以职业为基础的老龄保障将老年人看作是身体机能衰退、生产效率低下的个人，被认为不符合工业生产效率的最大化，应当作为劳动力市场上的"劣币"被逐出市场，而将工作岗位让给更有体力、工资更低的年轻人，能够提升工业生产效率。③因此，这一类政策中，老年人各类社会保障待遇的获得都需要依据确定的年龄。基于明确的年龄划分，退出劳动力市场的人群被认为是失去劳动能力、需要依靠年轻人赡养的群体。

如图3-10-3所示，工业主义逻辑下的德国老龄社会支出以社会保险为主，无论是现金还是服务，该类老龄保障都倾向于通过保险的形式提供。德国老龄社会支出中社会保险的支出在整个社会支出中占有极高比重，强制性保险覆盖了德国90%人群，同时财政补贴也占到养老保险基金的20%。④在这一过程中，出于工业生产的期望，"老龄"和"退休"被关联在了一起，⑤其结果是老龄保障政策呈现出一张退休者面孔。

工业主义逻辑将老龄群体建构为效率低下者，这一认知随着人口预期寿命的延长和劳动生产方式的革新而不再适用。事实上，目前许多老人在退休时仍然具有劳动能力，在知识经济背景下甚至拥有更高的劳动效率。老龄保障政策所建构出的退休者面孔，将具有劳动力的人群界定为老年人而排除出劳动力市场，不仅带来巨大财政支出压力，还会造成人力资源浪费。

---

① [美]约瑟夫·库格林：《更好的老年：关于老年经济，你必须知道的新理念》，杜鹏等译，北京大学出版社2022年版，第40—41页。

② Robert Nelson, "The Economics Profession and the Making of Public Policy," in *Journal of Economic Literature*, 1987:25(1).

③ Alan Walker, "The Emergence of Age Management in Europe," in *International Journal of Organizational Behavior*, 2005, 10(1).

④ 华颖：《德国社会保障制度》，中国劳动社会保障出版社2023年版，第16页。

⑤ [美]理查德·波斯纳：《衰老、老龄与法律》，周云译，中国政法大学出版社2023年版，第49页。

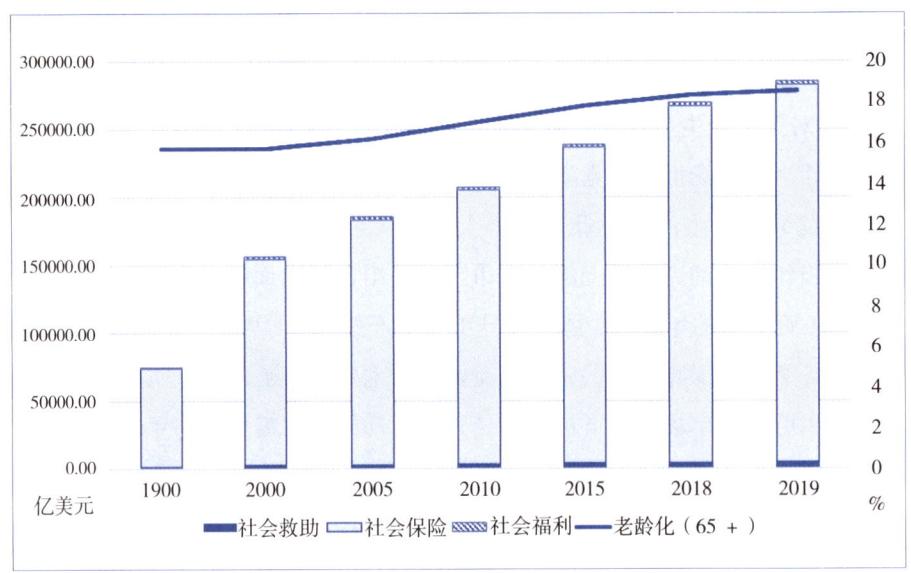

图 3-10-3　1990—2019 年德国分类型老龄社会支出和老龄化水平

数据来源：根据 OECD 数据库（https://stats.oecd.org/Index.aspx）和世界银行数据库（https://data.worldbank.org.cn/）整理计算而得。

（三）政治民主主义逻辑下的投票者面孔

制度性再分配型社会保障政策是基于公民资格的社会权利，它在市场以外，提供普遍性和均等化的服务，以北欧国家为代表。该类型社会保障政策深受改良社会主义思潮的影响，认为每个国民无论年龄、经济状况、工作情况都具有相同的权利，政府通过税收筹资对保障公民权利承担较大责任。

与英国、德国等老牌资本主义和工业主义国家不同，北欧国家工业化进程相对较晚。在19世纪，瑞典有超过90%的人口居住在农村，老年人更多只能依靠家庭赡养。① 随着19世纪末城市化发展和人口流动的增加，农村老龄人被大量搁置从而陷入贫困。对此，瑞典于1913年开始实施养老金制度，这被认为是一个"不像德国那样只包括劳动者，而是包括全体国民的制

---

① Agneta Kruse, "Old Age Care: The Swedish Way," *in Social Science Spectrum*, 2018, 3(2).

度,并且从一开始就拒绝以家计调查作为前提"①。这是因为瑞典在现代化进程中面临的是普遍贫困的农村老龄人,而非市场经济和工业化背景下的城市贫困老人或就业人群。19世纪90年代,丹麦开始向67岁以上的妇女提供津贴,而不论她们的丈夫或家庭的财产状况和地位如何。其结果是那些从未有过独立金钱收入的人获得了一定的经济独立,促使女性作为独立个体获得投票权。②随着老龄化程度的加深,瑞典社会民主党为了获得更多老龄国民的支持,于1948年实施基本养老金计划,该计划无需家计调查,将原有的贫困者从救助者名单中剔除而纳入计划中来,并赋予贫困者投票权。③1960年又进一步提出了范围更广、更为慷慨的补充养老金计划(ATP)。

如图3-10-4所示,在瑞典老龄保障政策的总支出构成中,占据主要部分的是基于普遍性原则的福利项目,基于工作和家计调查的项目支出相对较小。随着20世纪90年代初期社会民主党连续失去政权和财政压力不断加

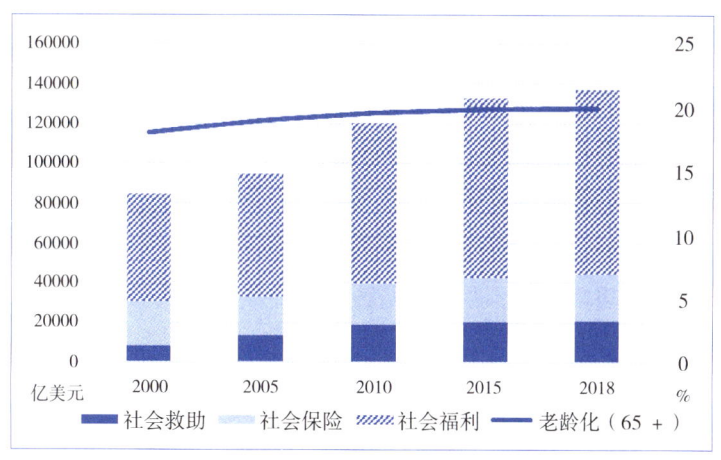

图3-10-4 1990—2019年瑞典分类型老龄社会支出和老龄化水平

数据来源:根据OECD数据库(https://stats.oecd.org/Index.aspx)和世界银行数据库(https://data.worldbank.org.cn/)整理计算而得。

---

① Agneta Kruse, "A Stable Pension System: The Eighth Wonder," in Tommy Bengtsson (ed.) *Population Ageing: A Threat to the Welfare State? The Case of Sweden*, Springer, 2010.
②③ [丹麦]斯文·霍特:《21世纪老龄福利和社会政策》,载景天魁等《老龄福利与社会政策——中国与北欧国家的比较研究》,胡艳红译,华中科技大学出版社2022年版。

大，执政党和劳动力市场达成了协议，普遍的养老金制度从固定福利制转变为准固定缴款制，更多地与工作相挂钩。同时，开始增加家计调查的社会救助支出。2000年以来，瑞典的老龄化程度进一步加深，老龄社会支出的总额不断增加。总体来看，瑞典老龄保障政策普遍且慷慨，但政策凸显供方视角。随着老龄化程度加深，当遇到财政支出压力或政党轮替，会直接影响政策稳定性。

Stahlberg指出，瑞典实施慷慨的老年保障政策，目的是争取已在集体协议条件下获得较好保险待遇的白领阶层支持，社会民主党人认为这样能够创造出一个更加忠诚的中产阶级纳税阶层。[1]因此，北欧国家在现代化进程中强调政治民主主义，要求老龄保障政策覆盖全体老龄国民，以公民身份作为资格条件，给予慷慨的福利待遇以换取政治选票。其老龄保障政策将老龄人建构为投票者，老龄人在政策中被作为手段而非目的，使老龄保障政策在民主主义逻辑下呈现出一张投票者面孔。

综上，依据社会保障政策的类型划分，可以总结出19世纪以来西方现代化进程下老龄保障政策的三张面孔：经济市场主义逻辑下的弱者面孔、生产工业逻辑下的退休者面孔、政治民主主义逻辑下的投票者面孔。三张面孔分别体现了各自老龄保障政策的内在逻辑，包括价值理念、对象界定、保障内容、待遇水平等。在当下老龄化程度不断加深的背景下，这三类政策都将深受自身内在逻辑限制而不得不进行改革和突围，尝试与老年歧视、失业和社会排斥作斗争。[2]

四、面向中国式现代化的老龄保障政策发展路径

一个社会如何理解"老"，决定了它将如何去建构老龄人和老龄化问题，并制定相应的老龄保障政策。与19世纪以来西方现代化背景下形成的老龄

---

[1] Ann-Charlotte Stahlberg, "Lessons from the Swedish Pension System," in Thomas Wilson, Dorothy Wilson (eds.) *The State and Social Welfare: The Objectives of Policy*, London: Longman House, 1991.

[2] 杜鹏：《欧盟的老龄问题与老龄政策》，中国人口出版社2000年版，第50页。

保障政策三条传统逻辑不同，中国式现代化的基本内涵是发展的自主性，意味着可以通过自主性发展，立足自身文化和制度的独特优势，突破西方现代化条件下的所谓一般规律。因此，面向中国式现代化，对于"老龄"概念的自主性建构，应超越市场主义、工业主义和民主主义逻辑下的三张老人面孔，走以人民为中心、具有中国特色的老龄保障政策发展路径。

（一）我国老龄保障政策中老人面孔的特征及其演化

中华人民共和国成立以来，我国老龄保障政策呈现出总体向上的发展趋势，可概括为以下三个发展阶段，每个阶段中的老龄保障政策对于老龄人及老龄化问题的不同建构，使老龄保障政策中的老人面孔表现出不同特征。

第一，20世纪80年代以前，老龄保障政策初建，政策中的老人面孔呈现模糊化特征。在城镇，1951年《中华人民共和国劳动保险条例》的实施范围覆盖城镇各类型单位，并在1953年通过修订进一步明确了男性60岁退休、女干部55岁退休、女工人50岁退休的基本规定，这标志着我国老龄保障政策开始建立。此后又相继出台《关于工人、职员退休处理的暂行规定》和《关于工人、职员退职处理的暂行规定》，提高了待遇标准，解决了退休、退职的矛盾，强制退休、退职机制开始建立。① 在农村，依据1956年出台的《关于工人、职员退休处理的暂行规定》和1960年出台的《1956年到1967年全国农业发展纲要》两个文件，建立起农村五保制度，开始对老、弱、孤、寡、残实施社会救济。此外，伴随农村合作化运动的还有农村合作医疗制度的建立。② 农村五保制度和农村合作医疗构成了这一阶段农村老龄保障政策。

总体来看，整个计划经济时期，老龄化并不构成一个严峻的社会问题。在城市，老龄保障政策更多与单位制下的职业发展相结合；而在农村，则更多体现为对于特困老人的帮扶和合作化运动下的配套。由于缺少专门针对老

---

① 郑功成：《中国社会保障论》，中国劳动社会保障出版社2009年版，第59页。
② 郑功成：《中国社会保障70年发展（1949—2019）：回顾与展望》，《中国人民大学学报》2019年第5期。

龄群体或老龄化问题的政策,加之退休制度是一个新生事物,退休政策也欠缺稳定性,这造成了公众对退休制度的认识混乱。[1]对何为老龄人也缺少社会共识,老龄保障政策呈现出的是一张模糊的老人面孔。

第二,1982年至2019年,老龄保障政策在多轨道上快速发展,碎片化和群体差异性显著,政策呈现出一张破碎的老人面孔。改革开放和社会主义市场经济体制的建立,使传统单位保障被逐步削弱,老龄群体保障需求凸显,老龄化开始被建构为一个社会问题。1982年,为参加维也纳老龄问题世界大会,我国成立老龄问题世界大会中国委员会,同年更名为中国老龄问题全国委员会。这是我国老龄保障政策首次在管理体制上确立专门性责任机构。[2]1994年,我国颁布《中国老龄工作七年发展纲要(1994—2000年)》,是第一部老龄保障政策的中长期规划。为配套国企改革,缓解下岗潮造成的社会问题,《国务院关于建立统一的企业职工基本养老保险制度的决定》于1997年颁布,正式确立企业职工养老保险制度。2009年开始试点"新农保",2012年"城居保"全面推广,我国老龄保障政策完成全覆盖,实现了人人老有所养的千年梦想。[3]

随着老龄化程度加深,这一阶段老龄保障政策特点表现为"初识老龄化-基本制度构建"。[4]政策总体上被定位为经济改革配套措施,关注重点在于经济发展,老年人被作为企业负担而成为必须改革的问题。在实践中,大量下岗职工被纳入退休政策,相关政策在城乡之间、企事业单位之间、地区之间存在较大差异,呈现出严重的碎片化特征。[5]因此,老龄保障政策虽然建构出了相对确定的老龄群体,但群体间的显著差异、政策间的缺乏内在关联,使老龄保障政策中的老人面孔呈现破碎化特征。

---

[1] 林熙、林义:《生命历程制度化引导下的退休认知与社会共识》,《探索》2017年第4期。
[2] 吴玉韶:《从老龄不是问题到老龄国家战略——新中国老龄事业发展的回顾与启示》,《中国社会工作》,2021年第20期。
[3] 胡晓义:《新中国社会保障发展史》,中国劳动社会保障出版社2019年版,第359页。
[4] 郭林:《中国养老服务70年(1949—2019):演变脉络、政策评估、未来思路》,《社会保障评论》2019年第3期。
[5] 鲁全:《新中国成立以来中国共产党的社会保障理念发展与制度实践》,《社会保障评论》2022年第6期。

第三,2020年至今,老龄保障政策逐步整合完善,老人面孔逐渐完整和清晰。中共十九届五中全会将积极老龄化上升为国家战略,从推动实现适度生育水平、健全婴幼儿发展政策、完善养老服务体系三方面对积极应对人口老龄化进行了具体部署。2021年,国务院办公厅发布《"十四五"国家老龄事业发展和养老服务体系规划》,对老龄保障政策做了长期规划。2022年国务院办公厅发布《关于推动个人养老金发展的意见》,第三支柱的养老金计划不断完善。2023年中共中央办公厅、国务院办公厅发布《关于推进基本养老服务体系建设的意见》,对满足老年基本需求的服务体系建设进行了明确。2024年国务院办公厅发布《关于发展银发经济增进老年人福祉的意见》,逐步建立事业和产业协同的满足老年人多层次需求的老龄保障政策体系。经过70多年的曲折发展,各项养老制度开始成熟、定型。① 城乡之间、地区之间、不同性质单位之间的保障逐步向统一化的方向发展。老龄人不再被作为缺少家人照顾的特困对象或经济改革的配套对象,而被作为促进经济发展的对象。

(二)中国式现代化发展要求下老龄保障政策的应有逻辑

中国式现代化道路的内在动力在于人民的积极性和首创性,其根本价值彰显就是实现人的现代化,坚持以人民为中心、坚持人民至上,这和西方国家以资本为中心的现代化有着本质区别。② 对于老龄保障政策而言,中国式现代化要求超越西方现代化背景下将老龄人建构为市场竞争弱者、劳动能力缺失者和政治投票者的内在逻辑,建构以面向全体人民的、以人民为中心的老龄保障政策逻辑。而这也是积极老龄化国家战略的应有内涵,具体来说,它包含以下四层逻辑含义。

第一,老龄群体不应被看作少数困难弱势群体,而是普遍的正常人。老龄化问题不应被理解为是老龄人的问题,老龄作为生命历程的一个阶段,和其他生命阶段并无本质区别。因此,不应再将老龄人仅仅作为体弱多病或贫

---

① 林义:《我国多层次养老保障体系优化与服务拓展》,《社会保障评论》2022年第5期。
② 陈从楷:《中国式现代化的独特优势》,《中国社会科学报》2024年6月28日。

困的象征，这既不符合客观事实，也不符合积极老龄化国家战略的内在要求。而应将老龄人看作普遍的正常群体中的一员，老龄人因身体机能逐渐下降产生的各类保障需求是一个正常现象，和其他年龄段人群的保障需求也并无本质区别，不应存在针对老龄人的年龄歧视。

第二，老龄群体不应被看作生产线上的无用者和淘汰者，而是有能力和潜力的社会财富创造者。中国式现代化是人口规模巨大的现代化，老龄群体也应是推动现代化的重要力量。工业主义逻辑将老龄群体认为是效率低下而应当被排除在生产活动之外的理念不再适宜。随着数字技术和医疗卫生技术的进步，越来越多的老龄人即使在达到退休年龄后仍具有劳动能力和意愿，能够作为社会财富的创造者而不仅仅是消费者，不应将退出劳动力市场等于失去劳动力。①

第三，老龄群体不应被看作实现政治目的的工具，而是社会权利的拥有者。这意味着老龄人不应被作为获取政治选票的手段，老龄保障政策也不再是争取老龄选民的工具，老龄人和其他社会群体一样，是社会权利的切实拥有者。以人民为中心的中国式现代化发展要求下，老龄保障政策应以老龄人自身为中心，以满足老龄人服务和保障需求为目的，强化人本主义，使老龄群体在中国式现代化中不仅"共建"，同时也"共享"。

第四，老龄群体不应被看作脱离家庭、缺少家人照顾的伦理缺失者，而是家庭关系的维系者。家庭是中国文化和制度中最具特色和生命力的元素，也是构建中国特色社会保障制度的基础。②长期以来，我国老龄保障政策将老龄群体建构为缺少家庭照顾的伦理缺失者，在家庭照顾缺位时公共政策才会介入。站在中国式现代化的新起点上，需要积极发挥中国历史和文化的优势，并将其注入对于"老"的理解中。与西方不同，中国对"老"的理解往往是基于家庭代际关系，老人对于家庭关系和家庭结构起到重要的稳定和连接作用，同时家庭对于老人的幸福生活也至关重要。

---

① 当前社会政策中有许多常见的概念，潜在地将老年人建构为能力缺失者，例如"抚养比"概念，实际上是一个负向指标，将老年人看作是被抚养者和财富的消耗者。
② 林闽钢：《构建中国特色社会保障制度——面向中国式现代化的自主性发展之道》，《社会保障评论》2023年第7期。

（三）老龄保障政策发展的中国道路

第一，构建以全人口全生命周期为对象的老龄保障政策。将老龄人作为正常人，将老龄阶段作为一个常规阶段，这意味着需要积极构建面向全体老龄人而非少数人，面向全生命周期而非仅针对老龄阶段的保障政策，强调对于老龄的整体性治理和主动性治理，从全人口和全生命周期进行政策设计。其中，基于全生命周期的主动健康政策尤为重要。传统老龄保障政策大多停留在被动医疗上，即关注生病后的医治。而主动健康是基于全生命周期视角发展和维护老年健康生活所需功能的过程。老龄保障政策需要把握老龄人带病生存常态化的基本事实，将老龄群体作为独立的健康主体，积极推动从预防、管理、医疗、照护、康复到临终的一体化策略，提升老龄人自我健康管理的主动性和能动性，注重医康养相结合，推动健康知识普及和个性化健康管理。

第二，构建以主动参与和社会融合为内涵的老龄保障政策。需要强调"发挥老年人所用而不只是为老年人所用"。[①] 将老龄保障政策与经济政策相衔接，充分发挥老龄人参与工作的积极性，强化自主工作取向，发挥老龄人的潜力和价值，促进老龄人与年轻人一起共创社会财富，增进社会融合。不应将年龄作为劳动能力衡量标准，取消"一刀切"的退休制度，实施弹性退休，实现退休政策的个性化。同时积极发挥老龄人知识、经验等方面的优势，鼓励老龄人根据自我需要自主就业，为有意愿的老龄人提供平台和保障，完善老龄教育和技能培训，鼓励退休再就业，促进老龄群体人力资源的价值延续。[②]

第三，构建以需求为导向的老龄保障政策。老龄保障政策不能简单以统一的年龄划分为资格依据，而应以需求为导向，以老龄人的真实状况、实际生活状态等为依据。[③] 通过需求调查评估，明确供给内容和方式，制定相应

[①] 吴玉韶、张钰婕：《中国式现代化与养老服务发展新趋势》，《社会保障评论》2023年第6期。

[②] 林闽钢：《老年福祉的多样性与迭代更新——基于老龄文明视角的考察》，《社会科学研究》2023年第6期。

[③] 郑功成：《着力构建高质量的养老服务体系》，《中国国情国力》2022年第11期。

的政策体系。具体来说,需要推进实施分层分类的保障体系,以老龄人为中心,以老龄需求为导向,打造包括照顾服务、康复护理、精神娱乐、运动旅游、文化学习等多类型的供给内容,排列供给清单。目前许多服务仍然将年轻人作为主体,并未形成老龄消费者画像。应积极拓展服务外延,满足多样化的服务需求,完善技术适老化建设,弥合"数字鸿沟",促进社会参与。[①]同时,完善多层次保障体系,推动养老事业与养老产业协同发展,满足老年人更高层次的保障需求。

第四,构建以家庭为依托的老龄保障政策。老龄人既是家庭照顾的需求者,也是家庭关系的维系者。面向中国式现代化的老龄保障政策需要明确从"家庭责任"到"家庭建设"的认知转变,发挥家庭的治理枢纽功能,突出对家庭的制度性赋能。[②]在发展上应明确将家庭作为基础性服务单元的战略,将社区作为政策资源载体,实现政府、社区、家庭、市场的结构化。[③]在策略上应强调对于家庭照顾的支持。一方面,支持家庭作为老龄人的照顾主体并发挥家庭的基础性作用,发展居家康复护理服务项目、设施设备,建设家庭护理员和家庭病床,开展喘息服务等。另一方面,积极发挥老龄人对于维系家庭关系的重要作用。例如,通过长期护理保险、适老化改造等政策鼓励老人与子女共居或相邻而居,并为提供照顾服务的家人建立亲情账户等。总之,使老龄保障政策能够实现老龄人在家庭中、在家人的陪伴下幸福老去。

作者:王锴,河海大学公共管理学院讲师,老龄文明智库研究员。

---

① 王锴、林闽钢:《增能视角下我国智慧化养老服务的转型升级》,《理论月刊》2019年第6期。
② 胡湛、彭希哲、吴玉韶:《积极应对人口老龄化的"中国方案"》,《中国社会科学》2022年第9期。
③ 林闽钢、王锴:《国际比较视角下老年社会服务体制的多样性——兼论中国老年社会服务体制的新结构化》,《经济社会体制比较》2020年第1期。

主要参考文献

1. 吴玉韶，张钰婕.中国式现代化与养老服务发展新趋势.《社会保障评论》2023年第6期

2. 郑功成.着力构建高质量的养老服务体系.《中国国情国力》2022年第11期

3. 王锴，林闽钢.增能视角下我国智慧化养老服务的转型升级.《理论月刊》2019年第6期

4. 林熙，林义.生命历程制度化引导下的退休认知与社会共识.《探索》2017年第4期

5. 胡晓义.新中国社会保障发展史.中国劳动社会保障出版社，2019

6. 郭林.中国养老服务70年（1949—2019）：演变脉络、政策评估、未来思路.《社会保障评论》2019年第3期

7. 鲁全.新中国成立以来中国共产党的社会保障理念发展与制度实践.《社会保障评论》2022年第6期

第四部分

老龄文明国际视野研究

照护在我们这个时代的非凡重要性

[美]凯博文

一、引言

我的妻子琼在六十岁时被确诊为早发性阿尔茨海默病。彼时，我肩负起照护妻子的重任，不仅要负责妻子的喂食、洗澡、穿衣以及如厕等日常生活事务，还需在情感方面给予她充分的支持。在与妻子共同对抗疾病的历程中，我深切体会到彼此间的互助与支持，这种互惠关系成为我照护理论的关键构成部分。基于自身经历，我撰写了《照护的灵魂》(*The Soul of Care*)一书。照护并非仅仅是一个理论议题，更是一个亟待深入实践与反思的社会问题。

二、照护的定义与任务

首先，我想阐述照护的重要性。在当下老龄化社会中，照护占据着核心地位。照护并非单纯属于医疗系统的范畴，更是社会福利乃至整个社会发展的基石。

"照护"的民族志定义如下：

① 照护不仅是个体行为，更是集体行为，涵盖身体、情感、人际以及

道德等多方面的支持；

② 互惠与接受照护的过程紧密相关；

③ 照护实践对于照护的给予者和接受者在生物社会学层面具有重要影响。

照护的本质包含关系和互惠、在场、仪式和习惯、坚持不懈、人的提升过程、克服障碍，以及对回忆的呵护等方面。

通过长达十几年照护身患阿尔茨海默病的妻子的经验，我总结出照护在日常生活中的实际操作要点，以及照护的核心任务，具体包括：

① 对被照护者的需求予以肯定和确认；

② 承担日常协助和照顾工作，例如喂食、洗澡、帮助走动、协助如厕、实施保护等；

③ 给予情感支持；

④ 注重互惠，即道德上的一体与责任。简而言之，照护关系是双向的，离不开照护双方的协同努力。被照护者对照护者的鼓励与信任能够成为照护的动力源泉，而照护者的悉心呵护则有助于被照护者更好地生活；

⑤ 保持在场，也就是呈现"我在这里"的状态，这意味着给予被照护者真正的陪伴、倾听、理解、关心与爱意；

⑥ 具备坚持的精神；

⑦ 与财务、法律、宗教、医疗和心理等领域的顾问进行协商和协调。

三、照护实践的差异与挑战

在照护过程中，我察觉到童年时期的社会化进程会使男性与女性在照护实践中存在差异。例如，男性往往相对粗心，而女性则更为细致。随着年龄的增长，生活表现中的性别差异逐渐缩小，男性特质相较于童年时期展现出更多"关照"的特征，然而差异依然存在。

当然，照护在当前社会面临着诸多挑战，具体如下：

家庭层面的挑战：可能遭遇长期照护资金匮乏的困境；身为照护者的家庭成员需要外出工作，从而难以全身心投入照护；新自由主义时代对家庭照护价值观形成冲击；照护者的社会身份受到贬低；代与代之间的交流存在隔阂等。

专业照护者面临的挑战：与患者互动的时间有限；电子技术方面的阻碍；对提供优质照护的激励逐渐减弱。在专业照护层面，需要着重指出的是，当今社会在照护量度方面存在维度上的偏差，即大多数对高质量照护的评定都是基于成本和效率的考量，而非直接以照护本身作为衡量标准。

针对这一情况，需要在照护量度中增添以下维度：

① 共同度过的时间；

② 人际关系的质量；

③ 沟通的质量，包括倾听、解释及跟进；

④ 身体检查和病史采集的质量。

我尤其想要指出的是，在目前医学照护面临的挑战中存在三大悖论：

一是照护与医学层面。从传统意义上讲，医学将照护置于临床实践的核心位置。然而，随着时间的推移，在医生的实际工作中，照护却日益被边缘化。在照护问题上，医疗机构既未投入充足的时间，也未投入足够的经费，更未给予应有的关注。但同时，医生和医疗机构却依旧坚信照护是医学实践的核心。

二是医学教育层面。相较于医学院毕业班的学生，医学院新生对照护的实践及社会心理往往表现出更为浓厚的兴趣，且实际能力也更为出色。这一结论令人失望，因为这意味着当今的医学教育虽然给医学生传授了大量科学和技术层面的知识，却反而削弱了医学生的照护能力。由此引出一个颇具争议的提议，医学院可以考虑将医学教育中有关照护的内容全部删除。然而，与我交谈过的医学教育者或临床部门负责人，没有任何人愿意考虑将照护从医学的标志性地位上移除。

三是医疗改革与技术层面。医疗体制改革和医疗技术革命，从某种程度上来说，旨在减少诊断和治疗过程中的差错，消除通往更好治疗结局的障碍，最终促进照护实践。但实际上，它们却出人意料地削弱了照护。例如，绝大多数电子病历的设计虽然在许多方面实用性很强，但始终没有预留空间用于书写护理记录或其他任何有关患者每日情绪状态和社会状态的内容。此外，相较于倾听患者诉求以及与患者交流，医生花费在电脑屏幕上的时间要多得多。对于医生和患者而言，医疗体制改革和医疗技术革命可谓是利弊参半。

四、应对照护挑战的策略

面对上述家庭、专业照护者、医学照护等方面的挑战，我们可以采取一系列应对措施，具体如下：

① 为应对家庭照护的挑战，可以推行长期护理保险制度，提供家庭护理补偿，并提升社会对承担照护责任家庭的认知度与支持力度；

② 为应对专业照护者面临的挑战，需要加强对专业护理人员的道德培训以及核心护理技能的培训，在日常实践中增加护理激励措施。在政策设计和项目实施过程中，不仅要考虑经济因素，还需兼顾临床照护的实际需求；

③ 为应对医学照护教育的挑战，可以安排学生在第一年深入重度残疾或临终患者家中开展基础护理工作，积累照护经验（如协助被护理者吃饭、洗澡、穿衣、如厕、走动等）。让学生在家庭和其他社会关系的情境中撰写一篇关于病人的迷你民族志，并通过与护士、理疗医生和家庭保健助理组成的协作学习团队进行合作学习；

④ 面对医疗机构照护实践的挑战，可以将更多的资源（包括财务资源和人力资源）投入照护工作中，将照护流程和措施纳入电子病历系统等。

五、结论

我并不认同"以'稀缺性'来判定高质量的照护无法提供给贫困人口，只有预防才具有可行性"这一观点。从社会医学的视角来看，资源敏感性的论点在道德层面是站不住脚的。因为该论点从一开始就假定不平等是固定不变的，并且认为在价值排序上，经济学优先于人与人之间的关系以及社会正义。我们需要发起一场全球性的道德运动，以推动照护在全球社会中的发展。

作者：凯博文，哈佛大学人类学系教授。

老龄文明范式下的照护

芮国兴　金　靖　王道民　潘天舒　陈宏图

凯博文认为，如果危机特别是健康和失去亲人的危机是我们认识到世界上的失败、死亡、不稳定的核心方式，那么，照护就是对紊乱的一种切实回应，它是爱、恢复和服务的实践仪式，当地方性道德世界发生断裂时，帮它恢复秩序。照护是照护者与被照护者"互惠"的践行过程，照护是家庭和社会凝聚的"胶水"，照护不仅仅是医疗系统的一部分，也是个人发展的历程，更是社会福祉和整个社会发展的基石。照护实践由初级照护向专业照护和整合照护发展，数字赋能以个人为中心的健康照护（digitally enabled person centred health and care）是各国开展健康照护数字化的核心策略，西方高福利国家围绕社区网络照护、整合照护及社会公益照护开展了多年实践，涌现了一批良好实践案例。我国可以借鉴国际实践经验，基于中国文化内核，构建老龄文明价值观，整合老龄发展政策，健全老年照护服务体系，营造以照护为核心的社会科技创新环境，引领老龄文明进程。

一、照护在老龄化时代的重要性

（一）照护是家庭和社会凝聚的"胶水"

近期一篇题为《当一位北大教授成为 24 小时照护者》的文章在社会上引发了广泛关注，北京大学新闻与传播学院的知名学者胡泳教授走进了公众视野。当母亲患上阿尔茨海默病，他毅然从学术的前沿阵地回归家庭照护，以切实的行动诠释了一位儿子对亲情的执着坚守与无私奉献。这绝非仅仅是个人情感的自然流露，更是对当下我国社会老年照护体系的一次深度审视。

无独有偶，《照护：哈佛医师和阿尔茨海默病妻子的十年》讲述了一个关于彼此照护的动人故事。该书作者凯博文教授是全球医学人类学领军人物，他是最早将"照护"引入公众视野的学者之一。2020年起，江苏省产业技术研究院联合哈佛大学多院系共建全球适老社会科技研究中心，为中国以及全球老龄化社会的可持续发展探索可行路径。他在妻子被诊断出患有早发性阿尔茨海默病后，开始了对她的悉心照护。书中讲述了他在医学领域的人生历程以及他和妻子的点滴故事，从中我们能看到凯博文与妻子之间真挚笃厚的感情。他认为照护是我们这个社会的一种"胶水"，它让我们的家庭和社会关系网凝聚在一起。照护在当前老龄化社会中处于核心地位，不仅是个体行为，更是集体行为。照护涉及身体、情感、人际和道德支持，照护是一个互惠的过程，照护实践对于照护的给予者和接受者都具有生物社会学意义上的影响。"在照护妻子那些年，我也变成了一个更好的人"，凯博文认为照护对于照护者来说也同样重要，"而要成为一个人，就必须在这个世间为别人做事，你才能找到自己是谁"。照护不仅仅是医疗系统的一部分，也是个人发展的历程，更是社会福利和整个社会发展的基石。

（二）现代医疗体系追求效能而忽视了照护

凯博文教授的妻子罹患阿尔茨海默病之后，向哈佛医学院众多很了不起的医生寻求帮助，而那些哈佛医学院的优秀医生忽视了可以给家庭的关注和照护的建议，他们非但没有提供多少帮助，而且从医生的角度制造出了一些新的问题。这个问题的根源就在于医生想要在很早阶段就做出诊断，而由于阿尔茨海默病是没有方法可以治愈的，他们并没有提供多少照护方面的建议，因为他们不觉得这跟医疗相关。但是事实上这些才是在医疗系统和医患关系里面最重要的建议，也是本来对于患者和照护者来说最重要的事情。"所以当我们面对各种慢性病，尤其是当它影响到整个衰老的人群的时候，我们意识到现代医疗体系出了问题。"凯博文教授能看到现代医学及医学教育对于照护的忽视，他以自己的经历强调，照护才是医学的核心。

照护的重点在于人情关系，人情维系着人与人之间的感情和道德，也是我们生命最重要的部分。照护被忽视的很大问题在于照护有感情和道德的关系在里面，它最初是家庭关系，当我们寻求系统性照护的时候，我们会去像医院和诊所这样的地方，然后寻求专业性的照护。而像在医院这样的体系里，他们对于效率的追求，超过对照护关系质量的追求。"这10年的照顾过程中，对于我的妻子提供照护，让我变成了一个更好的人，变成了一个更好的医生，更变成了一个更好的教授，并且能够更深刻地认识到我们的医疗系统到底错出在了哪里。"

医学传统上将照护定义为医生实践的核心，随着时间的推移，照护在医疗实践中变得不那么重要了。现代医疗体系没有在照护上花费足够的时间或金钱（无论是在医学实践中还是在课程中），但我们仍然认为它是医学的中心。医学教育中，医学生在进入医学院时比毕业时对照护的实践、情感和道德方面更感兴趣，也更擅长，这表明医学教育中有些东西使学生在提供照护方面失去了兴趣和能力。医疗改革恶化了而不是改善了医疗中的照护，技术已经开始取代或削减人类照护行为，主导我们对健康照护的理解。现代医疗体系中，一切都被数据化，DRGs/DIP 医保支付模式，通过数据配置资源和控制成本，将医疗系统转向以效能和保险支付为中心，将"不能创收"的照护更加边缘化。

（三）构建照护质量为中心的医疗价值体系

我们都体验过现代医疗高效能但缺乏照护的医疗系统带来的问题，照护的关键在于花时间，但医生再优秀也不可能在五分钟之内看诊病人，并提供照护。我们需要把医疗系统从以高效能为中心变成以照护为中心，效率非常重要，但是以患者为中心的照护质量才是医疗体系中最重要的事。如果我们实现了对这个价值体系进行转换，就可以通过经济学家分析如何让照护质量变高，并且保持高效率，同时我们必须坚持高质量照护的核心原则。再根据这一原则配置资源，让医生能够在患者身上花更多的时间。给医学生提供更好的训练，这样医学生在患者身上花掉的时间也能得到更好的结果。我们测量患者痊愈的结果也不应该只是经济上的结果，而患者个人、整个人生的福祉，患者家庭关系的变化，甚至社会关系的变化也应该成为这个体系的一部分。另外，科学技术的进步，也应该围绕着提供高质量的照护来进行。科学技术应该是为照护服务的，让科学技术在生物医疗方面变得更有效，同时让医疗服务体系和相关技术更人性化。随着社会进一步老龄化，越来越多的老人和家庭需要用到这样的服务体系。（以上内容根据凯博文教授所著《照护：哈佛医师和阿尔茨海默病妻子的十年》和照护主题国际交流整理）

二、照护模式

（一）初级照护

"家有一老，如有一宝"，也许是对祖母最好的解释。祖母是人类社会照护的重要起源，祖母的存在，不单单是增加了孙辈的存活率，在人类发展的漫长历史中，祖母以及伴随祖母而来的社会关系，潜移默化地推动了人类大脑的进化（祖母假设）。生存条件恶劣时抱团取暖（关怀社区）有利于精神健康，而农业文明建立了稳定的关怀社区。关怀文化在照护中的应用构建了初级照护模式，该模式普遍存在于当下医疗、养老服务系统和居家照护中，照护者关怀意识的强弱决定着照护质量的高低。

（二）专科照护

工业文明推动了医学的专科化，医学的专科化引领着护理专科化的发展。专科护理注重各个专科特有的护理知识和技术，能够为专科患者提供更加专业、高效的护理服务，满足专科医学和专病医疗发展需求。我国专科护士种类多样，如急诊、重症监护、手术室、肿瘤、伤口造口等专科护士。若将每一类专科护士比作梳子上的一根齿，而照护人文（关怀文化）就是梳子的背，连接所有梳齿，梳理每位照护者和被照护者。专科照护阶段，专科护士专业水平的提高，提升了危重急诊患者照护质量，大大提高了这些患者的救治成功率和症状缓解率。专科照护模式目前主要在三级医院内实施，部分医疗机构已借助互联网护理开展居家专科护理服务，如创面照护等。专科照护模式主要用于大型医疗机构的某些专科，跨专业照护服务的提供也在探索实践中。

(三) 整合照护

照护人文与基础护理的结合构建了初级照护模式，照护人文与专科护理的结合促进了专科照护模式的发展，整合照护模式是在专科照护模式的基础上再整合照护协同技术。就目前科技发展趋势，数字技术在照护服务中的应用程度决定着整合照护模式的成熟度。数字技术可以协同不同照护场景的利益相关方，如照护者、被照护者、志愿者、其他产品或服务供应者，以及政策制定者等，匹配照护需求与供应，配置照护资源。整合照护的发展推动银发经济向高层次发展，为老年人提供更加全面和个性化的服务。整合照护模式强调跨学科合作，通过信息技术的融合，实现医疗服务、社会照护、家庭照护等多方面的无缝对接。这种模式不仅能够提高照护效率，还能够确保照护质量，满足老年人多样化的照护需求。在整合照护模式下，照护不再局限于单一的医疗或社会服务，而是形成一个综合性的照护网络，通过数据共享和资源优化，为老年人提供更加精准和人性化的照护服务。随着技术的不断进步，整合照护模式将更加智能化，能够更好地预测和响应老年人的照护需求，从而提升整个社会的照护水平和老年人的生活质量。

三、国际照护发展策略

"他山之石，可以攻玉。"随着社会、经济和科技发展，全球发达国家均已进入老龄化社会，各国都在探索人口老龄化的应对策略。依托发达的社会经济水平以及最新科技的应用，多国在智慧康养、社区居家和社会公益等老龄社会关键性领域进行了长期的实践，数字化、社区网络化及整合照护是三个核心战略，他国的经验可以为江苏老龄照护服务的发展提供参考和借鉴。

（一）数字化照护

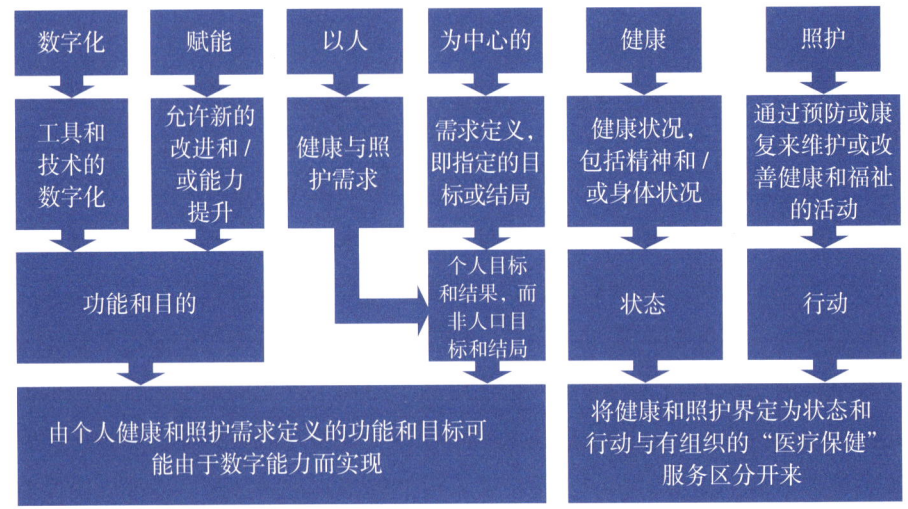

图4-2-1　数字赋能以个人为中心的健康照护模型

数字赋能以个人为中心的健康照护（Digitally enabled person centred health and care）是各国开展健康照护数字化的核心策略。"健康"是一种状态，涵盖身心健康，"照护"是行动，包括通过预防或康复来维持或改善健康、福利的活动。健康照护的中心是个人，而不是群体。通过数字化技术和工具，有效组织健康照护服务的提供，提升健康照护能力，让高质量的以个人为中心的健康照护成为可能。

数字化照护的实施，不仅能够提高照护服务的效率，还能够确保照护质量，满足老年人多样化的照护需求。随着技术的不断进步，数字化照护模式将更加智能化，能够更好地预测和响应老年人的照护需求，开展数字化监管和决策，从而提升整个社会的照护水平和老年人的生活质量。

（二）社区网络化照护

国际健康照护的趋势是由医学治疗模式向社会健康视角发展。医学治疗模式关注具体健康问题，以医院为核心，再通过区域中心覆盖社区，而社会健康视角关注健康照护网络，强调利益相关者之间的链接。社区网络化照护

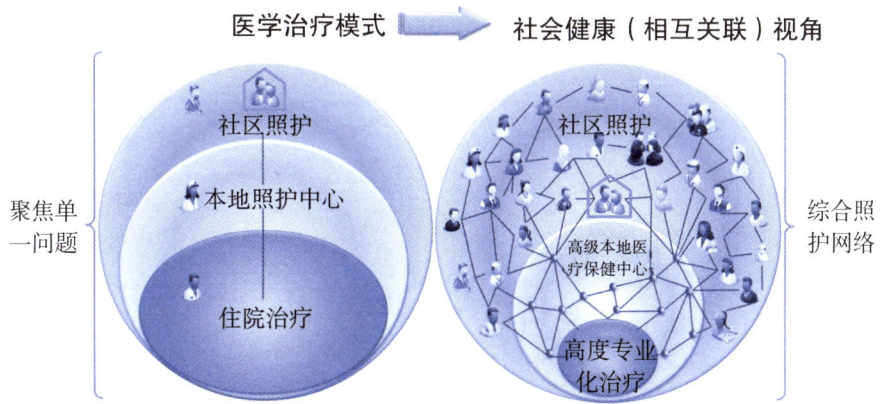

图4-2-2 以社区为中心健康照护模型转换

是将社区资源和网络技术相结合，构建一个覆盖广泛、功能完善的照护服务网络。这种模式强调关系在照护服务中的作用，通过社区组织和居民的积极参与，形成一个互助共济的照护体系。社区网络化照护不仅能够提高照护服务的可及性和便利性，还能够增强社区的凝聚力和归属感，促进老年人的社会参与和心理健康。

（三）整合照护

整合照护策略根据疾病发展不同阶段（预防、筛查、诊断、治疗、康复及持续监测等）的需求，兼顾健康照护事件处理和被照护者体验，开展各种照护活动和照护网络间的互动。整合照护由多学科团队协同决策，通过评估，制订照护计划，分配任务，并对照护的开展提供建议、协调、支持、监测和反馈，实现健康照护价值。健康照护价值涵盖心身健康、躯体功能、日常活动、社会参与、生活质量和有意义的生活六个方面。整合照护模式的实施，需要跨学科合作，通过信息技术的融合，实现医疗、社会照护、家庭照护等多方面的无缝对接。这种模式不仅能够提高照护效率，还能够确保照护质量，满足老年人多样化的照护需求。

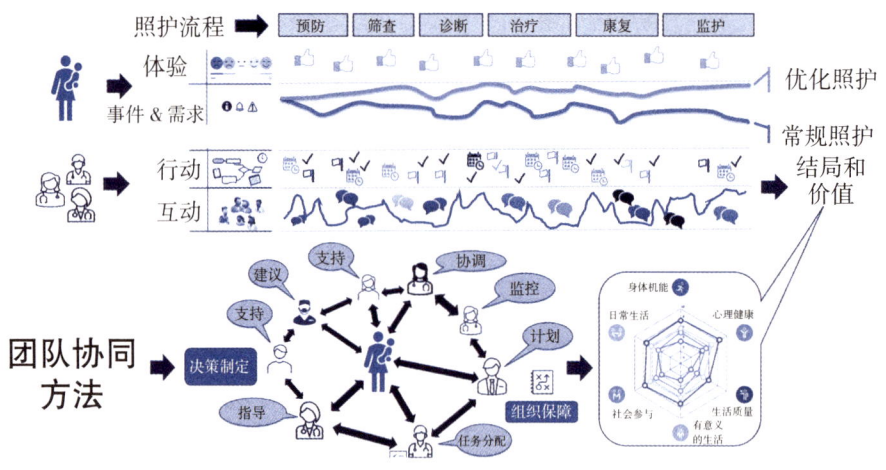

图4-2-3 整合健康照护传递

四、国际良好实践案例

（一）智能化居家照护（澳大利亚）

比起让老年人住在花费高昂的养老机构，居家养老显然是一个更节省预算的选择。许多国家的政府开始推行各种福利政策，鼓励针对居家养老的创新，好让老年人能尽可能长时间地在家或者在社区养老。与此同时，许多企业也看到了其中的商机，各种针对居家养老的创新项目也蓬勃开展起来。

澳大利亚老年服务项目主要分为四类：评估与信息服务、家庭护理与支持服务、住宿和灵活护理服务，以及劳动力和服务质量改进。为了确保澳大利亚老年服务的质量，政府进行了不断的改革与尝试。这些改革旨在确保更多的老年人留在家庭中，从而减少住院。改革包括五个方面：护理质量与安全、家庭护理服务、家庭支持服务、老年人居家照护可持续、劳动力培训和服务质量。2021年与2014年相比，老年照护总支出增加了36%，家庭照护增长了75%，而机构照护只增长了22%，远远低于老年照护总支出增长率。

同时澳大利亚政府重点构建智慧养老服务，政策着力点和资金流向主要用于夯实智慧养老服务基础，提升智慧养老服务使用率。主要做法包括：搭建老年护理服务框架，确保老年人获得更长的居家养老时间；提升老年人使

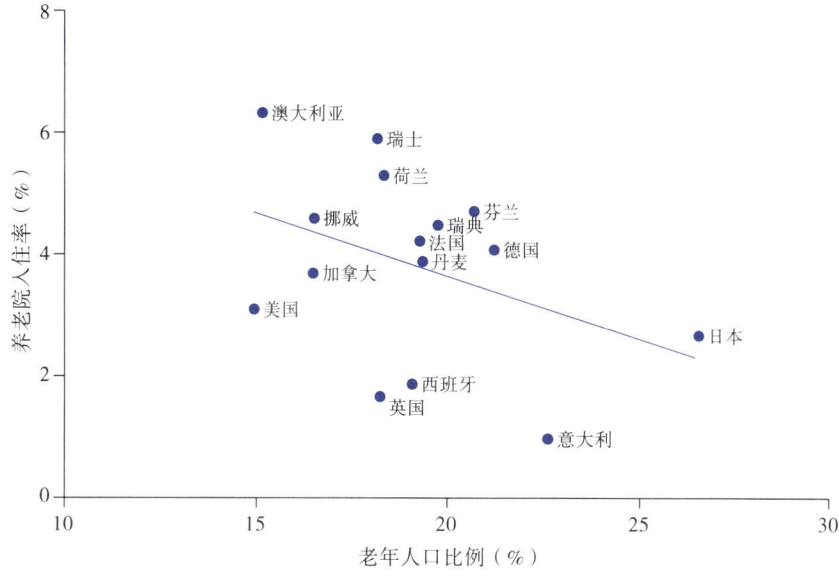

图 4-2-4　世界各国老龄化程度与养老机构入住率

用数字技术的能力,让老年人更好地融入社会发展;以健康记录、电子处方和远程医疗为主要内容,建立数字健康网络,促进机构之间的信息共享和协作。澳大利亚生产力委员会明确了消费者导向护理模型(Consumer Directed Care,CDC),通过CDC增加老年照护消费者的选择来创建一个更加市场化的系统,通过竞争市场,以更低的成本提高照护质量,解决照护质量差、照护服务机构遴选困难、不公平和成本持续增长等问题。

表 4-2-1　澳大利亚各类老年服务项目支出情况　　单位:百万澳元

年度	评估与信息服务	家庭护理与支持服务	住宿和灵活护理服务	劳动力和服务质量改进	合计
2014—2015	146.3	4475.2	12397.5	289.2	17308.3
2015—2016	140.3	4667.5	13085.1	254.0	18146.9
2016—2017	207.9	4761.5	13583.6	130.9	18684.0
2017—2018	217.8	5351.7	13712.8	124.5	19406.9

（续表）

年度	评估与信息服务	家庭护理与支持服务	住宿和灵活护理服务	劳动力和服务质量改进	合计
2018—2019	237.0	6081.2	14274.4	151.6	20744.2
2019—2020	238.8	6832.1	14618.8	148.9	21838.7
2020—2021	240.2	7812.0	15124.7	789.9	23573.5

（二）虚拟养老院（日本）

为有效应对人口老龄化难题，日本虚拟养老院将互联网技术与老年照护服务相结合，向老年人提供整合型照护服务。在智能化社会相关政策支持下，日本虚拟养老院通过直接提供服务或建立服务中介平台的模式，为老年人提供健康监测、安全保护、社会参与、生活照料和出行辅助等服务。日本虚拟养老院运营时的资源整合、提供服务时的智能化手段和服务内容的高质量值得借鉴。由于护理员的短缺，近20年来，日本一直致力于智能化养老产品的研发和使用，在政府和社会的多方推动下，2022年日本照护数字化市场规模达708亿日元，预计2040年将达到2087亿日元。

虚拟养老院是由养老服务需求方、养老服务供给方和养老服务信息平台三方共同构成的综合性系统。虚拟养老院运用现代化信息技术整合、配置和调度社会分割离散的养老服务资源，注重运营流程的整体性，整合参与主体、运行流程、服务内容，强调服务内容和对服务内容的综合开展。如东京一家养老机构原先每位护理员仅能同时照看2位老年人，在引进智能化养老服务平台后，每位护理员可同时通过智能化养老服务平台实时查看20位老年人的情况。

虚拟养老院的建设核心是养老服务，线下服务能力和服务质量是支撑虚拟养老院的关键。在日本虚拟养老服务的发展过程中，没有局限于大规模推广线上平台，而是在瞄准老年人五类刚需（健康、安全、社会参与、独立生活和出行需求）的基础上，创造更多线下智能养老服务品牌，通过线下高质量服务，带动线上平台的利用效率和认可度，扩大虚拟养老院的服务半径。

第四部分 老龄文明国际视野研究

日本虚拟养老院中的高质量服务注重内涵式发展，注重综合功能的提升，同时将人性化理念贯穿于养老服务中，重视老年人的实际感受和使用效果。

（三）"朋友圈"（英国）

为了解决老年群体的社会隔离问题，加强老年人之间的联系与互助，英国社会企业Participle在伦敦南华克区建立了一项名为"Circle"（朋友圈）的互助计划，支持50岁及以上的居民建立地区性的社交网络。"朋友圈"养老社交网络的运行，为老年群体解决了生活难题，帮助老年群体维持了社交网络，促进了老有所为。"朋友圈"的目的在于实现老老互助，所有50岁及以上的社区居民都能加入，健康的低龄会员可以帮助其他高龄会员。每个"朋友圈"雇有5名专职员工和1名全职督导，负责主要的经营工作。在"朋友圈"中，工作人员、会员、志愿者并没有清晰的划分界限，大家一起参与其中，共同打造以互助为特征的独特的"朋友圈"文化。

"朋友圈"的运营结合了技能与时间交换的志愿者模式。在"朋友圈"中，社交活动或者生活支援服务采用付费制和免费制双轨并行，获取服务的方式可以是交换时间，也可以付费购买。"朋友圈"的运作与"时间银行"相似，但是"朋友圈"本质上是一个会员制组织。会员可以通过电话或使用"朋友圈"的在线服务来联系"邻里助手"系统。随着信息技术的发展与应用，"朋友圈"可以依托智慧化手段，建立线上"朋友圈"，会员填好个人身份及健康状况信息后可以发布需求到网站上，由"邻里助手"通过大数据处理平台精准匹配，提高"朋友圈"的服务效率。在这种模式下，许多成员在交往之间日渐熟悉，在日常生活中都能做到互相帮助。"朋友圈"运营资金来源于三个部分：会员年费、社会募捐及财政支持资金。

但是，缺少长期稳定的资金来源、技术支持、政策引导和有效机制也导致了难以规模化发展、资金使用出现信任危机和养老服务专业人才短缺等问题。通过分析英国"朋友圈"养老社交网络的经验，我们可以从智慧养老的技术与服务并重、推动互助养老、促进老年群体社会参与等方面得到启示。

五、老年照护发展建议

老龄化是伴随着社会经济的发展、个人寿命的延长以及医疗卫生条件的进步而产生的,是现代化和人类社会文明发展的必然结果,社会也由年轻型人口结构向老龄人口结构转变,社会文明实践从过去的"适应青年人"转向"适应老年人",也意味着"构建老龄文明的社会风尚"成为新的社会需要。老龄文明就是积极应对老龄化的战略理念和总体性话语表达,积极建构老龄文明的社会风尚,是提高社会文明程度的应有之义。老年社会价值观重构、老年照护服务体系建设、社会保障政策整合、社会科技创新是"构建老龄文明社会风尚"的重要领域。

(一)构建老龄文明价值观

直面生死,开展死亡教育。生死问题是任何人不能避免的宿命,是人生的终极问题,死亡是对生命意义的最大挑战,最易让人感到恐惧和困惑。面对死亡,我们可以从中华五千年文明凝练的"天人合一"和"祖先文化"之中得到启发。人与道合而"天地与我并生,万物与我为一",天人相合相应,天人合一。借助清明、中元、除夕等传统节日,我们可以通过纪念祖先的活动,强化家庭和社会的凝聚力,传承文化,增强代际联系。在政策制定上,可以考虑将死亡教育纳入公民教育体系,通过学校教育、社区活动等多种形式,普及生死知识,引导构建公民生死观。

构建基于老龄文明价值观的社会环境。人是社会的人,人是一切社会关系的总和。中华文明悠久的历史已将"集体主义"烙印为整个民族的"集体无意识",我们不知道,也不觉察它的力量,但它无处不在。在中国,人们乐于为集体的利益而奉献,同时也注重个人对家庭和社会的责任和贡献。集体主义与中国传统美德结合,也将是中国老龄文明的核心价值观念和行为准则。"人人为我,我为人人",只有相互依赖和主动付出,感恩、回报他人,才能共同推动社会进步。

引导公民拥抱成长型人生。个人是社会的细胞,人性需求是驱动人类行为的内在动力,在构建老龄文明的进程中,满足人性的基本需求也是社会发展的基石所在。马斯洛需求层次理论是人本主义心理学的重要理论,而考夫曼把马斯洛的金字塔模式理论所描述的人类需求和目标绘成了另一种形式——"帆船"。"生活不是攀登高峰的艰苦跋涉。它更像是一片无际的海洋,充满了新的意义和发现的机会,但在同时,也充满了危险和不确定性。在这波涛汹涌的海浪中,'金字塔'式的需求根本起不到任何作用。我们真正需要的是一种更灵活、更实用的东西:一艘帆船。"即温饱和安全是船体,归属和自尊是加固结构,爱和自我价值是船帆。你可以选择是否要融入集体,也可以选择是否要扬起爱与探索的风帆,实现自我的人生价值(考夫曼《超越》,中信出版社)。每个人都在海上,生命来自肉体的存在,但美好的生活却取决于我们究竟关心什么,我们对目的和意义的探索。要建立成长型思维,积极、灵活地拥抱生命旅程。

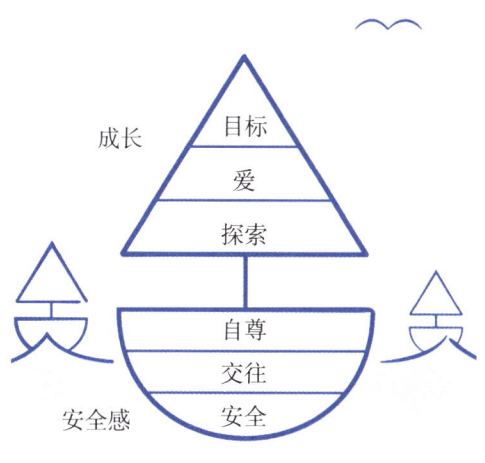

图 4-2-5　帆船模型

推动社会参与,促进老年人的自我实现。老年人是社会的宝贵资源,他们拥有丰富的人生经验和智慧,应当鼓励他们继续参与社会活动,发挥余热。通过组织各种文化、教育、志愿服务活动,为老年人提供展示自我、服务社会的平台。政府和社会应当为老年人提供必要的支持和便利,如交通、场地、资金等,以激发他们的积极性和创造力。老年人的参与不仅能够丰富他们的精神生活,还能促进社会的和谐与进步。

倡导跨代沟通，增进不同年龄层之间的理解与尊重。随着社会的发展，代际差异逐渐显现，这可能导致误解和隔阂。开展跨代交流活动，如家庭聚会、社区活动、学校教育等，可以增进不同年龄层之间的相互了解和尊重。年轻一代可以通过与老年人的交流学习到宝贵的人生经验，而老年人也可以通过与年轻人的互动了解现代社会的发展和变化。这种跨代沟通有助于构建一个更加包容的社会环境。

强化社区支持，打造老年人友好型社区。社区是老年人日常生活的主要场所，一个老年人友好型社区应当具备完善的基础设施、便捷的交通、丰富的文化生活和良好的医疗保健服务。政府和社区组织应当共同努力，改善社区环境，提供适合老年人的公共服务。此外，社区还应当鼓励邻里之间的互助和支持，创造一个温馨和谐的社区氛围，让老年人感受到社区的温暖和关怀。

有效推动老龄文明价值观的形成和传播。老龄文明价值观的形成是一个涉及社会多个层面的复杂过程，而传媒在其中扮演着至关重要的角色。可以围绕老年人的生活、健康、文化、娱乐等方面，策划和制作一系列符合老年人需求的节目和内容，通过电视、广播、报纸、杂志等传统媒体，以及互联网、社交媒体等新媒体，形成多渠道、全方位的传播网络。同时，还可以利用社区、老年大学等线下渠道，开展面对面的宣传和交流活动，增强传播效果。

（二）建立健全老年照护服务体系

慢性病、老年病及多病共存是老年人群常态，老年患者医疗费用所占比例较高。国外，老年群体的医疗费用占整个医疗费用的60%以上；国内，2017年中国医保研究会抽样数据显示，60岁及以上老年人医保费用占比接近50%，还未包括公费特殊人群的健康保障。超过3个月的慢性病痛就可能引起患者精神心理变化，慢性病、老年病多是心身疾病，孤独、焦虑、抑郁等精神心理症状普遍。"有时治愈，常常帮助，总是安慰"是疾病治疗的常态，当前医疗服务体系在"治愈"领域几乎倾其所有，而体现照护人文的"帮助"和"安慰"鲜有投入。以照护为核心的老年健康服务价值不仅在于疾病痊愈的经济学价值，而且涵盖患者整个人生的福祉，以及患者家庭关系的变化，甚至社会关系的变化。照护涉及身体、情感、人际和道德支持，更能实现老龄文明范式下的健康服务价值。

衰老是一个被灌输的概念，健康也是一个教育过程。"老年人的虚弱、无助、多病，常常是一种习得性无助，而不是必然的生理过程。"健康教育在老年群体中尤为重要，它不仅关乎个体的健康状况，还影响着整个社会的健康水平。通过健康教育，老年人可以更好地了解如何预防疾病、管理慢性病，以及如何通过健康的生活方式来提高生活质量。此外，健康教育还能帮助老年人树立正确的健康观念，鼓励他们积极参与到健康促进活动中来。社会参与不仅能够提升老年人的生活质量，还能促进他们的身心健康通过参与社区活动、志愿服务、终身学习等，老年人可以保持社会联系，增强自我价值感，同时为社会贡献自己的智慧和经验。老年健康的改善可以降低伤残调整生命年（DALY，Disability-Adjusted Life Year，疾病负担重要指标），从而减少对医疗资源的依赖，减轻社会和家庭的照护压力。随着数字化技术的发展，健康生活方式引导、健康促进技术和疾病防治的个性化、差异化方案的制定成为可能；各种传感器的应用，也可以实时记录健康干预过程并反馈结果，使健康照护服务更精准、便捷。通过数字化技术支持下的照护服务，老年人可以更容易地参与到自己的健康管理中，实现自我照护，提高生活质量，同时为社会节约医疗成本。

江苏省各地都在开展各种类型的照护服务实践，虽然整体处于我国领先水平，但区域内照护服务的系统性和协调性与发达国家或地区相比尚有较大差距。建议选择部分区县成立创新实践区，整合区域内政策、服务及技术等多方资源，开展老年照护服务体系建设，降低伤残调整生命年，提升照护服务质量。

（三）整合老龄发展政策

在积极老龄化和健康中国行动影响下，各部门出台了很多与老龄、健康有关的政策，促进了老龄事业和产业的发展，但是老龄保障政策的整合仍面临诸多挑战。首先，政策之间缺乏协调，导致资源分配不均和重复建设。其次，老龄保障政策的实施效果与预期目标之间存在差距，需要进一步优化和调整。此外，随着人口老龄化的加剧，老龄保障政策需要与时俱进，适应新的社会经济条件和老年人口的需求变化。为了有效整合老龄保障政策，建议采取以下措施：一是建立跨部门协调机制，确保政策的统一性和连贯性；二是加强政策评估和反馈，及时调整不适应的政策内容；三是鼓励社会力量参与老龄保障，形成政府、市场和社会三方共同参与的保障体系；四是加大对老龄保障政策的宣传力度，提高公众对政策的认知度和参与度；五是利用大数据和人工智能等现代信息技术，提高老龄保障政策的精准性和效率。重点围绕老龄事业支付和银发产业支持政策领域开展整合，提升老龄照护效能和质量的同时，支持技术创新促进银发产业的发展，营造老龄文明社会，实现老龄社会可持续发展。

（四）开展以照护为核心的社会科技创新

通过社会科技理念和方法，推动照护政策、服务系统和技术应用有机结合。随着科技的进步，我们有机会重新定义照护服务，使之更加个性化、高效和便捷。例如，可穿戴设备和移动应用可以实时监测老年人的健康状况，及时发现潜在的健康问题，并提供相应的照护建议。人工智能和大数据分析能够帮助医疗专业人员更好地理解老年人的需求，从而提供更加精准的照护服务。此外，虚拟现实和增强现实技术可以用于康复训练和认知功能的提升，为老年人提供更加丰富的互动照护体验。在社会科技创新的推动下，照护服务的提供者和接受者之间的关系也在发生变化，老年人不再是被动接受照护的对象，而是能够更加主动地参与到自己的健康管理中来。他们可以通过各种智能设备和平台，与家人、照护者和医疗专业人员进行更有效的沟通和协作，共同制定个性化的照护计划。而技术的普及和接受度、数据隐私和安全问题、社会购买力、老年人对新技术的适应能力以及新技术与照护服务系统的匹配性都是需要解决的问题，因此，我们需要在推动科技创新的同时，加强相关法律法规的建设，兼顾文化伦理和社会公平，确保技术应用的安全性和有效性，引导多方利益相关者共同参与创新，提高创新成果的体验感、可及性，促进老龄社会可持续发展。

正如凯博文所说，人总是得经历过好日子，也经历过坏日子，才能成熟起来。有时我们意识不到事物正在变化，但在我们自我的最深处，一种道德情感牵扯的'自我'就已经在孕育生长。我们可以称其为'灵魂'，当然，也可以给它冠以任何专业心理学或精神病学术语。在生存论的层面上，我们是谁？我们对于自己究竟意味着什么？对于他人又意味着什么？我们代表了什么？我们究竟在做什么？——这就是'灵魂'这个词的含义。照护是灵魂层面的工作，既包括照护者的灵魂，也包括被照护者的灵魂。

作者：芮国兴，江苏省老龄事业研究会（老龄文明智库）心身健康与脑健康研究专业委员会首席专家，南京瑞海博老年康复中心创始人，江苏省产业技术研究院适老社会科技创新中心副主任，中国老年学和老年医学学会护理和照护分会副秘书长；金靖，江苏集萃适老科技研究所有限公司总经理，博士；王道民，江苏省产业技术研究院适老社会科技创新中心合伙人，博士；潘天舒，江苏省产业技术研究院适老社会科技创新中心主任，复旦大学教授、博士生导师；陈宏图，哈佛全球适老社会科技研究中心联合主任，哈佛大学教授。

主要参考文献

1. ［美］凯博文．道德的重量．上海译文出版社，2008

2. ［美］凯博文．疾痛的故事．上海译文出版社，2010

3. ［美］凯博文．照护：哈佛医师和阿尔茨海默病妻子的十年．中信出版社，2020

4. 陈宏图．关怀文化的兴衰．老龄文明国际会议，2023

5. ［美］保罗·法默、金墉、凯博文、马修·巴西利科．重新想象全球健康：导论．上海译文出版社，2020

6. 哈佛大学．江苏适老科技产业发展战略分析报告（2018）

7. 澳大利亚老年护理质量与安全皇家委员会．2022年度实施进展报告

8. 王羽.虚实结合:日本"虚拟养老院"盘活养老闲置资源.《中国养老发展报告》,2023

9. 陈际华.老老互助:英国"朋友圈"养老 建立老年社交网络.《中国养老发展报告》,2023

10. 樊和平.老龄文明是积极应对老龄化的战略理念和总体性话语表达.老龄文明蓝皮书2022.江苏人民出版社,2023

11. Nick Guldemond.European Experiences with the Implementation of Hospital-to-home Approaches. Leiden University. 哈佛—长三角适老社会创新研讨会,2024

日本失能失智老年人介护设施的建筑策划与环境支持*

［日］石井敏

一、前言

人类生命逐步延长并踏入人生百年时代，漫长的老年期随之而来，能够享有长达数十年物质充裕的晚年生活具有重要意义。当前，相当数量的老年人仍具备良好的健康状态与旺盛精力，鉴于此，构建适宜于老年人愉快且充满活力地度过晚年的社会与环境显得极为关键且迫切。

然而，随着年龄的增长，人的身体机能会衰退，有可能要带着各种疾病生活，也可能被迫在失能失智状态下生活。特别是75岁以上的老年人，他们的身体会发生重大变化，介护问题也会变得非常突出。因此，我们应该特别关注未来75岁以上人口的数量和比例。

2024年日本65岁及以上老年人数量为3625万，占总人口的29.3%。根据《介护保险法》被认定为介护保险支付对象的65岁及以上老年人有717.7万人，占总人口的5.8%，其中男性229.9万人，女性487.9万人。2024年日

---

* 本文是对《建设规划：从家扩展开来的〈生活〉场所》（朝仓书店2022年版）的第3章（石井敏执笔）重新编辑汇总后的版本。

本 5 岁及以下学龄前儿童数量约为 491 万，占总人口的 4.0%。在这样的人口结构下，介护问题已然成为一个亟待解决的社会性难题。任何人都可能面临失能失智的情况。建筑策划的视角已经从打造介护和治疗的设施及环境，转向建设和营造老年人生活的场所和社区。在创造一个支持丰富晚年生活的环境方面，建筑学可以发挥重要作用。

二、老年人介护设施

随着人们的生活方式和价值观的变化，以及老龄化社会的进展，老年人介护设施所处的环境也发生了很大变化。自 2000 年起，日本实施了介护保险制度，这一制度的建立和发展显著地影响了日本社会，特别是在应对人口老龄化问题方面。下面，我们将从影响介护设施建筑策划的三个变化来解读这一情况。

（一）设施的住宅化和住宅的设施化

1963 年，日本《老人福利法》首次将老年人介护纳入福利行政范畴。此后，为有介护需求的老年人提供场所并扩容（介护设施的建设），以及提升介护质量，就成为主要的议题。因此，建筑策划的主要内容是从介护供给侧的视角来探讨如何以适宜且高效的方式提供介护服务。

由于介护设施一直被作为"institution"来建设，有些事情就被忽略了。

这就是接受介护的老年人（用户）的观点，他们更想将设施视为生活场所而不是介护场所。从生活场所的角度来建筑策划，就意味着把设施变成一个家，也就是实现"设施的住宅化"。传统的作为介护场所的建筑策划方法已经发生了巨大变化。

与此同时，住宅也发生了变化。为了使人们能够安全、舒适地度过晚年生活，住宅不仅需要配备符合无障碍规范的设备与设施等硬件条件，还应构建能够保障日常生活安全与应对突发状况的服务与支持体系。"住宅的设施化"这一概念，正体现出公众对于住宅功能的期待已不再局限于传统意义上的居住空间，而是日益倾向于将其赋予类似专业设施所具有的安全保障与安心服务等复合功能。

（二）居家养老的促进和设施用户的重度化

介护设施的建设是非常必要的。可以说，每个人都希望尽可能长时间地在家中或社区生活。从社会保障的视角来看，介护设施的建设与运营都会增加社会成本投入。因此，创造一种环境和条件，让人们尽可能长久地在家中生活，将是必然的解决方案。由此引出"社区综合健康系统"这一概念，具体内容将在后文"三、（三）"部分进行论述。

另一方面，当大部分老年人都能居家生活时，介护设施就面向以下特定人群：有强烈介护需求、仅居家服务不能满足其需求的老年人；居家生活与家庭介护都难以为继的重度失智老年人；有医疗需求的、需要从医疗与介护两方面给予全面支持的老年人。重度失能失智的老年人，除了需要相应的人力和物力系统、环境和设备之外，临终关怀问题也不可避免。随着介护设施住宅化，重度失能失智的老年人的对应变得不可或缺，也带有相当的难度。

（三）创建超越设施类型的多样化设施和社区营造

日本的体制是按国家部委、行政区和设施类型垂直划分的，按此体制定位的介护设施也不例外。从介护和生活支援的视角来看，无论是老年人、残障人士还是儿童，他们的处境和需求往往存在重叠之处，但由于制度不同，所对应的设施和服务也有所区别，一般而言，它们是各自独立进行建设和运营的。其结果是促进了功能的分化与细化。虽然设施本身的完善度不断提高，但它们却逐渐成为可以不与外部的社区发生联系也能存在的实体，设施愈发封闭并趋于孤立。最终，这种趋势甚至导致设施被建在"远离人烟"的地方，从而背离了"生活正常化"（Normalization）的理念。

近年来，这种设施形态开始受到质疑。所谓"普通的社会"究竟是什么？是指各种各样的人共同生活在同一个地区，彼此依存、互相帮助、互为补充的一种共生社会的追求与实现。正在兴起的一种趋势是，跨越种类差别整合设施，通过融合推动设施向社区开放，在与社区链接的框架中让各个设施发挥功能。不是以单体、单独、封闭的形式来完成设施建设，而是在向社区开放的同时，推动设施之间共享资源，在社区之中展开日常生活的这种机制和构想，成为设施建设的新方向。

三、老年人介护设施的起源——制度和建筑

大约100年以前，日本人的平均寿命为42—43岁。如今，这个数字翻了一番。过去，许多人在成为"老人"以前就已经去世，因此与老年相关的课题并未被社会化。而日本人的平均寿命超过65岁，女性是在1952年左右，男性是在1960年左右。正是从那时起，介护问题开始凸显。从1963年制定《老人福利法》开始，国家着手解决介护问题。自此，老年人介护设施的建设便与制度的发展同步推进。

（一）《老人福利法》制定之前—制定之后—金色计划

过去日本社会面临的主要课题是生活贫困，而非介护问题。老年人介护设施最初起源于救济贫困者的"设施"，随着1929年救济法的制定，引入了按年龄划分儿童与成人的体系，设施分化为孤儿院（儿童）与养老院（成人）。此后，随着1950年新版《生活保护法》的颁布，设施进一步被细分为更生设施、救济设施与养老设施等，正式引入了"老龄"的视角。功能的分化也意味着制度的分化，其延续便是1963年《老人福利法》的制定。

《老人福利法》的制定，确立了根据介护必要程度以及经济状况分类的不同类型设施。现存的"护理院"与"收费型养老院"等设施类型，正是自该法制定时便已设立。

随着高龄化的进一步发展、高龄人口的急剧增加，以及相关制度与政策的不断完善，各类设施与服务也相应得到发展。1982年，《老人保健法》正式制定，期望通过设立"老人保健设施"来发挥连接居家照护与机构照护之间的桥梁作用。

为了消除日本各地养老服务的区域差异，从国家层面推进高龄者健康福祉政策的发展，日本政府制定了《高龄者保健福祉推进十年战略》（即"金色计划"），明确设定了服务与设施建设的目标数量，国家战略性地推进相关

设施的整备。为推动设施建设，政府投入了大量补助金以促使其加速发展。

（二）介护保险

从2000年4月起，日本正式启动了介护保险制度。在此之前，介护服务是在"措置制度"之下，由政府财政和部分个人负担共同支撑的方式来提供设施运营和照护服务。新制度参考了医疗制度的模式，规定国民有义务缴纳介护保险费，作为交换，国民获得了自主选择所需照护服务和设施的权利。

介护保险制度因是以使用者与服务提供者（即事业者）之间的直接契约为基础的制度，也可被称为"契约制度"。要理解"措置制度"和"契约制度（介护保险）"之间的区别，必须理解地方政府（市町村等）、服务提供者（事业者）和使用者（高龄者）三者之间的关系。简而言之，在措置制度下，使用者处于最弱势的位置，没有选择服务设施的权利。事业者则根据政府的安排（"措置"）提供照护服务，不需要特别"营销"，因为使用者是由地方政府分配设施的（如图4-3-1所示）。

2000年3月前

措置制度

行政机关判断个人是否符合领取福利服务的资格，并据此决定是否开始或终止服务的提供。设施是"等待"行政决定之后接受使用者的，被动地接受行政机关所派遣的对象；而使用者则处于只能"听从"行政判断和决定的地位，无法自主选择服务内容或提供者。

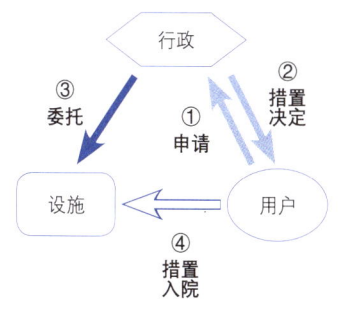

- 行政性措置
- 用户无选择权
- 税金（一部分自己负担）

2000年4月后

介护保险制度

使用者以缴纳保险费为义务作为交换，根据自身的介护等级，有权选择所需的服务或设施，并与提供服务的事业者直接签订契约。使用者处于"选择"的地位，而设施则处于"被选择"的地位。

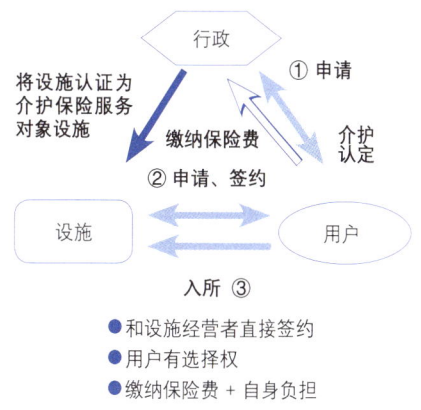

- 和设施经营者直接签约
- 用户有选择权
- 缴纳保险费+自身负担

图4-3-1 措置制度和介护保险制度

相反，在介护保险制度中，老年人有缴纳介护保险费的义务，同时拥有选择服务和设施（事业者）的权利。事业者则必须努力"被选择"，换句话说，需要像普通企业一样进行"营业推广"。只有在被老年人选择并实际提供服务后，事业者才能获得介护报酬（运营经费）。事业者之间为了提供更优质的服务而展开竞争，进而推动介护服务质量的整体提升。那些未被老年人选择的事业者（设施）将被市场淘汰。此制度的理念是通过竞争提升整体介护和设施的质量。

（三）社区综合健康系统

本系统以1947—1950年婴儿潮出生的老年人（在2025年均步入75岁及以上）为目标，致力于构建一种健康系统，使老年人即便在进入重度失能失智的状态后，也能够在熟悉的社区中继续保持自己的生活方式直至人生的最

图4-3-2 社区综合健康体系概要

资料来源：厚生劳动省《老年人的介护、保健和福祉》，日本厚生劳动省官网，2016年11月，https://www.mhlw.go.jp/english/policy/care-welfare/care-welfare-elderly/index.html。

后阶段。这一健康系统整合了居住、医疗、介护、预防和生活支援服务,被称为"社区综合健康系统",其中"居住"是核心(见图4-3-2)。该体系通过"自助、共助、互助、公助"四种形式的协同,旨在建立一个面向超高龄社会的持续照护机制。

(四)介护服务的种类和设施的种类

介护服务大致可分为三种类型。在介护保险制度中,依据个人的身心状况(介护等级)、家庭和经济状况,由使用者本人选择并使用最适合自己的服务。而承担服务协调职责的是被称为"养老顾问"(Care Manager)的专业人员。第一类是"上门型"服务,包括上门护理、上门看护、上门沐浴等服务,会直接到老年人的家中提供照护。第二类是"日间照护型",指的是在维持居家生活的基础上,老年人在白天的特定时间前往服务机构接受照护,如Day

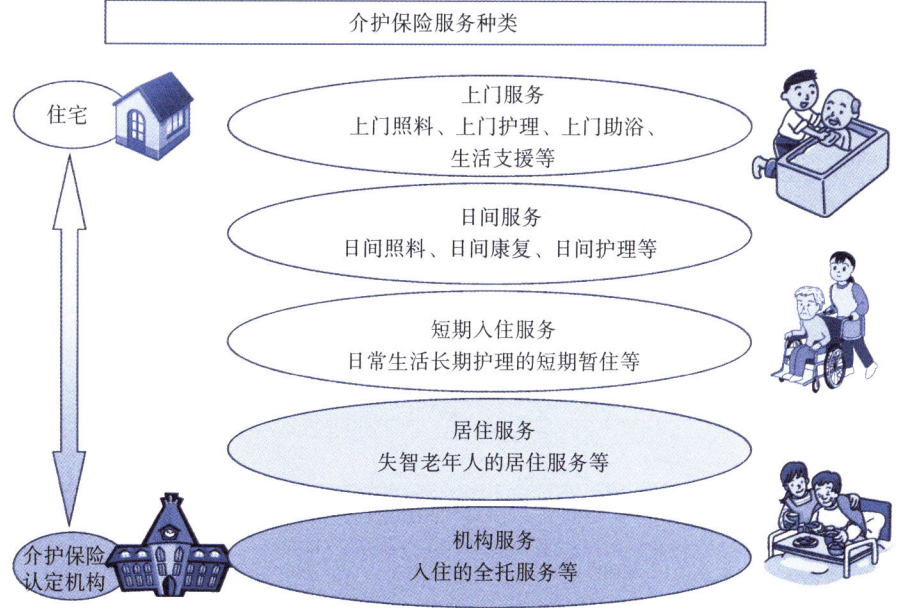

图4-3-3 介护服务的种类

资料来源:厚生劳动省《老年人的长期护理、保健和福利服务》,日本厚生劳动省官网,2016年11月,https://www.mhlw.go.jp/english/policy/care-welfare/care-welfare-elderly/index.html。

Service 和 Day Care。第三类是"入住型"的设施服务，即老年人将生活场所转移至照护设施中长期居住。此外，还有一种限定期限、短期使用的"短期入住"（short stay）服务。其中"入住型"介护设施的建筑策划最重要，因为它是老年人长时间居住、相当于"家庭替代场所"的空间（图4-3-3）。

在日本，入住服务随着相关制度的发展和修订，逐渐细分化，种类繁多，构成也变得复杂。从《老人福利法》制定时设立的护理院、收费型养老院等设施，到后来的老人保健设施、care house、group home，近年又出现了具有住宿功能、作为居家照护支援基地的小规模多功能型居家照护机构，以及被视为住宅的一种、具备照护服务的老年人专用住宅等。图4-3-4显示了具备居住功能的主要设施及其使用人数。无论是哪一类，其服务对象和其他条件都由制度规定，并设有与之相应的设施建设与运营标准。设施的容量、居室的最小面积、走廊的宽度、必要的房间与设备等与建筑整备相关的标准，均记载于《老人福利法》与《介护保险法》中（见表4-3-1）。

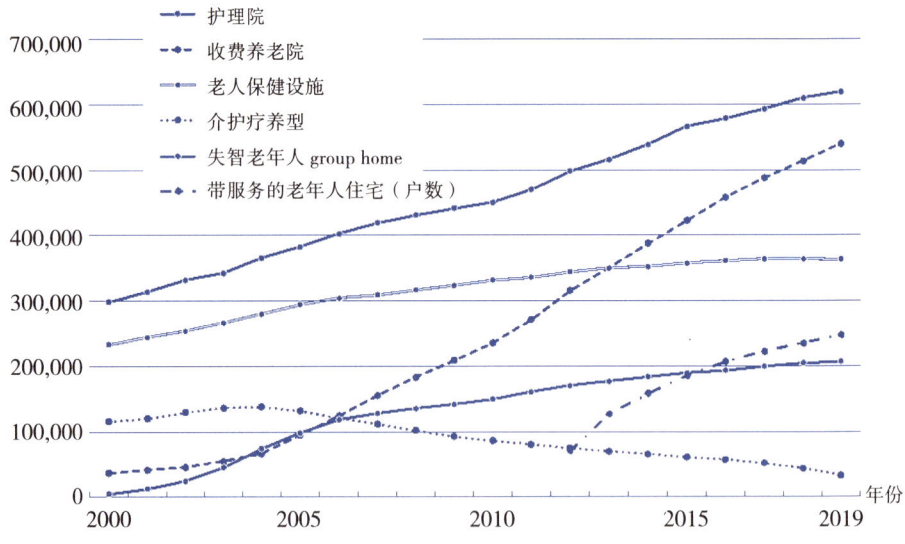

图 4-3-4　各种入住设施的不同年份的最大入住人数

表 4-3-1 设施服务的各项标准

设施种类名称等	设施				设施-住宅		（共同生活）住宅	住宅	
	介护老人福利设施（介护保险法）		介护老人保健设施（介护保险法）		介护医疗医院	特定设施入住者生活介护	失智老年人应对型共同生活介护（介护保险法）	提供服务的老年人住宅	
	特殊介护养老院（老人福利法）		老人保健设施（老人福利法）			收费养老院	失智老年人group home（通称）		
	约40-60床/单元	约10床/单元	以往型	单元型		带介护/住宅型/健康型		居室25㎡以上	居室18㎡以上
居室面积	有效：10.65㎡以上	有效：8.0㎡以上	有效：10.65㎡以上	有效：10.65㎡以上	8㎡以上（转换型6.4㎡以上）	有效：13㎡以上	7.43㎡以上	壁心：25㎡以上	壁心：18㎡以上
居室定员	4人以下	1人	4人以下	1人	4人以下	1人（2人）	1人（2人）	1人	1人
标准单位	无	大约10人以下/单元，2021年以后建设的是15人以下/单元	无	大约10人以下/单元，2021年以后建设的是15人以下/单元	60人以下/栋	无	5-9人/单元	无	无

（续表）

设施种类名称等	设施				设施-住宅	（共同生活）住宅	住宅	
	介护老人福利设施（介护保险法）	介护老人保健设施（介护保险法）			特定设施入住者生活介护	失智老年人应对型共同生活介护（介护保险法）	提供服务的老年人住宅	
	特殊介护养老院（老人福利法）	老人保健设施（老人福利法）		介护医疗医院	收费养老院	失智老年人group home（通称）		
	约40-60床/单元	约10床/单元	以往型	单元型		带介护/住宅型/健康型	居室25㎡以上	居室18㎡以上
居室内设备	无规定	无规定	无规定	无规定	无规定	无规定	无规定	卫生间/洗脸设备
								无规定
								无规定
功能训练室	3㎡/人以上	-	1㎡/人以上	1㎡/人以上	40㎡以上	3㎡/人以上	-	-
食堂	无面积规定	共同生活室：2㎡/人以上	2㎡/人以上	共同生活室：2㎡/人以上	1㎡/人以上	（指导）	必需	-	必需
走廊宽度：单侧/两侧(m)	1.8/2.7	1.8/2.7 无障碍时1.5/1.8	1.8/2.7	1.8/2.7 无障碍时1.5/1.8	1.8/2.7（转换型1.2/1.6）	1.8/2.7 居室面积18㎡以上、卫生间/洗脸设备非强制1.4/1.8	无规定（根据建筑基准法）	1.2/1.6（共同住宅）	1.8/2.7（养老院） 都道府县、市町村条例对符合养老院条件所需提供的服务有各项标准

（续表）

设施种类名称等	设施				设施-住宅	(共同生活)住宅	住宅	
	介护老人福利设施(介护保险法)	介护老人保健设施(介护保险法)	介护医疗医院		特定设施入住者生活介护	失智老年人应对型共同生活介护(介护保险法)	提供服务的老年人住宅	
	特殊介护养老院(老人福利法)	老人保健设施(老人福利法)			收费养老院	失智老年人group home(通称)		
	约40-60床/单元	约10床/单元	以往型	单元型	带介护/住宅型/健康型	居室25m²以上	居室18m²以上	
注释	必须配置静养室；地区密集型为29人以下、市町村自治体进行指定、监督（←→广域型：都道府县、政令市进行指定、监督），对象介护程度要在3级以上	东京都允许12人/单元；对象介护程度1-5级或以上，不光有在医生的医学管理下提供的介护和看护服务，还有职业治疗师和物理治疗师等提供的康复服务，以及营养管理、膳食和洗澡等日常服务	替代2017年底废止的疗养型医疗的设施（2018年开始），疗养型医疗设施有缓和标准		适用于提供入浴、排泄或饮食介护，提供饮食、洗涤、清扫等家务活、健康管理	对象为阿尔茨海默症老年人3单元以下（2021年开始），适用地区密集型服务	厚生劳动省和国土交通省共同管辖注册制度，提供服务（至少提供平安与否的确认、生活咨询服务）	
运营主体	地方政府/社会福利法人	地方政府/医疗法人	地方政府/社会福利法人/医疗法人		未限定（以营利法人为主）	未限定（以营利法人为主）	未限定（以营利法人为主）	
依据法律	老人福利法/介护保险法	老人保健法/介护保险法	介护保险法/医疗法		老人福利法/介护保险法	老人福利法/介护保险法	老年人居住法	

四、建筑策划理念的变迁

介护设施的平面建筑设计与其背后的建筑设计理念密切相关,只有理解了建筑策划的背景和意图,才能真正理解其平面布局。尤其是介护设施的建筑策划与建设,与介护方式和运营方式有着极为紧密的联系。

(一)从集体照护到个性化照护

长期实行"措置制度"的日本高龄者介护领域曾长期追求如何更高效地提供三大基本介护服务,即饮食、洗浴、排泄的协助与照护,介护设施的设计也围绕这一目标进行建筑策划。考虑到需要以有限的介护人员应对大量使用者的情况,采取统一管理与集中处理的集体照护方式是一种高效手段,也能较好地回应介护需求。这就是所谓的集体照护。

与此相对的是,在20世纪90年代后半期,一种新型介护理念出现,即根据每位使用者的个别需求进行照护的个性化照护理念。后文将提到的"单元式介护"(unit care)就是这一理念的代表实践形式之一。例如,每个人的排泄规律和习惯都不相同;有些人喜欢早上洗澡,有些人则偏好在晚上;有些人希望能悠闲地起床并吃早餐。在个性化照护理念下,不再是按照统一时间叫醒、统一安排如厕或更换尿布,也不再是将洗澡视为固定的日程安排,而是理解和尊重个体在入住前一直保持的生活节奏与个人偏好,进而提供个性化的介护服务。要实现个性化照护,必须有支持这一理念的环境。比如将居室改为单人间,营造出能够像家庭一样在小规模环境中共餐的空间等,都是实现个性化照护的重要条件。个性化照护作为与集体照护相对的介护理念,正逐步成为新时代介护设施建筑策划的主流方向。

(二)从多人间到单人间

日本的介护设施过去曾有6至8人一间房,而长期以来四人间一直是标准的居室类型。四位老年人共处同一间房间,用帘子或家具简单分隔。在床边放置便携式坐便器,夜间也进行排泄照护,自然无法避免声音和气味的影响,隐私权也难以得到充分保障。尽管如此,多床室之所以持续存在,是因为在当时的理念下，这种形式被认为有助于提升介护效率。此外，也有人质疑，对于病情加重、介护需求高的老年人而言，隐私权真的有必要吗？这样的讨论使得多床室被正当化。还有一种理念认为，比起独自一人待在单人间，与他人共处一室更令人安心，也更有利于交流，这种说法曾被视为合理的依据。

然而，随着"生活场所"这一概念被引入介护设施，这些多床室的所谓优势便不复存在。在无法携带自己喜爱的家具，甚至无法保障隐私权的环境中，生活已无法被称为"生活"。再进一步地说，如果将这样的环境视为度过人生最后时光的场所，那么显然不合适。因此，介护设施建筑策划的方向已别无选择，只能转向单人间。

（三）从大规模化到小规模化和复合化

作为介护设施代表的护理院，其标准规模通常为约 80 张床位。在地方，床位数多在 50 至 80 张，而在大城市则常见 100 至 200 张的规模。平均而言，每位使用者所需的建筑面积为 50 至 60 平方米左右。如果要在一栋建筑中容纳这一床位规模，在采用单层结构的情况下，总面积将达 3000 至 4000 平方米，需要非常宽敞的用地。在用地紧张的市中心，则需建设多层建筑，形成体量巨大的设施。结果是，受限于用地条件，这类建筑常常被建在远离市中心、居民稀少的郊区。长期以来，介护设施也一度被视为"令人嫌恶的迷惑设施"。

让这种状况发生重大改变的是"失智老年人小组之家（失智对应型共同生活介护）"的出现。最多 9 名老年人作为一组形成一个居住单元，与住宅体量相当，因此可以在住宅区内规划，甚至可以利用空置住宅等现有建筑改造而成。与此同时，大型介护设施也开始发生变化。例如，原本为 50 张床位的设施，现在可由 5 个 10 人的居住单元组合构成一个整体。这种设计方式也让建筑形式由庞大体量转向小单元。此外，新设了床位数在 29 张以下的"社区密着型"介护设施，使得设施规模更小，更容易在社区中进行规划与建设。

介护设施还出现了将介护与其他功能复合化的趋势。例如，与残障人士支援设施、育儿设施、社区文化设施，以及各种生活服务设施等复合建设，将老年人介护设施作为其中一部分纳入整体社区建设的构想。这样，介护设施不再是孤立存在的特殊设施，而是社区整体规划中的一环，促进了设施与城市、居民生活的有机融合。

（四）从封闭走向开放——走向社区

最初的设施，是被设计为即便在封闭环境中也能最大限度发挥其必要功能的空间形态与运作机制。正如监狱和医院一样，介护设施也属于戈夫曼所称的"全控型机构"（Total Institution）。[①] 一旦进入这样的设施，生活所需的衣、食、住一应俱全，即使与外部社会失去联系，也可以生存下去。在某种意义上，这是一种高度完善、自我封闭的系统，也正因如此，介护设施长期以来以"封闭型""自足型"的形式存在。

然而，近年来的趋势则是，在设计上将设施视为一个"不完整的存在"，即像我们日常生活那样，理应与普通社会和社区发生联系，并将这种联系作为重要前提加以考虑。即使进入了需要介护的状态，住进了介护设施，个体依然是社区的一分子。正是通过强化这种归属意识，激发被介护者继续生活的意愿；并通过维持与熟悉的社区生活环境和人群之间的联系，支持他们以自己喜欢的方式活下去。因此，介护设施不可避免地从封闭转向开放。

（五）从设施到住宅

综上所述，可以重新理解介护设施的本质——它不再是为了提供介护服务而存在的场所，而是为了帮助需要介护的人持续在社区中生活下去而设立的支持性空间。我们可以将其视为"供介护对象使用的住宅"。但与此同时，这种"住宅"也不同于普通家庭住宅。它是一个由非家庭成员共同生活的场所，同时也是一个存在"提供介护侧"与"接受介护侧"的特殊生活空间。因此，隐私权的保障就变得格外重要。

[①] Erving Goffman, *Asylums: Essays on the Social Situations of Mental Patients and Other Inmates*, Oxford:Doubleday (Anchor), 1961.

（六）从使用者视角出发的建筑策划

在进行介护设施的建筑策划时，回归"谁才是介护设施的使用者"这一原点非常重要。介护设施之所以存在，是因为有需要介护的人（被介护者）；但同时，设施的运作也离不开提供介护的人员（工作人员）。因此，在策划过程中，必须考虑如何在这两者之间取得平衡。虽然近年来建筑策划逐渐从以"介护者视角"为中心转向了以"被介护者视角"为中心，但与此同时，我们也必须重新重视介护者的工作环境，从"能否顺利开展介护工作"的角度出发，对策划进行再思考。

这两类人群，都是"使用者"。如果忽略了使用者视角的平衡，那么所设计出的设施必将难以应对时代的发展。例如，若过于重视被介护者的需求，而忽视了工作人员的工作体验，就会导致介护人才流失，使得介护设施无法持续运作。再如，若只关注设施内部的问题，而忽视其在社会与社区中的定位，设施便容易陷入与社区脱节、孤立的境地。建筑策划的意义，正是在于明确与设施相关的使用者，并在此基础上思考：应当如何设定使用者之间的优先顺序？如何在他们之间取得需求上的平衡？又如何将这些平衡和优先级以建筑空间的形式呈现出来？此外，今后还必须更多倾听社会中处于弱势地位的当事人——例如被介护者、失智老年人或者残疾人的声音——并将他们的意见反映到策划中，从而实现真正意义上以当事者为中心的建筑策划。

五、平面布局的变迁

介护设施的平面布局反映了其所处的时代背景与策划意图。解析这些变化，可以为未来的建筑策划提供重要的启示。

（一）从医疗模式转向生活模式

在介护设施刚开始出现时，尚未形成明确的建筑策划方法，因此当时多参考医院进行设计。在策划思维中，将医疗替代为介护，将病人替代为需要介护者。然而，两者之间存在着一个决定性的不同：医院是暂时性的疗养场所，而介护设施则是长期的生活空间。认识到这一点，人们花费了相当长的时间。

依医疗模式建造的早期介护设施，如图4-3-5所示，其平面布局结构与医院相似，由多床室和走廊构成。在中心区域设置小型食堂的尝试在当时被视为具有突破性的设计，但作为一所容纳100名使用者的设施，这一食堂的规模非常小，其背后反映的是：当时人们普遍假设大多数人将在床上用餐，只有部分具有自理能力的使用者才会到食堂用餐。在"卧床不起"被视为常态的时代背景下，这样的设计并不罕见。

后来，随着避免长期卧床意识的提高，人们逐渐认识到让老年人起床，在食堂集中用餐的重要性。于是，能够容纳所有人同时聚集的大型食堂（类似多功能大厅）逐步出现在设施设计中。

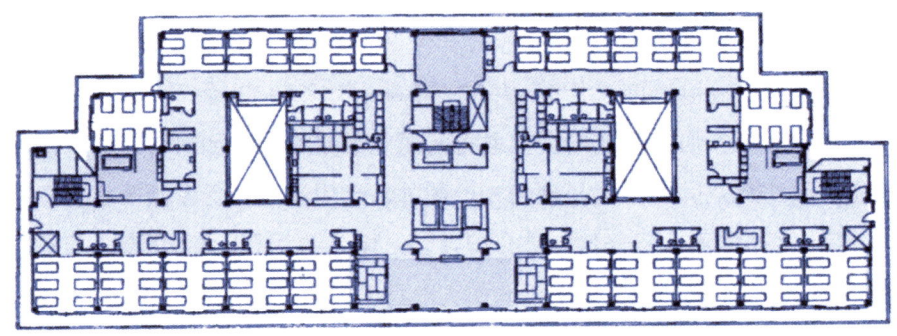

图4-3-5　医院式的养老院规划案例（20世纪70年代）

资料来源：日本医疗福利建筑协会《面向居住的老年人设施》，2004年。

（二）追求丰富的居住空间

20世纪80年代以后，建筑策划开始尝试摆脱医疗模式，转向以生活为核心，追求能够提升生活质量的空间构成。例如，在某一案例中，设计者尝试突破传统的空间结构，即"不是卧床在多床室中，就是集体待在大食堂中"的二元空间形式，设置了多个大小不一的空间作为居所，以确保使用者拥有多样的停留场所（图4-3-6）。

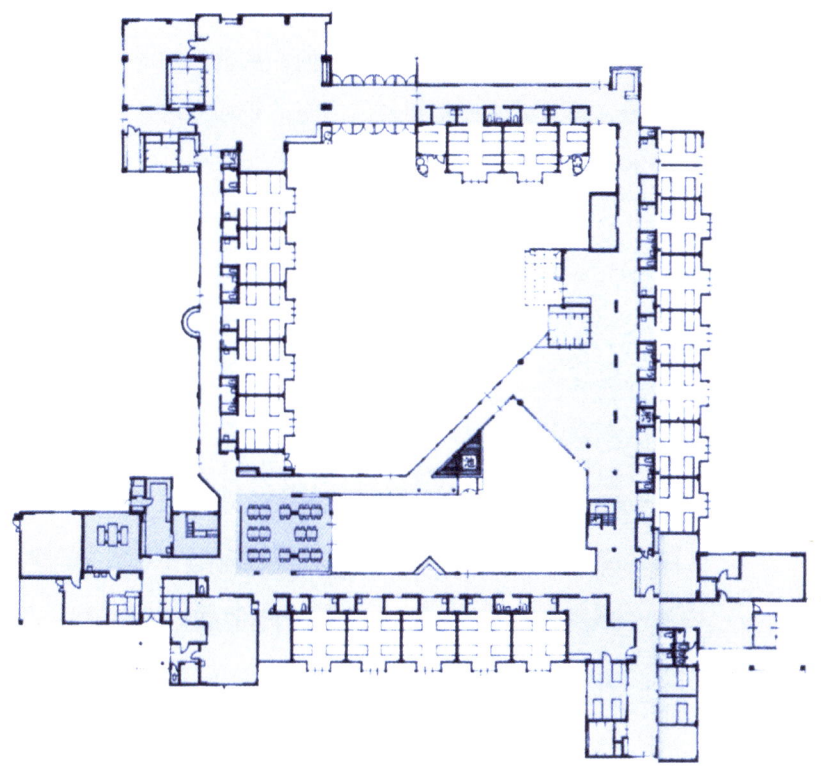

图 4-3-6　20 世纪 80 年代的养老院案例

资料来源：日本医疗福利建筑协会《面向居住的老年人设施》，2004 年。

（三）居室单人间化

介护设施的基本形态长期以来是多床位居室。在制度上，居室的最低标准被规定为每室不得超过 4 人，国家补助的基准也以多床位为前提。社会上普遍存在一种观念，即"在介护设施中设置单人居室是一种奢侈"。因此，传统设施中设置的单人居室，多是出于隔离目的，而非为满足居住需求。从人权保障的视角出发，有人对日本以多床室为主的介护设施提出了强烈质疑。东京老人之家惠园作为全室单人居室型的护理院应运而生（图 4-3-7）。其初衷是实现全部居室单人化，但由于未能获得国家的正式认可，最终采取了折中方案，即：部分房间设计为双人居室，并设有可拆分的隔墙，从结构上预设了未来实现完全单人化的可能性。

以全室单人居室为目标的建筑策划，在长期以多床室为主导的日本介护设施中，可谓具有划时代意义的创新案例。然而，从空间构成上看，该设施仍延续了传统长走廊、大型集体食堂和公共浴室的布局方式，其介护运作方式依旧建立在集体生活的前提之上，整体思路尚未发生本质性转变。

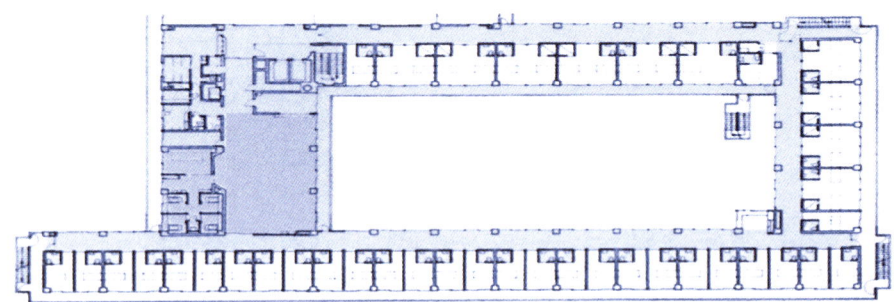

图 4-3-7　全部单人房间型的养老院（1990 年）

资料来源：日本医疗福利建筑协会《面向居住的老年人设施》，2004 年。

（四）引入阶段性空间构成与单元小规模化

以建设世界领先的介护设施为目标，富山县宇奈月町开展了"Orahaus 宇奈月"的建筑策划。该设施采用了全室单人居室的布局，将空间划分为 15 人一组的小单元，引入"阶段性空间构成"的设施策划方式（图 4-3-8，表 4-3-2），成为日后实现单元型介护模式的重要起点，是日本介护设施建筑策划史上具有里程碑意义的项目。这一设施不仅实现了居室的单人化与空间的群组化，而且在多个方面进行了细致的空间设计，比如规划了连接居室与共用空间的缓冲空间，以及设置了具有日式传统特色的榻榻米抬高空间。这些细致入微的空间设计使得该设施具备了极高的空间品质，其价值也通过以该设施为实地对象写作的多篇建筑策划研究论文得到了充分验证。

然而，其介护运作机制仍未脱离传统框架，以集体使用为前提的大型食堂与公共浴室，未能从根本上改变介护的本质。此外，通往食堂与浴室的动线较长，给介护人员带来了较重的工作负担。

第四部分 老龄文明国际视野研究

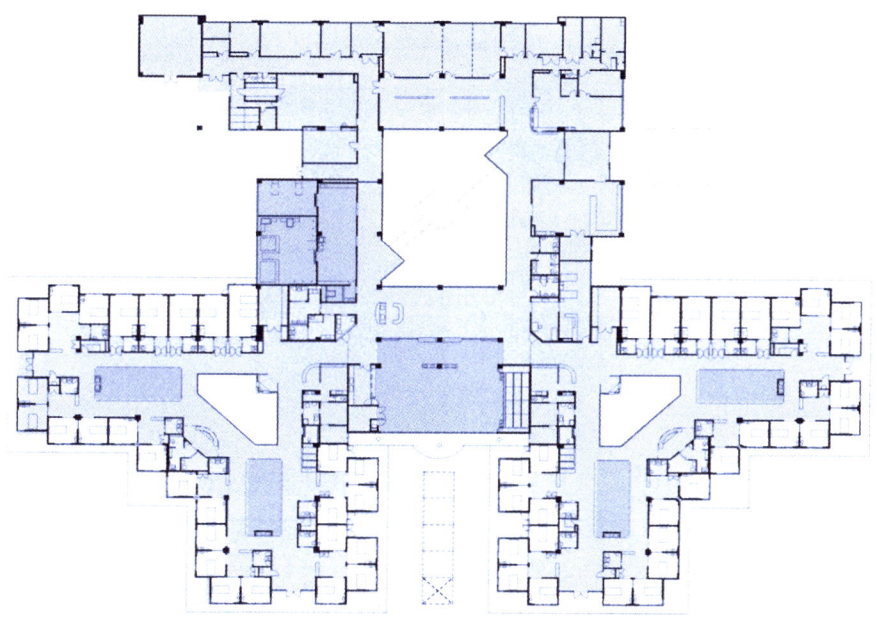

图4-3-8 引进阶段性空间构成的全单人房间型养老院(1994年)

资料来源：日本医疗福利建筑协会《面向居住的老年人设施》，2004年。

表4-3-2 空间领域和养老院的对应空间

领域（区域）	（介护设施中的）定义	单元型设施中的空间应用示例	以往的多床室型设施的空间	领域的利用/管理主体
私人	确保隐私，可以携带入住者自己的所有物	居室	无	入住者/入住者
半私人	位于私人区域外侧，由少数用户使用，或者用户有受保护的感觉，能够安心	共同生活室（起居室）	居室	单元中的多个入住者/单元职员
半公共	位于连接半私人区域和公共区域的地方，设施整体完成行为的领域，或者入住者和家人的可生活区域	连接单元的共用空间等	食堂或共用空间	超出单元的多个入住者、职员、家属/设施

（续表）

领域（区域）	（介护设施中的）定义	单元型设施中的空间应用示例	以往的多床室型设施的空间	领域的利用/管理主体
公共	设施内部人员、外部人员都可以进入，与外部的社会、地区相连以及开放的区域	地区交流空间、咖啡厅等（多对外开放）	日间服务和地区交流空间（通常不对外部开放）	入住者、职员、家属、居民等/设施、外部组织等

（五）单元化

"风之村"的出现，不仅在空间构成上带来了革新，而且推动了介护方式的根本性变革。该设施在"Orahaus宇奈月"所奠定的建筑策划理论基础上进一步发展，实现了居室的全面单人化，并将每个生活单元的规模缩减至6—8人，极大地推进了小规模化的空间组织。此外，在每间单人居室外设置了带厨房的共用起居室（半私密空间），老年人可以在这一空间中就餐。整个系统包括将中央厨房制作的餐食按单元分发的机制、各单元内独立进行米饭和汤品的烹饪，以及引入"冷却再加热"（Cook-Chill）调理系统以简化操作流程、增强供餐灵活性，并提升食物美味度，体现了餐饮服务方面的多项创新性尝试。这些生活小组被称为"单元"（unit），其目标是在每个单元内部构建可满足日常生活所需的完整空间体系，并在单元层面配置固定的介护人员，由此推动介护模式的根本转型。这一介护模式被称为"单元照护"（unit care），强调根据每个老年人的个体需求进行个性化支持，与传统的集体性介护理念形成鲜明对比，深刻地改变了日本此后的介护理念与实践。

卫浴空间引入了部分分散化设计，设置保障隐私的单人浴室，实际推动了个性化介护的实施。同时，建筑中还设置了跨单元共享使用的半公共空间，并将一层整体规划为公共区域，既服务于全体居住者，也作为社区交流的场所。在设施与外部环境的连接点处，还设有由社区居民志愿运营的咖啡角，展现了与社区建立实质性联系的空间模式。

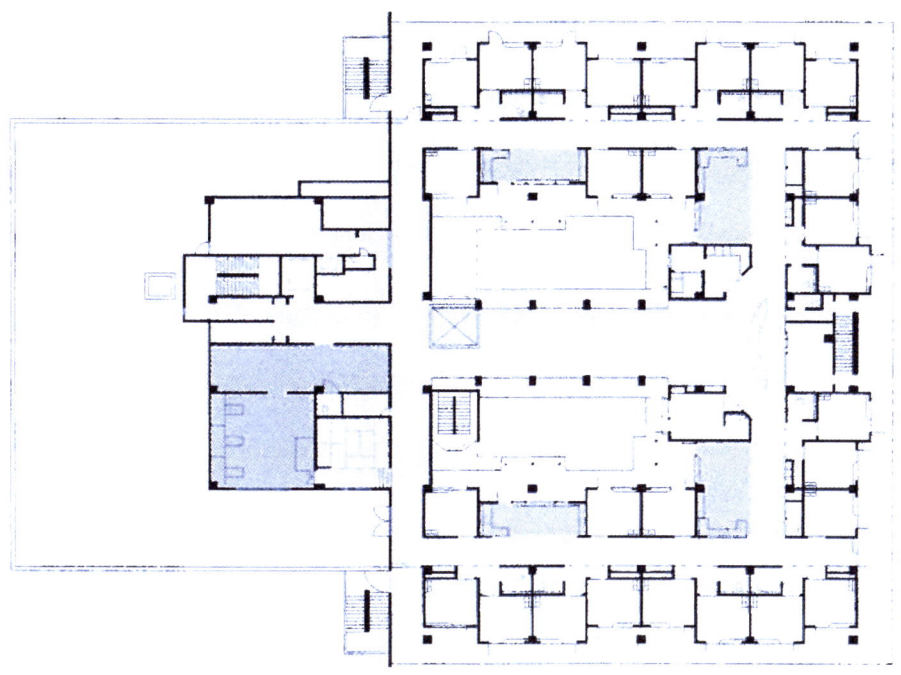

图 4-3-9　单人间/单元型设施的先驱型案例（2000 年）

资料来源：日本医疗福利建筑协会《面向居住的老年人设施》，2004 年。

（六）单元型

"风之村"的出现，在日本介护界掀起了巨大波澜。在探讨未来介护设施发展方向的过程中，日本政府明确提出以单人居室与小规模生活单元为核心的空间构成，并将此基础上展开的个性化介护设定为今后介护服务的标准模式。然而，这一转变本质上是否定了传统设施的基本形态，尤其是对以往多床室模式的背离，因而在介护行业内部引起了广泛反对。批评意见之一认为，居室单人化可能导致高龄者孤独感的加剧。尽管如此，随着建筑策划研究领域一系列实证成果的不断发布，国家最终下定决心推动改革（图 4-3-10）。新制度的核心是确立单元型设施为介护设施建设的基本形态，其主要特征包括居室的单人化、生活单元的分组化，以及基于此空间结构展开的个性化介护。原有的以多床室为主的设施被归类为"传统型"，而以单人居室和生活单元（unit）为策划单位的新设施则被称为"单元型"。

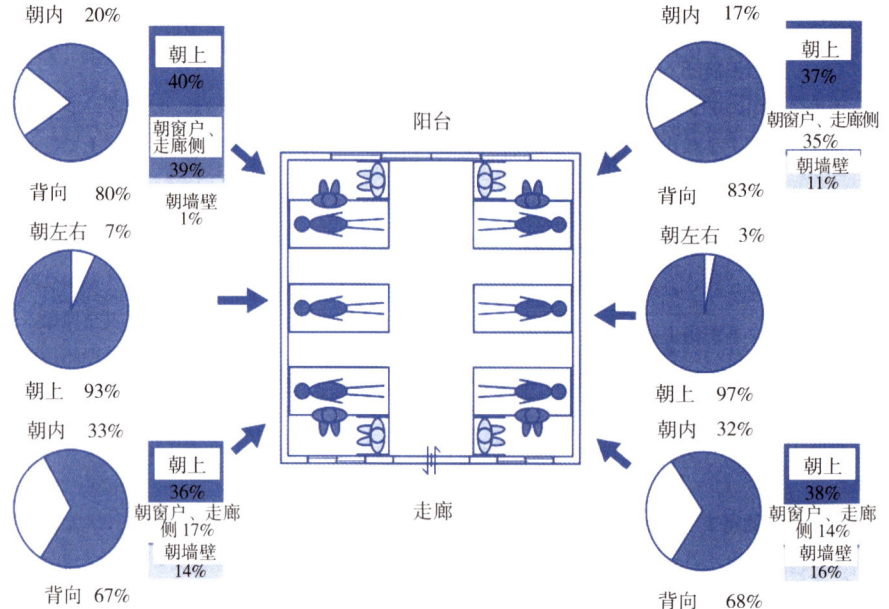

图 4-3-10 多床位房间（6 人房间）的入住者的停留状态

资料来源：地区护理政策网络《单人间化、单元护理、特殊护理之家是这样演变的》，2002 年。

根据新制度的规定，单人居室的有效使用面积最初设定为 13.2 平方米，后调整为 10.65 平方米。10 人为基本构成单元，这一数字综合考量了运营管理效率（管理单元、介护单元）、营造家庭式生活氛围的需要以及集体生活

图 4-3-11 设置适当的单位（规模）

的适宜规模（生活单元）等多重因素。在单元内部，通常设有被称为"共同生活室"的起居空间与厨房，浴室的配置也趋向于在各单元内单独设立。单元由此成为相当于家庭的生活单位，使用者得以在相对稳定与宁静的环境中安定生活（图4-3-11）。

单元与单元之间的连接区域被构建为"半公共空间"，和与外部社区相连的"公共空间"共同构成分级空间体系，推动空间结构的立体化与社区融合的实质化（图4-3-12）。

图4-3-12　单人间/单元型案例（2005年）

日本最初设定的政策目标是实现特别养老设施中单人居室普及率达70%，并据此推进设施建设。然而，随着建设权限逐步下放至地方政府，单人居室之外的多样化选项得以保留。考虑到对低收入人群的照顾，一些地方政府仍选择继续兴建以多床室为主的传统型设施。当前建设中的介护设施，实则预示着未来数十年社会结构与价值观的发展方向。在任何经济条件下，能够生活在保障基本隐私的单人居室中，应被视为一项基本的人权保障。然而，现实中的介护设施建设受到社会价值观、财政成本、政治抉择等多重因素的交织影响。无法为所有老年人普及单人居室的现状，显露出日本社会福祉水准的现实边界。

（七）分栋化

在传统的介护设施中，介护单元通常以较大规模进行组织，导致建筑整体体量庞大。而在单元型设施中，职员配置方式发生了变化：白天以单元为单位进行配置，夜间则以两个单元为单位配置。鉴于夜间每两单元至少需配备一名介护人员的规定，建筑策划中通常将两个单元作为一个基本单元进行设计。基于这一特性，开始出现了以两个单元为单元进行建筑分栋设计的实际案例。以单元作为生活与介护的基本单位进行设施建筑策划，使得建筑整体更加小规模化，其形态更接近普通住宅。多个小体量建筑连续排列，形成街区般的建筑景观，不仅提升了居住的亲切感，而且在社区景观塑造方面提供了区别于传统大型介护设施的全新路径（图4-3-13）。

图4-3-13 单人间/单元型案例（2005年）

六、阿尔茨海默症和物理环境

在超高龄社会背景下，如何应对失智已成为全球性的重大课题。日本预计于 2025 年进入"每五位 65 岁以上老年人中即有一人失智"的社会，患者总数将达到约 700 万人。失智已成为任何人都可能面临的问题，为应对这一挑战，必须依托社会与社区的共同参与和支持。高龄阶段的介护问题，最终大多归结为如何有效应对失智。因此，除正确理解失智本身外，从物理环境（即建筑空间）出发提供支持，也成为不可或缺的一环。

（一）阿尔茨海默症的理解

大脑的衰老是自然过程，其间出现的"健忘"现象普遍存在，并非病理状态。然而，失智则不同，它是由于脑细胞后天受到损伤或发生器质性变异，进而导致以记忆障碍为主的认知功能减退。研究显示，65 岁以上人群中失智症的患病率约为 20%，并随着年龄的增长而升高。近年来，在 30 至 40 岁人群中发病的"年轻型失智"亦引发关注。在当代社会，失智已成为无法回避的公共健康问题。鉴于当前尚无确切的治疗方法，社会亟须构建一种能够与失智"共存"的包容机制，探索实现共生型社会的路径。

（二）阿尔茨海默症和环境

影响失智老年人生活质量的因素众多，其中尤其以物理环境的构成方式为关键。合理的空间设计不仅有助于缓解症状，还能支持个性化生活方式；反之，不恰当的环境则可能引发行为障碍，使老年人陷入潜在危险。即使病情本身未发生变化，不同的物理环境亦可能显著影响其 BPSD（行为和心理症状）的表现。

若忽视环境因素，往往会将注意力集中于症状本身，从而导致误判与不当应对。以往介护设施曾流行"回廊式走廊"设计，旨在营造无死角、可自由徘徊的空间，容许失智者于其间活动。然而，若换个视角，探讨"徘徊"行为产生的根本原因，便可发现这可能是老年人在缺乏可安顿身心的"居所"时所采取的应激反应。因此，设计的重点应转向营造"可安身之所"的空间环境。事实上，许多被视为"问题行为"的表现，实为老年人对不适环境的应激反馈。建筑师应具备辨别"由环境诱发的症状"的能力，深入分析其成因，并通过优化空间设置来加以改善。这不仅是对老年人人格尊严的维护，更是建筑设计师应有的伦理与专业担当。

（三）group home

失智高龄者 group home 在制度上被正式称为"面向失智症的共同生活介护"，其法律依据为《老人福利法》及《介护保险法》。该模式源自瑞典，在日本则于 20 世纪 90 年代被视为应对失智介护问题的重要手段而迅速推广。group home 是一种共同居住型住宅，失智者在类似家庭的环境中，与 24 小时常驻的介护职员共同生活，并在自身能力范围内尽可能实现自主生活。

要理解 group home 的价值，必须回顾其在日本的诞生背景。日本的失智照护工作起步于 20 世纪 80 年代初期，当时主要由医疗机构主导，侧重将失智作为精神性疾病对待。由于社会对失智的认知尚不充分，当时的应对方式多以"收容"为主，缺乏以个体为核心的照护理念。

自 20 世纪 80 年代后半期起，失智照护逐渐由医疗领域拓展至社会福利领域。然而，这一时期的政策与设施建设大多仍立足于外部因素，例如优化运营管理、减轻介护职员的负担，以及缓解家属和照护者的压力等，真正以失智者为中心的环境建设仍然缺失。正是在这一背景下，group home 作为一种以失智者为本位的照护模式应运而生。

1987 年，岛根县出云市设立了"寿园"，1991 年，北海道函馆市又有由民间运营的"函馆爱之里"开设，group home 的照护理念由此开始以大众化形式在全日本扩展（如图 4-3-14）。20 世纪 90 年代中期 group home 制度化的呼声日益高涨。1997 年 group home 被正式纳入国家制度，建设补助也被列入预算之中，日本政府承认并支持其社会价值。2000 年 4 月，随着介护保险制度的实施，group home 被纳入介护保险服务范畴，并向民间企业及非营利组织等主体全面开放，推动了其在全日本范围内的迅速扩张。制度实施时（2000 年 12 月），group home 机构数为 790 所，3 年后迅速增长至约 4200 所，至 2020 年已达到约 13700 所，服务总量约为 20 万人。在此前以大规模机构为主、强调集体照护的一贯介护体系中，group home 的出现无疑具有划时代的意义，它开启了一种以"居住""生活"为核心的、更加人本化的失智介护新路径。

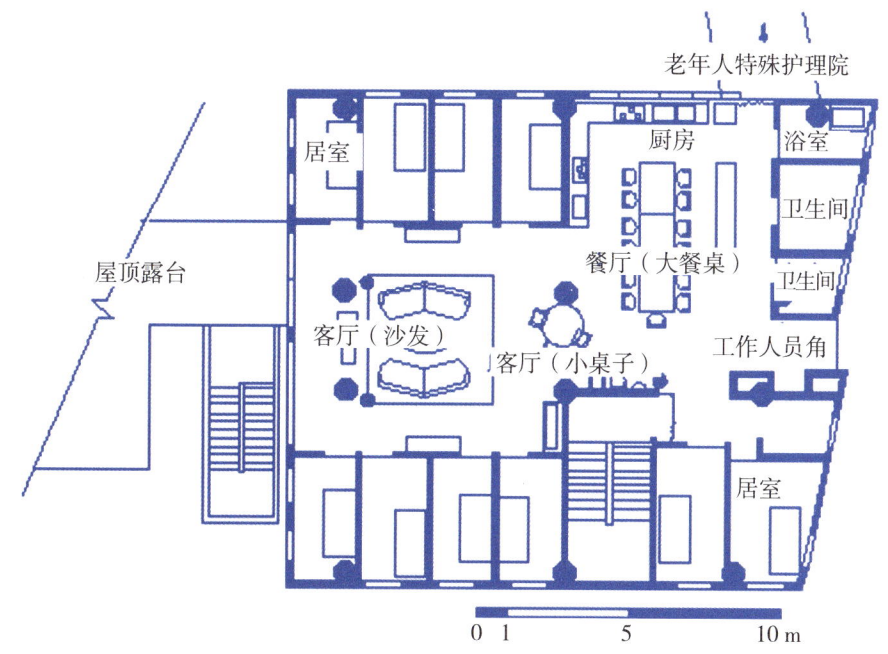

图 4-3-14　日本早期的失智老年人 group home 案例（1995 年）

在 group home 发展的初期阶段，许多设施采用"个人居室围绕公共起居空间（客厅）"的基本平面布局，入住者通常只能在"独处于私人空间"与"走出房间参与集体活动"之间进行选择，空间使用的灵活性和层次感相对欠缺，难以满足入住者多样化的生活需求。在此背景下，1997 年规划建设的"木漏日之家"成为日本型 group home 的代表性案例。该设施通过创造多样化、具有选择性的居住空间，保障了入住者之间自然且和谐的社会联结；同时，其空间设计充分关注失智者的感官特性，以唤起其五感为导向，体现出对失智特征的深度理解与细致的环境配置与考虑（图 4-3-15）。以"木漏日之家"为实地对象的相关规划研究表明：在物理环境适宜的条件下，即便是失智者也能够逐渐适应并融入日常生活环境，进一步印证了环境设计在支持失智者日常生活与个性化介护中的关键作用。①

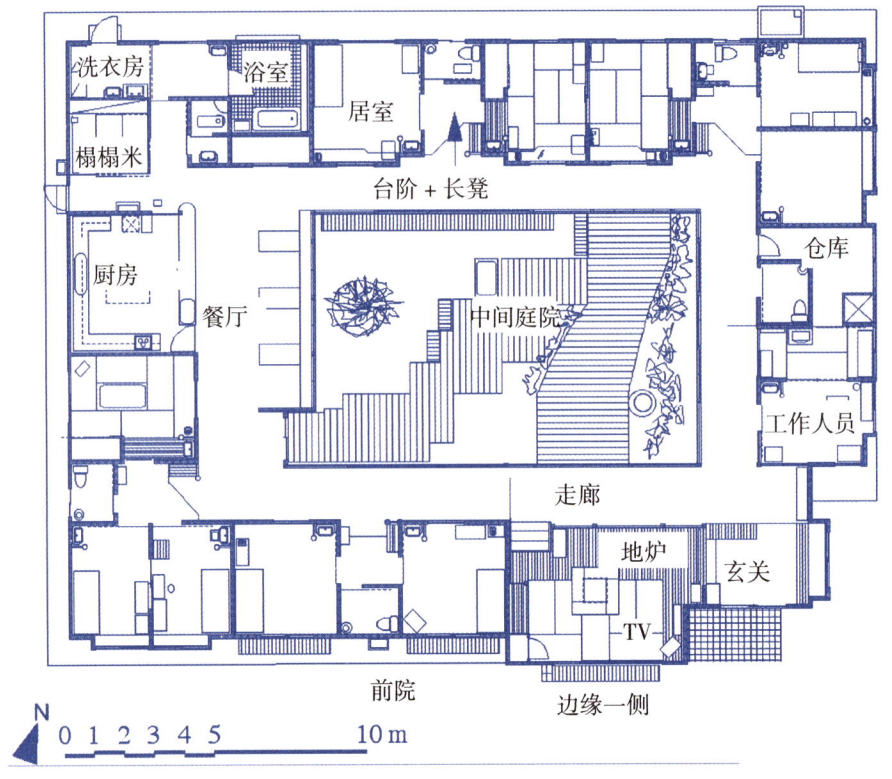

图 4-3-15　融入日式空间元素的阿尔茨海默症患者集体照护中心的先驱（1996 年）

（四）小规模多功能型居家介护

小规模多功能型居家介护（以下简称"小规模多功能"）是在 2006 年日本政府对介护保险制度进行改革、设立社区密着型服务的背景下诞生的。其宗旨在于满足人们"即使罹患失智或失能，也希望尽可能继续在家中生活"的愿望。在此之前，居家介护服务主要通过上门介护、日间照护（到站介护）以及短期入住等方式提供。使用者需在自身介护等级所对应的保险额度

---

① 石井敏、严爽、外山义、橘弘志、长泽泰:《先进案例中的共用空间配置和生活之间的关系: 阿尔茨海默症患者集体照护中心的相关研究》，《日本建设学会规划系列论文集》第 524 期。

范围内，灵活组合使用各类服务，以维持居家生活。然而，由于服务往往由不同机构提供，缺乏连续性与整体性，难以实现长期陪伴。同时，这类服务多按照事前设定的计划进行，缺乏应对个体日常生活变化的灵活性。

“小规模多功能”正是在这种背景下应运而生。该服务将“上门”“到站”“入住”三种功能集于一个服务据点内，根据使用者的健康状况与生活需求，灵活组合提供“上门”“到站”“入住”三项服务（图 4-3-16）。此外，还引入了统一的月额包干费用制度，不因服务使用频率的不同而产生额外费用，从而减轻了使用者的经济压力。

卫星小规模老年人护理保健设施(美里)

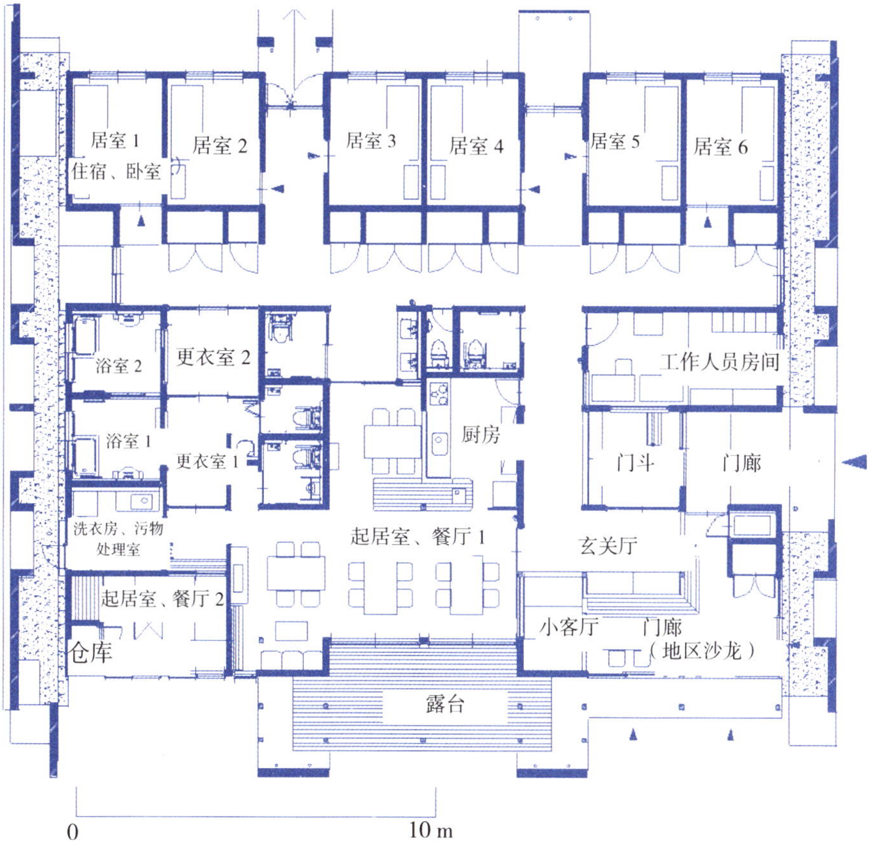

图 4-3-16　小规模多功能型居家介护的案例（2007 年）

日本政府以"日常生活区域"（大致相当于一个中学学区）为基本单位，推动在每个区域内设立小规模多功能设施，以支持人们在住宅及社区中实现持续稳定的生活。以福冈县大牟田市为例，该市在所有小学学区范围内普及小规模多功能设施，并将其与介护预防据点及社区交流功能相结合，使其不仅成为介护服务提供基地，也承担居民日常参与与互动的平台功能，兼具生活咨询窗口等多项社区支援角色。

（五）在社区中生活·由社区共同支撑

无论生活的场所是住宅还是照护设施，关键在于该空间能否成为个体真正意义上的"家"。然而，即使居住环境本身再完善，若生活始终局限于室内空间，依然难以称得上理想生活。人们的生活节奏与活力，也同样来源于户外活动、社区互动与社会交往之中。感受户外空气的流动，聆听街头的声音，体察人车往来的日常场景，这些体验对提升生活质量至关重要。对于失智者而言，若要在熟悉的社区中长期生活，就必须依靠整个社区共同构建的支持体系，以及一个安全、便利的户外环境。唯有如此，失智者才能真正融入社区，维持有尊严、有规律的日常生活。

七、结语

介护设施正日益接近住宅的形态。那么，未来它们是否会被住宅所取代而消失呢？答案可能是否定的。介护设施仍将以区别于住宅的形态继续存在。这类设施通过提供共同居住的生活空间，并配备介护与专业的护理人员，使失智者能在介护设施这一生活场所（而非医院）中安心地迎来生命终点，那么，这样的设施将具备不同于住宅的重要价值。

"不是自己家的居家"[①]，这是外山义所提出的一句话，这句话从规划研究与设计层面深刻改变了日本的介护设施观。即便那里并非原有的住宅，只要建筑空间设计得当，依然可以成为"属于那个人的家"。我们应当持续探索

---

① 参见外山义《不是自己家的居家——老年人的生活空间论》，医学书院2003年版。

与实践这样的设施规划方式。

作者：石井敏，日本东北工业大学副校长、建筑学部学部长、教授。

主要参考文献

1. 严爽，石井敏，外山义，橘弘志，长泽泰.集体照护中心空间利用的时序变化研究：从"熟悉"的角度研究痴呆症老人的护理环境.《日本建设学会规划系列论文集》第523期

2. 石井敏，严爽，外山义，橘弘志，长泽泰.先进案例中的共用空间配置和生活之间的关系：老年痴呆症患者集体照护中心的相关研究.《日本建设学会规划系列论文集》第524期

3. 外山义.不是自己家的居家——老年人的生活空间论.医学书院，2003

4. Erving Goffman.*Asylums: Essays on the Social Situations of Mental Patients and Other Inmates*. Oxford:Doubleday (Anchor), 1961

智慧居家养老服务精准供给的优化路径

——基于德国经验的考察

李 静 郭烨凌

随着我国老龄化程度的不断加深,老年人口规模不断增大,伴随高龄老人、失独老人、空巢老人、失能半失能老人的增加,家庭和社会的赡养压力日益加重,老年抚养比从2012年的12.7%上升到2022年的21.8%。[①]随之激增的养老服务需求给我国养老服务供给体系带来巨大冲击,加之城乡区域发展和收入分配差距仍然较大,群众在养老方面仍面临不少难题。[②]在物联网、大数据、云计算等新一代信息技术不断赋能社会各领域的背景下,借由信息化、智能化手段助力养老模式实现现代化蜕变逐渐成为我国养老服务提质增量的重要策略。[③]然而,我国智慧养老建设起步较晚,仍处于初步探索阶段,且社会认知偏差、行政化过度、市场化程度低、专业化水平有限、

---

① 数据来源:《中国统计年鉴2023》。
② 李静、赵爽爽:《中国共产党成立以来我国农村互助养老的历史叙事与发展路径》,《河海大学学报(哲学社会科学版)》2023年第1期。
③ 雷晓康、汪静:《健康中国背景下的智慧健康养老:战略目标、体系构建与实现路径》,《西北大学学报(哲学社会科学版)》2020年第1期。

多元合作网络松散、人才短缺等现实困境都亟待破解。① 他山之石，可以攻玉。自 20 世纪 80 年代步入老龄化社会起，德国人口老龄化程度不断加深，65 岁及以上老龄人口比例从 1980 年的近 16% 逐步攀升至 2022 年的 22% 左右，② 已成为世界老龄化程度较深的发达国家之一。在养老服务供给的巨大压力下，德国开始大力推进智慧居家养老供给体系建设，从法律制定、技术开发、环境培育等方面积极探索实践，促使智慧居家养老服务蓬勃发展。本研究将系统梳理德国智慧居家养老发展历程，剖析其实践路径，概括其先进经验，以期为推动我国智慧居家养老服务高质量发展提供有益借鉴。

一、智慧居家养老服务精准供给的注意力分配

我国养老服务供给对服务对象的关注由具有共同特征的"老年群体"向微观的"老人"转换，③ 其实践需建立在需方充分表达偏好、供方准确掌握需求信息并据此优化供给方式和内容的基础上，④ 这就要求双方在供需交换过程中投入更多注意力。"注意力"这一概念源于心理学领域，指人的心理活动指向和集中于某种事物的能力，具有选择性、稀缺性和可传递性等特点。⑤ 分配过程需经历嵌入、加工、同步等单一主体注意力配置和多主体注意力交换等环节：注意力嵌入指事务或时间的嵌入，其受社会结构演变、权力和权威机制等影响；在注意力加工环节，个体根据专业承诺、期望机制等偏好，分类处理已嵌入事项；注意力同步是对不同层级间的事项进行协调，以实现决策权衡、权威协调及激励兼容；注意力交换则指主体间注意力资源的接收与输出。⑥

---

① 魏蒙：《中国智慧养老的定位、不足与发展对策》，《理论学刊》2021 年第 3 期。
② 数据来源于世界银行官方网站，https://data.worldbank.org.cn/indicator/SP.POP.65UP.TO.ZS?locations=DE。
③ 刘望、谢正阳、王政等：《农村公共体育服务精准供给的实践困境与实现路径》，《体育文化导刊》2021 年第 6 期。
④ 巫志南：《公共文化产品和服务精准供给研究》，《图书与情报》2019 年第 1 期。
⑤ 苏君华、周林兴：《注意力资源与信息服务业发展》，《情报杂志》2003 年第 12 期。
⑥ 练宏：《注意力分配：基于跨学科视角的理论述评》，《社会学研究》2015 年第 4 期。

（一）注意力嵌入使精准供给成为可能

注意力配置结果直接影响供需行为决策。作为注意力分配的起点，注意力深度嵌入无疑是实现智慧居家养老服务精准供给的必要条件。

一方面，多重因素提升了需求侧注意力深度嵌入的可能。数字技术的飞速发展显著提升了生产生活、政府治理和公共服务的质量与水平，[①] 老人与智能设备互动的频率和程度提高，融入网络社会的认知要求下降，实现注意力深度嵌入不无可能。截至2022年底，我国60岁及以上老年网民占比已达14.3%，52.1%的老年网民能独立线上购买生活用品，46.2%的老年网民能够独立查找网络信息。[②] 再者，世代更迭使需方注意力深度嵌入成为必然趋势，现处50至60岁的初老人群已普遍使用智能设备，数字素养普遍较高，且随着该部分群体逐渐步入老年，智慧居家养老精准供给对老年群体信息能力的要求更易被满足。

另一方面，技术优势促使供给侧注意力嵌入程度加深。居家养老服务供需错位、脱节致使服务成本额外增加，[③] 智能技术因其多重优势被供方关注并应用于提升精准性之中：一是在需求识别方面，基于信息技术搭建需求智能识别机制，恰能弥补老人参与渠道缺乏[④]、需求识别效率低下、需求响应速度低等不足；二是在资源配置方面，智能技术的合理使用能够弥补当前高质量人力资源缺乏、链接渠道不通畅等资源配置缺陷，吸引各主体对相关产品与设备加以关注[⑤]；三是在协同供给方面，多地试点已通过建立链接平台和激励机制来打破"信息孤岛"困境，推动智慧居家养老服务产业、事业协

[①] 张鑫：《老年数字鸿沟的生成逻辑与治理策略》，《江苏社会科学》2023年第6期。
[②] 数据来源于中国互联网络信息中心《第51次中国互联网络发展状况统计报告》，https://www.cnnic.net.cn/NMediaFile/2023/0807/MAIN16913718713 0308PEDV637M.pdf。
[③] 王莉莉：《基于"服务链"理论的居家养老服务需求、供给与利用研究》，《人口学刊》2013年第2期。
[④] 范逢春：《建国以来基本公共服务均等化政策的回顾与反思：基于文本分析的视角》，《上海行政学院学报》2016年第1期。
[⑤] 睢党臣、曹献雨：《芬兰精准化养老服务体系建设的经验及启示》，《经济纵横》2018年第6期。

同供给，提升服务供给精准度。[①]

（二）精准供给对注意力高效分配的需要

精准供给的实现远不止供需双方注意力的简单嵌入，还需重点依靠各方行为决策的合理制定与密切配合，因而对注意力分配过程的各个环节均提出了更高要求。

一方面，精准供给的实现有赖于供需各方行为意图准确、合理的表达，需要老人、市场等主体在注意力嵌入、加工、同步等行为决策制定环节投入更多注意力。首先，精准供给要求供需双方注意力深度嵌入，也即拥有充分觉醒的需求意识与供给意愿。精准匹配是精准供给的重要基础，其实现的必要条件首先是供需双方均产生明确的交换意愿，而交换意愿的产生需要供需双方分别将智慧居家养老服务深度嵌入其注意力，由此形成相应的需求偏好和供给意愿。其次，精准供给要求供需双方科学加工注意力，也即偏好信息的全面聚合与供给决策的合理制定。经由注意力嵌入环节产生的交换意愿以意识的形式散落在各主体内部，还需经过加工才能转变为供需匹配的依据。可见，精准匹配的另一必要条件是供需双方交换意愿的有效转换，这就要求需方偏好借由市场表达、政府代理等多元渠道实现全面聚合，供给主体综合自身偏好和外部因素形成合理的供给决策。最后，精准供给要求供方注意力高度同步，也即实现多主体供给行为决策的协同。受专业分工、期望目标等因素影响，私人供给目标未必与宏观政策的公共利益相向而行，专业权威行使中协调性不足，激励感知上重经济效益轻社会价值，均可致使供给行为决策难以与多元需求偏好相匹配。要实现精准供给，势必要提高供方内部注意力的同步程度，为供需精准匹配奠定基础。

另一方面，精准供给是在供需行为决策精准匹配基础上的有效交换行为，其实现要求各主体在注意力交换环节中的不同注意力流向下的高效互动：其一，供需精准匹配要求注意力从需方到供方的准确输入，即不同特征老人的

---

① 高鹏、杨翠迎：《智慧养老的精准化供给逻辑与实践：来自上海市的调研》，《经济体制改革》2021 年第 5 期。

需求类型及其程度通常有所差异，被聚合后的偏好信息兼具需求类型的相似性和老人及其需求特征的异质性，精准匹配需建立在偏好信息被供方精准识别的基础上；其二，供需有效交换要求注意力从供方到需方的正确输出，即有效交换意味着老人获得了满足其需要的服务，这考验着供方能否正确输出其注意力决策，从而将经由嵌入、加工、同步环节所形成的符合老人需求、自身利益和社会价值的供给决策正确转化为交换行为。

二、德国智慧居家养老服务的发展历程与供给模式

（一）发展历程：聚焦注意力的嬗变进路

自2007年加入欧盟环境辅助生活（Ambient Assisted Living，AAL）联合计划后，德国政府逐渐发现借助智能技术可提升老人独立生活能力、满足照护需求，具备减轻供给体系运行负担的潜力，由此开始关注智慧居家养老领域，并围绕技术开发、市场开拓、法律体系建设等关键环节进行探索，推进供需注意力配置不断优化，初步建立起较为完善的智慧居家养老供给体系。依据标志性事件，德国智慧居家养老供给体系构建历程大致可划分为以下三个阶段。

1. 以刺激供方注意力嵌入为主的初步探索期（2007—2011年）

借助政策激励加深供给主体注意力嵌入度是该阶段主要聚焦点。2007年，德国联邦教育与研究部（BMBF）首次将基于信息通信技术的AAL技术纳入创新与技术分析计划资助范围，以期通过政策传播和经济激励引导市场主体关注并参与智慧养老产品的技术研发。2008年，BMBF在"微系统"框架计划和欧洲环境辅助生活联合计划的基础上，针对老年人在数字社会中遇到的问题，向老年人教育与研究相关主题的研究与开发项目提供资金支持。此外，德国也意识到技术安全性是产品进入市场的关键前提，教育与研究部长和内政部长在《关于加强IT安全研究合作的共同声明》中同意将IT安全作为信息和通信技术研究资助的重点，以加强顶尖研究领域的创新潜力。此后，BMBF发布相关指导方针，开启了为期五年的IT安全研究工作计划，针对AAL技术中传感器节点的信息安全问题，鼓励高校、企业等研究机构设计和开发高效安全的数据传输、融合和处理方法，以及用于验证传感器节

点可信度的方法和传感器安全操作系统模型,以引导供给主体在制定供给决策中更加重视技术安全性。

2. 兼顾注意力嵌入、加工与同步的综合推进期（2012—2018年）

此阶段,德国在模式搭建、产品研发和市场激活方面展开了大量探索,多角度切入来推动供需双方内部注意力运行系统的初步构建:其一,开展产品供给模式建设,积极探索供方注意力同步推进策略。如,BMBF与经济科学研究联盟合作开展"未来健康和服务地区"计划,以研究、试点等方式探索跨部门跨学科的合作供给模式及其融资方式与商业模式,寻找推进主体间决策权衡、权威协调和机制兼容的注意力同步策略。其二,鼓励产品研发方向拓展,扩展供方注意力加工方向。2016年,BMBF开始重点关注自主机器人在老人生活辅助领域的应用,在"将技术带给人类"计划中以资金激励的方式鼓励供给主体将机器人作为产品开发的技术支撑,引导其在加工供给决策过程中扩展技术选择方向。其三,激活市场活力,提升供需双方注意力嵌入深度。对于供方,设立"中小企业优先"等专项资助计划,为旨在于智慧居家生活、智慧健康生活等领域中进行产品创新的中小企业提供经济支持,缓解其资金压力,打破其注意力进一步嵌入的经济阻碍;对于需方,联邦环境自然保护与核安全部和国有银行复兴信贷银行合作推行"适龄转换补助金"计划,为因年龄较大不愿负债的老人提供适老化智能改造补助金,消除其对经济成本的顾虑,有助于其在适老化智能改造上嵌入更多注意力。①

3. 推进供需注意力系统完善的巩固夯实期（2019年—今）

经过10余年发展,德国已初步形成了智慧居家养老产品多元供给模式,但市场规模较小,供需双方注意力交换频次仍然较低。为此,德国大力推进法律法规建设,全面规范智慧居家养老供需双方注意力运行系统。2019—2020年,德国先后颁布《数字医疗保健法》和《数字健康和护理现代化法

---

① Altersgerecht Wohnen, (2022-03-22)[2023-3-10], HYPERLINK "https://www.bmwsb.bund.de/Webs/BMWSB/DE/themen/stadt-wohnen/wohnraumfoerderung/altersgerecht-wohnen/altersgerecht-wohnen-node.html" https://www.bmwsb.bund.de/Webs/BMWSB/DE/themen/stadt-wohnen/wohnraumfoerderung/altersgerecht-wohnen/altersgerecht-wohnen-node.html.

案》，成为世界上首个推行数字医疗保健和数字护理相关法律的国家；此后，又分别颁布《数字健康应用法规》和《数字护理应用申请资格条例》，进一步细化相关法律的实施细则。一系列法律法规的颁布明确了医疗保健和护理领域数字产品的供给模式，在推动意识觉醒、聚合与识别偏好信息、加工供给决策、整合供给体系和完成产品递送等环节均实施了一定的制度化建设。此外，德国政府持续拓展智慧居家养老产品技术边界，继续引导供方注意力加工方向。如，《2025高科技战略》指出，要大力推动人工智能技术在数字化护理和智慧居家生活上的技术实现。在这一发展纲领的指导下，BMBF先后推行"通过创新——互动技术促进健康和生活质量""使人工智能系统可用于日常护理"等一系列技术研发资助计划，鼓励企业以产品创新回应护理数字化、老人独立性的数字化提升、技术使用可持续性和可互操作性等关键问题，继续加大对供给能力提升的经济支持，并扩展决策加工的技术选择方向。

（二）模式解析：以政府为主导的混合供给模式

经过15年的发展，德国智慧居家养老已初步形成以政府为主导的混合供给模式，即混合筹资、混合供给、政府监管。

1. 多主体混合筹资

利用现有社会保险制度，德国实现了筹资主体由个人或政府单一主体负担向多主体责任共担的转变。德国法定长期护理保险和社会健康保险均采用多元筹资主体模式，将智慧居家养老产品按照功能定位纳入不同社会保险报销范围，使个人、企业和政府三方共同负担起智慧居家养老产品购买的筹资责任。具体而言，数字护理应用（DiPA）[①]和数字护理领域的基于AAL技术的家庭适老化改造[②]可由长期护理保险基金报销。若DiPA在可报销范围内，

[①] DiPA是指通过基于移动设备或浏览器的Web应用程序为需要护理者、照护者、其他自愿护理人员或经批准的门诊护理机构提供的旨在减少需要护理者独立性退化，避免其护理需求加剧的数字技术。

[②] 基于AAL技术的家庭适老化改造是由德国市政当局、福利组织或住房协会提供的，包括家庭智能设备购买、安装及定期上门服务等在内的一系列组织专业化的支持服务。

护理需求在1—5级的老人使用软件及补充支持服务后，可申请获得每月不超过50欧元的社会长期护理保险补偿；若基于AAL技术的家庭适老化改造属于长期护理保险基金协会明确的用于改善老人生活环境的措施，可给予老人家庭最高4000英镑的技术援助支付。而社会健康保险基金则主要适用于数字医疗应用（DiGA）[①]和数字医疗保健领域的基于AAL技术的家庭适老化改造的报销。《数字医疗保健法》规定，医生以处方形式为老人提供报销目录内的DiGA或基于AAL技术的家庭适老化改造方案，老人可通过社会健康保险报销使用费用。此外，德国还与国有银行合作，额外设置政府筹资渠道。通过持续推行"适龄转换—投资补助金"455推广计划，为基于AAL技术的家庭适老化改造措施给予资助。

2. 政企社多元供给

在德国智慧居家养老供给模式中，政府、市场与社会各司其职、优势互补，形成多元主体协同供给模式。产品制造商通过多种途径提供多元化智能设备和数字应用，社会福利机构、门诊护理机构等主体提供与设备和应用相配套的呼叫回应、定期上门、应急救助等补充支持服务，政府等主体则为二者搭建合作桥梁。产品供应商的产品输出路径较为多样，或直接在市场中销售智慧居家养老相关的硬软件；或申请进入DiGA报销目录并与政府签订合作协议，将产品交由医疗机构，由医生依据所开具处方向老人提供；或与政府当局、福利组织和住房协会等主体合作，委托其向老人提供。然而，智能产品需补充支持服务的配合才能完全发挥应有之功能，因而政府当局、福利组织和住房协会等主体与社会福利机构、门诊护理机构等服务机构合作，为明确需要服务配合的硬软件产品提供配套人工服务。对于数字应用，联邦药物和医疗器械研究所（BfArM）审查并确认其必要性后，直接委托门诊护理机构提供相应服务产品，具体实施细则由护理服务提供者、长期护理保险基金协会、相关社会福利机构三者所缔结的协议确定。对于智能产品，其中发

---

① DiGA是指基于移动设备或浏览器的应用程序、传感器、可佩戴设备等软硬件结合来为医生及患者提供的用于支持疾病检测、监测、治疗、缓解、伤害或残疾检测、治疗、缓解、以及支持及预防病情恶化的数字技术，属于低风险等级的医疗器械。

展较为成熟的家庭警报系统已被政府当局、福利组织和住房协会等主体纳入移动护理服务包，在老人与相关主体签订相关移动护理协议后，由产品制造商、福利机构等主体合作提供设备及其补充支持服务。

3. 政府双环节监管

通过推进智慧居家养老相关法律法规体系建设，德国政府大大加强了对产品制造与使用环节的监管力度：一方面，设立法定保险可报销目录、明确相关准入程序，严格监督产品的安全性、功能性、效益等。《数字护理应用申请资格条例》规定，联邦药物和医疗器械研究所（BfArM）负责对申请进入保险报销目录的数字应用进行审查，审查过程中，BfArM重点关注数字应用的安全性、功能设计、数据保护性、互操作性[①]、产品质量和产品效益。其中，对数据保护性的核查主要基于完整性、准确性、保密性、透明度、非链接性等测试标准；产品质量的测试涵盖性能稳定性[②]、消费者权益保护、用户友好性、可学习性等维度；产品效益则因产品定位而有所差异。DiPA重点评测其在维持或促进运动、提高认知功能、改善行为与心理问题、应对自我治疗压力、支持日常生活、帮助护理管理、减少风险、协助家庭护理等护理相关方面是否有显著的效益。DiGA则主要关注其在改善健康状况、缩短疾病持续时间、提高生活质量等方面的效果以及协调治疗流程、增进治疗方案依从性、提高健康素养、促进自主性、减轻治疗负担等整合患者、服务提供商等主体间互动流程的效益。[③]另一方面，设置保险报销申请审核标准监督产品用途。如《数字健康与护理现代化法案》规定，只有用于提升被照护

---

① 《数字健康应用法规》和《数字护理应用申请资格条例》中对互操作性的定义是能够满足可读、数据可摘取、可打印，与DiGA、现有电子健康基础设施及其他医疗设备/可穿戴设备可互联互通等多种需求。

② 依照《数字护理应用申请资格条例》，性能稳定性主要指产品性能不易受干扰、数据丢失、传输错误或与设备连接困难等影响，能够避免因数据库错误导致的数据失真和功能受限，并提供错误操作纠正。

③ Verordnung zur Erstattungsfähigkeit digitaler Pflegeanwendungen – VDiPA, (2022-06-01)[2023-3-10], HYPERLINK "https://www.bundesgesundheitsministerium.de/service/gesetze-und-verordnungen/detail/vdipa.html" https://www.bundesgesundheitsministerium.de/service/gesetze-und-verordnungen/detail/vdipa.html.

者独立生活能力、协同照护者照顾老人、减轻护理机构工作负担和支持特殊护理等方面的 DiPA 能够申请报销。

三、德国智慧居家养老服务精准供给的实践解构

（一）德国智慧居家养老服务精准供给的先进经验

1. 多措并举推动供需注意力嵌入

为帮助老人提高居家生活的自主性，德国政府在老年数字教育、产品市场开发、报销机制搭建等方面给予充分财政支持，大力推动供需双方的注意力嵌入。

在需方层面，"数字天使""数字指南针＋"等老年数字教育项目的实施大大增加了老人与智能产品的接触机会和学习途径，可以加深老年群体对智慧居家养老的认知程度，打破信息贫困对注意力深度嵌入的限制。同时，通过制定社会保险报销制度、给予财政补贴等为老人提供经济保障，打消老人提出需求时的顾虑。

在供方层面，德国政府自 2012 年起就陆续颁布《关于促进未来健康和服务地区的指导方针》《关于促进"数字医疗保健—医疗技术解决方案"项目的指南》等政策文件，将推进智慧养老服务体系建设作为缓解社会养老压力的重要策略，这不仅表明智慧居家养老产品供给已被纳入政府决策议程，同时也推动其他供给主体注意力嵌入。再者，德国政府推出的一系列中小企业创新资助计划和低息贷款计划给予初创企业经济支持，增强企业发展信心，吸引更多企业进入养老服务市场，为智慧居家养老行业发展注入重要推动力。

2. 利用政策引导供方注意力配置

德国政府实施的一系列制度政策在引导供需双方注意力配置上发挥着重要作用，就供方而言，社会保险报销机制及相关法律与条例的设置为供给决策加工与多元协同供给提供政策支撑，推动供方注意力配置优化。

一方面，利用市场逐利心态引导供给决策加工方向。进入保险报销目录意味着产品质量与性能获得国家认可与政府宣传，能够提高产品曝光度与竞争力，提升需求者信任感与选择优先级，有助于增加产品销售量与实际利

润。其申请费用只需三千至九千欧元，对于追求大量产品用户的制造商，进入保险报销目录是其节约产品宣传成本的有效手段之一，因而可能转变其供给决策加工方向。进一步地，利用报销目录准入机制对产品品质的把控向供方产品功能设计、生产计划制定、生产细节严控等决策细化过程提出更高要求，从而引导其细化决策细节。

另一方面，以法律法规明确多元协同供给责任，主要体现在以下几方面：一是明确政府部门监督责任，如《数字健康和护理现代法案》明确BfArM部门的监督职责，赋予其利用科层权威监督申请提交和已被纳入报销目录的智能产品的权利；二是明确服务产品提供者的服务支持义务，如针对门诊护理机构、医疗机构等居家养老服务产品供给者，相关法律明确了其为需要配套使用指导、定期上门、呼叫回应、应急救助等服务的数字应用提供服务支持的义务；三是明确智能产品提供者的互联责任，如《数字护理应用申请资格条例》《数字医疗保健法》等规章制度要求智能产品的相关数据接口必须按照国际标准进行设置，与现有电子健康基础设施、医疗设备及可穿戴设备互联互通。

3. 供需两端提升注意力交换效率

德国政府关注市场主体作用，借由市场运作与保障机制的优化调动主体作用发挥、减少注意力交换效率的损耗。

在需方层面，一方面坚持需求导向，以需求带动注意力交换。德国智慧居家养老服务市场的注意力交换以偏好信息表达为抓手，需求识别先于服务供给与保险给付，这意味着需方是相关初、次级市场注意力交换的发起者和引导者，掌握着服务与保险交易的开关，能影响商品供给内容，且较少被次级市场特别是法定社会保险市场干预所限制。另一方面，完善次级市场运作机制，为需方购买经验产品提供信息。如，德国政府利用现有社会保险制度建立了针对居家智慧养老服务的法定保险，提升了次级市场运行的稳定性，减少了信息不对称对注意力交换效益的损害。

在供方层面，首先表现为充分发挥主体作用，为供方自主识别需求留足空间。当前，德国智慧居家养老服务注意力交换以双方自主交换为主，供给主体自由选择识别游离于市场中的偏好，并已提供了涉及家庭安全、日常生活辅助、保健援助等较为多样的硬软件产品与服务。其次，德国政府补充完善市场机制，丰富供方需求识别途径。如对于需求量大、发展成熟的服务类别，政府或通过设置保险报销名录、划定家庭适老化改造报销范围等方法开辟政策传播渠道，帮助供方快速识别需方偏好；或通过公私合作参与到服务供给过程，直接拓宽供方进行需求识别的渠道。

（二）德国智慧居家养老服务精准供给的不足反思

1. 供方注意力配置优化不足

受限于当前制度设计的缺陷，德国供给体系的供方注意力配置呈现决策多样性、专业性与主体多元性、协同性的不足：其一，由于政策目标偏向，当前进入决策加工环节的供给主体以智能产品设备制造商、养老服务机构、医疗服务机构等数字医疗护理领域的供给主体为主，鲜有生活照料、文化教育、精神慰藉等领域的供给主体，决策加工实际结果难以充分满足多样性服务需求，并致使参与后续环节的供给主体多元性不足。其二，已有决策虽明确了供给决策加工需要在产品功能设计、实际性能、使用效益等方面实现的目标，但缺少适用于提供补充支持服务相关主体的标准体系。更为重要的是，进入保险报销目录接受政府部门审查的决定权掌握在个体手中，个体在接受政策引导的选择上自由度较强，而现有制度体系又缺少适用于所有产品供给主体的法律法规，强制约束力不足，致使其引导决策加工、协同多元供给的应有效用大打折扣。其三，尽管德国已有诸多智能设备、数字应用与人工服务合作供给的实践，但是多元供给的实践多出现在保险报销目录内、部分地方政策实践和有限企业实践中，并未完全铺开。

2. 供需注意力交换效率有限

德国政府在推进智慧居家养老服务供给体系建设中鲜有针对需求识别与服务递送环节的探索，难以提高实际运行过程中供需注意力交换的效率。

一方面，政府代理识别与市场主体识别配合不当，需求识别效率低下，影响供需匹配效率。市场环境中，老人因信息贫困等原因往往处于相对弱势地位，其偏好表达意愿与能力难保供方信息接收的全面性。识别过程中，市场主体也会参照个体偏好、识别难度、处理成本、效益预期等因素筛选偏好信息，进一步降低了供需匹配的可能。为化解市场失灵，政府理应介入需求识别环节，成为收入低下、生活无依、信息贫困等老人需求表达和处理的代理人，但是当前德国政府并未充分了解老人真实诉求，虽有保险报销目录作为专业服务需求的代理识别结果，却忽略了部分特殊群体被市场无视的服务需求。市场主体识别的低效与政府代理识别的偏差导致部分需求信息仍游离于市场，无法与供给主体对接。

另一方面，服务递送过程缺少第三方监督，供给行为实施自由度较高，同样影响供需交换的实际效果。限于发展水平、技术伦理等因素，现阶段智能技术多数时刻充当助手身份，智慧居家养老服务供给的实现仍较多依赖于人工服务。反观德国监督机制，多着眼于智能产品的制造与使用，并未涉及远程服务、上门服务等智能技术结合后的人工服务实践，难以规避服务过程中的道德风险。就相关智能产品而言，其动态监督机制也仅针对被纳入保险报销目录的产品，目录外的智能产品依旧存在通过损害需求者利益获取收入的可能。并且，限于政府数字治理水平，其动态监督机制的发挥在实际操作层面仍较多依靠人力，在配套制度欠缺的情况下无法保证监督机制应有效果的发挥。

四、我国智慧居家养老服务精准供给的优化路径

经过多年发展，我国智慧居家养老服务供给体系虽已取得一定建设成效，但仍面临顶层设计欠缺[1]、供需脱节[2]、协同性较差[3]等诸多发展困境，智慧技术的工具理性和价值理性仍未有效体现和耦合。要完善我国智慧居家养老服务体系，必须坚持尊重客观规律与切合中国国情并重，不以所谓规律为由脱

---

[1] 赵奕钧、邓大松：《人工智能驱动下智慧养老服务模式构建研究》，《江淮论坛》2021年第2期。

[2] 张锐昕、张昊：《"互联网+养老"服务智能化建设的条件限度和优化逻辑》，《理论探讨》2021年第2期。

[3] 杜春林、臧璐衡：《从"碎片化运作"到"整体性治理"：智慧养老服务供给的路径创新研究》，《学习与实践》2020年第7期。

离国情，也不以国情为由扭曲客观规律，在遵循共同特征和注入中国特色上同时下功夫。① 尽管国情有所差异，但德国实践的先进经验与现存问题仍能为我国智慧居家养老领域破除发展困境，实现精准供给提供诸多启发。

（一）建立引导注意力加工的法律支撑体系

德国实践表明，法律法规的出台与落地对于智慧居家养老服务的发展起着至关重要的规范作用，能够理顺运营逻辑、规范行业标准、引导行业健康有序发展，是影响供给主体注意力加工导向的关键。当前，我国养老服务发展方面尚未形成完整的法律体系，针对智慧居家养老服务的法律体系更为鲜见，从而导致法律法规在标准制定、监督评价等方面的指导与引领作用极为有限。为此，我国一方面要加强法律法规体系建设，针对智慧居家养老领域的技术运用、服务支持、技术与服务融合等方面建立全国统一的法律规范体系，明确各主体职责范围与行为边界，强化法律法规对不良行为的约束力；建立健全产品制造、配套服务、信息互通、数据使用等多方面的行业标准体系，并积极推动标准落实，以满足老人对高质量服务的需求。另一方面，应建立科学合理的动态监督评估机制，结合已有标准体系，搭建针对智慧居家养老服务结构、过程、结果等客观要素的量化评价体系，并充分利用数字技术优势，通过采用政府购买服务等方式与相关产品企业、第三方监督机构等合作，共同搭建动态监督机制，以精准实现产品供给的质量把控和风险防范，提升法律体系的系统性、有效性和长效性，持续引导供给主体正确把握决策加工导向。

（二）健全注意力高效运行的经济保障机制

鉴于目前我国大多数老年人的消费习惯、购买能力及智慧居家养老产品的特殊属性，在未来一段时期内，公共财政投入依然是推动智慧居家养老服务供给、提升供需注意力运行效率的重要资金来源，然而政府财政支出规模随人口老龄化的加深正不断扩大，提供长期稳定资金保障的压力不断加剧。

---

① 郑功成：《中国特色社会保障制度论纲》，《社会保障评论》2024 年第 1 期。

而德国经验则在于，通过完善法定保险制度实现养老责任由政府、家庭、社会三方共担，能够促进老年群体注意力进一步嵌入，也为供需注意力交换提供更为稳定的资金保障机制。有鉴于此，我国政府短期内应继续加大财政投入力度，建立智慧居家养老建设财政专项基金，合理测算其设置规模并建立委托投资机制，通过购买债券等方式实现基金收益的长期动态增长，扩大资金投入规模，提高资金投入稳定性，逐步夯实财政兜底保障这一基石。在此基础上，还应鼓励有社会责任感的市场主体主动承担筹资责任，可与之签署合作协议，由其提供服务并承担部分服务补贴，给予养老普惠服务优惠价。长期则应厘清各方筹资责任，逐步建立适用于不同群体与服务的，社会保险、政府补助、商业保险、个人储蓄相结合的多层次的经济保障机制。参考德国实践，我国政府可通过增设已有社会保险险种报销项目的方式，将智慧居家养老服务纳入报销范围，明确适用范围、涵盖类型和性能要求，制定报销条件、流程和费用限额等细则，建立报销目录准入审查和动态监督机制，从而明确个人、企业的筹资责任分配，满足参保老年群体的经济保障需求。对于"三无"老人、"五保"老人等无稳定经济来源的群体，政府可采用财政补贴的形式提供必要的资金救助，也可通过政府购买兜底性服务、引导老人及其子女市场化选择增值性服务的形式，与相关企业合作为无经济来源老人提供必要服务，满足低收入老人获取智慧居家养老服务的经济保障需求。此外，鼓励保险行业探索适用于智慧养老服务的商业保险，针对智慧养老服务开发商业险种，满足中高收入老人对高端智慧居家养老服务的经济保障需求。

（三）搭建注意力高效同步的协同供给机制

纵观德国实践，其政府借助私人部门力量使得智慧居家养老市场得到一定发展，但也因公私合作不足而无法充分满足社会需要，可见，注意力高度同步的供给体系是智慧居家养老实现精准供给的重要支撑。当前，我国智慧居家养老行业"政治化色彩"过浓，[1] 科层权威过盛，企业、非政府组织和

---

[1] 陈友华、邵文君：《智慧养老：内涵、困境与建议》，《江淮论坛》2021年第2期。

社会团体供给服务时大多处于接受行政指令的被动地位，各供给主体间权责不清、边界模糊，碎片化严重，供给体系整体的注意力较为分散。因此，一是必须走出政绩主导的思维模式，推进包括智慧居家养老服务在内的老年福利供给的"整体性治理"①，变行政主导为政策引导，厘清政府与市场的边界，对智慧居家养老相关利益部门进行改革，避免政府对市场的过度干预而造成市场扭曲，以合理施展政府部门的科层权威。二是赋能社会力量，适当下放权力，引入竞争机制，采用购买兜底性服务等方式与医疗机构、养老服务企业、老年大学等优质服务机构建立合作机制，以远程门诊、技术辅导、知识讲座、远程教学、心理辅导等多种形式将医疗、教育、精神卫生等多方面优质资源链接到整个供给体系之中。三是要充分发挥桥梁作用，利用云计算、大数据等技术建立综合服务信息平台，汇集各层级养老服务供给数据，为区域内资源配置的科学规划提供技术支持。四是建立多部门间养老数据收集和共享机制，收集涉老部门相关数据，依照部门职能划分信息板块、设置数据访问权限，畅通政府内部数据获取渠道，提高部门间沟通频率。五是搭建多渠道需求信息接收与多元供给主体及时响应机制，将数据平台收集到的服务需求信息脱敏处理后适度开放给服务供给方，推动兜底性服务供给体系数字化整合，搭建多元主体良性互动机制，真正实现智慧居家养老服务的多方互联。

（四）加强推进注意力嵌入的要素支持力度

老人将实际需求深度嵌入注意力是智慧居家养老蓬勃发展的首要前提，而这又主要取决于老人对智慧居家养老产品的了解及对自身能力的衡量。因此，一方面要大力宣传智慧居家养老服务，利用社区、养老机构、医疗机构、老年大学等老年人日常高频活动场所及线下途径，统筹结合并有效利用新型媒介与传统媒介推广智慧居家养老的益处，增进老人了解程度，提高老人认知水平，引导养老观念转变，为夯实注意力嵌入的认知基础提供支持；另一方面则要加强老人的数字教育，可设立老年数字教育财政支持专项基

---

① 韩小凤、赵燕：《重构我国老年福利供给问题的分析框架：基于整体性治理理论视角》，《东岳论丛》2018 年第 12 期。

金，鼓励企业、社会组织等社会力量以公益活动、志愿服务等形式承担部分筹资责任，依托老年大学、社区活动中心、图书馆等机构为老人提供智能设备，特别是提供智慧居家养老产品的接触及体验机会，开展免费的多样化技术指导与知识培训，搭建老年智慧学习场景，提升老人的信息素养和能力水平，奠定其注意力深度嵌入的技能基础。

同时，社会力量拥有较强供给能力是其注意力深度嵌入的重要前提，然而当前人才队伍、基础技术等要素的不足限制供给主体发展，因而需要加大扶持力度，助力社会力量供给能力提升：一是加大政策扶持力度，放宽行业准入门槛，规范并优化行政程序，对智慧居家养老从业组织给予场地、设备、人才招聘等方面的税收减免与资金扶持，鼓励企业、社会组织积极投身智慧居家养老产品研发、生产和供给过程，缓解供方注意力嵌入的行政压力与经济负担。二是加大人才培育力度，坚持多元合作，通过"政校合作＋政企合作＋政社合作＋校企合作"共建人才培养体系，坚持全维培育，通过"学历教育＋职业培训＋继续教育＋实习实训"优化人才培养模式，坚持部门协同，通过"归口管理＋多部支持＋资质互认＋待遇共通"构建人才共育机制，坚持多措并举，着力"薪资待遇＋社会地位＋政策优惠＋身份福利"提升人才待遇保障，坚持全员共建，关注"职称评定＋技能认定＋行业交流＋职业声誉"畅通人才发展渠道，全力打造涵盖选、育、用、留四大环节的智慧居家养老人才管理体系，稳固供方注意力嵌入的人才支撑。三是加强技术支撑力度，与关键通信企业合作，继续推进网络基础设施建设，逐步实现农村与偏远地区网络全覆盖，提升网络信号传输质量，同时不断改进现有技术水平，提升网络运营能力，降低网络使用成本，提高互联网服务能力，夯实供方注意力嵌入的设施支持。

作者：李静，云南大学教授、博士生导师，老龄文明智库专家；郭烨凌，西北大学公共管理学院博士生。

主要参考文献

1. 李静,赵爽爽.中国共产党成立以来我国农村互助养老的历史叙事与发展路径.《河海大学学报(哲学社会科学版)》2023年第1期

2. 雷晓康,汪静.健康中国背景下的智慧健康养老:战略目标、体系构建与实现路径.《西北大学学报(哲学社会科学版)》2020年第1期

3. 魏蒙.中国智慧养老的定位、不足与发展对策.《理论学刊》2021年第3期

4. 巫志南.公共文化产品和服务精准供给研究.《图书与情报》2019年第1期

5. 练宏.注意力分配:基于跨学科视角的理论述评.《社会学研究》2015年第4期

6. 张鑫.老年数字鸿沟的生成逻辑与治理策略.《江苏社会科学》2023年第6期

7. 王莉莉.基于"服务链"理论的居家养老服务需求、供给与利用研究.《人口学刊》2013年第2期

8. 范逢春.建国以来基本公共服务均等化政策的回顾与反思:基于文本分析的视角.《上海行政学院学报》2016年第1期

9. 睢党臣,曹献雨.芬兰精准化养老服务体系建设的经验及启示.《经济纵横》2018年第6期

10. 高鹏,杨翠迎.智慧养老的精准化供给逻辑与实践:来自上海市的调研.《经济体制改革》2021年第5期

11. 赵奕钧,邓大松.人工智能驱动下智慧养老服务模式构建研究.《江淮论坛》2021年第2期

12. 张锐昕,张昊."互联网+养老"服务智能化建设的条件限度和优化逻辑.《理论探讨》2021年第2期

13. 杜春林,臧璐衡.从"碎片化运作"到"整体性治理":智慧养老服务供给的路径创新研究.《学习与实践》2020年第7期

14. 郑功成.中国特色社会保障制度论纲.《社会保障评论》2024年第1期

15. 陈友华，邵文君. 智慧养老：内涵、困境与建议.《江淮论坛》2021年第2期

16. 韩小凤，赵燕. 重构我国老年福利供给问题的分析框架——基于整体性治理理论视角.《东岳论丛》2018年第12期